Jürgen Gerhards (Hrsg.)

Soziologie der Kunst

Jürgen Gerhards (Hrsg.)

Soziologie der Kunst

*Produzenten, Vermittler
und Rezipienten*

Westdeutscher Verlag

Die Deutsche Bibliothek – CIP-Einheitsaufnahme

Soziologie der Kunst: Produzenten, Vermittler und
Rezipienten / Jügen Gerhards (Hrsg.). – Opladen:
Westdt. Verl., 1997
  ISBN 3-531-13009-9 kart.

Alle Rechte vorbehalten
© 1997 Westdeutscher Verlag GmbH, Opladen

Der Westdeutsche Verlag ist ein Unternehmen der Bertelsmann Fachinformation.

Das Werk einschließlich aller seiner Teile ist urheberrechtlich geschützt. Jede Verwertung außerhalb der engen Grenzen des Urheberrechtsgesetzes ist ohne Zustimmung des Verlags unzulässig und strafbar. Das gilt insbesondere für Vervielfältigungen, Übersetzungen, Mikroverfilmungen und die Einspeicherung und Verarbeitung in elektronischen Systemen.

http://www.westdeutschervlg.de

Umschlaggestaltung: Horst Dieter Bürkle, Darmstadt
Umschlagbild: Hogarths Firmenschild, um 1728
Druck und buchbinderische Verarbeitung: Lengericher Handelsdruckerei, Lengerich
Gedruckt auf säurefreiem Papier
Printed in Germany

ISBN 3-531-13009-9

Inhaltsübersicht

I. Einleitung

Jürgen Gerhards
  Kunstsoziologie. Einleitende Bemerkungen 7

II. Theoretische Rahmungen

Howard S. Becker
  Kunst als kollektives Handeln 23

Bruno S. Frey und Isabelle Busenhart
  Kunst aus der Sicht rationalen Handelns 41

Niklas Luhmann
  Weltkunst 55

III. Vergesellschaftung der Kunstproduzenten

Hans Peter Thurn
  Kunst als Beruf 103

Jürgen Gerhards und Helmut K. Anheier
  Das literarische Kräftefeld als ausdifferenziertes
  und intern stratifiziertes System 125

Rainer Erd
  Kunst als Arbeit. Organisationsprobleme eines
  Opernorchesters 143

Jutta Allmendinger und J. Richard Hackman
  „Die Freiheit wird uns die Pflicht nehmen." Der Einfluß
  von Regimewechseln auf Orchester und ihre Mitglieder 171

IV. Vermittler und Märkte von Kunst

Cynthia A. White und Harrison C. White
Institutioneller Wandel in der Welt der französischen
Malerei 197

Heine von Alemann
Galerien als Gatekeeper des Kunstmarkts.
Institutionelle Aspekte der Kunstvermittlung 211

Ulrich Saxer
Kunstberichterstattung als Institution:
Longitudinalanalyse einer Pressestruktur 241

Rolf Hackenbroch und Jörg Rössel
Organisationsstrategien und mediale Selektion im
Kunstbereich am Beispiel von Literaturrezensionen 263

Rosanne Martorella
Das Verhältnis von Theaterkasse und Repertoire:
Eine Fallstudie über die Oper 289

V. Rezeption und Aneignung von Kunst

Pierre Bourdieu
Elemente zu einer soziologischen Theorie der
Kunstwahrnehmung 307

Hans Joachim Klein
Kunstpublikum und Kunstrezeption 337

Drucknachweise 360

Verzeichnis der Autoren 361

Jürgen Gerhards

Soziologie der Kunst: Einführende Bemerkungen[1]

1. Ziele und Struktur des Bandes

Kunstsoziologie gehört in Deutschland im Vergleich zu anderen Teilsoziologien sicherlich nicht zu den Bindestrichsoziologien, die man als institutionalisierte Teilbereiche der Soziologie bezeichnen könnte. Mehrere Indikatoren sprechen für diese These: Kunstsoziologie ist an den meisten deutschen Universitäten kein fester Bestandteil des Curriculums „Soziologie", es finden sich keine Lehrstuhlwidmungen mit der Bezeichnung „Kunstsoziologie"[2], Veröffentlichungen, die man dem Bereich der Kunstsoziologie zuordnen könnte, sind in den wichtigsten Fachzeitschriften der Disziplin rar gesät, neuere Einführungsbücher fehlen.[3] Ein Blick über den Atlantik zeigt, daß dort die Situation anders gestaltet ist. Die Sektion „Sociology of Culture", die mit mittlerweile 900 Mitgliedern (Stand 1996) zu den größten Sektionen der American Sociological Association geworden ist, widmet dem Thema Kunst eine große Aufmerksamkeit. Diane Crane und Magali Sarfatti Larson (1995) haben die Programme der Lehrveranstaltungen vieler Kollegen im Bereich der Kultursoziologie zusammengestellt; Kunstsoziologie spielt in den Curricula eine bedeutende Rolle. Aber auch die Existenz von Überblicksaufsätzen einerseits (Griswold 1993; Wuthnow und Witten 1988) und Einführungsbüchern in die Kunstsoziologie andererseits (Zolberg 1990; Blau 1989; Foster und Blau 1989) sind ein sicheres Zeichen für die Institutionalisierung einer Teildisziplin.

Diese Ausgangslage bildete die Motivgrundlage, für den deutschsprachigen Bereich einen Band mit Beiträgen zur Kunstsoziologie herauszugeben, dessen Selbstverständnis das eines einführenden „Readers" der Kunstsoziologie ist. Was kann der Leser von dem Band erwarten, was nicht?

Wir verstehen unter Kunstsoziologie nicht allein eine Soziologie der Bildenden Kunst (vgl. Thurn 1989), sondern schließen alle Kunstsparten in die Analyse mit ein. So widmen sich die Beiträge von Rainer Erd, Jutta Allmendinger/J. Richard

---

1   An der redaktionellen Bearbeitung des Bandes haben Katrin Lieder, Ingrid Reichel und Claudia Sonntag engagiert und zuverlässig mitgearbeitet. Ihnen sei an dieser Stelle ganz herzlich gedankt. Die bibliographische Bezugnahme auf Beiträge dieses Bandes erfolgt mit der Abkürzung „idB".
2   Eine Ausnahme bildet die von Hans Peter Thurn besetzte Professur an der Kunstakademie in Düsseldorf, die nominell als Professur für Kultursoziologie bezeichnet ist.
3   Die Einführung in die empirische Kunstsoziologie von Alphons Silbermann stammt von 1973.

Hackman und Rosanne Martorella der Musik, die Aufsätze von Jürgen Gerhards/Helmut K. Anheier und Rolf Hackenbroch/Jörg Rössel der Literatur, die Texte von Niklas Luhmann, Cynthia A. White/Harrison C. White, Heine von Alemann und Hans Joachim Klein der Bildenden Kunst, während die Arbeiten von Howard S. Becker, Bruno S. Frey/Isabelle Busenhart, Hans Peter Thurn, Ulrich Saxer und Pierre Bourdieu kunstspartenübergreifend orientiert sind. Alle Beiträge des Bandes operieren implizit oder explizit mit einem Raum-Zeit-Bezug ihrer jeweiligen Analyse; sie beziehen sich - mit Ausnahme des Beitrags von Cynthia und Harrision White - auf die Kunst in westlich industrialisierten Gesellschaften der Gegenwart. Die Aussagenreichweite der Texte ist entsprechend auf diesen Bezugsrahmen hin begrenzt.[4]

Definiert man Soziologie als die Wissenschaft, die versucht, a) das Handeln von Menschen zu verstehen und zu beschreiben und b) ihre Ursachen und ihre Folgen zu erklären, so bestimmt sich der Gegenstandsbereich der Kunstsoziologie als der Versuch, die auf die Kunst bezogenen Handlungen von Menschen zu beschreiben und ihre Ursachen und Folgen zu analysieren. Die Beschreibung und Erklärung der Produkte künstlerischen Handelns, die Kunstwerke selbst, bleiben in fast allen Beiträgen dieses Bandes aus der Betrachtung ausgeschlossen. Im Zentrum der Aufsätze stehen die auf die Kunst bezogenen Handlungen, nicht die Kunst selbst. Überspitzt könnte man formulieren, es handle sich um einen Band zum Thema Kunstsoziologie, in dem Kunst nicht vorkommt. Begründbar ist eine solche Selektivität der Perspektive mit wissenschaftsinternen Differenzierungen und Arbeitsteilungen. Die Analyse der Kunstwerke selbst ist Aufgabe der darauf spezialisierten Geisteswissenschaften - der Kunstgeschichte, der Literatur- und Musikwissenschaft. Innerhalb dieser Wissenschaften findet man dann wiederum die in diesem Band nicht berücksichtigten soziologischen Ansätze, die das Kunstwerk im Kontext der gesellschaftlichen Bedingungen interpretieren und im Werk selbst die Gesellschaft zu dechiffrieren versuchen, sei es mimetisch gespiegelt, sei es die Wirklichkeit transzendierend und auf eine bessere Gesellschaft verweisend.

Die auf Kunst bezogenen Handlungen von Menschen lassen sich entlang eines Prozeßmodells nach verschiedenen Bereichen klassifizieren: a) Handlungen, die sich auf die Produktion und die Produzenten von Kunst beziehen, b) Handlungen, die der Vermittlung von Kunst hin zu möglichen Rezipienten dienen (Galerien, Zeitungen, Museen etc.) und schließlich c) die Nutzung und Dechiffrierung der Kunst durch ihre Rezipienten. Diese Aufgliederung des Kunstprozesses bildet das strukturierende Prinzip der Gliederung des Bandes. Den Kapiteln „Vergesellschaftung der Kunstproduzenten", „Vermittler und Märkte von Kunst" und „Rezeption und Aneignung von Kunst" ist zusätzlich ein Kapitel vorgeschaltet, das verschiedene kunstsoziologische Theorien vorstellt.

Daß die Soziologie keine einheitliche Wissenschaft ist, bedarf keiner gesonderten Erwähnung. Entsprechend unterschiedlich sind auch die theoretischen Perspektiven im Bereich der Kunstsoziologie, die hier durch drei verschiedene Ansätze abgebildet werden. Unterteilt man das soziologische Theorierepertoire in

---

4   Der Beitrag von Jutta Allmendinger und J. Richard Hackman bildet insofern eine Ausnahme, als er die Opernlandschaft der DDR mit in den Vergleich einbezieht.

Makro- und Mikrosoziologien (vgl. Vanberg 1975), dann ist mit der systemtheoretischen Beschreibung der Kunst als ausdifferenziertes System der Gesellschaft von Niklas Luhmann ein spezifisch makrosoziologischer Zugang repräsentiert. Der Beitrag von Howard S. Becker einerseits und der von Bruno S. Frey und Isabelle Busenhart andererseits betrachten Kunst hingegen aus der Mikroperspektive der handelnden Individuen. Die beiden zuletzt genannten Theorien unterscheiden sich wiederum voneinander durch die Tatsache, daß Beckers Ansatz einer interpretativen Soziologie verpflichtet ist, Frey und Busenhart hingegen die ökonomische Theorie rationalen Handelns auf den Bereich der Kunst anwenden.

2. Die Struktur des Sozialsystems Kunst

Es scheint mir ratsam zu sein, die verschiedenen theoretischen und empirischen Beiträge dieses Bandes nicht auf ihre Unterschiede sondern auf ihre Gemeinsamkeiten und ihre Integrationsmöglichkeit hin zu befragen. Zusammen betrachtet zeichnen sie ein Gesamtgemälde eines spezifisch strukturierten Sozialgefüges der Kunst der Gegenwart.

2.1 Integration kunstsozioligischer Theorien

Beginnen wir mit dem Versuch der Integration der verschiedenen theoretischen Ansätze. Betrachten wir zuerst das Verhältnis zwischen Systemtheorie und der Theorie rationalen Handelns. Uwe Schimank (1985; 1988) hat in einem Vergleich von Systemtheorien und Akteurstheorien betont, daß beide spezifische Defizite aufweisen, die durch die jeweilig andere Theorie kompensiert werden könnten. Die Stärke systemtheoretischer Ansätze besteht in der *Beschreibung* der makrosozialen Rahmenbedingungen unterschiedlicher Handlungsfelder bzw. Teilsysteme der Gesellschaft. Aus der systemtheoretischen Vogelperspektive werden so die groben Umrisse der Struktur moderner Gesellschaften deutlich. Die Schwäche der Systemtheorie kann man mit Schimank als das *Erklärungsdefizit* der Systemtheorie bezeichnen. Daß sich Systeme nur durch die Handlungen von Akteuren konstituieren und reproduzieren, bleibt in der Systemtheorie ausgeblendet; warum Akteure innerhalb gegebener Rahmenbedingungen so handeln wie sie handeln, bleibt als Frage unbeantwortet. Für Akteurstheorien und speziell Theorien rationalen Handelns kann man den umgekehrten Befund diagnostizieren. Ihre Stärke besteht in der expliziten Formulierung einer *erklärenden Theorie*, die das Handeln von Akteuren als rationale Wahl zwischen verschiedenen Handlungsoptionen geleitet durch das Prinzip der Nutzenmaximierung und unter Berücksichtigung der jeweiligen restriktiven Bedingungen erklärt. Die Schwäche der Theorie rationalen Handelns besteht darin, daß die Tatsache, daß Akteure in die Grobstrukturen ihrer jeweiligen Gesellschaft eingebunden sind, unterbelichtet bleibt. Zwar ist mit dem Begriff der „constraints" eine begriffliche Brücke hin zu Systemstrukturen geschlagen, unter „constraints" werden aber meist die mikrosozialen Restriktionen verstanden, der Anschluß an Makrostrukturen gelingt in der Regel nicht. Insofern scheint es berechtigt der Theorie rationalen Handelns ein *Makro-Beschreibungsdefizit* zu diagnostizieren (vgl. Gerhards 1994: 80). Eine Synthese von Systemtheorie und der Theorie rationalen Handelns müßte die von der Systemtheorie beschriebenen Makrostrukturen berücksichtigen, gleichzeitig diese Makrostrukturen als „constraints" von Handlungen von Akteuren begreifen, die innerhalb dieser Rahmenbedinungen rationale Wahlhandlungen vollziehen.

Wie verhält sich der interpretative Theorieansatz einer Kunstsoziologie, der durch den Beitrag von Howard S. Becker repräsentiert wird, zu den beiden erläuterten anderen Theorien? Die Unterschiede zwischen dem von Frey und Busenhart vorgestellten Ansatz einer Theorie rationalen Handelns und Beckers Theorie der Kunst als kollektives Handeln sind weit geringer als die zu unterschiedlichen Paradigmen zuortenbaren Autoren vermuten lassen. Beide haben gemeinsam, daß sie die soziale Welt der Kunst auflösen in die Handlungen von konkreten einzelnen Menschen, also Kunstsoziologie als Mikrosoziologie betreiben. Sie unterscheiden sich vordergründig im Hinblick auf den Anspruch, soziales Handeln erklären zu können. Während interpretative Ansätze sich auf das Verstehen und damit das Beschreiben von Handlungen beschränken und die Mikrobeschreibungen die eigentliche Stärke dieser Theorieperspektive darstellt, ist die Theorie rationalen Handelns ganz explizit eine erklärende Theorie. Aber auch in den dichten Beschreibungen der Kunstwelten von Becker findet der Leser eine Vielzahl von Erklärungen für die Handlungen von Akteuren, auch wenn die erklärende Perspektive nicht explizit ausformuliert ist; ja, das implizit von Becker angebotene Theorem der Erklärung ist das eines die Kosten und den Nutzen von verschiedenen Handlungen abwägenden Akteurs. Becker begreift die einmal zwischen Menschen ausgehandelten Regeln der jeweiligen Kunstwelten als Restriktionen für die Handlungen der Akteure, die deswegen von den Akteuren in der Regel beachtet werden, weil sie die Kosten einer Regelverletzung vermeiden wollen. Daß sich solche Überlegungen problemlos im Rahmen der Theorie rationalen Handelns systematisieren lassen, liegt auf der Hand und zeigt zugleich, wie kompatibel beide Theorien sind.

Aber auch zwischen einer interpretativen und einer systemtheoretischen Betrachtung von Kunst lassen sich Verbindungslinien aufzeigen. Die Unterschiede scheinen mir auch hier eher Unterschiede der Schwerpunktsetzung als paradigmatische Differenzen zu sein. Die Systemtheorie hat ihre Stärke in der *Beschreibung makrostruktureller Faktoren*; auf den Bereich der Kunst bezogen vermag sie die Merkmale von Kunst als ausdifferenziertes System der Gesellschaft zu beschreiben. Zugleich bleiben systemtheoretische Analysen in aller Regel zu abstrakt und häufig übergeneralisierend, so daß sie der Heterogenität der Kunstwelten und deren Feinstrukturen nicht gerecht werden. Becker (idB) kritisiert dies zu recht, wenn er betont, daß Systeme und Strukturen nur existieren, wenn sie in den Handlungen der Akteure auch zu finden sind. Die interpretative Theorie hingegen hat ihre Stärke in der dichten *Beschreibung mikrostruktureller Kunstwelten*, vermag diese aber häufig nicht in die allgemeinen gesellschaftlichen Rahmenbedingungen einzuordnen. Beide Sichtweisen ergänzen und kontrollieren sich wechselseitig. Die allgemeinen Rahmenbedingungen der Kunst werden nur wirksam, wenn sie in Mikrosituationen - wenn auch gebrochen - auftauchen, Mikrobedinungen sind umgekehrt in der Regel nicht aus sich heraus verständlich, sondern nur im Kontext von Makrostrukturen zu verstehen.

Bilanziert man die Vorteile der drei unterschiedlichen Theorien, dann kann man zu folgendem Ergebnis kommen: Die Stärke der Systemtheorie besteht in der makrostrukturellen Beschreibung der gesellschaftlichen Rahmenbedingungen von Kunst als einem ausdifferenzierten System der Gesellschaft. Die Beschreibung der Einbettung der feindifferenzierten Kunstwelten innerhalb des allgemeinen Rahmens einer funktional differenzierten Gesellschaft und der Aushandlungsprozesse zwischen den Akteuren ist die Stärke einer interpretativen Theorie, eine systematische Erklärung von Akteurshandlungen unter den Bedingungen von Makro- und Mikro-constraints, dies ist die Stärke der Theorie rationalen Handelns.

2.2 Kunst als ausdifferenziertes System

Betrachtet man unter diesem theoretischen Integrationsrahmen die verschiedenen Beiträge des Bandes und startet mit der Beschreibung der makrostrukturellen Einbettung von Kunst, dann scheint mir deren Beschreibung als ausdifferenziertes System der Gesellschaft die plausibelste Annäherung zu sein. Neben dem Beitrag von Luhmann nehmen die Texte von Gerhards/Anheier, v. Alemann und Saxer explizit auf das Konzept der Systemdifferenzierung Bezug.

Die Ausdifferenzierung eines Teilsystems Kunst bedeutet in erster Linie, daß die auf Kunst bezogenen Handlungen von kunstfernen Sinnrationalitäten befreit werden und Kunsthandlungen sich an dem Sinnzusammenhang der Kunst selbst orientieren. Worin besteht der spezifische Sinn von Kunst? Zwei Merkmale scheinen zentral zu sein. a) Luhmann (idB) beschreibt eines der Elemente, indem er detailliert den Prozeß der Kunstherstellung rekonstruiert. Jeder erste Strich, jedes erste Wort, jede erste Note ist der Beginn der Schaffung einer Differenz zwischen dem Kunstwerk und dem, was ausgeschlossen bleibt. Der Anfang strukturiert zugleich den nächsten Schritt der Produktion und dieser wiederum den nächsten. Das so entstehende Kunstwerk ist eine Realität sui generis. Es spaltet die Realität in eine reale Realität und eine *fiktionale Realität* (Luhmann idB). Das Kunstwerk selbst muß den Unterschied zur realen Realität herstellen. Es muß mit seinen Mitteln die Differenz schaffen (durch Farben, Noten, Worte, Orte der Plazierung etc.) und so für den Künstler und die Beobachter Kriterien an die Hand geben, mit denen sie die Differenz handhaben können. b) Neben der Herstellung einer fiktionalen Realität ist das *Gebot der Neuschöpfung* ein zweites Element der Sinnorientierung künstlerischer Handlungen (Luhmann idB). Die Dynamik künstlerischer Produktion wird angetrieben durch das für die Kunst konstitutive Gebot der Neuschöpfung. Allein das, was im Horizont der eigenen Kunsttradition neu ist, hat Chancen, Anerkennung zu finden.

Die Reproduktion von Situationen, in denen die Herstellung fiktionaler und zugleich neuer Realitäten ermöglicht wird, bildet die Grundlage der Ausdifferenzierung eines eigenständigen Kunstsystems. Die Zurückdrängung „kunstfremder"

Sinnorientierungen (Religion, Politik) und die Orientierung der Kunstproduzenten an der Kunst selbst und ihrer Geschichte einerseits, die Ausbildung von Berufsrollen und Institutionen, die die Produktion von Kunst auf Dauer stellen andererseits sind die Bedingungen dafür, daß sich Kunst als ein autonomer Teilbereich der Gesellschaft entwickeln kann. Im Artikel 5 des Grundgesetzes ist die Autonomie der Kunst heute verfassungsrechtlich verankert.

Daß der Autonomiestatus der Kunst nicht selbstverständlich ist und war, zeigen Jutta Allmendinger und J. Richard Hackman (idB) im Hinblick auf die Orchester der DDR. Von der Festlegung der Anzahl der Orchester und ihrer Einteilung in Güteklassen, der Kontrolle der Verwaltung, des Spielplans und des Budgets, bis hin zur Rekrutierung neuer Musiker und des übrigen Personals unterlagen die Orchester der DDR einer kompletten staatlichen Kontrolle - die Autonomie der Kunst war in einem hohen Maße eingeschränkt. Die Autonomiegewinne im Hinblick auf Personalentscheidungen, Spielplangestaltung, Verwaltung und Budget, die sich für die Orchester nach der Wiedervereinigung einstellten, konnten aber nicht von allen Orchestern genutzt werden: allein die großen Orchester waren hinreichend auf die neuen, durch hohe Unsicherheiten gekennzeichnete Situation vorbereitet, um sich erfolgreich an die neuen Bedingungen anpassen zu können.

2.3 Binnendifferenzierung der Kunst

Der Prozeß der Autonomiegewinnung der Kunst gegenüber externen Einflüssen ist - sieht man von der Zeit des Nationalsozialismus und des Staatssozialismus ab - gegen Ende des 19. Jahrhunderts abgeschlossen; es beginnt ein neuer Prozeß, den man als Prozeß der Binnendifferenzierung des Kunstsystems beschreiben kann (v. Alemann idB). In dessen Verlauf kommt es zum einen zur weiteren *Ausdifferenzierung von Kunstsparten und Kunststilen*. Der Bezug bei der Erzeugung einer fiktionalen Realität auf die reale Realität wird in den meisten Kunstsparten immer weniger erkennbar; die Kunst bezieht sich zunehmend auf sich selbst. Das „Wie" der Darstellung erhält Vorrang vor dem „Was", die Form wird wichtiger als die Funktion, die Orientierung der Kunst an sich selbst und ihrer eigenen Tradition nimmt zu (Bourdieu idB). Damit wird auch die Dechiffrierung der Kunst mit Verweis auf die reale Welt immer schwerer, der Bezug zu konkreten Alltagserfahrungen des Publikums abstrakter und vermittelter, die Entschlüsselung der Bedeutungen der Kunst voraussetzungsvoller.

Binnendifferenzierung der Kunst bedeutet zum anderen die Ausbildung einer Vielzahl von Akteuren und Institutionen, die selbst keine unmittelbaren Kunstproduzenten sind, sondern sich um die Herstellung von Kunst gruppieren und von Becker (idB) als das unterstützende Personal der Kunst bezeichnet werden: Galerien, Händler, Fotografen, Drucker, Agenturen, Verlage, Kunstjournalisten, Museumspädagogen, Kritiker und Rezensenten etc.

Die Ursachen des Prozesses der Binnendifferenzierung sind aufgrund ihrer Komplexität nur in Fallanalysen adäquat zu beschreiben. White und White (idB) analysieren die Entwicklung von einem durch die Akademie regulierten Systems des Zugangs zur Kunst hin zu einem Marktsystem der Kunstvermittlung in der französischen Malerei des 19. Jahrhunderts. Mehrere Faktoren spielten bei dem beschriebenen Wandel eine ursächliche Rolle: eine durch das Akademiesystem nicht-intendierte Überproduktion von Malern und in der Folge von Bildern, die Ausstellungs- und Absatzmöglichkeiten suchten, das Interesse von entstehenden Kunstkritikern, neue Maler zu entdecken und mit dieser Entdeckungsleistung selbst Karriere zu machen und das Interesse von Kunsthändlern an Vermarktung und Spekulationsgewinnen. Zusammen setzten diese Faktoren einen *eigendynamischen Prozeß* in Gang, an dessen Ende sich das Gefüge der Bildenden Kunst insgesamt gewandelt hatte, neue Berufe entstanden und die Binnendifferenzierung der Kunst weiterentwickelt war. Ähnliche Prozesse der Binndifferenzierung beschreibt v. Alemann (idB). Am Beispiel Kölns analysiert er den Prozeß der Ausdifferenzierung von Galerien ab dem Ende der 60er Jahre und wie in der Folge die Aktivitäten der Galerien wiederum andere Künstler und Akteure nach Köln zogen und damit ein nicht intendierter Prozeß der Vergrößerung und der Binnendifferenzierung der Kunst in Gang gesetzt wurde. In beiden Fällen bilden Interessenslagen von Akteuren, die diese rational verfolgen (Frey und Busenhart idB), den Ausgangspunkt der Entwicklung. Das Ergebnis des Prozesses ist aber nicht mehr auf die Intentionen einzelner Akteure zurückzuführen. Es ergibt sich aus dem Wechselspiel einer Interessensfiguration und den nicht intendierten Effekten der Handlungen von Akteuren.

Der Prozeß der Binnendifferenzierung des Kunstsystems führt im Resultat zu einer *Vielzahl heterogener Kunstwelten* (Becker 1983) mit feindifferenzierten Stilrichtungen und jeweils spezifischen Kooperationen und Kooperationsnetzwerken zwischen Künstlern und verschiedenen unterstützenden Akteuren. Die Innenwelt der ausdifferenzierten Kunstwelt ist heute in ihrer Pluralität und Vielschichtigkeit nahezu unübersichtlich geworden.

2.4 Künstlerolle und Kunstvermittlungsrollen

Die Autonomie des Kunstsystems und seine Binnendifferenzierung können nur auf Dauer gestellt werden, wenn es zur Ausdifferenzierung von spezifischen Rollen und Institutionen kommt, die für Kontinuität sorgen. Die Besonderheiten der *Künstlerrolle* werden augenfällig, wenn man sie mit anderen Berufsrollen vergleicht (Thurn idB). Der Künstlerberuf ist ein nur im geringen Grade formalisierter und professionaliserter Beruf. Für die meisten Kunstbereiche ist der Zugang zum Beruf offen und nicht von dem Erwerb von Bildungszertifikaten abhängig, berufsspezifische Ausbildungsgänge fehlen oder sind keine notwendige Bedingung für den Berufszugang. Dadurch werden informelle und familiäre Sozialisatseinflüsse um so wichtiger. Thurn (idB) entdeckt bei vielen Künstlern ein „musisch gesonnenes Elternhaus bürgerlich-mittelständischen Zuschnitts" als einen wichtigen familiären Förderhintergrund (vgl. auch Nash 1989; Griff 1968); Gerhards und Anheier (idB) zeigen, daß die Literaten der anspruchsvollen Literatur sehr häufig Germanistik studiert haben; v. Alemann (idB) weist nach, daß zwei Drittel der von ihm interviewten Galeristen ein Hochschulstudium, ein Drittel ein geisteswissenschaftliches Studium absolviert hat. Berufsverbände, die die Interessen der Künstler formulieren, Einkommensregulierungen durchsetzen und eine Kodifizierung von berufsethischen Normen betreiben, sind für die meisten Kunstbereiche unbedeutend; eine Ausnahme bilden die Orchestermusiker (Erd idB). Die Einkommen der selbständigen Künstler sind den Konjunkturen des Kunstmarktes unterworfen und wenig kalkulierbar. Auch wenn einige Künstler, wie Frey und Busenhart (idB) betonen, zu den Spitzenverdienern gehören, so gilt doch insgesamt, daß die Streuung der Einkommen und der Anteil derer, die wenig verdienen und entsprechend auf Nebenerwerbstätigkeiten angewiesen sind, sehr hoch ist (vgl. Pommerehne und Frey 1990: 152-188). Berufsverläufe von Künstlern und Kunstvermittlern sind nicht standardisiert, entsprechend nur wenig berechenbar.

Der geringe Grad der Professionalisierung des Künstlerberufs hat mehrere Ursachen. Eine der wesentlichen Gründe liegt in der Sache selbst, der Produktion von Kunst und dem Rollenselbstverständnis der meisten Künstler. Bilden die Herstellung einer fiktionalen Realität und das Prinzip der Neuschöpfung die beiden wesentlichen Sinnorientierungen des Kunstsystems, dann ist damit eine Sperrigkeit gegenüber einer Standardisierung und Formalisierung künstlerischer Tätigkeiten eingebaut. Dies zeigt sich in dem Rollenselbstverständnis der meisten Künstler. Thurn (idB) beschreibt, daß nicht Beruf im Sinne der Erwerbstätigkeit sondern als *innere Berufung* die Ausgangsmotivation der meisten Künstler bildet. Die Realisierung einer Idee (Bild-, Musik- oder Textidee) steht im Zentrum künstlerischen Wollens, die Außenwelt und die Lebensbedingungen - Aufnahme von Nebentätigkeiten, Gestaltung von Arbeitsraum und Arbeitszeiten, Freundschaften und Beziehungen - werden um dieses Zentralmotiv herum gebaut (Thurn idB). Gleichzeitig ist der Künstler zwangsläufig mit den Anforderungen der Außenwelt konfrontiert: Die Wohnung muß bezahlt, Ausstellungen organisiert, der Kontakt zum Verlag hergestellt werden etc. Aus der spannungsreichen Mischung von innerer Berufung einerseits und äußeren Anforderungen andererseits konstituiert sich der - um einen Begriff von Erving Goffman aufzunehmen - *hybride Charakter der Künstlerrolle*.

Daß diese Rollenbeschreibung nicht für alle Kunstsparten gleichermaßen gilt, zeigt die Analyse eines Opernorchesters von Erd (idB). Orchestermusiker verhalten sich weitgehend wie andere Angestellte auch; sie sind in erster Linie an einer optimalen Verwertung ihrer Arbeitskraft interessiert: Arbeitszeiten, Arbeitsbedingungen und Entlohnung sind die ihnen wichtigen Themen. Nun ist die Tätigkeit von Orchestermusikern im Vergleich zu der anderer Künstler durch spezifische Besonderheiten gekennzeichnet: Zum einen handelt es sich bei ihren Aufgaben um repetitive Tätigkeiten (Aufführung eines weitgehend standardisierten, klassischen Konzertrepertoirs), so daß sich das Moment der Neuschöpfung auf das der Neuinterpretation reduziert; zum anderen sind die einzelnen Musiker in ein fein gegliedertes Hierachiesystem eingebunden, das die individuellen Handlungsspielräume erheblich einschränkt. Trotz dieser restriktiven Bedingungen und der wohl daraus ableitbaren Angestelltenmentalität der Orchestermusiker bleibt aber auch bei den Orchestermusikern das Moment der „inneren Berufung" als Leitvorstellung ihrer Tätigkeit erhalten. Der Wunsch, eigene Ideen zu verwirklichen und solistisch tätig zu sein, steht am Anfang der Berufsentscheidung und bleibt bei den meisten als Motiv auch dann noch konstitutiv, wenn der alltäglich Handlungsspielraum weit eingeschränkt ist.

Eine hybride Rollenstruktur scheint aber nicht nur für die Kunstproduzenten, sondern auch für die Kunstvermittler typisch zu sein. Saxer (idB) zeigt, daß auch *Kunstjournalismus* kein klar geschnittener Beruf, geschweige denn eine Profession darstellt. Die von ihm interviewten Kunstjournalisten weisen unterschiedliche Qualifikationen auf, Regelmäßigkeit in ihrer Rekrutierung fehlen; viele betreiben ihren Beruf als Nebentätigkeit, schlechte Bezahlung wird durch eine intrinsische Motivation, durch eine Identifikation mit der Kunst selbst kompensiert.

Ähnlich verhält es sich mit der Rolle des Kunsthändlers (Thurn 1994) und des *Galeristen* (v. Aleman idB). Auch für diese gibt es keine formalisierten Ausbildungsgänge, die berufsqualifizierend sind; Regelmäßigkeiten der Rekrutierung lassen sich kaum rekonstruieren. Eine nicht gut formalisierbare Mixtur von ästhetischem Urteilsvermögen und Fingerspitzengefühl, ökonomischem Sachverstand und Risikobereitschaft und einer Fähigkeit, mit Menschen aus heterogenen Bezugsgruppen umgehen und kommunizieren zu können, scheinen Kompetenzmerkmale von Galeristen zu sein (v. Alemann idB). Auch für diese gilt, daß die Identifikation mit der und die Begeisterung für die Kunst - eine *innere Berufung* also - im Zentrum der Motivation für das eigene Handeln steht, das Motiv des Gelderwerbs sicherlich bedeutsam, nicht aber dominant zu sein scheint.

2.5 „Unkalkulierbarkeit" als Merkmal des Kunstsystems

Die spezifische Sinnorientierung von Kunst einerseits (Produktion fiktiver Realitäten; Neuschöpfung als Prinzip) und der geringe Formalisierungsgrad der im Bereich Kunst agierenden Rollen andererseits machen die Handlungen der Akteure und die Koordination der Handlungen zwischen verschiedenen Akteuren im hohen Maße unkalkulierbar und damit unsicher (Saxer idB). Die Kunst verfügt über keine klar definierten Kriterien, die festlegen, was als künstlerisch bedeutsam bzw. als unbedeutsam zu bewerten ist, welche Kunst erfolgreich und welche nicht erfolgreich sein wird. Künstlerrollen und Kunstvermittlungsrollen sind, wie wir gesehen hatten, im geringen Maße standardisierte Rollen. Der Vorteil eines klaren Rollenzuschnitts, Verhaltenserwartungen und Verhaltenssicherheiten zu produzieren, fällt damit weitgehend weg. Entsprechend bezeichnet Thurn (idB) Kunstproduktion und Kunstvermittlung auch als Risikoproduktion. Zwei Folgerungen ergeben sich aus diesem Strukturmerkmal des Kunstsystems.

a) Die Akteure im Bereich der Kunst entwickeln spezifische, *Unsicherheiten kompensierende Handlungsstrategien*. Hackenbroch und Rössel (idB) zeigen in ihrem Beitrag, welche Effekte die Unsicherheiten des Literaturmarktes auf die Organisationsstruktur und die Handlungen der Literaturverlage haben. Da es keine feststehenden Verfahren gibt, nach denen Medienredaktionen Rezensionen in Auftrag geben und keine klaren Kriterien, nach denen Bücher beurteilt werden, versuchen Verlage, diese Unsicherheiten vor allem durch den Aufbau eines *infor-*

mellen Beziehungsnetzwerks zu Redakteuren und Rezensenten zu kompensieren. Die Kompensation formaler Strukturdefizite durch den Aufbau informeller, auf Vertrauen basierender Beziehungen scheint nicht allein für Verlage typisch zu sein. V. Alemann (idB) zeigt für die von ihm untersuchten Galeristen, Saxer (idB) für die Kunstjournalisten, daß informellen Beziehungen jeweils eine besondere Bedeutung in der Produktion von Erwartungssicherheiten zukommt.

b) Ist das Handeln einzelner Akteure und die Wertigkeit der Kunstprodukte im geringen Maße kalkulierbar, dann gilt dies erst recht für die Interaktionen zwischen verschiedenen Akteuren. Es scheint mit diesen Strukturmerkmalen des Systems zusammenzuhängen, daß Erklärungen über die Entwicklung des Kunstsystems so schwierig sind. Ich hatte mit Bezugnahme auf die Beiträge von White und White und v. Alemann bereits erläutert, daß man das Handeln einzelner Akteure vielleicht auf die Verfolgung von Interessen zurückführen kann, das Ergebnis des Prozesses der Binnendifferenzierung des Kunstsystems sich aber ungeplant einstellt und sich aus dem Wechselspiel einer Interessensfiguration und den nicht intendierten Effekten der Handlungen von Akteuren ergibt. Man kann vermuten, daß einfache Erklärungen im Bereich der Kunst aus strukturimmanenten Gründen schwerlich möglich sein werden.

2.6 Vertikale Differenzierung der Kunst

Wir haben die Kunst bis jetzt als ein ausdifferenziertes System innerhalb einer in verschiedene Teilsysteme horizontal differenzierten Gesellschaft betrachtet. Kunst als ein ausdifferenziertes System zu betrachten, ist aber nur eine mögliche gesellschaftstheoretische Perspektive auf die Kunst. Die alternative, besser: ergänzende Theorieperspektive betrachtet Kunst unter dem Blickwinkel einer *vertikalen Differenzierung* als ein intern geschichtetes System. Im Bereich der Literatur (Gerhards und Anheier idB), sicherlich aber auch in den anderen Kunstsparten verläuft die zentrale Scheidelinie der Schichtung der Kunst zwischen einem Segment der hohen Kultur und dem einer niederen Kultur, zwischen Volkskunst und Unterhaltungskunst einerseits und anspruchsvoller Kunst andererseits. Diese ästhetische Trennungslinie zwischen *legitimer und illegitimer* Kunst wird gestützt und untermauert durch unterschiedliche soziale Merkmale der Künstler, die sich auf die jeweilige Kunst spezialisert haben. Während die einen aus dem akademischen Bereich kommen und meist eine Geisteswissenschaft, häufig Germanistik studiert haben und entsprechend mit der Geschichte und den Stilen der Literatur vertraut sind, gilt dies für die Unterhaltungsliteraten nicht. Daß auch die legitime Kunst intern weiter stratifiziert und geschichtet ist, zeigt Erd (idB) am Beispiel des Frankfurter Opernorchesters. Er rekonstruiert die feingliedrige Hierachiestruktur, die innerhalb eines Orchesters existiert und die sich aus der unterschiedlichen Verfügung der einzelnen Positionen des Orchesters über die Ressourcen Macht, Einkommen und Prestige ergibt.

Eine vertikale Differenzierung zeigt sich aber auch im Bereich der *Kunstvermittlung*. Für die Zuteilung des Prädikats „ästhetisch wertvoll", aber auch für den

Verkaufswert von Kunst sind Besprechungen und Rezensionen von Kunstaktivitäten in den Massenmedien besonders wichtig. Saxer (idB) zeigt, daß man auch in der medialen Vermittlung von Kunst insofern eine hierarchische Struktur findet, als die Boulevardpresse dominant über die Unterhaltungskunst, die überregionale Presse über die „legitime" Kunst berichtet. Hackenbroch und Rössel (idB) zeigen, daß der Frankfurter Allgemeinen Zeitung im Hinblick auf Literaturrezensionen die Funktion eines Leitmediums zukommt. Hier finden sich nicht nur die meisten Literaturbesprechungen, die FAZ ist in aller Regel auch die Zeitung, die Neuerscheinungen von Büchern zuerst rezensiert; sie übernimmt damit wahrscheinlich die Funktion eines „opinion leaders", der die Rezensionen in anderen Zeitungen zu beeinflussen vermag.

2.7 Das Publikum der Kunst

Theorien funktionaler Differenzierung gehen davon aus, daß mit der Ausdifferenzierung von Teilsystemen und der Bildung spezifischer Rollen - in der Systemtheorie als die Leistungsrollen der Teilsysteme bezeichnet (vgl. Luhmann und Schorr 1979: 29-34) - , die die Existenz der Teilsysteme auf Dauer stellen, zugleich ein Prozeß der Ausbildung spezifischer Publikumsrollen verbunden ist: In der Rolle des Patienten partizipieren die Bürger am Medizinsystem, in der Rolle der Schüler an der Erziehung, in der Rolle des Wählers an der Politik, in der Rolle des Klägers am Rechtssystem etc. (vgl. Stichweh 1988). Historisch betrachtet wurde die Inklusion der Bürger in die Teilsysteme zunehmend auf alle Bürger ausgedehnt: alle erhielten ein Recht, medizinisch versorgt zu werden, zu wählen, zu klagen, in die Schule aufgenommen zu werden, ja in die Schule gehen zu müssen etc. Für den Bereich der Ausdifferenzierung der Kunst läßt sich ebenfalls eine *Inklusionserweiterung* beobachten. Der Wegfall formaler Schranken aufgrund von Standeszugehörigkeit, die Alphabetisierung und die kontinuierliche Erhöhung des Bildungsniveaus der Bevölkerung, die Erhöhung der verfügbaren Freizeit und des verfügbaren Einkommens bilden einige der Voraussetzungen einer kontinuierlichen Erweiterung des Publikums der Kunst. Klein (idB) zeigt für den Bereich der Kunstmuseen, daß es seit der Jahrhundertwende Bemühungen gab, „das Museum zu entmusealisieren" und zu popularisieren, um die Inklusion des Publikums vor allem der unteren Schichten zu erhöhen. Die Verlängerung der Öffnungszeiten, freier Eintritt, der Einsatz pädagogischer Mittel zur Vermittlung der Kunst, die Professionalisierung dieser Bemühungen durch die Entwicklung einer Museumspädagogik sind nur einige der diskutierten und eingesetzten Mittel der Inklusionserweiterung (Klein idB).

Trotzdem weist das Publikum der Kunst eine vertikal differenzierte Struktur auf, die sich spiegelbildlich zur Schichtung der Kunstproduzenten und der Kunstprodukte verhält. Bildung scheint dabei die wichtigste diskriminierende Variable zur Einteilung des Publikums in verschiedene geschichtete Publika zu sein. Während Bevölkerungsgruppen mit niedriger Bildung der Unterhaltungs- und Populärkunst zugewandt sind, sind es vor allem die Akademiker, die die Rezipienten der „eigentlichen" Kunst darstellen. Klein (idB) hat berechnet, daß die Menge derer, die zu dem potentiell aktiven Publikum von Kunstmuseen gerechnet werden können, ca. 15% der über 15-jährigen Bevölkerung der Bundesrepublik ausmachen. Der Anteil der Akademiker und Studierenden unter den Kunstmuseumsbesucher liegt bei 75- 85%; Geisteswissenschaftler sind deutlich überrepärsentiert. Die Besuchsmotivationen selbst bleiben dabei vielfach diffus. Dieser empirische Befund deckt sich mit der These Luhmanns (idB), daß das Kunstwerk die Welt- und Selbstvergessenheit des Beobachters forciere, der psychologische Gewinn für den Betrachter aber gering sei, weswegen man ohne Kunst ganz gut leben könne.

Der Beitrag von Bourdieu aber lehrt uns, daß der psychologische Gewinn der Kunstrezeption wohl gering sein mag, daß dies aber nicht für den *sozialen Gewinn* der Kunstzuwendung gilt. Bourdieu macht deutlich, daß und wie die Wahrnehmung und Entschlüsselung von Kunst an die Fähigkeit des Betrachters, den der Kunst immanenten Code zu dechiffrieren gebunden ist. Zwar ist es möglich die expressiven Bedeutungen eines Kunstwerks ohne sonderliche Vorkenntnisse zu entschlüsseln, die tiefere Bedeutung eines Kunstwerks existiert aber nur für denjenigen, der über die Kompetenz verfügt, seine Bedeutungen zu entschlüsseln. Die spezifische Kompetenz der Entschlüsselung besteht darin, die Merkmale eines Kunstwerks innerhalb des Horizonts der verwendeten stilistischen Möglichkeiten der jeweiligen Kunstsparte zu klassifizieren und die Verweisungszusammenhänge eines Kunstwerks auf andere Kunstwerke und Stile wahrnehmen zu können. Nun ist die Klassifikationskompetenz und damit die Fähigkeit, den Bedeutungsgehalt von Kunstwerken zu entschlüsseln, sozial unterschiedlich verteilt. Die Appropriationsmittel der Kunstaneignung, wie Bourdieu sie nennt (idB), werden über Familie und Schule vermittelt. Ihr Erwerb bedarf eines langen Sozialisationsprozesses der Aneignung und Erprobung am Material, so daß sie am Ende Teil des *Habitus* werden und wie die Regeln der Grammatik den Benutzern häufig nicht mehr bewußt sind. Es ist gerade die gebildete Klasse der Akademiker, die über diese Fähigkeiten verfügt und sie weiter an ihre Kinder vermittelt. Zugleich leugnen diejenigen, die über diese Kompetenz verfügen, die soziale Herkunft des Erwerbs dieser Fähigkeit und interpretieren die sozial vermittelte Kompetenz als Gabe der Natur, als natürlichen Geschmack. Klassenspezifische Kunstwahrnehmung und vor allem die Kommunikation über die Kunstrezeption wird damit zum Distinktionsmittel zwischen den Klassen und zum Mittel der Reproduktion der vertikalen Struktur der Gesellschaft. Genau darin aber liegt der soziale Gewinn der Kunstrezeption für diejenigen, die über Geschmack verfügen.

Daß umgekehrt die unteren Schichten die Möglichkeiten des Kunstgenusses der gebildeten Klassen durch eine marktvermittelte Angebotsbeeinflussung beschneiden können, zeigt die Studie von Martorella (idB). Im Gegensatz zu den Opern in Deutschland, die sich in erster Linie über staatliche Subventionen finanzieren, sind die meisten der amerikanischen Opernhäuser im hohen Maße von Spenden und den durch die Eintrittspreise erwirtschafteten Einnahmen und damit unmittelbar von der Nachfrage des Publikums abhängig. Unter diesen Bedingungen müssen die Opern dafür Sorge tragen, ihre Häuser zu möglichst hohen Eintrittspreisen auszulasten. Die Notwendigkeit der Erzeugung einer hohen Resonanz bei einem breiten Publikum - und das heißt eben auch bei einem weniger gebildeten Publikum - hat wiederum Folgen für das Programmgestaltung und die Auswahl der Künstler: die Rekrutierung von Stars und die Forcierung eines Starkults, die Begrenzung des Repertoires auf ein Standardrepertoire an Komponisten und Opern, die Begrenzung der Menge der Neuproduktionen und die geringe Häufigkeit der Inszenierung von zeitgenössischen Opern sind die empirisch feststellbaren Folgen einer Abhängigkeit der Oper von einem zahlungskräftigen Massenpublikum.

Literatur

Becker, Howard S., 1982: Art Worlds. Berkeley, Los Angeles, London: University of California Press.

Blau, Judith R. 1989: The Shape of Culture. A Study of Contemporary Cultural Patterns in the United States. New York: Cambridge University Press.

Crane, Diane und Magali Sarfatti Larson, 1995: Course Syllabi for the Sociology of Culture. ASA Resource Materials for Teaching. American Sociological Association.

Foster, Arnold W. und Judith R. Blau, 1989: Art and Society. Readings in the Sociology of the Arts. New York: State University of New York Press.

Gerhards, Jürgen, 1994: Politische Öffentlichkeit. Ein system- und akteurstheoretischer Bestimmungsversuch. S. 77-106 in: Friedhelm Neidhardt (Hg.): Öffentlichkeit, öffentliche Meinung und soziale Bewegungen (Sonderheft 34 der Kölner Zeitschrift für Soziologie und Sozialpsychologie). Opladen: Westdeutscher Verlag.

Griff, Mason, 1968: The Recruitment and Socialization of Artists. S. 447-455 in: Edward Sills (Hg.): Encyclopedia of the Social Sciences, New York: MacMillan.

Griswold, Wendy, 1993: Recent Moves in the Sociology of Literature, in: Annual Review of Sociology 19: 455-467.

Hummel, Marlies und Manfred Berger, 1988: Die volkswirtschaftliche Bedeutung von Kunst und Kultur, Berlin/München: Duncker und Humblot.

Luhmann, Niklas, 1995: Die Kunst der Gesellschaft, Frankfurt a. M.: Suhrkamp.

Luhmann, Niklas und Karl-Eberhard Schorr, 1979: Reflexionsprobleme im Erziehungssystem, Stuttgart: Klett-Cotta.

Nash, Dennison J., 1989: The Socialization of an Artist. The American Composer. S. 85-96 in: Arnold W. Foster und Judith R. Blau (Hg.), Art and Society. Readings in the Sociology of the Arts. New York (SUNY).

Pommerehne, Werner, W. und Bruno S. Frey, Musen und Märkte. Eine ökonomische Analyse der Kunst, München: Vahlen.

Schimank, Uwe, 1985: Der mangelnde Akteurbezug systemtheoretischer Erklärungen gesellschaftlicher Differenzierung - Ein Diskussionsvorschlag, in: Zeitschrift für Soziologie 14: 421-434.

Schimank, Uwe, 1988: Gesellschaftliche Teilsysteme als Akteursfiktionen, in: Kölner Zeitschrift für Soziologie und Sozialpsychologie 40: 619-639.

Schulze, Gerhard, 1992: Die Erlebnisgesellschaft. Kultursoziologie der Gegenwart, Frankfurt a. M.: Campus.

Silbermann, Alphons, 1973: Empirische Kunstsoziologie. Eine Einführung mit kommentierter Bibliographie, Stuttgart: Enke.

Stichweh, Rudolf, 1988: Inklusion in Funktionssysteme der modernen Gesellschaft. S. 261-294 in: Renate Mayntz, Bernd Rosewitz, Uwe Schimank und Rudolf Stichweh, Differenzierung undVerselbständigung. Zur Entwicklung gesellschaftlicher Teilsysteme, Frankfurt a. M./New York: Campus.

Thurn, Hans Peter, 1983: Die Sozialität der Solitären. Gruppen und Netzwerke in der Bildenden Kunst. S. 287-318 in: Friedhelm Neidhardt (Hg.): Gruppensoziologie. Sonderheft der Kölner Zeitschrift für Soziologie und Sozialpsychologie, Opladen: Westdeutscher Verlag.

Thurn, Hans Peter, 1989: Kunstsoziologie. S. 379-385 in: Günter Endruweit und Gisela Trommsdorf (Hg.), Wörterbuch der Soziologie, Stuttgart: Enke.

Thurn, Hans Peter, 1994: Der Kunsthändler, Wandlungen eines Berufs. München: Hirmer Verlag.

Vanberg, Victor, 1975: Die zwei Soziologien. Individualisimus und Kollektivismus in der Sozialtheorie, Tübingen: J. C. B.Mohr (Paul Siebeck).

Zolberg, Vera L., 1990: Constructing a Sociology of the Arts, New York: Cambridge University Press.

Robert Wuthnow und Marsha Witten, 1988: New Directions in the Study of Culture, in: Annual Review of Sociology 14: 49-67.

Howard S. Becker

Kunst als kollektives Handeln[1]

Daß Kunst sozialen Charakter besitzt, ist eine Annahme einer bestimmten soziologischen Theorierichtung. Diese Vorstellung ist Teil einer weitergreifenden Theorie, die davon ausgeht, daß wissenschaftliche und kulturelle Produkte sozialen Charakter besitzen bzw. eine soziale Grundlage haben. Um das Verhältnis zwischen Kunstwerken und deren sozialen Kontexten zu analysieren, sind in der Vergangenheit unterschiedliche Beschreibungsweisen verwendet worden. Die Bandbreite der Studien reicht von solchen, die versuchen unterschiedliche künstlerische Stile und kulturelle Merkmale der Gesellschaft, in der sie gefunden wurden, aufeinander zu beziehen, bis zu jenen, die die Umstände für die Produktion bestimmter künstlerischer Arbeiten untersuchen. Sowohl Sozialwissenschaftler als auch Geisteswissenschaftler haben zu dieser Literatur beigetragen. (Eine repräsentative Auswahl dieser Arbeiten findet sich in Albrecht, Barnett und Griff 1970).

Viele soziologische Autoren sprechen von Organisationen oder Systemen, ohne die Menschen zu berücksichtigen, deren kollektives Handeln die Organisation bzw. das System erst konstituieren. In der Kunstsoziologie wird häufig ähnlich verfahren. Wechselbeziehungen oder Übereinstimmungen werden ohne Bezug zu den Handlungen aufgezeigt, durch die sie entstanden sind. Oder es wird über soziale Strukturen gesprochen, ohne die gemeinsamen Handlungen von Personen zu berücksichtigen, die die Strukturen konstituieren. Meine zugegebenerweise selektiven Kenntnisse der Literatur über Kunst und der verfügbaren soziologischen Literatur (insbesondere Blumer 1966 und Strauß et al. 1964) sowie persönliche Erfahrungen und die Teilnahme an verschiedenen künstlerischen Welten haben mich zu einer Entwicklung einer Theorie von Kunst als einer Form kollektiven Handelns geführt.

Bei der Arbeit an dieser Theorie habe ich mich auf frühere Arbeiten von Sozial- und Geisteswissenschaftlern gestützt, die in der Theorietradition stehen, die ich gerade kritisiert habe. Weder die Beispiele, die ich benutze, noch spezifische Aussagen sind dabei völlig neu; aber ich glaube nicht, daß sie bisher in Verbindung

---

1 Der Aufsatz wurde von Claudia Sonntag und Jürgen Gerhards aus dem Englischen ins Deutsche übersetzt.

mit einer Theorie kollektiven Handelns Verwendung fanden, wie sie hier vorgeschlagen wird. Keines der angegebenen Beispiele belegt die Theorie; vielmehr illustrieren sie die Art des Materials, das eine Theorie über diesen Bereich des menschlichen Lebens berücksichtigen müßte. Die Anwendung einer Theorie kollektiven Handelns auf das Gebiet der Kunst provoziert einige allgemeinere Thesen über soziale Organisationsformen, die ich im Schlußteil diskutieren werde. Sie sind Beleg dafür, daß eine Theorie, wie sie hier vorgestellt wird, notwendig ist.

1. Kooperation und kooperative Verbindungen

Es ist kaum vorstellbar, wie viele verschiedene Tätigkeiten ausgeführt werden müssen, um ein beliebiges Kunstwerk zu dem zu machen, als das es letztendlich erscheint. Für ein Symphonieorchester, das ein Konzert gibt, müssen zum Beispiel Instrumente erfunden, hergestellt und gewartet worden sein; eine Notenschrift muß erfunden und Musik muß komponiert worden sein; die Menschen, die diese Notenschrift benutzen, müssen gelernt haben, die Noten auf den Instrumenten zu spielen; ein Zeitpunkt mußte verabredet und ein Raum für die Proben bereitgestellt worden sein; für das Konzert mußte geworben, die Medien mußten eingeladen und Karten verkauft worden sein; und schließlich mußte ein Publikum gewonnen werden, daß in der Lage ist, die Musik zu hören, sie zu verstehen und auf sie zu reagieren. Eine ähnliche Liste kann man für jede beliebige darstellende Kunst aufstellen. Mit geringen Abweichungen (setzt man Material für Instrumente und Ausstellung für Aufführung) läßt sich diese Liste auf die bildenden Künste und (setzt man Sprache und Druck für Materialien und Veröffentlichung für Ausstellung) auf die Literatur übertragen. Allgemein kann man sagen, daß die notwendigen Tätigkeiten im Normalfall folgende Aspekte umfassen: Idee und Konzeption der Arbeit, Schaffung der notwendigen physischen Voraussetzungen, Erarbeitung einer allgemeinverständlichen Kunstsprache, Ausbildung des künstlerischen Personals und des Publikums, um die Sprache der jeweiligen Kunst erzeugen und erfahren zu können, sowie die Möglichkeit, diese notwendigen Zutaten für eine entsprechende Arbeit oder Aufführung mischen zu können.

Man stelle sich den extremen Fall vor, daß eine Person all diese Dinge allein getan hätte: Eine Person, die alles selbst ausdachte, aufführte und schuf und das Resultat allein erlebte, all dies ohne die Unterstützung oder Kooperation mit irgend jemandem. Tatsächlich kann man sich diesen Fall nur schwer vorstellen, da alle Kunst, die wir kennen, von komplizierten Netzwerken der Kooperation abhängig ist. Stets findet Arbeitsteilung statt. Normalerweise nehmen viele Menschen an der Arbeit teil, ohne die eine Aufführung nicht möglich wäre oder ein Kunstwerk nicht entstehen könnte. Jede soziologische Analyse der Kunst fragt deswegen nach der Arbeitsteilung: Wie sind die verschiedenen Aufgaben unter den Menschen aufgeteilt?

Es gibt keine „natürliche" Arbeitsteilung, die man aus der Technologie einer Kunstgattung ableiten könnte. Man betrachte z. B. das Verhältnis zwischen Komposition und Aufführung von Musik. Bei konventioneller symphonischer Musik oder Kammermusik sind die beiden Tätigkeiten getrennt. Es gibt jedoch Komponisten, die musizieren, und es gibt Musiker, die komponieren. Dennoch erkennen wir keine notwendige Verbindung zwischen den beiden Tätigkeiten; wir sehen sie als getrennte Rollen, die manchmal in einer Person zusammentreffen. Beim Jazz ist die Komposition unwichtig. Die Standart-Melodie stellt nur ein Gerüst dar, auf dem der Künstler Improvisationen aufbaut, die von den Zuhörern aufmerksam verfolgt werden. In der zeitgenössischen Rockmusik ist es idealiter so, daß der Musiker auch seine eigene Musik komponiert. Rockgruppen, die Musik von anderen Leuten spielen (Bennett 1972) werden abwertend „copy bands" genannt. Ebenso gibt es Fotografen, die ihre Aufnahmen stets selbst vergrößern und andere, die dies selten tun. Dichter, die in der westlichen Tradition stehen, erachten es nicht als notwendig, ihre eigenen handschriftlichen Aufzeichnungen in ihre Arbeit zu integrieren. Sie überlassen es Druckern, das Material in eine lesbare Form zu überführen. Östliche Kalligraphen dagegen sehen das tatsächlich Geschriebene als einen integralen Teil ihrer Dichtung an. In keinem Fall erfordert eine Kunstgattung zwingend eine bestimmte Art der Arbeitsteilung. Die Arbeitsteilung resultiert immer aus einer konsensuellen Definition der Situation. Ist diese jedoch einmal erfolgt, erscheint sie den an der Kunstwelt[2] Beteiligten als natürlich. Abweichungen werden als unnatürlich, unklug oder unsittlich erachtet.

Einige der Tätigkeiten, die notwendig sind für die Produktion eines Kunstwerkes, werden von den an einer Kunstwelt Beteiligten als „künstlerische" Tätigkeiten erachtet. Diese bedürfen eines speziellen Talents oder einer Sensibilität des Künstlers. Die übrigen Tätigkeiten erscheinen ihnen als eine Sache des Handwerks, der Geschäftstüchtigkeit oder einer Fähigkeit geschuldet, die weniger selten, weniger charakteristisch für Kunst, weniger notwendig für den Erfolg einer Arbeit und weniger anerkannt ist. Personen, die die beschriebenen spezifischen Tätigkeiten ausführen, definieren sie als Künstler und alle anderen als unterstützendes Personal. Die Kunstwelten unterscheiden sich in der Art, wie sie den Titel „Künstler" vergeben und in den Mechanismen, die darüber entscheiden, wer den Titel „Künstler" erhält und wer nicht. Gilden oder Akademien (Pevsner 1940) z. B. verlangen häufig eine lange Ausbildungszeit und können diejenigen an der Ausübung ihrer Kunst hindern, die keine Lizenz erhalten haben. Das umgekehrte Extrem ist gegeben, wenn die Auswahl einer Laienöffentlichkeit überlassen wird: Wird eine Arbeit als Kunst konsumiert, wird der Produzent allein deswegen als Künstler akzeptiert. Die Beschreibung einer Tätigkeit als künstlerische Tätigkeit

---

2 Das Konzept der Kunstwelt ist unlängst als zentrale Idee in der Untersuchung von Schlüsselthemen der Ästhetik benutzt worden (siehe Dickie 1971; Danto 1964 und Blizek o.J.). Ich habe den Begriff hier in einer relativ undefinierten Weise verwandt; seine Bedeutung wird aus dem Kontext der Argumentation deutlich werden. Allerdings plane ich eine tiefergehende Analyse in einer späteren Arbeit.

mag sich in die eine oder andere Richtung verändern. Kealy (1974) beschreibt, wie Toningenieure in dem Moment als Künstler betrachtet wurden, als neue technische Möglichkeiten entstanden, die von Künstlern expressiv genutzt werden konnten. Werden die Effekte, die ein Toningenieur produziert aber Allgemeingut, die von irgendeinem Fachmann ausführbar sind, dann verlieren Toningenieure den Status eines Künstlers.

Wie groß muß der Anteil an Arbeiten für die unmittelbare Produktion von Kunst sein, damit sich eine Person Künstler nennen kann? Der Beitrag, den ein Komponist zu dem beisteuert, was in dem endgültigen Werk enthalten ist, hat sich stark verändert. Virtuose Musiker von der Renaissance bis ins 19. Jahrhundert improvisierten an Hand der Vorgaben des Komponisten (Dart 1967; Reese 1959). So sind zeitgenössische Komponisten, die dem Musiker nur sehr skizzenhafte Anweisungen geben, nicht ohne Vorläufer. (Die gegenläufige Bewegung, daß die Komponisten die interpretative Freiheit der Ausführenden beschränken, ist allerdings bis vor kurzen verbreiteter gewesen). John Cage und Karlheinz Stockhausen (Wörner 1973) gelten in der Welt der zeitgenössischen Musik als Komponisten, obwohl viele ihrer Vorlagen den Musikern einen großen Spielraum für eigene Entscheidungen überlassen. Künstler müssen, um Künstler sein zu können, nicht notwendig Hand an das Material legen, aus dem das Kunstwerk besteht. Architekten bauen selten das, was sie entwerfen. Wenn jedoch ein Bildhauer eine Plastik fertigt, indem er genaue Anweisungen an eine Werkstatt schickt, provoziert dies Fragen. Es gibt viele Menschen, die sich sträuben, den Titel eines Künstlers an Autoren zu verleihen, die konzeptuelle Kunst machen, die niemals Gestalt eines Kunstwerks im engeren Sinne annimmt. Marcel Duchamp hat die Gemüter erhitzt, indem er darauf bestand, daß er ein wirkliches Kunstwerk geschaffen hatte, als er einen industriell produzierten Schneeschieber oder eine Reproduktion der Mona Lisa, an die er einen Schnurrbart gezeichnet hatte, signierte. Damit ordnete er Leonardo genauso wie den Designer und den Hersteller des Schneeschiebers als unterstützendes Personal ein. Wie ungeheuerlich diese Idee auch zu sein scheint, eine ähnliche Verfahrensweise ist die Regel bei der Herstellung von Collagen. Bei einer Collage kann die gesamte Arbeit aus Teilen bestehen, die von anderen Personen geschaffen wurden. Diese Beispiele machen deutlich, daß es das Ergebnis einer Übereinkunft ist, was in einem bestimmten Bereich der Kunst als wesentliche künstlerische Handlung, deren Ausführung den Ausführenden zum Künstler macht, definiert wird.

All das, was von dem so definierten Künstler nicht gemacht wird, muß durch andere ausgeführt werden. So arbeitet der Künstler im Zentrum eines großen Netzwerkes von kooperierenden Personen, deren Arbeit für das Endprodukt wesentlich ist. Sobald er auf andere angewiesen ist, besteht eine kooperative Verbindung. Die Personen können bis ins letzte Detail die Auffassung des Künstlers darüber teilen, wie ihre Arbeit getan werden sollte. Dieser Konsens ist wahrscheinlich, wenn jeder der Beteiligten jede der Arbeiten ausführen kann; trotz Arbeitsteilung kann sich in diesem Fall keine funktional spezialisierte Gruppe entwickeln. Diese Situation kann sowohl in einfachen, gemeinschaftlich geteilten Kunstformen wie dem Square dance vorkommen, als auch in Teilen der Gesellschaft, wo deren Mitglieder die Praktizierung der jeweiligen Kunst gelernt haben. Ein gut erzogener Amerikaner des 19. Jahrhunderts wußte zum Beispiel genügend über Musik, um an einer Aufführung der Parlor Songs von Stephen Foster teilzunehmen, genauso wie sein Gegenstück in der Renaissance an einer Aufführung eines Madrigals teilnehmen konnte. In solchen Situationen ist Kooperation einfach und unmittelbar möglich.

Sobald spezialisierte, professionelle Gruppen die Ausführung der notwendigen Arbeiten für die Kunstproduktion übernehmen, neigen deren Mitglieder dazu, eine spezifische Ästhetik, eigene finanzielle Interessen und Karriereambitionen zu entwickeln, die sich grundlegend von denen des Künstlers unterscheiden. Orchestermusiker zum Beispiel sind bekanntermaßen mehr darum besorgt, daß sie gut klingen, als daß sie sich um den Erfolg eines bestimmten Werkes bemühen, und dafür haben sie gute Gründe: Ihr eigener Erfolg hängt zum Teil davon ab, wie es Ihnen gelingt, die zu beeindrucken, von denen sie auf Grund ihrer Fähigkeiten eingestellt werden (Faulkner 1973a, 1973b). So mögen sie ein neues Werk sabotieren, das sie auf Grund seiner Schwierigkeiten schlecht klingen lassen würden; ihre Karriereinteressen sind denen des Komponisten entgegengesetzt.

Ebenso können ästhetische Konflikte zwischen dem unterstützenden Personal und dem Künstler auftreten. Ein mit mir befreundeter Bildhauer war eingeladen worden, die Dienstleistungen einer Gruppe von Meisterlithographen zu nutzen. Da er wenig von der Technik der Lithographie verstand, war er sehr froh darüber, daß diese Spezialisten den eigentlichen Druck übernehmen würden. Diese Art der Arbeitsteilung ist weit verbreitet und hat ein hoch spezialisiertes Druckerhandwerk hervorgebracht. Er fertigte Zeichnungen an, die große einfarbige Flächen enthielten, um den Druckern ihre Arbeit zu erleichtern. Statt dessen machte er es ihnen aber nur schwerer. Der Drucker trägt die Farbe mittels einer Rolle auf den Stein auf. Große Flächen machen einen mehrmaligen Farbauftrag notwendig, der wiederum Spuren der Rolle sichtbar werden läßt. Die Drucker, die sich selbst als die besten der Welt anpriesen, erklärten meinem Freund, daß sie zwar seinen Entwurf drucken könnten, daß jedoch die einfarbigen Flächen Probleme verursachen würden. Mein Freund hatte nichts von diesen Rollspuren gewußt. Nun erwog er jedoch, sie in seine Arbeit zu integrieren. Die Drucker teilten ihm wiederum mit, daß er das nicht tun könne, da Rollspuren für andere Drucker ein deutliches Zeichen für schlechtes Handwerk seien und daß kein Druck, der solche Spuren aufweise, ihren Laden verlassen dürfe. Die künstlerische Neugier meines Freundes wurde Opfer der Standards des Druckerhandwerks: ein schönes Beispiel dafür, wie spezialisiertes unterstützendes Personal eigene Standards und Interessen entwickelt.[3]

---

3 Die Übereinkünfte zwischen Künstlern, Druckern und Herausgebern sind von Kaase (1973) beschrieben worden.

Mein Freund war auf die Drucker angewiesen, da er nicht in der Lage war, die Lithographien selbst anzufertigen. Seine Erfahrung verdeutlicht, welche Möglichkeiten des Künstlers durch Kooperation mit anderen festgelegt werden. Er kann Dinge in einer Weise tun, wie sie etablierte Gruppen des unterstützenden Personals auszuführen vermögen. Er kann versuchen, seine Vorgehensweise durchzusetzen; er kann versuchen, andere in seiner Technik zu unterrichten oder er kann es selbst machen. Abgesehen von der ersten Möglichkeit kostet jede andere Möglichkeit zusätzliche Zeit und Energie im Vergleich zu der standardisierten Variante. Die Beteiligung und Abhängigkeit des Künstlers vom Kooperationsnetzwerk beschränkt die Art der Kunst, die er produzieren kann.

Ähnliche Beispiele können in jedem anderen Bereich der Kunst gefunden werden. e.e. cummings hatte Schwierigkeiten, sein erstes Buch zu publizieren, da die Drucker Angst hatten, sein bizarres Layout zu setzen (Norman 1958). Die Produktion von bewegten Bilder schließt eine große Anzahl solcher Schwierigkeiten ein: Schauspieler, die nur in schmeichelhafter Pose fotografiert werden wollen, Autoren, die kein Wort verändert haben möchten und Kameramänner, die keine ungewohnten Verfahren verwenden wollen.

Künstler schaffen häufig Kunstwerke, die mit herkömmlichen Mitteln der Produktion und der Ausstellung nicht in Einklang zu bringen sind. Bildhauer bauen Konstruktionen, die zu groß und zu schwer sind für existierende Museen. Komponisten schreiben Musik, die einer Anzahl von Aufführenden bedarf, die von existierenden Organisationen nicht bereitgestellt werden kann. Stückeschreiber schreiben Werke, die nach dem Geschmack des Publikums zu beurteilen, zu lang sind. Wenn sie die Möglichkeiten der existierenden Institutionen überschreiten, wird ihre Arbeit nicht ausgestellt oder aufgeführt. Das erklärt, warum die meisten Künstler Skulpturen schaffen, die nicht zu groß oder zu schwer sind, Musik komponieren, die einer nicht allzu großen Anzahl von Musikern bedarf, oder Stücke schreiben, die eine angemessene Länge besitzen. Indem sie ihre Konzepte den gegebenen Ressourcen anpassen, akzeptieren konventionelle Künstler die Handlungsrestriktionen, die durch ihre Abhängigkeit von der Kooperation der Mitglieder der existierenden Kunstwelt entstehen. Wann immer ein Künstler von anderen in irgendeiner Weise abhängig ist, muß er entweder die Handlungsrestriktionen, die daraus resultieren, akzeptieren, oder er muß den Zeit- und Energieaufwand erhöhen, um die Dinge, die er von anderen benötigt, auf eine andere Art zu bekommen.

Wenn man feststellt, daß der Künstler der Kooperation anderer bedarf, *damit ein Kunstwerk zu dem wird, was es letztendlich ist*, dann ist damit nicht gesagt, daß er nicht ohne diese Kooperation arbeiten kann. Das Kunstwerk muß nicht notwendig zu dem werden, als das es uns erscheint; es kann viele andere Formen annehmen, eingeschlossen solche, die es erlauben, ohne andere Hilfe auszukommen. So können Autoren (wie das Beispiel von cumming zeigt), obwohl sie von Druckern und Publizisten abhängig sind, Dichtung auch ohne diese hervorbringen. Russische Dichter lassen ihre Werke in Form von privat kopierten

Schreibmaschinentexten zirkulieren. Auch Emily Dickinson handhabe dies so (Johnson 1955). In beiden Fällen zirkulieren die Werke deswegen nicht als konventionelle Druckerzeugnisse, weil die Künstler eine Zensur oder Auflagen zum Umschreiben von denjenigen, die das Werk publizieren, nicht akzeptieren würden. Der Dichter muß dann entweder sein Werk selbst reproduzieren und verbreiten, oder es wird nicht verbreitet. Aber er kann natürlich trotzdem schreiben. Meine Argumentation unterscheidet sich in diesem Punkt von einem Funktionalismus, der davon ausgeht, daß der Künstler der Kooperation bedarf, und der dabei die Möglichkeit ignoriert, daß der Künstler auf Kooperation auch verzichten kann, wenn er bereit ist, einen Preis dafür zu zahlen.

Die genannten Beispiele konzentrieren sich auf Aspekte, die mehr oder weniger außerhalb der Kunstwelt selbst liegen: Ausstellungsraum, Druck oder Notation. Daß Kooperationsbeziehungen und Handlungsrestriktionen den gesamten künstlerischen Schaffensprozeß durchdringen, wird deutlich, wenn man die Natur und Funktion der künstlerischen Konventionen betrachtet.

2. Konventionen

Die Produktion von Kunstwerken bedarf elaborierter Formen der Kooperation von spezialisiertem Personal. Wie kommen diese Menschen zu Übereinkünften über ihre Kooperation? Sie können in der jeweiligen Situation natürlich alles jeweils neu aushandeln. Eine Gruppe von Musikern könnte diskutieren und vereinbaren, welche Klänge als Töne verwendet werden. Sie könnten vereinbaren, welche Instrumente konstruiert werden, um solche Klänge zu erzeugen und wie die Töne kombiniert werden, um eine Musiksprache zu erzeugen. Sie könnten sich darüber einigen, wie diese Musiksprache benutzt wird, um Arbeiten einer spezifischen Länge mit einer bestimmten Anzahl von Instrumenten für ein Publikum mit noch zu bestimmender Größe, das auf eine bestimmte Art rekrutiert werden sollte, zu spielen. Solche Fälle kommen manchmal vor, zum Beispiel bei der Gründung einer neuen Theatergruppe. In den meisten Fällen jedoch wird nur eine kleine Anzahl der Fragen, die entschieden werden müssen, tatsächlich von neuem gestellt.

Personen, die miteinander kooperieren, um ein Kunstwerk zu schaffen, entscheiden die Dinge normalerweise nicht von neuem. Statt dessen verlassen sie sich auf frühere Übereinkünfte, die gebräuchlich geworden sind. Diese Übereinkünfte sind Teil eines Kanons von Konventionen innerhalb einer bestimmten Kunstrichtung. Die künstlerischen Konventionen betreffen alle Entscheidungen, die sich auf die Herstellung eines Kunstwerks in einer bestimmten Kunstwelt beziehen, auch wenn eine bestimmte Konvention für ein spezielles Kunstwerk verändert wird. Konventionen schreiben die Auswahl der benutzten Materialien vor; Musiker stimmen darin überein, ihre Musik mit Noten einer bestimmten Tonart aufzubauen, oder sie wählen zwischen diatonischer, pentatonischer oder chromatischer Tonleiter mit ihren jeweiligen Harmonien. Konventionen entscheiden über Umsetzungsweisen von Ideen und Erfahrungen: Maler nutzen die Gesetze der Perspektive, um die Illusion der Dreidimensionalität zu übermitteln; Fotografen stellen das Zusammenspiel von Licht und Farbe unter Benutzung der Farben Schwarz und Weiß und grauen Farbschattierungen dar. Konventionen legen, wie zum Beispiel beim musikalischen Gebrauch der Sonatenform und der poetischen Anwendung des Sonettes, die Form fest, in der Material und Idee kombiniert werden. Konventionen schlagen die angemessene Größe für ein Werk vor, sie bestimmen die geeignete Länge für eine musikalische oder dramatische Aufführung und die geeignete Größe und Gestalt eines Gemäldes oder einer Plastik. Konventionen regulieren die Beziehungen zwischen Künstlern und Publikum; sie benennen die Rechte und Pflichten von beiden.

Geisteswissenschaftler - Kunsthistoriker, Musikwissenschaftler und Literaturkritiker - finden das Konzept der künstlerischen Konventionen deswegen sinnvoll, weil es erlaubt, die Fähigkeit des Künstlers zu erklären, Kunstwerke zu produzieren, die emotionale Reaktionen beim Publikum hervorrufen. Durch die Benutzung von Konventionen für Töne wie zum Beispiel Tonleitern, kann der Komponist Erwartungen des Zuhörers im Hinblick auf das, was an Klang folgen wird, hervorrufen und manipulieren. Er kann die Erfüllung dieser Erwartungen aufschieben und enttäuschen, er kann Spannung erzeugen oder sie aufheben, in dem er die Erwartungen schließlich befriedigt (Meyer 1956, 1973; Cooper und Meyer 1960). Gerade weil der Künstler und das Publikum das Wissen über und die Erfahrung mit den angeführten Konventionen teilen, ruft ein Kunstwerk emotionale Reaktionen hervor. B. H. Smith (1968) hat gezeigt, wie Dichter konventionelle Bedeutungen verändern, die in poetischen Formen und Ausdrucksweisen vergegenständlicht sind, um Gedichte zu einem klaren und befriedigenden Ende zu bringen und damit zugleich die zuvor im Gedicht geweckten Erwartungen zu befriedigen. Ernst H. Gombrich (1960) hat die visuellen Konventionen analysiert, die Künstler benutzen, um für den Betrachter die Illusion zu schaffen, daß sie eine realistische Wiedergabe eines Teils der Wirklichkeit betrachten. In all diesen Fällen (und in anderen wie Bühnenbild, Tanz und Film) erwachsen die Möglichkeiten für künstlerische Erfahrung aus der Existenz eines Kanons von Konventionen, auf den Künstler und Publikum sich beziehen können, um dem Werk einen Sinn zu geben.

Konventionen ermöglichen Kunst noch in einer anderen Art und Weise. Auf Grund von Konventionen können Entscheidungen schnell getroffen werden und Entwürfe einfach gehalten sein, weil sie auf eine konventionelle Art der Umsetzung referieren. Künstler können somit mehr Zeit ihrer eigentlichen Arbeit widmen. Eine einfache und effiziente Koordination der Tätigkeiten von Künstlern und unterstützendem Personal wird durch Konventionen ermöglicht. W. Ivins (1953) zum Beispiel zeigt, wie verschiedene Grafiker bei der Herstellung einer Druckplatte miteinander kooperieren können, weil sie ein konventionelles Schema für die Wiedergabe von Schatten, die Modellierung und andere Effekte benutzen. Dieselben Konventionen machen es dem Betrachter möglich, scheinbar zufällige Zeichen als Schatten und Modellierung zu lesen. Die theoretische Vorstellung von

Konventionen bietet einen konzeptionellen Berührungspunkt zwischen Geisteswissenschaftler und Soziologen, da Konventionen identisch sind mit bekannten soziologischen Kategorien wie Norm, Regel, gesellschaftliche Übereinkunft, Brauch oder Tradition, die wiederum alle auf die eine oder andere Weise auf die Ideen und Übereinkünfte, die Menschen miteinander teilen und durch welche kooperative Tätigkeiten beeinflußt werden, referieren. Burleske Komödianten können ohne Proben elaborierte Parodien mit drei Personen aufführen, da sie nur auf einen konventionellen Kanon von Parodien referieren müssen, die sie alle kennen. Sie wählen Teile aus und fügen sie dann zusammen. Tanzmusiker, die sich überhaupt nicht kennen, können den ganzen Abend zusammen spielen, indem sie lediglich einen Titel erwähnen („Sunny Side of the Street" in C) und vier Takte vorzählen, um das Tempo anzugeben. Der Titel verweist auf eine Melodie, auf die damit verbundene Harmonie und vielleicht sogar auf die gebräuchlichen Hintergrundsakkorde. Im ersten Fall sind die Konventionen im Hinblick auf die Charaktere und die dramatische Struktur, im zweiten Fall im Hinblick auf Melodie, Harmonie und Tempo ausreichend bekannt, so daß das Publikum keine Schwierigkeiten haben wird, angemessen zu reagieren.

Obwohl standardisiert, sind Konventionen selten rigide und unveränderlich. Sie sind kein fester Kanon von nicht zu verletzenden Regeln, denen zu folgen ist, um Fragen der künstlerischen Umsetzung zu entscheiden. Auch dort, wo die Vorgaben sehr spezifisch zu sein scheinen, lassen sie vieles offen, was dann entweder durch den Bezug auf verbreitete Interpretationsmuster oder durch ein erneutes Aushandeln gelöst wird. Eine tradierte Aufführungspraxis, häufig in Buchform festgehalten, gibt dem Aufführenden vor, wie er die aufzuführenden Partituren oder dramatischen Texte zu interpretieren hat. Partituren aus dem sechzehnten Jahrhundert liefern zum Beispiel relativ wenig Information. Jedoch erläutern zeitgenössische Bücher, wie man mit Fragen der Instrumentierung, der Notenwerte, der Improvisation und der Ausführung von Verzierungen und Ornamenten umzugehen hat. Musiker inpterpretierten ihre Musik im Licht all dieser gebräuchlichen Interpretationsweisen und waren so in der Lage, ihre Tätigkeiten zu koordinieren (Dart 1967). Dasselbe geschieht in den bildenden Künsten. Vieles, was die Inhalte, die verwendeten Symbole und die Farbgebung betrifft, war für die religiöse Renaissancemalerei vorgegeben; zahlreiche Entscheidungen blieben jedoch offen für den Künstler, so daß selbst innerhalb dieser engen Konventionen unterschiedliche Arbeiten geschaffen werden konnten. Eine enge Anlehnung an konventionelle Vorgaben erlaubte es jedoch dem Betrachter, viel an Emotion und Bedeutung in das Bild hinein zu lesen. Selbst da, wo gebräuchliche Interpretationen von Konventionen existieren, die wiederum selbst zu Konventionen geworden sind, können Künstler Dinge auch anders ausführen; Aushandlungsprozesse machen Veränderungen möglich.

Konventionen legen dem Künstler Bandagen an. Sie sind gerade deshalb besonders beschränkend, weil sie nicht als einzelne Konventionen existieren, sondern als Teil eines komplexen in sich abhängigen Systems. So ziehen kleine Veränderungen oftmals eine ganze Reihe weiterer Veränderungen, die andere Tätigkeiten betreffen, nach sich. Ein System von Konventionen definiert die Ausstattung, das Material, die Schulung, die verfügbaren Einrichtungen und Räumlichkeiten, die Notensysteme und ähnliches. All dies muß geändert werden, wenn ein Segment verändert wird.

Es ist beachtlich, wie groß die Veränderungen sind von der konventionellen, westlichen chromatischen Tonleiter mit ihren zwölf Tönen zu einer, die zweiundvierzig Töne zwischen den Oktaven umfaßt. Eine solche Innovation charakterisiert die Kompositionen von Harry Partch (1949). Westliche Musikinstrumente können diese Mikrotöne nur schwer und einige überhaupt nicht erzeugen. Deshalb müssen entweder bereits gebräuchliche Instrumente umgearbeitet werden (so macht es Partch), oder es müssen neue Instrumente erfunden und gebaut werden. Da die Instrumente neu sind, weiß keiner, wie sie gespielt werden, so daß die Musiker sich selbst schulen müssen. Die konventionelle westliche Notation ist ungeeignet, wenn es darum geht, 42-Ton-Musik aufzuzeichnen, so daß also ein neues Aufzeichnungssystem geschaffen werden muß, das die Spieler lernen müssen zu lesen. (Vergleichbare Ressourcen können als vorhanden angenommen werden, wenn jemand für die konventionellen zwölf chromatischen Tönen schreibt.) Während Musik, die aus dem konventionellen Satz von Tönen aufgebaut ist, nach relativ wenig Probestunden aufgeführt werden kann, erfordert die 42-Ton-Musik sehr viel mehr an Arbeit, Zeit, Anstrengung und anderen Ressourcen. Die Musik von Partch wurde normalerweise auf die folgende Art und Weise aufgeführt: Eine Universität lädt ihn zu einem einjährigen Aufenthalt ein. Im Herbst rekrutiert er eine Gruppe von interessierten Studenten, die unter seiner Anleitung die von ihm erfundenen Instrumente bauen. Im Winter lernen sie diese Instrumente zu spielen und die von ihm geschaffene Notenschrift zu lesen. Im Frühling studieren sie verschiedene Stücke ein und geben schließlich eine Aufführung. Sieben oder acht Monate der Arbeit resultieren letztendlich in einer zweistündigen Aufführung, die auch mit einem Standardrepertoire von ausgebildeten Symphoniemusikern nach acht- bis zehnstündigen Proben hätte bestritten werden können. Die Unterschiede in den Ressourcen, die benötigt werden, sind ein Indiz für das Ausmaß der Begrenzungen, die durch das konventionelle System auferlegt werden.

In ähnlicher Weise sind Konventionen, die festlegen wie ein gutes Foto aussehen soll, nicht nur materialisiert in einer Ästhetik, die mehr oder weniger in der fotografischen Welt akzeptiert ist (Rosenblum 1973), sondern auch in der Akzeptanz der Handlungsrestriktionen, die sich aus dem eng verflochtenen Komplex von standardisierter Ausstattung und Material ergeben, das von den Herstellern bereitgestellt wird. Die zur Verfügung stehenden Objektive, Kameragehäuse, Schließgeschwindigkeiten, Apparaturen, Filme und Fotopapiere stellen alle zusammen nur eine kleine Anzahl dessen dar, was möglich wäre; sie bilden eine zur Verfügung stehende Auswahl an Materialien, mit der man akzeptable Abzüge herstellen kann. Mit Erfindungsgabe können sie auch zur Erzeugung von Effekten genutzt werden, die vom Hersteller so nicht intendiert waren. Jedoch können bestimmte Abzüge, die einmal verbreitet waren, heute nur noch unter großen Schwierigkeiten hergestellt werden, da das Material nicht mehr erhältlich ist: Das lichtempfindliche Material des konventionellen Papiers ist ein Silbersalz, das ein charakteristisches Bild erzeugt. Früher entwickelten Fotografen ihre Bilder auf Papier, das durch Platinsalze empfindlich gemacht wurde. Dieses verschwand 1937 vom Markt (Newhall 1964: 117). Man kann nach wie vor Platinabzüge machen, die ein auffallend weicheres Aussehen haben, jedoch nur, wenn man zuvor das Papier selbst herstellt. Es ist nicht überraschend, daß die meisten Fotografen die Restriktionen akzeptieren und versuchen, möglichst viel aus dem auf Silber basierenden Papier herauszuholen. Sie schätzen die Standardisierung und die Zuverlässigkeit des Materials aus der Massenproduktion. Ein Kodak-Film Tri-X, der irgendwo auf der Welt gekauft wurde, hat ungefähr dieselben Eigenschaften und wird dieselben Ergebnisse hervorbringen, wie jeder andere Film derselben Marke. Dies sind die Vorteile im Gegensatz zu den Beschränkungen.

Die Handlungsrestriktionen konventioneller Verfahren sind sicherlich nicht absolut. Man kann die Dinge immer auch anders ausführen, wenn man bereit ist, den Preis erhöhter Anstrengungen und einer geringeren Verbreitung der Arbeit zu zahlen. Die Erfahrungen des Komponisten Charles Ives illustrieren die letztgenannte Möglichkeit. Er experimentierte mit Polytonalität und Polyrythmus noch bevor diese zum Handwerk eines durchschnittlichen Musikers gehörten. Die New Yorker Musiker, die seine Kammer- und Orchestermusik zu spielen versuchten, teilten ihm mit, daß die Musik unspielbar sei, daß ihre Instrumente solche Töne nicht prodzuieren könnten und daß die Partitur nicht umsetzbar sei. Ives akzeptierte schließlich ihr Urteil, fuhr aber fort, solche Musik zu komponieren. Interessant an seinem Fall ist, daß er diesen Entschluß, so seine Biografen (Cowell und Cowell 1954), als eine große Befreiung empfand, auch wenn er zugleich darüber verbittert war. Wenn keiner seine Musik spielen konnte, dann brauchte er auch nicht länger Musik zu schreiben, die Musiker spielen können und die Restriktionen zu akzeptieren, die durch die Konventionen, die die Kooperation zwischen zeitgenössischen Komponisten und Musikern regeln entstehen. Da seine Musik nie gespielt werden würde, brauchte er sie auch nicht zu vollenden. Er tat sich schwer damit, John Kirkpatricks bahnbrechende Lesart der *Concord Sonate* als eine angemessene Interpretation zu bestätigen, da dies bedeutet hätte, daß er sie nicht weiter hätte verändern können. Er hatte es auch nicht nötig, seine Entwürfe den praktischen Beschränkungen anzupassen, die durch die Kosten einer Umsetzung diktiert werden: Seine vierte Symphonie schrieb er für drei Orchester. (Eine Umsetzung wurde mit der Zeit wahrscheinlicher; Leonard Bernstein führte die Symphonie erstmals 1958 auf; seitdem ist sie häufig gespielt wurden.)

Generell kann man sagen, daß der Bruch mit existierenden Konventionen und deren Manifestation in sozialen Strukturen und Materialien auf der einen Seite die Arbeit und den Ärger des Künstlers erhöht und die Verbreitung seiner Arbeit verringert, auf der anderen Seite aber seine Freiheit vergrößert, da es ihm möglich wird, unkonventionelle Alternativen zu wählen und grundlegend von der herkömmlichen Praxis abzuweichen. Unter dieser Annahme können wir jegliche künstlerische Arbeit als ein Ergebnis der Wahl zwischen konventioneller Bequemlichkeit und Erfolg einerseits und unkonventionellen Mühen und Mißachtung der Konventionen andererseits beschreiben und versuchen, die Erfahrungen und die situativen und strukturellen Elemente zu analysieren, die den Künstler für die eine oder andere Richtung disponieren. Interdependente Systeme von Konventionen und Strukturen kooperativer Beziehungen erscheinen sehr stabil und schwierig zu verändern. Obwohl die Kunst manchmal Zeiten der Stagnation erfährt, heißt dies nicht, daß es keine Veränderung und Innovation gibt (Meyer 1967). Kleine Innovationen kommen ständig vor. Sie werden häufig nicht wahrgenommen. Denn das Spiel der Erweckung von Erwartungen und des Aufschubs ihrer Erfüllung ist so verbreitet, daß es selbst schon zur konventionellen Erwartung geworden ist. Meyer (1956) analysiert diesen Prozeß und gibt mit der Beschreibung der Nutzung des Vibrato bei Streichmusikern ein gutes Beispiel. Es gab eine Zeit, da benutzten Musiker kein Vibrato. Es wurde nur selten als offensichtliches Abweichen von der Konvention eingeführt, hob somit die Spannung und rief auf Grund seiner Seltenheit emotionale Reaktionen hervor. Musiker, die solche emotionale Reaktionen hervorzurufen wünschten, setzten das Vibrato dann immer häufiger ein, bis der Punkt erreicht war, an dem ohne Vibrato gespielt werden mußte, um emotionale Reaktionen hervorzurufen; Bartok und andere Komponisten nutzten dieses Prinzip. Meyer beschreibt hier also einen Prozeß, bei dem die Abweichung von der Konvention wiederum zur akzeptierten Konvention wird.

Solche Veränderungen stellen eine allmähliche Reform innerhalb einer relativ statischen künstlerischen Tradition dar. Aber auch größere, einschneidendere Veränderungen sind möglich. Diese stehen häufig in Verbindung mit politischen und wissenschaftlichen Revolutionen (Kuhn 1962). Jede größere Veränderung greift notwendig einige der bestehenden Konventionen der Kunst an. Ein Beispiel dafür sind die Impressionisten oder die Kubisten, die die bestehende visuelle Sprache der Malerei, die Art wie jemand Farbe auf einer Leinwand als eine Repräsentation von etwas interpretiert, veränderten. Konventionen zu verändern ist mehr, als nur ein bestimmtes Einzelelement anzugreifen, das geändert werden soll. Jede Konvention ist mit einer bestimmten Ästhetik verbunden, nach der das zum Standard wird, was Konventionell ist. An Hand dieses Standards wird dann künstlerische Schönheit und Wirkung bewertet. So wirkt eine Theateraufführung, die die klassische Einheit von Ort, Zeit und Raum verletzt, nicht nur anders, sondern sie wird als unangenehm, barbarisch und häßlich von denjenigen empfunden, die in der klassischen Einheit ein festes Kriterium für den Wert eines Dramas sehen. Ein Angriff auf die Konvention wird zu einem Angriff auf die mit der Konvention verbundenen Ästhetik. Aber die Menschen empfinden ihre ästhetischen Auffassungen nicht als bloß zufällig und durch Konventionen bestimmt. Sie halten sie für natürlich, angemessen und moralisch richtig. Ein Angriff auf eine Konvention und eine Ästhetik ist somit auch ein Angriff auf die Moral. Die Regelmäßigkeit, mit der das Publikum größere Veränderungen der dramatischen, musikalischen und visuellen Konventionen mit abschätziger Feindschaft aufnimmt, deutet auf die enge Verbindung von Ästhetik und moralischen Vorstellungen hin (Kubler 1962).

Ein Angriff auf die heiligen ästhetischen Überzeugungen, die in bestimmten Konventionen verkörpert sind, ist letztendlich auch ein Angriff auf die bestehende Statusstruktur und somit auf die Schichtung.[4] Erinnert sei daran, daß bei einer Orientierung an den Konventionen ein existierendes Netzwerk innerhalb der jeweiligen Kunstgattung, eine organisierte Kunstwelt genutzt wird, die diejenigen belohnt, die im Lichte der zugehörigen heiligen Ästhetik mit den existierenden Konventionen angemessen umgehen. Stellen wir uns eine Welt des Tanzes vor, deren Konventionen und geforderten Fertigkeiten die des klassischen Balletts sind. Wenn ich diese Konventionen und Fertigkeiten gut erlerne, werde ich mich für Positionen in den besten Ballettensembles eignen. Die besten Choreographen werden Balletts für mich schaffen, die so sind, die ich sie zu tanzen verstehe. Und ich werde dabei eine gute Figur machen. Die besten Komponisten werden Partituren für mich schreiben. Theater werden zur Verfügung stehen. Ich werde als Tänzer höchste Gagen verdienen. Das Publikum wird mich lieben, und ich werde berühmt sein. Jeder, der erfolgreich eine neue Konvention befördert, die er im Gegensatz zu mir beherrscht, attackiert damit nicht nur meine Ästhetik, sondern gleichzeitig meine hohe Stellung in der Welt des Tanzes. So drückt der Widerstand in Form von ästhetischer Empörung dem Neuem gegenüber den Ärger derjenigen aus, die durch die Veränderungen materiell benachteiligt werden.

Nicht nur der Künstler hat in den status quo investiert, der mit einer Veränderung der akzeptierten Konventionen verloren gehen würde. Man stelle sich Arbeiten aus Erde vor, die durch einen Bulldozer auf einer Quadratmeile Weideland geschaffen wurden. Eine solche Skulptur kann nicht gesammelt werden (obschon ein Mäzen für den Aufbau bezahlen und signierte Entwürfe oder Fotografien als Dokumentation seiner Patronage erhalten kann); sie kann auch nicht ins Museum gebracht werden (obschon die Erinnerungsstücke, die der Sammler erhält, ausgestellt werden können). Wenn Arbeiten aus Erde eine bedeutende Kunstform werden, dann verliert das Museumspersonal, dessen Bewertung von durch das Museum sammelbarer Kunst großen Einfluß auf die Karriere von Künstlern und Bewegungen hatte, die Macht zu entscheiden, welche Arbeit ausgestellt wird, da ihr Museum nicht mehr notwendig ist, um diese Arbeiten auszustellen. Jeder, der mit der Kunst verbunden ist, die durch Museen sammelbar ist (Sammler, Kuratoren, Galerien, Händler, Künstler), verliert etwas. Man kann sagen, daß die Mitglieder eines kooperierenden Netzwerkes, die eine Kunstwelt konstituieren, durch Übereinkunft zu Werten gelangen, die festlegen, was wertvoll ist (Levine 1972; Christo-

---

4 Ich bin einer nicht publizierten Arbeit von Everett C. Hughes (o.J.) für das Argument zu Dank verpflichtet, daß ein Angriff auf den Sittencodex zugleich ein Angriff auf die soziale Struktur darstellt. Er entwickelt diese These durch die Verbindung von zwei Aussagen aus Sumners *Folkways*: 1) daß die Einhaltung traditioneller Lebensweisen einen gewissen Status einbringt und 2) daß Sekten (ob nun religiöse, politische oder künstlerische) im Krieg mit dem Sittencodex stehen.

pherson 1974). Gelingt es Leuten, eine neue Kunstwelt zu schaffen, die von neuen Konventionen, die neue künstlerische Werte verkörpern, getragen wird, dann schließen sie die Teilnehmer der alten Welt, für die in der neuen Welt kein Platz ist aus und machen sie zu Verlierern.

Jede Kunstwelt entwickelt standardisierte Vorgehensweisen der Unterstützung. Künstler, die ihre Arbeit auf konventionelle Vorgehensweisen stützen, entwickeln eine Ästhetik, welche die Handlungsrestriktionen akzeptiert, die diese Formen der Kooperation mit sich bringen. Barbara Rosenblum (1973) hat gezeigt, daß die Ästhetik von Fotografen und ihr normaler Arbeitsstil abhängig ist von der Art des wirtschaftlichen Kanals, durch den ihre Arbeit verbreitet wird, und Lyon (1974) hat die Abhängigkeit ästhetischer Entscheidungen von den Mitteln, durch die Ressourcen in einer halb-professionellen Theatergruppe zusammengetragen werden analysiert. Ein Beispiel soll die Art dieser Abhängigkeit illustrieren. Eine Theatergruppe war für die Ausführung notwendiger Arbeiten auf freiwillige Hilfe angewiesen. Aber die Leute übernahmen diese unkünstlerischen Arbeiten größtenteils nur, weil sie hofften, schließlich eine Rolle in dem Stück zu bekommen und so eigene Schauspielerfahrungen sammeln zu können. Die Leute, die die Gruppe leiteten, waren auf diese Weise schnell vielen Beteiligten verpflichtet. Sie wurden dadurch gezwungen, Stücke mit einer relativ großen Besetzung auszuwählen, um sie für ihre Arbeit zu entschädigen.[5]

3. Schluß

Wenn man ein bestimmtes Kunstwerk analysieren will, dann erweist es sich als sinnvoll, soziale Organisation als ein Netzwerk von Menschen zu begreifen, die kooperieren, um diese Arbeit zu erstellen. Häufig arbeiten dieselben Menschen wiederholt oder sogar regelmäßig zusammen, um auf ähnliche Weise ähnliche Produkte herzustellen. Sie organisieren ihre Kooperation, indem sie sich auf Konventionen beziehen, die zwischen denen, die die Arbeit produzieren und konsumieren üblich sind. Für den Fall, daß die Personen nicht immer miteinander kooperieren, gibt es Ersatzpersonen, die auch vertraut und erfahren sind im Umgang mit denselben Konventionen, so daß die Kooperation ohne Schwierigkeit fortgesetzt werden kann. Konventionen machen kollektives Handeln im Hinblick auf den Zeit- und Energieaufwand und den Einsatz anderer Ressourcen einfacher und weniger kostenaufwendig; sie machen unkonventionelle Arbeit nicht unmöglich, nur kostspieliger und komplizierter. Veränderungen können immer dann auftreten, wenn es jemand schafft, einen Weg zu finden, die notwendig größeren Ressourcen

---

5   Das Problem von finanziellen und anderen Ressourcen und den Institutionen, die entstanden sind, um diese für Künstler bereitzustellen, bedarf einer viel eingehenderen Betrachtung als ich dies hier leisten kann. Es gibt einige soziologische und sozialhistorische Literatur zu diesem Thema (zum Beispiel: White und White 1965; Hirsch 1972; Grana 1964; Coser 1965; Haskell 1963).

zusammenzubringen, was ja auch häufig geschieht. Insofern muß sich der konventionelle Weg der Kooperation und des kollektiven Handelns nicht immer wiederholen, da es immer wieder Menschen gibt, die neue Wege suchen und für deren Umsetzung die notwendigen Ressourcen ausfindig machen.

Dies alles geht über die Behauptung hinaus, Kunst sei sozial und reicht weiter als das bloße Aufzeigen der Kongruenz zwischen den Formen der sozialen Organisation und den künstlerischen Stilen oder Themen. |Kunst ist sozial, da sie von Menschen geschaffen wird, die miteinander in Netzwerken kooperieren.| Diese Annahme legt einen theoretischen Rahmen nahe, in dem unterschiedliche Arten kollektiven Handelns vermittelt durch akzeptierte oder neu entwickelte Konventionen studiert werden können. Dadurch werden eine Anzahl bekannter Fragen aus diesem Bereich in einen vergleichenden Kontext plaziert, so daß die Ähnlichkeit mit anderen Formen kollektiven Handelns für vergleichende theoretische Arbeit genutzt werden kann.

Das Verständnis von Kunst als kollektives Handeln legt einen generellen Rahmen zur Analyse sozialer Organisationen nahe. Wir können jedes beliebige Ereignis (Ereignis ist der allgemeinere Begriff, der die Produktion eines Kunstwerks als einen Spezialfall umfaßt) betrachten und nach dem aus Menschen bestehenden Netzwerk, das unterschiedlich groß oder ausgedehnt sein kann, fragen; die kollektiven Handlungen des Netzwerks haben das Ereignis erst hergestellt. Wir können Netzwerke untersuchen, deren kollektive Handlungen sich wiederholen oder zur Routine geworden sind und die Konventionen beschreiben, nach denen die das Netzwerk konstituierenden Mitglieder ihre separaten Handlungsabläufe koordinieren.

Man mag versucht sein, Begriffe wie *soziale Organisation* oder *Sozialstruktur* auf metaphorische Weise zu benutzen, um solche wiederkehrende Netzwerke und deren Handlungen zu beschreiben. Wenn man dies tut, sollte man jedoch deren metaphorischen Charakter nicht vergessen und nicht unbeabsichtigt den Inhalt der Metapher als Realität darstellen, deren Existenz eigentlich erst durch empirische Forschung herausgefunden werden kann. Wenn Soziologen von Sozialstruktur oder von einem sozialen System sprechen, dann impliziert die Metapher (obwohl deren Benutzer dies weder prüfen noch argumentativ begründen), daß die damit verbundenen kollektiven Handlungen „regelmäßig" oder „häufig" auftreten und daß die Menschen, die involviert sind, zusammen handeln, um eine große Vielzahl von Ereignissen herzustellen. Man sollte generell anerkennen - und das empirische Material der Untersuchung der Künste hat uns zu dieser Einsicht gezwungen -, daß nicht durch Definition sondern durch Nachforschungen zu entscheiden ist, ob kollektives Handeln wiederkehrend und routiniert genug ist, um eine Beschreibung als System oder Sozialstruktur zuzulassen. Einige Formen kollektiven Handelns treten häufig auf, andere gelegentlich, manche sehr selten. Ebenso gibt es Menschen, die an dem Netzwerk, das ein Ereignis herstellt, partizipieren, die möglicherweise bei einem anderen Projekt nicht mitarbeiten. Auch diese Frage kann allein durch Forschungen entschieden werden.

Kollektive Handlungen und die Ereignisse, die sie hervorbringen, sind die Grundeinheiten der soziologischen Forschung. Von sozialer Organisation spricht man in den speziellen Fällen, in denen dieselben Menschen mehrmals zusammenarbeiten, um eine Anzahl unterschiedlicher Ereignisse auf eine ähnliche Weise hervorzubringen. Soziale Organisationen sind in diesem Sinne nicht nur theoretische Konzepte, sondern auch empirische Gegebenheiten. Ob wir von den kollektiven Handlungen einiger Menschen - einer Familie oder einer Gruppe von Freunden - oder einer größeren Anzahl von Menschen - einer Berufsgruppe oder einem Klassensystem - sprechen, immer müssen wir genau betrachten, wer sich um was zu produzieren zusammenschließt. Wir können die in Bezug auf die künstlerischen Tätigkeiten entwickelte Theorie generalisieren und so beliebige soziale Organisationen untersuchen und dabei folgendes analysieren: Die Netzwerke, die für die Produktion bestimmter Ereignisse verantwortlich sind; die Schnittpunkte dieser kooperativen Netzwerke; die Art und Weise, wie die Beteiligten die Konventionen benutzen, um ihre Tätigkeiten zu koordinieren; wie existierende Konventionen koordinierte Handlungen möglich machen und zugleich aber auch die Form beschränken, die sie annehmen können; wie die Entwicklung neuer Formen des Erwerbs von Ressourcen Veränderung möglich macht. [Ich sollte darauf hinweisen, daß diese theoretische Vorstellung weder ein Gemeinplatz noch völlig neu ist. Sie kann unter anderem in den Schriften folgender Autoren gefunden werden: Georg Simmel (1988), Robert E. Park (1950, 1952, 1955), Herbert Blumer (1966) und Everett C. Hughes (1971: insbes. 5-13 und 52-64)].

Literatur

Albrecht, Milton C., James H. Barnett und Mason Griff (Hg.), 1970: The Sociology of Art and Literature: A Reader, New York: Praeger Publishers.
Bennett, H.S., 1972: Other Peopel's Music. unveröffentlichte Diss., Nothwestern University.
Blizek, William (o. J.): An institutional theory of Art, unveröffentlichter Aufsatz.
Blumer, Herbert, 1966: Sociological Implications of the Thought of George Herbert Mead, in: American Journal of Sociology 71: 535-544.
Christopherson, Richard, 1974: Making Art with Machines: Photography's Institutional Inadeqacies, in: Urban Life and Culture 3 (1): 3-34.
Cooper, Grosvensor W. und Leonard B. Meyer, 1960: The Rhythmic Structure of Music, Chicago: University of Chicago Press.
Coser, Lewis, 1965: Men of Ideas, New York: Free Press.
Cowell, Henry und Sidney Cowell, 1954: Charles Ives and His Music, New York: Oxford University Press.
Danto, Arthur, 1964: The Art World, in: Journal of Philosophy LXI: 571-584.
Dart, Thurston, 1967: The Interpretation of Music, London: Hutchinson.
Dickie, George, 1971: Aesthetics: An Introduction, New York: Pegasus.
Faulkner, Robert R., 1973a: Orchestra Interaction: Some Features of Communication and Authority in an Artistic Organization, in: Sociological Quarterly 14: 147-157.
Faulkner, Robert R., 1973b: Career Concerns and Mobility Motivations of Orchestra Musicians, in: Sociological Quarterly 14: 334-349.
Gombrich, Ernst H., 1960: Art and Illusion, New York: Bollingen. (dt. 1978: Kunst und Illusion: Zur Psychologie der bildlichen Darstellung, Stuttgart/Zürich: Besler)
Grana, Cesar, 1964: Bohemian Versus Bourgeois, New York: Basic Books.
Haskell, Francis, 1963: Patrons and Painters, New York: Knopf.
Hirsch, Paul M., 1972: Processing Fads and Fashions: an Organization-set Analysis of Cultural Industry Systems, in: American Journal of Sociology 77: 639-659.
Hughes, Everett C. (o.J.): Action Catholique and nationalism: a memorandum on church and society in French Canada, unveröffentlichtes Dokument, in: The Sociological Eye, New York: Free Press.
Ivins, W., 1953: Prints and Visual Communication, Cambridge: MIT Press.
Johnson, Thomas, 1955: Emily Dickinson, Cambridge: Harvard University Press.
Kase, Thelma, 1973: The Artist, the Printer and the Publisher, unveröffentlichte Master Thesis, University of Missouri-Kansas City.
Kealy, Edward, 1974: The Real Rock Revolution: Sound Mixers, their Work, and the Aesthetics of Popular Music Production, unveröffentlichte Diss., Northwestern University.
Kealy, Edward, 1974: The Recording Engineer, in Arbeit befindliche Diss., Northwestern University.
Kubler, George, 1962: The Shape of Time, New Haven: Yale University Press. (dt. 1982: Die Form der Zeit, Frankfurt a.M.: Suhrkamp)
Kuhn, Thomas S., 1962: The Structure of Scientific Revolution, Chicago: University of Chicago Press. (dt. 1967: Die Struktur der wissenschaftlichen Revolution, Frankfurt a.M.: Suhrkamp)
Levine, Edward M., 1972: Chicago's Art World, in: Urban Life and Culture 1: 292-322.
Lyon, Eleanor, 1974: Work and Play: Resource Constraints in a Small Theater, in: Urban Life and Culture 3 (1): 71-97.
Meyer, L. B., 1956: Emotion and Meaning in Music, Chicago: University of Chicago.
Meyer, L. B., 1967: Music, the Arts and Ideas, Chicago: University of Chicago.
Meyer, L. B., 1973: Explaining Music, Berkeley: University of California.
Newhall, Beaumont, 1964: The History of Photography, New York: Museum of Modern Art. (dt. 1984: Geschichte der Photographie, München: Schirmer-Mosel)
Norman, Charles, 1958: The Magic-maker, e. e. cummings, New York: MacMillan.
Park, Robert E., 1950: Race and Culture, New York: Free Press.

Park, Robert E., 1952: Human Communities, New York: Free Press.
Park, Robert E., 1955: Society, New York: Free Press.
Partch, Harry, 1949: Genesis of a Music, Madison: University of Wisconsin Press.
Pevsner, Nikolaus, 1940: Academies of Art: Past and Present, Cambridge: Cambridge University Press. (dt. 1986: Die Geschichte der Kunstakademien, München: Meander-Verlag)
Reese, Gustav, 1959: Music in the Renaissance, überarbeitete Ausgabe, New York: W. W. Norton.
Rosenblum, Barbara, 1973: Photographers and their Photographs, unveröffentlichte Diss., Northwestern University.
Simmel, Georg, 1898: The Persistence of Social Groups, in: American Journal of Sociology 3: 662-669 und 829-836; 4: 35-50.
Smith, B. H., 1968: Poetic Closure, Chicago: University of Chicago Press.
Strauss, Anselm L., et al., 1964: Psychiatric Ideologies and Institutions, New York: Free Press.
White, Harrison C. und Cynthia A. White, 1965: Canvasses and Careers: Institutional Changes in the French Painting World, New York: John Wiley.
Wörner, Karl H., 1973: Stockhausen: Life and Work, Berkley: University of California Press. (dt.1963: Karlheinz Stockhausen: Werke und Wollen 1950-1962, Rodenkirchen/Rhein: Tonger)

Bruno S. Frey und Isabelle Busenhart

Kunst aus der Sicht rationalen Handelns

1. Rationales Handeln, Kunst und Ökonomie

Für viele Menschen paßt Rationalität und Kunst nicht zusammen. Die Kunst wird als etwas ganz Besonderes behandelt. Dabei wird die Frage, was Kunst ist und wie man sich mit ihr beschäftigen soll, von verschiedenen Personen ganz unterschiedlich beantwortet. Kunstliebhaber, Kunstkritiker oder Kunsthistoriker haben eine andere Sichtweise als Kunstsoziologen, Kunstökonomen oder etwa Politiker, welche konkrete kulturpolitische Maßnahmen durchführen sollen. Oft besteht eine Abneigung, Kunst als einen normalen Bereich des Lebens und der Wirtschaft anzusehen, in welchem rationales Verhalten die Handelnden bestimmt. Ökonomen gehen aber gerade davon aus, daß ein großer Teil des Kunstschaffens und der Kunstaktivitäten wie andere Bereiche des Wirtschaftslebens untersucht werden können. Daß im Kunstbereich auch spezifische Phänomene auftreten können, widerspricht diesem Grundgedanken nicht.

In diesem Beitrag wird die ökonomische Perspektive der Kunst genauer beleuchtet. Die Kunstökonomik, ein Teilgebiet der Wirtschaftswissenschaft, beschäftigt sich auf zwei Weisen mit der Kunst:

1. Die wirtschaftlichen Aspekte der Kunst werden untersucht. Es liegt auf der Hand, daß Kunst auch eine wirtschaftliche Dimension hat. Künstler wollen ihre Werke verkaufen und daraus Einkommen erzielen. Kunstwerke werden auf Märkten gehandelt und oft durch Auktionshäuser versteigert. Kunstbetriebe, wie Museen und Theater, beschäftigen eine Vielzahl von Personen und gehen mit großen Summen von staatlichen und privaten Mitteln um, so daß die Kunst auch zu einem wichtigen Sektor der Volkswirtschaft geworden ist.
2. Der Kunstbereich wird mit der ökonomischen Analysemethode betrachtet. Diese geht erstens von einer individualistischen Grundposition (methodologischer Individualismus) aus. Handlungssubjekte oder Entscheidungsträger sind immer einzelne Personen. Auch das Verhalten von Gruppen und Organisationen kann auf Entscheidungen und Handlungen von Individuen zurückgeführt werden. Zweitens wird unterstellt, daß alle Individuen, auch Künstler und Kunstfreunde, vorwiegend eigennützige Motive für ihr Verhalten besitzen und unter mehreren Möglichkeiten

diejenige auswählen, welche ihnen am meisten Nutzen bringt. Bei diesem Kalkül beachten sie auch, wie teuer sie die einzelnen Alternativen zu stehen kommen. Wenn sich ein Maler überlegt, ob er an einer Ausstellung mitwirken soll, so wägt er sowohl monetäre Nutzen (wieviel ihm ein durch die Ausstellung ermöglichter Verkauf einbringt) als auch nicht monetäre Nutzen (Prestigezuwachs, freier Gestaltungsraum) gegen die Kosten ab, welche ihm aus der Ausstellung entstehen (Zeit- und Arbeitsaufwand, entgangene Einkommensmöglichkeiten).

Die Anwendung des Rationalansatzes wird im zweiten Abschnitt an mehreren Beispielen verdeutlicht. Der dritte Abschnitt behandelt finanzielle Probleme der Kunst und Lösungsansätze unter Berücksichtigung der ökonomischen Perspektive.

2. Akteure im Kunstsektor handeln rational

Im Kunstsektor handeln Menschen, die sich, der ökonomischen Grundannahme folgend, vernünftig, das heißt rational, verhalten. Unter rational wird hier verstanden, daß sie ihren Nutzen zu maximieren versuchen und dabei einige einschränkende Bedingungen beachten. Jede Person ist Zeit- und Einkommensrestriktionen unterworfen. Veränderungen des Einkommens und anderer Rahmenbedingungen wirken sich auf die Entscheidungen der Individuen aus, genauso wie Veränderungen von Preisen die Nachfrage nach Gütern und Leistungen beeinflussen. Hierbei wird ein systematischer Zusammenhang postuliert: Wenn das Einkommen steigt, werden (bei sonst gleichen Bedingungen) mehr Güter und Leistungen gekauft; wenn der Preis eines Produktes im Vergleich zu einem anderen sinkt, wird ein rationales Individuum mehr vom günstiger gewordenen Gut kaufen wollen. Diese Grundzusammenhänge gelten auch für Künstler und Kunstfreunde. Im Folgenden wird anhand von Beispielen das Verhalten einzelner Gruppen von Individuen im Kunstsektor betrachtet. Dabei wird eine in der Ökonomie typische Aufteilung vorgenommen: Auf der *Angebotsseite* befinden sich die Personen, welche mit der Bereitstellung von Kunstwerken oder Kunstaktivitäten zu tun haben, die *Nachfrageseite* umfaßt Käufer und Konsumenten dieser Produkte und Leistungen. Durch das Zusammentreffen von Angebots- und Nachfrageseite ergibt sich eine *Markt*situation (siehe Throsby 1994 für eine Übersicht).

2.1 Anbieter und Produzenten von Kunst

In der ökonomischen Betrachtung werden Künstler und Kunstinstitutionen, zum Beispiel Museen und Theater, Kunstanbieter genannt. Sie schaffen oder produzieren Kunst, beziehungsweise erbringen Leistungen, welche den Zugang von Interessierten zur Kunst besser ermöglichen und regeln.

2.1.1 Künstler und ihr Einkommen
Künstler können als Produzenten eines Werkes oder einer Darbietung einen Gegenwert für ihre Anstrengung erwarten, wenn sie ihr Werk verkaufen oder Zuschauer zu ihrer Darbietung zulassen. Insofern kann die Tätigkeit des Künstlers mit der eines Handwerkers oder Dienstleistungserbringers verglichen werden. Nun wird aber oft eingewendet, Künstler sei kein Beruf im üblichen Sinne, 'wahre' Kunst vermarkte sich nicht und ein guter Künstler müsse folglich arm sein. Es gibt jedoch zahlreiche Beispiele von anerkannten Malern und Musikern, welche sogar zu den Spitzenverdienern gehört haben. Dazu zählen bei den modernen Malern etwa Picasso, Chagall und Beuys, bei den früheren Vertretern Tizian, Cranach, Rubens und auch Rembrandt (der zwar oft als arm gilt, jedoch über beträchtliche Einkünfte verfügte, welche er aber so ungeschickt anlegte, daß er sich verschuldete). Unter den Musikern hinterließ zum Beispiel Händel ein beträchtliches Vermögen, und Mozart verdiente gut, und seine schwierige finanzielle Lage geht vor allem auf seinen Hang zum Glücksspiel zurück. Aus dem Bereich der Literatur soll hier nur ein Vertreter angeführt werden: Goethe bezog nicht nur aus seinen Ämtern sondern auch aus seinen Büchern hohe Einkommen. Dazu handelte er außerordentlich geschickt günstige Konditionen mit seinen Verlegern aus (Pommerehne und Frey 1993, Kapitel 9; Tietzel 1995).

Wie steht es aber mit den Durchschnittseinkommen von Künstlern? Gegenüber ausbildungsmäßig vergleichbaren Berufsgruppen verdienen sie zwar weniger, liegen aber immer noch über dem Durchschnitt aller Lohnempfänger (Throsby 1994). Wer sich künstlerisch betätigt, und durchschnittlich erfolgreich ist, hat zwar etwas weniger Einkommen (denn sonst wäre er ja Manager geworden), aber der Einkommensverzicht ist geringer, als häufig vermutet wird. Der Künstler als 'armer Poet' (wie in Spitzwegs Bild) ist mehr eine Idealisierung der Romantik als moderne Wirklichkeit.

2.1.2 Institutionen als Kunstanbieter
Neben Künstlern gehören auch Institutionen wie Museen, Theater, Opernhäuser und Konzerthallen zu den Bereitstellern von kulturellen Leistungen. Unterscheiden sie sich grundsätzlich von Unternehmungen und Institutionen, welche in anderen Bereichen des Wirtschaftslebens tätig sind?

Eine Institution wie ein Museum ist durch einzelne Akteure, zum Beispiel Direktoren, Kuratoren, administrative Angestellte usw. bestimmt. Deren Verhalten und damit die Politik des Museums kann auf Entscheidungssituationen jener Personen zurückgeführt werden: Jedes beteiligte Individuum hat Ziele (Einkommen, Prestige, Freizeit usw.) und unterliegt Restriktionen (ein begrenztes Budget und zahlreiche Vorschriften vom Staat oder vom Trägerverein). Das Verhalten von Museumbeschäftigten, hier beispielsweise der Museumsdirektorin, hängt also wesentlich von den vorherrschenden institutionellen Rahmenbedingungen ab. Um dies zu verdeutlichen, sei eine konkrete Situation betrachtet: Viele Museen leben zum allergrößten Teil von Mittelzuschüssen vom Staat. Nun könnte man schließen, dies hänge wohl mit dem öffentlichen Auftrag von Museen zusammen oder die betreffende Museumsdirektorin wirtschafte schlecht. Ökonomen führen hingegen einen solchen Sachverhalt auf die Entscheidungssituation der Museumsdirektorin zurück. Solange ein Museum über eine staatliche Defizitgarantie verfügt (wie das in vielen europäischen Museen der Fall ist), hat die Direktorin keine Anreize, sparsam mit Ressourcen umzugehen. Im Gegenteil, je mehr Ausgaben sie für künstlerische Projekte tätigen kann, desto mehr steigt ihr Einfluß und Ansehen in der Kunstszene. Erzielt sie hingegen einen Gewinn, besteht sogar die Gefahr, daß im folgenden Jahr Subventionen mit dem Argument gestrichen werden, das Geld werde ja nicht gebraucht. Eine Museumsdirektorin handelt in diesem Fall völlig rational, wenn sie auf die Steigerung der Eigeneinnahmen wenig Wert legt und sich vielmehr bemüht, vom Staat mehr Subventionen zu erhalten.

Dieses Beispiel zeigt die Bedeutung von institutionellen Rahmenbedingungen und der Rolle des Staates in der Kulturförderung. Wenn der Staat selbst als Anbieter auftritt (staatliches Theater), Subventionen ausrichtet oder Steuererleichterungen für Kunstanbieter gewährt, so werden die Akteure im Kunstsektor beeinflußt; sie beziehen die neuen Rahmenbedingungen in ihr Entscheidungskalkül ein.

2.2 Die Nachfrage nach Kunst

Zu den Nachfragern von Kunst oder künstlerischen Leistungen werden in der Ökonomie grundsätzlich Personen gezählt, welche bereit sind, einen Teil der ihnen verfügbaren Mittel für den Kauf oder Konsum von Kunstwerken oder Kunstdarbietungen auszugeben. Man spricht dann von einer Zahlungsbereitschaft für bestimmte Güter oder Leistungen. Die Entscheidungen eines Individuums, Kunst mehr oder weniger stark nachzufragen, hängt vom Kosten und Nutzenvergleich ab, den es bezüglich eines Kunstgutes macht. Ein Museumsbesuch wird dann durchgeführt, wenn der Besucher aus der Besichtigung des Museums mehr Nutzen zieht (Befriedigung, Vergnügen, Lernen etc.), als ihm daraus Kosten entstehen (Eintrittspreis, Anfahrtskosten, Zeitkosten). Ein rationales Individuum wird zusätzlich die Nutzen und Kosten eines Museumsbesuches mit den Nutzen und Kosten anderer Möglichkeiten, die Freizeit zu verbringen, vergleichen. Auch wenn der Nutzen des Museumsbesuchs dessen Kosten übersteigen, kann es das Individuum immer noch vorziehen, in der fraglichen Zeit einen Einkaufsbummel zu unternehmen. Die Entscheidung, ob ein Museum besucht wird oder nicht, hängt für den Einzelnen also von verschiedenen Faktoren ab: seiner Vorliebe, das heißt seinen Präferenzen für Kunst bzw. andere Aktivitäten und den relativen Preisen von Museumsbesuchen und anderen Aktivitäten, sowie äußeren Einflüssen wie etwa Einkommensbeschränkungen. Bei gegebenen Präferenzen der Individuen können Veränderungen in der Besucherhäufigkeit auf die Veränderungen relativer

Preise von Museumsbesuchen und anderen Aktivitäten zurückgeführt werden oder aber auf eine Veränderung etwa der Einkommensbeschränkung. In verschiedenen empirischen Studien wurde der Zusammenhang zwischen Einkommenserhöhungen und Preisänderungen einerseits und der Nachfrage für die darstellenden Künste andererseits untersucht (Heilbrun und Gray 1993). Einkommenserhöhungen bewirken in der Tat eine Zunahme der Nachfrage, in den meisten Fällen allerdings in etwas geringerem Ausmaß wie die Einkommenserhöhung (die Einkommenselastizität der Nachfrage ist kleiner als 1). Steigen die Preise für die Eintrittskarten um 10%, so sinkt die Nachfrage nach der betreffenden Aufführung um zwischen 2-8% (je nach Land und untersuchtem Zeitraum). Die Preiselastizität der Nachfrage ist somit (absolut) kleiner als 1. Diese empirische Größenordnung ist wichtig. Sie zeigt an, daß sich in der Regel das Einkommen (der Umsatz) eines Kunstanbieters durch eine Preiserhöhung steigern läßt. Zwar sinkt dann die Auslastung (die nachgefragte Menge), was jedoch durch eine prozentual höhere Preissteigerung mehr als ausgeglichen wird.

Das Kunstkonsumverhalten weicht in einer wichtigen Hinsicht vom Konsum vieler anderer Güter ab. Normalerweise nimmt der Grenznutzen (der Nutzen aus einer zusätzlichen Einheit) einer bestimmten Tätigkeit mit zunehmender konsumierter Menge ab. Die zweite Einheit eines Gutes bringt der Nachfragerin weniger Nutzen als die erste und entsprechend fällt ihre marginale Zahlungsbereitschaft. Nun kann in der Kunst aber oft das Gegenteil beobachtet werden: mit zunehmender Häufigkeit nimmt auch der Konsumnutzen der Tätigkeit zu. Dies wird mit Theorien der Geschmacksbildung oder gar der Sucht erklärt: Je besser eine Musikinteressierte einen Komponisten kennt, desto mehr Freude hat sie an einem weiteren Konzert mit Werken desselben Komponisten. In die gleiche Richtung zielt die Vorstellung, man könne süchtig nach wiederholtem Kunstkonsum werden.

Bisher wurden verschiedene Formen der direkten Nachfrage besprochen, wobei die Nachfrager aus Kunstinteressierten besteht, welche entweder als Käufer eines Werkes auftreten oder Veranstaltungen in Museen, Theater, Oper und Konzert besuchen. 'Direkt' ist diese Nachfrage, weil die Kunstfreunde ihr Interesse durch Kauf oder Eintritt unmittelbar manifestieren. Es kann aber auch andere Formen der Kunstnachfrage geben. Man spricht in diesem Zusammenhang von Optionswert, Existenz- oder Vermächtniswert, den Kunst für die Bürger haben kann. Auch wenn jemand nicht selber zu den Opernbesuchern gehört, kann er oder sie ein Interesse am Bestehen eines Opernhauses haben. Wenn den Bürgern die Option, bei Belieben die Oper besuchen zu können oder die Idee, für zukünftige Generationen Kunsttraditionen aufrechtzuerhalten, etwas wert ist, so ist eine positive Zahlungsbereitschaft für das Bestehen des Opernhauses durchaus rational erklärbar, auch bei Personen, welche nie selber die Oper besuchen. Mittels spezieller Umfragen läßt sich abschätzen, wie groß solche Options- und Existenzwerte sind (Hansen 1995). In einer Abstimmungsdemokratie wie in der Schweiz können die Stimmbürger ihre Zahlungsbereitschaft für bestimmte Kunstformen direkter äußern. In diesem Land wird regelmäßig über größere Finanzierungsbeiträge an Kunstinstitutionen lokal abgestimmt. Der Bürger gibt durch seine Zustimmung zur Vorlage an, daß er bereit ist, mittels Steuern bestimmte Kunstformen mitzutragen. Gerade bei Opern ist es jedoch offensichtlich, daß die der Finanzierung zustimmende Mehrheit nur sehr beschränkt zu den Besuchern und somit direkten Nachfragern gehört.

2.3 Kunst auf dem Markt

Angebot und eine Nachfrage begründen einen Markt. Der Markt für Ausstellungen, Theateraufführungen, oder Filmproduktionen kann genauso betrachtet werden wie ein Markt für bestimmte Künstler (Schriftsteller, Schauspieler, Sänger etc.). Am offensichtlichsten ist aber wohl der von Auktionshäusern organisierte Kunstmarkt, der Kauf und Verkauf von Bildern und Kunstgegenständen koordiniert.

2.3.1 Kunstmärkte
In wenigen Bereichen sind Märkte in einer fast schulbuchartigen Form anzutreffen wie in der Kunst die Auktionsmärkte. Das Angebot (zum Beispiel ein Bild) wird der Nachfrage (den Bietern) gegenübergestellt. Der Vermittler, der Auktionator, hilft dabei, daß der Kauf oder Verkauf immer zu einem für beide Parteien zufriedenstellenden Preis abgeschlossen wird. Käufer und Verkäufer werden beide durch die Transaktion bessergestellt, sonst würden sie nicht dazu einwilligen. In diesem Zusammenhang wird der Kauf und Verkauf von Kunst zu Investitionszwecken untersucht. Lohnt es sich in Kunst zu investieren? Bringen Investitionen in Kunst sogar höhere Renditen als solche auf dem Kapitalmarkt? Vor allem Ende der 80er Jahre, als auf dem Kunstmarkt Höchstpreise insbesondere für Impressionisten erzielt wurden, beschäftigte diese Frage viele Gemüter. Die bei auktionierten Werken verfügbaren Daten über Verkaufspreise wurden in verschiedenen Studien verwendet, um die Renditen von Investitionen in Kunst zu schätzen. Die gestellte Frage läßt sich kurz beantworten: Es lohnt sich nicht, in Kunst zu investieren, wenn finanzielle Gewinne das einzige Motiv sind (Frey und Eichenberger 1995). Einige Studien errechnen zwar scheinbar lohnende Renditen, doch müssen diese Ergebnisse in mehreren Punkten relativiert werden. Die Transaktionskosten für Käufe und Verkäufe durch Auktionen belaufen sich auf rund 10-30% des Preises und werden in vielen Renditenberechnungen nicht berücksichtigt. Vor allem aber lassen viele Studien einen Vergleich zu Renditen aus alternativen Investitionsmöglichkeiten völlig außer acht. Selbst wenn sich aber Investitionen in Kunst finanziell meist nicht auszahlen, sind auf dem Kunstmarkt auftretende Käufer nicht irrational. Manche Käufergruppen interessieren sich wenig für den materiellen Wert von Kunstwerken. Gerade begeisterte Sammler haben viele weitere

Motive, Kunst zu kaufen. Unternehmungen, welche sich Kunstsammlungen anlegen, operieren zwar in anderen Bereichen gewinnorientiert, behandeln aber häufig ihr Kulturengagement davon abgetrennt. Der Bilderkauf erweitert dann den persönlichen Handlungsspielraum einiger Manager, dient aber nicht der Verfolgung des Gewinnzieles. Eine weitere wichtige Käufergruppe sind öffentliche Museen. Da sie meist Gelder aus Ankaufsfonds nicht zu anderen Zwecken verwenden können und Bilder später nicht wiederverkaufen dürfen, haben Museen bei Kunstkäufen selten Investitionsmotive. Diese Beispiele verdeutlichen, daß es unterschiedliche, aber in jedem Fall vernünftige Gründe gibt, Kunst zu erwerben.

2.3.2 Regulierungen und Märkte

Nicht immer funktioniert die Koordination von Angebot und Nachfrage so reibungslos wie auf den eben besprochenen Kunstmärkten. Schon kleine Veränderungen des Blickfeldes zeigen Probleme: Sobald Kunst auf internationalen Märkten angeboten wird, zeigen sich Grenzen. Vielfältige Bestimmungen erschweren den internationalen Handel mit Kunst. Regierungen verbieten die Ausfuhr von bestimmten Kunstwerken mit dem Argument, das kulturelle Erbe des Landes bewahren zu wollen (was allerdings auch verhindern kann, daß nationale Künstler international bekannt werden). Zum Teil wird nach Quotenregelungen oder Besteuerung des grenzübergreifenden Handels gegriffen. Solche staatliche Regulierungen beeinflussen direkt auch das Entscheidungskalkül eines potentiellen Kunstkäufers: Kann er ein Bild nicht ausführen oder muß er darauf Abgaben leisten, vermindert sich seine Zahlungsbereitschaft entsprechend. Weil dann weniger Transaktionen zustande kommen, beeinträchtigen Regulierungen die Kunstmärkte insgesamt.

Beim Zusammentreffen von Angebot und Nachfrage ergibt sich zwar ein Markt, der aber nicht zwangsläufig im Gleichgewicht sein muß. Es kann durchaus vorkommen, daß Anbieter keine Nachfrager finden. Beispielsweise findet nicht jede Person, die sich als Schauspielerin bezeichnet, auch ein Theater, welches ihr einen entsprechenden Vertrag anbietet (Situation des Überschußangebotes). Dies ist allerdings höchstens für die betroffene Schauspielerin ein Problem. Mit der Zeit wird sie sich anpassen und eine andere Beschäftigung suchen. Es gibt jedoch auch Marktungleichgewichte, welche weitergehende Auswirkungen auf die Wirtschaft und Gesellschaft haben. Solche Ungleichgewichte bestehen aber nicht, weil die betreffenden Marktteilnehmer sich irrational verhalten, sondern weil Regulierungen die Akteure einschränken.

Für viele kulturelle Veranstaltungen herrscht eine Überschußnachfrage, welche direkt daran zu erkennen ist, daß sich Warteschlangen bilden und es schwierig ist, Eintrittskarten zu erhalten. Ökonomisch gesehen ist der Preis für derartige Veranstaltungen zu tief angesetzt; bei höheren Eintrittspreisen würde sich für einzelne Interessenten der Besuch nicht mehr lohnen, und die Überschußnachfrage würde abgebaut. Warum erhöhen also die Veranstalter die Preise nicht? Zum Teil ist dies aufgrund von staatlichen Vorschriften nicht möglich, wenn aus politischen Gründen Preisermäßigungen für bestimmte Gruppen (Jugendliche, Studenten, Rentenbezieher) oder alle Besucher festgelegt werden. Eine weitere Möglichkeit die Überschußnachfrage abzufangen, nämlich die zeitliche Ausdehnung der Besuche, wird oft durch gewerkschaftliche Vorschriften über die Arbeitszeit von Bühnentechnikern oder Museumsangestellten verhindert.

Umgekehrt tritt auch Überschußangebot in der Kunst auf und wird etwa in Form von leeren Theatersälen sichtbar. Auf die Dauer kann ein Theater dann nur überleben, wenn es zu den Eigeneinnahmen noch über zusätzliche Mittel verfügt. Zuschüsse von Privaten an kulturelle Organisationen werden wesentlich vom Steuersystem beeinflußt. In den USA etwa sind Spenden für kulturelle Organisationen in hohem Masse von den Steuern abzugsfähig. Durch diese Regelung unterstützt der Staat indirekt das kulturelle Angebot (Fullerton 1991).

3. (Finanzielle) Probleme der Kunst und mögliche Lösungsansätze aus ökonomischer Sicht

Mehrfach wurden die finanziellen Probleme von Kunstanbietern erwähnt. Die bisher gemachten Überlegungen erlauben es, aus der Sicht der Kunstökonomie einige Lösungsvorschläge zu formulieren. Von finanziellen Problemen sind verschiedene Kunstformen betroffen: Bildende Kunst, die von Museen ausgestellt wird, und darstellende Kunst, die in Theatern, Opern und Konzerthallen aufgeführt und dem Publikum zugänglich gemacht wird.

3.1 Museen

'Museen haben kein Geld' oder zumindest nicht genügend Mittel, um ihren Auftrag zu erfüllen. So beklagen sich Museumsdirektoren immer wieder. Betrachtet man die Museumslandschaft in Europa, ist in der Tat festzustellen, daß kaum ein größeres Haus keine staatliche Hilfe erhält. Subventionssummen erreichen eindrückliche Höhen (z. B. für das Jahr 1990 immerhin 74 Mio. DM für die öffentlichen Museen und Sammlungen Münchens (Hummel 1993: 58)), doch gemäß den Museumsverantwortlichen reichen die Mittel noch immer nicht aus.

Wofür werden diese hohen Summen gebraucht? Schon der 'normale' Betrieb des Museums ist kostspielig. Viele Museen besitzen umfassende Sammlungen. Das Ausstellen und Konservieren der Kunstwerke verschlingt einen großen Teil des jährlichen Budgets. Dazu kommen die Kosten für die in vielen Museen abgehaltenen Sonderschauen. Mit Spezialausstellungen sind Transportkosten für Bilder, Personalkosten und Raumprobleme verbunden. Auch für einen dritten Bereich, den Neuankauf von Kunstwerken zur Ergänzung der bestehenden Sammlung, hätten Museen zu knappe finanzielle Mittel. Angesichts der hohen Preise auf dem Kunstmarkt könnten sie nur noch wenige Kunstobjekte erwerben. Auch der Staat hat heute jedoch ernsthafte finanzielle Schwierigkeiten. Eine massive Erhöhung der Subventionen ist deshalb nicht zu erwarten. Dennoch haben Museen verschiedene Möglichkeiten, ihre finanzielle Situation zu verbessern, wobei sich wiederum Probleme ergeben.

3.1.1 Verkauf von Kunstwerken
Viele Museen sind infolge der raschen Preissteigerungen auf den Kunstmärkten ungeheuer reich geworden. Sie besitzen wertvolle Sammlungen von Kunstwerken, welche meist so umfangreich sind, daß ein großer Teil der Werke in den Museumskellern gelagert werden muß (eindrücklich ist das Beispiel des Madrider Prados: 90% der Sammlung ist dem Publikum nicht permanent zugänglich, Economist, 1. Mai 1993: 97). Daraus folgen mancherlei konservatorische Probleme. Ein Teil der finanziellen Probleme ließe sich lösen, wenn einige der dem Publikum ohnehin nicht zugänglichen Kunstwerke zum Beispiel an andere Museen verkauft würden. Diesem Vorgehen stehen allerdings einige Hindernisse entgegen. Der Staat oder die anderen Träger schreiben in Europa den Museen in der Regel zwingend vor, daß keine Kunstwerke verkauft werden dürfen. Sind Verkäufe ausnahmsweise erlaubt, sind sie für die Leitung dieser Museen uninteressant: Die Erlöse aus Bilderverkäufen eines öffentlichen Museums fließen in die allgemeine Staatskasse und kommen nicht dem Museum zugute. Ferner bestehen oft Bestimmungen, welche es verbieten, Erträge aus Verkäufen von Bildern für den Unterhalt der Sammlung einzusetzen; Erträge dürfen nur für Ausgaben im gleichen Ressort verwendet werden. Damit der Verkauf von Kunstwerken die finanzielle Lage verbessern kann, müßten solche Einschränkungen in den Handlungsmöglichkeiten der Museumsverwalter aufgehoben werden.

3.1.2 Einnahmen aus Spezialausstellungen
Eine zweite Möglichkeit für die Museen, ihre Einnahmen zu erhöhen, besteht darin, große Spezialausstellungen zu organisieren. Diese ziehen viele Besucher an. Gleichzeitig können dafür eher Sponsoren gewonnen werden als für den permanenten Museumsbetrieb. Aber auch wenn mittels Ausstellungen Überschüsse erzielt werden, müssen die öffentlichen Museen die erwirtschafteten Mittel in aller Regel in die allgemeine Staatskasse abführen. Eine seltene Ausnahme bildet die Cézanne-Retrospektive in Tübingen (1993). Nachdem die Ausstellung überraschenderweise Einnahmen von rund 4,5 Millionen DM eingebracht hatte, konnte der Direktor der Kunsthalle, Götz Adriani, von der Stadt Tübingen erreichen, daß das Museum einen Teil der Mehreinnahmen behalten darf. Es hängt also von der konkreten Situation ab, wie stark Einnahmen aus Spezialausstellungen zur Erleichterung der finanziellen Lage der Museen beizutragen vermögen.

3.1.3 Museumsmanagement

Museen könnten einen höheren Grad an Eigenfinanzierung erreichen, wenn ihnen der dazu nötige Spielraum und die Anreize gegeben werden. Beispiele von amerikanischen Museen und auch einigen privaten Museen in Europa zeigen, daß eine hohe künstlerische Qualität der Ausstellung oder Sammlung und die rentable Führung eines Museumbetriebes nicht unvereinbar sind. Attraktive Museumsshops und -restaurants können sehr lukrativ sein und eine Finanzquelle liefern, sofern jene Einnahmen für das Museum verwendet werden dürfen. Ferner könnte durch eine freiere Gestaltung der Öffnungszeiten und durch zeitlich differenzierte Eintrittspreise die Zahlungsbereitschaft der Besucher besser ausgenützt werden. Auch dies bedingt oft Änderungen in den institutionellen Rahmenbedingungen oder gewerkschaftlichen Regelungen, denen Museen unterstellt sind.

3.2 Darstellende Kunst

Die Oper, das Sprechtheater, das Ballett und Orchester haben ebenfalls mit großen finanziellen Problemen zu kämpfen. Opern- und Theateraufführungen sind enorm kostspielig. Obschon die Subventionen der öffentlichen Hand astronomische Summen erreichen (1990 erhielten die öffentlichen Theater und Orchester in München rund 250 Mio. DM an staatlichen Beiträgen, davon allein 100 Mio. DM die Bayrische Staatsoper (Hummel 1993: 51)), schreiben die großen Häuser regelmäßig rote Zahlen. Den größten Anteil an den Betriebskosten machen die für Künstler oder technische und administrative Angestellte zu zahlenden Löhne aus. Sie werden in der Zukunft weiter ansteigen. Der Nationalökonom William Baumol hat sich schon 1966 mit dem dadurch entstehenden Problem (genannt die Baumolsche Kostenkrankheit) auseinandergesetzt. Während die Löhne im Sektor Kunst ungefähr im Gleichschritt mit dem Lohnniveau in anderen Sektoren der Volkswirtschaft ansteigen, nimmt die Arbeitsproduktivität im Bereich Kunst kaum zu. Für die Aufführung eines Theaterstücks von Shakespeare werden 1995 immer noch gleich viele Schauspieler benötigt wie vor 300 Jahren. Es gibt keinen technischen Fortschritt, der es erlauben würde, die von den Schauspielern eingesetzte Arbeitszeit zu reduzieren, jedenfalls nicht ohne das Stück nachhaltig zu verändern. Romeo und Julia ist ohne Romeo undenkbar! Ganz ähnlich kann eine Symphonie von Beethoven nicht sinnvollerweise in der halben Zeit gespielt werden; das Werk würde völlig verunstaltet. Die Kosten von Aufführungen steigen also kontinuierlich an, was entweder eine dauernde Erhöhung der Eintrittspreise oder dauernd steigende Defizite nach sich zieht. Gewisse Formen der darstellenden Künste florieren jedoch geradezu: In den 80er Jahren hat Europa einen Boom von Festspielen klassischer Musik und von Theateraufführungen erlebt; fast jede Stadt oder Region hat ihr Festival. Die Gründe für diese Entwicklung sind vielfältig. Viele Besucher werden von Festspielen angezogen, weil diese oft in der Ferienzeit stattfinden. So kann eine Ferienreise mit dem Besuch einer künstlerischen Darbietung verbunden werden. Andererseits können die Festspielveranstalter oft aus bereits bestehenden Strukturen Nutzen ziehen. Im Sommer können leerstehende Räumlichkeiten günstig gemietet werden, und häufig finden die Aufführungen auch im Freien statt. Die Lohnkosten, insbesondere für das technische und administrative Personal, sind vergleichsweise tief, da nur kurzfristige Verträge abgeschlossen werden. Schließlich können für Festspiele leichter als für gewöhnliche Opern- und Theateraufführungen Sponsoren gefunden werden. Auch weitere Formen darstellender Kunst können sich als finanziell rentabel erweisen. Ein Beispiel liefert die 'Opera Spectacular' mit ihrer 'Aida'-Inszenierung. Im März 1995 haben allein schon die vier Vorstellungen im Basler Sportstadion 30 000 Zuschauer angezogen; bis im Sommer 1995 haben weit über eine Million Besucher die Aufführung gesehen. Die 'Opera Spectacular' betont das Showelement; lebende Tiere, großartige Kulissen und viele Statisten sind Aushängeschilder. Das Konzept funktioniert: Allein aus dem Ticketverkauf können die Kosten gedeckt und ein beträchtlicher Gewinn erzielt werden.

Wie diese Beispiele zeigen, bieten auch die darstellenden Künste Möglichkeiten, kostendeckende Veranstaltungen durchzuführen. Sobald Anbieter Spielräume entdecken, wo sie wie bei den Festspielen weniger Einschränkungen (beispielsweise im Personalwesen) unterliegen als die traditionellen Angebotsformen, werden diese ausgenützt. Allerdings besteht auch bei den scheinbar flexibel gestaltbaren Festspielen die Gefahr, daß sie verkrusten und dann mit ähnlichen Problemen zu kämpfen haben wie heute Opern und Theater. Wenn Festspiele sich an einem Ort etabliert haben, wie etwa die Salzburger Festspiele, werden allenthalben staatliche Subventionen ausgerichtet, um das 'regional wichtig' gewordene Ereignis zu unterstützen. Die Folge ist, daß dann auch die Festspiel-Veranstalter wieder weniger Anreize haben, einen positiven Rechnungsabschluß zu erzielen (tatsächlich sind die Salzburger Festspiele heute stark defizitär). So gesehen, bieten Festspiele und spektakuläre Opernveranstaltungen nur Lösungen für chronisch bestehende finanzielle Probleme in den darstellenden Künsten, solange sie nicht etabliert werden und die Strukturen sich nicht verfestigen. Vielleicht entwickeln sich aber weitere, heute noch unbekannte, innovative Darstellungsformen, welche ihrerseits ein Ausweichen aus den bestehenden Strukturen erlauben.

4. Schlußfolgerungen

Anhand verschiedener Beispiele wurde gezeigt, wie der Rationalansatz, der in der Ökonomie zur Erklärung menschlichen Verhaltens angewendet wird, auch dazu beiträgt, Entscheidungen und Handlungen von Künstlern oder Personen, die mit Kunst zu tun haben, besser zu verstehen. Insbesondere erlaubt die ökonomische Methode, wichtige Aspekte des Kunstangebotes oder der Kunstnachfrage zu untersuchen, welche bisher überhaupt nicht oder nur unsystematisch angesehen wurden. So lassen sich die Arbeitsbedingungen von Künstlern oder die Probleme von Kunstanbietern wie Museen und Theater betrachten und Lösungsvorschläge erarbeiten, welche auch dem Entscheidungskalkül der Beteiligten und den institutionellen Rahmenbedingungen Rechnung tragen. Auf der Nachfrageseite können verschiedene Gruppen definiert werden, welche ihr Interesse an künstlerischen Leistungen über ihre Zahlungsbereitschaft oder ihr Abstimmungsverhalten kundtun. Wenn die Situation von Anbietern und Nachfragern analysiert wird, kann auch die Rolle des Staates auf Kunstmärkten besser eingeschätzt werden und erkannt werden, wo staatliche Eingriffe nötig oder aber schädlich sind. Obwohl die Kunstökonomie als Gebiet erst seit kurzer Zeit besteht, hat sie schon gezeigt, daß sie wesentlich zum Verständnis der Kunst beitragen kann.

Literatur

Eine Übersicht zur Anwendung der Ökonomie außerhalb der Wirtschaft liefert
Frey, Bruno, 1992: Ökonomie ist Sozialwissenschaft. München: Vahlen.

Der erste wichtige Beitrag von Ökonomen zur Kunst stammt von
Baumol, William J. und Bowen William G., 1966: Performing Arts. The Economic Dilemma. Cambridge, Mass.: Twentieth Century Fund.

Einführungen und Übersichten zur Kunstökonomie finden sich bei
Pommerehne, Werner W. und Bruno S. Frey, 1993: Musen und Märkte. Ansätze einer Ökonomik der Kunst. München: Vahlen.
Heilbrun, James und Charles M. Gray, 1993: The Economics of Art and Culture. An American Perspective. Cambridge: Cambridge University Press.
Throsby, David, 1994: The Production and Consumption of the Arts: A View of Cultural Economics, in Journal of Economic Literature 32 (März), S. 1-29.
Peacock, Alan und Ilde Rizzo, 1994: Cultural Economics and Cultural Policies. Dordrecht: Kluwer Academic Publishers.

Die deutschen Verhältnisse werden speziell berücksichtigt bei
Hummel, Marlies und Manfred Berger, 1988: Die volkswirtschaftliche Bedeutung von Kunst und Kultur. Berlin und München: Duncker & Humblot.
Hummel, Marlies, 1993: Die wirtschaftliche Bedeutung der öffentlichen Kultureinrichtungen in Basel, Salzburg und München. München: Ifo Institut für Wirtschaftsforschung.

Das Angebot im Kunstsektor wird am Beispiel der Literatur untersucht bei
Tietzel, Manfred, 1995: Literaturökonomik. München: Vahlen.

Die Nachfrage und insbesondere die Zahlungsbereitschaft für künstlerische Leistungen wird analysiert von
Bille Hansen, Trine, 1995: A CV Study of the Willingness to Pay for the Royal Theatre in Copenhagen. Kopenhagen: AKF Institute of Local Government Studies.

Das Verhalten von Individuen insbesondere das Konsumverhalten thematisiert Teil 1 von
Febrero, Ramon und Pedro S. Schwartz, 1995: The Essence of Becker. Stanford: Hoover Institution Press.

Kunstmärkte werden besprochen in
Towse, Ruth, 1993: Singers in the Marketplace: The Economics of the Singing Profession. Oxford: Calrendon Press.
Frey, Bruno S. und Reiner Eichenberger, 1995: On the Return of Art Investment Analyses. Journal of Cultural Economics 19(3): 207-220.

Institutionelle und politische Rahmenbedingungen berücksichtigen speziell
Fullerton, Don, 1991: Tax Policy toward Art Museums. In: Feldstein, Martin (Hrsg.), The Economics of Art Museums. Chicago und London: University of Chicago Press.
Frey, Bruno und Pommerehne Werner W., 1995: Public Expenditure on the Arts and Direct Democracy: The Use of Referenda in Switzerland, in Cultural Policy Vol 2(1): 55-65.

Niklas Luhmann

Weltkunst

I. Wie kann man von „Weltkunst" sprechen? Paul Valéry hat einen Gedanken dieser Art für Architektur und für Musik skizziert (Valéry 1960) und damit Kunstarten unterschieden. Andere, vergleichbare Bemühungen setzen bei Sprache an und bleiben dadurch ebenfalls einseitig.[1] Der Deutsche Idealismus und die Romantik hatten den Gedanken einer Weltkunst entdeckt und gefördert, ihn aber dadurch blockiert, daß sie ihn, das Individuum selbst als Weltkunstwerk interpretierend, auf den ganzen Menschen bezogen.[2] Dieser Ausweg endet in der Tragik des sich selbst beobachtenden Individuums, das die Ergebnislosigkeit dieser Bemühung, das Sich-nicht-Bestimmenkönnen, als Kunstwerk zelebriert.[3] Der Eindruck ist dann: daß das Individuum sich für die eigene Intransparenz, für die Selbstintransparenz, dadurch entschädigt, daß es sich als Kunstwerk transparent macht. Und wer wird hier nicht an den Dandy denken! Es gibt also Hinweise genug, die sämtlich auf Spuren in der neuzeitlichen Ästhetik aufmerksam machen. Im folgenden soll diesem Gedanken deshalb zunächst eine historische Wendung gegeben werden. Erst die moderne Kunst ist Weltkunst geworden. Man könnte fragen: Seit wann? Dies würde in schwierige und detailabhängige historische Untersuchungen führen. Bevor man sich solchen Untersuchungen hingibt, müßte jedoch erst einmal geklärt werden, was überhaupt und was als historisch neu behauptet wird.

---

1 Siehe mit den Überzeugungsmitteln eigener Sprachgewandtheit Peter Sloterdijk (1988). Die üblichen Vorstellungen über „Sprache und Welt", selbst bei Habermas (1988: 63 ff.) (z. B. S. 95 zum Verhältnis Sprecher/Hörer/Welt), lassen das „und" im Unklaren und vermitteln dadurch den Eindruck einer im linguistic turn nicht angetasteten transzendentalen Restposition. Sie legen es nahe, Sprache und Welt als wechselseitig extern aufzufassen, während Sprache, wie niemand bestreiten wird, eine innerweltliche Konstitution von Welt anleitet. Die in der Sprache eingebaute Selbstreferentialität muß deshalb auf die Welt bezogen werden und nicht, wie bei Habermas (1988: 64 f.) und vielen anderen, als ein Hinweis auf die Intention des Sprechers verstanden werden.
2 Etwa in Schillers Briefen über die ästhetische Erziehung des Menschen.
3 Siehe die Proust-Analysen von Alois Hahn (1989).

Bis weit in die Neuzeit hinein hatte man die Welt kosmologisch begriffen als Gesamtheit des Sichtbaren und Unsichtbaren, als Ab-Teilung der Dinge, die dann an den Plätzen, an die sie ihrer Natur nach gehören, angetroffen werden können - ein zur Findung (inventio) bestimmtes Inventar. Und Zeit war entsprechend räumlich durch ein topologisches Gedächtnis garantiert. Ungefähr gleichzeitig mit dem Entstehen moderner ästhetischer Reflexion hat die Transzendentalphilosophie den naturalen kosmologischen Weltbegriff, den die alteuropäische Tradition und ihre Kunst voraussetzen konnten, gesprengt. Wir sehen darin nicht nur ein philosophiegeschichtliches Ereignis, sondern ein Moment des Umbaus von Welt- und Gesellschaftsbeschreibungen, mit denen das Gesellschaftsytem auf einen radikalen Wandel seiner Strukturen reagiert. Deshalb können wir uns auch die Freiheit nehmen, die Errungenschaften der Transzendentalphilosophie mit unseren eigenen Begriffen und nicht (oder nur begrenzt) in ihrer eigenen Terminologie vorzustellen.

In allen relevanten Sinndimensionen wird der kosmologische Weltbegriff und mit ihm die ontologische Metaphysik gesprengt. *Zeitlich* gesehen wird die Zukunft für andere Möglichkeiten geöffnet und (bei Kant zumindest) sogar Metaphysik als Zukunftsunternehmen dargestellt. *Sachlich* gesehen wird die Welt zu einem endlosen Netzwerk von empirischen Kausalitäten, das als ein Schema benutzt wird, mit dem erst noch festzustellen (heute würde man sagen: zuzurechnen) ist, was womit zuammenhängt. *Sozial* gesehen werden alle menschlichen Individuen als Subjekt und insofern als gleich dargestellt mit der Folge, daß die soziale Ordnung nicht mehr von der Natur der Individuen abhängen kann. Sie wird statt dessen zu einer naturunabhängigen Konvention mit der Folge, daß die Individuen die Notwendigkeit einer solchen Konvention in sich selbst reflektieren müssen (als Pflicht, als kategorischer Imperativ, als Generalisierungsregel oder wie immer). Das, was dann noch als Welt angesehen werden kann, transzendiert alle diese Schematismen und zieht sich in ihre Horizonte zurück.

Die Welt ist nun nicht mehr eine Menge von eindeutig bezeichenbaren Objekten, ja nicht einmal ein Ganzes, das mehr ist als die Summe dieser Objekte. Sie ist auch nicht etwas, was jede Operation als „noch größer" oder „noch kleiner" beschreiben müßte. Deshalb verlieren Aussagen ihren Sinn, die behaupten, die Welt sei als das Umfassende „größer" als das, was sie einschließt - so als ob ihre Einheit auf einer Ebene quantitativer Vergleichbarkeit läge mit den Objekten oder Operationen, die in der Welt vorkommen. Vielmehr ist sie - wie die Welt der modernen Mathematik - ein nicht formfähiges Korrelat endlicher Operationen, die auf sich selbst angewandt, also zum Beispiel ihre endlose Iterierbarkeit als solche mit endlichen Operationen erfassen und bezeichnen können. Aber: Was sind genügend mächtige Operationen, die in der Welt

Beobachtungskapazitäten erzeugen, also eine Art „Mehrwert" entstehen lassen, den die Welt selbst nicht anbieten kann?[4]

Aussagen über die Welt können nun nicht mehr als ein Hinübercopieren von Sachverhalten ins Bewußtsein verstanden werden. Das wußte auch Hegel. Sein Versuch, daraufhin die Einheit der Idee und ihrer Wirklichkeit im Begriff des Begriffs zu denken und der Ästhetik aufzugeben, dies Setzen und Aufheben des Unterschiedes in der Welt erscheinen zu lassen, vermag kaum noch zu überzeugen. Darauf folgt eine symbolisch-semiotische Konzeption, die das Kunstwerk als ein Zeichen begriff, das auf ein unmittelbar nicht zugängliches Ganzes verweist.[5] Aber: Wie kann man die Welt als „Ganzes" voraussetzen? Und widerspricht diese Auffassung nicht der unbestreitbaren Tatsache, daß der Künstler bei der Anfertigung seines Kunstwerkes auswählt, also offenbar etwas vom Ganzen beiseite läßt? So beliebt auch heute wieder „holographische" Konzepte sind: sie scheitern an ihren eigenen Prämissen. Geblieben ist aber das so nicht zu lösende Problem. Wir rekonstruieren es mit Hilfe eines differenztheoretisch angesetzten, Erkennen und Handeln übergreifenden Begriffs des Beobachtens. Beobachten erzeugt, um mit Eva Meyer zu formulieren, den Unterschied, der eine Umgebung schafft.[6] Der Beobachter setzt sich ab. Aber alle Beobachtung von Welt ist nur als Beobachtung in der Welt möglich, und letztlich: als Beobachtung von Beobachtern. Es kommt darauf an, welche Differenz es macht, wenn Welt beobachtet wird; und das kann man nicht an der Welt, sondern nur an Beobachtern beobachten. Die Welt wird damit als das Unbeobachtbare par excellence vorausgesetzt, mag sie nun endlich sein oder unendlich.[7] Die sichtbare Welt, das große Lebewesen Platons,

---

4 "It stands to reason" heißt es bei Gotthard Günther (1976), „that these systems of self-reflection with centers of their own could not behave as they do unless they are capable of 'drawing line' between themselves and their environment. We repeat that this is something the Universe as a totality cannot do. It leads to the surprising conclusion that *parts of the Universe have a higher reflective power than the whole of it.*" (Günther 1976: 319). Vgl. auch zu ganz ähnlichen Überlegungen George Spencer Brown: „Thus we cannot escape the fact that the world we know is constructed in order (and thus in such a way as to be able) to see itself ...But in order to do so, evidently it must first cut itself up into at least one other state which is seen. In this severed and mutilated condition, whatever it sees is only partially itself. We may take it that the world undoubtedly, act so as to make itself distinct from, and therefore false to, itself. In this condition it will always partially elude itself" (Brown 1979: 105).
5 So zum Beispiel Jan Mukarovský: „immer ist durch das Kunstwerk als ästhetisches Zeichen der Anspruch gegeben, auf dieWirklichkeit als Ganzes zu verweisen und eine Beziehung des Menschen zum Universum auszudrücken und herzustellen (Mukarovský 1989: 64).
6 So, an Gotthard Günther anschließend, Eva Meyer (1990).
7 Auch diese Unterscheidung wäre danach nur eine Form des Beobachtens in der Welt. Denn wenn die Welt endlich wäre: was wäre dann unendlich? Oder wenn sie unendlich wäre: was wäre dann endlich? Und in beiden Fällen: was wäre die Einheit der Unterscheidung von endlich/unendlich, die in der Welt gebraucht wird, um die Welt mit der einen bzw. anderen Seite dieser Unterscheidung zu bezeichnen?

der Horizont aller Horizonte im Sinne der Phänomenologie Husserls, ist demnach nur eine Kunstwelt, nur das Artefakt ihrer Selbstbeschreibung. Daß man nach wie vor die Welt von ihren Beschreibungen unterscheiden kann und unterscheiden muß, liegt nur daran, daß die Beschreibungen selbst als Operationen in der Welt sichtbar sein müssen; denn anderenfalls könnte man nicht sehen, welche Unterscheidungen sie benutzen, um etwas zu bezeichnen, und welchen Unterschied es macht, wenn dies geschieht und wie dies geschieht.

Was immer die Ästhetik davon halten und darüber sagen mag: es scheint, daß die Kunst im modernen, auf „schöne Künste" beschränkten Sinne darauf in einer sehr spezifischen Weise reagiert. Sie muß ihren Weltbezug reformulieren und sich damit, aber auch nur damit, der Gegebenheit moderner Gesellschaft anpassen. Das explizite, alsbald in Theorieform gebrachte Beobachten von Beobachtern setzt mit den Bemühungen um die Rekonstruktion der Zentralperspektive ein - also im Italien des 14. Jahrhunderts.[8] Bemerkenswert daran ist die Einseitigkeit. Der Künstler versucht zu rekonstruieren, wie die Wahrnehmung funktioniert. Er ist nicht daran interessiert, selber als Beobachter beobachtet zu werden. Er selbst sieht etwas, was andere nicht sehen, nämlich die Perspektive. Er ist nicht daran interessiert, daß andere Beobachter, zum Beispiel die Kunstkritiker, etwas sehen, was er nicht sieht und nicht sehen kann. Ja, die Rekonstruktion der Zentralperspektive wird zunächst als Arcanum des Metiers gelehrt, und erst Dürer setzt alle Anstrengungen darein, sie für den Buchdruck zu explizieren und zu verbreiten. Aber selbst dann ist es keine Lehre der Entschlüsselung der Machart des Kunstwerks, sondern eine Lehre für den Künstler. Der Betrachter soll das Bild so sehen, wie er normalerweise die Welt sieht; und er soll durch die (für ihn nicht sichtbare) Perspektive dazu verführt werden. Künstler und Betrachter finden sich vor einer gemeinsamen Welt und ergänzen sie nur durch entsprechend zu betrachtende Werke.

---

8 Gut hundert Jahre früher zeigen sich bereits in der Literatur - in der Lieddichtung und im höfischen Epos - Bemühungen, die „Perspektiven" des Lesers (Vorlesers) straffer zu organisieren, ihm also die Ordnung der Episoden, Einzelheiten, Strophen usw. nicht mehr freizugeben. Siehe Thomas Cramer (1988).

Offenbar sucht die moderne Kunst eine ganz andere Art von Provokation des Betrachters. Sie legt es darauf an, selbst als Beobachter beobachtet zu werden. Sie sucht Verständigung im wechselseitigen Beobachten des Beobachtens. Wenn man Künstler in Operation beobachtet, fällt auf, daß sie sich an ihre Mittel halten, den Einsatz ihrer Mittel beobachten, kontrollieren, eventuell korrigieren bis hin zur Destruktion und zum Wiederaufbau eines in Arbeit befindlichen Werkes.[9] Will man einer um 1800 üblichen Sprechweise folgen, könnte man sagen: die Mittel werden zum Selbstzweck. Das zeigt aber nur an, daß das Denkschema von Zweck und Mittel gar nicht mehr das hält, was es in der Tradition zu sagen hatte, sondern selbst in den Strudel der Umorientierung mit hineingezogen wird. Die Mittel werden nicht als (wiederbenutzbare) Instrumente zur Herstellung eines von ihnen getrennten Werkes betrachtet. Sie werden nicht nach Rezepten oder nach Regeln, nicht einmal nach Programmen eingesetzt. Sie sind keine technischen Mittel im Sinne einer relativ kontextfreien Verwendbarkeit. Ja, sogar die Unterscheidung von Zweck und Mittel und damit die Interpretation der Mittel als die eine (und nicht die andere) Seite dieser Unterscheidung kollabieren. Wenn aber all dies zutrifft und damit die zunächst naheliegenden Deutungsmuster ausfallen: Was beobachtet man, wenn man beobachtet, daß Künstler sich an ihre Mittel halten?

II. Man beobachtet, so lautet die Antwort, die Produktion von Unterscheidungen. Das heißt aber nach der hier vorgeschlagenen Terminologie: Man beobachtet das Beobachten. Man beobachtet das Einsetzen von Markierungen in einen zunächst leeren Raum oder in eine zunächst leere Zeit. Nichts anderes soll gemeint sein, wenn wir sagen: man beobachtet das Gewinnen von Form.

Bei Form denkt man zunächst vielleicht nur an die Gestalt eines Objekts, an den „Charakter" des Helden, an das Bauwerk oder an die perfekte Rundheit des Kreises. Solange man so denkt, mag es Sinn haben, die Herstellung der Form und die damit verbundene Intention mit Hilfe des Schemas von Zweck und Mittel zu begreifen. Damit ist aber nur eine Objektkunst, keine Weltkunst beschrieben. Eine solche Beschreibung wiederholt und affirmiert nur das, was der Beobachter erster Ordnung selbst meint, referiert, bezeichnet. Sie beschreibt nicht das, was damit notwendig einhergeht, nämlich die Unterscheidung des Hervorgehobenem von anderem. Und es bleibt unbestimmt, was es sonst noch gibt und wie sich anderes ändert, wenn eine Form entsteht. Um darüber hinauszukommen, hat man am Werk *Form* und *Inhalt* unterschieden. Diese Unterscheidung ist jedoch, gehalten durch sehr sinnverschiedene An-

---

9   Ein Einblick, den ich einem Gespräch mit Frederick Bunsen verdanke. Auch Dichter wie Mallarmé arbeiten an einer Zerstörung erster Einfälle, denen sie mißtrauen. „Das Werk baut sich aus einer Überlagerung von Zerstörungen auf", heißt es dazu bei Peter Bürger (1988: 134).

wendungen, unklar geblieben und schließlich aufgegeben worden.[10] Sie hatte dazu gedient, am Kunstwerk selbst die Einheit der Differenz von Selbstreferenz und Fremdreferenz zum Ausdruck zu bringen, denn Form steht für Selbstreferenz, und Inhalt steht für Fremdreferenz. Aber die Frage bleibt dann: aufgrund welchen operativen Verständnisses?

Geht man von dieser Grundfrage aus, fragt man also nach der kunstspezifischen Operation, bietet die operative Logik von George Spencer Brown hierfür wichtige Ausgangspunkte (Brown 1979: 105). Diese Logik (wenn es denn eine ist) ist selbst eine Form, nämlich die Form eines Kalküls. Zugleich verwendet sie den Begriff der Form in einer Weise, die es uns ermöglichen wird, den Übergang von Objektkunst zu Weltkunst nachzuzeichnen.

Form ist danach ein Einschnitt, eine Verletzung eines unbestimmten Bereichs von Möglichkeiten durch eine Unterscheidung, eine Transformation unbestimmbarer in bestimmbare Komplexität. Was vorlag, bleibt dabei erhalten, es nimmt nur Form an. Es entsteht, um es mit Spencer Brown zu fassen, eine Innenseite und eine Außenseite.[11] Und *beides* ist *die Form*. Und „beides", das heißt: die Welt als Differenz.[12] Denn Form ist im elementarsten Sinne eine Grenze mit der Folge, daß es einen Unterschied macht, ob man sich mit Zuwendung und mit Anschlußmöglichkeiten an die eine oder an die andere Seite der Grenze hält. Form mag willkürlich gewonnen werden, aber sie limitiert dann das, was auf der einen bzw. der anderen Seite möglich ist. Es hat wenig Sinn, sich Form nach Art eines Körpers vorzustellen mit einem Bestand und einer Umgebung. So kann man sich manches veranschaulichen, aber das sagt noch nichts über das Wesen der Form. Form ist immer „Zwei-Seiten-Form", immer Differenz. Nur

10 In der Ästhetik aufgegeben im Zuge sehr verschiedener Entwicklungen des 19. Jahrhunderts - so durch radikale Subjektivierung, durch Rückzug auf die „reine Form" oder durch den Symbolbegriff, der sich selbst als Symbol der Einheit von Form und Inhalt empfiehlt. Der historische Zusammenhang so verschiedener Bemühungen macht den Reichtum der modernen Ästhetik aus; aber der Zusammenhang ergibt sich nur aus der Absicht, dem Deckzwang des Schemas „Form und Inhalt" zu entkommen.
11 Man kann (und es wird für viele Auswertungsbereiche sinnvoll sein), diese raumgebundene Fassung abstrahieren, etwa im Sinne einer postiv/negativ-Codierung. In der Logik hat es allerdings guten Sinn, Negation nicht einfach vorauszusetzen, sondern im Zuge der Entwicklung des Kalküls als neu gewonnene, voraussetzungsunabhängige Möglichkeit einzuführen. Deshalb die Frage nach der fundamentaleren und doch nicht streng symmetrischen Unterscheidung.
12 Hiermit ist, um diese Formulierung theoriegeschichtlich zu kontextieren, die Forderung Hegels aufgenommen, jede Seite einer Unterscheidung müsse *in sich* auf die andere verweisen. Wir verzichten nur auf die daraus abgeleitete Aussicht auf Versöhnung und rekonstruieren diese Bedingung als Voraussetzung für (1) die Unterscheidungsunabhängigkeit aller Bezeichnungen und (2) die Unterscheidbarkeit von Unterscheidungen. Entsprechend müssen wir auf jede nur temporale Hierarchisierung verzichten; und wenn wir von Beobachtung erster und zweiter Ordnung sprechen werden, ist damit nicht ein Verhältnis von niedriger oder höher gemeint.

so wird verständlich, daß Form die Fähigkeit besitzt, das durch sie Unterschiedene lebendig zu machen, und zwar nach beiden Seiten. Selbst wenn man an den Sonderfall der Körperformen denkt, macht Form nicht nur das in sie Eingeschlossene, sondern auch das durch sie Ausgeschlossene lebendig, was nichts anderes heißen soll als: selektiv anschlußfähig.

Dieser Begriff der Zwei-Seiten-Form verdeutlicht bereits in einem ersten Anlauf den Zusammenhang von Zufall, Individualität des einzelnen Kunstwerks, binärer Codierung und Beobachterrolle schon des Künstlers und dann erst recht aller anderen Betrachter. Die erste Zäsur, der erste Schritt, die erste Unterscheidung, die zwei Seiten trennt, muß sowohl von der noch nicht verletzten Welt als auch vom entstehenden Werk her als Zufall angesehen werden.[13] In dieser Hinsicht ist der Künstler eine Maschine zur Erzeugung von Zufällen. Er beginnt so oder so und erzeugt damit eine Differenz, die es ermöglicht, zu beobachten, was auf der anderen Seite geschieht, wenn man auf der einen Seite etwas hinzufügt. Nur nach dem Zufall des Anfangs übernimmt das Werk die Kontrolle über seine Produktion und reduziert den Künstler auf einen Beobachter, der mit allmählich abnehmenden Freiheitsgraden arbeiten muß. Und nachher gibt es nur noch die Möglichkeit des Akzeptierens oder Verwerfens, der Einpassung weiterer Unterscheidungen oder der Destruktion; also nur noch die Möglichkeit der binär codierten Tätigkeit.

Das Kunstwerk entsteht demnach als Umarbeitung von Zufall in zufallsabhängige Notwendigkeit. Wenn zunächst einmal die Ausgangsdifferenz gesichert ist - und nur dann -, kann jeder Schritt gelingen oder mißlingen, was sich möglicherweise aber erst in der weiteren Arbeit herausstellt. Binäre Codierung ist dabei ein Gegenbegriff zu mechanischer Anfertigung Schritt für Schritt nach einem Plan, der nur noch richtige Ausführung oder Fehler zuläßt. Zugleich klärt dieses Konzept das Verhältnis des Kunstwerks zur Kunst. Weder ist das einzelne Kunstwerk Teil eines Ganzen, das aus der Gesamtheit der Kunstwerke besteht; denn es verdankt seine Individualität dem, was es aus dem Zufall des ersten Schrittes macht, und nicht der Erfüllung von Anforderungen, die ihm als Teil des Ganzen gestellt sind. Noch folgen wir der von der Romantik bis Hegel durchgehaltenen Vorstellung, daß das Einzelwerk durch Reflexion der Idee oder des Begriffs der Kunst an ihr teilhat. Daß die Kunst als Einheit von anderen gesellschaftlichen Systemen unterschieden werden kann, folgt nicht aus einer besonderen Idee, sondern daraus, daß die Kunstwerke ein Beobachten - und wir werden noch sehen: ein Beobachten des Beobachtens disziplinieren, indem sie den Beobachtern Un-

---

13 Hier, wie immer, ist der Zufall ein relativer Begriff, der nur leugnet, daß es eine Vorwegkoordination mit derjenigen Ordnung gibt, im Hinblick auf die etwas als Zufall anzusehen ist. Die Hinsichten sind im Text angegeben. Selbstverständlich behaupten wir nicht, daß das, was ein Künstler tut, biographisch gesehen Zufall ist.

terscheidungen vorgeben, an die er sich zu halten hat, wenn er überhaupt an Kunst teilnehmen will.

Man kann die Reflexionsbegrifflichkeit des Deutschen Idealismus und der Romantik als ein erstes Experiment mit einem unterscheidungsgeleiteten Beobachten ansehen und historisch darin die Semantik einer Übergangsperiode erkennen. Trotzdem, und gerade deshalb, muß die Andersartigkeit der Begriffsreihe Unterscheidung - Bezeichnung - Form - Beobachtung - Beschreibung betont werden. Wir knüpfen nicht an einen Reflexionsbegriff an, der vom Bewußtsein ausgeht und deshalb das Problem der Intentionalität, der Selbst-Vergegenständlichung, der immer nur sekundären Entzweiung in Selbst als Subjekt und Selbst als Objekt und der daran nur anknüpfenden Synthese nicht los wird. Theoretisch zumindest ist es der Bewußtseinsphilosophie nicht gelungen, obwohl solche Absichten erkennbar werden, Differenz als Erstes und Letztes zu begreifen.[14] Eine ursprüngliche Zweiheit, ein Reflexionsmedium (Benjamin) wird zwar in vielen Varianten postuliert, aber nicht wirklich mit dem Begriff des Bewußtseins koordiniert. Der Begriff des Subjekts sperrt sich gegen eine Fundamentalisierung von Zweiheit. Er kann allenfalls, auf der anderen Seite seiner Form, ein Objekt zulassen, dann aber das Problem der Selbstobjektivierung nicht mehr lösen. Daß Derrida, der diesen Trend zur Fundamentalsierung von Differenz am radikalsten fortsetzt, die Konsequenz zieht und den Begriff des Subjekts „dekonstruiert", mag uns als weiterer Beleg dienen.

In den Versuchen der künstlerischen Realisation erscheinen die gleichen Schwierigkeiten. E. T. A. Hoffmanns Erzählung „Prinzessin Brambilla" hat dieses Thema. Der Leitgedanke erscheint im Text als Schrift.[15] Er erscheint als Märchen in einem Märchen. Er befreit Masken von ihrer Maskerade, Doppelgänger von ihrer Verdopplung; er läßt aber auch zwei Löwen miteinander kämpfen, und dies mit solchem Grimm, daß sie einander wechselseitig auffressen und nur noch die Schwänze übrig bleiben - doch all dies mit Hilfe eines Zaubers, der Einheit durch Zweiheit schafft. Aber eben an den Zauber kann man nicht, und soll man wohl auch nicht, glauben.

Ohne jede Ambition auf Auswege aus Sackgassen der Bewußtseinsphilosophie oder auf deren Dekonstruktion gehen wir von der Realität beobachtender Systeme aus, die je nach Operationsform sich auf Leben, Bewußtsein oder Kommunikation gründen, immer aber, wenn und soweit sie beobachten, Unterscheidungen verwenden, um die eine (und nicht die andere) Seite zu bezeichnen. Die Markierung einer solchen Unter-

---

14 Siehe dazu Dieter Heinrich (1967); ferner um Herausarbeitung der spezifisch romantischen Intentionen bemüht, Winfried Mennighaus (1987).
15 „Der Gedanke zerstört die Anschauung und losgerissen von der Mutter Brust wankt in irrem Wahn, in blinder Betäubtheit der Mensch heimatlos umher, bis der Gedanke eignes Spiegelbild dem Gedanken selbst die Erkenntnis schafft, daß er *ist*..." (E.T.A. Hoffmann 1966: 257).

scheidung nennen wir Form. Form ist also immer als Zwei-Seiten-Form gegeben, nie als Einheit. Sie kann zwar als Einheit bezeichnet werden, aber dies nur als Seite einer anderen Unterscheidung. Deshalb kann kein Formgebrauch, keine als Anfang oder Ende gesetzte Differenz das Unbedingte, das Absolute, die Welt fixieren, wie die Romantik es hoffte. Die Markierung einer Form macht gerade das unsichtbar, was als Einheit einer Unterscheidung vorausgesetzt sein muß. Denn Beobachten ist nur als Bezeichnung der einen (und nicht der anderen) Seite der Form möglich.

III. Auch Dinge sind Formen, sofern sie sich von allen anderen Dingen unterscheiden. Auch Kunstwerke sind in diesem Sinne zunächst unverwechselbare Dinge. Was sie auszeichnet, ist jedoch mit „Hergestelltsein" (im Unterschied zu „natürlich" nur unzureichend bezeichnet. Die Tradition hatte mit dieser Unterscheidung gearbeitet. Sie hatte Kunst an Hand der Unterscheidung von téchne und phýsis (ars/natura) zu begreifen versucht und sich damit auf der Seite der téchne ein Sinnproblem eingehandelt. Die Erlaubnis zur téchne mußte gleichsam kosmologisch eingeholt werden. Die Problematik ihrer religiösen Wiederaufbereitung ist seit den Anfängen bewußt. Wieso kann, wieso darf man abweichen? Die Antwort kann dann in den Lebensnotwendigkeiten der Menschen liegen oder in der imitatio, im disegno, in der Erweiterung der Möglichkeiten des Sehens.

Über diese Theorielage kommt man hinaus, wenn man nach dem Realitätsbezug von Kunstwerken fragt. Sie haben offensichtlich ein ambivalentes Verhältnis zur Realität: aber diese Ambivalenz ist nichts weiter als der Effekt ihrer Form. Einerseits stellt das Kunstwerk sich als fiktionales Gebilde außerhalb der Realität.[16] Andererseits ist es selbst mitsamt seinen Beobachtern ein durchaus reales Gebilde. Die Kunst läßt also - wie in anderer Weise auch Sprache und Schrift - die Realität doppelsinnig werden. Sie spaltet die Realität durch ihre Form, so daß im Effekt zwischen zwei Seiten unterschieden werden kann: zwischen der realen Realität und der fiktionalen Realität. Indem der realen Realität eine fiktionale gegenübergestellt wird, erzeugt die Kunst auf *beiden* Seiten ihrer Form einen Zustand, der vorher nicht da war oder jedenfalls nicht beobachtet werden konnte. Die reale Realität wird zum normalen Alltag, zum Bereich der vertrauten Erwartungen.[17] Die fiktionale Realität wird zum Bereich der Reflexion

---

16 Damit soll natürlich nicht geleugnet werden, daß ein Kunstwerk auch innerhalb der Realität, aus der es sich ausschließt, benutzt werden kann. In Hannover verabredet man sich „unter dem Schwanz" (des Pferdes des Ernst August-Denkmals vor dem Hauptbahnhof), ohne diesen Treffpunkt als Kunstwerk in Betracht zu ziehen. Er wird nur zur Unterscheidung von anderen möglichen Treffpunkten bezeichnet.

17 In diesem Sinne löste auch George Spencer Brown (1957: 1ff.) das Problem des ambivalenten Begriffs der Realität - allerdings mit dem ganz anderen Ziel des Induktionsschluß und der Wahrscheinlichkeitsaussagen vor Augen.

anderer (unvertrauter, Überraschender, nur artifiziell zu gewinnender) Ordnungsmöglichkeiten. Auch die Einführung des Sabbath hatte, um eine naheliegende Parallele anzudeuten, ja nicht besagen sollen, daß Gott nur an diesem Tage besondere Aufmerksamkeit wünscht. Im Gegenteil: die Differenz von Sabbath zu Alltag läßt Gott in der ganzen Woche präsent sein: sie verhindert, daß er vergessen wird, macht ihn aber gerade nicht als Tagesgeschehen sichtbar. Die Einheit beider Realitäten ist dann nur noch mit jenem ambivalenten Realitätsbegriff zu beschreiben. Aber gewonnen wird die Möglichkeit, die Grenze zwischen fiktionaler und realer Realität zu kreuzen und vor allem die Möglichkeit, die fiktionale Seite der Realität zu markieren und sie mit dem Einsetzen weiterer Formen (Unterscheidungen) auszuarbeiten.

Im Bereich des Fiktionalen wird es schwierig, ja unmöglich, verläßlich einzuschätzen, ob fingierte Realitäten - blaue Pferde, sprechende Schränke, neunschwänzige Katzen, brennendes Wasser, unregelmäßig und sprunghaft fortschreitende Zeit, Jungfrauen ohne Sexualbewußtsein etc. - *zusammen existieren können*. Die übliche Modallogik löst dieses Problem auf in eine Mehrheit möglicher Welten, ohne die Welt dieser Welten bzw. die Bedingungen ihrer wechselseitigen Zugänglichkeit thematisieren zu können. Die Kunst beweist dies Zusammenexistierenkönnen - für sich.

Das bleibt relativ harmlos, solange es nur um blaue Pferde etc. geht, um ein gezieltes Umfärben, Deformieren einer Realität, die als solche noch erkennbar bleibt. Aber schon und gerade hier ist der Sinn solcher Verunstaltungen nicht mehr auf der Ebene der Beobachtung erster Ordnung zu erkennen. Er liegt nicht in der Behauptung, daß es irgendwo blaue Pferde gibt oder doch geben könne, so daß man es dann mit schwarzen, braunen, weißen und blauen Pferden zu tun hätte. Der Sinn von Fiktionalitäten ist so nicht das Hinzufügen von etwas in einer monokontexturalen Welt. Er erschließt sich erst in einem Wechsel der Betrachtungsebene und im damit verbundenen Zugang zu neuen Konditionierungen, nämlich als Aufforderung zur Beobachtung von Beobachtungen, zur Beobachtung zweiter Ordnung. Dann lautet die Frage nicht: was gibt es noch und was gibt es nicht?, sondern: wie de-arbitrarisiert man die Fiktion? Und darauf hat das Kunstwerk selbst zu antworten. Der Sinn solcher Deformierungen bis hin zur Unerkennbarkeit dessen, was deformiert wird, findet sich schließlich in der Selbstreferenz des Kunstwerks.[18] Und darauf soll der Beobachter achten.

---

18 Am Beispiel des Dramas und am Beispiel des Romans zeigt Dietrich Schwanitz (1990) eine entsprechende Entwicklung. Die Erzählung muß sich von ihrem Erzähltwerden unterscheiden, sie muß selbst zwischen sich selbst und der realen Realität unterscheiden und deshalb Techniken erfinden, mit denen sie dies Problem in Drama und Roman selbst lösen kann - bis hin zu Formen, die durch Paradoxierungen bzw. durch Inszenierungen des Scheiterns einer solchen Absicht zeigen, daß die Einheit der Welt eine Lösung dieses Problems nicht akzeptiert.

Denn wenn das Kunstwerk nicht eine leere Selbstbehauptung bleiben soll - und es gibt provokative Inszenierungen dieser Art -, muß es den Unterschied zur realen Realität und den damit erreichbaren Gewinn zeigen können. Im Kunstwerk kommen deshalb eigene Formen, eigene Unterscheidungen zur Geltung. Jede Bestimmung des einen oder anderer Merkmals involviert eine andere Seite, verändert also noch etwas anderes. Jede Entscheidung, etwas festzulegen, lenkt den Blick auf die andere Seite der Form, erzeugt Aufmerksamkeit für etwas, was daraufhin noch zu tun bzw. zu beachten ist. Auf diese Weise wird ein Prozeß des (herstellender bzw. betrachtenden, in jedem Falle beobachtenden) Durcharbeitens vor Formzusammenhängen in Gang gebracht, der ein Kreuzen der durch die Form markierten Grenze erfordert. Auch auf der anderen Seite ist etwas geschehen oder muß etwas geschehen, sobald die Ausgangsseite bestimmt wird. Auf diese Weise bedient sich der Beobachter des zunächst Unsichtbaren, nämlich der nichtbezeichneten Seite, und überführt es ins Sichtbare. Man kann deshalb Kunst als Sichtbarmachen des Unsichtbaren auffassen, allerdings mit der Maßgabe, daß das Unsichtbare erhalten bleibt. Es zieht sich in die Einheit der Unterscheidung, in das Nichtdifferente der Differenz zurück. Keine Formarbeit kann daran etwas ändern. Sie kann nur darüber disponieren, von welcher Form aus die Einheit des Differenten unsichtbar bleibt.

Die Magie der Dinge - daß sie sind, wie sie sind - wird auf diese Weise gebrochen. Der Beobachter gewinnt Distanz. Er gewinnt die versprochenen neuen Möglichkeiten des Sehens. Aber er kann in dem Formenspiel, das er beobachtet, weder die Welt noch sich selbst wiederfinden: oder dies nur mit Hilfe weiterer Unterscheidungen, mit denen sich das Problem nur wiederholt. Jede Form realisiert die Paradoxie der Lösung eines unlösbaren Problems.

Denn jeder Formgebrauch hat seine Kosten. Der Beobachter, der eine bestimmte Unterscheidung verwendet, kann sich selbst in dieser Unterscheidung nicht unterbringen. Er findet sich selbst weder auf der bezeichneten noch auf der anderen Seite der Form. Er kann sich zwar selbst bezeichnen, kann »ich« sagen. Aber das verschiebt nur das Problem. Denn dann benutzt er eine weitere Unterscheidung, um sich selbst von anderen Beobachtern zu unterscheiden; und wieder kommt er als Benutzer dieser Unterscheidung in dieser Unterscheidung nicht vor.

Aber nicht nur der Beobachter selbst, sondern auch die Einheit der Unterscheidung wird durch ihren Gebrauch unsichtbar. Der Unterschied selbst findet weder auf der einen noch auf der anderen Seite der Unterscheidung Platz. Er hat weder eine räumliche noch eine zeitliche Position, sondern existiert nur als Information: als Unterschied, der einen Unterschied macht.[19] Es findet sich nirgendwo im Bild, nirgends in der Ab-

---

19 So Gregory Bateson (1982: 122 f. siehe insbesondere S. 143 ff.) versteht diesen Unterschied von Unterschiedenem und Unterscheidung als Unterschied logischer Typen im Sinne von

folge von Tönen oder in den Ereignissen einer Erzählung; und deshalb kann es auch einen Unterschied machen, daß etwas leer bleibt, nicht erwähnt wird oder durch Emphase ausgeschlossen ist. Beobachten ist ja gerade: sich an das Unterschiedene halten; und das heißt: die Unterscheidung selbst vergessen. Man kann natürlich auch Unterscheidungen bezeichnen; aber auch dies nur mit Hilfe anderer Unterscheidungen, die damit die Funktion des blinden Flecks übernehmen, der allem Beobachten zugrunde liegt. Der Beweis läßt sich nicht zuletzt im Umkehrschluß führen: im Ausprobieren der Erzählkatastrophe des Tristram Shandy, die entsteht, wenn der Erzähler sich ständig in die Erzählung einmischt, wenn also der Beobachter versucht, sein Beobachten in seinen Beobachtungen mitzubeobachten. Daß hier überhaupt ein Problem liegt, wird aber erst entdeckt, wenn das Beobachten des Beobachtens seinerseits zum Thema wird und dabei auf die entsprechenden Unmöglichkeiten aufmerksam wird.

Nichts anderes ist gemeint, wenn wir festhalten, daß jeder Unterscheidungsgebrauch, jede Form, die Welt als die Einheit des vorausliegenden „unmarked state" (Spencer Brown) sichtbar und unsichtbar macht. Die Welt - das ist der blinde Fleck ihrer Selbstbeobachtung.

Wenn wir von Kunst sprechen, müssen wir also eine Mehrheit von Unterscheidungen - unterscheiden. Und wenn man dies tut, kann man die Geschichte der Kunst als eine Entfaltung dieser Unterscheidungsebenen darstellen, deren eine aus der anderen entsteht.

Als wahrgenommenes oder imaginiertes (durch Literatur dargestelltes) Objekt läßt das Kunstwerk sich von anderen Dingen unterscheiden. Dieser Unterschied ist konstitutiv für Kunst, und schon er setzt einen Beobachter voraus, der diese (und keine andere) Unterscheidung verwendet. Ein ausdifferenziertes, autonom operierendes Kommunikationssystem Kunst kommt jedoch erst zustande, wenn das einzelne Kunstwerk von anderen Kunstwerken unterschieden wird (und nicht etwa nur von anderen Waren, die man ebenfalls kaufen könnte). Die Kunst wird zum „imaginären Museum" Malraux. Die in den Kunstwerken fixierten Beobachtungen beginnen miteinander zu kommunizieren. Das erfordert Kriterien des Vergleichs und Maßstäbe der Bewertung und schließt über Unterscheidungs- und Vergleichserfordernisse andere Objekte (etwa Werkzeuge) aus. Nun mag man darüber diskutieren, welche Kunstwerke sich vor anderen auszeichnen und ob die alte Kunst besser war als die neue oder ob das Umgekehrte gilt. Nun kann man sich auf das Erfordernis der Originalität verständigen, kann, wenn nicht Imitation der Natur, so doch Imitation von Kunstwerken verbieten, kann schließlich Kunstgeschichte als Stilgeschichte konzipieren. Wir befinden uns im 17. und 18. Jahrhundert.

Russel und Whitehead. Das hat aber nur den sehr begrenzten Sinn, den „Fehler" einer Typenvermischung zu entlarven, was seinerseits auf eine Typenvermischung hinausläuft.

Aber wie will man, wenn solche äußeren Anhaltspunkte verbraucht sind, die einzelnen Kunstwerke von anderen unterscheiden? Muß man nicht genauer wissen, was im einzelnen Kunstwerk vor sich geht, wie es beobachtet, was es zur Beobachtung freigibt - und ihr dadurch entzieht? Die Unterscheidung der Kunstwerke untereinander erfordert schließlich eine Beobachtung derjenigen Unterscheidungen, mit denen das Kunstwerk selbst gearbeitet ist - man könnte in Anlehnung an Ranulph Glanville (Glanville 1988; Baecker 1989)[20] fast sagen: sich selber beobachtet. Und hier erst bewährt sich der Übergang von einem dingbezogenen zu einem weltbezogenen Formbegriff. Die Romantik - wie immer fehlgeleitet durch die Subjektphilosophie und insofern ein Opfer der Kritik Hegels - entzieht den Objekten ihre Glaubwürdigkeit, deutet an, was unsichtbar zu bleiben hat, und vollzieht damit den Übergang von der Objektkunst zur Weltkunst.

Das Kunstwerk erscheint nun als eine unterscheidbare Form, die aus Formen besteht. Eine Linie, deren Ziehung zwei Raumteile trennt und damit erzeugt, schafft auf *beiden* Seiten Entfaltungsmöglichkeiten. Was auf der einen Seite geschieht, wirkt dann, dank des gemeinsamen Ursprungs, immer auch auf die andere Seite zurück. Das legt nicht fest, was geschehen soll, ermöglicht aber den prüfenden Blick unter dem binären Code von passend/nichtpassend. Außerdem ist die Linie selbst nicht nur Trennung, sondern auch eigene Form, die sich selbst von dem Leerraum unterscheidet; und sie mag eigene Eigenschaften mitbringen (sie mag erkennbar von oben nach unten gezogen sein und deshalb von unten nach oben verlaufen), die das beschränken, was zu ihrer Form paßt.

Dieselbe Selbstanregung finden wir, wenn es nicht um Raum, sondern um Zeit geht. Ein Ereignis, ein Akkord, eine Handlung trennt die Zeit in ein Vorher und Nachher und konstituiert damit eine Eigenzeit speziell dieses zufällig begonnenen Werkes. Das Nachher kann dann nicht mehr beliebig, obwohl mit vielen noch offenen Formen und Überraschungen besetzt werden. Vorher kann nichts geschehen, denn die Zeit ist vergangen. Aber trotzdem organisiert das, was nachher geschieht, das, was als Vorher dazu paßt. Nachher zeigt sich, daß die Welt nicht mit dem ersten Takt oder Akt angefangen hat, sondern sich damit in eine Geschichte einläßt - und sei es die Stille, die den Anfang zum Anfang macht, oder die Weltgeschichte, die nachträglich erzählend reaktualisiert wird.

Es ist nur ein Sonderfall dieses allgemeinen Geschehens, das Kunstwerke und mit ihnen Kunst ausdifferenziert, wenn Formzusammenhänge durch „Parallelisierung", „Verdoppelung", „Wiederholung" kenntlich gemacht werden, also etwa durch Reime im Gedicht oder durch Wiederholen der Melodie in der Musik.[21] Die auffallende

---

20 Im übrigen lassen sich im Naturbegriff der Romantik genaue Parallelen finden.
21 Siehe für einen wichtigen Ausschnitt Menninghaus (1987).

Übereinstimmung macht hellhörig für das, was sich daran noch unterscheidet; und das romantische Motiv des Doppelgängers muß deshalb als Verzweiflung an der Frage nach der Individualität oder der (notwendig individuellen) Existenz begriffen werden. Nie kann es gelingen, die Form als Einheit des Unterschiedenen zurückzugewinnen. Immer wieder beobachtet man nur Unterschiede am fast nicht mehr Unterscheidbaren. Aber genau diese Erfahrung kann benutzt werden, um anzudeuten, daß die Welt selbst unsichtbar geblieben ist.

Jede Unterscheidung macht sich selbst unsichtbar (und symbolisiert damit Welt), indem sie das Unterschiedene vorstellt. Das Kunstwerk kombiniert eine Vielzahl von Unterscheidungen - wieviel, das ist eine Frage der noch zu bewältigenden Komplexität. Farben, Gewichte, Linienführung, Vordergrund/Hintergrund im Bild; Gleichzeitigkeit bzw. Nahwirkung/Fernwirkung von verschiedenen Tönen oder Tonfolgen in der Musik; Verschiedenheit der Perspektiven von unterschiedlichen Charakteren und die Notwendigkeit des Zufalls ihrer Begegnung im Roman, um nur einige sehr vordergründige Beispiele zu geben. Man beobachtet dabei, unterscheidungsgeleitet, jeweils die eine oder die andere Seite, erst Hamlet und dann Ophelia, aber nicht Hamletophelia. Nur andere Unterscheidungen, etwa die einer dramatischen Entscheidungssituation, lassen es zu, Unterscheidungen als Einheit zu beobachten; aber nur, indem sie nun ihrerseits ihre Einheit verbergen. Die Einheit einer Unterscheidung kann nur durch ihre Unterscheidung von anderen Unterscheidungen konstituiert werden, und die Einheit des Kunstwerks selbst erschließt sich allenfalls im Gegenseitigkeitsverhältnis dieser Formenkonstitutionen, ohne ihrerseits beobachtbar zu werden.

Oft werden eine Mehrzahl von Unterscheidungen derart kombiniert, daß die *eine* Seite *einer* Unterscheidung auch als die *eine* Seite einer *anderen* Unterscheidung dienen kann, wodurch dann auch die jeweils andere Seite beider Unterscheidungen präsent bleibt. Um ein Beispiel zu geben: Hann Trier versucht in neueren Bildern, seine Erfahrungen mit Deckengemälden für vertikal zu hängende Tafelbilder zu nutzen. Zugleich werden die Bilder nicht, wie bei Deckengemälden üblich, von den Seiten, sondern von den Ecken her komponiert. Daraus ergeben sich andere Möglichkeiten für die Ordnung der Unterscheidung von Peripherie und Zentrum. Und mit all dem ist noch gar nichts gesagt über die Unterschiede der Form- und Farbgebung, die durch die drei genannten Unterscheidungen (Decke/Wand, Seite/ Ecke, Peripherie/Zentrum) noch keineswegs festgelegt sind, aber die aus ihnen folgende Einschränkung der kombinatorischen Möglichkeiten sich zunutze machen können.

Identifizierbare Positionen (Merkmale, Züge), die die Eigenart des Kunstwerks bestimmen, sind somit Komponenten einer Mehrzahl von Unterscheidungen. Sie bilden die eine Seite einer Mehrzahl von anderen Seiten. Sie informieren über eine Mehrheit von Informationen. Sie vereinigen verschiedene Versionen von Welt.[22] Daher können sie durch eine Mehrzahl von Änderungen der jeweils anderen Seite betroffen sein, blockieren dann aber auch mehr als nur eine Änderung, mehr als nur sich selbst. Sie halten mehr aus und fest als nur ihr eigenes Sosein. Und sie bilden mit all dem Information aus einer emergenten Ebene der Realität, auf der das Kunstwerk seine Individualität gewinnt.

Diese Emergenz läßt sich nicht im Schema des Ganzen und seiner Teile darstellen, auch nicht, wenn man die Aussage hinzunimmt, das Ganze sei mehr als die Summe seiner Teile. Eher könnte man mit leichter Variation eines Begriffes von Yves Barel solche Verhältnisse als „superposition" bezeichnen - als „superposition" nicht von Objekten, sondern von Unterscheidungen.[23] Damit wird die zugrundeliegende, zugleich konstruierte und aufgelöste Paradoxie deutlich. Die Unterscheidungen, die eine ihrer Seiten gemeinsam haben, unterscheiden sich und unterscheiden sich nicht. Sie überschneiden sich nur partiell, da für jede von ihnen jede Seite die andere Seite der anderen ist. Superposition erzeugt Trennung und Konfusion zugleich.[24]

Superposition kann auch zur Zentrierung eines Kunstwerks benutzt werden, wenn die gemeinsame Seite einer Vielzahl von Unterscheidungen dadurch sich mit Bedeutung auflädt. Daß diese Zentrierung nicht mit dem räumlichen Zentrum (oder mit dem Ende einer Geschichte) identisch sein, ja diese gleichsam natürliche Position gerade vermeiden muß, weil es auch auf diesen Unterschied noch ankommt, verdeutlicht noch einmal die Unterscheidungsbezogenheit dieses Formprinzips.

Derart kombinierte Unterscheidungen, Formen, Beobachtungsdirektiven machen die Eigenart eines Kunstwerks aus, bestimmen seine Individualität. Aber zugleich entzieht sich genau diese Einheit der Beobachtung. Nur in der trivialen Weise, daß es selbst im Museum der Bilder oder der Literaturgeschichte an einer bestimmten Stelle hängt, einen Namen (Titel), eine Herstellerbezeichnung und ein Entstehungsdatum hat und damit identifiziert werden kann, nur in dieser trivialen Weise wird das Kunstwerk selbst als Einheit faßbar, und im Zugriff sieht man dann nicht einmal mehr das, was man nicht zu sehen bekommt, wenn man das Kunstwerk in den Zirkeln seiner gegeneinander spielenden Unterscheidungen, in seinen immanenten Selbstreferenzen zu verstehen versucht. Man hat dann nur noch das Objekt im Sinn.

Der hier vorgestellte, Welt zerlegende Formbegriff erzwingt eigentümliche Zeitverhältnisse. Die Einführung von Form impliziert, daß beide Seiten *gleichzeitig* gegeben sind. Die Einführung ändert nichts an der Unzeitlichkeit der Welt, sie transformiert sie nur in Gleichzeitigkeit der einen und der anderen Seite. Gleichzeitig(!) findet sich

---

22 Hier folgen wir Gregory Bateson (1982: 86 ff.).
23 Siehe Yves Barel (1989: 118 ff.) mit Beispielen aus der Malerei.
24 Anders gesagt: Die Seiten einer Form sind nicht Teile eines Ganzen.

aber der Ausgangspunkt für eine Operation (einschließlich: Beobachtung) immer nur auf der einen (und nicht auf der anderen) Seite der Form; sonst wäre die Form keine Form. Um auf die andere Seite zu gelangen, braucht man eine weitere Operation, also Zeit. Die beiden Seiten sind gleichzeitig und zugleich als ein Vorher/Nachher-Unterschied gegeben. Die Form ermöglicht, ohne sich selbst zu bewegen, Bewegung. Sie ist der unbewegte Beweger. Sie generiert Zeit als Differenz von Gleichzeitigkeit und Vorher/Nachher-Unterscheidung. Nur so ist ein „crossing" (Spencer Brown) der Grenze möglich. Die Einheit dieser Formenverhältnisse läßt sich nicht fixieren, denn man muß sich immer auf die eine (und nicht auf die ebenso konstitutive andere) Seite einer Unterscheidung begeben, um etwas Bestimmtes beobachten und bezeichnen zu können. Es ist nur die Zeit des Durchgangs durch die Möglichkeiten, etwas, und anderes nicht, zu fassen, die das Kunstwerk erschließt. Dessen Einheit liegt im Wechsel der Möglichkeiten, sie zu verfehlen. Ohne Unterscheidungen, das heißt mit Intuition, kommen nur Engel und Fanatiker aus; jedenfalls nicht Künstler. Und mit dem Unterscheidungsvermögen entstehen, wie mit einem Erdrutsch, alle weiteren Unannehmlichkeiten: Sünde, Zeit, Arbeit, Schmerz, Fehler und alles andere.

Diese Zeit hat kein Ende. Was sie zeigt, kann immer wieder anders unterschieden werden; und wenn nicht, wird es uninteressant. Sie endet nicht in einem „Geist", der auf der Differenz einer letzten Unterscheidung balanciert ohne zu kippen. Sie verzichtet auch auf die Armseligkeit einer Vernunft, die alles von dem einen Prinzip her beurteilt, das sie selber für vernünftig hält. Sie ist von der Romantik entdeckt worden und scheint alle Versuche, doch noch einen großen Abschlußgedanken zu finden, zu überdauern. Walter Benjamin hatte dafür den verheißungsvollen Begriff des Reflexionsmediums vorgeschlagen, hatte selbst aber von einer begrifflichen Ausarbeitung abgesehen, wohl um das Gedankengut der Romantik nicht mit begrifflichen Härten zu verletzen (Benjamin 1973: 52, Anm. 141). Mit einem Offenlassen der Begriffsfrage und mit der Verführung zu einem transsinnlichen, äthergleichen Verständnis von „Medium" ist aber auch nicht zu helfen. Im Anschluß an Fritz Heider (Heider 1926) könnte man Medium und Reflexion unterscheiden im Sinne von loser und strikter Kopplung von Elementen (Operationen, Gedanken) des Bewußtseins. Medium wäre dann eine lose gekoppelte Kopplung von Einzelelementen, die der Bindung durch Dinge, Formen, strikte Kopplungen ausgesetzt sind. Dann wäre das Medium zwar nicht im Sinne der Romantik das Absolute, wohl aber die eine Seite einer Unterscheidung, deren andere dann die Bestimmtheit der Form wäre. Die letzte Einheit wäre der imaginäre Raum des Wiedereintritts der Form in die Form.[25] Sie ließe sich wiederum nur durch eine Unterscheidung vertreten, weil sie anders nicht zu beobachten ist. Der Formbegriff selbst wäre die andere Seite einer Form, die andere Seite seiner selbst.

25 Im Sinne von Spencer Brown (1957: 56 f., 69 ff.).

Alles käme auf den Beobachter an und darauf, wie er sich den Konsequenzen dieser Paradoxie entzieht; und wir hatten es bereits angedeutet: das geschieht durch den Zufall der Setzung einer ersten Unterscheidung.

Wenn Form in diesem Sinne die Einheit einer Differenz ist, kann man verstehen, daß sie Welt erzeugt. Welt muß dann verstanden werden als die in allen Unterscheidungen vorausgesetzte Einheit, als das Nichtschematische der Schemata oder auch als der blinde Fleck aller Beobachtungen, also das, was man nicht sehen kann, wenn man das, was man beobachtet, mit Hilfe einer bestimmten Unterscheidung bezeichnet. Bei allem Operieren bleibt die Welt selbst in ihrer Unzugänglichkeit erhalten. Sie bleibt transzendental vorausgesetzt. Alle Operationen sind und bleiben Operationen in der Welt. Das gilt auch dann, wenn die Operation im Setzen einer Unterscheidung besteht. Aber in diesem Fall repräsentiert sich die Einheit als Differenz und wird an der Differenz sichtbar - nur um sich sogleich in die Unsichtbarkeit zurückzuziehen.

Diese Überlegungen erlauben es, die Kunst als Weltkunst zu beschreiben. Sie leistet auf ihre Weise (und niemand wird sagen wollen, es gebe keine anderen Möglichkeiten) das Sichtbar- und Unsichtbarmachen der Welt. Denn sobald man sieht, daß es *hier* auf *diese* Form ankommt (daß diese, und keine andere, Linie über das Bild entscheidet), ahnt man auch, daß es andere Möglichkeiten von unterscheidenden Formen gibt und daß die Welt sich erst im Unterscheiden von Unterscheidungen offenbaren wird - also nie, da dazu immer weitere Unterscheidungen notwendig sein werden. Die Kunst hat es mithin mit dem Paradox der Beobachtbarkeit des Unbeobachtbaren zu tun, und ihre Bemühung um Form löst dieses Paradox auf (so wie auch sonst Unterscheidungen das Mittel sind, Paradoxien mit Operationsmöglichkeiten zu versorgen).[26] Aber die Auflösung läßt das Paradox intakt, sie invisibilisiert es nur und läßt ihm die Möglichkeit, in anderen Umständen andere Formen zu kreieren.

Die Mittel der Kunst sind mithin ihre Unterscheidungen. Sie lassen sich weder zeitlich (als Vorbereitung der Produktion) noch sachlich (als Teile des Werkes) abstrahieren. Und auch sozial entsteht Übereinstimmung nur, wenn Künstler und andere Betrachter auf diese Mittel achten und nach deren Maßgabe beobachten. Nur so erschließt sich ein Kunstwerk als Kunst. Man kann es aus guten Gründen auch mit Hilfe anderer Unterscheidungen beobachten, etwa mit Hilfe der „feinen Unterschiede" Bourdieus. Aber dann beobachtet man ein Kunstwerk nicht als Kunst, nicht im Hinblick auf das, was den Weltzugang über Kunst in sozialen Hinsichten auszeichnet.

Wie immer, Beobachten ist nichts anderes als das Handhaben von Unterscheidungen. Ob dies im Prozeß des Herstellens erfolgt oder später angesichts des fertigen Kunstwerkes oder ob durch den Künstler oder durch andere, ist ein Unterschied zwei-

---

26 Siehe für die Philosophie: Nicholas Rescher (1985). Für das Rechtssystem auch Niklas Luhmann (1988b).

ten Ranges. Aller Umgang mit Kunst ist zunächst ein unterscheidendes Beobachten, auch und gerade während des Prozesses, in dem die Herstellung des Kunstwerks sich vollzieht. Der Künstler ist daran als Beobachter beteiligt.[27] Daß er auch Handgriffe beisteuern muß und Handgriffe bis zu einer unbewußten Automatik des Könnens beherrschen muß, widerspricht dem nicht. Denn wo könnte er ansetzen, wenn er keinen Unterschied sähe? Und wie könnte er weitermachen, wenn er nicht sähe, welche Unterscheidungsvorgaben ihn bereits binden?

Deshalb sind Künstler und andere Betrachter auch nicht so unterschiedlich disponiert, wie man annehmen könnte, wenn man die Produktion/Konsum-Unterscheidung zugrunde legen würde oder im Stile des 19. Jahrhunderts das künstlerische Genie mit Verachtung für alle anderen am Werke sieht. Die Beobachtungsweise muß sich nicht allein danach schon unterscheiden, ob man als Künstler beteiligt ist oder seiner Arbeit zuschaut oder erst das fertige Werk zu Gesicht bekommt. Entscheidend ist vielmehr, daß die Gleichsinnigkeit des Beobachtens durch das Kunstwerk selbst bestimmt ist, also durch die Unterscheidungen, die es als Form auszeichnen. Eben deshalb erfordert das Herstellen solcher Gleichsinnigkeit ein Sicheinlassen auf das, was sichtbar oder hörbar gemacht ist, und das setzt eine über die Natur hinausgehende Präzisierung der Formentscheidungen voraus. Man mag zweifeln, ob dies angemessen zum Ausdruck gebracht wird, wenn man sagt, die Form müsse als „notwendig" einleuchten. Eher dürfte das Gegenteil zutreffen: sie muß die Beobachtungen steuern können, obwohl sie ersichtlich kontingent, also unterscheidbar gegeben ist.

IV. Bevor wir weitergehen, sollen einige Konsequenzen aus dem Formbegriff gezogen werden, der soeben eingeführt und erläutert worden ist. Sie betreffen die Arbeit am Kunstwerk.

Man kann sich die Herstellung eines Kunstwerks als einen Entscheidungsprozeß vorstellen, der Probleme sieht und unter Erwägung von Alternativen Problemlösungen sucht; oder auch etwas festlegt, um damit ein Problem zu erzeugen, das es ermöglicht, das Festgelegte als Lösung eines Problems zu behandeln und ihm damit gewissermaßen Intelligenz anzudrehen. Im Sinne der Entscheidungstheorie wird es sich immer um „schlecht definierte" Probleme handeln, und die Arbeit bestünde dann im Hinzufügen von immer neuen Beschränkungen für mögliche Problemlösungen, bis sich daraus gut definierte Probleme ergeben, die es erlauben, den Zusammenhang von Problem und eindeutig-richtiger Problemlösung mit einem Blick zu fassen. Ohne den guten Sinn

---

27 Dies Zugeständnis fällt sicher schwer. Siehe aber Italo Calvino (1988). Als Beobachter partizipieren heißt für den Schriftsteller nicht zuletzt: die Welt so zu beschreiben, daß sie den Schriftsteller einschließt - den fantastischen ebenso wie den realistischen (Calvino 1988: 98, am Beispiel von Balzac).

einer solchen Analyse zu bestreiten[28] und ohne sie durch eine andere Theorie ersetzen zu wollen, kann der oben festgestellte Formbegriff mit Hilfe anderer Unterscheidungen andere Seiten des Vorgangs beleuchten.

Der Ausgangspunkt ist erneut der Begriff der Unterscheidung und damit ein Herstellen und Betrachten umfassender Begriff der Beobachtung. Man muß danach Operationen stets auf der *einen* Seite einer Unterscheidung ansetzen, konstituiert genau damit aber zugleich die *Unterscheidung selbst* mit einer *anderen,* nicht verwendeten Seite. All das vollzieht sich durch eine zeitstellenbedingte Operation, durch ein Ereignis. Man kann diese Operation wiederholen, also mit dem Ergebnis der Operation weiterarbeiten, das heißt aus dem Produkt produzieren und damit das Produkt reproduzieren.[29] In der Wiederverwendung ändert sich jedoch das Wiederverwendete, und dies in zweifacher Hinsicht, die wir im Anschluß an Spencer Brown (Brown 1979: 10) als Kondensierung und Konfirmierung bezeichnen wollen. Kondensierung festigt die Selbigkeit der Referenz der Operation. Sie identifiziert (und das ist erst bei Wiederholung nötig) das Bezeichnete - zum Beispiel als jene grundierende Farbe, die nicht mehr beliebige Zusätze toleriert, sondern von allem aus gesehen, was hinzukommt, dieselbe bleibt. Konfirmierung dagegen heißt, daß die Referenz sich auch in neuen Kontexten bewährt, an weiteren Unterscheidungen mitwirkt, für viele andere Seiten die eine Seite bilden kann. Das Auseinanderhalten dieser beiden Aspekte von Wiederholung erlaubt es, zu beschreiben, wie Identifikation Voraussetzung ist für Sinnanreicherung, die ihrerseits wieder identifiziert; oder wie Reduktion von Komplexität (Entscheidung, etwas Bestimmtes und nichts anderes zu tun) Voraussetzung ist für Aufbau von Komplexität.

Zugleich klärt sich auf diese Weise, daß der rekursive, mit eigenen Resultaten arbeitende Prozeß im Werk bleibt. Er erarbeitet dessen Eigenart und dessen Grenzen. Und je mehr Unterscheidungen er hineinbaut und je mehr sich klärt, wovon etwas Bestimmtes unterschieden wird - zum Beispiel Helles von Dunklem, Leichtes von Schwerem, Männliches von Weiblichem, Tragisches von Komischem und nicht querbeet (zum Beispiel Weibliches von Tragischem) -, desto mehr wird unsichtbar, was jeweils die Einheit von derart distinkten Oppositionen ist. (Man probiere es an den genannten Unterscheidungen aus!) Die Welt (aber ebenso auch der Beobachter selbst, der Künstler selbst) verschwindet im Kunstwerk. Das Beobachten macht den Beobachter unsichtbar, und mit einer geradezu kultischen Anstrengung muß dann der Künstler vom Werk unterschieden, als Autor identifiziert und den Wendeschicksalen seines Ruhmes überlassen werden. Keine Galerie würde Werke unbekannter Meister des

---

28 Siehe z.B. die Analyse der Komposition einer Fuge bei Walter R. Reitman (1965: 166 ff.).
29 In anderer Terminologie spricht man auch von rekursiven, ihr Resultat wiederverwendenen Prozessen. Vgl. etwa Heinz von Foerster (1985) und Rudolf Platt (1989).

letzten Jahres ausstellen. Aber ebensogut könnte man sagen, daß das Kunstwerk unter Assistenz derjenigen, die die Handgriffe kennen, sich selber komponiert. Wir brauchen diese Frage jedoch nicht zu entscheiden, denn ohnehin geht es nur darum, welche Beobachter man beobachtet. Und wer sich hauptsächlich für Stil- oder Qualitätsunterschiede zwischen Kunstwerken interessiert, mag gut beraten sein, wenn er sich an Namen und Jahrgängen orientiert - wie ein Weinkenner.

Stark abhängig von Kunstgebieten und besonders bei Zeit einplanenden Kunstarten wie Roman, Theater, Musik ergibt sich daraus die Möglichkeit, Erwartungen aufzubauen und dann zu enttäuschen mit Formen, die statt dessen noch besser sind. Die Auflösung einer Spanne wird verzögert und schließlich nicht in der Form gebracht, in der sie erwartet wurde. Oder sie erfolgt mit viel weniger Aufwand - ein minimaler Ausgleich für unerträgliche Farbdisharmonien -, als von der aufgebauten Spannung her angebracht erschien. Rückwirkend wird die Problematik bagatellisiert. Die Schwierigkeit kommt in der Einfachheit ihrer Lösung zum Ausdruck. Der „Sinn" des Kunstwerks wird in das Spiel der Metaunterscheidungen von Erwartungen und Überraschungen verlagert. Aber wenn man am Ende - oder mit geschultem Blick sogleich - die Auflösung des Rätsels in der Hand hat, weiß man wieder nur, daß es gar keines war. Der Beobachter beobachtet sich selbst als irregeleitet - aber das kann es schließlich doch nicht gewesen sein. Er hat sich einer Korrektur seiner Erwartungen zu fügen - aber nicht, um nun zu wissen, wie es arrangiert ist, sondern um die Korrektur selbst zu erinnern. Und wieder ist kein Durchgriff auf die Einheit von Erwartung und überraschender Enttäuschung möglich.

All dies bestätigt: Weltkunst existiert positiv, also nicht als Repräsentation, sondern als Setzung. Sie arbeitet mit den Beschränkungen, die sich aus ihren eigenen Operationen ergeben. Sie existiert aus sich selbst heraus - was nicht gleich heißen muß: um ihrer selbst willen.

V. Was Teilnehmer an Kunst in erster Linie tun, wird deutlicher mit Hilfe einer weiteren Unterscheidung: der Unterscheidung von Beobachtern erster und zweiter Ordnung.[30] Beobachter erster Ordnung beobachten Objekte, Beobachter zweiter Ordnung beobachten andere Beobachter (also, obwohl der Ausdruck hier irreführend wirkt: Subjekte). Die Beobachter erster Ordnung diskriminieren. Sie bezeichnen etwas mit Hilfe einer Unterscheidung. Dasselbe tun die Beobachter zweiter Ordnung. Auch sie vollziehen die Operation Beobachten. Aber sie richten sie auf andere Beobachter, die

---

30 Siehe auf der Grundlage einer biologischen Theorie Humberto R. Maturana (1982), insb. S. 34 ff. Vgl. auch Yehuda Elkana (1986: 344 ff.) und (Kunst vergleichend einbeziehend) Yehuda Elkana (1988).

eine gleiche Operation vollziehen. Sie unterscheiden also Unterscheider. Sie handhaben diese Operation reflexiv. Wie leicht einzusehen, gewinnen sie die Chance der Reflexivität durch Beschränkung auf einen bestimmten Objektbereich, aber mit dieser Beschränkung gewinnen sie zugleich Möglichkeiten, die der Beobachtung erster Ordnung nicht zur Verfügung stehen.

Da alles Beobachten nur operativ geschehen kann, also faktisch vollzogen werden muß, wenn anders es nicht zustande kommen kann, sind Operation und Beobachtung komplementäre Realitäten. Sie zu unterscheiden, setzt also einen Beobachter, setzt also immer schon die Ebene der Beobachter zweiter Ordnung voraus. Wenn der Beobachter zweiter Ordnung jemanden beobachtet, der Unterscheidungen am Objekt erlebt oder erzeugt (also etwa einen Maler, der malt), beobachtet er einen Beobachter erster Ordnung. Wenn er dagegen einen Beobachter beobachtet, der seinerseits Beobachter beobachtet, beobachtet er einen Beobachter zweiter Ordnung und wird damit (wie wir im Moment) zum Beobachter dritter Ordnung. Nie kann es dabei zum Verzicht auf das Operieren kommen (auch nicht für einen Beobachter, der sieht, daß es aufhört), aber die Formenvielfalt und damit das Simultanprozessieren von Unterscheidungen nimmt zu, wenn man das eigene Beobachten auf ein Beobachten bestimmter Beobachter beschränkt. Man gewinnt damit Komplexität durch gezielte Verzichte auf anderes, durch Reduktion von Komplexität.

In Logik und Linguistik hat man sich angewöhnt, solche Verhältnisse durch Unterscheidung von Ebenen zu beschreiben. Mit diesem (sicher anfechtbaren) Sprachgebrauch gewinnt man den Vorteil, gewisse Eigentümlichkeiten der Beobachtung zweiter Ordnung beschreiben zu können. Vor allem wird das Beobachten auf dieser Ebene partiell selbstreferentiell oder „autologisch", weil es aus Erkenntnissen über Beobachten auch Erkenntnisse über sich selbst gewinnt (auch wenn man dies im Einzelfall außer acht lassen mag) (vgl. Löfgren 1988; Foerster 1984: 3ff.). Ferner gewinnt es mit Hilfe seiner Distanz, die ihm ein Unterscheiden des Beobachters ermöglicht, die Möglichkeit, zu beobachten, was der andere Beobachter beobachten und was er nicht beobachten kann; oder mit anderen Worten: zu beobachten, daß und wie der andere Beobachter seine eigene Unterscheidung (und damit sich selbst) der Beobachtung entzieht und sie als blinden Fleck benutzen muß.

Der Beobachter erster Ordnung operiert in einer „Nische" (Maturana). Er läßt sich durch das leiten, was die unmittelbare Interaktion mit der Umwelt nahelegt. Er sieht die Effekte seines Unterscheidens am Objekt. Er operiert logisch zweiwertig, denn er braucht einen Wert, um das Objekt zu bezeichnen, und einen weiteren (Unwahrheit, Fehler, unstimmig usw.), um sich selber zu korrigieren. Erst der Beobachter zweiter Ordnung kann den Beobachter erster Ordnung von dessen Umwelt unterscheiden. Die System/Umwelt-Unterscheidung gehört also immer auf die Ebene der Beobachtung zweiter Ordnung. Wird sie praktiziert, so impliziert das, wie vorstehend bereits gesagt, das Auftreten von selbstreferentiellen Zirkeln in dem System, das sie praktiziert. Schon die Beobachtung erster Ordnung muß binär codiert sein, wenn sie Ordnung in der Sequenz ihrer Operationen erreichen will. Erst die Beobachtung zweiter Ordnung kann aber darauf reflektieren, daß dies so ist, und damit sich selbst darauf aufmerksam machen, daß für sie eine zweiwertige Logik nicht genügt (was immer dann der Ausweg ist).[31]

Die Unterscheidung des Beobachtens erster und zweiter Ordnung setzt nicht voraus, daß es sich um verschiedene Systeme handelt, etwa den Künstler auf der einen, den Kunstkritiker auf der anderen Seite. Es gibt Selbstbeobachtung, und Selbstbeobachtung ist immer und zwangsläufig Beobachtung zweiter Ordnung. Denn kein System kann sich selbst beobachten, ohne zu beobachten, daß es einen Beobachter beobachtet. Nur: Auch wenn die Fähigkeit zur Selbstbeobachtung gegeben ist, braucht sie nicht ständig benutzt zu werden. Wie einen Allradantrieb kann man die Selbstbeobachtung ausschalten, wenn man ihre Traktion nicht benötigt. Über das Verhältnis von Naivität und Reflexivität mag man streiten, und man braucht es sich nicht als frei von Irritationen und Störungen vorzustellen. Vielleicht kann man die Sorge der modernen Kunst um Authentizität, um Spontaneität, um Unmittelbarkeit des Ausdrucks als Reaktion auf eine solche Gefährdung, als Sorge um die Position des Beobachtens erster Ordnung begreifen. Jedenfalls kann aber die Möglichkeit, naiv und direkt zu beobachten auch dann, wenn man sich selbst als Beobachter beobachten könnte, nicht gut bestritten werden. Das Beobachten zweiter Ordnung ist ja immer eine Reduktion, die um des Komplexitätsgewinns willen betätigt werden kann: aber sie bestimmt nie den gesamten Operationsbereich eines Systems, das sich auf diese Weise beobachten kann. Wie auch die Logik lehrt, sind selbstreferentielle Systeme immer nur partiell selbstreferentiell.

Angesichts der Unentbehrlichkeit einer Beobachtung erster Ordnung sind Tendenzen bedenklich, diese Beobachtungsweise verkommen zu lassen und/oder artifiziell wieder ins Leben zu rufen. Dazu tendiert eine Kunstkritik, die sich rühmt, zu wissen, was sie zu rühmen und was sie zu tadeln hat. Aber dazu tendiert auch die Kunst selber: wenn sie so raffiniert ausgedacht ist, daß jedem naiven Beobachter angedeutet wird, er habe sich dumm vorzukommen. Wenn es eine Beobachtung zweiter Ordnung überhaupt gibt, und man kann dies am Falle einer preisorientiert zahlenden Wirtschaft ebenso studieren wie an einer methodenorientiert forschenden Wissenschaft, ist ein dadurch gebrochenes Realitätsverhältnis kaum zu vermeiden. Die Kunst hat demgegenüber den wichtigen Vorzug, ihre Kommunikation durch eigens dafür hergestellte Objekte vermitteln zu müssen, vermitteln zu können. Und das sollte eine Chance für

---

31 Vgl. hierzu mit nachhaltigen Bemühungen um Mehrwertigkeit oder um eine geordnete Staffelung binärer Entscheidungsvorgaben Gotthard Günther (1976-1980); ferner auch die damit verwandte Figur des „reentry" bei Georg Spencer Brown (1979).

Unmittelbarkeit sein - was immer in der Kommunikahon darüber dann noch zusätzlich zu sagen ist.

Aber erst auf der Ebene zweiter Ordnung erreicht die Kunst *Universalität*. Erst auf dieser Ebene wird sie Weltkunst. Sowohl im psychischen Erleiden als auch in der Kommunikation ermöglicht sie es, jederzeit und bei jeder Gelegenheit gegenstandsunabhängig ästhetische Erfahrungen zu aktualisieren, das heißt: kunstmäßig zu beobachten. Dies erfordert, daß der Beobachter sein Beobachten beobachtet und in dieser Distanz zur Unmittelbarkeit dann ästhetische Kriterien zugrunde legt, also ein hochspezifiziertes Unterscheidungsvermögen benutzt. Von der Alltagsmilieumalerei der Holländer, der Alltagszuwendung des Romans von Richardson bis Joyce bis schließlich zur Müllkunst unserer Tage wird diese Möglichkeit an ihre Grenzen getrieben. Aber das Ziel ist nicht der Alltag als solcher, sondern die gegenstandsunabhängige Universalität des kunstmäßigen Beobachtens. Wie bei allen Funktionssystemen steht auch hier Universalität nur in der Form einer Modalität zur Verfügung, in der Form einer jederzeit ergreifbaren Möglichkeit, deren Extravaganz davon lebt, daß sie nicht immer benutzt werden muß und sich nicht durch die Objekte selbst aufdrängt.

VI. Mit der Theorie beobachtender Systeme (Kybernetik zweiter Ordnung) steht ein zugleich hochdifferenziertes, aber ganz unspezifisches Analyseinstrumentarium zur Verfügung, wenn es darum geht, eine angemessene Beschreibung moderner Kunst zu liefern. Die Abstraktion der Begriffe wird oft beklagt, aber ohne sie kommt es nicht zu einem hinreichend differenzierten Verständnis und vor allem nicht zu vergleichenden Analysen, die verständlich werden lassen, inwiefern die Kunst an Strukturen partizipiert, die für die moderne Gesellschaft charakteristisch sind.

Die vielleicht wichtigste Einsicht ist, daß die moderne Kunst eine auf eigenes Unterscheiden gegründete Welt konstruiert. Sie ist genau in diesem Sinne Weltkunst. Sie verschiebt die Frage nach der Einheit, die Frage nach dem Grund, die Frage nach letzter Sinngebung durch selbstgesetzte Formen in einer Weise, die an diesen Formen zugleich sichtbar und unsichtbar wird, sichtbar als Differenz und unsichtbar als Einheit. Man kann auch sagen: erst dadurch wird Welt wieder Welt, im Unterschied zu jenem Sammelsurium der congregatio rerum, dessen Ordnung immer weniger zu überzeugen vermag. Bezahlt wird dies freilich mit einer Konstruktionsabhängigkeit, die andere Möglichkeiten nicht ausschließen kann. Dem zweiten Blick zeigt sich aber, daß die Welt gerade nicht die Form selber ist, also nicht in der Konstruktion besteht, sondern in dem, was durch deren Differenz verdeckt wird. Und gerade gelungene und darin offensichtliche Form verdeckt um so wirksamer, daß sie verdeckt, was sie als Einheit voraussetzt. Man kann sich mit gelungenen Formen einrichten und sich einstellen auf das, was sie an Beschränkungen etablieren; aber dies nur, wenn man sie als

Weltgestalt annimmt und die Frage nach der Einheit der Differenz (die Frage nach dem »Geist« der Form) unterläßt. Überall sonst ist das Beobachtetwerden bei der Bemühung um Wirkung eher störend. Der Beobachter der Planung gefährdet die Durchführung des Plans. In der Kunst ist dagegen das Beobachtetwerden die beabsichtigte Wirkung selbst. Ein Kunstwerk unterscheidet sich, um beobachtet zu werden.

Die andere Seite dieser Festlegung ist die psychische Dekonditionierung des Beobachtens. Man hat den im Kunstwerk festgelegten Anweisungen zu folgen - oder man versteht es nicht. Es kommt nicht darauf an, welche persönlichen Eigenarten, Liebhabereien, Erinnerungen ein Beobachter auch noch aktualisiert. Daß dies geschieht, soll natürlich nicht bestritten werden, aber Kommunikation auf der Ebene der Beobachtung zweiter Ordnung funktioniert nur, wenn man davon absehen kann. Nur so ist ein Funktionssystem ausdifferenzierbar, das seine eigene Autopoiesis auf der Ebene der Beobachtung zweiter Ordnung organisiert,[32] und eben deshalb muß Formzwang und Beobachtungsanweisung in das Kunstwerk selbst eingebaut werden. Die Beobachtung zweiter Ordnung ermöglicht funktionale Systemdifferenzierung - und umgekehrt. Und statt sich psychischen Individualitäten (welchen auch?) anzupassen, operiert das System mit Inklusion/Exklusion je nach dem, ob formgemäß beobachtet wird oder nicht. Für die spezifische Kommunikationsweise der Kunst ist daher ausschlaggebend, daß sie sich auf der Ebene der Beobachtung erster Ordnung an eigens dafür geschaffene Objekte bindet. So kann man die Dinge sehen, wie sie sind. Sieht man sie als Kunstwerke, nimmt man aber zugleich wahr, daß sie sich der Beobachtung exponieren und dafür Direktiven enthalten: man nimmt wahr, daß und wie einem zugemutet wird, wahrzunehmen, und damit verbindet sich zwangsläufig die Vorstellung der gleichen bzw. abweichenden Wahrnehmung anderer. Es geht also keineswegs nur um verbale Kommunikation über Kunst, sondern um eine vorliegende Eindeutigkeit, die ein bestimmtes Beobachten fordert und insofern Gleichsinnigkeit erreicht. Das Kunstwerk bestimmt, wie es gesehen sein will, und selbst Mehrdeutigkeiten sind so einkomponiert, daß sie als Mehrdeutigkeiten wirken. Kunstwerke werden geschaffen, um Beobachter festzulegen; und dies kann geschehen, obwohl die Kontingenz der Formwahl erkennbar bleibt, ja gerade dadurch, daß sie erkennbar bleibt. Denn eben daran bewährt sich die Form (oder bewährt sich im Falle des Mißglückens nicht), daß sie Kontingenz zu tragen vermag.

Die damit erreichbare Übereinstimmung erspart sich die mühsame Sequentialität kommunikativer Prozesse. Sie ist in der Kommunikation auch nicht einzuholen, ob-

---

32 Hier gelten im übrigen Parallelen mit fast allen anderen Funktionssystemen (Ausnahme: Familie, Intimbeziehungen). Auch die Wirtschaft, die ihre Beobachtung zweiter Ordnung über Märkte und Preise organisiert, kann sie nicht davon abhängig machen, daß auch noch durchschaubar wird, was der einzelne Wirtschaftsteilnehmer sich dabei denkt, wenn er kauft/verkauft oder nicht. Ebenso, mutatis mutandis, für Wissenschaft, für Politik, für Recht.

wohl explizite Kommunikation sehr wohl dazu dienen kann, mehreren Beobachtern die Gewißheit zu verschaffen, daß sie gleichsinnig beobachten und die entscheidenden Unterscheidungen bemerken. All dies kann aber nur auf der Ebene der Beobachtung erster Ordnung erfolgen, und die Beobachtung anderer Beobachter dient dann allenfalls dazu, zu kontrollieren, daß alle in derselben Weise beobachten. Man hört Musik und erkennt am einfältigen Gesichtsausdruck der anderen, daß auch sie zuhören.

Dennoch, und gerade deswegen, ist die Unterscheidung von Beobachung erster und zweiter Ordnung für das Verständnis der modernen Kunst ausschlaggebend. Mit dieser Unterscheidung wird die Unzugänglichkeit der Welt kompensiert. Da man die Welt auch mit Hilfe von Kunst nicht als Einheit beobachten kann, beobachtet man statt dessen Beobachter - und zwar sich selbst oder andere. So kommt es zur Ausdifferenzierung eines Funktionssystems Kunst, das sich die Möglichkeit der Beobachtung zweiter Ordnung durch laufend neu produzierte Kunstwerke vorzeichnen läßt. Durch die ins Werk hineinkomponierten Unterscheidungen ist ein Beobachten des Beobachtens anderer möglich und erst auf dieser Ebene bildet sich ein Kommunikationssystem Kunst - im Unterschied zur normalen Kommunikation über Qualitäten oder Mängel normaler Dinge, wie sie in der Gesellschaft tagtäglich stattfindet. Die Form, die dieses Beobachten leistet, macht zwar als Differenzform die Einheit der Differenz unsichtbar; aber sie ermöglicht es auch, sie mit Hilfe anderer Unterscheidungen zu bezeichnen und sie statt als Weltsymbol als Beobachtungsinstrument zu beurteilen.

Die Autonomie der Kunst - Weltautonomie und Gesellschaftsautonomie gleichermaßen - verdankt sich dieser Doppelung von Beobachtung erster und zweiter Ordnung. Sie besteht im Praktizieren dieser Differenz und in der Möglichkeit, aus der einen in die andere Position zu schlüpfen. Nur so kann die Kunst ihre kosmologischen und ihre gesellschaftlichen Abhängigkeiten kappen und ihre Welt mit Hilfe ihrer Unterscheidungen konstruieren. Sie muß deshalb beide Ebenen trennen und füreinander verfügbar machen können. Und sie muß es dennoch vermeiden, den Künstler nur auf der einen Ebene, nur als Beobachter zweiter Ordnung zu beschäftigen. Denn wenn die Autonomie der Kunst auf eben dieser Differenz beruht, erfordert die Inklusion in das Kunstsystem, daß man ständig, wenngleich wechselnd, an beiden Ebenen partizipiert. Dies kann dadurch geschehen, daß der Künstler sich selbst aus dem Werk, der Erzähler sich aus dem Roman zurückzieht, zugleich aber sicherstellt, daß die Differenz der Beobachtung erster und zweiter Ordnung im Werk selbst vorkommt.[33] Seine ordnende Hand erscheint im Roman - zunächst im Liebesroman, später sogar im Bildungsroman - als

---

33 Für literarische Kunstwerke, die unter dieser Bedingung zu Romanen werden, ist das gut zu belegen. Vgl. dazu Dietrich Schwanitz (1987; 1990: 152 ff.). Aber auch in anderen Kunstarten gibt es diese Tendenz - zum Beispiel im Festhalten von der Herstellungsweise als Form ihres Resultats, oder im zugleich verdeckten und erkennbar gemachten Zitieren von Musik in Musik, von Filmen in Filmen, von Schrift in Bildern etc.

der Zufall, der die Dinge gelingen oder mißlingen läßt.[34] Liebe und Bildung müssen dann die Kontingenzen, denen sie selbst sich verdanken, einholen und am Ende auf ein anfangs nicht begriffenes, erfülltes Leben zurückblicken bzw. dem Leser die Spur geben, auf der er verfolgen kann, wie es hätte kommen können, wenn nicht... Noch lange mag es, besonders im Bildungsroman, so scheinen, als ob die gute belehrende Absicht des Autors den Leser auf den rechten und nicht den unrechten Weg führen will. Aber ein Text, der dies als Zufallsangelegenheit darstellt, widerspricht dem bereits und erzeugt letztlich jene Ratlosigkeit, die einen Beobachter befällt, der über die Einheit des Guten und Schlechten nachzudenken hat.[35] Soweit das gelingt, können dann Hersteller und Betrachter sich darauf konzentrieren, die Differenz der Beobachtung erster und zweiter Ordnung zu beobachten, und genau das wird dann auch zum Thema der ästhetischen Theorie - vor allem in der für ihn charakteristischen Theorieform bei Hegel.

Für die ästhetische Theorie muß unter solchen Umständen eine dritte (und letzte) Ebene der Beobachtung zur Verfügung stehen. Sie muß formulieren können, daß und weshalb die Kunst ihre Welt auf diese Differenz von erster und zweiter Beobachtungsordnung gründet.[36] Eine genauere Analyse der Ästhetik im modernen, auf schöne Kunst spezialisierten Sinne könnte vermutlich zeigen, daß sie sich zumindest bemüht, dieser Problemlage gerecht zu werden. Wir beschränken uns an dieser Stelle auf wenige Hinweise. Sie betreffen Begriffe, mit denen die Ästhetik ein Beobachten von Beobachtungen (ein Beobachten zweiter Ordnung) beobachten kann.

Mit dem Begriff des Stils wird eine Beobachtung dritter Ordnung bezeichnet, soweit sie Unterscheidungen, eben Stilunterschiede vorsieht.[37] Auf wie immer fragwürdigen Grundlagen wird eine Möglichkeit des Unterscheidens postuliert, die Kunstwerke nach historischen und/oder sachlichen Formmerkmalen ordnet, und zwar nach Merkmalen, die man zugrunde legen kann, wenn man die Beobachter erster und zweiter Ordnung beobachtet. Der Stil soll und kann nicht ausschließen, daß der Künstler selbst stilbewußt arbeitet oder gar den „eigenen Stil" sucht und entfaltet. Ebenso deutlich enthält der Begriff des Stils jedoch den Hinweis, daß es sich nicht um Rezepte der Anfertigung, ja nicht einmal um Regeln handeln darf, deren Befolgung den Wert des Werkes garantiert. Nicht zufällig findet man denn auch, komplementär zur Entwick-

---

34 Zu Nachweisen für den Bildungsroman vgl. Georg Stanitzek (1988: 434 ff.).
35 Stanitzek (1988) zeigt, daß dies in Rousseaus Begriff der perfectibilité und in der utopischen Inszenierung des Auswegs angelegt war, von den daran anschließenden Bildungsromanen aber in der Regel nicht aufgenommen, sondern über pädagogischen Aktivismus deformiert worden ist.
36 Auch von Codierung kann nur auf dieser Ebene der Beobachtung dritter Ordnung gesprochen werden, aber hierbei geht es um die Einheit einer aller Operationen strukturierenden Leitdifferenz, also um die Einheit des Systems. Wir kommen darauf zurück.
37 Vgl. hierzu Hans Ulrich Gumbrecht und K. Ludwig Pfeiffer (1986).

lung von Stilbewußtsein, die Betonung der Einzigartigkeit jedes Kunstwerks. Einzigartigkeit heißt ja, in eine Operationsanweisung übersetzt, daß man das individuelle Kunstwerk selbst beobachten muß und nicht zum Verständnis kommt, wenn man nur die Beobachter beobachtet. Das Werk entsteht in einer Art Individualgeschichte des Einzelfalls, es kontrolliert die dazu notwendigen Entscheidungen an Hand der bereits getroffenen Entscheidungen und nimmt auf diese Weise den Künstler und im Nachvollzug andere Beobachter als Beobachter erster Ordnung in Anspruch. Die Unterscheidung von Stil und Einzigartigkeit des Kunstwerks repräsentiert mithin die Differenz der Beobachtung zweiter und erster Ordnung und formuliert mit einer auf Kunst bezogenen Spezifik, daß Beobachtungen auf beiden Ebenen in einem Verhältnis der Komplementarität praktiziert werden müssen.

Das würde erleichtert werden, wenn es einen beide Ebenen übergreifenden binären Code gäbe. Das ist umstritten und wird häufig abgelehnt, besonders wenn man dafür die traditionsträchtigen Unterscheidungen von „schön" und „häßlich" anbietet. Gewiß haben diese Worte den Nachteil, wie Direktiven oder Programme zu wirken, während der Sinn einer Codierung gerade darin liegt, dem System den Zugang zu *beiden* Werten (jeweils vermittelt durch den anderen) offen zu halten.[38] Die im 18. Jahrhundert beginnende ästhetische Reflexion orientiert sich denn auch nicht primär am binären Code von schön und häßlich, sondern, ihn mediatisierend, an der Unterscheidung des Besonderen und des Allgemeinen. Das führt in Hegels Ästhetik dazu, daß in der konkreten Allgemeinheit des absolut Schönen schließlich auch der Gegensatz von schön und häßlich aufgehoben, aber eben damit auch enthalten ist. Wenn dies nicht mehr überzeugt, ist auch die theoretische Position der schön/häßlich-Differenz wieder offen. Unbestritten ist jedenfalls, daß die Arbeit am Kunstwerk selbst binär codiert ist oder sich zumindest laufend orientiert an Unterscheidungen wie stimmig/unstimmig, belebend/tötend, passend/unpassend (die Wortbedeutungen besagen nichts, der Gegensatz alles). Es liegt auf der Hand, daß dieser Code nur mit Bezug auf den gerade erreichten Stand der Herstellung des Kunstwerks angewandt werden kann und daß der Formfindungsprozeß nicht wie eine programmierte Maschine, sondern eher wie eine historische Maschine abläuft, also wie eine Maschine, die sich durch den gerade erreichten eigenen Zustand determinieren läßt. Vor allem aber ist schwer zu bestreiten, daß ohne solche binäre Codierung der sequentielle Aufbau einer komplexen Ordnung extrem unwahrscheinlich werden würde.

Gerade weil der Code kein Programm ist und keine Instruktion gibt, wird er dem Beobachten erster und zweiter Ordnung kaum bewußt. Erst ein Beobachten dritter

---

38 Die Trennung von Codierung und Programmierung ist in anderen Funktionssystemen sehr viel deutlicher erkennbar. Siehe etwa: Niklas Luhmann (1987; 1986a; 1986b: 89 ff.; 1988b: 249 ff.).

Ordnung entdeckt die Codierung als unerläßliches Moment der Genese und Beurteilung von Kunst. Der Künstler selbst mag sich gegen eine solche Beschreibung wehren und die Position erster Ordnung mit Wertbegriffen wie authentisch, spontan, wahr, echt, ehrlich, ursprünglich verteidigen. Es kann, wenn das nochmals reflektiert wird, zu raffinierten Verfahren der geplanten Authentizitätssicherstellung kommen. Aber selbst dann kann man es sich nicht leisten, auf das Annehmen oder Ablehnen ganz zu verzichten. Wollte man das tun und den Zufall, was immer er zuläßt, zum Herrn des Verfahrens erklären, würde man die Ausdifferenzierung von Kunst aufgeben und beobachtbar werden als jemand, der genau dies will.

Ebenso wie beim wissenschaftlichen Erkennen[39] und in wohl allen Funktionssystemen verfügt nur der Beobachter dritter Ordnung über einen Begriff der Einheit 'des Codes. Der Beobachter zweiter Ordnung geht über das bloße Akzeptieren oder Verwerfen hinaus und prüft, wie man prüfen kann, ob ein Satz wahr oder falsch ist. Nur für ihn hat es Sinn, anstelle von „x ist..." zu sagen: „'x ist...' ist wahr". Nur für einen Beobachter dritter Ordnung wird die Einheit des Systems (im Unterschied zu dessen Umwelt) zum Problem, und nur für ihn stellt sich die Einheit des Systems in der Form einer spezifischen, nur hier praktizierten Unterscheidung dar, nämlich als Code. Nur die *Kunsttheorie* sieht sich gedrängt, Beobachtungen so zu aggregieren, daß man feststellen kann, welche Bedingungen erfüllt sein müssen, damit eine vom Künstler gefundene Form überzeugt bzw. nicht überzeugt. Das mag im Ergebnis dann „schön" bzw. - "häßlich" heißen (Luhmann 1981), aber wenn man diese ehrwürdigen und ein bißchen angestaubten Bezeichnungen nicht mehr will, wäre gegen eine Absage nichts einzuwenden - sofern ein Ersatz angeboten wird. Denn ohne einen Code-Begriff kann sich eine Ebene der Beobachtung dritter Ordnung nicht formieren, denn worin sonst hätte sie ihr eigenes Beobachtungsschema? Und ohne eine operationsfähige Differenz von erster und zweiter Ordnung kann es keine Weltkunst geben.

Durch binäre Codierung gezwungen, wie ein Beobachter dritter Ordnung sehen kann, ein System sich zur Selbstbeobachtung auf der Ebene zweiter Ordnung, zur Beobachtung *seines* Beobachtens erster Ordnung. Externe Beobachter können ein solches System nicht verstehen, wenn sie dessen Selbstcodierung außer acht lassen. Andererseits ist diese Beobachtung zweiter Ordnung nur durchzuhalten, wenn es eine Beobachtung erster Ordnung gibt. Deshalb wird in der Wissenschaft die *empirische* Forschung so stark betont, obwohl deren Methodologie auf der Ebene der Beobachtung zweiter Ordnung entworfen und nachgebessert wird. Und deshalb begehrt die Kunst immer wieder gegen den Schematismus von schön und häßlich auf und versucht deutlich zu machen, *daß ihre Entscheidungen durch das Werk selbst erzwungen sind.* Aber es

---

39 Siehe nochmals Elkana (1988).

bleiben Entscheidungen, deren Optionsmöglichkeiten nicht reflektiert werden könnten, gäbe es keinen Code.

Ferner kann man auf der Ebene dritter Ordnung fragen, was impliziert ist, wenn Künstler und Betrachter Kunstwerke unter dem Gesichtspunkt von *Neuheit* beobachten. Auf der Ebene der Beobachtung erster und zweiter Ordnung geschieht dies naiv. Man kann fragen und darüber streiten, ob ein Werk neu ist oder nicht. Die bloße Tatsache, daß es zu bereits vorhandenen Werken hinzutritt, entscheidet diese Frage noch nicht; denn es könnte sich um eine Kopie oder um eine mehr oder weniger verdeckte Nachahmung oder eine bedeutungslose Variante bekannter Formmöglichkeiten handeln. Immer noch auf der Ebene der Beobachtung zweiter Ordnung kann es bei der Bearbeitung solcher Kontroversen zu der Frage nach den Kriterien der Beurteilung als neu (und damit als original, echt, genial usw.) kommen. Auf der Ebene der Beobachtung dritter Ordnung verlieren diese Fragen nicht an Interesse; aber man kann zugleich beschreiben, was impliziert ist, wenn Kunstwerke überhaupt im Schema neu/alt beobachtet werden. Offensichtlich handelt es sich um eine von vielen möglichen Konstruktionen, und offensichtlich gewinnt diese Konstruktion erst durch die Ausdifferenzierung des Kunstsystems als eines selbstreferentiell geschlossenen, autopoietischen Systems an Bedeutung. Ein solcher Ausdifferenzierungsvorgang - man beachte Parallelen in der Wissenschaft oder in der Politik - verlagert die Orientierung von der Sachdimension in die Zeitdimension. Die Sachweltabkopplung des Systems wird bewußt und wird als Autonomie gefeiert. Damit entfallen Repräsentations-, Imitations-, Korrespondenzannahmen, und für die Orientierung des Systems an sich selbst bietet sich die Zeitdimension als Beobachtungsschema an. Wenn es nicht mehr ausreicht, die Objekte abzubilden, müssen statt dessen andere systeminterne Kriterien entwickelt werden. Der dafür benutzte Slogan lautet seit dem 17. Jahrhundert: nur das Neue gefällt. Das gibt eine anthropologische Begründung, der man angesichts mancher Eigenarten moderner Kunst nicht mehr ohne weiteres folgen mag. Auch können wir offenlassen, ob Neuheit, wie die Avantgarde meinte, das ausschlaggebende Qualitätskriterium ist - oder vielleicht nur eine Minimalbedingung wie die Erhaltung der Liquidität einer Firma in der Wirtschaft. Vielleicht genügt es zu sagen: Nur über Neues kann man kommunizieren, denn schließlich kann sich Kommunikation nicht in einer bloßen Wiederholung des schon Bekannten erschöpfen. Mit dieser Theoriewendung sieht der Beobachter dritter Ordnung dann auch einen Zusammenhang zwischen dem historisch neuen Neuheitsdesiderat und der Ausdifferenzierung der Kunst als eines eigenen, auf eigene Betriebsmotive angewiesenen Kommunikationssystems. So gesehen handelt es sich um die Programm gewordene Autopoiesis der Kunst, die Verpflichtung zur Fortsetzung. Jedenfalls überzeugt selbst der entschlossenste Versuch, das Ende der Kunst herbeizuführen, sie zu rebanalisieren und ihr damit den Garaus zu bereiten, nur, solange er neu ist. Ja, gerade damit wird das Neuheitsdesiderat auf die Spitze getrieben, denn solche Werke passen nicht ins Museum.

Abgesehen von einer Rekonstruktion des Beobachtens zweiter Ordnung lassen sich eine Reihe von strukturellen Konsequenzen erkennen, wenn man die Frage stellt, was mit dem Schema neu/alt in das System eingeführt wird. Vor allem bedarf - im Unterschied zu schlichter Sachweltabhängigkeit und einfacher Kontinuität - das Neue, wenn es sich vom Alten unterscheiden soll, der Zurechnung und der Begründung. Im Soge dieser Form der Selbstbeobachtung entstehen Tendenzen zur Personalisierung der Zurechnung bis hin zum Geniekult und andererseits Kriteriendiskussion mit Abstraktionstendenzen, denn der Vergleich von neu alt ist nicht so leicht zu vollziehen wie der von Gegenstand und Abbild. Der Künstler selbst setzt sich unter den Druck, anders zu sein als andere, sabotiert also sozialen Konsens und muß sich dann Mühe geben, ihn trotzdem wiederzugewinnen. Eine Zuspitzung des Neuheitsdesiderats mag schließlich dazu führen, daß man auch die Veraltensmöglichkeit unterbindet und Kunstwerke als Einmalereignisse inszeniert, deren Sinn darin liegt, die Sensibilität des Beobachtens zu erhöhen.

Eine ästhetische Theorie, die konsequent von der Ebene der Beobachtung dritter Ordnung aus operiert, bekommt sich selbst in den Blick als Ergebnis struktureller Zwänge, die mit dem neu/alt Schema in das System eingebaut sind. Das heißt: sie muß ein „autologisches" Moment aufnehmen, sie erkennt sich als Moment ihres Gegenstandes, sie muß sich als selbstreferentielle Theorie formieren. Das führt, wie man aus eher kybernetischen, linguistischen, logischen und systemtheoretischen Forschungen weiß, zu einem überlegenen Strukturreichtum, der die „Praxisnähe" abreißen läßt, zumindest gefährdet. Eine ästhetische Theorie, die solcher Ansprüchen zu genügen suchte, würde sich selbst daran hindern, eine Rezepttheorie - sei es für Kunsthersteller, sei es für Kunstkritiker - zu sein. Sie könnte statt dessen einen Beitrag zum Verständnis der modernen Gesellschaft leisten.

Ähnlich wie das Hineinkomponieren von Neuheit ist auch das Hineinkomponieren von Zufall eine Eigenart moderner Kunst und ein weiterer Beleg dafür, daß diese Kunst einen Beobachter zweiter Ordnung voraussetzt und dies auf einer Ebene dritter Ordnung thematisiert. Neuheit zielt auf Wiederverwendbarkeit des Neuen, auf Altwerden, wenn man so sagen darf. Zufall ist ein einmaliges Vorkommnis. In beiden Fällen geht es um den Überraschungswert. Aber was ist Zufall? Oder genauer: Was wird als Zufall beobachtet und beschrieben?

Für den Beobachter erster Ordnung ist es die Überraschung selbst, wenn sie ohne Hinweis auf ein reguläres Wiedervorkommen auftritt. Ein Beobachter zweiter Ordnung kann die Überraschung anderer erkennen und planen. Ein Beobachter dritter Ordnung kann den Zufall außerdem auf eine Systemreferenz relativieren. Er kann sehen, für wen der Zufall Zufall ist, und er kann deshalb die indirekte Beobachtung von Zufall kombinieren mit Einsichten in Kausalzusammenhänge. Für ihn erscheint der Zufall gerade an der Strukturdeterminiertheit des Systems, für das etwas Zufall ist; denn Strukturdeterminiertheit ist nur dank einer Grenze zur Umwelt möglich, setzt also voraus, daß nicht alles mit allem koordiniert werden muß. Für einen Beobachter dritter Ordnung erscheint daher Zufall als Interdependenzunterbrechung durch die Grenzen des Systems oder, anders gesagt, als Umweltereignis, das das System betrifft, ohne mit vorherigen oder späteren Operationen des Systems koordiniert zu sein.

Ein Beobachter dritter Ordnung kann in diesem Sinne Zufall beobachten und zugleich sehen, auf wie angestrengte Weise der Zufall erzeugt wird. Das gilt zum Beispiel für die Mühe, die die wissenschaftliche Methodologie sich geben muß, um Zufall als Voraussetzung für statistische Beweisführungen sicherzustellen. (Hier ist der Zufall dann relativ auf das Forschungsvorhaben zu sehen und muß in einem dafür ausreichenden Maße sichergestellt sein).[40] Ebenso anspruchsvoll ist eine Beobachtung, die erkennen will, mit welchen genau zielenden Mitteln der Künstler den Eindruck erzeugt, daß bestimmte Komponenten des Kunstwerks *für das Kunstwerk selbst* Zufall sind. Und auch hier ist Zufall nur als Form sichtbar zu machen, das heißt als Komponente, die der Strukturdeterminiertheit des Werkes kontrastiert wird, um diese sichtbar zu machen und mit ihr zusammen als unsichtbare Einheit die Beobachtung zu ermöglichen.

Schließlich darf man sich erstaunt stellen und fragen: Warum braucht der Künstler zur Herstellung, der Betrachter zum Verstehen eines Werkes Zeit? Die Antwort lautet: Weil es auf Unterscheidungen ankommt. Unterscheidungen sind Zwei-Seiten-Formen, die ausschließen, daß man auf beiden Seiten zugleich ist. Um von der einen Seite zur anderen zu gelangen, braucht man eine Operation des Überschreitens, also Zeit. Eine verfeinerte Artistik, etwa in den Grafiken Eschers, kann aus genau dieser Unmöglichkeit des Zugleichs wieder ein Thema gewinnen und die Gleichzeitigkeit des Unterschiedenen als Paradoxie sichtbar machen. Das bringt den Beobachter zum paradoxietypischen Oszillieren, es eliminiert die Zeit nicht, aber verkürzt sie zu einem nicht weiterführenden Hin-und-Her. Ein Verzicht auf Form - der bewegungslose Tanz, das unmarkierte weiße Blatt, die tonlose Musik - enthält daher zwingend einen Verzicht auf Zeit, und gerade dies kann dann benutzt werden, um die Aufmerksamkeit auf Zeit zurückzulenken, etwa auf das, was sich statt dessen ereignet oder auf die Unmöglichkeit der dauerhaft-regungslosen Beobachtung. Der Verzicht auf Form wird zur Form.

---

40 Die Systemreferenz bricht hier die Paradoxien auf, die auftreten würden, wenn man Zufall in einem absoluten Sinne fordern würde. Vgl. dazu George Spencer Brown (1957).

VII. Die These, daß die Ausdifferenzierung eines besonderen Funktionssytems Kunst die Einbeziehung einer Ebene der Beobachtung zweiter Ordnung erfordert und erst über diese Ebene ihre gesellschaftliche Autonomie gewinnt, läßt sich besonders deutlich an einem Sonderfall exemplifizieren - an der Ausdifferenzierung eines besonderen Systems für (fiktionale) Literatur. Man ist sich heute (soweit derartige Fragestellungen überhaupt verfolgt werden) einig darüber, daß dies im 18. Jahrhundert geschieht.[41] Weniger deutlich ist, woran diese Ausdifferenzierung zu erkennen ist, was sie erzwingt und was damit die Autonomie des Kunstwerks der Literatur, besonders des Romans begründet. Thematisch geht es offensichtlich darum, dem Leser ein Verständnis für Individualität (also indirekt auch: für sich selbst) unter sozialen Bedingungen zu vermitteln, statt ihm nur exemplarisch vor Augen zu führen, wie sein Leben moralisch glücken bzw. mißlingen kann.[42] Formal geht es um ein Ausnutzen der Möglichkeiten fiktionaler Weltkonstruktion unter Ablösung von religiösen, moralischen und pädagogischen Zielsetzungen. Achtet man auf die Möglichkeiten einer Einbeziehung der Beobachtung zweiter Ordnung, so ergibt sich ein weiterer und, wie mir scheint, ausschlaggebender Gedanke: Dem Leser wird es jetzt ermöglicht, die Figuren der literarischen Erzählung zu beobachten im Hinblick auf das, was sie selbst *nicht* beobachten können. Schicksal wird zum Problem der Perspektive, und Perspektive wird dargestellt als etwas, das nur für die Romanfigur zwingend, für den Beobachter Ihrer Beobachtungen dagegen kontingent ist. Der Roman entdeckt das Problem der Latenz, des „Unbewußten", der „Lebenslüge", der Inkommunikabilität. Er ermächtigt den Leser, auch dies noch zu sehen, und ermöglicht ihm damit einen Rückschluß auf sich selber, also die formale Einsicht, daß auch er nicht sehen kann, was er nicht sehen kann. Die Person wird als sich selbst unbekannt, als strebend, aber für sich selbst undurchsichtig dargestellt. Und genau das ermöglicht es dem Leser, sich mit ihr zu identifizieren, nämlich am Roman mit Rückschlüssen auf sich selbst zu lernen. Die „Welt", die in dieser Literaturgattung erscheint, schließt die Einsicht ein, daß alle Beobachtung einen nichtmitgesehenen Standpunkt voraussetzt, schließt aber eben deshalb, zunächst jedenfalls, den Erzähler selbst aus der Erzählung aus.[43] Individualität ist letzte

---

41 Siehe zum Beispiel Ian Watt (1967); Dietrich Schwanitz (1987); Hans Ulrich Gumbrecht (1987) für die Wendung von der Kanonabhängigkeit zur Klassikverehrung; Siegfried J. Schmidt (1989).
42 Auch diese Linie wird aber weiterverfolgt und ihrerseits psychologisch, ja fast im Sinne von psychologischen Entwicklungstheorien verfeinert. Siehe dazu die aus Anlaß von wirklichen Geschehnissen aufgezeichneten Kriminalstories, gesammelt von Holger Dainat (1987): Der Vergleich mit fortschrittlicheren Literaturtrends ist um so eindrucksvoller, als im hier erwähnten Fall das Problem auf Milieubedingungen, Zufälle, moralische Gefährdungen, aber eben nicht auf unbewußte Motive abgeleitet wird.
43 Die gleichzeitige Hochkonjunktur von Sündenautobiographien, „echten" Bekenntnissen, Tagebüchern etc. ist dazu ein Korrelat, das das Weglassen des Erzählers in genau dessen Thematisierung umsetzt.

Selbstintransparenz, und gelernte Weltbeobachtung (Bildung) setzt voraus, daß man schon geboren ist.

In historisch-vergleichender Perspektive ist anzumerken, daß damit die Figur des galant homme ersetzt wird. Dieser hatte seine Klugheit in seiner Diskretion, das heißt in der Möglichkeit, zwischen Reden und Schweigen zu wählen und diese Wahl an den Umständen (an Zeit, Ort, Personen usw.) zu orientieren.[44] Das neue, in sein Leben geworfene Individuum kann in der es bestimmenden Unterscheidung nicht wählen und daher auch nicht „klug" sein. Bei ihm geht es um die Differenz von Sehenkönnen und Nichtsehenkönnen, und darüber kann nur ein Beobachter dieses Beobachters informiert sein. Es geht nicht mehr um Lebensklugheit und Kommunikationsgeschicklichkeit in einer schon turbulenten (speziell: höfischen) Gesellschaft mit Möglichkeiten exemplarischen Lernens. Es geht um eine Ersatzkonstruktion für naturale Individualität. Die eher für mündliche Kommunikation einschlägige Differenz von Reden und Schweigen wird durch die nur durch schriftliche Kommunikation und speziell Buchdruck vorführbare Differenz von manifesten und latenten Weltverhältnissen ersetzt. Damit entzieht sich auch das Verhältnis von Individuum und Gesellschaft der Kontrolle und der moralischen Rezeptierung, und genau dies wird durch die Kunstwerke der Literatur als Einsicht präsentiert. Die noch mit Moral assoziierten Mächte der Religion, der Erziehung, der Politik mögen widersprechen. Sie können nichts ausrichten, denn das literarische Kunstwerk ist an diesem Thema zur Autonomie gereift.

Die Malerei hat diese Möglichkeit schon früher benutzt. Ein Betrachter von „Bathseba im Bade" sieht, daß sie nicht sieht, daß sie beobachtet wird. Im 17. Jahrhundert wird dieses Sehenlassen des Nichtsehenkönnens (der Blickrichtung, der Wohnzimmervertrautheit, der Faszination durch Objekte, das hinter dem Rücken sich Abspielende) zum Programm. Die Konstruktion der Zentralperspektive hatte den Maler und den, für den das Bild gemalt ist, zunächst aus dem Bild entfernt.[45] Im 17. Jahrhundert können sie mit ihrer für sie unsichtbaren Perspektive sichtbar werden. Die Beobachter, ja sogar Maler sind im Bild selbst zu sehen. So kann der Bildbetrachter zugleich sehen, was der Beobachter im Bild nicht sehen kann. Damit werden zunächst aber nur räumliche Beschränkungen abgebildet. Das Literatursystem kann weit darüber hinausgehende Möglichkeiten realisieren. Es kann das Nichtsehenkönnen psychologi-

---

44 Vgl. hierzu mit aller Deutlichkeit und mit Betonung der Schichtunabhängigkeit (gegen gentilhuomo) und Moralabhängigkeit (gegen huomo da bente) Benardino Pino da Cagli (1604).

45 Entsprechend war die Erfindung der Zentralperspektive nicht eigentlich eine Anweisung zur Beobachtung zweiter Ordnung gewesen, sondern die Konstruktion einer zweiten Welt des „disegno" (Leonardo), die es ermöglichen sollte, die erste Welt der Natur auf unendliche Weise zu varriieren, ohne sie aus den Augen zu verlieren.

sieren und damit individualisieren. Man kann nun nicht mehr mit einer Drehung das Ungesehene sichtbar machen.

Es mag sich lohnen, nach Vorläufern zu fragen; denn es ist doch recht unwahrscheinlich, daß man sich aus einer gemeinsamen und übereinstimmenden Weltbeobachtung zurückzieht und statt dessen ein Interesse daran entwickelt, zu beobachten, was andere Beobachter (man selbst eingeschlossen nicht beobachten können. Die Einführung dieses Interesses bedurfte denn auch drastischer Fälle, die es dem Leser zunächst gar nicht nahelegten, auf sich selbst zurückzuschließen. So fällt es leicht, zu erkennen, daß Don Quijote, wenn er mit Windmühlen kämpft, schlicht einem Irrtum unterliegt, der auf übermäßigen Genuß von Ritterromanen zurückzuführen und in der Welt, in der wir anderen nun einmal leben, leicht zu korrigieren ist. Immerhin sieht man, daß er nicht sieht, was er nicht sieht. Angesichts des Todes sieht es auch Don Quijote ein: Die Welt ist in Ordnung, es war alles nur Selbsttäuschung. Und der Leser kann sich folglich diesen Umweg ersparen.

Ein Fortschritt dann schon von den Windmühlen zur Uhr. Die Liliputaner untersuchen und interpretieren dieses merkwürdige, in Gullivers Tasche gefundene Objekt. Wir sehen, daß sie den Sinn dieses Objekts, obwohl sie ihm nahekommen, letztlich verfehlen. Wir wissen, daß sie nicht wissen, was wir wissen. Aber auch das ist noch leicht zu erklären. Es sind eben Liliputaner, und der Leser kann den Rückschluß auf sich selber vermeiden. Er wird ihm zwar nahegelegt, zugleich aber mit der Bereitstellung einer Ausflucht: Nur ganz andersartige Wesen können das Objekt Uhr auf so groteske Weise verkennen.

Schließlich der Rock. Er kommt der Haut näher. Pamela muß ihn erst noch reparieren und deshalb im Hause des Herrn bleiben, der sie unsittlich berührt hat. Hier wird es den - und man vermutet jetzt: Leserinnen - schon schwerer gemacht, sich selbst aus dem Konflikt von Keuschheit und Pflicht herauszuhalten und nicht auf heimliche Motive und deren Verdrängung zu schließen. Sie sind geradezu aufgefordert, die Beobachtung des Nichtbeobachtbaren auf sich selbst anzuwenden. Auch der Mann wird auf diese Weise verführt, ein Mädchen wegen seiner[46] Tugend zu heiraten, ohne in die Kommunikation eingeben zu müssen, daß es auch andere Motive gibt. Und auch er bekommt zu lesen, daß er nicht wissen darf, was er weiß.[47]

Richardsons Pamela ist noch eindimensional und zweidimensional lesbar: als Tugendempfehlung und als unbewußte Strategie der Verführung zur Ehe. Ähnliches gilt

---

46 Es wäre hier falsch zu sagen: „ihrer". Denn es ist in diesem Zustand für einen Beobachter erster Ordnung noch kein Geschlechtswesen.
47 Die zeitgenössische Diskussion dieses Themas im Anschluß an Henry Fielding (1741) verfehlt im übrigen genau diese Ambivalenz und reduziert das Problem auf eine Strategiediskusiion. Auch dies ist ein Beleg für die Schwierigkeit einer derart radikalen Innovation. Und es soll auch nicht behauptet werden, daß Richardson selbst sie im Sinne hat.

für einige Bildungsromane der Zeit. Die Doppeldeutigkeit beruht auf der Zeitstruktur des Romans, nämlich darauf, daß der Leser einen größeren Zeitraum (nicht nur, wie in der Malerei, einen größeren Raum) wahrnehmen kann als der in die Situation verstrickte Romanheld.[48] Pamela, Clarissa, Tom Jones usw. gehören der Mittelschicht an. Das erleichtert zunächst die Identifikation, wird aber alsbald im gothic novel und in der romantischen Bewegung aufgegeben.[49] Kunstempfehlungen wie: Sublimes (Erhabenes), Schauerliches, Pittoreskes darzustellen, rechnen schon fest mit einem Betrachter, der die Kulissen durchschauen und beobachten kann, daß die Inszenierung nicht ernst gemeint, sondern für ihn inszeniert ist. Bei E. T. A. Hoffmann schließlich wird das Unglaubliche mit solcher Selbstverständlichkeit erzählt, daß sich zugleich von selbst versteht, daß der Leser nicht an das glauben soll, was ihm erzählt wird. Aber auch die aufklärerische Rationalität kommt nicht dagegen an - in „Klein Zaches benannt Zinnober" zum Beispiel. Kulisse und Handlungen wirken zusammen als Symbol dafür, daß die Welt sich dem Erzähltwerden entzieht. Es gibt keine Metaerzählung mehr. Hegel schließlich konzipiert seine Ästhetik unter der Voraussetzung, daß der Leser imstande ist, die „Versöhnung" der Helden mit der Ordnung, die Aufhebung der Gegensätze, zu beobachten. Speziell im Literatursystem gipfelt diese neuaufklärerische Variante des Beobachtens mit Blickrichtung auf das, was andere nicht beobachten können, im Ende der Erzählung (der Weltgeschichte); aber sie erzwingt schließlich den Verzicht auf eine gemeinsame Vernunft, auf Konsensfähigkeit, auf ein Ende überhaupt. Auf eigentümliche Weise fasziniert jetzt eine neue Differenz - die von Beobachten- und Nichtbeobachtenkönnen -, aber diese Differenz ist *nicht die von Autor und Leser*. Autor und Leser können vielmehr gegen die Charaktere des Romans konspirieren und sich im Sehen des Nichtsehenkönnens verbünden; und genau darin liegt das Prinzip der Ausdifferenzierung einer spezifischen Perspektive moderner Literatur.

Das Individuum findet sich auserwählt als Paradigma der Selbstbeobachtung - und dies im strengen Sinne der Beobachtung zweiter Ordnung. Es kann ihm nicht mehr genügen, zu wissen und kommunizieren zu können, was es ist - nach Stand und Herkunft, Name und Titel, Beruf und Biographie. Man verlangt ihm ab, sich selbst *als Beobachter* zu beobachten, also gleichsam als Durchgangsstation seines Selbst. Die Autopoiesis des Bewußtseins, das endlose Bemühen des Gedankens um Vorstellung des Gedankens wird, zumindest in den Zeugnissen, die die Druckpresse hinterläßt, zur einzig noch möglichen Form. Sie wird, so die Zumutung, auf die Ebene der Beobachtung zweiter Ordnung verlagert - und damit beginnen dann auch, wie zur Erinnerung an Wirklichkeit, der Lebensalltag, die Arbeit, die Sprache ihre literarischen Karrieren.

---

48 Die Attributionspsychologie wird solche Sachverhalte als actor/observer-Differenz wiederentdecken. Siehe Edward E. Jones und Richard E.. Nisbett (1971).
49 Siehe dazu Hans-Ulrich Mohr (1990).

Auf dieser Ebene tritt dem Individuum die Gesellschaft gegenüber, die sich zugleich aber auch darin bemerkbar macht, daß die Beobachtung zweiter Ordnung als Form verlangt ist. Wer immer strebend sich bemüht, den können wir besteuern. Das ist die eine Seite, deren andere in der Unerkennbarkeit des Grundes dieser Form von Selbsttätigkeit zu suchen und nicht zu finden ist.

Mehr als andere Varianten verändert dieser Gebrauch der Perspektive zweiter Ordnung das, was nun umgreifend unter Welt verstanden werden muß. Das Anliegen der Weltkunst steigert sich an diesem Spezialproblem und dient ihm, bis Ideologiekritik, Psychoanalyse, Wissenssoziologie daraus allgemein verfügbares Kulturgut gemacht haben, das die Kunst nun nicht mehr sonderlich interessiert. Nachfolgeerfindungen gibt es genug, etwa in der Inszenierung von Einmalereignissen, von nicht auf Darstellung erpichter, nicht am Beobachtetwerden orientierter (zum Beispiel nicht schaugespielter) Ausdrucksechtheit.[50] Im Gesamtkontext moderner Kunst sind dies jedoch Sonderphänomene. Während man deutlich sehen und sagen kann, daß die Kunst eine Beobachtung ihrer in der Formwahl sichtbar gemachten Beobachtungen (eine Beobachtung ihrer „Mittel") erfordert, führt sie auf schwieriges, ja glattes Terrain, wenn sie überdies noch einen Beobachter voraussetzt, der beobachten kann, daß sie Sachverhalte inszeniert, die nicht (und zwar geplant nicht) reflektieren, daß sie für Beobachtung inszeniert werden.

VIII. In seiner Kritik der romantischen Ironie hatte Hegel (Hegel 1970: 93 ff.) die Gehaltlosigkeit dieses Prinzips behauptet. Es bringe nur die Subjektivität des Ich hervor, die Welt bleibe für das so reflektierende Subjekt leere Form, leerer Schein: man könnte sagen: bloßes Korrelat der Reflexion-in-sich. So unberechtigt diese Kritik sein mag, gegeben die Textlage und die Intentionen der Frühromantiker (namentlich wird Friedrich Schlegel genannt), so überlegenswert bleibt ein Problem. Die Romantiker behaupten, durch Praktizieren und Überschreiten der Reflexion Zugang zur Fülle des Seins gewinnen zu können. Hegel behauptet das Gegenteil. Unsere Frage ist: Weshalb sollte man zwischen Fülle und Leere, zwischen Allem und Nichts unterscheiden? Ist nicht diese Unterscheidung wiederum nur eine Unterscheidung, die dazu zwingt, für die eine oder die andere Seite der Form (und es ist die Seinsform der Ontologie) zu optieren, aber eben damit verdeckt, was die Einheit dieser Unterscheidung ist und was uns motivieren könnte, sie - und keine andere - zu wählen? Es gibt keinen Ausweg, der auf jegliches Unterscheiden verzichten könnte - jedenfalls nicht für die Kunst und jedenfalls nicht mit Hilfe der Unterscheidung Fülle/Leere.

---

50 Siehe programmatisch Frederick D. Bunsen (1988), sowie Photos verschiedener „Performances" im selben Band.

Man mag Formen der Kommunikationen suchen, die dies meinen, und Ironie oder Kritik oder absolute Reflexion oder auch die Notwendigkeit des Zaubers, an den man nicht glaubt, mögen solche Formen sein. Der Doppelgänger fällt einem ein oder auch das Verhältnis von Maske und Spiegel in Hoffmanns Prinzessin Brambilla. Aber wenn man dies als Formen einer kommunikativen Praxis sieht, entscheiden sie nicht zwischen Fülle und Leere. Sie laden nur ein zum Beobachten des Beobachters, der Gründe zu haben meint, sich solcher Formen der entparadoxierenden Paradoxierung zu bedienen. Die Welt wird weder als eine leere noch als eine volle sichtbar, weder als bloßes Reflexionskorrelat noch als substantielle Materialität oder Geistigkeit. Sie bleibt unsichtbar als das, was solche oder andere Unterscheidungen toleriert.

Demgegenüber kann man darauf hinweisen, daß das Kunstwerk Unterscheidungszusammenhänge konkretisiert und dadurch die eigene Beliebigkeit aufhebt. Das auszuarbeiten, wäre Sache der Ästhetik. Die Soziologie könnte, ohne dem in irgendeiner Weise zu widersprechen, ihr Thema darin finden, daß es dabei immer um ein Beobachten von Beobachtern geht. Das Kunstwerk käme dann als kommunikative Realisation dieser Beobachtung zweiter Ordnung in den Blick, und damit stünde man vor der Frage, welche Gesellschaft über ihre Welt in welcher Weise kommuniziert.

Die Welt, in der die Weltkunst sich etabliert, ist deren Welt. Sie ist zugleich die Welt der modernen Gesellschaft. Das liegt daran, daß andere Funktionssysteme eine ähnliche Unterscheidungsautonomie beanspruchen und durchsetzen und daß das Gesamtsystem Gesellschaft, weil in sich selbst ohne Repräsentanz und ohne Sprecher, darauf verzichten muß, selbst die Einheit der Welt durch eine eigene Leitunterscheidung zu markieren. Es gibt weder ein Subjekt noch ein Objekt, von dem sich beobachtungsfest behaupten ließe, es repräsentiere das Ganze. So formuliert das Erziehungssystem ein Konzept der Bildung - ursprünglich als Ausdruck der anzustrebenden Perfektion des Subjekts, heute aber allenfalls noch als Konzept für die unerläßliche Unterscheidung des anzubietenden vom nicht anzubietenden Lehr- und Lernstoff.[51] Daraufhin kann man und muß man innerhalb des Erziehungssystems über den Bildungswert der Kunst entscheiden. Wechselseitige Akzeptanz und Bereicherung sind keineswegs ausgeschlossen, aber die Leitunterscheidungen und damit das, was als Einheit der Welt unformuliert bleibt, sind und bleiben verschieden. Die Welt bleibt das ausgeschlossene Dritte aller Unterscheidungen, und auch hier gibt es nur den Ausweg einer Beobachtung der Beobachter, für unseren Fall also die Entscheidung im Erziehungssystem, wieviel Raum der Kunsterziehung einzuräumen sei.

Das Gesamtsystem Gesellschaft kann bei einem an Funktionen orientierten Differenzierungsmuster die Welt nur noch polykontextural schematisieren, das heißt: nur durch eine Mehrheit von nicht aufeinander reduzierbaren Letztunterscheidungen. Des-

---

51 Vgl. hierzu mit weiteren zum Vergleich anregenden Analysen Klaus Prange (1988).

halb ist das Beobachten des Beobachtens die Operationsweise, die diesem Gesellschaftstypus entspricht. Das Unsichtbarbleiben der Welt ist nach wie vor die Bedingung der Möglichkeit aller Unterscheidungen; aber die Komplexität der Beobachtungsmöglichkeiten steigt, wenn man auf eine Repräsentation der Welt in der Welt, auf einen Ausdruck ihrer Einheit, auf eine Abschlußformel verzichtet.

So hat es die Kunst nicht nur mit ihrer eigenen Welt zu tun, die sie mit ihren Unterscheidungen abgreift, sondern auch, denn sie operiert in der modernen Gesellschaft, mit der immensen Komplexität alles Möglichen. Könnte in dieser Konfrontation mit dem, was andere für möglich halten, die Funktion der Kunst liegen?

Man muß sich, will man das verstehen, zunächst auf die Position des Staunens zurückziehen - auch eine Art der Beobachtung zweiter Ordnung. Es geschieht ja immer nur das, was geschieht. Die Welt ist in dem Zustand, in dem sie ist, und in keinem anderen. Wie kommt es dann, daß überhaupt Möglichkeiten, es könnte anders sein, entstehen und beobachtet werden können? Wie kommt es, daß man Zwecke setzen kann in der Annahme, damit sei zu erreichen, daß es anders läuft als zu erwarten und daß andere Zustände erreicht werden können als die, die sich ohne Eingriff in den Weltlauf ergeben würden? Das Problem liegt nicht nur in der kausaltechnischen Fähigkeit, Ziele zu erreichen, und nicht nur im Wertkonflikt der Ziele, sondern sehr viel grundsätzlicher in der Konstruktion von abweichenden Verläufen und Ergebnissen. Und man muß dann fragen, wie die Welt das Risiko der Projektion anderer Möglichkeiten überhaupt tragen kann?

Die Funktion der Kunst könnte es sein, darauf zu reagieren und zu zeigen, daß im Bereich des Möglichen Ordnung möglich ist. Das kann nach allen Erfahrungen, die man damit hat, nicht den Zwecken überlassen bleiben. Sie sind in der Neuzeit ihrerseits unter Rechtfertigungsdruck geraten und geraten in Widerstreit, wo immer man sie verfolgt. Nicht von ungefähr hat die moderne Ästhetik daher Anlaß gesehen, sich vom Verfolgen nützlicher Zwecke zu distanzieren. Tautologische Formeln wie die vom „Selbstzweck" bringen das zum Ausdruck, aber sie reichen nicht aus, wenn man nach der Funktion der Kunst fragt. Auch kann diese Frage nicht mit Hinweis auf die Leistungen beantwortet werden, die die Kunst für andere Funktionssysteme erbringt, etwa auf ihren Beitrag zur bildenden Erziehung, auf ihre Bereitstellung von Verdienst- und Geldanlagemöglichkeiten für die Wirtschaft, auf ihre Rolle in der Darstellung politischer Macht oder religiöser Sinngebung. Die Funktion der Kunst ist das, was sie als Eigenes zur gesellschaftlichen Kommunikation beisteuert. Sie zeigt, daß und wie im Überschreiten des Wirklichen im Hinblick auf das nur Mögliche Form zu gewinnen ist.

Dazu genügt es nicht das Vorgefundene (und mit ihm: die Gesellschaft) abzulehnen und diese Ablehnung in Form zu bringen. Die Zerstörung des Menschen, die technische Verletzung der Natur, das Bizarre der modernen Welt - das sind nur Themen der modernen Kunst. Sie provozieren die Gegenbewegung der Suche nach reinen Formen.

Diese Differenz von Ablehnung und Eigenform ist aber nur Moment einer Bewegung zur gesellschaftlichen Ausdifferenzierung der Kunst - ähnlich der sehr viel längeren und nachhaltiger wirkenden Weltablehnungs- und Selbstfindungssemantik der Religion. Aber diese Differenzen sind bereits als historische Semantik, als kontextgebundene Unterscheidungen zu beobachten, und das mindert ihren Orientierungswert.

Mit all dem wendet die Kunst ihre Aufmerksamkeit gerade den Möglichkeiten zu, die durch die Realisierung bestimmter Formen in den Status „bloßer Möglichkeiten" versetzt, also depotenziert worden sind. Jede Realisierung von Formen führt, um erneut einen Begriff von Yves Barel (1989: 71f.; 185f.; 302f.) einzuführen, zu einer „Potentialisierung" im doppelten Sinne einer Schaffung und Nichtrealisierung anderer Möglichkeiten. Die Sprache erzeugt das Nichtgesprochene, die Schrift das Nichtgeschriebene, das Geld all die Möglichkeiten, für die es nicht ausgegeben worden ist, und die staatliche Macht all das, was mit ihrer Durchsetzungskraft hätte realisiert werden können. Es handelt sich um das uns schon bekannte Verhältnis von Medium und Form, um einen Überschuß an Kopplungsmöglichkeiten, die durch jede bestimmte Form sowohl reproduziert als auch in den Status des Zurückgestellten, Verdrängten, Vergessenen versetzt werden. Gerade die moderne Kunst widmet sich der Reaktivierung dieser ausgeschalteten Möglichkeiten, die aber ihrerseits nur möglich sind auf Grund der Errungenschaften naturaler und gesellschaftlicher Evolution. Die kräftigen Begriffe für diese Funktion wie Aufklärung, Emanzipation oder negativ: Entfremdung, Repression, Verdrängung sind in ihren theoretischen und ideologischen Kontexten heute verbraucht. Es handelt sich um ein viel allgemeineres Phänomen: daß jedes Beobachten, Beschreiben, Konstruieren, Herstellen Formen aktiviert, die den „unmarked state" der Welt verletzen und die ihre eigene Einheit invisibilisieren. Die Kunst mag eine Aufgabe darin sehen, die Welt des auch Möglichen in der Welt erscheinen zu lassen und das durch die herrschenden Formen Benachteiligte zur Geltung zu bringen. Aber sie bleibt, wenn sie das tut, demselben Gesetz unterworfen, und die Kunsttheorie wird ihr deshalb den „autologischen" Schluß nahelegen. Auch sie kann nur durch wirkliches Abweichen von der Wirklichkeit abweichen. Auch sie potentialisiert und depotentialisiert, indem sie Formentscheidungen trifft, andere Möglichkeiten; und auch sie kann deshalb nicht behaupten, mit Autorität für eine bessere Welt sprechen zu können.

Im Möglichkeitsraum, den die kantische Philosophie eröffnet hatte, hatte Novalis von „transzendentaler Poesie" gesprochen. Das lag in der Konsequenz der Einsicht: „Wir sind aus der Zeit der allgemein geltenden Formen heraus." (Novalis 1957: 2167). Nichts anderes wird gemeint sein, wenn Künstler der Kraft ihrer Mittel vertrauen und verlangen, daß Kunst in dieser Hinsicht und in diesem Sinne adäquat beobachtet werde. Dies mag um einige Hinweise deutlicher zum Ausdruck kommen, wenn man sich derjenigen Begriffsmittel bedient, die in der operativen Logik des Prozessierens von Unterscheidungen, in der Kybernetik beobachtender Systeme und in der Theorie selbstreferentieller Systeme entwickelt worden sind. Man kommt dann zu der Aussage, daß die Funktion der Kunst in der Kraft ihrer Unterscheidungen liegt und diese Kraft darin besteht, sich selbst und anderes einzuschränken. Damit wird der Welt, die geheim bleibt, Beliebigkeit entzogen. Das geschieht selbstverständlich durch alles, was geschieht. Der Eigenbeitrag der Kunst könnte aber darin liegen, dies am Objekt in der Welt des nur Möglichen vorzuführen.

Nach allem, was gesagt worden ist, kann es in der Kunst also nicht darum gehen, die Welt besser zu beobachten, als dies auf andere Weise, etwa wissenschaftlich, möglich ist. Jede solche Auffassung müßte sich zur Ontologie einer vorhandenen Welt bekennen, die mit einem zweiwertigen, sei es logischen, sei es ästhetischen, Schematismus beobachtet wird, wobei der Negativwert des Schematismus nur dazu dient, die Beobachtung auf Fehlleistungen hin zu kontrollieren und zu verbessern. Wir verstehen unter „Weltkunst" nicht eine Kunst, die die Welt auf überlegene Weise repräsentiert, sondern eine Kunst, die die Welt beim Beobachtetwerden beobachtet und dabei auf Unterscheidungen achtet, von denen abhängt, was gesehen und was nicht gesehen werden kann. Nur so kann für Fiktionalität das Recht zu eigener Objektivität reklamiert werden und nur so kann der realen Realität des Üblichen eine andere Realität gegenübergestellt werden.

IX. Viel mehr als andere Funktionssysteme ist das Kunstsystem um seine eigene Modernität besorgt. Man diskutiert zum Beispiel, ob Realismus „modern" sein könne, und hält, wenn nicht, die Sache damit für erledigt. Entsprechend wird im Bereich der Kunst in Praxis und Theorie mehr als anderswo nach Kriterien der Modernität gesucht.[52] Dennoch hat man nicht den Eindruck, daß diese Suche ihr Ziel schon erreicht hat. Sie hält sich an Bewegungen, die Abstand suchen zur Unterscheidung von Form und Inhalt. Sie radikalisiert die Selbstbeobachtung des Individuums, als welches der Künstler sich versteht, bis in sichere Resultatlosigkeit. Sie fixiert gegenüber der Gesellschaft Gesten der Ablehnung und Verachtung, wohl wissend, daß sie damit sich selber trifft. Man hat den Eindruck, daß diese Experimente mit Modernität ihre Möglichkeiten ausgeschöpft haben. Aber gibt es andere?

Man wird fragen dürfen, ob nicht zunächst die moderne Gesellschaft begriffen sein muß, bevor man bestimmen kann, worin die Modernität der Kunst besteht. In sozialstruktureller Hinsicht läuft das, so jedenfalls die hier vertretene Ansicht, auf einen Primat funktionaler Differenzierung des Gesellschaftssystems hinaus. Das impliziert Autonomie und selbstreferentielle, operative Geschlossenheit der Funktionssysteme und hat die Konsequenz des Verzichts auf alle Positionen, die die Welt oder die Ein-

---

52 Siehe für Literatur etwa Peter Bürger (1988).

heit der Gesellschaft in der Gesellschaft repräsentieren könnten. In der Semantik erscheint dies, wenn man an traditionsbedingten Erwartungen mißt, als Verlust der Referenz, oft auch formuliert als Sinnverlust, als Erfahrungsverlust, als Ende aller Selbstverständlichkeiten oder, im Blick auf die philosophische Tradition, als Ende der (ontologischen) Metaphysik. Diese streng „nihilistischen" Formulierungen lassen keine Ausblicke erkennen und lassen für die Kunst nur die Aufgabe übrig, dies darzustellen oder (um mit Gehlen zu sprechen) das Ende zu kommentieren.

Offensichtlich täuscht dabei aber eine Vergleichsperspektive, ein Rückblick auf bessere Zeiten. Die moderne Gesellschaft selbst wird als unbekannte, und daher als negative, Größe eingesetzt. Und auf eigentümliche Weise erscheint die Geschichte dabei als Komplexitätsverlust, während jede evolutionstheoretische Betrachtungsweise das Gegenteil erwarten ließe.

Fragt man, welche Unterscheidungen, welche Einschnitte, welche „Schrift", welche Formen diesem Denken zugrunde liegen, stößt man sofort auf Notwendigkeiten der Korrektur. Die These vom Referenzverlust ist unhaltbar, denn sie widerspricht dem Begriff und dem Phänomen der Beobachtung. Referenz ist nichts anderes als die Komponente des Bezeichnens (Spencer Brown: indication) jeder beobachtenden Operation. Der Eindruck des Referenzverlustes ergibt sich daraus, daß Referenzprobleme und Codeprobleme nicht unterschieden werden. Codeunterscheidungen wie wahr/unwahr, Haben/Nichthaben, Recht/Unrecht, Immanenz/Transzendenz formen Beobachtungen durch einen binären Schematismus, setzen dabei aber die Referenzkomponente des Beobachtens immer schon voraus. Probleme, die man mit den positiven Werten dieses Codes hat (Gibt es noch Wahrheit, Recht, Schönheit, Transzendenz etc.?), werden zu Problemen überhaupt nur auf der Basis einer schon unterstellten Referenz.

Die Unterscheidung von Referenzproblemen und Codeproblemen klärt sich, wenn man erkennt, daß es auf beiden Seiten wiederum um Unterscheidungen geht, nämlich um die Unterscheidung von Selbstreferenz und Fremdreferenz auf der einen Seite und die Unterscheidung von positivem Wert und negativem Wert des Codes auf der anderen. Man sieht dann sofort, daß diese Unterscheidungen nicht zur Deckung kommen können, sondern orthogonal zueinander stehen. Kein System kann sich selbst positiv und die Umwelt negativ werten oder umgekehrt, gleichgültig welcher Code in Frage steht. Die beiden Seiten jeder Unterscheidung sind komplementäre Momente je einer Form. Funktionssysteme behandeln denn auch die Differenz von Selbstreferenz und Fremdreferenz (soll man für Kunst noch, oder wieder, sagen: Form und Inhalt?) nach Maßgabe je ihres Codes. Dieser Sachverhalt sowie die Mehrheit der Systemreferenzen und der Funktionscodes in der modernen Gesellschaft machen dies Unterscheiden der Unterscheidungen notwendig. Eine darauf eingespielte Semantik ist ein strenges Korrelat der funktionalen Differenzierung des Gesellschaftssystems.

Vielleicht ergibt diese Analyse bereits einen ausreichenden Begriff der Modernität der Gesellschaft und ihrer Funktionssysteme. Sie läßt jedenfalls einen Rückblick auf prämoderne Bedingungen zu, die durch eine einfachere Gesellschaftsordnung bestimmt waren, der eine Ontologie auf der Basis einer zweiwertigen Logik genügte. Die Welt war mit dem positiven Wert, dem Designationswert (Gotthard Günther) dieser Logik, bezeichnet, und alles andere war eine Frage der Täuschung und des Irrtums. So konnte denn auch Kunst als imitatio oder als Repräsentation der Welt begriffen und den beraubenden, korruptiven Tendenzen des Weltlaufs entgegengesetzt werden. Die Auflösung dieser Ordnung im Übergang zur Moderne steht außer Zweifel. An ihr gemessen, scheint das darauf Folgende als negativ. Dieser Nihilismus dürfte aber lediglich ein Reflex des mangelnden Strukturreichtums der Beschreibung sein, also der unzureichenden Unterscheidung von Unterscheidungen. Wohin eine Korrektur in der angegebenen Richtung führen wird, ist nicht abzusehen. Sie bietet natürlich keinerlei Rezept für die Anfertigung von Formen, die als „modern" überzeugen könnten; sie formuliert auch kein Stilprinzip. In Anwendung auf Kunst korrigiert sie nur den Irrtum, daß der Rückzug in die pure Selbstreferenz Rettung bedeuten könnte. Und sie stellt mit neuer Dringlichkeit die Frage, was denn der Code der Kunst sein könnte, wenn er nicht schon in der Form liegt, die es erlaubt, Selbstreferenz und Fremdreferenz zu unterscheiden.

X. Autonome Systeme haben ein eigentümliches Verhältnis zur Welt. Aus ihrer operativen Geschlossenheit ergibt sich, daß sie sich zwar auf sich selbst und auf ihre Umwelt beziehen können; aber immer nur mit eigenen Operationen und immer nur so, daß *die Umwelt ihre Umwelt ist.* Auch die Unterscheidung von Selbstreferenz und Fremdreferenz wird mithin selbstreferentiell gehandhabt. Und die Einheit dieser Differenz, eben die Welt, ist dann ein genaues Korrelat dieser Selbstreferenz in der Unterscheidung von Selbstreferenz und Fremdreferenz.[53] Mit einer seit Korzybski geläufigen, seit Borges berühmten Metapher kann man auch sagen, daß das System sich an Hand seiner Landkarte orientieren und zu diesem Zwecke Landkarte und Territorium unterscheiden muß - aber dies weder ohne Landkarte im Territorium noch auf der Landkarte selbst tun kann. Die Welt zieht sich als Korrelat der Selbstreferenz hinter die Unterscheidung von System und Umwelt zurück; sie bleibt ebenso wie das Beobachten selbst für das Beobachten unzugänglich. Wenn die Unterscheidung einmal gemacht und die Autonomie des Systems damit konstituiert ist, kann man nicht mehr zurück in den „unmarked state". Die Unterscheidungen, alle Unterscheidungen können dann nur noch dazu dienen, den Verlust zu symbolisieren und das Beobachten als operative Bewegung in Gang zu halten.

53 Siehe hierzu für den Fall lebender Systeme Jacques Miermont (1989).

Das Beobachten von Beobachtern ändert daran grundsätzlich nichts. Es dient nicht als Rezept, dies Problem nun doch noch, gewissermaßen auf einem raffinierten Umwege, zu lösen. Man kann das Problem nur verdeutlichen und es auf jeden Unterscheidungsgebrauch auf jedes Beobachten beziehen. Das heißt aber auch: daß jede Unterscheidung eine Flucht vor diesem Problem ist; daß jede Unterscheidung das Paradox ihrer eigenen Einheit, das Paradox der Unbeobachtbarkeit des Beobachtens auflöst in das, was auf der einen Seite zu bezeichnen ist und auf der anderen Seite übrig bleibt.

Nennen wir, gleichsam mit Rückimport dieses Wortes aus der Theorie der imaginären Zahlen in die Kunst diese Welt die imaginäre Welt der Kunst. Dann kann man sagen, daß das Kunstwerk durch Unterscheidungskombination, durch Formenverdichtung, diese imaginäre Welt symbolisiert. Es leitet den Beobachter an, eine Ordnung zu sehen, hinter der sich der unmarked state der imaginären Welt verbirgt. Es ist wichtig, daß dies nicht nur beiläufig geschieht wie in jedem Unterscheiden: denn dann würde man gar nicht sehen, daß man nicht sieht, was man nicht sieht, sondern eben nur auf das Unterschiedene achten. Der Beobachter wird vielmehr *als Beobachter* gefordert - und nicht nur als jemand, der an seinen Rechten, an Gewinn, an Wahrheit interessiert ist. Er wird durch Autologie provoziert zu beobachten, daß er beobachtet. Der psychologische Gewinn mag gering sein und flüchtig, wenn man nicht ohnehin zur Schizophrenie als der psychischen Form differenzloser Autonomie neigt. Er ist auch nicht mit den alten Reinigungszielen einer kathartischen Kunstkonzeption zu verwechseln. Deshalb kann man ganz gut ohne Kunst leben. Schließlich geht es, bei allen romantischen Vorlieben, an die man sich gern erinnern wird, auch nicht darum, die Gesellschaft zu karikieren oder sie fiktional ins Übertriebene (und sei es in die Übertreibung der aufregungslosen Normalität des Normalen) zu duplizieren. Das alles zählt nur als Mittel, und als Mittel der Kunst nur, wenn der Beobachter zu gehen bekommt, daß er nicht zu sehen bekommt, was er nicht zu sehen bekommt, wenn er sich durch die Stimmigkeit des Unterscheidungsangebots faszinieren läßt.

Das Kunstwerk forciert die Welt- und die Selbstvergessenheit des Beobachtens. Er setzt in genau dieser Hinsicht das Beobachten der Beobachtung aus. Es gelingt ihm nicht, die Welt, wie sie ist, sichtbar zu machen; denn die Welt ist kein ontologischer Sachverhalt. Es kann aber gelingen, das Kreuzen der Grenze innerhalb von Unterscheidungen, das Unterscheiden von Unterscheidungen und schließlich sogar die Paradoxie des Unsichtbarmachens durch Sichtbarmachen im Werk zu installieren. Und es könnte wichtig sein, daß eine Gesellschaft - und zwar gerade eine Gesellschaft, die ihrer eigenen Ordnung nicht mehr traut - diese Möglichkeit bereithält.

In die Autonomie aller Funktionssysteme ist ein Steigerungsimperativ eingebaut: sich nichts entgehen zu lassen - keine Krankheit in der Medizin und kein Gewinn in der Wirtschaft, kein Positionsvorteil in der Politik und keine Entdeckung in der Wissenschaft. Das läßt sich nur noch durch Reflexion des Gegenfalls korrigieren. Ähnlich aber wie die Religion läßt die Kunst sich durch das faszinieren, was ihr entgeht; und ihre Anstrengung könnte darin kulminieren, sich genau dies nicht entgehen zu lassen.

Ähnlich wie die Religion - es liegt deshalb nahe, an diesem Vergleich zum Abschluß die Spezifik von Kunst zu reflektieren.

Auch die Religion hat es mit der Beobachtung des Unbeobachtbaren zu tun, und im Unterschied zur Kunst nimmt sie sich dies sogar vor. In ihrer christlichen Tradition definiert sie die Welt als Schöpfung, deren andere Seite Gott ist. Die Welt, als Form gesehen, ist der Unterschied zu Gott. Das Kreuzen der Formgrenze führt zu Gott: und von Gott her gesehen ist die Welt der Daueranlaß, ihn zu bewundern und ihn zu verehren. Zugleich erlaubt diese Form ein re-entry, einen Wiedereintritt der Form in die Form, ein Sichtbarwerden des Unbeobachtbaren im Beobachtbaren - als Sabbath, als Inkarnation, als Sakrament und als eine Serie von Wundern. Es gibt das Verlangen nach dem Kreuzen der Grenze, nach der visio Dei - in dieser Welt nicht oder nur durch ein Wunder, durch Gnade erfüllbar (aber man hofft, sich darauf vorbereiten zu können).

Schließlich gibt es direktere Zugriffe auf das Problem, Versuche, Gott unmittelbar zu beobachten und zu beurteilen. Dieser Versuch definiert den Teufel. Die Theologen müssen ihn verurteilen, ja „verteufeln", weil er ihre eigentliche Absicht ausführt aber in einer Form, die in Gesellschaft unmöglich ist, weil sie unweigerlich die Frage nach sich ziehen würde: Wer hat Gott gesehen, wer kann Authentisches berichten und von anderen erwarten, daß sie es akzeptieren? Die Zugänge zu Gott, das Unbeobachten des Unbeobachtbaren, sind sorgfältig auf dieses Problem abgestimmt. Man kann einen historischen Bericht mit kirchlichem Konsens akzeptieren, nicht aber (oder nur mit Mühe wie in der Welle von Visionen im späten Mittelalters) einen Bericht der Lebenden. Das zeigt sich nicht zuletzt an der Transformation von Berichten in Reliquien.

Es bleibt der Teufel. Es bleibt die Mythologie des gefallenen Engels, die Geschichte von der Entstehung des Bösen aus dem Guten. Dies ist eine Geschichte des Paradoxes von der Beobachtung des Unbeobachtbaren. Im Iblismythos der islamischen Tradition wird das Problem als Übertreten einer Weisung (verbeuge dich vor Adam) gefaßt, die der höchste und geliebteste aller Engel als paradoxe Kommunikation erkennt. Denn es entspricht dem Wesen Gottes (und widerspricht seiner Weisung), daß man sich nur vor ihm selbst verbeugen soll. So kommt Moral als ein Fall von Schizophrenie in die Welt. Ähnlich die amerikanische Version in den „Letters from the Earth" von Mark Twain (1962). Gott, so wird beobachtet, schafft die Welt einigermaßen plötzlich als ein selbstläufiges Universum. Die Erzengel Michael, Gabriel und Satan wundern sich als nicht gefragte Beobachter und sehen, nicht ohne Befriedigung, daß Gott die Weltautomatik korrigieren muß durch Zusatzschöpfung eines moralisch codierten und dadurch unberechenbaren (zweiwertigen) Wesens Mensch.[54] Weitere Verlegenheitslösungen - eine zieht die andere nach sich - kommen hinzu: die Schöpfung der Frau und all das, was die Theologen auf Erden dann aus dieser Geschichte machen müssen (Inkarnation, Auferstehung usw.), um ihr einen mit *ihrer* Vorstellung von Gott vereinbarten Sinn zu geben. Und all dies nur: weil die Versuchung allzu stark ist, die unbeobachtbare weite der Form „Welt" direkt zu beobachten.

Man könnte vermuten, daß die Kunst, wenn auch sie dies versucht, vom Teufel ist. Aber sie versucht es nicht, sie macht es anders. Sie respektiert die Welt als unbeobachtbar, als nicht von außen zu sehen. Sie expliziert die Welt von innen. Sie erspart sich damit den Teufel und die Selbstdesavouierung durch Moral. Teufel, Fratzen, Dämonisches, Entstelltes kommen nur in der Welt vor, zunächst als Objekte, dann eventuell noch als Seiten einer Form.[55] Jede der Religion entlehnte (wenn auch „säkularisierte") Beschreibung der Kunst wäre deshalb unangemessen. Man muß den Problembezug eines solchen Vergleichs abstrahieren. Es geht um verschiedene Formen des Umgangs mit dem, was durch Beobachtung unbeobachtbar wird.

---

54 Mit „moral sense", so sieht es der Engel, und dann als Beobachter des Beobachters: „God had a distincly poor opinion of it" (Twain 1962: 17).

55 Dem Problem wird man freilich nicht gerecht, wenn man mit Hegel nur befindet, der Teufel für sich sei eine schlechte, ästhetische unbrauchbare Figur. So die Vorlesungen über die Ästhetik (Hegel 1970: 288), mit der Begründung: „denn er ist nichts als die Lüge in sich selbst und deshalb eine höchst prosaische Person". Da ist noch auf Objektkunst gezielt und im übrigen belastet durch die alten theologischen Ressentiments. In der Weltkunst gibt es keine per se „ästhetisch unbrauchbaren Figuren".

Literatur

Baecker, Dirk, 1989: Ranulph Glanville und der Thermostat: Zum Verständnis von Kybernetik und Konfusion, in: Merkur 43: 513-524.

Barel, Yves, 1989: Le paradoxe et le système: Essai sur le fantastique social, 2. Aufl., Grenoble.

Bateson, Gregory, 1982: Geist und Natur: Eine notwendige Einheit, Frankfurt.

Benjamin, Walter, 1973 (1920): Der Begriff der Kunstkritik in der deutschen Romantik, Frankfurt.

Brown, George Spencer, 1957: Probability and Scientific Inference, London.

Brown, George Spencer, 1979: Laws of Form, New York.

Bunsen, Frederick, D., 1988: Kunstbegriff, Selbstmanifest des Künstlers, S. 27-49 in: ders. (Hg.): „ohne Titel", Würzburg.

Bürger, Peter, 1988: Prosa der Moderne, Frankfurt.

Calvino, Italo, 1988: Lezioni americane: Sei Proposte per il prossimo millenio, Milano.

Cramer, Thomas, 1988: Über Perspektiven in Texten des 13. Jahrhunderts - oder: wann beginnt in der Literatur die Neuzeit?, S. 100-121 in: ders. (Hg.): Wege in die Neuzeit, München.

Dainat, Holger (Hg.), 1987: Kriminalgeschichten aus dem 18. Jahrhundert, Bielefeld.

Elkana, Yehuda, 1986: Anthropology der Erkenntnis, Frankfurt.

Elkana, Yehuda, 1988: Das Experiment als Begriff zweiter Ordnung, in: Rechtshistorisches Journal 7: 244-271.

Fielding, Henry, 1969 (1741): An Apology for the Life of Mrs. Shamela Andrews, London.

Foerster, Heinz von, 1984: Principles of Self-organization in a Socio-Managerial Context, S. 2-24 in: Hans Ulrich und Gilbert J. B. Probst (Hg.): The Self-Organization and Management of Social Systems: Insights, Promises, Doubts and Questions, Berlin.

Foerster, Heinz von, 1985: Sicht und Einsicht: Versuche zu einer operativen Erkenntnistheorie, Braunschweig.

Glanville, Ranulph, 1988: Objekte, Berlin.

Gumbrecht, Hans Ulrich und K. Ludwig Pfeiffer (Hg.), 1986: Stil, Geschichten und Funktionen eines kulturwissenschaftlichen Diskurselementes, Frankfurt.

Gumbrecht, Hans Ulrich, 1987: „Phoenix aus der Asche" oder: Vom Kanon zur Klassik, S. 284-299 in: Aleida Assmann und Hans Assmann (Hg.): Kanon und Zensur: Archäologie der literarischen Kommunikation, Bd. II, München.

Günther, Gotthard, 1976: Cybernetic Ontology and Transjunctional Operations, in: ders.: Beiräge zur Grundlegung einer operationsfähigen Dialektik, Bd. I, Hamburg.

Günther, Gotthard, 1976-1980: Beiträge zur Grundlegung einer operationsfähigen Dialektik, 3 Bde., Hamburg.

Habermas, Jürgen, 1988: Nachmetaphysisches Denken: Philosophische Aufsätze, Frankfurt.

Hahn, Alois, 1989: Das andere Ich: Selbsthematisierung bei Proust, S. 127-141 in: Volker Kapp (Hg.), Marcel Proust: Geschmack und Neigung, Tübingen.

Hegel, Georg Wilhelm Friedrich, 1970: Vorlesungen über die Ästhetik. Werke, Bd. 13, Frankfurt.

Heider, Fritz, 1926: Ding und Medium, in: Symposium I: 109-157.

Henrich, Dieter, 1967: Fichtes ursprüngliche Einsicht, Frankfurt.

Hoffmann, E.T.A., 1966: Prinzessin Brambilla, in: Späte Werke, Darmstadt.

Jones, Edward E. und Richard E. Nisbett, 1971: The Actor and the Observer: Divergent Perceptions of the Causes of Behavior, S. 79-94 in: Edward E. Jones et al.: Attribution: Perceiving the Causes of Behavior, Morristown, N. J.

Löfgren, Lars, 1988: Towards System: From Computaion to the Phenomenon of Language, S. 129-155 in: Marc E. Carvallo (Hg.): Nature, Cognition and System I: Current Systems Scientific Research on Natural and Cognitive Systems, Dordrecht.

Luhmann, Niklas, 1981: Ist Kunst codierbar?, S. 245-266 in: ders., Soziologische Aufklärung Bd. 3, Opladen.

Luhmann, Niklas, 1986a: Die Codierung des Rechtssystems, in: Rechtstheorie 17: 171-203.

Luhmann, Niklas, 1986b: Ökologische Kommunikation, Opladen.

Luhmann, Niklas, 1987: Codierung und Programmierung: Bildung und Selektion im Erziehungssystem, S. 182-201 in: ders., Soziologische Aufklärung Bd. 4, Opladen.

Luhmann, Niklas, 1988a: Die Wirtschaft der Gesellschaft, Frankfurt.

Luhmann, Niklas, 1988b: The Third Question: The Creative Use of Paradoxes in Law and Legal History, in: Journal of Law and Society 15: 153-165.

Maturana, Humberto R., 1982: Erkennen: Die Organisation und Verkörperung von Wirklichkeit: Ausgewählte Arbeiten zur biologischen Epistemologie, Braunschweig.

Menninghaus, Winfried, 1987: Unendliche Verdoppelung: Die frühromantische Grundlegung der Kunsttheorie im Begriff absoluter Selbstrefelexion, Frankfurt.

Meyer, Eva, 1990: Der Unterscheid, der eine Umgebung schafft, in: Dirk Becker et al., Im Netz der Systeme, Berlin: 110-122.

Miermont, Jacques, 1989: Les condtitions formelles de l' état autonome, in: Revue internationale de systémique 3: 295-314.

Mohr, Hans-Ulrich, 1990: The Beginnings of the Gothic Novel from a Functional and Sociohistorical Point of View, S. 9-28 in: Günther Ahrends und Hans-Jürgen Diller

(Hg.): English Romantic Prose from a Functional and a Sociohistorical Point of View, Essen.
Mukarovský, Jan, 1989: Kunst, Poetik, Semiotik, Frankfurt.
Novalis, 1957: Fragmente II. Ausgabe von Edwald Wasmuth, Heidelberg.
Pino da Cagli, Benardino, 1604: Del Galant'huomo overo dell' huomo prudente, et discreto, Venetia.
Platt, Robert, 1989: Reflexivity, Recursion and Social Life: Elements for a Postmodern Sociology, in: The Sociological Review 37: 636-667.
Prange, Klaus, 1988: Bildung in dürftiger Zeit: Epochale Aspekte der pädagogischen Reflexion, in: Zeitschrift für internationale erziehungs- und sozialwissenschaftliche Forschung 5: 1-18.
Reitmann, Walter R., 1965: Cognition and Thought: An Information-Processing Approach, New York.
Rescher, Nicholas, 1985: The Strife of System: An Essay on the Grounds and Implications of Philosophical Diversity, Pittsburgh.
Schmidt, Siegfried J., 1989: Die Selbstorganisation des Sozialsystems Literatur im 18. Jahrhundert, Frankfurt.
Schwanitz, Dierich, 1990: Systemtheorien und Literatur: Ein neues Paradigma, Opladen.
Schwanitz, Dietrich, 1987: Zeit und Geschichte im Roman - Interaktion und Gesellschaft im Drama: Zur wechselseitigen Erhellung von Systemtheorie und Literatur, S. 181-213 in: Dirk Baecker et al. (Hg.): Theorie als Passion, Frankfurt.
Sloterdijk, Peter, 1988: Zur Welt gekommen - Zur Sprache gekommen: Frankfurter Vorlesungen, Frankfurt.
Stanitzek, Georg, 1988: Bildung und Roman als Momente bürgerlicher Kultur: Zur Frühgeschichte des deutschen „Bildungsromans", in: Deutsche Vierteljahreszeitschrift für Literaturwissenschaft und Geistesgeschichte 62: 416-450.
Twain, Mark, 1962 (1938): Letters from the Earth, New York.
Valéry, Paul, 1960: Eupalinos ou l'Architecte. Oeuvres Bd. II, Paris, éd. de la Pléaide.
Watt, Ian, 1967 (1957): The Rise of Novel: Studies in Defoe, Richardson and Fielding, 5. Aufl., London.

Hans Peter Thurn

Kunst als Beruf

1. Max Webers These: Kunst als „innere Berufung"

Als Max Weber im Jahr 1917 auf Einladung des „Freistudentischen Bundes" in München einen rasch vieldiskutierten Vortrag über „Wissenschaft als Beruf" hielt, tat er dies in dem Bewußtsein und mit dem Willen, in einer Epoche radikalsten Umbruchs zu wichtigen Zukunftsfragen Stellung zu nehmen (Weber 1995). Nicht nur reizte es ihn, unter dem Serientitel „Geistige Arbeit als Beruf" für Positionen einzutreten, die seinen eigenen Weg mitbestimmt hatten und die er für unverzichtbar hielt. Sondern er spürte darüber hinaus, daß er in der Erörterung berufsständischer und professionspolitischer Fragen eines der zentralsten, auch konfliktträchtigsten Themen kommender Jahrzehnte berührte. Die Vehemenz dieser wie seiner 1919 gehaltenen Ansprache über „Politik als Beruf" resultierte aus der Gewißheit, daß die alten Berufsordnungen aus den Fugen gerieten, daß immer zahlreichere Berufe und Berufsinhaber „der festen sozialen Klassifikation...entbehren", daß ihnen durch die militärische Niederlage, den politischen Zusammenbruch, die Wirtschaftskrise weiterer Boden entzogen würde (Weber 1992: 33).

Weber wußte, daß er in seinen Ausführungen nicht nur ein aktuelles, durch die wachsende Arbeitslosigkeit der zwanziger Jahre bald bestätigtes, sondern ein tieferes, strukturelles Problem der modernen Gesellschaft abhandelte. Seine Erörterungen zielen vor allem auf die „geistigen", im engeren Sinne: die akademischen Berufe, im ersten Vortrag zumal auf den des Wissenschaftlers. Viele dieser Berufstätigkeiten erscheinen ihm als zunehmend ortlos, ohne Halt in einem mehr oder weniger fest gefügten System. Journalisten etwa, Juristen („Advokaten"), in gewisser Hinsicht auch angehende Wissenschaftler entbehren klarer professioneller Bahnen. Weshalb mancher von ihnen „zu einer Art von Pariakaste" gerechnet wird, ja „gehört", „die in der 'Gesellschaft' stets nach ihren ethisch tiefstehenden Repräsentanten sozial eingeschätzt wird." (Weber 1992: 33).

Wie an mancher Stelle seiner Darlegungen taucht hier (zwar in Klammern gesetzt, doch unmißverständlich) ein Hinweis auf den *Künstler* auf. Auch den Künstler erachtet Weber als in einer Weise freigesetzt, die ihn einerseits zum seismographischen Beweisfall des epochalen Wandels erhebt und die andererseits die Frage nach der dennoch bestehenden Konstanz inmitten der Veränderungen aufwirft. Zugleich bietet ihm die vergleichende Beleuchtung von Künstler und

Wissenschaftler die Möglichkeit, des letzteren ethische und organisatorische Berufsprobleme, um die es ihm ja vorrangig zu tun war, deutlich zu konturieren und zu relativieren. Denn worum der Wissenschaftler ringt und worin er auch in schwieriger werdenden Zeiten allen äußeren Widerständen zum Trotz nicht verzagen darf: der geistig-seelische Kampf im Bereich der Phantasie um die „Eingebung", um den „wertvollen Einfall" zumal sowie „die innere Hingabe an die Aufgabe und nur an sie": dergleichen, betont Weber mit Nachdruck, „ist beim Künstler nicht anders." (Weber 1995: 16).

Als einem Meister der kontrastierenden Argumentation gelingt es Weber, die Gemeinsamkeiten und Unterschiede zwischen Künstler und Wissenschaftler herauszuarbeiten, ohne die Parallele überzustrapazieren. Besteht der gravierendste Gegensatz in der Fortschrittsfrage, indem wissenschaftliche Arbeit stets „eingespannt in den Ablauf des Fortschritts" bleibt, wohingegen Kunst „neue technische Mittel" für irrelevant erklären kann, ohne zwangsläufig an bildlich-semantischer Prägnanz einzubüßen, so resultiert die auffälligste Übereinstimmung daraus, daß hier wie dort erst das *Werk* die Person adelt, ihr „Persönlichkeit" verleiht in jenem Maß, in dem es aus „innerer Berufung" erwächst (Weber 1995: 16/17). Nicht die Verausgabung an sich äußerlich bietende, wie auch immer verlockende Gelegenheiten, so erkannte Weber, kann und darf zur Maxime künstlerischen Handelns arrivieren, sondern allein die *innerlich* entschiedene Widmung trägt dem Werk jene Substanz und Kontur ein, aus denen es sich in der Kontinuität des Schaffens unentwegt zu regenerieren vermag. Indem der Künstler unter weitestgehendem Verzicht auf äußere Ablenkungen diesem Pfad der inneren Stimme, der Hingabe an die selbst gestellte Aufgabe, der Konzentration auf das eigene Werk folgt, gewinnt er ehestens jenes durch die „Höhe und ... Würde der Sache" vermittelte Profil, das Weber wie manch anderer von ihm erwartet. Zugleich aber wird, wer dermaßen die Kunst als „innere Berufung" erfährt und auslebt, jener Kehrseite der Medaille gewahr, die seine Existenz kaum weniger prägt: daß sich nämlich dieses Professionsmuster den gängigen Nomenklaturen der Berufspraxis in der technisch-industriellen Welt nicht einfügen läßt.

2. „Innere Berufung" versus „Beruf"

Max Weber hat den Vorrang der Innenleitung für das künstlerische Handeln einfühlsam erkannt und treffend beschrieben. Zweifelsohne hätte er den damit aufgeworfenen Fragen in seiner anvisierten, doch nicht mehr realisierten „Soziologie der Künste" weitere Aufmerksamkeit gezollt. Gewiß wäre ihm dabei aufgefallen, wie nachhaltig die Außenleitung, die er als „Forderung des Tages" an den Wissenschaftler genau bemerkte, auch an die Tätigkeit des Künstlers anbrandet, ja diese zerteilt. Daß er dem Künstler „inneres Berufensein" zuspricht und dieses als seinsollend beschreibt; daß er die damit einhergehenden wert-rationalen (anstatt: zweck-rationalen) Gesichtspunkte künstlerischer Konzeptionsbildungen und

Selbsteinschätzungen wahrnimmt; daß er auch die Introversionsneigung künstlerischer Kreativität nicht übersieht: Dies alles liefert Bausteine, aus denen sich eine genaue Skizze künstlerischen *Schaffens* als des für Maler, Dichter, Musiker und ihresgleichen zentralen Bereichs fügen läßt (Weber 1972). Unverkennbar leben zumal in diesem Kernsektor archaische Anschauungen von „Profession" fort, die darauf hinweisen, daß das Künstlertum die allgemeine Profanisierung der ehedem religiös geprägten Berufsvorstellungen allenfalls teilweise mitvollzogen hat. Wo solche traditionalen Leitbilder fortwirken, dort fühlen Künstler sich eher einem wie auch immer im einzelnen gearteten, von Weber so benannten „prophetischen Pneuma", einem überzeitlichen Priester- oder Sehertum verpflichtet als den Niederungen ihrer Epoche oder den Trivialitäten des Tages (Weber 1995: 44). Den dadurch stimulierten Handlungsmustern und Lebensformen tragen solche Überzeugungen den Vorteil oftmals erstaunlicher Widerstandskraft gegen die „Zumutungen" des Alltags sowie anhaltender Produktivität ein, um den Preis allerdings einer zumindest sektoralen Realitäts-absage, deren Folgen bis zur Selbstgefährdung führen können.

Die von solchen und ähnlichen Überzeugungen geprägte Weigerung, Kunst als „Beruf" im neuzeitlichen Sinn einer kalkulierbaren, durch die Ausrichtung von Werten auf Zwecke rational dosierbaren *Erwerbstätigkeit* aufzufassen und zu vollziehen, kann im konkreten Fall freilich unterschiedliche Grade erreichen. Nicht immer wird ja die Außenwelt wie von Marcel Proust mittels Fensterblenden, Korkverkleidungen und vorgezogener Vorhänge nahezu gänzlich abgedrängt oder wird wie im Fall des französischen Schriftstellers mit geradezu berufungssymbolischer Affektation die Nacht zum „Arbeitstag" erklärt. Die Praxis kennt zahlreiche Varianten solcher Ausblendungen und Verkehrungen. Auch der Bildhauer Alberto Giacometti vertauschte Tag und Nacht, pflegte desgleichen einen unkonventionellen Lebensstil, ohne jedoch in ein Proust vergleichbares Pathos zu verfallen. Verbreitet ist indes unter Künstlern aller Sparten jene Einstellung, die etwa von Rainer Maria Rilke durch seinen Bewunderer und Gönner Harry Graf Kessler prägnant überliefert wurde: „Er möchte nicht das Dichten wie eine Art von Beruf betreiben." (Kessler 1992: 9).

Mannigfach bezeugt, haben derartige Haltungen keineswegs nur deklamatorischen Charakter. Auf je genauerer Selbstkenntnis sie fußen, je mehr sie sich aus Werkverpflichtung und nicht aus bloßer Persönlichkeitsstilisierung herleiten, um so höheren subjektiven Sinn und Legitimationsgrad erlangen sie. Intersubjektiv, für das Publikum plausibel werden sie in dem Maß, in dem sie durch erkennbare Resultate bestätigt werden. Rilke, berichtet abermals Kessler, mied die Brotarbeit (etwa in Form von Übersetzungen), „weil er dadurch die in ihm keimende Produktivität verschütten würde." Er ging auf Reisen, horchte in sich hinein und: wartete, „ob sich in ihm ′was gestalte, was ihn zwinge, es aus sich herauszustellen." (Kessler 1992: 9/10). Des Dichters rätselhaftes, ummunkeltes „Warten" mochte manchen Zeitgenossen anmuten wie das Ziehen eines Wechsels auf eine ungewisse Zukunft. Es dauerte lange Jahre, in denen der Lyriker scheinbar ohne Tatendrang vor sich hinlebte, im bürgerlichen Sinn ein Berufsloser, ein Nichtstuer, oft ohne festen Wohnsitz, nicht immer polizeilich gemeldet, kaum je Steuern zahlend. Doch das Warten auf den inneren Ruf lohnte sich für den Dichter, wie es schlußendlich auch Mit- und Nachwelt bereicherte: Mit den in rascher Folge niedergeschriebenen „Duineser Elegien" schuf Rilke einen der bedeutendsten Gedichtzyklen der deutschen Literatur.

Allerdings lehrt das Beispiel Rilkes, daß die subjektiv sinnvolle, schließlich auch intersubjektiv überzeugende Konzentration auf den Kernbereich „innerer Berufung" keineswegs immer oder automatisch den völligen Verzicht auf alle Aspekte berufsmäßigen Tuns meint oder gar betreibt. Nur werden eben letztere als sekundär gegenüber dem ersteren erachtet, ihm mithin zumindest vor und stärker noch in schöpferischen Phasen untergeordnet. Das Selektionskriterium bei alldem heißt (bzw., wie Weber meinte, sollte doch lauten): *Werkrelevanz*. Was dem eigenen Schaffen bekömmlich ist, wird vom Künstler bejaht, was er als unzuträglich ansieht, lehnt er ab. Dementsprechend empfinden und vollziehen viele Dichter, Maler, Komponisten das Gesamtspektrum ihrer Tätigkeiten als *zweigeteilte Profession* aus „innerer Berufung" und „äußerem Beruf". Mag darin auch das kreative Schaffen noch so sehr Priorität erheischen, so wird dennoch von Zeit zu Zeit den pragmatischen Ansprüchen Tribut gezollt. Selbst der empfindliche Marcel Proust bequemte sich dazu, hin und wieder die Verleger an sein Bett vorzulassen; auch er ließ Billetts expedieren, machte Besuche, recherchierte in der ansonsten so gemiedenen Außenwelt. Doch tat er dergleichen eben nur wenn es *ihm* paßte und soweit er es für *werkdienlich* hielt. Den Prix Goncourt, der ihm als Ablenkung eigentlich hätte lästig fallen müssen, akzeptierte er als Ermutigung auf dem weiteren Weg zur Vollendung seines noch unabgeschlossenen Romans. Wie geschickt der Dichter Rilke beide Sphären: *Berufungscharisma* und *Berufspragmatik* auszutarieren wußte, bezeugen die zahlreichen Briefe, die er unentwegt an seine Bewunderinnen, an Mäzene und Verleger sandte.

3. „Künstlertum": vom Charisma zum symbolischen Konstrukt

All solche Künstler fassen ihre Tätigkeit kaum je als bloße „Berufserfüllung" auf, noch erschöpft sich ihre Kreativität in der Bestätigung vorgegebener Muster. Dieser Sachverhalt ist nicht neu. Mochte auch die Antike den Künstler - den Bildhauer mehr als den Maler - den Handwerkern zurechnen, so deuten bereits die damaligen Nuancierungen auf die definitorischen Schwierigkeiten bei der sozialen Verortung kultureller Produzenten hin. Musiker, Rhapsoden, Dichter gar mochte man nicht mit geistig anspruchslosen Handarbeitern auf eine Stufe stellen. Folglich neigt schon Aristoteles dazu, im Künstler, sei er „Dichter", „Maler oder ein anderer Bildner", eher einen Grenzgänger zu sehen denn einen Normerfüller. Desgleichen machte Platon aus seiner Skepsis gegenüber Kreativen, die nicht einfach Erwerbszwecken folgen, sich auch kaum je auf Staatstreue festlegen lassen, keinen

Hehl. Für Leute dieses Schlages hält er keine festen Positionen bereit, potentielle Systemsprenger werden vorsorglich aus der Polis verbannt. Der behutsamere Aristoteles verwendet einen Großteil seiner Poetik-Argumentation darauf, die Künstler wenigstens konzeptionell in den Gang der Wirklichkeit einzubinden, aus der sie doch stetig entfliehen wollen. Gleichwohl kann auch er nicht umhin, den Bildnern, wie sehr er sie auf „Mimesis" festzulegen sucht, jene Wirklichkeit als auf mehrere, ja verschiedene Weise vorstellbar zu schildern: „... so, wie sie war oder ist, oder so, wie man sagt, daß sie sei, und wie man meint, oder so, wie sie sein soll." (Aristoteles 1961: 68).

In dieser Beschreibung wird den Kunstschaffenden jene *plurale* Realitätsbeziehung konzediert, die ihre Kreativität ebenso prägt wie ihre Berufsorganisation und ihre Lebensvollzüge. Denn ihr Thema ist nicht die Welt, wie sie ist, sondern wie sie (anders) sein könnte oder gar sollte. Ihre Aufgabe erschöpft sich nicht darin, eine Kopie der vorhandenen, bekannten Realität zu erstellen, sondern sie sollen dieser neue Facetten entnehmen und derlei vorstellbar machen. Sie ringen der zuhandenen Wirklichkeit unvertraute Möglichkeiten ab, sind insofen eher Erfinder als „Nachahmer". Mehr als zur Reproduktion neigen sie zur Transgression, zum Spiel an und mit den Grenzen eingelebter Semantiken. Insofern gelten Künstler seit alters als Forscher an der ästhetischen Zeitfront und sind als solche jahrhundertelang Gegenstand mehr oder weniger tiefsinniger Erörterungen, Spekulationen, nicht selten auch ideologischer, politischer sowie alltäglicher Repressionen gewesen.

Was derart am Künstler oszilliert, hat immer wieder Mißtrauen, den Verdacht des Unbotmäßigen, ja Umstürzlerischen geweckt. Eine Menschenwelt, die um ihres (scheinbar) leichteren Funktionierens willen auf Eindeutigkeiten sinnt, tat und tut sich schwer mit jenen Mehr- oder Vieldeutigkeiten, die ihr in Kunstwerken begegnen. Diese verunsichernde Erfahrung am Werk sowie die schwer zu durchschauende Querläufigkeit seiner Entstehung teilte sich auch dem Umgang mit dessen Hervorbringer, dem Künstler, mit. Der *Rätselcharakter* des Kunstwerks wie des zu ihm führenden Prozesses wurde desgleichen seinem Urheber attestiert. Aus dieser Übertragung von der Sache auf die Person erwächst jenes (auch von Max Weber so benannte) „Charisma", das den Künstler verrätselt *und* kenntlich macht, indem es ihn neben Propheten, Priester und ihresgleichen rückt, ihm aber allen Positionsbeschreibungen zum Trotz seine Eigenart beläßt, sein wie auch immer unfügsames „Fascinosum" nicht um einer weltbeugenden Veralltäglichung willen antastet (Lipp 1985; Gebhardt 1994; Thurn 1973: 102 ff.).

Erreicht wird diese *Charismatisierung* durch eine historisch stufenweise voranschreitende sozio-kulturelle Entrückung, an der sowohl die Künstler selbst als auch jene beteiligt sind, die über sie nachdenken und schreiben. Im Verlauf dieser Argumentationsgeschichte nimmt jener *Künstler-Mythos* Gestalt an, der in der antiken Debatte über die Geistigkeit der bildnerischen Arbeit aufkeimt, der im Zuge seiner Christianisierung unter Berufung auf Bibel und Offenbarung göttliche Inspiration für sich reklamiert, der schließlich von der Renaissance an für diese (ästhetische) Divination entsprechend hervorgehobene Positionen im feudalen Weltbild und Gesellschaftsgefüge anmahnt (Leon Battista Alberti, Leonardo da Vinci, Michelangelo u. a.) (Kris/Kurz 1980; Bilstein 1992). Wo Hofkünstler die Anbindung an Eliten erlangen, indem sie etwa zum „familiaris" eines Fürsten mit entsprechenden Rechten und Pflichten offiziell ernannt werden, ist der Höhepunkt dieser kulturellen, sozialen und definitorischen Aufwärtsbewegung auch äußerlich erreicht (Warnke 1985).

Der aus alldem erwachsende *Genie-Topos* erfährt erste Brechungen bereits in der Romantik, die seine Künstlichkeit durchschaut, seine Labilität entlarvt und die Gefährdungen des Künstler-Schicksals hervorhebt (Zilsel 1972, 1990). Alle nachfolgenden Heroisierungsversuche mußten sich der Einsicht bequemen, daß der Übergang von der feudalen zur bürgerlichen Gesellschaft spätestens im 19. Jahrhundert dem Künstler den Wechsel von der Charismatisierung zur *Stigmatisierung* bescherte. Auf den Geniekult folgten Bohème und Pseudo-Bohème als symbolische Konstruktionsversuche einer sozialen Randständigkeit, die wenigstens ihre kulturelle Sonderposition zu behaupten trachtete (Kreuzer 1968). Doch auch die darin wuchernden Legenden werden bald als artifiziell erkannt und kommerzialisiert: Jacques Offenbach macht sie als einer der ersten zu einem einträglichen Geschäft. Der Künstler-Mythos entrinnt an der Schwelle zum 20. Jahrhundert nicht jenem doppelten Zugriff, der alle Bereiche des Daseins umfunktioniert und umdefiniert: *Pluralisierung* und *Profanisierung*. Die ausufernde Erweiterung des Kunstbegriffs trägt zur Auflösung der alten Topoi und ihrer Mythologeme ebenso bei wie sie die Tür zum gefälligen Jonglieren mit nurmehr symbolischen (statt existentiellen) Konstrukten bis hin zum „Star"-Kult à la Andy Warhol immer weiter öffnet (Patalas 1963).

4. Herkunftsmilieu und Berufsprofil

Als Ergebnis dieser Aufweichung traditionaler Orientierungs- und Handlungsrahmen eruierte schon Hugo von Hofmannsthal: verbreitete Ratlosigkeit. Zwar mochte noch dieser oder jener gleich Stefan George sich priesterlich gebärden: Dergleichen erregte eher Ver- als Bewunderung, galt als „unzeitgemäß". Ein modernes Berufsmuster des Künstlertums ließ sich daran nicht ablesen. „Wofern das Wort Dichter, die Erscheinung des Dichters in der Atmosphäre unserer Zeit irgend ein Relief nimmt, so ist es kein angenehmes," klagte Hofmannsthal. „Man fühlt dann etwas Gequollenes, Aufgedunsenes, etwas, das mehr von Bildungsgefühlen getragen ist als von irgendwelcher Intuition". (Hofmannsthal 1951: 269). Die Zeiten eines pathosgeladenen Künstlertums schienen endgültig vorüber. Doch sorgte die Ernüchterung paradoxerweise nicht für größere Klarheit darüber, was oder wer ein Künstler sei, wie man ein solcher werde, ob man dies oder jenes von ihm erwarten dürfe. Auch das mancherorts befürchtete Desinteresse an Kunstwerken wie am Künstlerberuf trat nicht ein. Im Gegenteil: Die von Max Weber diagnostizierte (wenn nicht vollzogene, so doch mögliche) weitgehende „Entzauberung der Welt" schürte im 20. Jahrhundert komplementäre Verzauberungsbedürfnisse, die auch die Künste gedeihen ließen, künstlerischen Berufen regen Zulauf bescherten. Fast schien (und scheint) es so, als machten Definitionsschwund und Konturoffenheit den Künstlerberuf besonders attraktiv.

Bei der Analyse von Kunstverhältnissen und Berufskonzepten ist man freilich nicht mehr auf das Webersche Erklärungsmodell allein angewiesen, zumal dieses sich über wichtige Fragen wie soziale Herkunft, kulturelle Motivation, künstlerischen Karriereverlauf und dergleichen ausschweigt. Inzwischen haben Biographiestudien und berufssoziologische Forschungen die prägenden Rahmen des Künstlertums deutlicher eruieren können als dies zu Webers Zeiten möglich war (Thurn 1973, 1985). Wie für die moderne Literatur etwa das protestantische Pfarrhaus besondere Bedeutung gewann, (Minder 1962) verdankt die Bildende Kunst des 20. Jahrhunderts beträchtliches dem *musisch gesonnenen Elternhaus bürgerlich-mittelständischen Zuschnitts*. In ihm übt der Vater (bzw. die Mutter) entweder selbst einen künstlerischen Beruf aus oder er (bzw. sie) ist laienhaft-aktiv an Kunst interessiert. So betätigte sich beispielsweise August Mackes Vater, im Hauptberuf Bauingenieur und Bauunternehmer, als Hobbymaler und Sammler von Medaillen. Ähnlich lag der Fall beim Vater Max Ernsts, einem Taubstummen-lehrer und Laienmaler.

In diesem bürgerlich-mittelständischen Horizont lassen sich typlogisch drei vorrangige *Herkunftsmilieus* Bildender Künstler ausmachen. Im *künstlerisch aktiven* Elternhaus gehen Vater bzw. Mutter einem entsprechenden Beruf nach oder beschäftigen sich in ihrer Freizeit derart intensiv mit Kunst, daß sie als „verhinderte Künstler" gelten dürfen. Derartige Einflüsse sind in der klassischen Moderne von Pablo Picasso (Vater: Kunstlehrer) über Max Ernst und Paul Klee (Vater: Musiklehrer, Mutter: Sängerin) bis zu Franz Marc (Vater: Maler), Lyonel Feininger (Vater: Geiger, Mutter: Sängerin und Pianistin) und anderen Prominenten vielfach bezeugt. In einem zweiten Milieu gehen Maler oder Bildhauer häufig aus *Kaufmannsfamilien* hervor: Wassily Kandinskys Vater war ein erfolgreicher Teehändler, jener von Henri Matisse betrieb eine Drogerie nebst Samenhandlung, der von Joseph Beuys verkaufte Futtermittel. Die Beispiele ließen sich mehren. Im dritten Herkunftsmilieu schließlich verdienen die Väter als *Techniker oder Ingenieure* ihr Brot. Wie Giorgio de Chiricos arbeitete Erich Heckels Erzeuger als Eisenbahningenieur; Ernst Ludwig Kirchners Vater ernährte seine Familie durch Arbeit in der Papierindustrie; derjenige Alfred Kubins stand als Geometer im Staatsdienst. Auch diese Linie ließe sich durch weitere Beispiele verlängern.

Wo es in den beiden letzteren Milieus den Vätern an Kunstsinn fehlt, wird dieses Manko durch die Mütter ausgeglichen wie etwa bei Marcel Duchamp, dessen Vater Notar war während seine Mutter einer Künstlerfamilie entstammte. Möglicherweise ist das Ausbleiben solcher inner- oder auch außerfamiliärer Kompensationen neben wirtschaftlicher Schlechterstellung und geringeren Bildungschancen ein maßgeblicher Grund dafür, daß Arbeiterfamilien unter den künstlerischen

Herkunftsmilieus deutlich unterrepräsentiert sind, ja in der Bildenden Kunst wie in der Literatur (im Unterschied etwa zur Pop-Musik) fast keine Rolle spielen. Familiengeschichtlich besehen ist die Unterschichtzugehörigkeit von (nicht nur prominenten) Malern und Bildhauern bis in die Gegenwart hinein eher selten. Fälle wie Otto Dix (Vater: Arbeiter), Marc Chagall (Vater: Lagerarbeiter) oder Kasimir Malewitsch (Vater: kleiner Angesstellter in einer Zuckerfabrik), denen der Aufstieg in die Künstlerelite gelang, blieben die Ausnahme und bestätigen daher die Regel eher als daß sie sie entkräften.

Das Vorwalten bürgerlich-mittelständischer Herkunftsmilieus zeitigt unübersehbare Folgen in Lebensgestaltung und Berufsauffassung noch heutiger Bildender Künstler. Deren Leitbilder stammen in nicht geringem Umfang aus dem Kanon bürgerlicher Tugendlehren (Bollnow 1975; Kluckhohn 1949). Entgegen den meisten Vorurteilen verleihen ja Maximen wie Genügsamkeit, Einsatzbereitschaft, Fleiß und ihresgleichen dem zeitgenössischen Künstler-Topos mehr Profil als die wie auch immer fortwirkenden Rudimente aus der Tradition vom Charisma zur Bohème. Die Tätigkeit von Malern und Bildhauern (wie auch jene in den meisten anderen Gattungen) nährt sich aus der Überzeugung, daß *sie* rechtens die ganze Person beansprucht, daß *sie* vor dieser Priorität besitzt, ihr Erfüllung und Sinn gewährt, daß *sie* mithin den Menschen definiert, gar dessen Leben lenkt, nicht jedoch umgekehrt. All diese Gesichtspunkte aber entstammen dem Arsenal jener neuzeitlichen Vorstellungswelt, nach dem der Beruf des Menschen „Berufung" zu sein habe. Sie markieren den Kernbereich des „bürgerlichen" Berufsverständnisses an der Schwelle zur Moderne. „Genie ist Fleiß": auf diese überspitzte Formel brachte Gotthold Ephraim Lessing das *Arbeits*gebot des „bürgerlichen" Schriftstellers (nicht dessen Ingeniosität!). Die Akademisierung der Ausbildung trug vom frühen 19. Jahrhundert an erheblich zur Konsolidierung dieses *Berufs-Ethos* in den künstlerischen Kreativitätsformen bei (Pevsner 1986; Bilstein 1996). Dessen Wirkung entfaltete sich indes vornehmlich im operativen Zentralbereich, dort also, wo es darum ging und geht, die Berechtigung des Sich-Berufen-Fühlens dem Ego sowie den Anderen möglichst durch ein *Werk* oder, wenn dies noch nicht gelingt, wenigstens durch werkbezogene Vorarbeiten unter *Beweis* zu stellen. Im Unterschied zu dieser *Wert-Rationalisierung* des „Kunstschaffens an sich" als primärem Berufungsfeld verbleiben fast alle Sekundärtätigkeiten - Organisation von Ausstellungen, Verhandlungen mit Galeristen, Umgang mit Kritikern, Verkauf - ihres zweck-rationalen, daher ungeliebten Charakters wegen im Dämmerlicht einer weitgehend unprofessionellen Improvisation.

5. Symbolische Raumbezogenheit

Ihrer Neigung zu innengerichteter Professionalität gemäß messen Künstler dem Ort ihrer kreativen Tätigkeit besondere Bedeutung bei. Sie empfinden ihren *Arbeitsraum* als den zentralen Fixpunkt ihres Schaffens und häufig ihres gesamten

Lebens. Um ihn kreist ein Großteil ihres Denkens, Fühlens und Handelns. Dementsprechend entwickeln Maler und Bildhauer zu ihrem *Atelier*, sofern dieses ihnen emotional zusagt und die gewünschten Handlungsmöglichkeiten bietet, eine oft intensive *symbolische Raumbezogenheit*. In dieser werden gewissermaßen die mentalen Komponenten der Berufungsvision mit räumlichen Gegebenheiten der Arbeitspraxis verknüpft. Der Ort, an dem der Künstler seine Inspiration erfährt, sein Werk hervorbringt, auratisiert sich ihm und teilt auch Außenstehenden etwas über ihn mit. Wer den bildnerisch Schaffenden ganz und gar kennenlernen wolle - so hat der Zeichner Rolf Sackenheim diese Überzeugung stellvertretend für viele Kollegen ausgesprochen - , der sei aufgefordert, "sich da einzufinden, wo das künstlerische Produkt entsteht, da, wo der Künstler mit sich, seinen Fähigkeiten und seinen Schwächen allein ist": im Atelier. Es ist der Ort der schöpferischen Bewährung, denn „im Atelier gibt es nur den einzelnen und die harte Forderung an sich selbst." Hier sind Ausflüchte und Scheingefechte ebenso sinn- wie zwecklos, jede Bemühung zwingt zur „Auseinandersetzung mit sich selber, jeder Betrug wird zum Selbstbetrug - jede Täuschung zur Selbsttäuschung." Da kann es kaum verwundern, wenn Scheitern und Bewährung von diesem Ort fast ungefiltert in andere Zonen des Künstlerdaseins ausstrahlen und dort Reflexe zeitigen (Sackenheim 1966).

Ein hohes Maß an raumsymbolischer Identifikation ist auch aus anderen Gattungen bekannt (Bachelard 1975). Musikern ergibt es sich durch den Umgang mit dem Instrument, das auf Raumklang angewiesen ist. Aus den jeweiligen Resonanzqualitäten resultieren geradezu zwangsläufig bestimmte Raum-präferenzen. Diese sind „rational", insofern sie durch technische Messung Beweiskraft erhalten; doch erfahren sie ebenso emotionale Aufladung, da kein Musikinstrument ohne affektives und intuitives Engagement zu virtuosem Klang gebracht werden kann. Aus dem Zusammenspiel all dieser Komponenten nährt sich ein mehrschichtiger akustisch-symbolischer Raumbezug von Instrumenta-listen.

Im Vergleich dazu mögen die Arbeitsräume von Literaten weniger sensitiv besetzt sein. Nicht jeder geht ja gleich Proust so weit, das Schlafzimmer zur Schreibstube zu erklären und das Bett mit dem Tisch zu vertauschen. Dennoch hegen auch Schriftsteller oftmals räumliche Vorlieben, weil sie von ihnen aus Erfahrung nützliche Stimulierung erwarten. Dergleichen muß sich nicht auf private Sphären beschränken, noch bleibt es von modischen Trends immer ganz frei. Zwischen den Weltkriegen etwa war in den Caféhäusern europäischer Metropolen jener (oft durchaus seriöse) Typus des Literaten anzutreffen, der bei Kaffee und Zigaretten in halböffentlicher Lokalität an seinen Werken schmiedete. Ehestens und bestens hier, so glaubten etwa Hermann Kesten oder Else Lasker-Schüler, könne es ihnen gelingen, die unmittelbar erfahrene Atmosphäre der Epoche in Dichtung umzusetzen (Kesten 1960). Meist jedoch erstrecken sich die räumlichen Rituale auf häusliche Arrangements. Rilke gab trotz ständiger Ortswechsel die eigenen Möbel nie auf und richtete sich mit ihnen in Muzot ein letztes Mal ein, um an seinem geliebten Stehpult die Duineser Elegien zu vollenden: Die fremde Umgebung verwandelte er derart in *sein* Areal. Solche stimmungsbeherrschten Gestaltungswünsche können bis ins Kleinste reichen, indem sie sich von der Tapete über Schreibtisch und Stuhl zur Anordnung bei Papier und Gerät erstrecken. Thomas Mann ebenso wie Sigmund Freud ließen im Exil die gewohnte Einrichtung ihrer Arbeitszimmer aus München bzw. Wien möglichst detailgetreu wiederherstellen. Ihnen wie vielen ihrer Kollegen war und ist eine bestimmte Raumsymbolik conditio sine qua non des Schaffens.

Daß die Arbeitsstätte zum semantisch spannungsvollen *Empfindungs- und Ausdrucksraum* arriviert, ist kaum weniger häufig von Bildenden Künstlern bezeugt. Auch ihnen bietet das Atelier die nächstliegende Chance zu individueller Ausgestaltung und geistiger Akzentuierung, ist es Verpflichtung zum Werk sowie Entlastung von kunstfremden Anforderungen. Wo sich die nötige Korrespondenz zwischen Kunstwollen und Raumatmosphäre inspirationsfördernd einstellt, halten Künstler gern an solch stimulierenden Lokalitäten fest. Fast vierzig Jahre lang, bis zu seinem Tod und selbst in der Phase des Ruhms verharrte der Bildhauer Alberto Giacometti in jener ärmlichen Bruchbude, die er 1927 als Sechsundzwanzigjähriger in der Nähe des Pariser Montparnasse gemietet hatte. Sie war eng und unwirtlich, ohne Strom und Wasser: „nicht mehr als ein Loch." Aber von diesem Provisorium aus eroberte Giacometti seinen skulpturalen Kosmos und mit ihm die Kunstwelt. Anders als für sonstige Arrivierende seiner Generation, als für Picasso, Dalí oder Matisse, standen für ihn Raumgrößen fortan nicht zur Debatte. Er hielt dem Atelier seiner Anfänge die Treue: „Hier habe ich alles machen können." (Stoeßel 1994:1). Ungeachtet seiner geringen Proportionen und miserablen Ausstattung dehnte sich ihm *dieser* Raum geistig ins Unermeßliche, förderte *er* das Wachstum seiner Statuen wie seiner Statur. Giacomettis symbolische Raumbezogenheit illustriert, wie sehr allen materiellen Fragen zum Trotz die Wahl des Ateliers für den Künstler stets auch eine ideelle Entscheidung bedeutet.

6. Zwischen Tradition, Konvention und Innovation

Sosehr es scheinen mag, als gehöre die Atelierorganisation dem sekundären Bereich pragmatischer Berufsarbeit an, so unverkennbar strahlen auf sie Ansprüche aus dem primären Sektor persönlicher Berufung ein. Künstlerische Tätigkeit vollzieht sich als ein Mehrebenenprozeß, dessen Schichten untrennbar miteinander verflochten sind. Sie alle erfahren eine vereinigende Imprägnierung durch ihre *Subjektzentrierung*. Wie die organisatorische wird auch die instrumentelle Dimension der technischen Bildherstellung (ähnlich jener des literarischen Schreibens oder der Partiturverfertigung) möglichst weitgehend der innersten, konzeptionellen Frage unterworfen: Was soll veranschaulicht werden und wie läßt sich dies adäquat umsetzen? Die Beantwortung dieser Frage fördert jene *Bildidee* zutage, um die in Leben und Beruf von Künstlern (fast) alles kreist.

Aus solcher bildnerischen Imagination und ihrer Ausdrucksgebärde beziehen Künstler die motivierende Energie, die sie für die Ausführung ihrer Werke benötigen (z. B. die Ausdauer). Umrahmt wird diese bildnerische (bzw. tonale oder poetische) Vision von einer *Künstlerästhetik*, die sich von äußeren (philosophischen oder wissenschaftlichen) Ästhetiken wiederum durch individuelle Akzentuierung unterscheidet (Thurn 1976: 180 ff.). Die Bildidee selbst ist in der Regel zweiseitig angebunden bzw. ausgerichtet: zur Seite des Künstlers hin erscheint sie als dessen persönlicher Ausdruck, ist insofern *idiolektisch* verfaßt. Durch solche *Individualsprachlichkeit* erringt sie zudem jene *Unverwechse-lbarkeit*, die jeder Künstler benötigt, um sich mit seinem Werk gegenüber anderen zu behaupten und am Markt durchzusetzen. Damit dies möglich wird, bedarf die Bildidee aber einer weiteren Komponente, durch welche die Tendenz zur Idiolektik gewissermaßen im Zaume gehalten wird: der *soziolektischen* Veranlagung. Mittels ihrer *Sozialsprachlichkeit* erwirbt sie (in Formen, Farben, Themen oder wie auch immer) semantische Bezüge zur kulturellen Umgebung. Sie offeriert sich als übersetzbar in vorhandene Bestände und bewahrt so jene *Anschlußfähigkeit*, die sie braucht, um nicht einfach als unverständlich abgewiesen zu werden. Indem derart die Ausdrucks- und Deutungsqualitäten einer Bildidee korrelieren, durch das Zusammenspiel von Unverwechselbarkeit und Anschlußfähigkeit öffnet sich dem Kunstwerk das Tor auf die gleichwohl stets unsicheren Pfade der Geltungseroberung.

Zur Selbstbehauptung im Kulturhaushalt gehört des weiteren die im Einzelfall freilich recht unterschiedlich ausfallende Bezugnahme auf Traditionen, Konventionen und Innovationsperspektiven. Vergangenheitsgesättigte *Traditionen* können etwa durch die Implantierung von Bild-, Melodie- oder Figur-Zitaten fortgesetzt werden, wie sie in der Malerei beispielsweise Markus Lüpertz verwendet. Oder sie werden ausgeblendet, um Platz für fremde Einflüsse zu schaffen, wie es die Künstler um Picasso taten, als sie ihre Menschenbilder mit den Physiognomien afrikanischer Skulpturen und Masken versahen. Gegenwärtige *Konventionen* des Alltags nicht minder als des Feiertags erfahren ihre bildnerische Bestätigung in den unzähligen Hervorbringungen der Trivialkunst, von der Kitschmalerei über den Unterhaltungsroman bis zum Schlager. Sie mögen aber auch in Frage gestellt werden in den tausenderlei Absagen an Ausdrucks- und Sehgewohnheiten, welche die Moderne des 20. Jahrhunderts (durchaus anders als frühere Epochen) favorisierte, um sich per Konventionsbruch in das Buch der Geschichte einzutragen. Einer mehr oder weniger zukunftsgerichteten *Innovation* verschreibt sich Kunst um so stärker, je nachhaltiger sie versucht, ihre Veranschaulichungen so in die Welt zu setzen, als habe es zuvor nichts dergleichen gegeben. Sie plädiert dann für möglichst „radikale" Erneuerung, baut auf (oder beansprucht wenigstens) artistische Selbsterfindung, muß folglich den Stilwechsel bevorzugen und gezielt betreiben (Bonus/Ronte 1991).

Mag auch der einzelne Künstler dieses Feld einander vielschichtig kreuzender Relationen eigenwillig akzentuieren: In keinem Fall kommt er darum herum, sich und sein Werk zu Traditionen, Konventionen, Innovationen ins Verhältnis zu setzen. Der Kunstprozeß verläuft in diesen Hinsichten kombinatorisch, verlangt dementsprechend Proportionierungen sowie Austarierungen. Der Dialektik von Position und Negation, von gleichzeitigem Aufnehmen und Verwerfen, ist dabei nicht zu entkommen (Thurn 1990). Noch ein so radikaler Neutöner wie Arnold Schönberg komponierte ja keineswegs für völlig neue, etwa selbst erfundene Instrumente, sondern nutzte deren bekanntes Arsenal. Selbst avantgardistische Konzertmusiker streuen in ihr innovatives Repertoire gern traditionelle Stücke ein. Zusammen mit den überraschenden Teilen halten sie derart ihr Programm anschlußfähig, erleichtern den Hörern durch den Vergleich mit dem Vertrauten die Beurteilung des Frappanten. Gar ein so hermetischer Lyriker wie Paul Celan verwendete (wiewohl in sehr verschlüsselter Form) Sprachbilder, die teilweise tief in der Geschichte der änigmatischen Poesie (etwa des concettismo) wurzeln, mithin ganz neu nicht sind. Und daß James Joyce den modernen Ulysses Leopold Bloom dessen archaischem Vorfahren Odysseus nachempfindet, bezeugt seinen virtuosen Umgang mit dem paradoxalen Geflecht aus Tradition, Konvention und Innovation ebenso wie Molly Blooms „innerer Monolog", dessen Technik der Ire sich ausgedacht haben soll, während er sie von Edouard Dujardin entlehnte, um sie auf meisterhafte Höhen zu führen.

7. Überwindung des Solitarismus?

Wie souverän Joyce dergleichen artifizielle Aufgaben auch bewältigte, *ein* Ziel erreichte er Zeit seines Lebens nicht: Geltungsgewißheit für sich und seine Texte. Zwar folgt diesem Anliegen ein erheblicher Teil aller Künstler-Bemühungen, doch bleibt den meisten Malern, Dichtern, Komponisten (und oft den besten) der „absolute" Erfolg versagt. Ein Lyriker wie Ernst Meister fand für seine Verse nur bescheidenste Anerkennung. Wie Kulturen sich in stetiger Beweglichkeit verändern, sich kaum je entgültig festlegen, so eignet auch Kunst und Künstlern eine schwer berechenbare Geltungssicherheit. Diese macht (fast) jede künstlerische Betätigung zu einem riskanten Unterfangen mit der Folge, daß desgleichen die zugehörige Professionalität sich nur selten in kalkulierbaren Bahnen bewegen kann. Künstlerisches Schaffen stellt insofern eine Art *Risikoproduktion* dar, deren persönlichen und sozio-kulturellen Schwankungen die Urheber nur dadurch gerecht werden können, daß sie ihre professionellen Kompetenzen und Techniken ebenfalls flexibel halten, um den Wechselfällen von Beruf und Berufung gewachsen zu sein. Indem sie *Rollenvielseitigkeit* und *Rollenflexibilität* praktizieren, machen Künstler aus der umweltbedingten Geltungsnot gewissermaßen eine persönliche Arbeitstugend. Andererseits nährt gerade diese doppelte Nichtfestlegung die Neigung zur Subjektzentrierung. Wo es ihm an festem Boden unter den Füßen gebricht, dort zieht der Künstler sich auf sein ureigenstes Terrain zurück und bevorzugt jene Lebens- und Tätigkeitsform, die seinen modernen Topos konturiert: den *Solitarismus*.

Der Verbreitung dieses Musters zum Trotz gab und gibt es immer wieder Versuche, das Zurückgeworfensein auf die eigene Person zu durchbrechen. Vor allem im Anschluß an Kollegen wird die Überwindung des Solitarismus gesucht, da bei ihnen unbeschadet aller Konkurrenz das höchste Maß an gleichgearteter Kompetenz sowie an Einsicht in die Probleme des Metiers zu erwarten ist. Im Kollegen schätzen Maler, Zeichner, Bildhauer (darin den Schriftstellern ähnelnd) den Fachmann und erhoffen den Gleichgesinnten. Wofern der Austausch gedeiht, der Kontakt sich intensiviert, Gemeinsamkeiten der ästhetischen Anschauungen, Verfahren, Ziele hervortreten, mag Rivalität sich in Solidarität verwandeln. Um solchen Kontakten Dauer, Bestand zu verleihen, schließen sich Künstler mit Geistesverwandten zusammen, formieren sie *Künstlergruppen* (Thurn 1983, 1990a). Als kreativ orientierte Kommunikationsmuster sind diese in der Literatur ebenso häufig anzutreffen wie in der bildenden Kunst, unter Bildhauern jedoch seltener als bei Malern sowie (meist in Personalunion) Zeichnern. In der Musik hingegen, sieht man von den üblichen Instrumentalformationen der klassischen wie der Unterhaltungsbranche ab, traten Komponistenkollektive bisher kaum je auf. Die durch Georges Auric, Francis Poulenc, Arthur Honegger und Darius Milhaud bekannt gewordene „Groupe des Six" stellt diesbezüglich eine rare Ausnahmeerscheinung dar.

In der bildenden Kunst bevölkerten seit etwa 1900 derart viele Gemeinschaften die Szene, daß sich von einem Jahrhundert der Malergruppen sprechen ließe. Von den Kubisten und Fauves über Dadaisten, Futuristen und Surrealisten bis zu „Brücke" und „Blauer Reiter"; ob „De Stijl" oder Bauhaus, COBRA und ZEN 49, Gruppe 53 oder ZERO: in all diesen Kollektiven taten sich vorzugsweise Maler zusammen, um die Erneuerung ihres Mediums und darüberhinaus der allgemeinen Bildkultur voranzutreiben. Sie nutzten solche *Gegenwelten*, die (wie in der Literatur, etwa im Kreis um Stefan George) manchmal den Charakter von *Sekten* annahmen (denen bereits Max Weber „ein erhebliches Interesse" nicht bloß „in soziologischer Hinsicht" zubilligte) (Weber 1988: 446), um in einer Epoche gesellschaftlicher Atomisierung ihrem dadurch geförderten Solipsismus gegenzusteuern, um in den Jahrzehnten katastrophischer Krisensteigerung ihren zivilisationskritischen Meinungen ein Forum zu erschließen, um die Entfaltungs- und Wirkungsmöglichkeiten bildnerischen Schaffens zum Zwecke von Kunst- und Lebensreform gesprächsweise auszuloten. Der Kampf um Weltanschauung und Ästhetik, um „geistige" oder „politische" Standorte tobte dabei manchesmal in höchsten Wogen, verwirrte Herzen und Köpfe, entzweite Freunde, versöhnte Gegner. Immer aber bleibt er, sei es wegen oder trotz seiner (in Webers Terminologie ausgedrückt) wertrationalen Affektladung, auf das ausgerichtet, dessen die destruktive Welt zuzeiten der Hochkonjunktur der Malerzirkel (1900 bis 1960) unverkennbar ermangelte: auf konstruktive Gestaltung, auf schöpferische Veranschaulichung.

Wie wenig den Künstlergruppen Vernunft und Kalkül abgeht, lehrt ein Blick auf die Strategien, derer sie sich beim Anstreben ihrer Ziele gemeinsam bedienen.

Er offenbart, daß in dieser Hinsicht durchaus Pragmatik herrscht, ja daß sich hier manchem Beteiligten (nicht selten erstmalig) günstige Gelegenheiten bieten, etwas von jener außengerichteten Professionalität einzuüben, die dem solitaristischen Einzelkämpfer aus „innerer Berufung" so sehr widerstrebt. Als *Trainingsfelder zweckrationaler Berufspragmatik* bieten Künstlergruppen ihren Mitgliedern Erfahrungen, von denen nicht wenige Maler im Guten wie im Schlechten ein Leben lang und selbst dann, wenn die Erinnerungen daran längst verblassen, mit viel Gewinn zehren. Hier nämlich läßt sich lernen, wie man sich in der Öffentlichkeit darstellen muß, welche Verhandlungstechniken effektiv sind, wann Arbeitsteilung Nutzen bringt. Von Dada bis ZERO gehörten Manifeste, Proklamationen, Programme zum Wortarsenal der Profilierung. Da wurden Geschäftsstellen gegründet, Institute eingerichtet, Vereine ins Register eingetragen. Zeitschriften mußten mit Bildmaterial und Texten beschickt, Kataloge gedruckt, Bücher in Auftrag gegeben werden. Bei der Konzipierung und Realisation von Mappenwerken (wie sie beispielsweise die Brücke-Künstler im Jahresrhythmus herausgaben) ließ sich erkunden, wie weit der Konsens auch in stilistischer Hinsicht ging. Indem die Gruppenkünstler dergleichen Berufsprobleme miteinander erörtern, klären und womöglich lösen, erfahren sie über die gattungsspezifische Professionalisierung hinaus auch manches betreffs jenes Solitarismus, der fast jeden nach dem Ende der Zusammenarbeit wieder ereilt.

8. Werkvermittlung und Persondarstellung

Ein vorrangiger Zweck künstlerischer Zusammenschlüsse besteht in der Besorgung gemeinsamer Ausstellungen. Präsentationschancen, die vor allem jungen Malern, Zeichnern und Bildhauern häufig verwehrt bleiben, lassen sich vereint leichter erschließen. Gleichwohl kommt auch der einzelne Künstler kaum je darum herum, sich selbst um die Schaustellung seiner Arbeiten zu bemühen. Daß solche Gelegenheiten quasi anstrengungslos kredenzt werden, erfahren sogar namhafte Bildner allenfalls ausnahmsweise, wie ja auch die meisten Autoren bei Verlagen antichambrieren, Komponisten um die Gunst von Dirigenten und aufführungsbereiten Ensembles buhlen müssen. Sosehr dergleichen Bemühungen einer Professionalisierung im Sinne der Vermeidung uneffektiver Anstrengungen, von intellektuellen und emotionalen, acquisitorischen sowie finanziellen Fehlinvestitionen bedürfen, so selten lassen sich die Aussichten auf Erfolg auch nur annäherungsweise berechnen. Im Gegenteil: Der moderne Ausstellungsbetrieb beschert dem Künstler das paradoxe Geschenk, ihn einerseits von organisatorischen Aufgaben zu entlasten, ihn jedoch andererseits zumindest in Teilaspekten der Werkvermittlung zu entmündigen oder wenigstens zu bevormunden. Infolgedessen verbleibt ihm selbst in diesen reduzierten Professionalitätsansprüchen des Umgangs mit Galerien oder Museen mancherlei Unwägbarkeit, der rational nur schwer beizukommen ist. Vielmehr setzt die (keineswegs seltene) Kontroverse um Zuständigkeiten zusätzliche Affektströme frei, da der Künstler mit seinem Werk seine „innere Berufung" betroffen sieht. Nicht nur ringt er nun mit sich selbst, sondern überdies mit den eigendynamischen Interessen seiner Partner aus Markt und Museum.

Im Zuge der Entwicklung des neuzeitlichen Ausstellungswesens haben vor allem zwei zusätzliche Berufsvertreter das Feld der Kunst zu beackern begonnen und immer weitgehender für sich eingenommen: *Kunsthändler* sowie *Museumsmanager* (Thurn 1994). Beide wirken sie als *gate keeper*, sei es in ökonomischer, sei es in kultureller Hinsicht. Jeder von ihnen kann Möglichkeiten öffnen oder verschließen, kann auf seine Weise und nach seinem Gutdünken über den Entfaltungsradius von Künstlern (mit-)entscheiden. Ob dabei Wohlwollen oder Mißfallen den Ton angibt: Die Distributionsagenten operieren als *Geltungsfilter*, an denen heutzutage kein Weg vorbeiführt. Ihr historischer Aufstieg hat aus der ehedem verbreiteten Selbstvermittlung eine weitgehende Fremdvermittlung des Künstlers gemacht mit der Folge, daß nunmehr über dessen Leistungen nur noch selten im direkten Dialog mit Interessenten, häufiger hingegen intermediär geurteilt wird. Indem die Ausstellungsveranstalter diese Rollenpartie des Künstlers übernahmen, okkupierten sie zugleich ein Stück von dessen sekundärer Professionalität, einen Teil seiner außengerichteten Berufsarbeit. Durch die Akademisierung der diesbezüglichen Ausbildungsgänge (zumindest die Museumsleute haben in der Regel Kunstgeschichte studiert) verselbständigten sich die entsprechenden Kompetenzen, entstand jenes Gefälle der (tatsächlichen oder angeblichen) Sachkenntnis, das aller Entlastung zum Trotz manchem Künstler zu schaffen macht: Er gilt nun in Fragen der Öffentlichkeitsarbeit als Dilettant, von dem sich der Galerist oder Museumsmann als Experte ungern dreinreden läßt. Die privatwirtschaftliche bzw. kommunale Institutionalisierung des Ausstellungswesens tat ein übriges, die Diskrepanzen bei gleichzeitiger Nötigung zum Kompromiß zu festigen. Wer, sei er Künstler(-in) oder Vermittler(-in), in diese Verhältnisse weder Befähigung noch Bereitschaft zur Kooperation mitbringt, wem die erforderliche *Anschluß-Professionalität* fehlt, der läuft Gefahr, zu scheitern.

Zu jener Vermittlungsarbeit, an welcher Künstler nach wie vor beteiligt sind, gehört der unmittelbare Umgang mit kunstbezogener *Öffentlichkeit*. Dazu bietet die direkteste Gelegenheit die Ausstellung, zumal deren Eröffnung. Im durch Stilpluralismus, Permissivität und Diffusität des Publikums gekennzeichneten Kulturbetrieb der Gegenwart genügt es ja nicht, leise die Pforten zu öffnen und auf Interessenten zu warten. Vielmehr bedarf jedes Angebot eines besonderen Aufforderungscharakters, damit es Neugier weckt. Die Konsumwerbung betreibt dies (wiederum durch Vermittlungsexperten: Designer und Marketingstrategen), indem sie selbst unscheinbare Waren attraktiv verpackt. Da aber Kunstwerke nicht durch eine Verpackung, sondern unverhüllt wirken wollen, wird hier das aufsehenerregende Arrangement vom Kulturellen ins Soziale, von der Sache auf die Person verlagert. Die Kunstausstellung, speziell die Vernissage erhält ein Szenario, das den latenten Verzauberungbedürfnissen des Publikums in einer tendenziell entzauberten Welt akut Rechnung trägt. Den Künstler nötigt dies neben der *Werkofferte* zu intensiverer *Persondarstellung*: Inmitten seiner Arbeiten muß auch er selbst präsent sein. In diesem Erfordernis haben die *Rituale der Selbstdarstellung*, deren Künstler sich auf Ausstellungseröffnungen gerne bedienen, ihren sinnhaften Ursprung. Persönlich geformte *Präsentationsriten* stellen die soziale Entsprechung zur kulturell die Zugehörigkeit eines Gemäldes, einer Zeichnung markierenden *Signatur* dar. Wie diese dem *Werk*, prägen jene der *Situation* den Stempel des Künstlers auf. Phänomene dieser und verwandter Art: die pathetische Geste der Operndiva, der exaltierte Auftritt eines Rockstars, die schüchterne Attitüde des Dichters am Leseabend gehören zum notwendigen Repertoire der „Kunst durch die Person-Vermittlung", das dementsprechend häufig eigens einstudiert wird. In Zeiten eines singuläre Hervortritte erschwerenden Massenangebots kann auf solche *Professionalisierung der Verhaltenstechnik* schwerlich verzichtet werden. Um so erstaunlicher bleibt, wie selten Hut und Weste à la Beuys, expressive Mimik und Gesten, Auftritte im Stile Dalís oder Warhols zumindest in Deutschland nach wie vor sind. In solcher Enthaltsamkeit (die auch der Farbigkeit früherer Epochen kontrastiert) mag durch die Bindung ans Konventionelle die bürgerlich-mittelständische Herkunft vieler Künstler sich ausdrücken.

9. Tauschverhältnisse

In all diesen Vorgängen findet ein mehr oder weniger offenkundiger Austausch statt. Wie in sämtlichen menschlichen Verhältnissen spielt auch im Umgang mit Artefakten der *symbolische Tausch* eine maßgebliche Rolle. Neben der Körpersprache, der Wortsemantik und dem Geld dienen *Bilder* mancherlei Art als symbolische Kommunikationsmedien bei der Vergewisserung von Wirklichkeiten, denn Menschen sind bildproduktive und bildrezeptive Wesen. Da jedoch die menschlichen Bildwelten im Unterschied zu jenen der Tiere künstlich, nicht in naturale Reiz-Reaktions-Systeme eingebunden sind, liegt ihr Sinn nicht fest. Als kulturellen Konstrukten eignet ihnen semantische Emergenz: Vielsinnigkeit um den Preis schwerer Deutbarkeit, doch mit dem Vorteil beweglichen Einsatzes und Nutzens. Über die Funktion und Bedeutung der Bilder muß daher von Fall zu Fall und immer wieder neu im sozialen Diskurs entschieden werden. Die Geltung des symbolischen Kommunikationsmediums *Bild* hat unter Einzelnen, Gruppen, Nationen - wie sich etwa an der Verwendung von Banknoten, zumal an grenzbedingten Wechselzwängen unschwer erkennen läßt - *Verhandlungs-charakter*.

Mehr noch als die oft bloß zeichenhaften, daher eindeutigen und leicht zu nutzenden Chiffren des Alltagslebens (man denke an die Schilder im Straßenverkehr) betrifft dies die Bildprodukte der Kunst (Thurn 1973: 65 ff., 1980). Gemälde oder Zeichnungen (wie auch ein Gedicht oder eine Sonate) beziehen ihre Attraktivität gerade daraus, daß sie nicht in Gewohnheitsmustern aufgehen, daß sie über die nächstliegenden Horizonte hinausweisen, daß sie sich den eingelebten Entzifferungsweisen nicht ohne weiteres fügen, kurz: daß sie Rätsel aufgeben. Entsprechend schwierig gestaltet sich der *Kunst-Tausch*. Zwar werden auch Kunstwerke dem Tausch unterworfen, als symbolische Kommunikationsmedien in Interaktionsprozesse mancherlei Art, sei es Einzelner, zwischen Gruppen und Schichten oder gar von Staaten, einbezogen. Doch verhindert ihre *Plurivalenz* und *Polyfunktionalität*, daß dabei jemals völlige Klarheit herrscht, absolute Regelsicherheit entsteht (Lipp 1994). Wie schon ein flüchtiger Blick auf die Debatten der Kunst-, Literatur- und Musikkritik oder auf die Schwankungen des Bildermarktes lehrt, bleibt der Kunst-Tausch in der Mehrzahl der Fälle kontrovers und konkurrent, von Meinungskämpfen und Interessenkonflikten durchzogen. Selbst dort, wo es nicht darum geht, irgendwelche umstrittene ästhetische "Innovationen" durchzusetzen, wo vielmehr künstlerische Traditionen oder Konventionen lediglich Bestätigung erheischen, kann ein Für und Wider den Konsens erschweren. Über die Aktualität Dantes oder Goethes läßt sich offensichtlich noch nach Jahrhunderten streiten. Derlei unabschaffbare Geltungsschwankungen verleihen den Künsten eine unruhige Kommunikationsgestalt. Ihre Erzeugnisse verlieren kaum je an Vermittlungsbedürftigkeit. Sie benötigen (nicht nur) interpretative Fixierung in einem Tausch, der genau dies kaum je endgültig leisten kann.

Zu einem beträchtlichen Teil rührt dies daher, daß Kunst im Interaktionsfeld auf unterschiedliche, ja widerstreitende *Wert*zumessungen trifft. Maler oder Zeichner, Tonsetzer wie Romanciers bringen Werte hervor, die im Moment, da sie dem Tausch unterworfen werden, auf die keineswegs automatisch übereinstimmenden Werthierarchien von Betrachtern, Lesern und Hörern, von Rezensenten, Verlegern oder Galeristen stoßen. Was diesen großartig dünkt, mutet jenen belanglos an. Angesichts solcher Wertdifferenzen, gar Wertkollisionen können Kunstwerke kaum je einen stabilen, dauerhaften *Tauschwert* erlangen. Wie auf dem Kunstmarkt die Preise selbst für hervorragendste Gemälde namhafter Maler vergangener Epochen schwanken auch die ästhetischen und intellektuellen Urteile, die geistigen Plazierungen von Prosa und Poesie, von Musikstücken oder Skulpturen im Kanon der Kultur. Da die am Tausch beteiligten Interessenten aus Wirtschaft, Kultur und Sozialwelten nur selten übereinstimmend agieren, decken sich auch die Wertdimensionen auf dem Weg des Kunstwerks zu Anerkennung oder Ablehnung kaum je. Der eventuell errungene hohe Warenpreis sagt wenig über das kulturelle Prestige oder die soziale Einschätzung eines Künstlers bzw. seiner Arbeiten aus. Im Auseinanderklaffen dieser Dimensionen: Von intellektuellem, ökonomischem und sozialem Tauschwert der Kunstwerke (und ihrer Urheber) offenbart sich jene *Statusinkonsistenz*, die ein zentrales Merkmal künstlerischen Arbeitens und Lebens ist. Dem auflagenstärksten Autor wird nicht zwangsläufig die höchste Anerkennung zuteil; mancher geschätzte Dichter fristete ein karges Dasein. Rilkes „Duineser Elegien" überlebten ob ihrer poetischen Strahlkraft, obwohl sie dem Verfasser keine nennenswerten Summen einbrachten. Die erklecklichen Preise, die Ernst Wilhelm Nay in den fünfziger Jahren erzielte, konnten nicht verhindern, daß sein Nachruhm von weniger verdienenden Kollegen wie Willi Baumeister oder Fritz Winter übertroffen wurde.

Derart antinomische Tauschverhältnisse bescheren Malern ebenso wie Schriftstellern oder Komponisten erhebliche Schwierigkeiten des professionellen Kalküls. Wo kaum ein Wertkonsens den Tausch absichert, gerät dieser zum Spiel mit dem Zufall. Über Strategien symbolischer Fixierung, wie sie das Signieren für die Werke und Verhaltensriten bezüglich der Person leisten, verfügen Künstler zumal in ökonomischer Hinsicht nicht. Daher wissen sie oft kaum, wieviel sie mitsamt ihren Hervorbringungen in den diversen Dimensionen der Geltungswirklichkeit: im Kommerz, im Kunstbetrieb, in der Sozialhierarchie eigentlich „wert" sind und noch weniger, wie der gemeinsame Nenner all dieser Wertungen aussieht. Die oft geäußerten Ohnmachtsgefühle, der Widerwille gegen alles, was mit Markt oder Meinung, mit Werbung und Ware zu tun hat, rühren aus dieser Unwägbarkeit her. Dennoch muß die Öffentlichkeit interessiert, muß die Nachfrage stimuliert werden. Unter den pragmatischen Berufstechniken dient dem die Pflege der Anschlußmethoden an Vermittlungsinstitutionen und gate keeper, die im launischen Haushalt symbolischer Geltungen und in den mehrschichtigen Tauschgeschäften heutzutage entscheidende Verteilermacht ausüben.

10. Kunst als Beruf und als Lebensform

Bildschöpfer, Belletristen, Tonsetzer und ihresgleichen praktizieren eine *zweigleisige Professionalität*, die sich aus *Berufungscharisma* und *Berufspragmatik* zusammensetzt. Die von Max Weber beschriebene Innenlenkung der persönlichen Berufung, der Werkverfertigung wie der sie begleitenden Künstlerästhetik, wird umrahmt von stärker außengerichteten Aktivitäten, die der werk- und personvermittelnden Kontaktnahme mit der Umwelt dienen. Kommen im letzteren, sekundären Bereich Erwerbsmotive auf, so treten diese in der primär kreativen Zone unverkennbar zurück, denn Künstler aller Sparten widmen sich ihrem Schaffen selbst dann, wenn sie nicht von dessen Erlös leben können. Was kein Bäcker oder Rechtsanwalt auf sich nehmen würde, tun nicht wenige Bildner oder Dichter zumal in jungen Jahren: einer mehr oder weniger kunstfernen Arbeit nachzugehen, um die ästhetische Tätigkeit ökonomisch überhaupt zu ermöglichen und den Lebensunterhalt einigermaßen zu gewährleisten (Thurn 1985). Der Versicherungsangestellte Franz Kafka ließ sich durch den Mangel an literarischen Einnahmen nicht im Niederschreiben seiner Erzählungen hemmen, verfaßte vielmehr gar in den „Forschungen eines Hundes" einen Text, der allem Anschein nach durch Webers Rede über „Wissenschaft als Beruf" zumindest mitinspiriert wurde (Kafka 1961; Weiller 1994: 155).

Wie der forschende Hund aus der Art schlägt, indem er um seinen Instinkt kreist: Das ist Kafkas (mit Bezug auf Wissenschaft und Musik) feinsinnig ironisiertes Thema. Durchaus ähnlich ergeht es dem Künstler: Auch er ringt mit sich selbst um seines Werkes willen, muß aber zuweilen die Kunst der Introspektion in eine der Extraversion verwandeln. Behilflich kann ihm dabei eine Professionalität sein, die beides situationsgerecht zu dosieren weiß: die Konzentration auf kreative Belange einerseits und die Hinwendung zu distributiven Aufgaben andererseits. „Pragma" und „Pneuma", wie Weber dies wohl genannt hätte, künstlerischer und geschäftlicher Geist müssen freilich immer wieder neu austariert werden, da sie sich endgültiger Festlegung entziehen. Das erlaubt dem Künstlertum ein hohes Maß an Spontaneität wie im Schaffen so auch bei der Selbstvermittlung, doch ist als Preis für diese (auch von Kafka in seinem Bericht reklamierte) „Freiheit" ein weitreichender Verzicht auf energiesparende Routine zu entrichten. Ablassen wollen und können Künstler von diesen Spielräumen dennoch nicht, mag deren mancher sie auch „teuer" im mehrfachen Sinn des Wortes zu stehen kommen. Indes gilt hier wie an anderen Stellen des kunstberuflichen Handlungsfeldes, daß Entscheidungen eher aus dem Zentrum (aus dem „Bauch", wie Künstler das in treffsicherer Metaphorik gerne nennen) als aus der Peripherie abgeleitet werden. Ihre Logik ist dann zwar subjektzentriert, zugleich aber werkorientiert: In dieser Doppelung kann der Einzelne sie, wenn schon nicht „sachlich" erklären, so doch wenigstens als „stimmig", „richtig" (oder wie immer die persönlichen Legitimierungsformeln lauten) *empfinden*. Emotionen, Affekte werden dabei allenfalls wertrational gebunden, nicht jedoch zweck-rational abgeblockt (Gerhards 1989). Infolge der *Koppelung von Person und Werk* erhalten auf diesem Weg nicht nur die künstlerischen, sondern ebenfalls die vermittlungsbezogenen Entschlüsse eine vitalistische Begründung. Wie die „innere Berufung" soll desgleichen den äußeren Beruf das „Leben" (sei es wie es wolle) fundieren, ja regieren. Dadurch können die verzeichneten Brüche, die Spannungen der zweigleisigen Professionalität nicht aus der Welt geschafft, aber immerhin als erträglich deklariert werden. Gleichwohl handelt es sich dabei lediglich um einen definitorischen Umtausch mit Folgen für die symbolische Konstruktion des heute gängigen Künstler-Topos. Dem äußeren Anschein nach beherrscht mit Hilfe der vitalistischen Verschachtelung das Leben die Kunst, während von innen her die „Berufung" sich diesem wie dem Beruf überstülpt: Künstler praktizieren ihren *Beruf* als *Lebensform* nach Maßgabe *innerer Berufung*.

Zwischen Berufungscharisma und Berufspragmatik hin- und hergerissen, suchen Künstler gern das verbindende Heil in einem „Leben", das indes für die Bewältigung der anstehenden Fragen nicht immer genug hergibt. So wenig die Kunst (oder die Wissenschaft) als Schule des Lebens ausreicht, so selten langen Alltagserfahrungen in der industriellen Lebenswelt für die Berufserfüllung (Bilstein 1994). Wie die Modelle aussehen sollten, nach denen sich Problemlösungstechniken mit Selbstausdruckswünschen lehrend und lernend verbinden ließen, in denen also Professionalisierung der bildnerischen Unverwechselbarkeit und einer wohldosierten Anschlußfähigkeit gleichermaßen erlangbar wäre: Darüber wird in den Kunsthochschulen seit einigen Jahren diskutiert. Die eingeleiteten Reformen laufen auf eine bessere und systematischere Einübung von Berufsstrategien im pragmatischen Sekundärbereich hinaus, während die primäre Zone der künstlerischen Kreativität unangetastet, ohne Vorgaben bleibt. Die zweigleisige Maxime dabei lautet: Zu seinen Bildern muß und kann nur jeder durch sich selbst finden; wie er sie hernach darstellt (in einem Katalog, anläßlich einer Ausstellung, beim Verkauf), mag ihm beigebracht werden. Solche *Professionalisierung der Präsentation* dient und hilft der Sicherung des *symbolischen Kapitals*, das Kunstwerke für ihren Urheber wie für dessen Publikum sind. Zudem fördert sie die *Tauschkompetenz* in den wankelmütigen Geltungswirklichkeiten. Diesen Sachverstand benötigen (und begehren vor allem die jüngeren) Künstler, die mehr und mehr in Konkurrenz mit den Bildproduzenten der neuen Medien geraten. Den (vor allem von älteren Kollegen) gefürchteten Pathosverlust machen derart professionelle Maler, Zeichner und Bildhauer, aber ebenso Schriftsteller oder Komponisten leicht durch ihren Kompetenzgewinn wett. Nüchtern, doch in mancher Hinsicht ohne Selbstüberschätzung ihres Wertes bewußt, dürfen klug professionalisierte Bilderfinder gleich dem versierten Andy Warhol fragen: „Warum glauben die Leute, Künstler seien etwas Besonderes? Das ist auch ein Beruf." (Warhol 1991: 175).

Literatur

Aristoteles, 1961: Poetik. Übersetzung von Olof Gigon. Stuttgart: Philipp Reclam jun.
Bachelard, Gaston, 1975: Poetik des Raumes. Frankfurt/M-Berlin-Wien: Ullstein.
Bilstein, Johannes, 1992: Bilder für die Gestaltung des Menschen, in: Neue Sammlung. Vierteljahres-Zeitschrift für Erziehung und Gesellschaft 32/1:110-133.
Bilstein, Johannes, 1994: Kunst im Generationenspiel, in: Neue Sammlung 34/4: 645-666.
Bilstein, Johannes, 1996: Die Sinne der jungen Künstler. S. 85-114 in: Klaus Mollenhauer/Christoph Wulf (Hg.): Aisthesis/Ästhetik. Zwischen Wahrnehmung und Bewußtsein. Weinheim: Deutscher Studien Verlag.
Bollnow, Otto Friedrich, 1975: Wesen und Wandel der Tugenden. Frankfurt /M-Berlin-Wien: Ullstein.
Bonus, Holger/Ronte, Dieter, 1991: Die wa(h)re Kunst. Markt, Kultur und Illusion. Erlangen; Bonn; Wien: Straube.
Gebhardt, Winfried, 1994: Charisma als Lebensform. Zur Soziologie des alternativen Lebens. Berlin: Dietrich Reimer.
Gerhards, Jürgen, 1989: Affektuelles Handeln - Der Stellenwert von Emotionen in der Soziologie Max Webers. S. 335-357 in: Johannes Weiß (Hg.): Max Weber heute. Erträge und Probleme der Forschung. Frankfurt am Main: Suhrkamp.
Hofmannsthal, Hugo von, 1951 (1906): Der Dichter und diese Zeit. Ein Vortrag. S. 264-298 in: Gesammelte Werke in Einzelausgaben. Prosa II. Frankfurt am Main: S. Fischer.

Kafka, Franz, 1961 (1921/22): Forschungen eines Hundes. S. 333-371 in: Die Erzählungen. Frankfurt am Main: S. Fischer.
Kessler, Harry Graf, 1992: Tagebuchaufzeichnungen über Rainer Maria Rilke 1908-1911. S. 9-11 in: Nachlaß Harry Graf Kessler. Patrimonia 52. Marbach am Neckar: Schiller-Nationalmuseum Deutsches Literaturarchiv.
Kesten, Hermann, 1960: Dichter im Café. Frankfurt am Main: Büchergilde Gutenberg.
Kluckhohn, Paul, 1949: Dichterberuf und bürgerliche Eixstenz. Tübingen und Stuttgart: Rainer Wunderlich Verlag Hermann Leins.
Kreuzer, Helmut, 1968: Die Bohème. Beiträge zu ihrer Beschreibung. Stuttgart: J. B. Metzler.
Kris, Ernst/Kurz, Otto, 1980 (1934): Die Legende vom Künstler. Ein geschichtlicher Versuch. Frankfurt am Main: Suhrkamp.
Lipp, Wolfgang, 1985: Stigma und Charisma. Über soziales Grenzverhalten. Berlin: Dietrich Reimer.
Lipp, Wolfgang, 1994: Kulturtypen, kulturelle Symbole, Handlungswelt. Zur Plurivalenz von Kultur. S. 33-74, in: ders. Drama Kultur. Teil 1: Abhandlungen zur Kulturtheorie. Teil 2: Urkulturen - Institutionen heute-Kulturpolitik. Berlin: Duncker und Humblot.
Minder, Robert, 1962: Das Bild des Pfarrhauses in der deutschen Literatur von Jean Paul bis Gottfried Benn. S 44-72, in: Kultur und Literatur in Deutschland und Frankreich. Fünf Essays. Frankfurt am Main: Insel.
Patalas, Enno, 1963: Sozialgeschichte der Stars. Hamburg: Marion von Schröder.
Pevsner, Nikolaus, 1986 (1940): Die Geschichte der Kunstakademien. München: Mäander.
Sackenheim, Rolf, 1966: Zwischen Schwarz und Weiß. Düsseldorf: Schwann.
Seyfarth, Constans, 1989: Über Max Webers Beitrag zur Theorie professionellen beruflichen Handelns, zugleich eine Vorstudie zum Verständnis seiner Soziologie als Praxis. S. 371-405 in: Johannes Weiß (Hg.): Max Weber heute. Erträge und Probleme der Forschung. Frankfurt am Main: Suhrkamp.
Stoeßel, Julia, 1994: Alberto Giacomettis Atelier. Die Karriere eines Raumes. München: scaneg.
Thurn, Hans Peter. 1973: Soziologie der Kunst. Stuttgart, Berlin, Köln, Mainz: W. Kohlhammer.
Thurn, Hans Peter, 1973 a: „Berufsrolle" Künstler? Anmerkungen zu einer These von Peter Rech, in: Kölner Zeitschrift für Soziologie und Sozialpsychologie 25: 159-163.
Thurn, Hans Peter, 1976: Kritik der marxistischen Kunsttheorie. Stuttgart: Ferdinand Enke.
Thurn, Hans Peter, 1980: Der Mensch im Alltag. Grundrisse einer Anthropologie des Alltagslebens. Stuttgart: Ferdinand Enke.
Thurn, Hans Peter. 1983: Die Sozialität der Solitären. Gruppen und Netzwerke in der bildenden Kunst. S. 287-318 in: Friedhelm Neidhardt (Hg.): Gruppensoziologie. Perspektiven und Materialien. Sonderheft 25 der Kölner Zeitschrift für Soziologie und Sozialpsychologie. Opladen: Westdeutscher Verlag.
Thurn, Hans Peter, 1985: Künstler in der Gesellschaft. Eine empirische Untersuchung. Opladen: Westdeutscher Verlag.
Thurn, Hans Peter, 1990: Kulturbegründer und Weltzerstörer. Der Mensch im Zwiespalt seiner Möglichkeiten. Stuttgart: J. B. Metzler.
Thurn, Hans Peter, 1990a: Freundschaftskult und Geschäftsinteresse. Männerbünde in der bildenden Kunst. S. 77-86 in: Gisela Völger und Karin von Welck (Hg.): Männerbande Männerbünde. Zur Rolle des Mannes im Kulturvergleich. Band 2. Köln: Rautenstrauch-Joest-Museum für Völkerkunde.
Thurn, Hans Peter, 1994: Der Kunsthändler. Wandlungen eines Berufes. München: Hirmer.
Warhol, Andy, 1991: Die Philosophie des Andy Warhol von A bis B und zurück. München: Knaur.
Warnke, Martin, 1985: Hofkünstler. Zur Vorgeschichte des modernen Künstlers. Köln: Du Mont.
Weber, Max, 1972 (1921): Die rationalen und soziologischen Grundlagen der Musik. Tübingen: J. C. B. Mohr (Paul Siebeck).
Weber, Max, 1988 (1924): Gesammelte Aufsätze zur Soziologie und Sozialpolitik. Tübingen: J. C. B. Mohr (Paul Siebeck).

Weber, Max, 1992 (1919): Politik als Beruf. Nachwort von Ralf Dahrendorf. Stuttgart: Philipp Reclam jun.
Weber, Max, 1995 (1917/1919): Wissenschaft als Beruf. Nachwort von Friedrich Tenbruck. Stuttgart: Philipp Reclam jun.
Weiller, Edith, 1994: Max Weber und die literarische Moderne. Ambivalente Begegnungen zweier Kulturen. Stuttgart/Weimar: J.B. Metzler.
Zilsel, Edgar, 1972 (1926): Die Entstehung des Geniebegriffes. Ein Beitrag zur Ideengeschichte der Antike und des Frühkapitalismus. Hildesheim/New York: Georg Olms.
Zilsel, Edgar, 1990: Die Genicreligion. Ein kritischer Versuch über das moderne Persönlichkeitsideal, mit einer historischen Begründung. Frankfurt (Main): Suhrkamp.

Jürgen Gerhards und Helmut K. Anheier

Das literarische Kräftefeld als ausdifferenziertes und intern stratifiziertes System

In der Beschreibung der Grundstruktur moderner Gesellschaften konkurrieren zwei theoretische Modellvorstellungen miteinander. Die Etikettierung der Gesellschaft als arbeitsteilige, funktional differenzierte Gesellschaft geht von einer Vorstellung einer *horizontal* differenzierten Gesellschaft aus, die in Teilsysteme wie Wirtschaft, Politik, Wissenschaft und Kunst aufgegliedert ist, wobei jeder dieser Bereiche durch eigene Regelsysteme und Verhaltenserwartungen gekennzeichnet ist (vgl. zusammenfassend Schimank 1996). Die Beschreibung der Gesellschaft als geschichtete oder nach Klassen eingeteilte Struktur geht hingegen von der Vorstellung einer *vertikal* differenzierten Gesellschaft aus; die verschiedenen sozialen Positionen einer Gesellschaft werden im Hinblick auf die damit verbundenen Ressourcen (Macht, Einkommen, Besitz an Produktionsmittel, Status, Bildung etc.) aggregiert und zu Schichten oder Klassen zusammengefaßt, die dann hierarchisch geordnet werden können. Beide Modellvorstellungen haben mit Emile Durkheims Beschreibung moderner Gesellschaften als arbeitsteilige Gesellschaften einerseits und Karl Marx' Vorstellung von Gesellschaften als Klassengesellschaften andererseits klassische Vorfahren und Zitationsahnen.

Die beiden paradigmatischen Vorstellungen zur Beschreibung der Grundstruktur der Gesellschaft lassen sich auch auf Teilbereiche der Gesellschaft und so auch auf die Beschreibung der Kunst anwenden. Man kann Kunst als ausdifferenziertes Teilsystem der Gesellschaft begreifen, das in erster Linie durch die Spezifika seiner Autopoiesis gekennzeichnet ist (Luhmann 1996; Schmidt 1989). Das Sozialgebilde Kunst läßt sich aber auch in Termini von Macht-, Einkommens- und Statusunterschieden und damit als in die Schichtungsstruktur der Gesellschaft integriert beschreiben.

Pierre Bourdieu hat mit seinen Arbeiten zur Kunst einen Integrationsvorschlag, der eine gleichzeitige Beschreibung von Kunst als horizontal und vertikal differenziertes System ermöglicht, vorgelegt, auch wenn der Akzent seiner Beschreibung auf der Analyse der vertikalen Struktur von Kunst liegt. Folgt man den Annahmen Bourdieus, so kann man, wie für alle Bereiche des Sozialen, auch für den Bereich der sich zweckfrei und gleichsam unschuldig gebenden Kunst davon ausgehen, daß sich deren Sozialstruktur als Resultat von Status- und Positionskämpfen im weitesten Sinne interpretieren läßt (Bourdieu 1979: 356 f.). Das Spezifikum von Kunst im allgemeinen und des literarischen Feldes im besonderen besteht nach Bourdieu darin, daß es hier nicht um Kämpfe, um materielle Güter, politische Macht, Bildungstitel, wissenschaftliche Reputation oder sportliche Erfolge geht, sondern um die Konkurrenz der kulturellen Legitimierung. Insofern kann man das literarische Kräftefeld als einen ausdifferenzierten Sinnzusammenhang bezeichnen, als ein spezifisches Feld, das autonom in dem Sinne ist, als es seiner eigenen Logik, nämlich der des Kampfes um kulturelle Legitimation folgt, das aber mit allen anderen Sinnzusammenhängen des Sozialen gemeinsam hat, daß sich seine interne Struktur als eine vertikal differenzierte, hierarchisierte Struktur konstituiert. Das literarische Kräftefeld, ein "market for symbolic goods" (Bourdieu 1985), läßt sich - so die Bourdieusche Annahme - als ein "horizontal" ausdifferenziertes, intern aber vertikal differenziertes System beschreiben (Bourdieu 1974). Ist diese Doppelperspektive zwar in der begrifflichen Fixierung Bourdieus angelegt, so besteht umgekehrt kein Zweifel, daß Bourdieu selbst sein Augenmerk auf die internen Hierarchisierungen gerichtet hat.

Die Akteure des literarischen Kräftefeldes gehören unterschiedlichen Gruppierungen an, die ihre jeweiligen Interessen vertreten: Schriftsteller, Verleger, Vermittler, Kritiker, Rundfunk- und Fernsehanstalten, kulturpolitische Institutionen, aber auch Universitäten, die als Legitimationsinstanzen bei der Definition von Positionen mitwirken. Aus dem Zusammenspiel der verschiedenen Akteure ergibt sich als Struktur ein hierarchisiertes Gefüge von Positionen, die zwischen den Polen Zentrum und Peripherie lokalisiert sind. Die Positionen der hierarchisierten Struktur ergeben sich durch die Relationen, die die einzelnen Positionen zu anderen Positionen des sozialen Raumes unterhalten. Man kann sich die Sozialstruktur wie ein multidimensionales Kräfteparallelogramm vorstellen, wobei sich die Anordnung der Akteure, die Topographie, allein durch die Relationen zu den anderen Akteuren des Kräftefeldes ergibt; die Positionen der einzelnen Akteure ergeben sich wie die Knoten eines Spinnennetzes durch die Relationen und Kräfte, die auf die jeweiligen Knoten wirken.

Theoretisch ist dies hier in seinen Grundzügen erläuterte Modell des literarischen Kräftefeldes von Bourdieu selbst und von Paul DiMaggio weiter spezifiziert und ausgearbeitet worden (DiMaggio 1987; DiMaggio und Powell 1983; Bourdieu 1983, 1985, 1992). Wir benutzen im folgenden die theoretische Vorstellung, daß man das Sozialgebilde Literatur als ausdifferenziertes und intern vertikal differenziertes System begreifen kann als Modellvorstellung zur Interpretation einer Befragung von Schriftstellern; umgekehrt ermöglicht die Auswertung der Befragung eine Überprüfung und Spezifizierung der theoretischen Modellvorstellungen. Dabei soll neben der These der Ausdifferenzierung eines literarischen Sinnzusammenhangs in erster Linie Bourdieus Deskription des literarischen Feldes als eines vertikal differenzierten Bereichs überprüft werden.

1. Literatur als ein ausdifferenziertes System

Die Grundlage der Auswertung und Interpretation bildet eine mit einem standardisierten Fragebogen 1985 durchgeführte mündliche Befragung Kölner Schriftsteller. 227 Kölner Schriftsteller konnten als Grundgesamtheit bestimmt werden. Schriftsteller wurde definiert als Autor fiktionaler Texte (ausgeschlossen waren also Sachbuch- und Wissenschaftsautoren), die zumindest eine Buchveröffentlichung oder eine Veröffentlichung in einer Anthologie vorweisen konnten und deren letzte Veröffentlichung nach 1970 erfolgt sein mußte. Von der Grundgesamtheit von 227 Autoren konnten 149 befragt werden, was einer Erhebungsquote von 2/3 entspricht. Soweit es möglich war, wurden über die 78 nicht befragten Autoren aus den Quellen, die zur Bestimmung der Grundgesamtheit gedient hatten, Informationen bzgl. Geschlecht, Alter, Anzahl der Buchveröffentlichungen und - falls sie telefonisch erreicht werden konnten - bzgl. des Motivs der Ablehnung des Interviews erhoben und ausgewertet. Im Hinblick auf alle überprüfbaren Variablen konnte keine systematische und signifikante Abweichung zwischen befragten und nicht befragten Autoren festgestellt werden.

Die These, daß das literarische Kräftefeld nicht nur intern vertikal differenziert ist, sondern selbst als Ganzes eine eigene, von anderen Feldern abgrenzbare Sinnprovinz darstellt, wird von Bourdieu (1974) behauptet und federstrichartig illustriert, gehört aber sicherlich nicht zu den elaboriertesten Teilen seiner Theorie. Bezeichnet man Kunst im weiteren Sinne und Literatur im engeren Sinne als einen ausdifferenzierten Sinnzusammenhang, so meint dies, daß sich die Struktur dieses Systems aus seiner eigenen spezifischen Rationalität ergibt und nicht durch externe Bedingungen determiniert ist. Das literarische Feld ist ein ausdifferenziertes System insofern es relativ autonom ist: Dies meint nicht, daß Literatur nicht durch ökonomische, politische, religiöse oder wissenschaftliche Bedingungen geprägt wird. Deren Einfluß muß sich aber durch das Nadelöhr der ästhetischen Rationalität Geltung verschaffen. „Was innerhalb des Literatursystems als *literarisch* relevant eingeschätzt wird, regelt sich durch die Kommunikationsprozesse innerhalb des Literatursystems. Dieser Gesamtprozeß vollzieht sich entlang der sukzessiven Abweisung anderer als literatursysteminterner funktionaler Ansprüche an das Literatursystem" (Schmidt 1989: 24).

Die Autonomisierung der Kunst ist historisch recht voraussetzungsvoll gewesen. Sie bedeutete vor allem eine Ablösung von der ökonomischen und ästhetischen Abhängigkeit von Aristokratie und Kirche (Haferkorn 1974). Literarische Produktion ist nicht mehr direkt an Auftraggeber gebunden und wird auch nicht in ihrer ästhetischen Ausrichtung von Auftraggebern geprägt, sondern ist freie Produktion für den literarischen Markt und richtet sich in der ästhetischen Orientierung nicht nach Auftraggebern.

Der Prozeß der sozialstrukturellen Ausdifferenzierung der Literatur ist kulturell mit viel Pathos vorbereitet und begleitet worden. Der Geniekult des Sturm und

Drang, der das Bild des Literaten bis heute geprägt hat, spiegelt den Autonomisierungsprozeß auf der Ebene der Semantik der Schriftstellerrolle, die Ästhetik des L'art pour l'art und die Abkehr von Produktionsästhetiken vollzieht die Ausdifferenzierung auf der Ebene der Theorie der Kunst. Heute ist uns die Autonomie der Kunst eine Selbstverständlichkeit; sie gehört zum selbstverständlichen Bestand der Gesellschaftsordnung. Im Artikel 5 des Grundgesetzes ist sie sogar an zentraler Stelle verfassungsrechtlich verankert. Die Existenz eines literarischen Marktes, die Unabhängigkeit von politischen Eingriffen und das Fehlen einer Selbstbeschränkung der Literatur sind ihre Bedingungen.

Einige Indikatoren aus unserer Befragung lassen sich zur Überprüfung der Autonomie der Literatur anführen. Ein valider Indikator für die Frage nach der Autonomie der Literatur mag die Frage nach dem Anteil an Auftragsarbeiten, in denen die literarischen Inhalte vorgegeben sind, sein. 59,9% der Befragten geben den Anteil mit 0% an, nur 6,3% der Befragten schätzen, daß der Anteil über 50% der Gesamtproduktion ausmacht. Dabei muß man zusätzlich bedenken, daß der Teil, der als Auftragsarbeiten definiert wird, von den Literaten häufig nicht als eigentliche literarische Tätigkeit angesehen wird. Die Abfertigung von Berichten für den Rundfunk und das Schreiben von Hörspielen bei vorgegebenen Themen wird als zusätzlicher Broterwerb beschrieben.

Eine unmittelbare Einflußnahme auf literarische Produktion in Form von Auftragsproduktionen findet also selten statt. Das war nicht immer so. Bis ins 18. Jahrhundert war literarische Produktion häufig Auftragsproduktion, finanziert von adligen Personen, die zu besonderen Anlässen sich Huldigungs- und Gelegenheitsgedichte anfertigen ließen, Anfangszeilen, Umfang und Stophenform oft vorgaben (Haferkorn 1974: 216). Ein Orientierung der literarischen Produktion erfolgt heute statt dessen an literaturimmanenten Referenzpunkten. Folgende Bezugspunkte sind hier relevant: Im Gegensatz zu den meisten anderen Berufen sind Künstlerberufe an keine Ausbildung gebunden, Berufspatente als Zugangsbedingung werden nicht vergeben, die Selbstdefinition als Künstler reicht aus, um als Künstler zu gelten. Gibt es auf der einen Seite zwar keine formalisierte mit Bildungsabschlüssen versehene Ausbildung, so scheint es doch eine informelle Sozialisation in den Beruf des Literaten zu geben. 73% der Befragten haben Abitur gemacht, fast die Hälfte haben geisteswissenschaftliche Fächer, 38,8% der Befragten Germanistik studiert. Dadurch ergibt sich zu Teilen ein schriftstellerspezifisches Ausbildungsprofil. Das Wissen um literarische Stile und die Geschichte der Literatur und der hermeneutische Umgang mit Texten rüstet viele für eigene Versuche der Produktion literarischer Texte. Auf diesem informellen Weg der Sozialisation wird eine Orientierung literarischer Produktion an der Geschichte der Literatur selbst erzeugt. Sie dient als Referenzpunkt der Produktion weiterer Texte und sichert damit die Autonomie des Systems.

Die Orientierung eigenen Schaffens an literaturimmanenten Kriterien zeigt sich noch in einem weiteren Befund. Über 2/3 der Befragten (69,4%) geben an, ein literarisches Vorbild zu besitzen; einer der befragten Autoren fügte hinzu: "Wenn ich an einem Manuskript arbeite, lese ich sehr viel in alten Büchern". Offensichtlich dient die Literatur selbst als Orientierungssystem für Literatur, der Bezugspunkt der Handlungsorientierung ist die Geschichte des eigenen Systems.

Eine letzte Variable aus der Befragung von Schriftstellern läßt sich mit der Frage nach der Autonomie von Literatur in Verbindung bringen. Wir hatten die Literaten nach ihrem Motiv, Schriftsteller zu werden gefragt. Als wichtigstes Motiv wurde das der Berufung genannt (49,6%). Externe Anreize (Einfluß, Einkommen oder Status) spielten hier kaum eine Rolle. Bedenkt man zugleich, daß das Einkommen aus literarischer Tätigkeit der von uns befragten Literaten gering ist (Gerhards und Anheier 1987), ein Zweitberuf für 76,4% notwendig ist, so bleibt als dominantes Motiv das, Kunst um ihrer selbst Willen zu produzieren, auch wenn damit Unsicherheiten eines ungeregelten Einkommens verbunden sind. Der Autonomie der Handlungsrationalität des Literatursystems könnte die "Autonomie" der Befolgung dieser Rationalität auf der Motivebene entsprechen.

Die Möglichkeiten mit Hilfe der zur Verfügung stehenden Umfrage, die Frage nach der Autonomie eines literarischen Feldes empirisch zu überprüfen, sind damit bereits ausgereizt. Interessanterweise finden sich auch in den mit Leitfaden geführten längeren Gesprächen mit Mitgliedern der literarischen Elite, die transkribiert wurden, kaum Aussagen, die sich mit der Autonomiefrage in Verbindung bringen lassen. Die Autonomie eines literarischen Feldes im oben definierten Sinne wird - so könnte man interpretieren - vorausgesetzt.

2. Vertikale Differenzierung des literarischen Kräftefeldes

Das literarische Feld bildet nach Bourdieu nicht nur ein eigenständiges soziales Kräftefeld, sondern wird zugleich als ein Kampfplatz um kulturelle Legitimation der Produkte künstlerischen Arbeitens begriffen. Akteure dieser Legitimationskämpfe sind zum einen die Kunstschaffenden selbst, zum zweiten Interpreten und Rezipienten künstlerischer Produkte (Kritiker, Philologen, Redakteure und Herausgeber und schließlich das lesende Publikum). Ergebnis dieser dauerhaft anhaltenden Definitionskämpfe um legitime Positionen ist eine vertikal differenzierte Sozialstruktur, die sich durch die Relationen der einzelnen Positionen zueinander ergibt (Bourdieu 1974; 1979; 1983; 1985). Von den für das literarische Kräftefeld relevanten Akteuren haben wir uns auf die Produzenten, die Beziehungsmuster der Schriftsteller konzentriert und andere Akteure und Bereiche vernachlässigt. Die Datenauswertung erfolgt in zwei Schritten. Mit Hilfe der *Blockmodellanalyse* wird die Gesamtpopulation der Autoren in Subgruppen aufgeteilt. Die Blockmodellanalyse eignet sich für eine Überprüfung der Theorie Pierre Bourdieus in besonderer Weise. Positionen im sozialen Feld ergeben sich nach Bourdieu durch die Relationen zu anderen Positionen. Zwei Positionen sind ähnlich, wenn sie ähnliche Relationen zu anderen Positionen unterhalten. Dieses theoretische Konzept entspricht genau dem Prinzip der Strukturäquivalenz der Blockmodellanalyse. Personen werden nach ihren Beziehungen zu Drittpersonen hin als Gruppe zusammengefaßt, wenn sie zu diesen über alle Arten von Beziehungen annähernd gleiche Beziehungsmuster aufweisen. Kriterium für die Einteilung von zwei Personen in eine Gruppe ist also, daß die Personen ähnliche Relationen zu allen dritten Personen besitzen. Eine solche relationale Bestimmung von Positionen liegt auch dem theoretischen Konzept des sozialen Feldes von Bourdieu zu Grunde.

In einem zweiten Schritt werden wir die durch die Blockmodellanalyse bestimmten vier Subgruppen mit Hilfe der *Korrespondenzanalyse* näher bestimmten. Dazu bedarf es einer Auswahl an Variablen, die als Indikatoren für die Struktur des literarischen Feldes dienen können. Die Korrespondenzanalyse - ein von Bourdieu in den "Feinen Unterschieden" (1984) selbst verwendetes Verfahren - vermag die aus der Blockmodellanalyse gewonnenen Subgruppen in einem niederdimensionalen Raum zu verorten, der durch die jeweiligen Häufigkeiten definiert ist, mit dem sich die Mitglieder der Gruppen auf die Ausprägungen der ausgewählten Variablen verteilen.

2.1 Die Gesamtstruktur des literarischen Feldes

Wir haben die Beziehungsmuster zwischen den befragten Literaten durch verschiedene Fragen, die vier Beziehungsdimensionen messen sollen, erhoben. Allen befragten Autoren wurde zur Erhebung der Beziehungen die Namensliste aller anderen Autoren vorgelegt.
1. Informiertheit: Vertrautheit mit dem literarischen Werk der anderen Kollegen,
2. Freundschaft: Freundschaften mit anderen Schriftstellern,
3. Ressourcentransfers: Erhaltene Hilfeleistungen durch Kollegen a) bei der Manuskripterstellung und b) bei der Vermittlung zu Verlagen,
4. Bezugsgruppenorientierung: Wünsche bezüglich der Frage, wen der Kollegen der Befragte gern zum Essen einladen würde.

Die Daten wurden mit Hilfe der Blockmodellanalyse ausgewertet. Auf der Grundlage der erhobenen Daten wurden vier binäre Matrizen der Größe 227 x 227 definiert und konstruiert, deren ij-ter Eintrag "1" ist, wenn eine der oben vorgegebenen Beziehungen zwischen Schriftsteller i und j besteht. In der Blockmodellanalyse werden auch die 72 Autoren berücksichtigt, die selbst nicht befragt worden waren, von den 148 interviewten Schriftstellern aber bezüglich der Beziehungsdimensionen genannt werden konnten. Ziel der Blockmodellanalyse ist die Einteilung einer gegebenen Population in nicht-überlappende Gruppen und die damit verbundene Reduktion relationaler Daten auf eine zugrundeliegende Konfiguration als relationale Zusammenfassung des gegebenen Netzwerkes. Grundlegend für diese Art der relationalen Analyse ist das Prinzip der Strukturäquivalenz (White, Boorman und Breiger 1976; Boorman und White 1976; Kappelhof 1984; 1987). Nach diesem Prinzip werden Personen nach ihren Beziehungen zu Drittpersonen hin als Gruppe zusammengefaßt, wenn sie über alle Arten von Beziehungen zu diesen Drittpersonen die gleichen Beziehungen haben. Wenn i in strukturell-äquivalenter Relation zu j steht, dann verhalten sich beide zu jedem anderen Mitglied des Netzwerkes identisch. Dann und nur dann bilden i und j einen Block. Wenn sich also die Ursprungsmatrize in Äquivalenzklassen (Blöcke) einteilen läßt, dann kann eine komplexe Datenstruktur auf ihr homomorphes Bild reduziert werden - eine homomorphe Struktur, welche weniger komplex als die Ursprungsmatrize ist, darin beinhaltete Relationen jedoch erhält.

Als Annäherung an das Prinzip der Strukturäquivalenz wurde der CONCOR-Algorithmus verwendet, ein hierarchisches Clusterverfahren, welches nichtüberlappende Gruppen (Äquivalenzklassen) bildet (Arabie, Boorman und Levitt 1978). CONCOR ersetzt die binären Daten ij durch die Pearson'sche Produktmomentkorrelation der Spalten i und j (rij). Durch weitere Interaktionen der Spaltenkorrelationen miteinander, erhält man die erste Einteilung der Population in zwei Gruppen oder Blöcke. Weitere CONCOR-Anwendungen erzielen immer verfeinerte Ebenen der Blockbildung, bis zu dem Punkt, wo die Cluster den ursprünglichen Matrizen entsprechen. Da CONCOR keine (direkte) Goodness-of-Fit-Measure besitzt, liegt eine Schwierigkeit der Anwendung des Algorithmus in der Auswahl der optimalen Ebene der Blockverfeinerung. Zur Überprüfung der Thesen Bourdieus scheint eine Einteilung der Population in vier Blöcke als ausreichend, deren Ratio sich jedoch wie auch die Etikettierung der Blöcke mit Namen erst mit dem Fortgang der Argumentation ergibt. In einem weiteren Schritt werden die Dichten der Blockbeziehungen errechnet, indem die Zahl manifester Beziehungen zu der möglicher Beziehungen in Relation gesetzt wird. Die Blockmodellanalyse ergibt eine erste Zweiteilung des Feldes in ein Segment der Volkskultur und in das der hohen, ernsten Literatur. Das Segment der ernsten Literatur ist selbst wiederum in drei Untersegmente differenzierbar: Elite, Nachwuchselite und Peripherie. Im Segment der Volkskultur befinden sich 6,8% der Schriftsteller, die restlichen 93,2% gehören dem Segment der seriösen Literatur an. Betrachtet man die Dichtematrizen, die die Beziehungen zwischen den verschiedenen Blöcken bezüglich der erhobenen Dimensionen wiedergeben, dann lassen sich die Beziehungen zwischen den Blöcken und innerhalb der Blöcke genauer beschreiben.[1]

Während Elite, Nachwuchselite und Peripherie direkt hierarchisch aufeinander bezogen sind und zusammen den Bereich der hohen Kunst darstellen, bildet der Block der *Volkskultur* ein von den anderen Gruppen abgespaltenes Segment. Es handelt sich in der Terminologie Bourdieus (1974) um den Bereich der illegitimen Kunst, der nicht die Weihen der ästhetischen Anerkennung genießt. Die Mitglieder innerhalb dieses Segments sind untereinander bis zu einem gewissen Grad vernetzt: Man kennt zum Teil die Werke der anderen, und es gibt - zwar nur wenige - Freundschaften und eine Zusammenarbeit an Manuskripten. Von den anderen

---

1 Dichte ist definiert als das Verhältnis zwischen möglichen und realen Beziehungen multipliziert mit dem Faktor 100.

Blöcken werden die Literaten der Volkskultur nicht wahrgenommen, insofern bilden sie einen separaten, eigenständigen Bereich.

Die *Elite* konstituiert sich im Bereich der seriösen Literatur als Elite, weil sie als solche von den anderen Blöcken definiert wird. Die Mitglieder der anderen Blöcke sind in weiten Teilen mit den Arbeiten der Elite vertraut und wählen sie für sich selbst als Bezugsgruppe. Dies gilt umgekehrt typischerweise nicht, es handelt sich um asymmetrische Beziehungen, was gerade Elitepositionen auszeichnet. Die Mitglieder der Elite sind untereinander relativ stark vernetzt: Man war sich relativ häufig beim Transfer von Ressourcen behilflich, kennt Werke der anderen, wählt sich selbst als Bezugsgruppe und ist auch relativ oft miteinander befreundet.

Der Elite am nächsten steht der Block, der hier mit dem Etikett *Nachwuchselite* bezeichnet wurde. (Die Bezeichnung Nachwuchselite ergibt sich, wie weiter unten erläutert werden wird, aus dem relativ jungen Alter der Gruppe). Die Nachwuchselite wählt die Elite als Bezugsgruppe, ist mit deren Werken vertraut, was umgekehrt in diesem Maße nicht gilt. Daß die Nachwuchselite als solche von der Elite auch wahrgenommen wird, zeigt sich an der Dichte der Beziehungen bezüglich der Frage des Ressourcentransfers. Die Nachwuchselite erhält von allen Segmenten am häufigsten Hilfeleistungen und dies primär von der Elite. Bezüglich der inneren Vernetzung nimmt die Nachwuchselite eine mittlere Stellung zwischen Elite und Peripherie ein.

Die *Peripherie*, in der sich über 50% der Autoren befinden, wählt ebenfalls die Elite als Bezugsgruppe und ist mit deren Werk vertraut, unterhält aber keine faktischen Beziehungen - seien es Freundschaften oder Hilfeleistungen - zu Mitgliedern der Elite. Der Vernetzungsgrad innerhalb der Peripherie ist ebenfalls minimal. Die Peripherie besteht aus einer Vielzahl von Einzelmitgliedern, die weder Beziehungen nach "oben" besitzen, noch untereinander verknüpft sind.

Tabelle 1: Dichtematrizen zwischen Juniorelite, Elite, Peripherie und Volkskultursegment

	Juniorelite	Elite	Peripherie	Volkskultursegment
1. Informiertheit				
Juniorelite	19	34	2	2
Elite	19	42	3	3
Peripherie	9	23	2	2
Volkskultursegment	2	9	0	29
2. Freunschaft				
Juniorelite	2	2	0	0
Elite	3	7	0	0
Peripherie	0	0	0	0
Volkskultursegment	0	0	0	4
3. Ressourcentransfer				
Juniorelite	2	6	0	0
Elite	2	5	0	0
Peripherie	2	2	0	0
Volkskultursegment	0	0	0	4
4. Bezugsgruppenorientierung				
Juniorelite	2	6	0	0
Elite	5	15	0	0
Peripherie	2	6	0	0
Volkskultursegment	5	7	5	7

Die Grundstruktur des literarischen Kräftefeldes bestimmt sich also 1. durch die Segmentierung in die beiden Felder der legitimen, hohen Literatur auf der einen Seite und das der Volkskultur auf der anderen Seite und 2. durch die Differenzierung des Bereichs der hohen Literatur in drei hierachisch aufeinander bezogene Blöcke. Das folgende *Schaubild* faßt den bisher ermittelten Befund zusammen.

Schaubild 1: Segmentierung und Stratifikation des literarischen Feldes

Segment der „hohen" Kultur	*Segment der „niederen" Kultur*
Elite ↔ Juniorelite — Peripherie	Volkskultursegment

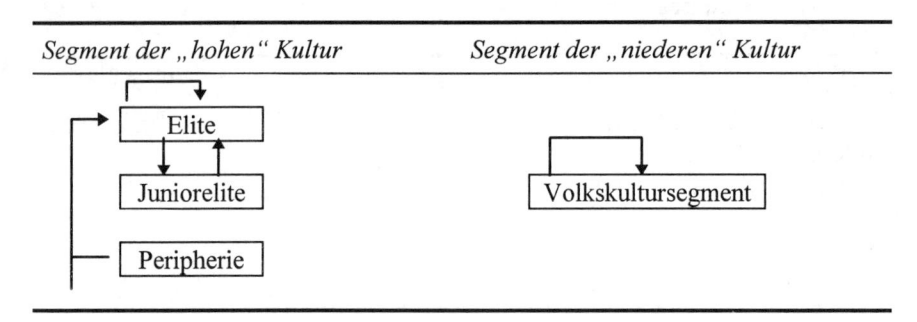

Die Blockmodellanalyse hat uns einen Eindruck von der Beschaffenheit der Gesamtstruktur des literarischen Feldes vermittelt, indem sie die Literaten zu Blöcken zusammenfaßt, die ähnliche Positionen zu Dritten unterhalten und die einzelnen Segmente dann aufeinander bezieht. Die Segmente selbst sind aber, sieht man von den Dichtemaßen ab, in nur geringem Maße inhaltlich bestimmt. Im folgenden soll versucht werden, die Blöcke mit Hilfe von soziostrukturellen Merkmalen genauer zu bestimmen. Zum Teil ist dies schon geschehen, indem die Segmente mit Etiketten versehen wurden, die ihre Plausibilität aber erst aus den folgenden Ausführungen erhalten.

2.2 Soziostrukturelle Bestimmung der Segmente des literarischen Feldes

Die Korrespondenzanalyse ist ein für die soziostrukturelle Bestimmung der vier Blöcke des literarischen Feldes geeignetes Verfahren. Da auch dies, auch wenn von Bourdieu selbst verwandt (Bourdieu 1982), ein bis dato nicht sehr geläufiges Verfahren ist, muß es kurz erläutert werden.[2]

Der Vorteil der Korrespondenzanalyse besteht darin, daß sie keine Vorgabe bezüglich des Skalenniveaus der Ausgangsdaten macht und zugleich ein multivariates Verfahren darstellt. Die Ausgangsmatrix für eine Korrespondenzanalyse bildet in unserer Untersuchung eine Reihe zweidimensionaler Kreuztabellen, in der die vier Blöcke, die mit Hilfe der Blockmodellanalyse gewonnen wurden, die Spalten darstellen und eine zur Überprüfung der Bourdieuschen These relevante Auswahl an Variablen die Zeilen darstellen. Ziel der Korrespondenzanalyse ist es, einen Raum zu finden, in dem die vier Blöcke mit Hilfe der ausgewählten Variablen voneinander getrennt werden können. Graphisch bedeutet dies, die vier Blök-

---

2 Die Korrespondenzanalyse ist ein von Michael Greenacre (1984) entwickeltes Verfahren, das in Deutschland durch die Arbeiten von Jörg Blasius (1987; 1987a) verbreitet wurde.

ke des Literatursystems in einen zweidimensionalen Raum zu projizieren, der durch die Häufigkeiten definiert ist, mit der sich die Blöcke auf die Ausprägungen der Zeilenvariablen verteilen. Die relativen Anteile der einzelnen Zeilen- und Spaltenvariablen müssen dazu normiert werden, was durch ein mehrstufiges Verfahren erfolgt, das hier nicht beschrieben werden kann (für eine genauere Darstellung siehe Blasius 1987a). Die Auswahl der Variablen für die Korrespondenzanalyse erfolgte theoriegeleitet und wird im folgenden begründet werden.

Die zentrale Scheidelinie der Segmentierung des literarischen Feldes erfolgt - so Bourdieu - entlang des Kriteriums der legitimen und illegitimen Kunst. Da es sich bei der Literatur um ein ausdifferenziertes System handelt, konstituiert sich diese Trennlinie nach kunstimmanenten Kriterien. Die beiden Fragen, ob die primäre literarische Intention eines Autors Unterhaltung ist oder nicht, und ob er Mundartliteratur schreibt oder nicht, dienen uns als Operationalisierungen dieser ästhetischen Trennung zwischen hoher Literatur und Trivialliteratur. Diese Trennlinie läßt sich nun weiter verfeinern. Bildet Unterhaltung die primäre Intention der Trivialliteratur, so hat sich die hohe Literatur in ihrer Intention häufig kritisch auf die Gesellschaft bezogen, politisches Engagement außerhalb der Schriftstellerrolle hat viele Vorläufer in der Literaturgeschichte und reicht von Georg Büchner bis zu Heinrich Böll und Günter Grass. Sozialkritik als primäre Intention und politische Aktivitäten bilden die entsprechenden Operationalisierungen dieser Segmentierung der legitimen und illegitimen Kunst.

Die Produktion von anerkannter Literatur ist ein voraussetzungsvolles Unterfangen, es bedarf der Vorbildung, Kenntnisse von Stilmitteln und der Geschichte der Literatur selbst, der Bildung und des Geschmacks. Solches inkorporiertes kulturelles Kapital bildet für die Produktion der hohen Literatur eine wesentliche Voraussetzung. Ob dies so ist, soll mit den Variablen "Germanistikstudium" im besonderen und "Studium" im allgemeinen überprüft werden. Das Wissen um die Literaturgeschichte und den gegenwärtigen Literaturdiskurs operationalisiert durch "Lektüre einer Fachzeitschrift" und die aktive Einmischung in den Diskurs in Form der dafür typischen Gattung, des Essays, sollte die beiden Segmente ebenfalls unterscheiden. Ob dies der Fall ist, kann mit Aufnahme der beiden Variablen (Lektüre einer Fachzeitschrift/Schreiben von Essays) überprüft werden.

Werden die bis jetzt diskutierten Variablen in erster Linie die Trennlinie zwischen hoher Literatur und Trivialliteratur kennzeichnen, so spielen sie sicherlich auch eine Rolle bei der internen Differenzierung des Bereichs der legitimen Kunst. Hier sind aber andere Variablen wahrscheinlich bedeutsamer. Literarischer Erfolg, z. B. gemessen an der Anzahl publizierter Bücher, bildet in der Logik der Bourdieuschen Theorie kein Unterscheidungskriterium für legitime und illegitime Literatur, sicherlich aber unterscheidet dies Elite, Nachwuchselite und Peripherie innerhalb des Bereichs der hohen Literatur. Gleiches gilt vermutlich für das Alter der Literaten. Entsprechend wurden die beiden Variablen in die Analyse aufgenommen.

Friedhelm Kron (1976) konnte in seiner Studie über Schriftstellerverbände zeigen, daß in diesen die Literaten der "eigentlichen" Literatur organisiert sind. Dies gilt für den Verband der Schriftsteller (VS), verstärkt und besonders für den PEN, in den man berufen werden muß und der entsprechend ein Verein reputierlicher Literaten darstellt. Man kann vermuten, daß die Elite stärker im VS und vor allem im PEN organisiert ist, als dies für Nachwuchselite und Peripherie gelten mag. Damit sind die wesentlichen Variablen, die zur Überprüfung der Bourdieuschen Theorie ausgewählt wurden, erläutert.[3] Die numerischen Ergebnisse der Korrespondenzanalyse finden sich in der *Tabelle 2* (zur allgemeinen Interpretation der numerischen Ergebnisse bei Korrespondenzanalysen vgl. Blasius 1987).

Am bedeutsamsten für die Interpretation sind die quadrierten Korrelationen der Variablenausprägung mit den Achsen (qKor), weil man hier ablesen kann, auf welcher Achse welche Variablenausprägungen wie laden. Ob sie positiv oder negativ laden, kann man der Art des Vorzeichens der Spalten "Lage" entnehmen. Die Lage läßt erkennen, auf welcher Achse sich die einzelnen Punkte wieweit vom Schwerpunkt entfernt befinden. Die Summe der Korrelationen der ersten drei Achsen ist in SqKor festgehalten. Die "Masse" beschreibt den relativen Anteil von Zeilen und Spalten, an Hand der Trägheit (Trg) kann man erkennen, wie stark das Modell von den einzelnen Variablenausprägungen determiniert ist. Als Schwellenwert für den Anteil erklärter Varianz durch die einzelnen Achsen haben wir einen Wert von 35 Prozent gewählt (vgl. Blasius 1987).

---

[3] Wenn zusätzlich noch die Frage nach dem Geschlecht des Autors mit aufgenommen wurde, so läßt sich dies zwar nicht unmittelbar mit Bourdieu in Verbindung bringen, aber mit allgemeinen Annahmen über die Bedeutung von geschlechtsspezifischer Differenzierung. Ob diese auch für den Bereich der Literatur zutreffen, soll überprüft werden.

Tabelle 2: Ergebnisse der Korrespondenzanalyse: Elite, Juniorelite, Peripherie, Volkskulturautoren und ausgewählte Variablen

Variable	Mass	Gesamt SqKor	Trg	Erste Achse Lage1	qKor1	Trg1	Zweite Achse Lage2	qKor2	Trg2	Dritte Achse Lage3	qKor3	Trg3
Juniorelite	0.154	1.000	0.107	-0.136	0.221	0.043	-0.088	0.092	0.028	-0.240	0.687	0.775
Elite	0.181	1.000	0.332	-0.307	0.430	0.257	0.352	0.562	0.533	0.043	0.008	0.029
Peripherie	0.543	1.000	0.113	0.003	0.000	0.000	-0.146	0.846	0.274	0.062	0.153	0.182
Volkskultursegment	0.121	1.000	0.448	0.622	0.869	0.701	0.239	0.128	0.164	-0.036	0.003	0.014
Schreibt in Mundart	0.013	1.000	0.129	1.006	0.840	0.195	0.423	0.148	0.055	-0.121	0.012	0.017
Schreibt nicht in Mundart	0.070	1.000	0.023	-0.185	0.860	0.036	-0.073	0.132	0.009	0.018	0.008	0.002
Schreibt Essays	0.044	1.000	0.035	-0.218	0.500	0.031	0.171	0.306	0.031	0.136	0.194	0.071
Schreibt keine Essays	0.039	1.000	0.039	0.246	0.499	0.035	-0.193	0.309	0.035	-0.152	0.192	0.080
Sozialkritik als 1. lit. Intention	0.024	1.000	0.017	-0.225	0.567	0.018	0.150	0.254	0.013	0.126	0.179	0.033
Unterhaltung als 1. lit. Intention	0.016	1.000	0.075	0.685	0.818	0.110	0.184	0.059	0.013	-0.265	0.123	0.097
Andere lit. Intention	0.044	1.000	0.014	-0.123	0.409	0.010	-0.146	0.571	0.022	0.028	0.020	0.003
Politisch aktiv	0.023	1.000	0.026	-0.328	0.805	0.037	-0.146	0.160	0.012	-0.069	0.035	0.009
Nicht politisch aktiv	0.060	1.000	0.010	0.125	0.802	0.014	-0.056	0.162	0.005	0.026	0.036	0.004
Hat Germanistik studiert	0.023	1.000	0.035	-0.384	0.807	0.051	0.055	0.017	0.002	-0.179	0.176	0.064
Hat nicht Germanistik studiert	0.060	1.000	0.013	0.146	0.805	0.019	-0.022	0.018	0.001	0.068	0.178	0.025
Hat Hochschulstudium	0.062	1.000	0.022	-0.197	0.909	0.036	-0.054	0.069	0.004	0.030	0.021	0.005
Hat kein Hochschulstudium	0.022	1.000	0.062	0.556	0.911	0.101	0.152	0.068	0.012	-0.084	0.021	0.013
Liest Fachzeitschrift	0.036	1.000	0.030	-0.219	0.474	0.026	-0.211	0.438	0.038	-0.094	0.088	0.028
Liest keine Fachzeitschrift	0.048	1.000	0.023	0.165	0.475	0.019	0.158	0.435	0.028	0.072	0.089	0.021
Mitglied im VS	0.026	1.000	0.097	-0.466	0.479	0.084	0.301	0.200	0.056	-0.382	0.321	0.328
Nicht Mitglied im VS	0.058	1.000	0.043	0.208	0.477	0.037	-0.135	0.201	0.025	0.171	0.322	0.147
Mitglied im PEN	0.009	1.000	0.102	-0.807	0.475	0.087	0.841	0.516	0.151	0.114	0.009	0.010
Nicht Mitglied im PEN	0.074	1.000	0.012	0.097	0.473	0.011	-0.102	0.518	0.018	-0.013	0.009	0.001
Hat 4 Bücher o. weniger publiz.	0.051	1.000	0.025	0.029	0.014	0.001	-0.237	0.945	0.069	-0.049	0.041	0.011
Hat mehr als 5 Bücher publiziert	0.032	1.000	0.041	-0.046	0.014	0.001	0.382	0.944	0.111	0.080	0.042	0.018
Ist 50 Jahre oder jünger	0.040	1.000	0.061	-0.180	0.176	0.019	-0.389	0.824	0.143	-0.007	0.000	0.000
Ist über 50 Jahre alt	0.044	1.000	0.055	0.163	0.176	0.017	0.353	0.823	0.130	0.007	0.000	0.000
Männlich	0.065	1.000	0.002	-0.027	0.176	0.001	0.053	0.697	0.004	0.023	0.127	0.003
Weiblich	0.018	1.000	0.008	0.097	0.175	0.003	-0.195	0.704	0.016	-0.081	0.121	0.010

Auf der ersten Achse laden im positiven Bereich die Gruppe der Volkskulturliteraten, im negativen Bereich die Elite und mit einem sehr geringen Anteil erklärter Varianz (.221) die Nachwuchselite. Das Segment der Volkskulturliteraten ist in Differenz zur Elite dadurch gekennzeichnet, daß es sich bezüglich der literarischen Intention und ästhetischen Ausrichtung um Autoren handelt, die Unterhaltungs- und Mundartliteratur machen (dies legitimiert erst die exakte Etikettierung des Blocks mit dem Namen Volkskulturliteraten). Mitglieder dieses Blocks messen Sozialkritik als literarische Intention eine nur geringe Bedeutung zu.[4] Ihr politisches Engagement ist gering. Am Diskurs der legitimen Kunst sind sie nicht beteiligt, weder passiv durch das Lesen einer Fachzeitschrift noch aktiv durch das Verfassen von Essays. Organisatorisch sind sie aus dem Bereich der hohen Literatur ausgeschlossen; weder im PEN noch im Verband der Schriftsteller sind sie angemessen vertreten.

Daß die Volkskulturliteraten relativ selten studiert haben und wenn, dann nur in Ausnahmen Germanistik, läßt sich im Sinne Bourdieus als *Ursache* der Segmentierung des literarischen Feldes deuten. Zur Produktion hoher Kunst bedarf es Voraussetzungen, die als inkorporiertes kulturelles Kapital in der Sozialisation erworben werden. Studium und speziell das Studium der Stilmittel und der Geschichte der Literatur stellen Formen des Erwerbs eines solchen Kapitals dar. Die Volkskulturliteraten verfügen nicht über solche Voraussetzungen. Bilanziert man die Ergebnisse bezüglich der Verteilung der Variablen auf die erste Achse, so findet man die Bourdieusche Annahme der Segmentierung des literarischen Feldes entlang der Scheidelinie legitime/illegitime Kunst bestätigt. In dieses Bild paßt sich auch ein, daß die Variablen "Alter" und "literarischer Erfolg" (gemessen in der Anzahl publizierter Bücher) für die Schichtung des Feldes in der ersten Dimension nicht relevant sind.

Wodurch ist die zweite Achse genauer bestimmt? Hier stehen sich die Peripherie und die Elite gegenüber. Da die Ladung der Peripherie auf der zweiten Achse ein negatives Vorzeichen hat, sind die quadrierten Korrelationen der Variablen mit negativem Vorzeichen als positiver Zusammenhang zu deuten, die mit positivem Vorzeichen als negativer Zusammenhang. Bezüglich des Merkmals der legitimen/illegitimen Kunst liegen Elite, und Peripherie offensichtlich im selben Segment. Die deutlichste Diskriminanz bezüglich der beiden Blöcke wird durch die Merkmale "Alter" und "literarischer Erfolg" erzeugt. Teilt man die Gesamtpopulation am Median der Verteilung publizierter Bücher, so haben die Autoren der Elite im Durchschnitt vier Bücher oder mehr geschrieben. Autoren der Peripherie haben weniger als vier Bücher geschrieben. Die Elite ist zudem unter den über 50jährigen stärker repräsentiert, die Peripherie stellt häufiger jüngere Auto-

---

4   Als dritte literarische Intention (neben Sozialkritik und Unterhaltung) haben wir aus der Vielzahl nicht interpretierbar Einzelintentionen die Sammelkategorie "Andere Intention" gebildet.

ren.⁵ Die Stratifikation des Bereichs legitimer Kunst in Elite und Peripherie spiegelt sich auch in der unterschiedlichen Repräsentanz im PEN-Club: Dieser ist in erster Linie ein Eliteclub. In Bezug auf die Vertretung beider Gruppen im Verband der Schriftsteller ist der Unterschied zu gering, als daß er als signifikant gelten könnte.

Resümiert man die Verteilungen der Variablen bezüglich der zweiten Achse, so finden sich die Bourdieuschen Thesen auch hier bestätigt. Der Bereich der legitimen Kunst ist intern nach erfolgreichen und weniger erfolgreichen Autoren hierarchisiert. Daß die Frauen dominant zur Peripherie gehören und nicht zur Elite, bescheinigt dem literarischen Feld, daß es sich in Bezug auf Geschlechtsdifferenzen nicht von anderen Bereichen der Gesellschaft unterscheidet.

Die Nachwuchselite ist durch die dritte Achse bestimmt. Ebensowenig wie sich ein "Gegenblock" ausfindig machen läßt, läßt sich die Nachwuchselite durch eine der Variablen genauer bestimmen. Keines der Merkmale erreicht das nötige Signifikanzniveau, bezüglich aller Variablen zeichnet sich die Nachwuchselite durch keine Besonderheit aus. Zur Bestimmung der Nachwuchselite muß man sich allein auf die Blockmodellanalyse beziehen; diese hat gezeigt, daß der Bereich der legitimen Kunst in drei Blöcke stratifiziert ist, wobei die Nachwuchselite das Zwischenstück zwischen Elite und Peripherie bildet. Die Nachwuchselite verfügt im Vergleich zu den anderen Blöcken über die besten Beziehungen zur Elite. Die Verfügung über "gute" Netzwerke sind für die soziale Positionierung generell und für den Bereich der Kunst, in dem formale Zuweisungsmechanismen fehlen, besonders bedeutsam. Die Korrespondenzanalyse hat gezeigt, daß sich die Nachwuchselite weder von der Peripherie noch von der Elite bezüglich der ausgewählten Variablen unterscheidet, sondern auch hier eine Mittelstellung einnimmt.

3. Zusammenfassung der Ergebnisse

Literatur ist ein ausdifferenzierter Sinnzusammenhang, der intern nach unterschiedlichen Graden kultureller Legitimierung stratifiziert ist - so lautet die Zentralthese der Bourdieuschen Kunstsoziologie. Das Ziel unserer Ausführungen war es, diese These mit Hilfe einer Auswertung einer Schriftstellerbefragung zu überprüfen. Die These der Ausdifferenzierung eines spezifischen sozialen Feldes Literatur wird theoretisch von Bourdieu nur in Ansätzen skizziert; unsere Umfragedaten erlaubt auch nur eine rudimentäre Überprüfung der These. Die Indikatoren, die Ausdifferenzierung zu operationalisieren vermögen, bestätigen allerdings die These von einem spezifischen literarischen Sinnzusammenhang. Theoretisch ausgereifter ist Bourdieus Vorstellung bezüglich der internen Stratifikation des Literatursystems. Die Ergebnisse der Blockmodellanalyse haben gezeigt, daß

---

5 Die Zweiteilung der Altersverteilung erfolgte wiederum entlang des Medians der Gesamtpopulation.

die Gesamtstruktur des literarischen Feldes zweigeteilt ist in ein Inselsegment, das allein auf sich selbst bezogen ist, und ein dreigliedriges, hierarchisiertes Segment. Mit Hilfe der Korrespondenzanalyse konnten die einzelnen Segmente und Blöcke genauer beschrieben werden. Die erste Trennlinie bildet in der Tat die von Bourdieu beschriebene Differenz zwischen legitimer und illegitimer Kunst: Hohe Literatur und Trivialliteratur kennzeichnen die beiden Segmente des literarischen Feldes. Der Bereich der legitimen Literatur ist weiter in drei Blöcke differenziert. Elite und Peripherie unterscheiden sich bezüglich des unterschiedlichen Erfolges, die Nachwuchselite nimmt eine Mittelstellung ein. Die Bourdieuschen Thesen werden also durch das empirische Material bestätigt und spezifiziert.

Das literarische Kräftefeld konstituiert sich aber nicht allein aus Literaten; andere Akteure wie Kritiker, Lektoren, Verleger und Publikum wären zu berücksichtigen. Zur weiteren Überprüfung der Kunstsoziologie Bourdieus wären diese Akteure in empirische Untersuchungen mit einzubeziehen

Literatur

Anheier, Helmut K., Jürgen Gerhards und Frank P. Romo, 1995: Forms of Capital and Social Structure in Cultural Fields: Examining Bourdieu's Social Topography, in: American Journal of Sociology 100: 859-903.

Arabie, Philipp, Scott A. Boorman und Paul Levitt, 1978: Constructing blockmodels: How and Why, in: Journal of Mathematical Psychology 17: 21-63.

Becker, Howard S., 1982: Art Worlds. Berkeley/Los Angeles: University of California Press.

Blasius, Jörg, 1987: Korrespondenzanalyse. Ein Multivariates Verfahren zur Analyse Qualitativer Daten, in: Historische Sozialforschung 42/43: 172-189.
Blasius, Jörg, 1987a: Einstellung zur Hamburger Innenstadt. Eine Auswertung mit Hilfe der Korrespondenzanalyse, in: ZA-Informationen 21: 29-51.
Blau, Judith, 1989: The Shape of Culture. A Study of Contemporary Cultural Patterns in the United States. Cambridge: Cambridge University Press.
Boormann, Scott. A., 1976: Social Structure from Multiple Networks II. Role Structures, in: American Journal of Sociology 81: 1384-1446.
Bourdieu, Pierre, 1974: Künstlerische Konzeption und intellektuelles Kräftefeld. S. 75-124 in: ders.: Zur Soziologie der symbolischen Formen. Frankfurt a. M.: Suhrkamp.
Bourdieu, Pierre, 1982: Die feinen Unterschiede. Kritik der gesellschaftlichen Urteilskraft. Frankfurt a. M.: Suhrkamp.
Bourdieu, Pierre, 1983: The Field of Cultural Production or: The Economic World Reversed, in: Poetics 12: 311-356.
Bourdieu, Pierre, 1985: The Market of Symbolic Goods, in: Poetics 14: 13-43.
Bourdieu, Pierre, 1992: Les Regles de l'art. Genese at Structure du champ litteraire. Paris: Editions du Seuil.
DiMaggio, Paul, 1987: Classification in Art, in: American Sociological Review 52: 440-455.
DiMaggio, Paul und Walter W. Powell, 1983: Institutional Isomorphism, in: American Sociological Review 48: 147-60.
Gerhards, Jürgen, 1986: Die Vergesellschaftlichung des Künstlers in der Moderne am Beispiel des Literarischen Kaffeehauses, in: Sociologia Internationalis 24: 73-93.
Gerhards, Jürgen und Helmut K. Anheier, 1987: Zur Sozialposition und Netzwerkstruktur von Schriftstellern, in: Zeitschrift für Soziologie 16: 385-394.
Greenacre, Michael, 1984: The Theory and Application of Correspondence Analysis. London: Academic Press.
Haferkorn, Hans. J, 1974: Zur Entstehung der bürgerlich-literarischen Intelligenz in Deutschland zwischen 1750 und 1800, in: B. Lutz (Hg): Deutsches Bürgertum und literarische Intelligenz 1750-1800. Stuttgart: Klett Cotta
Kappelhoff, Peter, 1984: Strukturelle Äquivalenz in Netzwerken: Algebraische und topologische Modelle, in: Kölner Zeitschrift für Soziologie und Sozialpsychologie 36: 464-493.
Kappelhoff, Peter, 1987: Blockmodellanalyse: Positionen, Rollen und Rollenstrukturen. S. 101-128 in: Franz-Urban Pappi (Hg): Methoden der Netzwerkanalyse. Reihe: Techniken der empirischen Sozialforschung Bd. 1. München: Oldenbourg.
Kron, Friedhelm 1976: Schriftsteller und Schriftstellerverbände, in: Schriftstellerberuf und Schriftstellerverbände und Interessenpolitik 1842-1973. Stuttgart: Metzler.
Luhmann, Niklas, 1984: Das Kunstwerk und die Selbstproduktion von Kunst, in: Delfin III: 51-69.
Luhmann, Niklas, 1996: Die Kunst der Gesellschaft. Frankfurt: Suhrkamp.
Mayntz, Renate u. a., 1988: Differenzierung und Verselbstständigung. Zur Entwicklung gesellschaftlicher Teilsysteme. Frankfurt a. M.: Campus.
Müller, Hans-Peter, 1985: Kultur, Geschmack und Distinktion. Grundzüge der Kultursoziologie Pierre Bourdieus. S.162-190 in: Friedhelm Neidhardt, M. Rainer Lepsius und Johannes Weiß (Hg.): Kultur und Gesellschaft. Opladen: Westdeutscher Verlag.
Schimank, Uwe, 1996: Theorien gesellschaftlicher Differenzierung. Opladen: Leske und Budrich.
Schmidt, Siegfried J., 1989: Die Selbstorganisation des Sozialsystems Literatur im 18. Jahrhundert. Frankfurt a. M.: Suhrkamp.
White, Harrison C., Scott A. Boorman und Ronald L. Breiger, 1976: Social Structure from Multiple Networks. I. Blockmodels of Roles and Positions, in: American Journal of Sociology 81: 730-780.

Rainer Erd

Kunst als Arbeit.
Organisationsprobleme eines Opernorchesters[1]

Langsam sind die Lichter erloschen, das letzte Hüsteln verstummt. Der Dirigent betritt stürmisch den Orchestergraben, verbeugt sich knapp vor dem Publikum, wirft die Arme schwungvoll in die Luft. Minuziös bringen die Musiker ihre Instrumente in Spielstellung, um sie bei der ersten Handbewegung des Dirigenten ertönen zu lassen. Die nächsten Stunden erscheinen dem betörten, arbeitssoziologisch meist naiven Zuhörer als eine einzigartige Harmonie zwischen Dirigenten und Musikzauber verströmendem Orchester. Der in der Regel emphatische Applaus am Ende eines jeden Aktes, kulminierend am Schluß der Veranstaltung, scheint den während der Aufführung entstandenen Eindruck zu bestätigen: Hingebungsvoll der Musik sich widmende Künstler haben unter der Leitung eines Dirigenten ein Kunstwerk in harmonisch-kollektiver Tätigkeit erklingen lassen.

Doch wer nach dem ersten Applaus den Opernsaal nicht verläßt, sondern bis zur letzten Beifallsäußerung wartet, wird eine überraschende Betriebsamkeit unter den Musikern feststellen, die in Kontrast zum Auftreten der vergangenen Stunden steht. Wer sich dann noch die Mühe macht, vor dem Gang ins nahegelegene Restaurant einen Blick in den Künstlereingang zu werfen, wird nicht minder erstaunt sein. Das noch vor wenigen Minuten scheinbar so problemlos existierende Kollektiv Orchester ist in mehrere Dutzend Personen auseinandergefallen, die meist in

1 Den Betroffenen des Frankfurter Opernhausbrandes.
Die folgenden Überlegungen sind aus Beobachtungen während Proben beim Frankfurter Opernhaus- und Museumsorchester hervorgegangen. Mein besonderer Dank gilt dem Dirigenten und Direktor der Frankfurter Oper (bis Juni 1987), Michael Gielen, der mir Zugang auch zu den Bereichen verschaffte, die sich dem Blick des Soziologen nicht öffnen wollten, und der mir in einer Fülle von Gesprächen zur Verfügung stand. Ohne das Gesprächsinteresse seines Assistenten, Michael Boder, und unzähliger Musiker des Orchesters wäre die Arbeit nicht zustande gekommen. Der Vorsitzende des Orchestervorstands, Gernot Kaiser, hat mich im Verlaufe vieler Diskussionen davon überzeugt, meine ursprünglichen Vorstellungen zu korrigieren. Neben Ulrike Gropp, die meine Entwürfe - stets auf Veränderung drängend - kommentierte, fühle ich mich besonders der Horngruppe des Orchesters verpflichtet. In den meisten ihrer Musiker fand ich nicht nur radikal denkende Gesprächspartner, die Auseinandersetzungen mit ihren Kollegen nicht scheuten, sondern auch Freunde, die mir Einblicke in das facettenreiche Leben von Künstlern verschafften.

schlichter Alltagskleidung hastig zu einem unbekannten Ort eilen. Erste Zweifel am Bild vom harmonisch-kollektiv tätigen Künstler hätten dem aufmerksamen Beobachter freilich auch schon während der Aufführung kommen können, wenn er den Arbeitsplatz der Musiker ununterbrochen beobachtet hätte. Ihm wäre dann aufgefallen, daß ihre Zahl selbst während eines Aktes fluktuiert. Musiker, die an den äußeren Enden des Orchesters in der Nähe der Tür, die aus dem "Graben" führt, sitzen, verlassen häufig nach dem Spiel ihrer Partie das Orchester, um erst für ihren erneuten Einsatz wiederzukommen. In diesem Sinne privilegiert sind Tuba, Posaune, Trompete und Horn, das "Blech", wie es im Musikerjargon heißt. Im Gegensatz zu diesen Instrumenten sind Geigen, Bratschen, Celli, Kontrabässe und die Holzblasinstrumente (Flöte, Oboe, Klarinette und Fagott) nahezu pausenlos beschäftigt.

Wohin die nicht ständig benötigten Musiker eilen, entzieht sich auch dem aufmerksamsten Blick des Opernbesuchers. Dem empirischen Sozialforscher, der über die Zustimmung seines Forschungsobjekts verfügt, öffnen sich freilich diese Wege. Er geht, folgt er den pausierenden Musikern zum ersten Mal, gespannt durch lange, verwinkelte unterirdische Gänge und gelangt an einen Ort durchschnittlichster Alltäglichkeit: die Kantine. Hier versammeln sich die dunkelgekleideten Damen und Herren wie jeder pausierende Inspektor einer Behörde zu Speisen, Getränken und Gesprächen, die nicht selten anderes als Musik zum Gegenstand haben. Aber die Kantine ist nur ein Pausenort, wenn auch der populärste. Es geschieht durchaus, daß ein Musiker sich in das Stimmzimmer seiner Instrumentengruppe begibt, um sich dort auf seinen nächsten Einsatz vorzubereiten. Freilich sieht man auch, besonders wenn große Sportereignisse im Fernsehen stattfinden, daß die Musiker sich zum kollektiven Seherlebnis zusammenfinden und nur murrend wieder ihren Platz im Orchestergraben einnehmen. Schließlich gibt es den (Ausnahme-)Fall, der von Musikern mit besonderer Freude erzählt wird: Ein Bläser hat im Verlaufe eines Abends zu Beginn und am Ende der Oper einen Einsatz und nimmt, um den Abend finanziell optimal zu nutzen, noch ein zweites, gleichermaßen kurzes Engagement („Mugge", d. h. „musikalisches Gelegenheitsgeschäft" genannt) in einem anderen Orchester an. Dieser Musiker eilt nach seinem Einsatz aus dem Orchestergraben zum Auto, spielt in dem anderen Orchester seinen Part und fährt sodann zum Ausgangspunkt zurück. Der aufmerksame Opernbesucher sieht dann zwar nach einer gewissen Zeit den verschwundenen Musiker wieder erscheinen, ahnt jedoch nicht, daß dieser sich in der Zwischenzeit eine zweite Abendgage dazuverdient hat.

All diese Episoden aus dem Berufsalltag eines Orchestermusikers, allein für ein zu Mythen neigendes Publikum überraschend, zeigen *Reaktionen auf abhängige Arbeit:* das rasche Verlassen des Arbeitsplatzes, sobald dieses musikalisch möglich ist, die Distanz zur Berufskleidung Frack, das Interesse an der optimalen Verwertung der Arbeitskraft. Überraschend für das Publikum sind diese Verhaltensweisen deshalb, weil es in der Regel die Tätigkeit des Orchestermusikers nicht als abhängige Arbeit sondern allein als eine Möglichkeit *künstlerischer Kreativität* sieht. Aber auch die körperlichen und psychischen Belastungen, denen Orchestermusiker ausgesetzt sind, erfährt das Publikum in der Regel nicht. Es weiß nichts von den Gliederschmerzen der Streicher, die über Jahrzehnte ihr Instrument an der Wange halten, von den Ansatzproblemen älterer Bläser, die vom ersten ans dritte Pult zurückgehen, weil die Lippen nicht mehr geschmeidig genug sind. Und es ist selten davon unterrichtet, welche Ängste ein Solist, der eine schwierige Partie zu spielen hat, lange vor dem Auftritt durchlebt und mit welchen Depressionen er kämpft, wenn ein Ton nicht seinen Vorstellungen entsprochen hat. Weder typische Verhaltensweisen von abhängigen Beschäftigten noch die Krisenphänomene von Künstlern sind einem Publikum bekannt, das sich für die Werke und selten nur für die Arbeitsbedingungen ihrer Interpreten interessiert.

Die hinter solchen Ausblendungen stehende Mythologisierung künstlerischer Arbeit ist Teil jener ideologischen, gesellschaftlich bedingten Trennung von Arbeit und Kunst, die die Geschichte der Menschheit durchzieht. Alle menschliche Geschichte ist die Geschichte entfremdeter, abhängiger Arbeit einerseits und des Wunsches nach einer Tätigkeit andererseits, die als sinnvoll, kreativ empfunden wird. Künstlerische Tätigkeit wird deshalb häufig nicht als Arbeit oder gar abhängige Arbeit gesehen, sondern als Spiel, das allein der Selbstverwirklichung dient. In der Kunst, so glaubt das Publikum, kann der Mensch all das verwirklichen, was ihm täglich versagt wird. Freilich würde niemand, nach dem Charakter künstlerischer Tätigkeit befragt, leugnen, daß diese Arbeit darstellt. Abhängige oder entfremdete Arbeit wird man indessen in der künstlerischen Tätigkeit kaum vermuten. Diese Mythologisierung künstlerischer Arbeit macht es reizvoll, der Frage nach ihrem Charakter in komplexen künstlerischen Institutionen und ihren spezifischen Organisationsproblemen nachzugehen. Die Produktion einer Oper stellt insofern eine Herausforderung für den Organisationssoziologen dar, der in der Arbeit eines Orchesters die komplexesten *Organisationsprobleme* vermutet.

Im folgenden soll der Frage nachgegangen werden: Welche Form von Arbeit stellt die Tätigkeit eines Orchestermusikers dar und mit welchen organisatorischen Problemen ist er konfrontiert? Ist die Arbeit in einem Opernorchester vergleichbar mit der schöpferischen Tätigkeit des Malers, Komponisten oder Bildhauers, oder unterscheidet sie sich nicht prinzipiell von hochqualifizierter abhängiger Arbeit in Industrie und Verwaltung, oder aber stellt sie einen eigenständigen Typus von Arbeit dar, in dem Abhängigkeit und Kreativität in einer unvergleichbaren Weise verschmelzen? Ich möchte im folgenden die These belegen, daß die Tätigkeit des Orchestermusikers Formen der Abhängigkeit aufweist, wie sie in Industrie und Verwaltung existieren, zugleich aber Autonomiespielräume enthält, die denen des reproduktiven künstlerischen Individuums entspricht. Weil die Arbeit des Orchestermusikers *zwischen Abhängigkeit und Kreativität* angesiedelt ist, folgt dieser künstlerische Arbeitsprozeß sozialen Regeln, die in der Arbeitssoziologie weithin unerforscht sind.

Eine *Arbeitssoziologie künstlerischer Institutionen* muß zunächst gegen landläufige Mythen argumentieren. Denn so wie es stets Kunst gegeben hat, existierte auch immer der *Mythos des Künstlers.* Wenn Kunst für das Publikum die Negation von entfremdeter, abhängiger Arbeit symbolisiert, dann entwirft sich das mythenbegierige Publikum auch ein Bild des Künstlers, in dem es seine unbefriedigten Phantasien realisieren kann. Im Begriff des Künstlers schwingt deshalb das Erlaubtsein all dessen mit, was sich der durchschnittliche Bürger versagen muß. Künstler erkennt man dieser Mythenbildung zufolge nicht allein an der äußeren Erscheinung (lange Haare, Bart, exotische Kleidung, Schmuck), sondern auch an ihrer *Lebensweise.* Weder verrichten sie - so die Vorstellung - ihre Arbeit in einem streng reglementierten Zeitrahmen noch ist der Inhalt ihrer Tätigkeit fremdbestimmt. So wie Künstler in der Wahl von Form und Inhalt ihres Werkes frei sind, können sie auch gesellschaftliche Normen sanktionslos durchbrechen. Daß Künstler zu den glücklichen Menschen zählen, die die lebenslange Ehe zugunsten einer Vielzahl wechselnder Beziehungen aufgelöst haben, gehört ebenso zu diesem Künstlermythos wie die Vorstellung, das Privatleben von Künstlern sei eine Abfolge lustvoll zelebrierter Festlichkeiten. Wenngleich es dies geben mag, trifft es auf den durchschnittlichen Orchestermusiker in einem Opernhaus nicht zu. Dieser gleicht im Sozialverhalten eher einem qualifizierten Arbeitnehmer oder höheren Beamten. Die musikalische Tätigkeit in einem Opernorchester wird von dem krassen *Widerspruch* zwischen öffentlicher Mythenbildung und tatsächlicher Beschränktheit kreativer Tätigkeit bestimmt. Dieser Widerspruch ist der Grund dafür, daß die geschilderten Episoden aus dem Musikeralltag schwer ins Künstlerbild des arbeitssoziologisch unerfahrenen Publikums passen. Wie nun läßt sich die abhängige Tätigkeit eines Orchestermusikers soziologisch beschreiben?

1. Tarifvertragliche Regelungen musikalischer Tätigkeit

In einem läßt sich die Arbeit des Orchestermusikers nicht mit der Industriearbeit vergleichen: im Ausschluß von den Produktionsmitteln. Im Anschluß an die marxistische Theorie wird abhängige Industriearbeit durch den Ausschluß der Arbeiter von den Produktionsmitteln bestimmt. Dies impliziert, daß Lohnabhängige weder an Investitions- und Produktionsentscheidungen partizipieren noch an der Form der Arbeitsorganisation. Gesetzliche Mitbestimmungsrechte sind stets nur darauf gerichtet, die Umsetzung grundlegender Managemententscheidungen optimal zu ermöglichen. Bei der musikalischen Tätigkeit in einem Opernorchester stellt sich das Verhältnis von Produktionsmittelbesitz und Entscheidungskompetenz anders dar. Musiker in einem Opernorchester sind in der Regel *Eigentümer* der Instrumente, mit denen sie Musik herstellen (wenngleich es auch Dienstinstrumente gibt), und können dennoch nicht darüber entscheiden, was sie aufführen und wie sie ein musikalisches Werk interpretieren. Sie sind vielmehr trotz Verfügungsgewalt über die Produktionsmittel von zwei Institutionen abhängig: dem *Komponisten,* der das Notenwerk vorgibt, das der Musiker zu reproduzieren hat, und dem *Dirigenten,* der über die Interpretation entscheidet, in der ein Werk aufgeführt wird. Da sie aber außerhalb der Orchesterarbeit über den Einsatz ihres Produktionsmittels Instrument freier verfügen können (im Gegensatz zum qualifizierten Industriearbeiter), lassen sich dort kreative musikalische Phantasien realisieren.

Ein erster Hinweis für die These von der musikalischen Tätigkeit als einer abhängigen Arbeit ist die Tatsache ihres *hohen Formalisierungsgrades*. Versteht man unter kreativer Tätigkeit die selbstbestimmte Verfügung über Thematik, Bearbeitungsform und Zeitdauer, dann schließen sich Kreativität und Formalisierung aus. Umgekehrt: Ein hoher Formalisierungsgrad ist Indiz für abhängige Arbeit. Denn die Funktion formaler Regeln besteht darin, soziale Konfliktkonstellationen deshalb zu verrechtlichen, weil dies das beständige Bearbeiten von unlösbaren Strukturkonflikten ausschließt und die Kooperation miteinander konfligierender Gruppen erleichtert. Allein die Existenz eines *Tarifvertrages für Orchestermusiker,* der detaillierte Regelungen für die einzelnen Instrumente vorsieht, ist deshalb bereits ein Hinweis darauf, daß musikalische Tätigkeit in einem Opernorchester abhängige Arbeit ist. (Für Sänger, Dirigenten, Regisseure und Bühnenbildner gibt es keine vergleichbaren tariflichen Regelungen.) Aber nicht nur der Grad der Fremdbestimmtheit musikalischer Tätigkeit läßt sich aus dem Vorhandensein eines Tarifvertrages schließen, sondern auch der Charakter der musikalischen Tätigkeit. Denn nur solche Arbeiten lassen sich nach formalen Regeln bewerten, die verallgemeinerbare Strukturen aufweisen. Da die Tätigkeit eines Orchestermusikers überwiegend *repetitiver Art* ist, also das reproduziert, was andere erdacht haben, ist sie auch in einem tarifvertraglichen Bewertungssystem formalisierbar.

Die Fragen nach den Kriterien der Bewertung musikalischer Tätigkeit, nach dem latenten Konfliktpotential in Opernorchestern und nach Organisationsformen solcher Orchester werden in vier Schritten angegangen: 1. Die Analyse der *Gehaltsstruktur von Orchestermusikern* anhand des Tarifvertrages und der Arbeitszeiten soll Bewertungskriterien für musikalische Tätigkeit ausfindig machen und Konfliktpotentiale benennen, die sodann 2. im Kontext der Untersuchung der *informellen Sozialstruktur* eines Opernorchesters präzisiert werden. Es schließt sich als 3. Schritt eine Skizze typischer *Konkurrenz- und Statusprobleme* an, die zu der 4. Frage führen, in welcher Weise das tradierte Modell *personaler Herrschaft,* repräsentiert durch den Dirigenten, der den Orchestervorstand in bestimmten Angelegenheiten konsultieren muß, diese Konflikte lösen kann. Diesen Analysen liegt die Überlegung zugrunde, daß komplexe Institutionen wie ein Opernorchester nur dann musikalisch optimale Ergebnisse erbringen können, wenn sie adäquate *Organisationsformen* für die Lösung ihrer sozialen Probleme gefunden haben. Die Analyse des Arbeitsprozesses eines Opernorchesters hat vorbereitenden Charakter für die umfassendere Frage nach Kreativitätspotentialen künstlerischer Arbeit und den Organisationsproblemen eines komplexen künstlerischen Arbeitsprozesses.

Kulturorchester, also solche "Orchester, die regelmäßig Operndienst versehen oder Konzerte ernst zu wertender Musik spielen" (§1 Abs. 2 Tarifvertrag für Musiker in Kulturorchestern, TVK), werden in Anlehnung an tarifliche Regelungen für Angestellte des öffentlichen Dienstes behandelt. Das Gehalt eines Orchestermusikers, das ein erstes Indiz für Konfliktpotentiale in einem Opernorchester sein soll, richtet sich nach zwei Kriterien: der *Eingruppierung des Orchesters,* in dem ein Musiker beschäftigt ist, und der *Eingruppierung seines Instruments.*

Kulturorchester werden in die vier Vergütungsgruppen A bis D eingeteilt, die sich durch die Zahl der Planstellen für Musiker unterscheiden[2]. In der Vergütungsgruppe A (mindestens 99 Planstellen) werden die höchsten Gehälter gezahlt, in der Vergütungsgruppe D (unter 56 Planstellen) die geringsten. Um zu verdeutlichen, wie hoch die *finanziellen Differenzen* zwischen den best- und den schlechtbesoldetsten Musikern sind: Wer in einem D-Orchester beschäftigt ist, erhält in der niedrigsten Grundvergütung (1.765 DM) rund 740 DM weniger als ein vergleichbarer Musiker in einem A-Orchester. In der höchsten Grundvergütung beträgt die Differenz ca. 1000 DM. Rechnet man zu den Grundvergütungen noch die Tätigkeitszulagen hinzu, dann vergrößern sich die Differenzen auf 790 DM in der niedrigsten und 1.264 DM in der höchsten Gehaltsstufe. Allein schon aus den geringeren Verdienstmöglichkeit läßt sich der Schluß ableiten, daß D-Orchester bei Musikern weniger beliebt sind, die sich bemühen, eine Stelle in einem größeren Orchester zu erhalten.

Aber nicht allein wegen der geringeren Bezahlung ist das soziale Renommee von D-Orchestern gering, sondern auch wegen der erforderten *musikalischen Qualifikationen* und der *Arbeitszeit.* Das vorwiegend ländliche und kleinstädtische Publikum sowie die geringe Zahl von Musikern wirken nivellierend auf das musikalische Niveau von D-Orchestern. Das Repertoire wird in weiten Teilen von Operetten, Musicals und "einfachen" Opern bestimmt. Wegen der häufig geringen musikalischen Anforderung ist dieser Typus von Musik bei Musikern, ganz im Gegensatz zum Publikum, ausgesprochen unbeliebt. Hinzu kommt, daß Musiker in D-Orchestern weitaus mehr Dienste verrichten müssen als ihre Kollegen in besser

---

2 Die Einstufung in die Vergütungsgruppe A bis C geschieht nach den folgenden Kriterien:
 - Gesamtzahl der im Haushaltsplan für die Musiker ausgewiesenen Planstellen,
 - Gesamtzahl der im Organisations- und Stellenplan des Orchesters für die Streicher ausgewiesene Planstellen und
 - den für die einzelnen Bläsergruppen im Organisations- und Stellenplan des Orchesters ausgewiesenen Planstellen nach folgender Aufstellung:

Planstellen für	In der Vergütungsgruppe		
	A	B	C
Musiker insgesamt	99	66	56
davon			
Streicher insgesamt	55	36	30
Flöten	5	4	3
Oboen	5	3	3
Klarinetten	5	4	3
Fagotte	5	3	3
Waldhörner	8*)	5	4
Trompeten	5	3	3
Posaunen	4	3	3
Tuben	1	1	1

*) davon 4 Hornisten mit Tubenverpflichtung.

bezahlten Orchestern, also längere Arbeitszeiten haben. Wenn ein Instrument nur einmal besetzt ist, dann muß jeder Musiker häufiger spielen als in einem Orchester, in dem dieses Instrument von mehreren Musikern gespielt wird. Das wiederum kann zur Folge haben, daß die Probenzeit für Neueinstudierungen begrenzt ist, da tarifliche Regelungen Höchstarbeitszeiten festlegen. Wiewohl Musikerkarrieren häufig in D-Orchestern beginnen, streben die Beschäftigten doch bald danach, eine Stelle in einem besser ausgestatteten Orchester zu erhalten.

Im folgenden vernachlässigen wir Orchester der Vergütungsgruppen B bis D und wenden uns allein den Problemen eines A-Orchesters zu. Das *Städtische Opernhaus- und Museumsorchester Frankfurt am Main* beispielsweise verfügt über 116 Planstellen, die sich in folgender Weise auf die einzelnen Instrumente verteilen:

Streicher		Bläser Holz		Bläser Blech		Andere	
1. Violine	20	Flöte	5	Horn	8	Pauke und	
2. Violine	16	Oboe	5	Trompete	5	Schlagzeug	5
Bratsche	13	Klarinette	6	Posaune	5		
Cello	11	Fagott	5	Tuba	1	Harfe	2
Kontrabaß	9						
	69		21		19		7

Der Frage nach sozialen Konfliktpotentialen eines großen Opernorchesters nachgehend, interessiert zunächst die *Gehaltsstruktur*. Dieser Untersuchung liegt die Hypothese zugrunde, daß zwischen unterschiedlich eingruppierten Instrumenten dann Konfliktpotentiale zu erwarten sind, wenn Ausbildungsdauer, Arbeitszeit und technische Anforderungen im umgekehrten Verhältnis zur Bezahlung stehen. Für alle Musiker eines Opernorchesters gemeinsam ist bei gleichem Dienstalter die *Grundvergütung*. Darauf freilich baut sich eine Gehaltshierarchie auf, die vermittels eines *dreistufigen Zulagensystems* hervorgebracht wird. Zusätzlich zur Grundvergütung erhalten die höchste Tätigkeitszulage (Stufe 1) sämtliche Solisten der Streicher, Bläser sowie von Pauke und Harfe. Um zunächst nur die Struktur des Zulagensystems deutlich zu machen, kann man sagen, daß die finanziell darunterliegende Tätigkeitszulage (Stufe 2) die Stellvertreter der Solisten bekommen, während die niedrigste Zulage (Stufe 3) an die stellvertretenden Solisten einiger Strechergruppen geht. Alle Musiker, die nicht solistisch tätig sind, die Tuttisten, erhalten ausschließlich die Grundvergütung. Um auch die finanziellen Differenzen zwischen dem Gehalt eines Tuttisten und dem eines mit Zulagen versehenen Musikers klarzumachen, folgende Zahlen: Ein Solist verdient monatlich ca. 780 DM mehr als ein Tuttist, beim stellvertretenden Solisten reduziert sich der Betrag auf ca. 340 DM, und in der Stufe 3 beträgt er nur mehr rund 195 DM. Doch sind die Gehaltsdifferenzen zwischen Solisten und Tuttisten damit keineswegs hinreichend beschrieben. Denn Solisten sind nicht selten in anderen Orchestern zusätzlich verpflichtet, wo sie wiederum höhere Gehälter beziehen als ihre tuttistisch tätigen Kollegen. Denn diese erhalten auch bei den *musikalischen Gelegenheitsgeschäften* („Mugge") nur die finanziell weniger attraktiven Angebote. Zwischen einem geschäftstüchtigen Solisten und seinem Tutti-Kollegen besteht eine Gehaltsdifferenz von mehreren tausend DM. Welche Instrumente sind nun tarifvertraglich vor anderen begünstigt?

Betrachtet man ein Opernorchester zunächst als ein Kollektiv, das aus den beiden großen Gruppen der Streicher und Bläser besteht, dann läßt sich leicht zeigen, daß der prozentuale Anteil von Bläsern unter den Musikern, die Zulagen erhalten, weitaus größer ist als bei den Streichern. Das liegt an der quantitativen Besetzung der beiden Instrumentengruppen sowie ihren Aufgaben im Orchester. Während die Bläsergruppen meist mit fünf oder sechs Musikern, die dasselbe Instrument spielen, besetzt sind, ist die Zahl bei den Streichern weitaus höher; sie bewegt sich zwischen 20 bei den 1. Geigen und 9 bei den Kontrabässen. Die Instrumente innerhalb der einzelnen Streichergruppen wiederum spielen stets dieselbe Stimme, wenn nicht ausnahmsweise der Stimmführer der Gruppe ein Solo aufzuführen hat. Bei den Bläsern hingegen verfügt auch innerhalb einer Instrumentengruppe jedes Instrument über eine eigene Stimme, so daß man generalisierend sagen kann, daß Bläser in weitaus größerem Umfang solistisch tätig sind als Streicher. Schauen wir uns die beiden Gruppen genauer an.

Der überwiegende Teil aller *Streicher* erhält keine Zulage: Von 69 Streichern im Frankfurter Opernhaus- und Museumsorchester sind 49 als Tuttisten eingestuft (68,6 Prozent), 18 erhalten eine Zulage, die Konzertmeister, Solocellisten und Solobratscher handeln ihre Arbeitsverträge frei aus. Das Zulagensystem der Streicher zeigt, daß der Tarifvertrag auch innerhalb dieser Musikergruppe noch einmal Differenzierungen vorgenommen hat. Denn die Streichinstrumente verteilen sich nicht paritätisch auf die einzelnen Zulagenstufen, vielmehr sind 1. Violine und Cello gegenüber der 2. Geige, der Bratsche und dem Kontrabaß privilegiert. Das wird bereits bei der höchsten Zulage deutlich: Während diese Zulagen bei Geige und Cello sowohl der Stimmführer[3] wie sein Stellvertreter erhalten, ist dies bei der 2. Geige, der Bratsche und dem Kontrabaß nicht der Fall. Hier bekommen die jeweiligen stellvertretenden Stimmführer nur die zweithöchste Zulage, eine Differenz von etwa 440 DM. Bei der 1. Geige hingegen und dem Cello erhält die in der Hierarchie nach den Stimmführern nächsthöhere Gruppe der Vorspieler[4] die 2. Zulagenstufe, während die 2. Geige, Bratsche und Kontrabaß in dieser Position nur mit der 3. Stufe entlohnt werden. (Auf die Gründe für diese tarifliche Differenzie-

---

3 Stimmführer werden die Solisten der einzelnen Instrumentengruppen deshalb genannt, weil sie neben ihrer musikalischen Solistentätigkeit auch dem Dirigenten gegenüber für die Gruppe verantwortlich sind. Führungseigenschaften sind bei diesen Musikern ebenso gefordert wie musikalische Qualifikationen.
4 Vorspieler heißen die Stellvetreter der Stimmführer. Sie übernehmen in unvorhergesehenen Fällen die Funktion des Stimmführers, sind aber ansonsten als Tuttisten tätig.

rung wird bei der Diskussion der Funktion der einzelnen Instrumente innerhalb eines Opernorchesters eingegangen.)

Eine entsprechende Differenzierung nimmt der Tarifvertrag bei den *Bläsern* nicht vor. Bei dieser Instrumentengruppe gilt der Grundsatz, daß der Solist die höchste und sein Stellvertreter die nächsthöhere Zulage bekommt. Ausnahmen, nach denen bestimmte Instrumente die 2. oder 3. Zulage erhalten, können hier deshalb vernachlässigt werden, weil sie keine weiteren Aufschlüsse über den sozialen Status der einzelnen Instrumente in einem Opernorchester geben. Einzig die Tatsache, daß neben den erwähnten stellvertretenden Solisten überproportional vielen Bläsern spezifischer Holzinstrumente (wie etwa Piccoloflöte, Englischhorn etc.) die 2. Zulage ausgezahlt wird, während bei der Zulagenstufe 3 allein die Blechbläser vertreten sind, mag noch ein vorläufiges Indiz dafür sein, daß der Tarifvertrag die Tätigkeiten der Holzbläser höher einschätzt als die der Blechbläser. Doch für eine solche These ist dieser Anhaltspunkt zu gering. Als Grundsatz wird man für Bläser formulieren könne, daß mit Ausnahme der 2. Stimme jedes Blasinstrument eine Zulage erhält, der Anteil der Tuttisten also weitaus geringer ist als bei den Streichern (7 von 40 Blechbläsern = 17,5 Prozent).

Nun muß aus der Existenz einer hierarchischen Gehaltsstruktur noch kein soziales Problem erwachsen. Dieses entsteht in der Regel erst dann, wenn geringer bezahlte Musiker plausible Gründe anführen können, daß die bestehende Gehaltshierarchie *"ungerecht"* ist. Von seiten der Gewerkschaft der Orchestermusiker, der Deutsch Orchestervereinigung (DOV), sowie von den Streichern wird seit langem erfolglos eine Anhebung der Bezahlung der Streicher gefordert. Zur Begründung führt die Musikergruppe folgendes an: Im Gegensatz zu den Bläsern, die zumeist mit zwölf Jahren beginnen, ihr Instrument zu erlernen, erhält ein Streicher oft schon mit fünf Jahren Unterricht. Die weitaus längere Ausbildungszeit eines Streichers liegt in dem höheren Schwierigkeitsgrad des Instrumentes sowie seiner Musikliteratur begründet. Erwächst aus dem Widerspruch zwischen langer Ausbildungszeit, hoher musikalischer Qualifikation und geringerer Bezahlung gegenüber den Bläsern ein soziales Konfliktpotential, so wird dieses noch verstärkt durch die Tatsache, daß die Arbeitszeiten der Streicher länger als die der Bläser sind. Die Orchesterdienstordnung sieht als Höchstarbeitszeit 64 Dienste in acht Wochen vor (wobei ein Dienst eine Probe oder eine durchschnittliche Aufführung bedeutet), eine Arbeitszeit, die in der Regel unterschritten wird. Einem Erfahrungssatz zufolge verrichten Streicher pro Woche einen Dienst mehr als Bläser, also etwa drei Stunden. Der traditionelle *Konflikt zwischen Bläsern und Streichern* resultiert demnach aus dem Widerspruch von langer Ausbildungs- und Arbeitszeit sowie geringer Bezahlung bei den Streichern und geringerer Ausbildungs- und Arbeitszeit sowie höherem Verdienst bei den Bläsern.

Zusammenfassend kann man sagen, daß ein großes Opernorchester eine *Gehalts- und Arbeitszeithierarchie mit fünf Ebenen* aufweist. An der Spitze stehen der Konzertmeister, Solocellist und Solobratscher, die über freie Verträge verfügen. Danach beginnt das vierstufige Tarifvertragssystem. Das höchste Gehalt haben die Solisten gefolgt von ihren Stellvertretern, hinter denen die Vorspieler stehen. Das Ende der Gehaltshierarchie wird von den Tuttisten gebildet, die 48 Prozent der Orchestermusiker ausmachen. Sonderverträge werden mit 5 Prozent der Musiker abgeschlossen, die höchste Zulage erhalten 20 Prozent, die nächsthöhere 17 Prozent, und die niedrigste Tätigkeitszulage wird 10 Prozent der Orchestermusiker ausbezahlt[5]. Bei den Arbeitszeiten sind die Bläser vor den Streichern und innerhalb der einzelnen Gruppen die jeweiligen Solisten vor den Tuttisten privilegiert. Umgangssprachlich formuliert: Wer am meisten mit dem höchsten Grad an repetitiver Arbeit tätig ist, muß für das geringste Gehalt am längsten arbeiten - eine Situation, die der in Industrie und Verwaltung vergleichbar ist.

2. Der musikalische und soziale Status einzelner Instrumente

Mit diesen aus dem Tarifvertrag gewonnenen Daten zur finanziellen Hierarchie eines Opernorchesters läßt sich eine soziologische Analyse beginnen. Die Strukturierung in unterschiedliche Gehaltsstufen reflektiert, welche musikalische Bedeutung die Tarifparteien den einzelnen Instrumentengruppen bzw. den einzelnen Instrumenten beigemessen haben. Die Sozialstruktur eines Opernorchesters und seine sozialen Probleme erschließen sich deshalb erst dann, wenn über die Analyse des formalisierten Gehaltssystems die *informelle soziale Struktur* freigelegt wird. Sie war die Voraussetzung für Regelungen, wie sie im Tarifvertrag für die Musiker in Kulturorchestern zu finden sind.

Wir haben gesehen, daß das entscheidende Kriterium, nach dem der Tarifvertrag die Höhe des Gehalts bemißt, die *solistische Tätigkeit* ist. Besonders vergütet wird der Solist, weil er sämtliche Solopartien zu spielen hat und weil er dem Dirigenten gegenüber für seine Gruppe verantwortlich ist. Wer überhaupt nicht solistisch tätig ist, wie der Tuttist, erhält ausschließlich das Grundgehalt, während die darauf aufbauenden Zulagen sich nach dem Umfang solistischer Tätigkeit richten. Der jeweilige 1. Solist, der sämtliche Solostellen zu spielen hat, bekommt bei allen Instrumenten die höchste Zulage, während die Stellvertreter und alle, die in geringerem Umfang solistisch spielen, niedrigere Zulagen erhalten. Aber die Gehaltshierarchie, an deren Ende derjenige Musiker steht, der im Opernorchester niemals solistisch tätig wird, ist nur Element einer weit umfassenderen Problematik künstlerischer Tätigkeit. Im Gegensatz zu durchschnittlichen Tätigkeiten in Wirtschaft und Verwaltung suggeriert der künstlerische Betrieb, daß hier eine Fülle von Möglichkeiten für kreative Tätigkeiten besteht.

5   Die Zahlen stellen deshalb nur Annäherungswerte dar, weil einzelne Musiker noch besondere Zulagen erhalten. Für unsere Zwecke können diese Differenzierungen vernachlässigt werden weil es hier nur darauf ankommt, die *Relationen* zwischen den einzelnen Gehaltsstufen aufzuzeigen. Selbst wenn in anderen Orchestern die Zahlen differieren, dürfte die grundsätzliche Problematik dieselbe sein: Etwa die Hälfte aller Musiker erhält ausschließlich das Grundgehalt, während die andere Hälfte in vier Hierarchiestufen strukturiert ist.

Schon in der frühkindlichen Sozialisation wird künstlerische Tätigkeit, sei es in Form des Musizierens, Malens oder Rollenspiels, als spielerische Alternative zur Zweckrationalität der Erwachsenenwelt dargestellt. Herrschen in einem Leben, so die Argumentation, Zeitregiment und standardisierte Verhaltensweise, so ist das andere geprägt von freier Entfaltung, Phantasie und Kreativität. Der Entschluß, einen künstlerischen Beruf zu ergreifen, ist deshalb häufig mit der Assoziation solistischer Tätigkeit verbunden.

Dementsprechend ist auch der Kunstbetrieb an der qualifizierten Tätigkeit *einzelner Personen,* die durchaus ein Kollektiv bilden können, orientiert. So wie für den Sänger das Leitbild nicht die im Chor verschwindende Einzelpersönlichkeit ist, entschließen sich Musiker, besonders Streicher, zu diesem Beruf selten, um beständig im Orchester, der Negation von Individualität, tätig zu sein. Ausgangspunkt jeder musikalischen Tätigkeit, die einen künstlerischen Anspruch erhebt, ist die *solistische Phantasie.* Entlang dieses Kriteriums ist der gesamte Kunstbetrieb organisiert. Der Solist erhält ein höheres Gehalt als der Tuttist, der Solist steht im Mittelpunkt des Interesses von Publikum und öffentlicher Meinung. Er und nicht das ihn begleitende Orchester wird beklatscht. Über ihn wird in den Feuilletons berichtet, die nicht einmal die Namen der kollektiv tätigen Künstler kennen. Und er, der Star, ist es, der skandalfähig ist, nicht das Kollektiv.

Diese am Solisten orientierte Struktur künstlerischer Institutionen muß man sich vergegenwärtigen, wenn man Interpretationen zum musikalischen und sozialen Status eines Orchesters bzw. einzelner Musikinstrumente entwickeln will. Man muß dann berücksichtigen, daß ein Opernorchester - bezogen auf sämtliche Tätigkeiten in einem Opernhaus - deshalb über einen geringen sozialen Status verfügt, weil es vorwiegend *begleitende* und eben keine solistische Funktion hat. Allein in der Ouvertüre und in einzelnen Orchesterstücken tritt es sozusagen als Kollektivsolist in Erscheinung. Die weitaus überwiegende Tätigkeit eines Opernorchesters besteht hingegen darin, solistisch auftretende Sänger zu begleiten, ihnen den musikalischen Hintergrund zu verschaffen, vor dem sie ihre Stimmpracht entfalten können. Musiker sind sich dieses nachgeordneten Status durchaus bewußt, sie demonstrieren ihn allabendlich, wenn sie auf das Handzeichen des Dirigenten am Ende einer Veranstaltung sich von den Plätzen erheben.

Man würde aber den spezifischen Charakter musikalischer Tätigkeit in einem Opernorchester verkennen, wenn man sich darauf beschränkte, diese allein als abhängige, repetitive Arbeit darzustellen. Zwar enthält die Arbeit von Orchestermusikern diese Elemente, aber in einem unterscheidet sie sich doch fundamental von abhängigen Tätigkeiten in Industrie und Verwaltung. Zum einen partizipieren Orchestermusiker am öffentlichen Renommee ihres Opernhauses in einer andere Weise, als dies bei Beschäftigten in anderen Bereichen der Fall ist. Da Orchestermusiker ihre künstlerische Orientierung, die Voraussetzung für die Berufswahl war, nicht mit Beginn der Orchesterarbeit verlieren, können sie diese immer dann aktivieren, wenn ihr Opernhaus, vor allem aber ihr Orchester, öffentliche Anerkennung findet. Wenn auch die Tätigkeit weitgehend repetitiven Charakter hat, so bleiben doch beim Orchestermusiker solistische Orientierungen weiter bestehen. Dieser *Widerspruch zwischen solistischer Orientierung und kollektiver, repetitiver Praxis* kann die Basis für Arbeitsunzufriedenheit dieser Berufsgruppe sein, vorwiegend im Alter, wenn unübersehbar ist, daß die künstlerische Orientierung nicht Realität geworden ist. (Freilich gibt es noch andere Gründe für Arbeitsunzufriedenheit, wie Spannungen in der Gruppe oder mangelnde Leistung des Nachbarn.)

Ein Weiteres kommt hinzu. Große Opernorchester treten neben ihrer begleitenden Tätigkeit nicht selten auch als Konzertorchester auf. Zwar bleiben auch bei Konzerten die Entfaltungsmöglichkeiten für den einzelnen Musiker weiterhin restringiert, er kann aber die begleitende Rolle übersteigen, indem das Orchester nun allein sich dem Publikum präsentiert. Freilich wird auch in diesem Falle die musikalische Leitung vorwiegend dem Dirigenten zugerechnet bzw. einzelnen solistisch auftretenden Musikern. Im Gegensatz zur Opernmusik jedoch ist das Orchester nun nicht wenig sichtbar im "Graben", sondern für alle Zuhörer wahrnehmbar auf der Bühne plaziert.

Orchesterarbeit unterscheidet sich aber noch in einem anderen Punkt von repetitiver Tätigkeit in Industrie und Verwaltung: Die offizielle Arbeitszeit im Orchester ist etwa um die Hälfte geringer als in den anderen Arbeitsbereichen (64 Dienste in acht Wochen), die tatsächliche weit niedriger. Die Begründung für diese Arbeitszeit lautet: Der Orchestermusiker benötigt zur Erhaltung und Verbesserung seiner musikalischen Qualifikation einen angemessenen Zeitraum, in dem er nicht im Orchester tätig ist, und seine konzentrierte kollektive Arbeit erfordert eine lange Rekreationsphase. Wiewohl diese orchesterfreie Zeit von einzelnen Musikern unterschiedlich genutzt wird, nicht selten auch für andere als die beabsichtigten Zwecke, bietet sie künstlerisch Engagierten die Möglichkeit, nicht-repetitive Formen musikalischer Tätigkeit auszuüben. Typische Arbeiten in dieser Zeit sind: Unterrichtung von Privatschülern, Lehrauftrag an einer Musikhochschule, Musizieren in einem anderen großen Orchester („Mugge") oder in einer kammermusikalischen Vereinigung, solistische Tätigkeit. Vor allem die beiden letztgenannten Tätigkeiten bieten Chancen für künstlerisch-kreatives Musizieren. Für die Charakterisierung der Arbeit in einem Opernorchester bleibt festzuhalten, daß im Unterschied zu Industrie und Verwaltung die Möglichkeit besteht, neben der abhängigen Orchestertätigkeit künstlerisch-kreativ zu wirken. Erst diese *Freiräume* dürften erklären, warum ursprünglich solistisch orientierte Musiker ohne größeren Widerstand die abhängig-repetitive Arbeit in einem Opernorchester akzeptieren. Im folgenden soll nun die Arbeit *im* Orchester im Vordergrund stehen.

Die Analyse des Tarifvertrags für Orchestermusiker ergab, daß die Gehaltshierarchie innerhalb eines Opernorchesters sich entlang dem Kriterium „solistische Tätigkeit" strukturiert. Daraus folgte, daß diejenigen Musikergruppen (wie die Bläser) prozentual stärker in den oberen Gehaltsgruppen vertreten sind, deren solistischer Anteil größer ist als der von Gruppen (wie die Streicher), die überwiegend kollektiv musizieren. Untersucht man nun jenseits des Tarifvertrages die Sozialstruktur eines Opernorchesters unter dem Aspekt des *sozialen Status* einzel-

ner Musikinstrumente, dann erweist sich die Unterscheidung in Bläser und Streicher als zu grobmaschig. Denn beide Instrumentengruppen zerfallen noch einmal in eine Reihe von Untergruppen, die nicht weniger Ursache für soziale Auseinandersetzungen sein können. Fangen wir bei den Bläsern an.

Will man die soziale Hierarchie der *Bläser* herausfinden, so scheint der Tarifvertrag deshalb keinen Hinweis zu geben, weil alle Bläsersolisten die höchste Zulage und ihre Stellvertreter die 2. Tätigkeitszulage erhalten. Und dennoch bietet er einen Anhaltspunkt, der etwas über die Sozialstruktur der Bläser aussagt. Der Tarifvertrag legt eine Reihenfolge fest, nach der die Bläser aufgeführt werden: Flöte, Oboe, Klarinette, Fagott, Waldhorn, Trompete, Posaune, Tuba. Gegen das Argument, diese Reihenfolge sei zufällig, folge nur der Notierung der Partitur, spricht zunächst die historische Entwicklung der einzelnen Instrumente. Daß der Tarifvertrag die *Holzbläser* vor den Blechbläsern nennt, ist darin begründet, daß in der Opern- und Konzertliteratur die zuerst genannte Instrumentengruppe historisch früher in differenzierter Weise entwickelt war als die Gruppe der Blechbläser, weshalb ihnen Komponisten auch herausragende Solotätigkeiten übertragen. Flöte und Oboe finden sich als Soloinstrumente bereits in der Konzertliteratur und in den Opern des 18. Jahrhunderts, während Horn, Trompete und Posaune im Opernrepertoire erst später solistisch eingesetzt werden. Hinzu kommt, daß die Zahl der Soli im klassischen Repertoire für Holzbläser größer ist als für Blechbläser, das Horn einmal ausgenommen.

Aber auch innerhalb der Gruppe der Holzbläser läßt sich noch einmal eine soziale Differenzierung feststellen. Über den geringsten sozialen Status unter den Holzbläsern, die als Gruppe das höchste Ansehen im gesamten Opernorchester haben, verfügt das *Fagott.* Solistisch wird es nicht häufig eingesetzt, dient eher dazu, wie Fagottisten sagen, "dem Klang etwas Farbe zu geben", wenngleich es auch Solopartien gibt. Als Begleitinstrument, das einen unverwechselbaren Ton erzeugt, wird das Fagott unter den Holzbläsern als ein Nebeninstrument angesehen im Vergleich zu den häufig solistisch brillierenden Flöten, Oboen und Klarinetten. Unter diesen drei Instrumenten noch einmal eine musikalische und soziale Rangordnung festzumachen, fällt schwerer. Alle drei Instrumente werden häufig solistisch eingesetzt, ihr Klang ist für das Publikum je nach Geschmack gleichermaßen attraktiv. Und dennoch gibt es auch zwischen ihnen noch einmal einen Unterschied, der eine weitere soziale Differenzierung plausibel macht.

Die Modulationsfähigkeit der Instrumente ist unterschiedlich und damit der Schwierigkeitsgrad ihres Erlernens. Der klare, dominante Ton der *Flöte* ist deshalb technisch am einfachsten zu erzeugen, weil dies im direkten Weg von Mund zu Instrument erfolgt. Der Flötist erreicht im Vergleich zu den anderen Holzbläsern relativ mühelos einen sogenannten Schneideton, dessen Höhe und Beweglichkeit freilich die der beiden anderen Holzblasinstrumente übertrifft. Klarinette und Oboe hingegen werden mit einem Rohrblattmundstück gespielt, dessen Anwendung beträchtliche Übung vom Spieler erfordert. Besonders ausgeprägt ist dieser „Kampf mit dem Rohrblattmundstück" (Strasser 1985: 86; vgl. auch Kulenkampff

1980) bei der *Oboe*. Der „Kampf" beginnt damit, daß der Spieler das Mundstück aus einem Spezialholz selbst anfertigt, einbläst und nach einer gewissen Zeit diesen Prozeß wieder beginnen muß, da die Spieldauer der Oboenmundstücke begrenzt ist. Hinzu kommt, daß der Oboist verschiedene Mundstücke benutzen muß. Neben seiner unmittelbaren musikalischen, häufig solistischen Qualifikation verfügt dieser Spieler deshalb noch über eine handwerkliche, die einen beträchtlichen Teil seiner Arbeits- und Übungszeit ausmacht. Oboisten, schreibt *Strasser* spielen "innerhalb der Bläser meist die erste Rolle, denn die Flötisten sind ihnen zwar an Tonhöhe und Virtuosität überlegen, können sich aber an Ausdrucksfähigkeit und Variation des Klanges kaum mit ihnen messen" (Strasser 1985: 86). Zwischen Oboe und Flöte schließlich steht die *Klarinette,* die - wie die Oboe - größere technische und handwerkliche Anforderungen stellt als die Flöte, aber keinen der Oboe vergleichbaren Ton erzeugen kann.

Neben der sozialen Differenzierung nach Instrumentengruppen und Instrumenten ist innerhalb eines einzelnen Instrumentes noch eine Unterscheidung *in verschiedene Stimmen* möglich. Während der 1. Stimme sämtliche Solopartien übertragen sind, die 3. als Stellvertreter der 1. fungiert, hat die 2. Stimme die geringste Zahl von Soli zu blasen und muß sich darüber hinaus in ihrer Spielweise an die 1. Stimme anpassen. Höher sind zumeist die Anforderungen an die 4. Stimme, die auch über eigene, wenngleich quantitativ weniger Soli verfügen kann. Hinzu kommt, daß die 4. Holzbläser häufig neben ihrem Hauptinstrument ein Nebeninstrument übernehmen, das ebenfalls Solopartien spielt. So hat etwa das Englischhorn, die Altoboe, eine Reihe markanter Soli in der Opernliteratur, ebenfalls die Piccoloflöte, die Baßklarinette und das Kontrafagott. Resümiert man die *soziale Hierarchie der Holzbläser,* so wird man sagen können, daß sie in den vier Solisten von Oboe, Klarinette, Flöte und Fagott gipfelt, von denen wiederum die Reihenfolge 1., 4., 3. und 2. Stimme die Hierarchie innerhalb des einzelnen Instrumentes reflektiert.

Die Grundstruktur dieser Analyse läßt sich im wesentlichen auf die anderen Instrumentengruppen übertragen. In geringerem Maße solistisch tätig sind die *Blechblasinstrumente.* Freilich ist zu betonen, daß ein Instrument aus dieser Gruppe herausfällt, weil auch ihm vielfältige solistische Aufgaben übertragen sind. Im Gegensatz zu Trompete, Posaune und Tuba bestehen in der Opernliteratur umfangreiche Soli für die Waldhörner. Der weiche, modulationsfähige Klang des *Horns* hat es zum bevorzugten Solo-Blasinstrument vorwiegend der romantischen Opernliteratur gemacht. Diese gipfelt in Siegfrieds Hornruf - einem der schwierigsten Hornsoli und deshalb auch bei Probespielen bevorzugt. Die Variationsbreite von „edler Romantik" bis zu "schmetternder Kraft" verleiht dem Horn die unbestrittene Spitzenposition unter den Blechbläsern. Neben dem weiten Tonumfang und dem hohen klanglichen Volumen unterscheidet es sich von den anderen Blechblasinstrumenten durch einen erhöhten Schwierigkeitsgrad im Spielen. Kein anderer Musiker ist - wie der Hornist - mit dem Problem konfrontiert, daß seine Spielweise nur begrenzt berechenbar ist. Selbst die besten Solisten sind nicht vor dem sogenannten „Kicksen", dem Wegkippen des Tones, gefeit - ein musikalischer Fehler, der wegen der schwierigen Spielweise des Instruments stets geschehen kann. Über ein hohes musikalisches Ansehen verfügen Hornisten auch deshalb, weil sie - wie keine andere Bläsergruppe - kammermusikalisch tätig sind. Bei großen Orchestern kommt es nicht selten vor, daß die gesamte Horngruppe neben ihrer Orchestertätigkeit kammermusikalisch arbeitet. Sind Musiker der anderen Blasinstrumente in dieser Weise tätig, dann in der Regel als Einzelpersonen, nicht als Gruppe. Die kammermusikalische Gruppenarbeit stützt freilich noch einmal die hierarchische Struktur der Gruppe. Denn auch in kleiner Besetzung ist es stets der Solist, dem verantwortungsvolle künstlerische und soziale Aufgaben übertragen sind.

Ist das Horn in der Opernliteratur ein vielbeschäftigtes Instrument, so gilt dies nicht gleichermaßen für die anderen Blechblasinstrumente. Die Einsätze der Trompete, gegenüber Posaune und Tuba fraglos das angesehenere Instrument, sind zeitlich begrenzt. Spielen Streicher während einer Opernaufführung nahezu pausenlos, sind Holzbläser und Hörner zwar weniger, jedoch den überwiegenden Teil der Spieldauer beschäftigt, so sind die verbleibenden Blechblasinstrumente nur temporär im Einsatz. Das hat zur Folge, daß diese Musiker entweder als Zuhörer untätig im Orchester sitzen oder die Wartezeit außerhalb desselben in der Kantine verbringen. Für Blechbläser stellen die *Pausen* deshalb ein bedeutendes Problem dar.

Das Bedürfnis, neben der Orchestertätigkeit anderweitig solistisch zu arbeiten, scheint wegen der geringen künstlerischen Entfaltungsmöglichkeiten für die *Trompete* besonders groß zu sein, weil diese vom Ton her ein Soloinstrument ist. Vor allem die Konzertliteratur des Barock kennt eine Fülle von Solostücken für Trompete, so daß Trompeter im Opernorchester ihre Arbeit nicht selten als hochdotierte Nebenbeschäftigung betrachten. Wie die Trompete ist die *Posaune* mit dem Pausenproblem beschäftigt. In der Opern- wie in der Konzertliteratur gibt es kaum Kompositionen, die vom Posaunisten einen ständigen Einsatz erfordern. Während der Posaunist bei den Opern den Orchestergraben verlassen kann, ist er beim Konzert häufig unbeschäftigt an seinen Arbeitsplatz gebunden. Solistische Stellen für Posaunisten kommen zwar vor, sind aber noch beschränkter als die für die Trompeten. Posaunen sind häufig Begleitinstrumente mit restringierten solistischen Einsatzmöglichkeiten. Nahezu vollständig klangfüllende Funktion hat die *Tuba*. Sie ist zeitlich noch weniger als die vorigen Instrumente beschäftigt, und ihr solistischer Einsatz ist ausgesprochen reduziert. Und selbst wenn sie ein Solo zu spielen hat, wie das Wurm-Motiv in Richard Wagners „Siegfried", dann ist dies von so geringer Variationsbreite, daß es mit den Soli der anderen Blechbläser nicht zu vergleichen ist. Freilich bedarf es großer Kraft und Ausdauer, um dieses Instrument zu spielen. Da Tubisten allein bei großen Orchestern beschäftigt werden, sind solche Musiker häufig für „Muggen" gefragt. Dort, wo sie einen festen Orchesterarbeitsplatz haben, sind sie häufig alleine tätig, so daß der Tausch von Dienstzeiten, bei allen mehrfach besetzten Instrumenten die Regel, schwierig ist. Neben ihrem untergeordneten Status im Orchester sind Tubisten auch deshalb benachteiligt, weil ihre Arbeitszeiten weniger flexibel sind als die anderer Musiker. Daß sie auf der anderen Seite meist nur kurze Einsätze haben, die als ein "Dienst" gelten, mag ein Ausgleich sein. In der sozialen Hierarchie der Blasinstrumente, das wird man eindeutig sagen können, nimmt die Tuba den letzten Platz ein.

Wenden wir uns nun den *Streichern* zu. Im Gegensatz zu den Bläsern sind Streicher selten solistisch tätig. Der überwiegende Teil der Streicher, also 1. Geige, 2. Geige, Bratsche, Cello und Kontrabaß, spielt stets dieselbe Stimme, hat nur dann die Möglichkeit, solistisch aufzutreten, wenn ein Musiker den obersten Rang der Hierarchie einnimmt. Kontrastiert man die reduzierten solistischen Möglichkeiten von Streichern damit, daß während des Studiums 53 Prozent von ihnen, aber nur 16 Prozent der Bläser den Wunsch hatten, Solist zu werden, dann überrascht eine resignative Grundhaltung bei dieser Orchestergruppe im Vergleich zu den Bläsern nicht. Eine empirische Untersuchung bei den *Wiener Symphonikern* verdeutlicht dies durch folgende Zahlen: 60 Prozent aller Musiker dieses Orchesters gaben an, daß Neid ein integraler Bestandteil des Musikerberufes ist, 36 Prozent klagten über persönliche Feinde im Orchester (Schulz 1971: 54; vgl. auch Klausmeier 1978: 175 ff.).

Differenziert man diese Beobachtung nun nach *Musikergruppen,* dann ergibt sich folgendes: Unter den Streichern sind Konkurrenzstrukturen dominanter als unter Bläsern, was darin zum Ausdruck kommt, daß 42 Prozent der Streicher, aber nur 11 Prozent der Bläser glauben, in einem Kammermusikensemble ihre Leistungsfähigkeit besser zeigen zu können als in einem Symphonieorchester. 62 Prozent der Streicher, aber nur 34 Prozent der Bläser gaben an, die untergeordnete Funktion im Orchester nur schwer ertragen zu können und unter mangelnden Karrierechancen zu leiden. Von den Streichern der Wiener Symphoniker fühlten sich deshalb auch nur 28 Prozent zufrieden, während der Prozentsatz bei den Bläsern 43 betrug (Schulz 1971: 44, 46). Neben den für die meisten Streicher nicht vorhandenen solistischen Möglichkeiten sind sie mit dem Problem eines hohen Konformitätsdrucks ihrer Gruppe beschäftigt, der die Unzufriedenheit insofern noch erhöht, als Konkurrenzen nicht öffentlich ausgetragen werden können. Denn wenn alle dasselbe zu spielen haben, kann keiner demonstrieren, daß er der Bessere ist. Und das hohe musikalische Niveau vieler Tuttisten wird von den weniger Qualifizierten, die das Renommee einer Gruppe bestimmen können, beeinträchtigt.

Wie nun läßt sich die soziale Hierarchie der Streicher beschreiben? Über den höchsten sozialen Status verfügt die Person, die neben dem Dirigenten die nächstbedeutende Funktion wahrnimmt: der *Konzertmeister.* Seine zentrale Bedeutung ist für den Zuschauer dann sichtbar, wenn der Dirigent den Orchestergraben oder die Bühne betritt. Stets schreitet er zielsicher auf ihn zu, schüttelt ihm die Hand und hat damit das Orchester symbolisch begrüßt. Daß der Konzertmeister an der Spitze der sozialen Hierarchie steht, wird dem Zuschauer außerdem durch die Tatsache verdeutlicht, daß er es ist, der das Orchester nach dem eingestrichenen A der Oboe stimmt, bevor der Dirigent in Erscheinung tritt. In der Begrüßung von Dirigent und

Konzertmeister reflektiert sich deshalb nicht nur ein symbolischer Höflichkeitsakt, sondern auch die Mitteilung des Konzertmeisters, daß er das Orchester für den Dirigenten spielbereit gemacht hat.

Diese dem Publikum sichtbaren Verhaltensweisen sind eine soziale Gratifikation, die der Konzertmeister für seine vielfältigen, selten während Aufführungen sichtbaren Tätigkeiten erhält. Als Anführer der Gruppe der Primgeiger darf er sämtliche Soli spielen, die allerdings im Vergleich zu den Blasinstrumenten weitaus weniger sind. In der Konzertliteratur kommen sie mit Ausnahme der jüngeren Komponisten wie Richard *Strauss* und Gustav *Mahler* kaum vor, in der Opernliteratur häufiger, vor allem bei Balletten. Diese freilich werden von Musikern nicht selten als musikalisch primitiv, wenn auch technisch komplex eingeschätzt[9]). Mit den Holzbläsern kann sich der Konzertmeister deshalb kaum vergleichen, weil die Zahl seiner Soli geringer ist, wenngleich häufig schwieriger. Der Konzertmeister allerdings ist es, den die Bläser am meisten als gleichberechtigt anerkennen. Dies auch deshalb, weil er über seine solistischen Tätigkeiten hinaus andere bedeutende Aufgaben wahrnimmt. Als Leiter der Primgeigen ist er für deren Spiel, vor allem für die Weise des Bogenstrichs verantwortlich. Dies ist bei Streichern deshalb von großer Bedeutung, weil die Noten keine entsprechenden Angaben enthalten und die Phrasierung sich mit dem jeweiligen Bogenstrich ändert. Darüber hinaus ist er der Ansprechpartner des Dirigenten zum Orchester hin. Schließlich kann der Konzertmeister auf eine Geschichte verantwortungsvoller Orchestertätigkeit zurückblicken. Zur Zeit der Barockmusik, die die heutige Institution des Dirigenten noch nicht kannte, kam neben dem am Cembalo sitzenden Kapellmeister dem Konzertmeister diese Aufgabe zu. Konzertmeister sind in der Regel so hervorragende Geiger, daß sie ihre Position als Ausgangspunkt für eine Solistenkarriere benutzen sowie kammermusikalisch und als Musiklehrer tätig sind. In der sozialen Hierarchie eines Orchesters steht der Konzert -meister hinter dem Dirigenten auch deshalb an der Spitze, weil er meist nicht nach dem Tarifvertrag bezahlt wird, sondern sein Gehalt frei mit der Operndirektion aushandelt.

Die soziale Differenzierung der einzelnen Streichergruppen nun unterscheidet sich nicht grundsätzlich von der skizzierten Hierarchie bei den Holz- und Blechbläsern. Wiederum ist es die Häufigkeit solistischer Tätigkeit, die den sozialen Status der jeweiligen Instrumentengruppe bestimmt. Daß die 1. *Geige* die soziale Rangskala anführt, weiß schon der Volksmund zu sagen. Ihr obliegt es, zumeist in hohen Lagen die Melodien zu präsentieren, die der Zuhörer eher in Erinnerung behält als die unterstützenden Stimmen. Um diesen Part spielen zu können, muß der 1. Geiger nicht nur musikalisch und technisch über hohe Qualifikationen verfügen, sondern auch über die Fähigkeit, problemlos vom Blatt zu spielen. Daß die Celli unmittelbar nach der 1. Geige rangieren und nicht die 2. Geige, Bratsche oder Kontrabaß - darauf deutet schon der Tarifvertrag hin: Dieser gewährt den Vorspielern der letztgenannten Instrumente die Tätigkeitszulage 3, während die entsprechenden Positionen von 1. Geige und Cello die nächsthöhere Zulage erhalten. Unbestritten scheint zu sein, daß die musikalischen Aufgaben des *Cellos* in der Opernliteratur denen der 1. Geige entsprechen, sie zuweilen sogar übertreffen. Das liegt im wesentlichen daran, daß das Cello über eine breite Ausdrucksskala und einen "überlegenen Wohlklang" verfügt, der nicht zuletzt dem Umstand geschuldet ist, daß das Cello im Tonumfang die Geige übertrifft. Die besondere Spielmöglichkeit dieses Instruments dürfte der Grund dafür sein, daß es in der Opernliteratur eine Fülle von Soli zu spielen hat, ungleich mehr als die 1. Geige. Daneben gibt die Kammermusik Cellisten vielfältige Möglichkeiten außerorchestraler Tätigkeit.

Weist man der 1. Geige und dem Cello nach dem Konzertmeister die Spitzenposition in der sozialen Rangskala zu, dann folgt als nächstes Instrument die *Bratsche*. Auch der Solobratschist hat in der Opernliteratur eine Reihe von Soli zu spielen. Das rechtfertigt es freilich nicht, ihn diesem gleichzustellen. Denn als Spieler der Mittelstimme ist der nicht-solistisch tätige Bratschist nicht vergleichbar vom Zuhörer wahrzunehmen wie der 1. Geiger. Hinzu kommt, daß auch die kammermusikalischen sowie konzertanten solistischen Möglichkeiten des Bratschisten nicht mit denen des 1. Geigers zu vergleichen sind (Strasser 1985: 24). Ein reines Begleitinstrument ist die Bratsche freilich nicht. Dies trifft weitaus mehr auf die 2. *Geige* zu, deren Solist nur winzige Solopartien zu spielen hat. 2. Geiger, besonders die Tuttisten, werden deshalb nicht selten abwertend beurteilt. Für sie kann sich der Mangel solistischer und melodischer Darstellungsmöglichkeiten mit dem Erfordernis exakten kollektiven Spiels zu einem Problem paaren, das es Autoren angeraten sein läßt, den 2. Geigern Mut zu machen, daß auch sie Künstler seien.

Gegenstand eines Theatererfolgs der vergangenen Jahre ist ein Instrument geworden, das der Autor dieses Stückes, Patrick *Süskind,* mit folgenden sarkastischen Worten beschreibt: "Ein Kontrabaß ist mehr, wie soll ich sagen, ein Hindernis als ein Instrument. Das können Sie nicht tragen, das müssen Sie schleppen... Ins Auto geht er nur hinein, wenn Sie den rechten Vordersitz heraustun... Der Kontrabaß ist das scheußlichste, plumpeste, uneleganteste Instrument, das je erfunden wurde. Ein Waldschrat von Instrument" (Süskind 1984). Und zur Spielweise sagt der Autor: "Er ist auch ekelhaft zu spielen. Für drei Halbtöne brauchen Sie eine ganze Handspanne... Ein reiner Kraftsport ist das. Da! Hornhaut auf den Fingerkuppen... Mit diesen Fingern spüre ich nichts mehr" (Süskind 1984: 49 f.). Diese Schilderung ist zweifellos aus dramaturgischen Gründen überzogen, zutreffend indes ist, daß wegen der tiefen Tonlage der *Kontrabaß* überwiegend begleitende Funktion hat.

Was die interne Hierarchie der einzelnen Instrumentengruppen anbelangt, kann auf die vorherigen Ausführungen verwiesen werden. Jede Streichergruppe wird von einem Solisten bzw. dessen Stellvertreter geleitet, hinter denen die sogenannten Vorspieler rangieren. Den quantitativ überwiegenden Teil aller Streicher stellen die Tuttisten dar. Weitere Differenzierungen hinsichtlich der sozialen Hierarchie, wie etwa die Charakterisierung von Pauke, Schlagzeug und Harfe, können hier unterbleiben, da deutlich geworden sein dürfte, daß ein Opernorchester durch eine *mehrschichtige soziale Hierarchie* strukturiert wird, die Basis für eine Fülle sozialer Probleme sein kann. Wie sehen diese aus?

3. Konfliktpotentiale in einem Opernorchester

Konflikte zwischen unterschiedlich qualifizierten und honorierten Gruppen von Arbeitnehmern gehören zum Alltag eines jeden Arbeitsplatzes und Berufszweiges. Konkurrenzen zwischen einzelnen Personen, Beschäftigtengruppen oder Abteilungen reichen vom Kampf um die Neubesetzung einer Stelle über die kurzfristige Arbeitsniederlegung durch eine Gruppe von Arbeitnehmern bis hin zur vollständigen Blockade des Arbeitsprozesses einer Abteilung. Solche Formen kollektiver Leistungsverweigerung sind in Opernorchestern atypisch. Es gehört nicht zum musikalischen Alltag eines Opernhauses, daß Streicher ihre Kontroversen mit Bläsern in der Weise austragen, daß sie bei abendlichen Veranstaltungen nicht spielen oder daß Tuttisten mit Solisten in der Weise streiten, daß sie ihnen die musikalische Unterstützung verweigern. Die unmittelbare Wahrnehmbarkeit solcher Protestformen durch die Öffentlichkeit und die mit Gewißheit direkten Sanktionen auf solches Verhalten lassen es Musikern in einem Opernorchester angeraten sein, *subtilere Formen der Konfliktaustragung* zu entwickeln. Optimal sind jene, die für den Dirigenten wie für die Kollegen wahrnehmbar sind, die das durchschnittliche Publikum jedoch nicht bemerkt. Aufmerksame Feuilletonkritiker registrieren zuweilen solche Unstimmigkeiten in einem Orchester, ohne deren Ursache freilich im sozialen Spannungsfeld des Orchesters zu lokalisieren. Auf drei Ebenen können solche Konflikte ausgetragen werden.

Gegenstand häufiger Konflikte ist die *Diensteinteilung*, besonders in solchen Orchestern, in denen diese von den Musikern selbst mit dem Orchestervorstand organisiert wird. Je nach Qualifikation und Motivation können sich Orchestermusiker in "leichte" und "schwere" Dienste einteilen lassen. Nicht selten sind die "leichten" Dienste - das sind solche, in denen zeitlich wenig gespielt werden muß oder die geringe musikalische Ansprüche stellen - Gegenstand der heftigsten Auseinandersetzungen. Es gibt nicht wenige Orchestermusiker, die ein ähnlich desinteressiertes Verhältnis zu ihrer Arbeit haben wie Beschäftigte in anderen Berufen. Gemeint sind nicht diejenigen, die aus Altersgründen ihr Instrument nicht mehr ausspielen können. Gemeint sind Musiker in mittlerem Alter, die ein Job-Bewußtsein entwickelt haben, das das Niveau des gesamten Orchesters senken kann. Diese sind es, die keinen Versuch unterlassen, in "leichte" Dienste eingeteilt zu werden. Bis zu einem gewissen Grad kann der Orchestervorstand dem in der Weise entgegenwirken, daß er exakt über die Diensteinteilung Buch führt. Es gibt Opernhäuser, in denen die Arbeitszeit der Musiker in Minuten notiert wird. Die mangelnde künstlerische Motivation, häufig Resultat einer gescheiterten Karriere, kann so freilich nicht kompensiert werden.

Das Problem geringen musikalischen Engagements kann sich auch bei der *Dienstvorbereitung* stellen. Nicht selten sind es dieselben Musiker, die sich nach den „leichten" Diensten drängen, die auch geringe Zeit darauf verwenden, sich für Proben und Aufführungen vorzubereiten. Statt dessen sind sie entweder in anderen, meist kleinen anspruchslosen Orchestern tätig, um ihr Gehalt aufzubessern, oder sie unterrichten aus demselben Grund Privatschüler. Nicht oder schlecht vorbereitete Musiker können in den Proben weitreichende soziale Konflikte hervorrufen. Ist ein Dirigent beim Einstudieren eines Stückes häufig damit beschäftigt, mit denselben Personen einzelne Passagen zu repetieren, dann kommt Unruhe im Orchester bei denjenigen auf, die deshalb nicht spielen können. Reagiert der Dirigent darauf mit Ermahnungen, die Ruhe erbitten, riskiert er, daß sich alle Musiker mit den Nachlässigen gegen ihn verbünden. Entstehen solche Situationen häufig, wird sich der Orchestervorstand an die betreffenden Musiker wenden und zu konzentrierter Arbeit ermahnen. Nicht selten erlebt man in Proben, daß an einigen Musikern sich stets erneut Konflikte mit dem Dirigenten entzünden, die sich sodann auf das gesamte Orchester übertragen. Wegen der faktischen Unkündbarkeit von Orchestermusikern kann das Sanktionspotential des Orchestervorstands freilich häufig ins Leere laufen. Gegenüber einem beharrlich unmotivierten Musiker sind Orchestervorstand und Dirigent weitgehend machtlos.

Dasselbe Problem, das für die Diensteinteilung und Dienstvorbereitung skizziert worden ist, wird sich in der Regel bei der *Aufführung* fortsetzen. Denn diejenigen Musiker, die unvorbereitet zu Proben erscheinen und sich am stärksten für die „leichten" Dienste interessieren, sind es meistens auch, die sich während der Aufführungen am geringsten engagieren. Dies kann in der Weise geschehen, daß an Stellen leise gespielt wird, an denen eine größere Lautstärke gefordert wird und niemals wirklich leise, wo dies nötig ist oder daß das Spielen für kurze Zeit vollständig unterbleibt. Auf diese Weise kann man kräftesparend auch bei schwierigen Partien tätig sein, um diese Energien am folgenden Tag für Nebentätigkeiten einzusetzen. Allerdings wird dieser Musikertypus auch in anderen Orchestern keine bedeutende Rolle spielen. Die Intention, sich beim Orchesterspiel wenig zu engagieren, läßt sich schließlich noch auf andere Weise realisieren: durch häufige Krankheit und mangelndes Engagement in der Orchesterselbstverwaltung.

Dürften die skizzierten Problemkonstellationen ihre Ursache vornehmlich in der Orchesterhierarchie, den daraus folgenden sozialen und finanziellen Differenzierungen sowie in gescheiterten Künstlerkarrieren haben, so ist noch ein anderer Konflikttypus zu erwähnen. Er hat seine Ursache in der Gleichrangigkeit zweier Tätigkeiten. Solistenstellen in einem großen Opernorchester sind stets *doppelt besetzt,* nicht zuletzt deshalb, weil durch unvorhersehbare Ereignisse ein Solist ausfallen kann und ein anderer Musiker der betreffenden Gruppe den Part nicht übernehmen will oder kann. Sind aber zwei Personen mit vergleichbarer Qualifikation mit derselben musikalischen Tätigkeit betraut, dann kann dies dazu führen, daß sie konträre Auffassungen über die Spielweise entwickeln. Konkret: Der Stimmführer einer Streichergruppe entscheidet für seine Gruppe über die

Stricharten, d. h. an welcher musikalischen Stelle der Bogenstrich gewechselt wird, um einen möglichst homogenen Klang zu erreichen. Können sich die beiden Stimmführer nun nicht darüber einigen, an welcher Stelle der Bogenstrich wie geführt werden soll, müssen sie einen Kompromiß erreichen, der aber als latenter Konflikt weiter bestehen bleibt. Dies kann wiederum zur Folge haben, daß innerhalb dieser Gruppe soziale Spannungen aufbrechen, die nicht nur das persönliche Verhältnis der Musiker zueinander, sondern auch die musikalische Leistung beeinträchtigen. Sich heftig befehdende Musiker innerhalb einer Gruppe sind keine Seltenheit in großen Opernorchestern. Die Ursache solcher gruppeninternen Konflikte sind jedoch vielfältiger als hier beschrieben. Neben Konkurrenzen zwischen den beiden Solisten bietet die hierarchische Struktur der Gruppe Anlaß zu Auseinandersetzungen, die die Spielweise einer Gruppe beeinträchtigen können. Gruppeninterne Konflikte dürften gegenüber Auseinandersetzungen zwischen einzelnen Gruppen, wie etwa Bläsern und Streichern, in der Mehrzahl sein.

Gruppeninterne Konflikte entstehen nicht nur aus musikalischen, sondern auch aus sozialen Gründen. Die Qualifikation eines Orchestermusikers ist neben der Begabung und dem Fleiß auch abhängig von der *körperlichen Konstitution*. Der biologische Prozeß des Alterns ist deshalb bei Musikern, wie bei vielen anderen Künstlern auch, mit nachlassender Qualifikation verbunden. Es gibt Musiker - vorwiegend Bläser - mit exponierten (solistischen) Tätigkeiten, die auf das Problem in der Weise reagieren, daß sie ohne äußeren Druck in ihrer Gruppe eine nachgeordnetere Rolle spielen, etwa freiwillig vom 1. zum 3. Instrument wechseln. Freilich geschieht es auch nicht selten, daß diese Musiker um so intensiver an ihrer Position festhalten, je offensichtlicher ihre Leistungen nachlassen. Einmal aus finanziellen Gründen; denn ein Musiker, der einen nachgeordneten Part spielt, erhält nur für ein Jahr sein bisheriges Gehalt weiter und wird dann herabgestuft. Aber auch aus Statusgründen widersetzen sich Musiker einer Herabstufung. Die anderen Kollegen dieser Gruppe wie auch der Orchestervorstand und der Dirigent befinden sich bei solchen Problemen in einem Dilemma zwischen künstlerischem Anspruch und sozialer Verpflichtung. Lassen sie soziale Erwägungen außer Betracht, riskieren sie, im Alter ebenfalls so behandelt zu werden; setzen sie soziale Prioritäten, kann die musikalische Leistung der Gruppe und damit auch das gesamte Orchester nachlassen, was wiederum Konsequenzen für die berufliche Karriere der einzelnen Musiker, vornehmlich der jungen, hat. In allen Orchestern und in ihren Gruppen existieren deshalb Kontroversen über die Frage, wie der Widerspruch zwischen künstlerischer und sozialer Orientierung gelöst werden kann. Zeigt ein Musiker keine Bereitschaft, freiwillig nachgeordnetere Tätigkeiten wahrzunehmen, dann bricht dieses Problem immer wieder offen aus.

Schließlich sei ein Konflikttypus erwähnt, der aus der spezifischen *Spielweise* einer Gruppe resultiert. Wir haben gesehen, daß es zwischen Streichern und Bläsern ein traditionelles Konfliktpotential gibt, das aus dem unterschiedlichen Grad solistischer Tätigkeit herrührt. Können Bläser sich mehr oder weniger als solistisch profilieren, so ist dies bei Streichern allein für die Stimmführer oder ausnahmsweise die Vorspieler möglich. Aus der beständigen Unterordnung unter ein Kollektiv erwachsen nicht nur soziale Spannungen, die in der Negation von Individualität ihren Grund haben, sondern auch aus der Identifikation mit dem Kollektiv. Ist es für Streicher in einem Opernorchester nicht möglich, solistisch tätig zu sein, dann bildet sich ein Gruppenbewußtsein heraus, für das die Leistung der jeweiligen Gruppe der Erfolgsmaßstab der eigenen Tätigkeit ist. Da indes in solchen Gruppen die unterschiedlichsten Musikertypen zusammentreffen, vom ambitionierten Solisten über den durchschnittlichen Orchestermusiker bis hin zum musikalischen Lohnabhängigen, liegen die potentiellen Konflikte auf der Hand. Wer seine solistischen Phantasien nur in der Gruppe erfüllen kann, das Niveau dieser aber von den wenig Engagierten bestimmt wird, fühlt sich beständig unterfordert. Umgekehrt kämpft der „Lohnabhängige" mit einer permanenten Überforderung durch die herausragenden Tuttisten. Dieses Leistungsgefälle in allen Streichergruppen ist Ursache für ein beständiges Konfliktniveau, das Streichergruppen durchzieht und diese nicht selten vollständig paralysiert. Kommen zu diesen Konflikten noch Auseinandersetzungen über das politische Engagement von Musikern oder persönliche Animositäten hinzu, dann kann ein Orchestervorstand unaufhörlich damit beschäftigt sein, Konflikte in einzelnen Streichergruppen zu schlichten.

Zusammenfassend sei festgehalten: Die hierarchische Struktur des Gehalts- sowie des Statussystems eines Opernorchesters kann in Zusammenhang mit den musikalischen Anforderungen Ursache für soziale Konflikte bei der Diensteinteilung, der Dienstvorbereitung sowie bei Aufführungen sein. Solche Konflikte können zwischen einzelnen Gruppen sowie innerhalb einzelner Gruppen aufbrechen und je nach Intensität das musikalische Produkt beeinflussen. Der Orchestervorstand ist überwiegend mit gruppeninternen Konflikten beschäftigt, während Konflikte zwischen einzelnen Gruppen sich eher darin äußern, daß die einzelnen Gruppen ein Eigenleben führen und erst vermittelt durch den Dirigenten zueinanderkommen.

Es bliebe freilich ein wesentlicher Konfliktbereich ausgespart, wenn nicht auch das spannungsgeladene Verhältnis des *Dirigenten* zum Orchester analysiert wird. Dabei sieht es auf den ersten Blick nicht so aus, als seien die Beziehungen zwischen dem Dirigenten und dem Orchester konfliktorisch. Die von Th. W. *Adorno* erzählte Anekdote dürfte das Verständnis von den Aufgaben eines Dirigenten nicht weniger charakterisieren: "In einer großen deutschen Stadt lebte ein geisteskranker Sohn aus wohlhabendem Haus, der sich einbildete, ein genialer Dirigent zu sein. Um ihn zu kurieren, mietete ihm die Familie das beste Orchester und gab ihm Gelegenheit, Beethovens Fünfte Symphonie durchzuspielen. Obwohl der junge Mann ein blutiger Laie war, wurde die Aufführung nicht schlechter als irgendeine gängige; das Orchester, das das Stück im Schlaf auswendig wußte, bekümmerte sich nicht um die falschen Einsätze des Dilettanten. Sein Wahn fand sich bestätigt" (Adorno 1962: 116).

Weil der Dirigent im Gegensatz zum Orchestermusiker keine unmittelbar hörbare Leistung vollbringt, kann der Alltagsverstand über *Adornos* Geschichte lächeln. Tatsächlich freilich würde heute kein großes Orchester mehr ohne die Delegation von Entscheidungen an eine zentrale Institution funktionieren. War es früher der Konzertmeister, der musikalisch tätig war und zugleich das Orchester dirigierte, so sind angesichts der Größe heutiger Opernorchester die Aufgaben des Dirigenten so komplex geworden, daß sie nicht mehr von dem Konzertmeister wahrgenommen werden können. Im Zentrum der Tätigkeit des Dirigenten steht die spezifische Gestaltung, die er einem musikalischen Werk geben will. Dafür hat er eine Reihe von Stilmitteln zur Verfügung, die u. a. Tempi, Dynamik und Phrasierung umfassen (vgl. Dechant 1985; Jungheinrich 1986). Daneben gibt es technische Gründe für die Notwendigkeit des Dirigenten: Spezifische Klangbilder lassen sich nur dann erarbeiten, wenn von einer alle Musiker gleichermaßen gut wahrnehmbaren Stelle aus die musikalische Wirkung des Orchesters überprüft werden kann, vor allem dann, wenn sie erst im Kopf des Dirigenten existieren. Wer einmal verschiedene Plätze in einem großen Orchester eingenommen hat, weiß um dieses Problem: Sitzt man bei den Blechbläsern, hört man bei ihrem Einsatz kaum die Streicher oder die Holzbläser; vom Platz der letzteren aus ist man durch die dahinter plazierten Blechbläser, die Pauke und das Schlagzeug in einem Maße „eingedeckt", daß die Streicher schwer zu vernehmen sind. Von den Streichern aus ist es am ehesten möglich, einen musikalischen Gesamteindruck zu erhalten, weshalb früher der Konzertmeister häufig auch zugleich der Dirigent war. Aber nicht allein künstlerische und technische Gründe sind es, die die Institution des Dirigenten erforderlich machen. Wenn der Ausgangspunkt unserer Überlegungen zutreffend ist, daß Opernorchester komplexe soziale Institutionen darstellen, die vielfältige Formen sozialer Differenzierung und Konkurrenz aufweisen, dann folgt daraus, daß sie auch aus sozialen Gründen ohne Leitung nicht auskommen können. Überließe man Opernorchester sich selbst, bestände die Gefahr, daß sie aufgrund ihrer sozialen Konflikte nicht zum Musizieren fänden. Der Dirigent ist folglich nicht allein aus künstlerischen, sondern gleichermaßen aus sozialen Gründen erforderlich. Er ist neben dem Orchestervorstand das *Entscheidungszentrum* des Orchesters.

Damit gerät er in ein vergleichbares Dilemma wie jedes Management eines Industriebetriebes oder einer Verwaltung, nur mit gravierenderen Folgen im Falle des Versagens. Wie für jede komplexe soziale Organisation kann man auch für ein Opernorchester zwei kontrastierende Organisationsformen diskutieren: ein Bürokratie- und ein Partizipationsmodell. *Bürokratische Organisationsformen,* die auf einer strikten Weisungsgebundenheit der Entscheidungsempfänger basieren, beeinflussen den Arbeitsprozeß eines Opernorchesters insofern negativ, als sie Kreativitäts- und Kooperationspotentiale von Musikern ungenutzt lassen und damit die Qualität des Produktes, die Musik, beeinträchtigen. Kein Dirigent kann gegen den erklärten Widerstand von Musikern eine Interpretation durchsetzen, wie dies ein Behördenleiter mit Geschick vermag. Denn da die Mitglieder eines Orchesters nicht beliebig durch Versetzung oder andere Sanktionen ausgetauscht werden können, was in der Verwaltung prinzipiell möglich ist, verhallt die Androhung von

Sanktionen in der Regel wirkungslos. Insofern kann sich ein Dirigent nicht wie ein Behördenleiter oder wie das Management eines Industriebetriebes verhalten; tut er es, muß er mit folgenreichen Konflikten rechnen.

Und dennoch würden die sozialen Probleme nicht geringer, wenn sich ein Dirigent in Anlehnung an ein *Partizipationsmodell* verhielte. Beteiligung der Musiker gibt es zwar bei jeder Probe; sie geht aber nie so weit, daß diese über Auswahl und spezifische Interpretation eines musikalischen Werkes mitentscheiden. Die Partizipation liegt im Rahmen der vom Dirigenten gesetzten Grenzen. Vordergründig läßt sich die Existenz dieses *Anhörungsmodells* aus der Option von Musikern erklären, die eine zentrale Instanz wünschen, welche Basisentscheidungen fällt. Doch läßt sich gegen dieses Argument einwenden, es hypostasiere eine gegenwärtige soziale Situation, die bei veränderten Optionen der Musiker auch anders gestaltet werden könnte. Demgegenüber soll hier die These vertreten werden, daß es die soziale Komplexität eines Opernorchesters unabdingbar macht, daß eine zentrale Instanz Basisentscheidungen trifft, in deren Rahmen Anhörungen möglich sind.

Ist diese Überlegung zutreffend, dann folgt daraus für den Dirigenten ein *strukturelles Dilemma*. Handelt er zu autoritär, entziehen ihm die Musiker ebenso die Kooperation wie im umgekehrten Fall, in den er ihnen zuviel Entscheidungsspielraum läßt. Jeder Dirigent muß einen prekären *Balanceakt zwischen autoritativem und liberalem Verhalten,* zwischen sozialer Distanz und Nähe vollbringen, der einen psychischen Preis erfordert: Einsamkeit. Insofern unterscheidet er sich nicht von anderen Personen, die über Machtpositionen verfügen. In einem Punkt freilich doch. Wie keine andere hierarchische Institution ist die Reputation des Dirigenten von der Kooperation der Musiker abhängig. Da sich im Falle einer Weigerung der Musiker, den Wünschen des Dirigenten gemäß zu spielen, die Verantwortung dafür nicht abschieben läßt, wie dies prinzipiell in allen personell mehrfach besetzten Herrschaftspositionen möglich ist, müssen Dirigenten mehr als andere Machtträger auf akzeptable Kooperationsformen achten. Musikalische Fehler werden selten den namentlich unbekannten Musikern, sondern dem Dirigenten zugerechnet.

Nicht nur zur Befriedigung seiner künstlerischen Ideen muß der Dirigent deshalb auch die Sozialstruktur "seines" Orchesters kennen und als Schlichter in sozialen Auseinandersetzungen tätig werden, sondern auch zur Erhaltung seines musikalischen Renommees. Eine Typologie von Dirigenten zu entwickeln, läuft Gefahr, je spezifische Konstellationen zwischen Orchester und Dirigent zu vernachlässigen. Vorläufig indes kann man festhalten, daß diejenigen Dirigenten die geringsten Schwierigkeiten haben, soziale Probleme zu bewältigen, die den Gewohnheiten und Bedürfnissen der Musiker am stärksten entgegenkommen. Wird ein Musiker nicht fundamental in seiner bisherigen Spielweise in Frage gestellt, erhöht ein Dirigent das Renommee des Orchesters durch vielbesuchte Aufführungen, auswärtige Gastspiele sowie Schallplatten- und Fernsehaufnahmen, dann kann er damit rechnen, von den meisten Musikern anerkannt und verehrt zu werden. Verfolgt ein Dirigent eine nonkonformistische Musikkonzeption, die vom Publikum zurückhaltend aufgenommen wird, dann muß er über außerordentliche soziale Qualifikationen verfügen, wenn er die Musiker für seinen Stil begeistern will. Neben dieser groben Unterscheidung in Dirigenten, die am Durchschnittsgeschmack des Publikums orientiert sind und solchen, die nonkonformistische Aufführungen wagen, kann eine zweite Differenzierung gemacht werden. Gastdirigenten die über ein internationales Renommee verfügen, werden in der Regel soziale Probleme besser lösen können als Hausdirigenten. Zum einen wegen ihrer Reputation, zum anderen, weil sich zwischen Dirigent und Orchester noch keine Kommunikationsfronten herausgebildet haben, die mit einer gewissen Eigenlogik immer wieder zu denselben Problemkonstellationen führen.

Konflikte zwischen Dirigent und Orchester erfolgen selten in unmittelbarer Konfrontation, sondern zumeist zwischen dem Repräsentationsorgan des Orchesters, dem *Orchestervorstand* und dem Dirigenten. Im Gegensatz zu Mitbestimmungsorganen in Industrie und Verwaltung hat der Orchestervorstand, der aus drei bis fünf vom Orchester gewählten Musikern besteht[6], eine doppelte Funktion. Zum einen vertritt er die Interessen des Orchesters gegenüber dem Dirigenten und der Operndirektion, nimmt also Mitbestimmungsrechte wahr. Zum anderen, darin unterscheidet er sich grundsätzlich von anderen Mitbestimmungsinstitutionen, ist ihm die Aufgabe übertragen, den "reibungslosen" Ablauf des Orchesterbetriebes zu gewährleisten. Zu den disziplinierenden Aufgaben gegenüber dem Orchester gehört vorwiegend die Überwachung pünktlicher Anwesenheit bei Proben und Aufführungen und der Befolgung dienstlicher Weisungen. Verstößt ein Musiker gegen solche Pflichten, kann der Orchestervorstand Geldstrafen bis zu einem Tagesgehalt verhängen.

Die Außenfunktion des Orchestervorstandes unterscheidet sich freilich auch von der anderer Mitbestimmungsinstitutionen. Haben diese die Möglichkeit, bestimmte Entscheidungen gegenüber dem Arbeitgeber notfalls durch Gerichtsbeschluß durchzusetzen, so sind die Kompetenzen des Orchestervorstandes vornehmlich auf Anhörungsrechte beschränkt, die den Dirigenten nicht verpflichten. Gehört werden muß der Orchestervorstand bei der Auswahl von Bewerbern für freie Stellen im Orchester, auch für die des Dirigenten, und bei der Prüfung, ob der Dienstplan zu einer übermäßigen Belastung eines Musikers führt (§ 5 Abs. 1 TV Orchestervorstand). Indes kann sich der Dirigent gegen alle die künstlerischen Belange betreffenden Beschlüsse des Orchestervorstandes aussprechen und seine Vorstellungen realisieren. Tatsächlich freilich wird er das deshalb nicht tun, weil zu der Herstellung eines musikalischen Werkes mehr gehört als die Arbeitsbereitschaft von Musikern. Berufliches Engagement kann ein Dirigent, der exzeptionelle Aufführungen realisieren will, nur dann erreichen, wenn er ein kooperatives Verhältnis mit dem Orchestervorstand herausbildet. Im Unterschied zu Industrie und Verwaltung versuchen deshalb Dirigent und Orchestervorstand, nicht-

---

6 §2 Absatz 3 des Tarifvertrages über die Bildung und die Aufgaben des Orchestervorstandes (TV Orchestervorstand) vom 1. Juli 1971.

antagonistische Kommunikationsformen zu entwickeln. Die vorwiegend nach innen, zu den Musikern hin orientierten Aufgaben des Orchestervorstandes erleichtern dem Dirigenten solche Kooperationsformen. Erreicht er ein positives Verhältnis zum Orchestervorstand, dann nimmt ihm dieser eine Reihe organisatorischer Aufgaben (wie die Überwachung der Arbeitszeiten und der Kleiderordnung) ab. Und da dem Orchestervorstand auch Rechte gegenüber dem Dirigenten eingeräumt sind (in der Praxis ist dies hauptsächlich die Überwachung der Pausen, der Dienstbelastung und -einteilung), hat auch dieser ein Interesse an kooperativen Kommunikationsformen. Orchestervorstände geraten eher in Konflikte mit "ihren" Musikern oder einzelnen Gruppen als mit dem Dirigenten.

Dieses konzeptionell und auch praktisch kooperative Verhältnis zwischen Dirigent und Orchestervorstand basiert auf der unvergleichbaren Form der Orchestermusikerarbeit. Ihr *Doppelcharakter,* abhängige und künstlerische Tätigkeit zugleich zu sein, bringt ein anderes Arbeitnehmerbewußtsein hervor als in Industrie und Verwaltung vorherrschend. Als abhängige Arbeitnehmer sind Orchestermusiker zwar hinsichtlich Entlohnung, Arbeitszeit und Arbeitsbedingungen interessenbewußt, als Künstler hingegen sind sie bereit, solche Interessen hintan zu stellen, wenn sie kreative Phantasien verwirklichen können. Die Form ihres Arbeitsprodukts unterstützt dieses Dilemma. Wollen Orchestermusiker Forderungen durchsetzen, müssen sie dies in öffentlich wirksamer Weise tun. Da ihre Anerkennung aber davon abhängt, daß sie öffentlich auf die Durchsetzung solcher Interessen verzichten und ästhetisch befriedigende Werke herstellen, kann die Durchsetzung materieller Interessen die Realisierung künstlerischer Wünsche konterkarieren.

Dieses *Dilemma zwischen künstlerischen Interessen und Arbeitnehmerforderungen* bestimmt nicht nur die kooperative Konstruktion des Verhältnisses von Orchestervorstand und Dirigent, sondern zeigt auch die Grenzen gewerkschaftlicher Organisierung von Orchestermusikern an. Bezogen auf die tägliche Orchesterarbeit wird man ohne Übertreibung feststellen können, daß die gewerkschaftliche Interessenvertretung, die Deutsche Orchestervereinigung (DOV), ohne größere Bedeutung ist, läßt man einmal ihre Rolle als Tarifpartei außer Betracht. Alle das Verhältnis Dirigent-Musiker betreffenden Probleme werden von der genannten betrieblichen Institution bearbeitet. Von der Gewerkschaft seit Jahren erhobene Forderungen, wie die Veränderung der Besoldungsstruktur (Anhebung der untersten Gehälter auf die eines Grundschullehrers; Reduktion auf vier Besoldungsstufen; gleiche Abstände zwischen den einzelnen Besoldungsstufen; Bezahlung der 3. Zulage für alle Streicher) und die Herabsetzung der Höchstarbeitszeit von 64 auf 56 Dienste in acht Wochen sind bislang nicht realisiert worden. Dies dürfte nicht zuletzt auch deshalb der Fall sein, weil die ca. 7000 Mitglieder umfassende Gewerkschaft, die nicht mehr im Deutschen Gewerkschaftsbund organisiert ist, gegenüber dem Arbeitgeberverband, dem Deutschen Bühnenverein, über eine geringe bargaining power verfügt. Auch wenn die Gewerkschaft darauf verweisen kann, daß ihr Organisationsgrad mit über 90 Prozent einer der höchsten in der Bundesrepublik ist, steht sie dennoch vor dem strukturellen Problem, daß Arbeitskampfmaßnahmen nicht nur beim Publikum, sondern gleichermaßen bei den Musikern unbeliebt sind. Das Dilemma, das die Arbeit des Orchestervorstands beherrscht, bestimmt auch die Grenzen einer gewerkschaftlichen Interessenvertretung von Orchestermusikern.

So schließt sich die Argumentation. Als kollektiv tätiger Arbeitnehmer unterliegt ein Opernmusiker all den sozialen Strukturen, die für *abhängige Arbeit* charakteristisch sind. Da sich Orchestermusiker zugleich aber auch als *kreativ tätige Künstler* verstehen und entsprechend handeln, bilden sich Interessenvertretungsorgane in anderer Weise heraus als in Industrie und Verwaltung. Das im Prinzip *kooperative* Verhältnis von Orchestermusikern zu Dirigenten und zur Opernleitung ist Ausdruck der künstlerisch-individualistischen Seite des Berufs, die einer konfliktorischen Interessenvertretung Grenzen setzt. Orchestermusiker werden deshalb mit dem Dilemma leben müssen, den überwiegenden Teil ihrer Tätigkeit als abhängige Arbeit zu verrichten und sich zugleich als Künstler zu verstehen - ein Dilemma, das nicht wenige Orchestermusiker entweder zu einem Habitus treibt, der mit dem Begriff *„Musikvollzugsbeamter"* treffend umschrieben ist oder zu solistischen Ambitionen anhält, die Orchesterarbeit nur mehr als Nebentätigkeit erscheinen lassen. Ob diese beiden Musikertypen die Ausnahme gegenüber dem im Kollektiv zufrieden und geborgen aufgehenden Musiker sind, ist mehr als fraglich.

Literatur

Adorno, Theodor W., 1962: Einleitung in die Musiksoziologie, Frankfurt a. M.: Suhrkamp.
Dechant, Hermann, 1985: Dirigieren, Wien/Freiburg/Basel.
Jungheinrich, Hans K., 1986: Der Musikdarsteller. Zur Kunst des Dirigenten, Frankfurt a. M.
Klausmeier, Friedrich, 1978: Die Lust, sich musikalisch auszudrücken, Reinbek bei Hamburg: Rowohlt.
Kulenkampff, Hans W., 1980: Musiker im Orchester, Frankfurt a. M. / New York / London: C. F. Peters.
Schulz, W., 1971: Analysen in einem Symphonieorchester, in: W. Piperek: Stress und Kunst. Gesundheitliche, psychische, soziologische und rechtliche Belastungsfaktoren im Beruf des Musikers eines Symphonieorchesters, Wien.
Strasser, Otto, 1985 : Sechse is. Wie ein Orchester musiziert und funktioniert, München: Pabel-Moewig.
Süskind, Patrick, 1984: Der Kontrabaß, Zürich: Diogenes.

Jutta Allmendinger und J. Richard Hackman

"Die Freiheit wird uns in die Pflicht nehmen"
Der Einfluß von Regimewechseln auf Orchester und ihre Mitglieder[1]

Seit den bahnbrechenden Arbeiten von Arthur Stinchcombe (1965) wird das Verhältnis zwischen Organisation und Umwelt theoretisch wie empirisch häufig behandelt. Wir untersuchen diese Beziehung unter historisch fast einmaligen Umständen, dem doppelten Bruch in der Geschichte Ostdeutschlands in den letzten fünfzig Jahren: Zunächst in der Zeit unmittelbar nach dem Zweiten Weltkrieg, als das sozialistische Regime an die Macht kam, dann 1989, als dieses Regime sich vor aller Augen auflöste. Wir zeigen, wie beide historische Brüche sich auf eine tiefverwurzelte kulturelle Institution auswirkten, auf Symphonieorchester.

Die Beziehung zwischen Organisation und Umwelt wird konzeptionell unterschiedlich behandelt: In *institutionellen* Modellen (Meyer und Rowan 1977; Zucker 1977; DiMaggio und Powell 1983; Scott 1987) wird beschrieben, wie sich Organisationen, die eine ähnliche Umwelt haben, anpassen und einander dann zunehmend ähnlicher werden. Mit *populationsökologischen* Modellen (Hannan und Freeman 1977, 1989; Aldrich 1979) wird erklärt, wie Umweltveränderungen

---

1 Die Untersuchung wurde zu großen Teilen vom Max-Planck-Institut für Bildungsforschung und der Harvard Graduate School for Business Administration finanziert. Wir danken Larissa Kowal-Wolk, Erin Lehman und Rebecca Roters für Projektarbeiten, Jay Tucker für Übersetzungen und Kodierungen der Fragebögen, Ben Dattner, Adam Galinsky und Tuck Pescosolido für Literaturrecherchen und Datenanalysen. Von Judith Blau, Hannah Brückner, Thomas Ertmann, Paul DiMaggio, Connie Gersick, Thomas Hinz, Stephan Leibfried, Andy Molinsky, Francie Ostrower, Charles Perrow, Klaus Jürgen Peter und Aage Sorensen erhielten wir wichtige Hinweise, für die wir ebenfalls sehr danken. Dieser Beitrag beruht auf einem zuerst in der Zeitschrift Administrative Science Quarterly, 1996, erschienen Manuskript, welches von den Autoren übersetzt und stark gekürzt wurde. Der Titel „Die Freiheit wird uns in die Pflicht nehmen" stammt von Volker Braun, 1990.

Organisationen, die alle einem bestimmten Wirkungsfeld zugehören, beeinflussen. Organisationen, die gut in ihre Umgebung passen, wachsen und gedeihen, alle anderen verkümmern und sterben mit der Zeit aus. Einzelne Akteure in Organisationen können - aus der Sicht der Populationsökologie - wenig tun, um diese ökologischen Einflüsse zu ändern. Schließlich gehen *Adaptationsmodelle*[2] davon aus, daß Organisationen rational handeln (Barnard 1938; Child 1972) und ihre Entscheidungsträger die Organisation auf veränderte Umweltbedingungen einstellen können.

Diese organisationstheoretischen Ansätze sind nützlich, um das Verhältnis zwischen Organisationen und ihrer Umwelt zu erklären. Gelegentlich wird versucht, sie gegeneinander auszuspielen (Singh, House und Tucker 1986; Zucker 1987: 457-59; Astley und Van de Ven 1983), dabei wird allerdings übersehen, daß sie nicht unmittelbar miteinander konkurrieren, sondern das Verhältnis zwischen Organisation und Umwelt situationsspezifisch unterschiedlich gut erklären. Es hängt daher von der Art und der Reichweite der Umweltveränderungen ab, ob Organisationen nur Spielball ihrer Umwelt sind oder ob organisationales Handeln von eigenständiger Bedeutung ist. Wir sollten uns daher darauf konzentrieren, die Frage zu beantworten: "Wann und wie meistern Organisationen erfolgreich gesellschaftliche Umbrüche?" (Gersick 1994: 11). Die Klärung dieser Frage erfordert Vorarbeiten. Zunächst ist zu untersuchen, ob überhaupt Zusammenhänge zwischen Umwelt- und Organisationsveränderungen bestehen. Desweiteren ist zu klären, wie "tief" Umweltveränderungen reichen: Ändern sich mit den institutionellen Formen auch die individuellen Einstellungen von Mitarbeitern? Oder überleben diese auch Zeiten großen gesellschaftlichen Wandels?

Wir beziehen uns auf Symphonieorchester in der ehemaligen DDR und nutzen eigene Befragungen, Beobachtungen, Archivdaten sowie Expertengespräche. Symphonieorchester in Ostdeutschland sind für unsere Fragestellung besonders geeignete Organisationen, weil ihre Umwelt zweimal radikalen gesellschaftlichen Wandel durchlaufen hat. Beide Zeitpunkte sind klar umrissen und waren jeweils durch die Einführung einer fast entgegengesetzten (Kultur-) Politik gekennzeichnet, die danach über lange Zeiträume stabil blieb. So hat die Entwicklung ostdeutscher Orchester im zwanzigsten Jahrhundert viele Züge eines natürlichen Experiments: Die zentrale Planwirtschaft (und Kulturpolitik) wurde nach 1945 eingeführt, währte über 40 Jahre und zerfiel dann unerwartet und plötzlich - ein klassisches 'reversal design'. Einige 'nicht äquivalente' Kontrollgruppen können uns als Kontrast dienen, um die für ostdeutsche Orchester gefundenen Ergebnisse zu interpretieren: Westdeutsche Orchester, die mit den Ost-Orchestern eine musikalische Tradition teilen, aber nach 1945 anderen politischen und wirtschaftlichen

---

2 So der Ansatz der "Passung" von Organisation und Umwelt (Lawrence und Lorsch 1977; Thompson 1967), die Ressourcen-Abhängigkeits-Theorie (Salancik und Pfeffer 1977; Pfeffer und Salancik 1978) und Modelle zur Reaktion von Organisationen auf Bedrohung und mögliches Scheitern (Staw, Sandelands und Dutton 1981; Meyer 1982; Haveman 1992; Ocasio im Druck).

Umwelteinflüssen ausgesetzt waren, sowie britische und amerikanische Orchester, die mit den ostdeutschen Orchestern keine musikalischen oder politisch-wirtschaftlichen Umwelten teilten oder teilen.

1. Forschungsfragen

Haben Umweltveränderungen überhaupt die Orchester erreicht? Welche institutionellen und organisationalen Folgen sind zu beobachten? Ergeben sich Veränderungen von Einstellungen und Verhaltensweisen der Akteure oder überleben Einstellungen veränderte Kontext-strukturen? Wir werden diese Fragen zunächst getrennt untersuchen und erst am Schluß dieses Beitrages zu einem übergreifenden konzeptionellen Rahmen zurückkehren. Konkret unterscheiden wir die folgenden Aspekte:

Wurde der Einfluß des politischen und wirtschaftlichen Wandels auf Orchester durch intermediäre Organisationen oder lokale Instanzen abgeschwächt?

Nach dem Zweiten Weltkrieg und nach 1989 traten umwälzende wirtschaftliche und politische Veränderungen ein. Diese "Umwälzungen" haben die ostdeutschen Orchester allerdings nicht notwendigerweise unmittelbar und ungedämpft erfaßt. Die Wirtschafts- und Sozialpolitik wird von einer Vielzahl nationaler, regionaler und lokaler Verwaltungen umgesetzt (Carroll, Delacroix, und Goodstein 1988). Diese Träger können selbst die Auswirkungen grundlegenden gesamtgesellschaftlichen Wandels absorbieren, während die [1] unmittelbare Umwelt der betreffenden Organisationen nahezu unverändert bleibt (Aldrich 1979: 196). Eine solche Pufferung dürfte besonders bei Organisationen stattfinden, die geschichtlich tief verwurzelt und die für die kulturelle Identität einer Nation zentral sind. Folglich fragen wir zunächst: Hat sich die unmittelbare Umwelt der Orchester nach 1945 bzw. 1990 tatsächlich verändert oder haben intermediäre Organisationen nationale Entwicklungen so umfassend aufgefangen, daß Orchester in einer unveränderten Umwelt agieren konnten und können?

In welcher Weise und wie stark sind der Orchesterbetrieb, die Arbeit und Einstellungen der Musiker durch beide gesellschaftliche Umbrüche verändert worden?

Ostdeutsche Symphonieorchester sind zumeist alte kulturelle Institutionen. Selbst wenn ihre unmittelbare Umwelt sich über die Jahrzehnte geändert hat, könnten ihre institutionellen Prägungen stark genug gewesen sein, um entstandenem Umweltdruck erfolgreich auszuweichen. Dann sollten empirische Analysen fast unveränderte Einstellungen der Orchester-mitglieder ergeben. Andererseits könnte der soziale Wandel so stark und nachhaltig gewesen sein, daß die "organisationale

Beharrungskraft" überwunden wird und sich organisationale Abläufe und Einstellungen verändern.

2. Untersuchungskontext und Datengrundlage

Symphonieorchester sind Ensembles, die vornehmlich Werke des klassischen konzertanten Repertoires öffentlich aufführen; die Mitglieder verdienen durch diese Tätigkeit ihren Lebensunterhalt. Zu Symphonieorchestern zählen wir Konzertorchester, Rundfunkorchester und Orchester, die *neben* ihrem klassischen Konzertprogramm andere Aufgaben, wie die Aufführung von Opern und Unterhaltungsmusik ("Pops") wahrnehmen. Nicht untersucht wurden dagegen Kammerorchester, Orchester, die ausschließlich für die Oper oder das Theater spielen, Universitätsorchester und Amateurorchester. Die Hauptaufgabe von Symphonieorchestern ist klar vorgegeben: In Symphonieorchestern wird ein weitgehend standardisiertes, gleichartiges klassisches Konzertrepertoire zur Aufführung gebracht und zwar durch Personen, deren (musikalisches) Talent und deren Ausbildung auch international vergleichbar ist. Es gibt nur wenige Arbeitsorganisationen auf der Welt, die weitgehend dasselbe Produkt herstellen und bei denen zudem hochgradig gleiche Anforderungen an die "Handwerker" und an ihre Zusammenarbeit gestellt werden. Unterschiede in der Aufgabenstellung oder in der Zusammensetzung der Spieler können hier also nicht mit Auswirkungen des organisationalen oder nationalen Kontextes verwechselt werden.

Seit dem 18. Jahrhundert galt in Deutschland die öffentliche und private Aufmerksamkeit in größerem Maße als anderenorts der Musik, und der Musikbetrieb wurde kontinuierlich finanziell unterstützt (Pfannkuch 1962; Weineck 1985). Waren im 18. Jahrhundert Orchester finanziell hauptsächlich vom Adel getragen, so übernahm bis ins 20. Jahrhundert der Staat die Rolle des Hauptfinanziers (Becker 1962; Raynor 1978).[3] In den USA und Großbritannien ist die Ausgangslage markant anders: Auch in unserem Untersuchungszeitraum (1945-1991) waren die meisten britischen und amerikanischen Orchester staatsfrei und hingen vom Markt und privaten Geldgebern ab (DiMaggio und Useem 1983: 200; Martorella 1983: 282).

Die symphonische Musik wurde fest verankerter Teil des deutschen Kulturlebens, weil sie sich anhaltender öffentlicher Unterstützung erfreute, auf eine gute musikalische Ausbildung zurückgreifen konnte, kontinuierlich neue Werke entstanden und viele Möglichkeiten für musikalische Aufführungen bestanden. Menschen aller gesellschaftlichen Schichten - nicht nur die bürgerliche Elite - waren mit symphonischer Musik vertraut, solche Musik war weit stärker als

---

3 Auch Kirchen spielten in Deutschland für die Verankerung einer klassischen Musikkultur eine entscheidende Rolle: Sie stellten weitere Ausbildungsplätze und Aufführungsorte zur Verfügung und regten die Komposition neuer Werke an.

in anderen Ländern Teil des kulturellen Alltags geworden. Untersuchungen belegen, daß selbst die Kulturpolitik des NS-Regimes kaum die Verwurzelung der kulturellen Musiktradition beeinflußte (Prieberg 1982). In Ostdeutschland waren die Orchester nach 1945 zwei einschneidenden politischen "Schocks" ausgesetzt: Zunächst wurden sie in eine zentral geplante sozialistische Kulturpolitik integriert, nach dem Zusammenbruch der DDR fanden sie sich in einem völlig neuen institutionellen Umfeld wieder.

Datengrundlagen: Archiv-, Interview-, Beobachtungs- und Befragungsdaten über Orchester und ihre Umwelt wurden Anfang 1990 und 1991 als Teil einer vergleichenden Studie von 78 Symphonieorchestern in Ost- und Westdeutschland, den USA und Großbritannien gesammelt. Die erste Untersuchungsfrage "Waren Orchester dem gesamtgesellschaftlichen Wandel ausgesetzt?" wird hauptsächlich anhand von Archivdaten und Interviews beantwortet. Die zweite Frage: "Reagierten Orchester und Spieler auf die Systemveränderungen?" bezieht sich vornehmlich auf die Ergebnisse unserer schriftlichen Befragungen.

Auswahl der Orchester: In die Grundgesamtheit wurden nur solche Orchester aufgenommen, die zwischen 1985 und 1989 mindestens eine Stelle öffentlich zur Neu- oder Wiederbesetzung ausgeschrieben hatten. Alle Orchester, die diesem Kriterium genügten, wurden zunächst nach dem Umfang ihres monatlichen Budgets geordnet und in zwei Klassen aufgeteilt: in Orchester mit großem Budget und in Klangkörper mit kleinerem Budget. Da der Budgetumfang eines Orchesters stark durch die Spielerzahl bestimmt wird, sprechen wir im folgenden auch von Orchestern der "A-Klasse" und der "B-Klasse". In jedem Land wurde eine ungefähr gleiche Anzahl von Orchestern der A-Klasse und der B-Klasse für die Studie zufällig ausgewählt. Von 81 ausgewählten Orchestern - ungefähr 20 pro Untersuchungsraum - nahmen schließlich 78 (96%) an den Erhebungen teil.[4]

Betrachtet man die Stichprobe nach unterschiedlichen Kriterien, ergibt sich, daß wir es in den USA mit Orchestern zu tun haben, die meist ausschließlich Konzerte aufführen und weder in Opern noch für den Rundfunk spielen, in Deutschland sind gerade die Hälfte aller Orchester nur konzertant. Weiterhin sind deutsche Orchester mit durchschnittlich 130 Musikern in „A-Klasse"-Orchestern größer als britische oder amerikanische Orchester (Durchschnitt: 101 Musiker) und wurden erheblich früher gegründet. Für alle Staaten gilt, daß regionale „B-Klasse"-Orchester kleiner und jünger als die „A-Klasse"-Orchester sind. Regionalorchester beschäftigen zudem mehr Frauen (insbesondere in den englischsprachigen Staaten) und mehr Ausländer (in Deutschland). Die weitere demographische Zusammensetzung der Spielerschaft (Alter, Orchesterzugehörigkeit in Jahren, Anzahl der Jahre in der gleichen Orchesterstellung und Anzahl früherer Orchester) unterscheidet sich in diesem 4-Staaten-Vergleich nicht.

---

4 Ein Orchester aus Großbritannien und zwei Orchester aus den USA lehnten die Mitwirkung ab.

Qualitative Daten und Archivdaten: Vor unserer Feldarbeit sammelten und verarbeiteten wir Veröffentlichungen zur Geschichte der Orchester in den vier Untersuchungsstaaten. Wir besuchten die 78 Orchester, führten Interviews und erhielten Archivmaterial für den Zeitraum 1985 bis 1990, etwa Konzertprogramme, Spielerlisten, Informationen zum Budget und über Besucherzahlen. Die Interviews wurden mit Verwaltungsdirektoren, Verantwortlichen in etwaigen Aufsichtsräten, sowie mit Musikerinnen und Musikern geführt.[5]

Die von ostdeutschen Orchestern zur Verfügung gestellten Archivdaten waren teilweise schwer zu interpretieren. Angaben über Budgets waren nicht erhältlich. Sogar offenkundige historische Tatsachen wie die Namen ehemaliger Dirigenten konnten nicht unüberprüft übernommen werden. Weiterhin liehen insbesondere kleinere Orchester häufig ihre Spieler untereinander aus, so daß die Spielerlisten oft nicht vollständig waren. Trotz dieser Schwierigkeiten kooperierten ostdeutsche Manager, Spieler, Dirigenten und andere Verantwortliche beispielhaft: Kein einziges Orchester verweigerte die Teilnahme, kein einziger Gesprächspartner wies uns ab, und die Ausschöpfungsquote war in Ostdeutschland höher als in irgendeinem anderen Land.

Befragungsdaten: In jedem Orchester wurden 15 Musiker geschichtet nach Instrumentengruppe und hierarchischer Position zufällig ausgewählt und in die schriftliche Befragung einbezogen. Die Befragung erfolgte anonym, erlaubte aber eine Identifikation des Orchesters, der Sektion, und des Status als Solo- oder Tutti-Spieler. Die Befragung wurde Anfang 1990 durchgeführt, die realisierte Stichprobe umfaßt insgesamt 72 Orchester und 992 Spielerinnen und Spieler.[6]

Der Fragebogen bestand aus 87 Fragen zur Organisationsstruktur und Leistung des Orchesters, dem Verhalten der Orchesterleitung, der Qualität der Zusammenarbeit innerhalb des Orchesters und der (allgemeinen wie besonderen) Motivation

---

5 Daten zum sozialen und institutionellen Kontext der ostdeutschen Orchester vor 1989, 1990 und 1991 wurden folgenden Quellen entnommen: Gesprächen mit Vertretern der Direktion für Theater und Orchester (DTO) im März 1990, Gesprächen mit dem persönlichen Referenten des stellvertretenden Ministers der Kultur der DDR im Februar 1990, einer Auswertung des offiziellen Presseorgans "Theater der Zeit" zwischen 1960 und 1989 und des Rahmenkollektivvertrags. Einzelheiten zu den Orchestern stammen aus den "Verfügungen und Mitteilungen des Ministeriums für Kultur" (insbesondere der Ausgabe Nr. 3, Berlin, 27.12. 1985), ferner aus den Jahrbüchern "Ensembles der Deutschen Demokratischen Republik" zwischen 1985 und 1990 (letztes Erscheinungsdatum) und einzelnen Ausgaben der DTO beim Ministerium für Kultur. Hierbei handelt es sich um eine monatlich erscheinende Broschüre, in der alle von Theatern, Ensembles und Orchestern gemeldeten offenen Stellen ("Vakanzen") veröffentlicht wurden. Herausgeber war die DTO beim Ministerium für Kultur unter der Leitung von Dr. Cassier.

6 Je Land ergab sich folgende Anzahl untersuchter Orchester, Spielerbefragungen und folgende Nettoausschöpfung: In der DDR 22 Orchester mit 357 Spielerbefragungen (59%), in der Bundesrepublik 16 Orchester mit 186 Befragungen (45%), in den USA 22 Orchester mit 290 Befragungen (52%) und in Großbritannien 12 Orchester mit 159 Befragungen (51%).

und Zufriedenheit der Spieler. Auf der Grundlage unseres theoretischen Bezugsrahmens und einer Faktorenanalyse aller Befragten aus vier Staaten wurden 81 Fragen zu 16 Indikatoren zusammengefaßt und sechs einzelne Fragen beibehalten.[7] In der vorliegenden Untersuchung beschränken wir uns auf die Bereiche "Merkmale des Orchesters", "Verhalten des musikalischen Direktors", "Prozesse innerhalb des Orchesters" und "Zufriedenheit und Motivation der Spieler" und fragen, ob die Einschätzung dieser Bereiche resistent gegenüber der Veränderungen der letzten Jahrzehnte war.

Zusätzliche Datenquellen: Um die weitere Entwicklung nach dem April 1990 zu erfassen und festzustellen, welche Merkmale der Organisationen und der Spieler über die Zeit gleich geblieben sind bzw. welche Aspekte einem Wandel unterliegen, haben wir in Ostdeutschland 1991 nochmals eine schriftliche Befragung durchgeführt. Die Spieler wurden gebeten, zusätzlich zum "alten" Fragebogen noch einen eigenständigen neuen Fragebogen auszufüllen und anzugeben, was sich zwischen der ersten und der zweiten Befragung in ihrem Orchester geändert hat. Leider konnten wir aufgrund unseres anonymen Vorgehens nur 65 der zurückgeschickten Fragebögen eindeutig zuordnen. Dennoch erlaubten uns diese Daten die Ergebnisse für 1990 und 1991 vergleichend zu analysieren.

3. Hat der politische und wirtschaftliche Wandel die Orchester erreicht und verändert?

3.1 Die sozialistische Kulturpolitik: 1945-1990

Das sozialistische Regime kam nach 1945 in mehreren Schritten an die Macht. Der Staat übernahm dabei die Verantwortung über fast alle Bereiche des öffentlichen Lebens, bald lag die Kontrolle der Symphonieorchester fest in den Händen der sozialistischen Kulturbürokratie. Ein Ziel der staatlichen Kulturpolitik war, "Musik zu den Leuten zu bringen", das Land flächendeckend mit Orchestern zu versorgen (Mehner 1990). Bevor das sozialistische Regime an die Macht kam, bestanden auf dem Territorium der späteren DDR 48 Orchester (1932). Dieser schon hohe Bestand wurde nach dem Zweiten Weltkrieg noch deutlich erhöht, etwa indem bestehende "Stadtpfeifen" zu Orchestern ausgebaut wurden: 29 nach 1945 gegründete Orchester kamen zu den 48 schon bestehenden hinzu. Oder anders ausgedrückt: Vor 1945 gab es ein Orchester auf 360.000 Einwohner - oder auf

---

7 Alle Maße haben einen Wertebereich von 1 (niedrig) bis 7 (hoch); nur die Fragen zum Verhalten des musikalischen Direktors haben einen Wertebereich von 1 bis 5. Die interne Reliabilität (Konsistenz) liegt zwischen 0,58 und 0,95 (Median = 0,76). Die Validität der zusammengefaßten Indikatoren, die Interkorrelation zwischen den Indikatoren und der Vergleich der Datenstruktur zwischen den einzelnen Staaten sind ebenfalls zufriedenstellend (ausführlich dargestellt in Allmendinger und Hackman 1996). Die psychometrischen Eigenschaften, die Reliabilität und die Validität der Indikatoren werden in Allmendinger u. a. 1992 dargestellt.

2.400 km², 1990, vor Auflösung der DDR, gab es ein Orchester auf 220.000 Einwohner oder auf 1.400 km². Obgleich Westdeutschland 13 Orchester mehr hat, kommen dort dreimal soviele Menschen auf ein Orchester - in den USA sind es siebenmal, in Großbritannien fast zwanzigmal soviele.

Nicht alle Orchester wurden gleich ausgestattet. Obwohl die staatliche Politik ausdrücklich die Demokratisierung der Kultur forderte, führte die Umsetzung dieser Politik zu nur drei Weltklasseorchestern und vielen zweit- oder drittrangigen Orchestern. Bereits Anfang der fünfziger Jahre wurden alle Orchester der DDR in vier Klassen eingeteilt: in die Einrichtungen der Sonderklasse (1985 abgeschafft) und die Gruppen A, B und C. Dieser "Klassenbildung" unter Orchestern entsprachen unterschiedliche Besetzungsstärken und Lohntarife. Zu DDR-Zeiten ist die Zuordnung eines Orchesters zu "seiner" Klasse nie geändert worden; so konnten Orchester sprichwörtlich "tun und lassen was sie wollten" - eine Höherstufung konnte nicht erreicht, eine Abstufung mußte nicht befürchtet werden.

Welche Struktur die Orchesterlandschaft der DDR geprägt hat, wird allerdings nur verständlich, wenn man berücksichtigt, daß dort Orchester im Durchschnitt deutlich geringer besetzt waren als in Westdeutschland. Im Jahre 1989 hatten von 76 Orchestern 32 weniger als 50 Planstellen, obgleich 60 Musiker eine allgemein anerkannte Mindestvorgabe sind. Die durchschnittliche Orchestergröße in der DDR betrug 63 Personen, in Westdeutschland dagegen 76 Personen. Teilweise ist diese niedrige Spielerzahl darauf zurückzuführen, daß das Ministerium für Kultur einschränkende Besetzungen für die Klassen B und C festlegte. Zum größeren Teil geht die Besetzungsschwäche allerdings darauf zurück, daß es nicht genügend ausgebildete Spieler gab: Nach 1945 wurden - ausgenommen die Musikhochschulen in Berlin, Weimar, Leipzig und Dresden - alle Konservatorien geschlossen. Diese Schulen waren in der Auswahl talentierter Musiker stark durch die Vorgabe von Quoten für Bewerber aus der Arbeiterschicht eingeschränkt.

Der Mangel an ausgebildeten Spielern war schließlich so groß, daß Spieler aus anderen Ostblockstaaten "importiert" wurden: 1989 waren 30 Prozent aller ostdeutschen Musiker ausländischer Herkunft. Schließlich wurde sogar mit der Tradition männlicher Exklusivität gebrochen: Frauen wurden eingestellt. Dennoch blieben die meisten kleineren Orchester in der DDR auf die Mitwirkung umliegender Orchester angewiesen, wenn sie größere Werke aufführen wollten. Insofern stützte die Politik "geographischer Verdichtung" in der DDR auch ein Netzwerk der Kooperation. Die "Muggen" (musikalische Gelegenheitsgeschäfte) besserten nicht nur das Gehalt der Spielerinnen und Spieler auf, sondern machten manche Aufführungen überhaupt erst möglich. Gleichermaßen bildeten sich so zwischen den Orchestern Netzwerke, die diese später vor einem Durchschlagen des politischen Wandels in voller Stärke schützen sollten.

Die Politik der Demokratisierung der Kultur beschränkte sich nicht darauf, neue Orchester zu gründen. Viele Orchester hatten routinemäßig andere Städte, die keine eigenen Orchester hatten, mitzubespielen und Konzerte in den Kombinaten aufzuführen. Die Bürgerinnen und Bürger der DDR mußten nie weit reisen oder lange warten, wenn sie ein Konzert eines professionellen Symphonieorchesters live hören wollten. Schließlich wurden kulturelle Brigaden als weiteres Anreizsystem eingerichtet: Kollektive der Arbeit konnten etwa durch den gemeinsamen Besuch kultureller Veranstaltungen den Titel "Brigade der sozialistischen Arbeit" erwerben - und verteidigen. Bei bestandenem "Titelkampf", wie es seinerzeit hieß, gab es einmalige finanzielle Zuwendungen aus dem Prämienfonds.

Die Orchester besaßen fast ausschließlich ostdeutsches Publikum, nur wenige Orchester durften Aufführungen außerhalb des Landes geben oder Platten für den internationalen Vertrieb aufnehmen. Allerdings sorgte der Staat nachdrücklich dafür, daß seine besten Orchester international auftraten, was die Hierarchie innerhalb der DDR-Orchester noch verstärkte.

Der Staat kontrollierte vollständig Verwaltung und Budget ostdeutscher Orchester. Da die Planwirtschaft alle Organisationsbereiche überzog, könnten wir für ihre prägende Bedeutung viele Beispiele anführen - bis hin zu Orchesternamen und Zuschauerzahlen. So entsprachen die Zahlen, die veröffentlicht wurden, immer der Personenzahl, die maximal in den Aufführungsräumen hätte Platz finden können.

In den ersten Jahren sozialistischer Herrschaft wurden die Orchester von drei staatlichen Stellen kontrolliert. Eine Agentur war für die künstlerische Richtung, das Repertoire, Reisen und Aufnahmen zuständig, eine zweite für die Besetzung der Orchester und eine dritte für die Verwaltung. Diese drei Behörden wurden 1986 in einer Agentur zusammengefaßt, der schon erwähnten Direktion für Theater und Orchester (DTO, vgl. Fußnote 5). Diese Direktion war auch für die 'planmäßige' Zuordnung von Spielern zu Orchestern zuständig. Alle Absolventen der vier Musikhochschulen hatten der zentralen Kommission vorzuspielen und bekamen "Punkte" zugeteilt. Um sich überhaupt bewerben zu dürfen, mußte die Punktzahl den für die Klasse normierten Zielvorgaben entsprechen. Da in der DDR zu keinem Zeitpunkt genügend Musiker ausgebildet wurden, war ein Nachfrageüberhang in einem geschlossenen nationalen Arbeitsmarkt institutionalisiert. Dies wirkte sich nicht nur auf Berufsanfänger aus, sondern bestimmte den gesamten Karriereverlauf von Musikern.

Auch das übrige Personal wurde "von oben" zugeteilt, so die vielen Stellen für "außermusikalische" Dienstleistungen und für technische und musikalische Leiter. Die Personen in Leitungsfunktionen wurden nur selten ausgewechselt - eine Situation, die für westliche Orchester kaum vorstellbar ist.

Ostdeutsche Orchester waren zu keiner Zeit internationalem oder innerstaatlichem Wettbewerb ausgesetzt. Das Ziel, die "Musik zu den Leuten zu bringen", wurde unabhängig von den dadurch entstehenden Kosten verfolgt: Löhne und Kostenstruktur des kulturellen Sektors waren künstlich stabilisiert. Verglichen mit Westdeutschland waren die Gehälter in DDR-Orchestern niedrig, die Lohnunterschiede zwischen den Orchesterklassen fielen außerordentlich gering aus. Ein Musiker in einem Spitzenorchester der DDR, etwa beim Ost-Berliner Symphonie-Orchester, verdiente im Durchschnitt 1.800 M monatlich, während seine Kollegin in einem C-Klasse Orchester im Durchschnitt mit 1.000 M monatlich - etwas mehr als die Hälfte - erhielt. Die absoluten wie relativen Gehaltsunterschiede zwischen Orchestern in der DDR waren viel geringer als in Westdeutschland. Musiker in der niedrigsten westdeutschen Tarifklasse verdienten DM 2.500 im Monat, Musiker in der höchsten Tarifklasse fast das Vierfache. Gleiches gilt für die Gehaltsunterschiede innerhalb eines Orchesters. Während in Westdeutschland oft Welten zwischen Konzertmeister und Tutti-Geigern liegen, spielte im Osten eher die "Einheitsgeige" auf.

Auch der Haushalt eines Orchesters wurde "von oben" festgelegt und blieb über Jahrzehnte unverändert. Das Budget war rigide in einzelne Ausgabenposten aufgeteilt. Manche Titel konnten nicht ausgeschöpft werden, so etwa der "Instrumentenfonds": Oft hervorragende, in der DDR gebaute Instrumente wurden in den Westen verkauft, aber in der DDR selbst nicht angeboten. So gab es Orchester, die aus ihrem Instrumentenfonds Kuhglocken kauften: Zeitweise waren das die einzigen Instrumente, die käuflich erworben werden konnten - allerdings kamen sie selten in einem symphonischen Werk zum Einsatz. Oder der Reparaturfonds mußte auf jeden Fall ausgegeben werden: Greise Harfen wurden instandgesetzt, zu Preisen, für die man mehrere neue Instrumente hätte kaufen können.

Zusammenfassend ist festzustellen, daß die Vorgabe, "Musik zu den Leuten zu bringen", keine reine Propaganda war. Bei der Umsetzung dieser Politik übernahm der Staat die gesamte Kontrolle. Es gab keine Organisationen, die die Ziele der sozialistischen Kulturpolitik abgepuffert hätten, die Kulturbürokratie setzte alle vorgegebenen Richtlinien in den Orchestern strikt durch. Dabei gab es nur wenige Ausnahmen, so die größeren Freiheitsgrade für die zwei oder drei Spitzenorchester mit internationalem Ansehen. Trotz dem propagierten demokratischen Prinzip entwickelte sich eine starke Differenzierung zwischen den drei Orchesterklassen, die Autonomie und die Relevanz der Expertise der Manager aller Orchester wurde dramatisch beschnitten.

3.2 Der Abbau der sozialistischen Kulturpolitik: Die Zeit nach 1990

Grundsätzlich ist die Diskussion der Integration der DDR-Kultur aus der Perspektive von Artikel 35, Absatz 6 des Einigungsvertrages der beiden deutschen Staaten vom 31.08.1990 zu betrachten, einer Rechtsgrundlage, die einige Monate nach unserer Befragung geschaffen wurde. Hier wird festgeschrieben, daß die kulturelle Substanz im Beitrittsgebiet keinen Schaden nehmen darf. Allerdings wurde an keiner Stelle festgelegt, wie denn all diese Opern, Theater, Museen und Orchester erhalten werden können.

Die Forderung, die Substanz der DDR-Kultur zu erhalten, läßt sich auf viele Aspekte beziehen: auf das musikalische Repertoire, auf die flächendeckende Verbreitung von Musik und auf das Erreichen auch musikferner Schichten. Die Diskussion bezog sich zunächst ausschließlich auf die *institutionelle* Dimension: Alle kulturellen Einrichtungen sollten erhalten und weitergeführt werden. Mit anderen Worten, es ging um die Finanzierung der Kultur, so wie sie bestand, womit man unmittelbar an dem Zuweisungsprinzip der DDR festhielt. Die beiden deutschen Staaten hatten Kultur anders und in unterschiedlicher Höhe finanziert. In der DDR ging es um zentralstaatliche Gelder; in der Bundesrepublik ist die Finanzierung von Kultur Aufgabe der Länder und Gemeinden. In der DDR wurden 1988 mehr als vier Milliarden Mark für kulturelle Einrichtungen ausgegeben, in der Bundesrepublik waren es 9,2 Milliarden - so eine Schätzung der Kultusministerkonferenz. Damit hat sich die DDR die Kultur pro Kopf ihrer Bevölkerung 246 Mark kosten lassen, die alte Bundesrepublik aber nur 150 Mark (Zimmer 1990).

Schon diese Unterschiede zwischen den beiden Staaten weisen auf Gefährdungen ostdeutscher "Kultur-Substanz" hin. Eine einheitliche zentrale Zuständigkeit mußte mit der Einheit verloren gehen, die außerordentlich zugespitze Haushaltssituation der neuen Bundesländer bedrohte jede finanzielle Sicherheit. Die Bundesregierung richtete 1991 zwar einen Übergangsfonds ein, aus dem auch Orchester bezuschußt wurden. Alle Orchester wurden gleichmäßig bedacht, jeder Spieler bekam eine Gehaltserhöhung von 200 DM und die neuen Bundesländer erhielten einen Kulturfonds, der allerdings für jedes neue Bundesland unterschiedlich hoch ausfiel. Auch einige Städte stellten sich ihrer Verantwortung und finanzierten "ihre" Orchester, insgesamt war die Finanzlage der Städte allerdings so schlecht, daß dies kaum Auswirkungen zeigte.

All dies führte zu einer leichten Verbesserung der Ressourcen für ostdeutsche Orchester, aber auch zu erheblicher Konfusion über die Höhe der Mittel, die Ziele, die damit verfolgt wurden, und die Bedingungen, die damit verknüpft waren. Was die Bundesregierung forderte, wurde allenfalls von wenigen Orchestern verstanden. Es ging der Bundesregierung weniger darum, daß die Orchester sich selbst reformierten: Sie sollten in Eigenregie die gesamte Kulturlandschaft verändern. Mit dem Geld waren "Strukturmaßnahmen" und "Strukturreformen" beabsichtigt. Dies lief auf einen Zusammenschluß kultureller Einrichtungen hinaus. Diese politische Absicht wurde aber so schlecht vermittelt, daß sich die meisten Orchester nur wenig gefährdet sahen, eine Einschätzung, die zumindest durch ausbleibende Qualitätskontrollen mit genährt wurde. Die Vereinigung brachte also zunächst eine objektive, wenn auch befristete Verbesserung der Finanzen der meisten kulturellen Organisationen der ehemaligen DDR. Gleichermaßen begann mit ihr eine Zeit wachsender Ungewißheit darüber, was die Zukunft bringen wird (Allmendinger 1990; Möller 1991; Zimmer 1990).

Die DTO wurde Mitte 1990 aufgelöst, die Regierung konnte Symphonieorchester nicht mehr kontrollieren. Obgleich kein einziges Orchester geschlossen wurde, stellte die neue und unbekannte politische und wirtschaftliche Umwelt viele große

Herausforderungen an Orchester und Spieler. Vor allem bei kleinen Orchestern, die weiträumig eine Region bespielten, ging die Konzerttätigkeit stark zurück: Strukturveränderungen und Engpässe in den kommunalen Haushalten haben ihnen die Auftrittsmöglichkeiten beschnitten; traditionelle Auftraggeber, insbesondere Schulen und Betriebe, sahen sich aus curricularen und finanziellen Gründen nicht mehr in der Lage, Konzertverträge abzuschließen. Obgleich erstmals in der Geschichte Ostdeutschlands Sponsoren ihre Unterstützung anboten, änderte dies nur wenig an der Finanzmisere der Orchester. Die Eintrittspreise wurden erhöht, obgleich auch die allgemeine Kaufkraft deutlich gesunken war. Dies führte zu einem weiteren Rückgang der Besucherzahlen um 30% und zu einer völlig veränderten Zusammensetzung des Publikums. Zudem zog es einige Spitzenspieler, gelockt von höheren Gagen, in den Westen - es entstand eine für ostdeutsche Orchester gänzlich neue Wettbewerbssituation, die auch die Auswahl der eigenen Spieler bestimmte. Mit der offenen Grenze war plötzlich auch das Angebot gestiegen - die ostdeutschen Orchester selbst hatten allerdings weder Erfahrung noch Routinen, um die Spieler selbst bewerten und auswählen zu können.

Im Ergebnis führten ab 1990 die gesellschaftlichen Veränderungen dazu, daß die Umwelt ostdeutscher Orchester unmittelbar und folgenschwer umgestaltet wurde. Eine sichere Finanzierung der Orchester war nun nicht mehr gegeben. Gleichzeitig bewirkte die Auflösung der DTO einen plötzlichen Zugewinn an Steuerungskapazität. Die Orchester verfügten jedoch weder über ausreichende Kompetenz noch das Wissen, um diese neuen Möglichkeiten nutzen zu können.

Beide Gesellschaftsveränderungen erreichten also die Orchester und änderten ihr unmittelbares Umfeld massiv. Nach 1945 wurden neue einflußreiche Institutionen gebildet (DTO). Ab Mitte 1990 wurden gerade diese Institutionen bedeutungslos. Die Umweltveränderungen waren real und radikal. Sie wurden ungefiltert und ungemindert an die Orchester weitergegeben.

4. Hat der politische und wirtschaftliche Wandel die Arbeit der Musiker und deren Einstellungen verändert?

4.1 Der Einfluß der sozialistischen Kulturpolitik: 1945-1990[8]

Drei Vergleiche erlauben Antworten auf unsere Fragestellung. Der erste bezieht sich auf Orchester innerhalb der deutschen kulturellen Tradition und vergleicht ostdeutsche mit westdeutschen Orchestern. Im zweiten Schritt vergleichen wir Traditionen - die beiden deutschen Staaten mit den USA und Großbritannien. Und letztlich stellen wir Orchester der A-Klasse jenen der B-Klasse gegenüber und untersuchen Unterschiede innerhalb der vier Staaten. Sollten die Unterschiede zwischen den beiden deutschen Staaten größer sein als die zwischen nationalen Traditionen und zwischen den Orchesterklassen in ein und demselben Staat, so läge der Schluß nahe: Das sozialistische Regime hat die Funktionsweise dieser Organisationen merklich verändert. Sollten die Unterschiede zwischen den beiden deutschen Staaten allerdings kleiner ausfallen als die zwischen nationalen Traditionen und/oder A- und B-Klasse-Orchestern in den vier Staaten, so könnten wir schließen: Gesellschaftliche Veränderungen hatten nur einen geringen Einfluß auf Organisationsabläufe und -strukturen.

Die Ergebnisse finden sich in *Tabelle 1*. Im Durchschnitt erklären Ost-West-Vergleiche weit weniger Varianz als Vergleiche zwischen nationalen Traditionen oder Orchestern der A- und B-Klasse in den vier Staaten.[9] Durch den Ost-West-Vergleich wird mehr als 10% der Varianz lediglich bei 2 von 18 Indikatoren kontrolliert: Ostdeutsche Spieler gaben eine höhere intrinsische Arbeitsmotivation und eine geringere Zufriedenheit mit der Entlohnung an.

---

8 Unsere Befragungen "vor Ort" ergaben, daß die Personalstruktur zum Befragungszeitpunkt 1990 erstaunlich stabil geblieben war, ganz im Gegensatz zu anderen Sektoren im "Kulturbereich", etwa bei Universitäten und Rundfunkanstalten. Insoweit hat die Lage der Orchester Anfang 1990 durchaus der Lage zu Zeiten der DDR noch entsprochen. Symphonieorchester sind zudem weniger als andere Kulturbereiche unmittelbar politischem und ideologischem Einfluß ausgesetzt. Während Theater (Goldfarb 1980) und Malerei (Rueschemeyer 1991) die offizielle Ideologie häufig direkt zu vertreten haben, ist dies für Orchester sicherlich schwieriger, wenngleich nicht unmöglich (vgl. Schostakovitsch 1983). Von daher wird man jedenfalls bis Mitte 1990 darauf bauen können, daß zunächst einmal die Beharrungskräfte der DDR-Zeit den Ausschlag geben und unsere Erhebung Anfang 1990 den DDR-typischen Zustand noch weitgehend einfangen konnte.

9 Die internationalen Unterschiede werden mit dem SAS General Linear Program analysiert. Zuerst wurden die Mittelwerte für jedes Orchester auf der Grundlage der Daten von 1990 berechnet. Diese Mittelwerte wurden dann in einem Modell analysiert, welches die folgenden unabhängigen Variablen enthielt: Staat, Klassenzugehörigkeit, Staat + Klassenzugehörigkeit und Orchester innerhalb Klassenzugehörigkeit ("nested"). Die Orchester wurden als random effects spezifiziert, entsprechend wurde der Fehlerterm, welcher den Effekt der Klassenzugehörigkeit angab, korrigiert.

Tabelle 1: Effektgrößen: Klassenzugehörigkeit des Orchesters, innerdeutsche und internationale Vergleiche

Indikator	Anteil kontrollierter Varianz		
	Ost vs. West- Deutschland	Ost + West- Deutschland vs. USA + UK	A - Klasse vs. B - Klasse
Organisatorische Merkmale des Orchesters			
Innerer Zusammenhalt des Orchesters	0 %	19 %	11 %
Aufgabenstruktur und Zusammensetzung des Orchesters	8 %	0 %	16 %
Mitsprachemöglichkeiten der Spieler	5 %	16 %	8 %
Angemessenheit der Ressourcen			
Einzelne Fragen:			
Anerkennung (eine gute Leistung zahlt sich aus)	1 %	19 %	26 %
Rekrutierung (fair und effizient)	0 %	11 %	5 %
Abläufe innerhalb des Orchesters und dessen Leitung			
Allgemeine Zufriedenheit	6 %	0 %	17 %
Musikalische Leitung	0 %	13 %	0 %
Einzelne Fragen:			
Finanzrahmen (erhöht sich)	3 %	38 %	0 %
Stabilität des Orchesters (fällt nicht auseinander)	0 %	8 %	4 %
Motivation und Zufriedenheit der Spieler			
Allgemeine Zufriedenheit	0 %	33 %	4 %
Intrinsische Arbeitsmotivation	17 %	8 %	0 %
Bezug auf die Arbeit (Job Involvement)	6 %	61 %	0 %
Zufriedenheit mit			
Bezahlung	27 %	0 %	11 %
Arbeitsplatzsicherheit	5 %	2 %	12 %
Management	0 %	16 %	2 %
Arbeitsbeziehungen	10 %	4 %	6 %
Möglichkeiten der persönlichen Weiterentwicklung	4 %	7 %	4 %

Hinweise: Den Angaben liegt ein "planned contrast" Modell zugrunde, in das die Haupteffekte und alle Interaktionen der Variablen: Land, Klassenzugehörigkeit und Orchester einbezogen wurden. N=72 Orchester.

Tabelle 2: Internationaler Vergleich der Einstellungen von Orchestermitgliedern

Indikator	Ost-Deutschland	West-	USA	Großbritanien	F-ratio	P
Organisatorische Merkmale der Orchester						
Innerer Zusammenhalt des Orchesters	5,34	5,23	4,67	4,68	8,73	,001
Aufgabenstruktur und Zusammensetzung des Orchesters	5,03	4,60	4,74	4,75	3,28	,03
Mitsprachemöglichkeiten der Spieler	4,33	4,02	3,97	3,44	7,25	,001
Angemessenheit der Ressourcen	3,56	4,58	4,80	3,76	5,44	,003
Einzelne Fragen:						
Anerkennung (eine gute Leistung zahlt sich aus)	5,68	5,77	5,04	5,07	9,35	,001
Rekrutierung (fair und effizient)	5,51	5,53	5,06	4,81	3,59	,02
Abläufe innerhalb des Orchesters und dessen						
Allgemeine Zufriedenheit	4,78	4,42	4,79	4,62	2,68	,06
Musikalische Leitung	4,61	4,50	4,96	5,26	4,17	,01
Einzelne Fragen:						
Finanzrahmen (erhöht sich)	2,11	2,81	4,48	4,15	19,63	,001
Stabilität des Orchesters (fällt nicht auseinander)	5,98	6,09	5,88	5,46	2,31	,09
Motivation und Zufriedenheit der Spieler						
Allgemeine Zufriedenheit	5,78	5,80	5,38	4,83	15,70	,001
Intrinsische Arbeitsmotivation	6,45	6,05	6,14	5,96	9,15	,001
Bezug auf die Arbeit (Job Involvement)	6,30	5,19	3,24	3,33	139,81	,001
Zufriedenheit mit						
Bezahlung	3,03	4,84	4,14	3,81	19,54	,001
Arbeitsplatzsicherheit	4,15	5,03	5,14	4,77	5,44	,003
Management	4,36	4,45	4,24	3,51	6,39	,001
Arbeitsbeziehungen	4,95	4,68	4,95	5,00	3,26	,03
Möglichkeiten der persönlichen Weiterentwicklung	5,00	4,73	4,85	4,29	5,84	,002

Hinweise: Die Länderdurchschnitte ergeben sich aus den Durchschnitten der einzelnen Orchester. N=72 Orchester.

Diese Ergebnisse werden durch eine Profilanalyse der Ländermittelwerte für die zehn Indikatoren bestätigt, die sich auf organisationale Merkmale und Prozesse beziehen. Die Ähnlichkeit der Profile kann mit dem D^2 Maß (Nunnally 1978: 443) ermittelt werden. Für den Ost-West-Vergleich ergibt sich 1,9, für den Vergleich der Traditionen 5,6 - je niedriger dieser Wert ausfällt, umso ähnlicher sind die Profile.

Die Unterschiede in den Einstellungen zwischen Spielern ostdeutscher und anderer Orchester werden in *Tabelle* 2 gezeigt. Die ostdeutschen Spieler gaben an, daß ihre Orchester relativ gut strukturierte, stabile Organisationen waren, ein Ergebnis, welches durch unsere anderen Daten unterstützt wird. Die Beziehung zwischen den Spielern war gut, Motivation, Zufriedenheit und Bindung an die Arbeit ("job involvement") waren sehr hoch. Schlecht beurteilt wurden lediglich Faktoren, die unmittelbar mit der Wende zusammenhingen und damit nicht die DDR-Zeit beschreiben: Die Angemessenheit des Budgets und anderer Ressourcen wurde bezweifelt, Befürchtungen, das Orchester würde sich damit musikalisch und finanziell verschlechtern waren ausgeprägt, die Unzufriedenheit mit Bezahlung und Arbeitsplatzsicherheit war hoch.

Der politische und wirtschaftliche Kontext, in welchem die ostdeutschen Orchester zwischen 1945 und 1989 wirkten, hatte also nur bescheidene Folgen. Insgesamt belegen unsere Daten, daß es wesentlich folgenreicher war, überhaupt ein deutsches Orchester zu sein als ein Orchester in einem sozialistischen Umfeld.

4.2 Der Einfluß der Vereinigung auf die Orchester und ihre Spieler: Die Zeit nach 1990

Wir kommen zu der Frage, wie ostdeutsche Orchester und Musiker auf diese zweite große politische Wende reagierten. Im Vergleich der Mittelwerte aller ostdeutschen Spieler, die den Fragebogen zu beiden Zeitpunkten (1990 und 1991) ausgefüllt haben, ergeben sich lediglich bei drei Indikatoren bedeutsame Unterschiede zwischen beiden Befragungszeitpunkten.[10] Nach der deutschen Vereinigung war die Zufriedenheit der Spieler mit der Bezahlung höher und die Orchester standen, so die Befragten, finanziell besser. Offensichtlich reichte bereits die Ankündigung der Übergangsfinanzierung (und die Lohnerhöhung von

---

10 Die Daten wurden mit einem General Linear Model analysiert, welches folgende unabhängige Variablen enthielt: Klassenzugehörigkeit, Zeit, Klassenzugehörigkeit * Zeit, Orchester innerhalb Klassenzugehörigkeit (nested), Zeit * Orchester und Befragungsperson innerhalb des entsprechenden Orchesters (nested). Orchester und Befragte wurden als "random effects" behandelt, die Fehlerterms entsprechend korrigiert. Da pro Orchester unterschiedlich viele Spieler antworteten, wurden zunächst die Mittelwerte für jedes Orchester berechnet und erst dann die Gesamtmittelwerte.

DM 200), um Wahrnehmung und Zufriedenheit zu ändern. Die Spieler fühlten sich auch stärker in die Organisation eingebunden und sahen mehr Möglichkeiten, Einfluß zu nehmen. Diese Ergebnisse werden auch durch unsere Beobachtungen bestätigt, da in einigen Orchestern die Spieler selbst ihr Geschick in die eigene Hand nahmen und die Verantwortlichen abwählten und ersetzten.[11] Ostdeutsche Orchester zeigen sich trotz großer gesellschaftlicher und politischer Umbrüche bemerkenswert stabil. Das belegt die Beharrungskraft institutioneller Strukturen und Prozesse (Skocpol 1976): Die beiden großen gesellschaftlichen Umwälzungen haben organisationale Abläufe der Spieler nur geringfügig verändert.

Allerdings gibt es in beiden Zeiträumen besondere Ereignisse, die diese Schlußfolgerung etwas einschränken. Im Sozialismus konnten - bis auf sehr wenige Ausnahmen - Orchester, wegen der durchschlagenden Kontrolle von oben, ihre Zukunft nicht in die eigene Hand nehmen und sich nicht eigenständig profilieren. In diesem Sinne war die Homogenität und Kontinuität der sozialistischen Jahre überdeterminiert. Als das sozialistische Regime 1989 seine Macht verlor, änderte sich die Situation der ostdeutschen Orchester schlagartig. Ihre Möglichkeit zur Selbstorganisation erhöhte sich - obwohl ihre finanzielle Sicherheit entfiel. Die bescheidenen Verbesserungen zwischen 1990 und 1991 gehen allerdings nur auf einige wenige Orchester zurück, die sich sehr gut - und viel besser als der Rest - den neuen Gegebenheiten anpaßten. Weiterhin ist zu zeigen (Allmendinger und Hackman 1996), daß nach der Vereinigung die „A-Klassen"-Orchester stärker und die „B-Klassen"-Orchester schwächer werden. Die „schwächeren" Orchester werden zwar weiter unterhalten, verlieren aber Prestige und materielle Resourcen, die sie für ihre Arbeit brauchen. Neben der 'Klasse' des Orchesters wirkt sich auch das Führungsverhalten von Dirigenten und technischen Leitern aus, da kompetente Leiter ihren Organisationen die Anpassung an exogene Schocks erleichtern können (Allmendinger und Hackman 1996). Die Unterschiede zwischen den Orchestern der „A"- und „B-Klasse" drohen sich im heutigen marktwirtschaftlichen Kontext noch zu vergrößern, es handelt sich dann um eigenläufige Spiralen, um "self-fueling spirals", wie sie etwa Lindsley, Brass und Thomas (1993) und McCann und Selsky (1984: 465 f) beschrieben haben. So verfügten nur Orchester der „A-Klasse" über die materiellen Ressourcen und Netzwerke, um hervorragende technische Direktoren und musikalische Leiter finden, einstellen und halten zu können. Es könnte sich so ein viel klarer konturiertes Zwei-Klassen-System ergeben: Starke Orchester, die ihre Anpassungsfähigkeit in Aufwärtsspiralen erhalten und verbessern und schwächere Orchester, die in Abwärtsspiralen gefangen sind.

---

11 Hierzu ausführlicher Allmendinger und Hackman (1996).

5. Diskussion

Der unterschiedlichen Bedeutung, die wirtschaftliche und politische Veränderungen nach 1945 und nach 1989 für die ostdeutschen Orchester gehabt haben, können wir uns mit zwei konzeptionellen Fragen nähern: (1) In welchem Ausmaß hängen Ressourcen, die einem Orchester zur Verfügung stehen, von dessen Handlungen ab (Ressourcenabhängigkeit, "resource contingency")? (2) Welchen Spielraum haben Orchester, um ihre eigenen Angelegenheiten zu regeln (Steuerungskapazität, "operational autonomy")?

5.1 Die Zeit des Sozialismus

Der Umbruch nach 1945 verringerte gleichzeitig die Beeinflußbarkeit der Ressourcen und die Steuerungskapazität der Orchester. Orchester konnten nicht über ihre Ressourcen verhandeln und durch ihr eigenes Tun möglicherweise die eigene Situation verbessern: Allen Orchestern wurde je nach Klasse eine in etwa gleiche materielle und spielerische Ausstattung zugewiesen. Orchester hatten dann 40 Jahre lang keine Möglichkeit mehr, diese Einordnung zu verbessern, ebenso bestand kein Risiko, daß sich die ihnen vorgegebene Situation verschlechterte.

Gleichzeitig nahm die Steuerungskapazität der Orchester stark ab. Die staatliche Kulturbürokratie und nicht die Orchester selbst bestimmten nun über die meisten Personalangelegenheiten, die Verwendung der Haushaltmittel, die Aufführungsorte, das musikalische Repertoire und das Publikum. Die Kehrseite der beschränkten Steuerungskapazität der Orchester war hohe Stabilität und Sicherheit. Gleichzeitig verschwammen aber auch die Grenzen zwischen den einzelnen regionalen Orchestern: Weil die Mittel nicht zur flächendeckenden Bespielung reichten, konnten sie nicht mehr eigenständig Konzerte aufführen und waren so auf Zusammenarbeit besonders stark angewiesen.

Durch die geringe Beeinflußbarkeit von Ressourcen *und* die niedrige Steuerungskapazität wurden die traditionellen Merkmale ostdeutscher Orchester betont. Die Orchester wurden in ihrer Klasse, bedingt durch den zunehmenden Einfluß des Staates und das Fehlen alternativer Modelle, immer homogener - das entspricht den Ergebnissen anderer Untersuchungen ähnlicher Organisationslagen (DiMaggio und Powell 1983: 155). Darüberhinaus brauchten und durften von Orchestern Initiativen nicht ergriffen werden - was die gemeinsamen historischen und kulturellen Traditionen dieser Orchester immer offensichtlicher werden ließ.

Diese Prozesse sind gut anhand des musikalischen Repertoires der Orchester im Sozialismus zu veranschaulichen. Nach einer Richtlinie der DTO sollten die Orchester die Werke zeitgenössischer Komponisten sozialistischer Staaten verstärkt aufführen. Fast alle von uns befragten Leiter versicherten, diese Richtlinie sei umgesetzt worden. Aber die Daten sprechen eine andere Sprache. Wir wählten ein Konzertprogramm jedes Orchesters aus (Sonderkonzerte und

Konzerte von Gastdirigenten wurden nicht berücksichtigt) und hielten das Geburtsjahr des aufgeführten Komponisten fest. Nur 8% aller von ostdeutschen Orchestern aufgeführten Stücke waren von Komponisten geschrieben, die vornehmlich im 20. Jahrhundert gewirkt hatten, verglichen mit 20% in Westdeutschland, 24% in Großbritannien und 32% in den USA. Vergleicht man das durchschnittliche Geburtsjahr (Median) der Komponisten, so lag der Median in der DDR bei 1809, in Westdeutschland bei 1857, in den USA bei 1862 und in Großbritannien bei 1864.

Die ostdeutschen Orchester standen somit alles andere als an der vordersten Front zeitgenössischer Musik. Im Gegenteil, sie waren besonders dem klassischen Repertoire verpflichtet, das für ihre musikalischen Traditionen weit zentraler war, als dies in den drei westlichen Staaten der Fall ist. Dieser Befund unterstützt die These von Carroll, Delacroix und Goodstein (1988), politisch aufgezwungene kulturelle Systeme riefen oft Verhaltensweisen hervor, die von dem eigentlich Angestrebten weit abwichen. Unter solchen Umständen werden Organisationen gerade auf kulturelle Gestaltverwandschaften ausgerichtet, allerdings "so, daß die staatlichen Kulturvorgaben als eine Art negativer Bezugswert für die faktische Entwicklung der Organisationskultur dienen" (Glenn R. Carroll, Jacques Delacroix und Jerry Goodstein: 373).

5.2 Das Ende des sozialistischen Regimes

Durch die zweite politische und wirtschaftliche Umwälzung wurden die gerade beschriebenen Zustände fast vollständig umgekehrt. Wieviele Ressourcen verfügbar waren, hing nun immer mehr von Handlungen der Orchester selber ab (Allmendinger und Hackman 1996). Durch die Abschaffung der zentralen Kulturbehörden nahm die Steuerungskapazität der Orchester drastisch zu. Nach 40 Jahren hatten die Orchester wieder das Recht und die Pflicht, sich selbst um Personalentscheidungen, Haushalt, Spielplan, Konzertorte und Publikum zu kümmern.

Diese Veränderungen brachten auch Ungewißheit und Bedrohungen, boten aber die Möglichkeit, aktiv mit veränderten Rahmenbedingungen umzugehen. Ob die Orchester dabei erfolgreich sein würden, stand keinesfalls fest, da dafür eine proaktive Orientierung und hohe Führungskompetenz erforderlich waren - diese Qualitäten hatten bei den meisten Orchestern über vier Jahrzehnte brachgelegen. Aus unseren Daten ergibt sich, daß große Orchester der „A-Klasse" diese Gelegenheitsstrukturen viel eher und besser nutzten als die kleineren regionalen Orchester der „B-Klasse". Die Struktur dieser großen Orchester entsprach eher dem internationalen Standard und ihre technischen Leiter waren wesentlich besser für diese Aufgaben ausgerüstet. Der wichtigste Grund für den Erfolg der großen Orchester dürfte sein, daß sie ihre Reisetätigkeit und ihre Schallplattenaufnahmen nie unterbrochen haben; so ging ihnen zu keiner Zeit das Wissen über den

Umgang mit der "großen weiten Welt" verloren, was ihnen eine kompetente Reaktion zu gegebener Zeit erlaubte.

5.3 Der Nutzen konzeptioneller Linsen

Unterschiedliche konzeptionelle Ansätze dürften - so die Ergebnisse unserer Untersuchung - je nach Art der Umweltveränderung unterschiedlich nützlich sein, um die Beziehungen zwischen Organisation und Umwelt zu verstehen (Tolbert 1985: 11 f.; Singh, House und Tucker 1986; Gersick 1991:12; Meyer, Goes und Brooks 1993). Wird durch Umweltveränderungen das Ausmaß verringert, in dem Organisationen selbst ihre Ressourcen beschaffen müssen und beschränken sie den Spielraum für autonomes Handeln, dann brauchen (und können) Organisationen ihre Situation nicht mehr aktiv handelnd verbessern. Dann sind *institutionelle* Ansätze am besten geeignet nachzuvollziehen, was in und zwischen Organisationen abläuft. Im Einklang mit der institutionellen Theorie verweist die Auswertung unserer Daten in dieser Lage auf eine höhere Homogenität und eine Stärkung des orchestralen Erbes und der "guten alten Tradition".

Wenn allerdings Umwälzungen in der Umwelt die Ressourcenabhängigkeit und die Steuerungskapazität steigern, erweisen sich *Adaptations*modelle als nützlich. In unserem Fall lassen sich diese Modelle besonders gut auf die Zeit nach 1989, also nach Auflösung des Sozialismus, anwenden: Nun mußten Orchester handeln (da das Wohlergehen der Organisation vom eigenen Handeln abhing) und es gab auch Gelegenheit dazu (da staatliche Organisationen die Entscheidungen nicht mehr monopolisierten).

Einige Orchester antworteten auf diese Herausforderung des neuen Regimes mit Untätigkeit oder Rückzug, andere proaktiv und innovativ. Nach unseren Ergebnissen waren Orchester in der neuen Umgebung "erfolgreich", die kompetente, proaktive Strategien anwendeten - im Gegensatz zu den eher passiven Orchestern, deren Überleben plötzlich in Frage gestellt war. Dabei richten sich die Handlungen der erfolgreichsten Orchester nach innen *und* nach außen. Die nach *innen* gerichteten Handlungen, die sich etwa in zunehmender Effizienz ausdrückten, hätten am besten von *rationalen* Adaptationsmodellen vorhergesagt werden können. Die nach *außen* gerichteten Handlungen, etwa um die Finanzen zu sichern oder um Verträge über Konzertreisen abzuschließen, würden ansonsten durch den Interpretationsansatz vorausgesagt, der von *Ressourcenabhängigkeit* ausgeht.

Beide Umwälzungen lassen sich, wie in *Schaubild 1*, in der Diagonalen eines Vier-Felder-Schemas abtragen. Auf den beiden Achsen dieses Schemas sind die Ressourcenabhängigkeit und die Steuerungskapazität zu finden. Ostdeutsche Orchester im Sozialismus sind auf beiden Dimensionen niedrig (Feld 1), nach der Vereinigung hoch einzustufen (Feld 4). Feld 3, welches durch unsere Daten nicht besetzt ist, wäre dann belegt, wenn Umweltveränderungen zu hoher Ressourcen-

Schaubild 1: Konzeptionelle Ansätze zum Verhältnis zwischen Organisation und Umwelt und ihre Passung zu unterschiedlichen Umweltveränderungen

		Veränderung der Abhängigkeit von Ressourcen	
		nimmt ab	steigt
Veränderung der Steuerungs-kapazität	nimmt ab	Institutionelle Ansätze [Sozialismus wird eingeführt]	Ökologische Ansätze
	steigt	Ansätze zum Verhältnis Organisation-Umwelt sind größtenteils irrelevant, zuschreibende Ansätze sind angemessener	Adaptive Ansätze [Sozialismus wird abgeschafft]

abhängigkeit und niedriger Steuerungskapazität führten. Organisationen wären dann hohen Risiken ausgesetzt (hohe Ressourcenabhängigkeit), ohne daß die Verantwortlichen sinnvoll tätig werden könnten (wegen niedriger Steuerungskapazität). *Ökologische* Ansätze, in denen die Handlungsmöglichkeiten von Verantwortlichen eher skeptisch beurteilt werden, paßten hier besonders gut.

Führen Umweltveränderungen zu geringer Ressourcenabhängigkeit, aber hoher Steuerungskapazität (Feld 2), sind konzeptionelle Ansätze, in denen der Bezug zwischen Organisation und Umwelt behandelt wird, weitgehend irrelevant. Die Verantwortlichen können "machen, was sie wollen", sie können die Umgebung ihrer Organisation weder positiv noch negativ beeinflussen. Ist die Organisation mit Ressourcen großzügig ausgestattet, kann sie entsprechend gute und bei knappen Ressourcen entsprechend schlechte Ergebnisse erzielen.

Mit "*attributional* models" (*Zuschreibungs*modelle) werden Situationen dieser Art wesentlich besser beschrieben als mit Ansätzen, die das Verhältnis zwischen Organisation und Umwelt betonen.

Unter den in der Nebendiagonalen (Felder 2 und 3) umrissenen Bedingungen könnten Mitglieder der Organisation das jeweilige Ergebnis unzutreffenderweise auf ihre eigenen Handlungen zurückführen (March 1981; Singh, House und

Tucker 1986). Solche kausalen Zuordnungen sind nicht ungefährlich. Eine ineffiziente und überbesetzte Organisation wird diesen Zustand beibehalten (oder sogar noch ausbauen), wenn die Entscheidungsträger positive Umweltlagen fälschlich auf "eigene" Leistungen zurückführen. Umgekehrt könnten Verantwortliche einer Organisation sich auch schlechte Umweltlagen unzutreffenderweise "kausal" zurechnen und organisationale Veränderungen vornehmen, die nur Ungewißheit und Bedrohung zur Folge haben.

Diese in *Schaubild* 1 zusammengefaßten Ergebnisse passen gut zur Vorstellung eines punktierten Gleichgewichts ("punctuated equilibrium") von Systemveränderungen (Miller und Friesen 1984, Kap. 8; Astley 1985; Tushman und Romanelli 1985; Gersick 1991). In diesen Theorien werden zeitgenössische evolutionsbiologische Ansätze aufgegriffen: Organisationen werden als in einem quasi-stationären Gleichgewicht befindlich gesehen, das in Zeiten schnellen, grundlegenden und mehrdimensionalen Wandels (Gould 1980, Kap. 17; 1989) punktuell durchbrochen wird. Dieser Sichtweise entsprechend kann ein grundlegender Wandel nur dann eintreten, wenn die Tiefenstrukturen eines Systems offengelegt und angegangen werden (Gersick 1991).

Die politischen und wirtschaftlichen Änderungen nach 1945 waren für die Menschen und Organisationen im Osten Deutschlands von höchster Bedeutung, die jahrhundertealte Verankerung deutscher Symphonieorchester stand in Frage. So mag man es auf den ersten Blick sehen. Unsere Ergebnisse legen die gegenteilige Sichtweise nahe: Die gleichzeitige Verringerung von Ressourcenabhängigkeit und Steuerungskapazität haben die institutionellen Prägungen eher verstärkt als geschwächt. Nach der "Wende" 1989 war das genaue Gegenteil der Fall: Tiefenstrukturen wurden fundamental erschüttert. Allen institutionellen Grundlagen, mit denen die Verwaltung und die Musiker im Lauf der Zeit vertraut geworden waren, entfielen schlagartig, sie funktionierten nicht mehr wie erwartet oder überhaupt nicht mehr. Die Freiheit hat die Orchester in die Pflicht genommen.

Literatur

Allmendinger, Jutta und J. Richard Hackman, 1996: Organizations in Changing Environments: The Case of East German Symphony Orchestras, in: Administrative Science Quarterly, im Erscheinen.

Allmendinger, Jutta, 1990: Die Kunst des Überlebens oder das Überleben der Kunst?, in: Frankfurter Rundschau, Nr. 299 (24. Dezember): 26.

Allmendinger, Jutta, J. Richard Hackman, Larissa Kowal-Wolk und Erin V. Lehmann, 1993: Methods and Measures for the Cross-National Study of Syphony Orchestras. Report Nr. 4, Cross-National Study of Syphony Orchestras. Harvard University.

Astley, W. Graham und Andrew H. van de Ven, 1983: Central perspectives and debates in organization theory, in: Administrative Science Quarterly, 28: 245-273.

Astley, W. Graham, 1985: The two ecologies: Population and community perspectives on organizational evolution, in: Administrative Science Quarterly, 30: 224-241.

Barnard, Chester I., 1938: The Functions of the Executive. Cambridge, MA: Harvard University Press.

Becker, Heinz, 1962: Orchester. S. 168-196 in: Allgemeine Enzyklopädie der Musik (Bd. 10). Kassel: Bärenreiter-Verlag.

Carroll, Glenn R., Jacques Delacroix und Jerry Goodstein, 1988: The political environments of organizations: An ecological view. S. 359-392 in: Larry L. Cummings und Barry M. Staw (Hrsg.), Research in Organizational Behavior (Bd. 10). Greenwich, CT: JAI Press.

Child, John, 1972: Organizational structure, environment and performance: The role of strategic choice, in: Sociology, 6: 2-22.

DiMaggio, Paul J. und Walter W. Powell, 1983: The iron cage revisited: Institutional isomorphism and collective rationality in organizational fields, in: American Sociological Review, 48: 147-160.

DiMaggio, Paul und Michael Useem, 1983: Cultural democracy in a period of cultural expansion: The social composition of arts audiences in the United States. S. 199-225 in: Jack B. Kamerman und Rosanne Martorella (Hrsg.), Performers and Performances: The Social Organization of Artistic Work. New York: Praeger.

Gersick, Connie J. G., 1991: Revolutionary change theories: A multi-level exploration of the punctuated equilibrium paradigm, in: Academy of Management Review, 16: 10-36.

Gersick, Connie J. G., 1994: Pacing strategic change: The case of a new venture, in: Academy of Management Journal, 37: 9-45.

Goldfarb, Jeffrey C., 1980: The Persistence of Freedom: The Sociological Implications of Polish Student Theater. Boulder, CO: Westview Press.

Gould, Stephen J., 1980: The Panda's Thumb. New York: Norton.

Gould, Stephen J., 1989: Punctuated equilibrium in fact and theory, in: Journal of Social Biological Structure, 12: 117-136.

Hannan, Michael T. und John Freeman, 1977: The population ecology of organizations, in: American Journal of Sociology, 82: 929-964.

Hannan, Michael T. und John Freeman, 1989: Structural inertia and organizational change, in: American Sociological Review, 49: 149-164.

Lindsley, Dana H., Daniel J. Brass und James B. Thomas, 1993: Efficacy-performance spirals: A multilevel perspective, in: Academy of Management Review, 20: 645-678.

March, James G., 1981: Footnotes to organizational change, in: Administrative Science Quarterly, 26: 563-577.

Martorella, Rosanne, 1983: Art and public policy: Ideologies for aesthetic welfare. S. 282 in: Jack B. Kamerman und Rosanne Martorella (Hrsg.), Performers and Performances: The Social Organization of Artistic Work. New York: Praeger.

McCann, Joseph E. und John Selsky, 1984: Hyperturbulence and the emergence of type 5 environments, in: Academy of Management Review, 9: 460-470.

Mehner, Klaus, 1990: Zwischen Neubeginn und Tradition, in: Musik und Gesellschaft, 40: 247-252.

Meyer, Alan D., James B. Goes und Geoffrey R. Brooks, 1993: Organizations reacting to hyperturbulence. S. 66-111 in: George P. Huber und William H. Glick (Hrsg.), Organizational Change and Redesign. New York: Oxford University Press.

Meyer, John W. und Brian Rowan, 1977: Institutionalized organizations: Formal structure as myth and ceremony, in: American Journal of Sociology, 83: 340-363.

Miller, Danny und Peter H. Friesen, 1984: Organizations: A Quantum View. Englewood Cliffs, NJ: Prentice-Hall.

Möller, Johann M., 1991: Knickrige Kulturnation. Was wird aus der Kunst in den Neuen Bundesländern? in: Frankfurter Allgemeine Zeitung, Nr. 299 (24. Januar): S. 26.

Nunnally, Jum C., 1978: Psychometric Theory. New York: McGraw-Hill.

Pfannkuch, Wilhelm, 1962: Organisationen in der Musik. S. 204-220 in: Allgemeine Enzyklopädie der Musik (Bd. 10). Kassel: Bärenreiter-Verlag.

Prieberg, F. K., 1982: Musik im NS Staat. Frankfurt: Fischer-Verlag.

Raynor, Henry, 1978: The Orchestra. New York: Scribner's.

Rueschemeyer, Marilyn, 1991: State patronage in the German Democratic Republic: Artistic an political Change in the state socialist society, in: The Journal of Arts Management and the LAW, 20: 31-55.

Scott, W. Richard, 1987: Organizations: Rational, Natural and Open Systems. Englewood Cliffs, NJ: Prentice-Hall.

Schostakovitsch, Dimitri, 1983: Politics and artistic interpretation. S. 183-186 in: Jack B. Kamerman und Rosanne Martorella (Hrsg.), Performers and Performances: The Social Organization of Artistic Work. New York: Praeger.

Singh, Jitendra V., Robert J. House und David J. Tucker, 1986: Organizational change and organizational mortality, in: Administrative Science Quarterly, 31: 587-611.

Skocpol, Theda, 1976: Old regime legacies and communist revolutions in Russia and China, in: Social Forces, 55: 284-315.

Stinchcombe, Arthur L., 1965: Social structure and organizations. S. 142-193 in: James G. March (Hrsg.), Handbook of Organizations. Chicago: Rand-McNally.

Tolbert, Pamela S., 1985: Institutional environments and resource dependence: Sources of administrative structure in institutions of higher education, in: Administrative Science Quarterly, 30: 1-13.

Tushman, Michael L., und Elaine Romanelli, 1985: Organizational evolution: A metamorphosis model of convergence and reorientation. S. 171-222 in: Larry L. Cummings und Barry M. Staw (Hrsg.), Research in Organizational Behavior (Bd. 7). Greenwich, CT: JAI Press.

Weineck, Isolde M. (Hrsg.), 1985: Musik aus Deutschlands Mitte, 1485-1985. Bonn: Ferdinand Ammlers Verlag.

Zimmer, Dieter E., 1990: Wenn Humpty Dumpty zerbricht. Vorschläge zur Rettung der ehemaligen DDR-Kultur, in: Die Zeit, Nr. 52 (21. Dezember).

Zucker, Lynne G., 1977: The role of institutionalization in cultural persistence, in: American Sociological Review, 42: 457-459.

Zucker, Lynne G., 1987: Institutional theories of organization, in: Annual Review of Sociology, 13: 443-464.

Cynthia White und Harrison L. White

Institutioneller Wandel in der Welt der französischen Malerei

In unserer Studie ist nicht beabsichtigt, irgendeinem sozialen und ökonomischen Kunst-Determinismus nachzugehen. Vielmehr interessiert uns der sich wandelnde organisatorische Kontext, in dem Stile und „Bewegungen" in der Malerei geschaffen werden. Für Soziologen kann dieses Problem als „Sozialer Wandel" von wesentlichem Interesse sein. Für Kunsthistoriker mag es eine Ergänzung und vielleicht eine Bereicherung bereits geleisteter Arbeit sein.

Zurückblickend bis in die explosive Ära um 1880, suchen wir nach einem Muster, das jene begrenzte soziale Welt erklärt, in der die französischen Maler ausgebildet wurden, arbeiteten und ihren Ruf erwarben. Wir setzen wie bei anderen Berufen voraus, daß zu den meisten Zeiten eine mehr oder weniger zusammenhängende Struktur besteht, ein institutionelles System von Organisationen, Regeln und Gebräuchen, die die Laufbahn des Malers umkreisen. Diese sozialen Institutionen werden von allen Malern, die durch sie hindurchgehen, geformt, handle es sich da um gute, schlechte oder indifferente, um berühmte oder vergessene Künstler. Daher müssen wir zusätzlich zu den allgemeinen Informationen über die weniger großen Künstler des Jahrhunderts mehr über die Bedingungen des mittelmäßigen Malers wissen. Denn soweit es das neunzehnte Jahrhundert betrifft, brachte es viele Maler hervor, die man damals für groß hielt, heute jedoch nur noch als mittelmäßig angesehen werden oder umgekehrt.

Wir konnten nirgendwo eine Schätzung finden, die Auskunft darüber gibt, wie viele Berufsmaler zu irgendeiner Zeit in Frankreich lebten, arbeiteten und um Anerkennung wetteiferten. Wohl aber fanden sich genaue biographische Daten aller Maler, die wenigstens zwei- oder dreimal in den jährlichen Pariser Salons ausgestellt hatten, und zwar in dem vollständigsten Lexikon französischer Maler, dem „Dictionnaire Général des Artistes de L'École Française", von E. Belier de la Chavignérie und Louis Auvray, veröffentlicht im Jahre 1882. Anhand dieser Quelle zählten wir mit Hilfe eines Stichprobenverfahrens all jene, deren Hauptarbeiten auf dem Gebiet der Malerei lagen. Die Anzahl pro Jahrzehnt zeigte ein starkes Anwachsen. So wurden zum Beispiel in den beiden Jahrzehnten von 1815-

1834 85 Prozent mehr Maler geboren als zwischen 1785 und 1804. Im Jahre 1863 lebten zwischen 3.000 und 3.600 männliche Berufsmaler in der Pariser Kunstwelt. Sie stellten im Salon durchschnittlich über einen Zeitraum von achtzehn Jahren aus.

Wie viele Maler aber gab es, die ausschließlich in der Provinz arbeiteten und nicht in Bellier und Auvrays Verzeichnis aufgeführt wurden? Um uns hier Einsicht zu verschaffen, benutzen wir die beiden einzigen guten Lexika für Maler der Provinz, eines für die Lyoner Regionen (mit dem Zentrum Lyon), das andere für die Franche-Comté (Dijon-Besançon). Durch Extrapolation auf der Basis der regierungsamtlichen Zahlen über die Fakultätsstärke in den verschiedenen örtlichen Kunstschulen aller Provinzen, kamen wir zu einer geschätzten Anzahl von etwa 1.100 Berufsmalern, die um 1863 in der Provinz lebten. Weitere 1.200 Maler, die sich in ausreichendem Maße mit einer Örtlichkeit identifizierten, um in einem Provinz-Verzeichnis zu erscheinen, wurden ebenfalls dem Pariser Umkreis zugerechnet. (Das verbleibende Drittel aus den Provinz-Eintragungen hatte zu wenig Ausbildung und zu wenig Ausstellungen und/oder Auszeichnungen, um als Berufskünstler gelten zu können.)

Alles in allem kommen wir auf eine Gesamtanzahl von mindestens 4.000 männlichen französischen Berufsmalern, die im Jahr 1863 lebten. Worum geht es nun bei alldem? Schließlich ist 4.000 keine überwältigende Anzahl von Malern, um sie in ein dezentralisiertes institutionelles System einzuschließen. Jedoch im vorliegenden Fall finden sich 3.000 Männer auf einem Haufen im Innersten des in Paris konzentrierten Systems, nämlich die Akademie und die für Kunst zuständige Regierungsbürokratie. Der Druck, den diese stark anwachsende Zahl von Berufsmalern auf einen organisatorischen und ökonomischen Rahmen ausübte, der dazu geschaffen worden war, um einige hundert Maler zu lenken, bestand aus dem ständig ansteigenden Verlangen nach Veränderung. Und fragen wir danach, warum der Bestand an Malern in Paris so außerordentlich anstieg, dann lauert die Antwort, daß bis zu einem gewissen Grad das akademische institutionelle System selbst dafür verantwortlich war.

Die alte königliche Akademie hatte durch ihr Ansehen die Einrichtung vieler provinzieller Akademien geleitet und angeregt, die jungen Malern die Anfangsgründe beibrachten, um sie dann nach Paris zu schicken. Um 1786 gab es dreiunddreißig dieser provinziellen Einrichtungen, deren größtes Wachstum in der zweiten Hälfte des achtzehntes Jahrhunderts stattgefunden hatte. Die maximalen Vergütungen von Paris lagen hoch - nichts in der Provinz konnte sich damit vergleichen. Und da die Salons des neunzehnten Jahrhunderts jedem offenstanden, der vor der Jury bestand, und da Belohnungen im Übermaß sowie ein die Nation umfassendes öffentliches Interesse bestanden, wurden immer mehr Maler in das Wirkungsgebiet von Paris gezogen. Berichte über die Karriere von Provinz-Malern zeigen, daß nur wenige Künstler berühmt werden konnten - nicht einmal in ihrem Heimatgebiet -, ohne daß sie nicht die Pariser Kunstwelt betreten und sich in ihr gemessen hätten.

Es mag wirklich so gewesen sein, daß es gar nicht so viel mehr Künstler gab, sondern daß es lediglich mehr gab, die danach trachteten, den „schönen Künsten" ausschließlich als Maler zu dienen. Der hohe Status des Malers als ein Mann von Bildung mit einer edlen Berufung ist ein durchgängiges Thema, von den italienischen Akademien der ausgehenden Renaissance anwärts bis zu den Abkömmlingen der ursprünglichen französischen Académie Royale des Charles Le Brun (1648) im neunzehnten Jahrhundert. Die andere Seite dieses Themas ist die Herabsetzung des Kunstmalers oder des Gebrauchskünstlers. Diese akademische Sicht des Malers bedeutete, daß er zur Mittelklasse gehörte. Von solcher Art war eher die Voraussetzung und das Streben der meisten Maler des neunzehnten Jahrhunderts.

Hier findet sich zunächst noch ein weiterer Anhaltspunkt für das Anwachsen der Zahl von Malern; denn ein angesehener Beruf mit national bekannten Belohnungen und einer vom Staat unterstützten Ausbildung war für einen talentierten jungen Mann sehr attraktiv. Die Methoden der Förderung während der Schulung des Malers waren im Prinzip genauso vorgeschrieben wie die von Saint-Cyr, so daß bürgerliche Väter bereit waren, ihre Söhne dem anzuvertrauen, was sich als ein beständiges offizielles Malerei-System darstellte, in dem Eifer und Ausdauer einen öffentlichen Leistungsnachweis hervorbringen konnten. Dennoch gab es in der Wirklichkeit kein Monopol für die Ausbildung: eine verwirrende Vielfalt von Schulen und Ateliers ganz oder teilweise unabhängig, erwarteten den jungen Neuling in Paris.

So stehen wir also verschiedenen wichtigen Aspekten gegenüber: Die Zentralisierung der Kunstwelt und des akademischen Systems in Paris; die Konzentration auf einen Typ künstlerischer Aktivität, nämlich Malen; die Ablehnung der Rolle des Kunsthandwerkers; die Erwartung eines Mittelklasse-Lebensstandards für den Maler; das ungeregelte Wachstum ihrer Anzahl. Die Gesichtspunkte waren miteinander in der historischen Struktur des offiziellen Systems verflochten, und passen sich in das Muster seines Verfalls. Betrachten wir nun die Struktur dieses Systems zu Beginn des neunzehnten Jahrhunderts. Schon gemäß seines Aufbaus erhielt es gewisse Unbeständigkeiten.

Die Akademie des achtzehnten Jahrhunderts war eine professionelle Gesellschaft mit einer Mitgliedschaft von etwa 150 Personen. Im großen und ganzen gesehen, scheint sie eine reflexible Organisation gewesen zu sein, durchaus fähig, verschiedene Arten von Talenten aufzunehmen und interne Konflikte zu lösen. Als eine ausgeprägt barocke Organisation besaß sie eine Vielzahl von Rängen und Arten der Mitgliedschaft.

Die Akademie des neunzehnten Jahrhunderts wurde nun zu einer kleinen „offiziellen" Elite von vierzehn Leuten zusammengezogen, alle von gleichem Rang: die „Unsterblichen" in gold-betreßten grünen Uniformen. Wie ein Historiker schreibt: „Die alte Akademie war eine Hierarchie mit einer Basis, die sie stützte und von der sie gestützt wurde. Die neue (Akademie) war eine ebensolche Hierarchie ohne deren Basis. Sie besaß nicht ... die Verbindung zur gesamten Künstlerschaft, um sie fortwährend 'en route' und in die Sicherheit auf einen Anteil an ihren Ehren zu bringen, um ständig einen Platz für ein Talent, das der Aufnahme wert gewesen wäre, frei zu halten." Die Akademie wurde beinahe zu einer Nebenstelle der Regierung und ihre Beziehungen zum Rest der zentralisierten Kunstbürokratie waren höchst formalisiert. Gerade zu dem Zeitpunkt, an dem es notwendig war, die Mitgliedschaft zu erweitern und die Struktur zu dezentralisieren, schlug das akademische System die umgekehrte Richtung ein, und dennoch klammerte sich die Akademie an ihre Rolle als Schiedsrichter über den Wert aller Maler. Obgleich die Regierungsbürokratie allmählich von den meisten Vorrechten der Akademie Besitz ergriff, veränderte sich die zugrundeliegende Form des halboffiziellen Systems nicht bis weit in das Jahrhundert hinein.

Eine damit verbundene Unbeständigkeit war das Fehlen an ökonomischer Zuständigkeit oder irgendeiner regulierenden Gewalt über die Zahl und die Laufbahn praktizierender Künstler. Diese Macht der mittelalterlichen Gilden war genau das, was die ursprüngliche königliche Akademie so erbittert bekämpft hatte. In den anderthalb Jahrhunderten nach der Gründung der Akademie hatte die veränderte Gilde solche Vollmachten verloren, aber sie blieb als eine rivalisierende Institution bestehen, sie blieb ein lästiger Störenfried, der bis zur Revolution die akademische Flexibilität forcierte. Jetzt, im neunzehnten Jahrhundert, blieb keine derartige rivalisierende Institution mehr übrig. Ökonomisch gesehen befand sich die Kunstwelt für einige Zeit in einem Zustand des laissez-faire, nur die Akademie beanspruchte eine alleinige Autorität, die mit ihrer Ableugnung von Verantwortlichkeit in keiner Weise vereinbar war.

Die Notwendigkeit für Regelung und Schutz der Interessen der Künstler wurde immer dringender. Zahlreiche Versuche, Künstlersyndikate, Hilfe auf Gegenseitigkeit und Rentengesellschaften zu begründen, zeugen davon. Die Akademie des neunzehnten Jahrhunderts hätte dieses Gebiet betreten können. Sie versäumte es jedoch, ebenso wie sie es versäumte, sich direkt um die Berufswege von Gebrauchskünstlern oder Halbtagsmalern zu bekümmern. Die Ausweitung ihrer Aktivitäten und die Aufnahme vieler Arten von künstlerischen Berufswegen unter ihren Schutz hätte es dem akademischen System erlauben können, mit der Flut von Malern fertig zu werden. Die Struktur blieb jedoch mit einer kleinen Elite an der Spitze zentralisiert, die die Ausbildung, die einzige jährliche Ausstellung und die sorgfältig ausgearbeitete Hindernisstrecke der Preisverleihung beherrschte.

Für eine verschwindend geringe Anzahl arbeiteten die Regeln dieses Spiels geschmeidig. In den Jahren von 1840-1860 gab es einundzwanzig Gewinner des „Prix de home". (Nach einem Ausleseprozeß, für den dafür vorbereitete Werke unterbreitet wurden, wurden die Finalisten für zwei Monate „en loge" eingesperrt, um ein vorgegebenes Sujet zu malen. Der Gewinner des großen Preises wurde zeremoniell mit Lorbeer gekrönt und zu einem Studium von vier bis fünf Jahren Dauer an die Französische Akademie nach Rom geschickt.)

Achtzehn dieser Gewinner hatten ihren Abschluß auf der offiziellen „École des Beaux-Arts" gemacht. Dreiviertel davon waren von den Akademikern Picot oder Drolling betreut worden - in einigen Fällen, wenn der Schüler kein Risiko eingehen wollte, sogar von beiden. Vergleichen wir nun einmal das Schicksal der „Prix de home" - Gewinner mit der Laufbahn aller Berufsmaler in den ersten sechs Jahrzehnten des neunzehnten Jahrhunderts.

Das durchschnittliche Alter der Preisträger betrug zum Zeitpunkt ihrer ersten Salonausstellung dreiundzwanzig Jahre und lag damit weit unter dem aller anderen Salonaussteller. Neunzehn der Gewinner erhielten Salonmedaillen, meist sogar sehr hohe, davon die erste Medaille im durchschnittlichen Alter von nur vierunddreißig Jahren. Rund ein Viertel aller männlichen Berufsmaler erhielt überhaupt eine Medaille.

Von über der Hälfte der einundzwanzig Gewinner wurden Bilder vom Luxembourg (dem nationalen Museum für zeitgenössische Kunst) sowie von Museen in der Provinz angekauft, wohingegen lediglich ein Drittel aller Berufsmaler überhaupt irgendeinen offiziellen Antrag oder Ankauf zuerteilt bekam.

Bis 1882 waren fünfzehn der einundzwanzig zu Mitgliedern der Ehrenlegion gemacht worden, d.h. weniger als einem Fünftel aller Maler wurde diese Auszeichnung zuteil. Und schließlich wurde bis zum Jahre 1882 einer von den einundzwanzig in die Akademie gewählt, d.h. nur einem von hundert aus der gesamten übrigen Gruppe von Malern gelang dies.

Aber nicht genug damit, daß nur eine sehr kleine Minderheit irgendeine offizielle Auszeichnung oder finanzielle Förderung erfuhr, auch die verschiedenen Arten von Ehrungen und Unterstützung wurden keineswegs unter verschiedene Leute verteilt. Die Reichen wurden immer reicher - wenn auch nicht an Geld, so doch an Rang und Namen. Selbst die wenigen Begünstigten konnten selten von Staatsaufträgen und Ankäufen leben, zumal es überhaupt nicht genügend offizielle Pfründe gab, um Malern viele feste Gehälter zu zahlen. Für die überwiegende Mehrzahl der Berufsmaler waren die Aktivitäten der Salon-Jury und die damit verbundenen Staatsankäufe verständlicherweise nicht überzeugend genug. Deren Wirkung wurde weniger und weniger entscheidend, weder als negative Kontrolle noch als positive Auszeichnung.

Zwei widersprüchliche, wenn auch anerkannte Zwecke waren der Institution des Salons zu eigen. Sie war angelegt als das Hauptinstrument zur Überprüfung, Belohnung und Kontrolle von Malern, die offizielle Anerkennung suchten. Unter diesem beruflichen Aspekt unterstützte sie jenen Hindernislauf von Wettbewerben, den das Ausbildungssystem ausmachte. Zur gleichen Zeit war der Salon eine groß angelegte Schau mit tausenden von Bildern, die für die Öffentlichkeit im Geiste eines „Zeitalters der Ausstellungen" veranstaltet wurde.

Auf der einen Seite wurden die Urteile der offiziellen Elite um des Wohlergehens des Berufsstandes und der Aufrechterhaltung seiner Maßstäbe willen als unantastbar angesehen. Anderseits herrschte ein starkes Vertrauen in das Urteil des Publikums. In diesem dualistischen Charakter spiegelt sich erneut der historische Hintergrund wider. Die Salons der Académie Royale waren nur den Mitgliedern zugänglich und erst ab 1748 mit einer Jury versehen. Das Vorbild eines allen Bewerbern offenstehenden „demokratischen" Salons entstand während der Revolution. Zu dieser Zeit wurde auch ein juryfreier Salon für alle Maler abgehalten (1791) und „freie" Salons tauchten einige Male in verschiedenen Formen während des folgenden Jahrhunderts auf.

Um eben diesen Zweck, die Ausstellung von Arbeiten dem Urteil der Öffentlichkeit zu unterwerfen, erfüllen zu können, hätte die sinnvollste Möglichkeit darin bestanden, Salons sprießen zu lassen, indem man jährlich mehrere von ihnen, vielleicht auf Spezialgebiete ausgerichtet, abhält. Und in der Tat geschah dies auch in einem neuen institutionellen Kontext gegen Ende des Jahrhunderts. Eine entgegengesetzte Lösung hätte es sein können, die Anzahl der Bewerber für den Salon drastisch zu beschneiden, d.h. im wesentlichen auf die Regeln der Akademie zurückzugreifen. Die Zahl der Arbeiten, die jeder Maler einreichen durfte, wurde auf drei reduziert, dann auf zwei; aber diese Maßnahmen trugen nicht dazu bei, das Problem des Ausmaßes eines Gemäldes zu lösen. Statt dessen zwang der Druck der wachsenden Anzahl von Malern die Jury dazu, die Zahl der Zulassungen gleichzeitig mit der steigenden Zahl der eingereichten Bilder anzuheben. So wurden schließlich ziemlich konsequent annähernd die Hälfte der Bewerber zu einem mit der Jury versehenen Salon zugelassen. Die Zahl derer, die ausgeschlossen wurden, lag sicher sehr hoch, aber selbst in Jahren des größtmöglichen Protests gegenüber strengen Jurys wurden wenigstens vierzig Prozent der eingereichten Bilder zugelassen.

Es ist zweifellos außerordentlich schwierig, unter Anwendung einer einzigen zentralisierten Organisation, große Anzahlen von Objekten zu begutachten, zumal wenn diese kulturell als einzigartig seiend definiert sind. Dies war nach 1840 das größte Problem der Jury: Sie hatte jährlich innerhalb einer kurzen Zeitspanne zwischen 4.000 und 5.000 Bilder zu begutachten, zumal beim Meisterwerk, beim einzelnen Bild der Schwerpunkt des akademischen Systems gelegen war. Schulung, Wettbewerbe und Salons waren so angelegt, daß sich die Bewertung des Werkes eines Künstlers zu jedem Zeitpunkt seiner Laufbahn um das einzelne Gemälde drehte. Natürlich gab es auf Jurysitzungen auch recht viele Beeinflussungsmanöver. Sie gestalteten sich als eine Art Bild-um-Bild-Austausch, begünstigt durch die Unmöglichkeit, Typ und Qualität jedes einzelnen von 5.000 Gemälden ernsthaft zu beurteilen. In einem Kreis mit weniger Künstlern und kleineren Salons hätte man eine allgemeine Vertrautheit mit dem Werk jedes Malers, so, wie es sich im nächstliegenden Werk darstellt, vermuten können. In der überbevölkerten Kunstwelt des neunzehnten Jahrhunderts jedoch war das Wissen und die Kommunikation über den gesamten Komplex des Werkes eines jeden Künstlers unmöglich.

Ebensowenig konnte der Salon einen effektiven Marktplatz für einen solchen verwirrenden Strom von Gemälden darstellen. Die Karriere eines Künstlers und die Sicherung seines Lebensunterhalts hängen nicht von einem einzelnen Bild ab, das von der Wand des Salons gekauft wird, sondern von dem Ruf und der Verkäuflichkeit seines Werkes im ganzen. Ingres, neoklassizistischer Purist, selbst ein Akademiker, der glaubte, die Akademie verrate ihr Erbe, bezeichnet des Salon verächtlich einen „Bilderladen". Es ist wahrlich ein Spiel der Ironie, daß auf die Dauer aus Bilderläden Salons wurden.

So weit haben wir einige der internen Unbeständigkeiten des akademischen Systems analysiert und die Zwänge beschrieben, denen es ausgesetzt worden war. Als eine nationale Kunstmaschine zur Anwerbung von Malern und zur Herstellung würdiger Malerei war das System sicherlich erfolgreich, aber als Organisation zur Unterstützung, Steuerung und Überwachung beruflicher Malerlaufbahnen versagte es völlig. Die Mehrheit aufstrebender Künstler, der begabten und der mittelmäßigen, wurde ausschließlich in die prestigeträchtige Laufbahn der Malerei geleitet. Das System bot keine Notluke, die ein Entkommen zu alternativen Kunstkarrieren ermöglicht hätte.

Als der Druck der Überfülle größer wurde, traten andere Risse im System auf und erweiterten sich. Informelle Gönner-Günstling-Beziehungen unter den Malern verschwanden mehr und mehr. Es gab außer den offiziellen Geldprämien, die sich wie ein Tropfen auf dem heißen Stein ausnahmen, keine Vorkehrungen für die andauernden ökonomischen und sozialen Bedürfnisse selbst der anerkannten Maler. Die Kommunikation über praktische und künstlerische Belange war vom Fluß und von der Verbreitung her nicht mehr ausreichend. Die berufliche Wertschätzung des Werkes eines Malers und die damit verbundene Herstellung einer Reputation konnte angesichts der Vielzahl nicht mehr hinreichend gehandhabt werden. Da es ihm an ökonomischen Funktionen fehlte, konnte das akademische System keine Mannigfaltigkeit an Märkten für Maler schaffen und kultivieren, noch konnte es Individuen mit einem gegebenen Publikum oder mit einer Gruppe von Käufern wirkungsvoll in Verbindung bringen.

Dessen ungeachtet blieb das akademische System in den Augen der Maler legitim und mächtig. Selbst unter den gefeierten Rebellen fand sich kaum einer, der nicht nach dessen offizieller Anerkennung und Förderung strebte. Der Salon war offensichtlich eine höchst unbefriedigende Institution, und dennoch kamen die Bilder jedes Jahr wagenweise herein. Stürme des Protests wurden gegen bestimmte Regeln und Verfahrensweisen gerichtet - aber gewöhnlich nicht prinzipiell gegen das System.

Wir müssen uns nun die andere Seite der Medaille ansehen, um zu erkennen, wie ein institutionelles System, das sich um Kunsthändler und Kritiker herum entwickelte, mehr und mehr die Funktion des altes Systems übernahm und sich schließlich dessen Legitimität aneignete. Händler und Kritiker waren lange Zeit Gehilfen des akademischen Systems gewesen. So war journalistische Kunstkritik ein direktes Produkt der königlichen Salons; ihr Ursprung geht bis in die Mitte des achtzehnten Jahrhunderts zurück. Die Händler interessierten sich in größerem Maße für zeitgenössische Kunst angesichts des durch das akademische System im

19. Jahrhundert hervorgerufenen Ansehens. Anderenfalls wären sie wohl eher im Dienste der alten Meister als der lebenden Maler geblieben.

Es ließen sich keinerlei Anzeichen dafür finden, daß irgendein großer Kunsthändler etwa in den ersten dreißig Jahren des neunzehnten Jahrhunderts in Paris operiert hat. (Eine zufriedenstellende Geschichte des Kunsthandels im Frankreich des neunzehnten Jahrhunderts wäre noch zu schreiben.). Antiquitätenhändler, Juweliere, Verkäufer von Drucken und Farben- und Leinwandhändler verkauften oft Bilder nebenher. Aber „Galerien", die ausschließlich mit zeitgenössischer Kunst handeln, sind eine Erscheinung der zweiten Hälfte des Jahrhunderts. Sie sind eine Antwort auf ein Bedürfnis von Seiten der Maler und auf das Wachstum eines potentiellen Marktes. Betrachten wir einmal diesen Markt, die Erfordernisse des Malers und den Typus von Malerei, der hier einbezogen wurde.

Gemälde sind nach der derzeit geltenden kulturellen Definition einzigartige Objekte. Prinzipiell wird jedes einzelne als individuell angesehen und auf eine beinahe mystische Art von allen anderen unterschieden. Aber ein Bild ist auch Stückarbeit und wurde im allgemeinen auf einer Stückwerkbasis bezahlt. Maler waren also tatsächlich Berufstätige, die, zwar der Mittelklasse angehörend, dennoch auf der Ebene handwerklicher Stückarbeit schufen. So auch hat der Maler für seine eigenen Materialien zu sorgen. Dementsprechend bedurfte der französische Maler des neunzehnten Jahrhunderts eines regelmäßigen Einkommens nicht nur für die von seiner Seite aus erwartete Lebensweise der Mittelklasse, sondern überdies auch für die laufenden Kosten an Materialien und anderen Betriebskosten seines Gewerbes. Was er benötigte waren nicht gelegentlich erzielte hohe Preise, sondern den regelmäßigen Verkauf eines angemessenen Teils seiner Arbeit. Jedoch die Zahl der Auftragsgemälde sank; denn zum einen verringerte Antiklerikalismus die Zuwendungen der Regierung für Kirchendekoration, zum anderen ließ Porträtmalerei nach. Die Folge davon sah den Künstler in der Verlegenheit, sich ein regelmäßiges Einkommen mit Bildern zu sichern, die auf Spekulation hergestellt wurden.

Was bedeutete das nun in bezug auf den für die wachsende Zahl an Künstlern notwendigen Markt? Wie viele Bilder wurden hergestellt? Nach der niedrigsten Schätzung gab es um das Jahr 1863 4.000 Maler und vorliegende vollständige Kataloge für einzelne Maler weisen auf, daß etwa zehn Gemälde pro Jahr für die meisten Maler während des zentralen Teils ihrer Laufbahn ein niedriger Ansatz ist. Selbst bei vorsichtiger Schätzung von fünf Bildern pro Jahr läßt sich sagen, daß nach der Mitte des Jahrhunderts pro Jahrzehnt 200.000 Gemälde von französischen Berufsmalern hergestellt worden sind.

Dieses Anwachsen in der Zahl der hergestellten Bilder steht sowohl in Beziehung mit einigen Änderungen im Verfahren, der Technik und der Größe, wie auch mit Geschmacksveränderungen. Neue Farbenzubereitungen, dickere und leichter zu handhabende Farben wurden in Zinntuben verkauft, in denen sie bequem aufbewahrt und handlich angewandt werden konnten. Konfektionierte Leinwände und Farben vereinfachten die Vorbereitung und regten die Verwendung schneller Maltechniken an. Das typische, gemeinhin gelehrte akademische Verfahren war die „geplante" Malerei: ein Werk wurde sorgfältig, Schritt für Schritt, auf der Grundlage der ursprünglichen Zeichnung konstruiert. Mit den bequemen neuen Materialien konnte das gleichzeitig entstandene Interesse an einer Malerei, die völlig in der freien Natur arbeitete, Anhänger gewinnen. Es entwickelten sich Techniken, die mit flüchtigen Pinselstrichen arbeiteten, und der Trend ging über zu kleineren Bildern in größeren Mengen, zumal viele von diesen in derselben Zeit vollendet werden konnten, die ansonsten für ein großes „geplantes" Bild benötigt wäre. Nur noch wenige Maler wurden gebraucht oder eingesetzt, um als Assistenten ihrer Meister, Zeit für Routinearbeiten, wie Vorbereitung und Grundierung, aufzuwenden; alle konnten viele Bilder allein herstellen.

Auch der gängige Geschmack bevorzugte kleine Gemälde. Überdies stieg das Interesse an Landschaften an. Aber bei der Mehrzahl der hergestellten Bilder handelte es sich um solche , die als „Genre"-Malerei bekannt waren. Und hier schien Geschmack eine größere Rolle zu spielen als Technologie; denn viele Genrebilder wurden, was Verfahren und Technik betraf, ebenso peinlich genau ausgeführt wie die großen „geplanten" Gemälde.

Ein Genrebild hatte in der Regel anekdotischen Charakter. Es zeigte meist einen Ausschnitt aus Vorstellungen über das Leben der unteren Klassen oder aus einer anderen historischen Ära oder aus einem exotischen Ort. Die Impressionisten, das sollte hier angemerkt werden, sind echte Genremaler, die Szenen aus dem Leben der Mittelklasse in ihrer Zeit in einem beunruhigenden neuen Stil darstellen. Hierin liegt der wahre Schock ihrer Neuerungen.

Im akademischen Schema der Dinge, welches Gemälde mehr nach der Anordnung bedeutsamer Sujets als nach dem Stil einstufte, nimmt Genremalerei einen mittleren Platz ein: Sie liegt niedriger als die noblen Themen der „historischen" Malerei und höher als Landschaften (da diese die menschliche Gestalt unterordneten oder ganz wegließen). Der zentrale Streit, wie er in der Kunstwelt jener Zeit gesehen wurde und sich in den kritischen Schriften widerspiegelte, bestand in der Auseinandersetzung zwischen der erhabenen historischen Malerei mit ihren patriotischen, klassischen und biblischen Sujets und der des Genre, die oft von einer süßlichen und anekdotischen Spielart war. Die Genremalerei siegte; Ernest Meissonier, Entwerfer höchst vollendeter Genreszenen in erstaunlich kleinem Ausmaß, wurde 1861 in die Akademie gewählt.

In dem Bemühen um eine regelmäßigere und abgesichertere Laufbahn spezialisierten sich viele Genremaler, indem sie sich populären Sujets zuwandten und daraus Kapital schlugen. Besonders Bilder mit ländlichen Szenen waren sehr gefragt. Da gab es zum Beispiel die unglaublich erfolgreiche Rosa Bonheur, die sich auf Bauernpferde und Vieh spezialisiert hatte, sowie den Maler Troyon, der zu einem Zeitpunkt so viel Bestellungen für Bilder von grasenden Kühen hatte, daß er Eugéne Boudin anstellte (einen der Väter des Impressionismus), damit er ihm in aller Eile irgendwelche Hintergrundlandschaften dazupinselte. Dann gab es Verfertiger malerischer Militärszenen, wie Detaille, ein Schüler von Meissonnier,

205

während wieder andere sich darauf spezialisierten, den heroischen Orientalismus eines Delacroix auf Genregröße zurechtzustutzen.

Auf diese Weise ahmte der Maler die Massenproduktion nach und schränkte den Faktor der Einzigartigkeit ein. Ein Käufer fühlt sich zu jeder ländlichen Szene von Troyon hingezogen - wenn ihm Kühe gefallen! Kleine Genrebilder - und Porträts - hatten tatsächlich schon seit 1740 den Hauptanteil in den Salons ausgemacht. Die Begeisterung für die holländischen „kleinen Meister" war dabei von großem Einfluß gewesen. Und das Verlangen nach kleinformatigen, dekorativen Leinwänden war ein fortbestehender Faktor, zumal diese „bewegliche Dekoration" genau das war, was am besten zum Stil, Mobilität und Zeitspanne einer bürgerlichen Familie paßte. Der Einfluß der Bourgeoisie war kein neues Phänomen im neunzehnten Jahrhundert; denn die französische Klassenstruktur hatte sich schon lange vor der Revolution verändert. Es entstand jedoch besonders nach 1848 eine Verbreitung der Mittelklasse. Hier lag ein größerer potentieller Markt für Kunst, wenn man ihn nur erschloß.

Um nun wieder auf die Händler zurückzukommen: Nachdem sie diesen potentiellen Markt erkannt hatten, gingen sie eifrig daran, ihre Kundschaft zu vergrößern. Sie sahen eine Möglichkeit, Käuferkreise um einen Brennpunkt spezifischer Gruppen von Malern zu entwickeln, die dem Trend in Größe und Gegenstand folgten.

Zur selben Zeit wollte die in einer wachsenden und heftig konkurrierenden journalistischen Welt lebende Kunstkritik ihre Leserschaft vergrößern und ihren Ruf als einflußreiche Intellektuelle stärken. Eine enge Identifikation mit bestimmten Malern konnte einen Kritiker aus dem Gewühl der Schreiber herausragen lassen. Das akademische System konnte die Kritiker nicht ignorieren; denn im Verlaufe des ganzen neunzehnten Jahrhunderts war die veröffentlichte Kritik für die Kommunikation in der aufgeblähten Kunstwelt wesentlich, da sie Informationen lieferte, die zur Bewertung von Malern und Gemälden nötig waren. In der Tat waren sogar Bestechungen durch Händler und Maler nicht ungewöhnlich.

Für die meisten Käufer war jedoch das akademische Billigungssiegel in Form einer Salonausstellung oder eines Salonpreises das, was Maler und Gemälde verkäuflich machten. Und das am meisten verbreitete Betriebskapital sowohl für Händler als auch für Kritiker waren die Werke von Salonmalern, für die sie selbst die ausführliche Aufgabe erfüllten, für deren Produktion einen Kreis von Käufern zu schaffen.

Um diese akademische Imprimatur zu bekämpfen, hatten rebellierende Maler gemeinsam mit den Händlern und Kritikern, die sie unterstützten, allmählich eine eigene Ideologie begründet. Sie beruhte auf dem Vermächtnis des Romantizismus, auf der Idee vom „unbekannten Genie". Wenn Kritiker einen nicht anerkannten Maler öffentlich hochlobten, spornten sie eine Art von Geschmacksspekulation an. Wenn Schriftsteller wie Zola erklärten: „In zwanzig Jahren wird man die Werke dieses Mannes als Meisterwerk betrachten!", dann beinhaltete dies auch den Folgesatz, daß ein Kritiker von solcher Voraussicht Anerkennung als begabter

Intellektueller verdient. Als nächste Folge dann hörte man die Händler ausrufen: „In zwanzig Jahren werden diese Gemälde ein Vermögen wert sein!" Indem sie die Werke von „unerkannten Genies", sowohl von Individuen als auch von Gruppen forcierten, machten sich die Händler das Spekulationsfieber zunutze, das besonders in den 50er und 60er Jahren des 19. Jahrhunderts Frankreichs ökonomisches Leben durchzog.

Schon seit langem wurden Gemälde aus vergangenen Jahrhunderten als eine sichere Investition mit wachsendem Potential besonders für den internationalen Austausch angesehen. Aber Veränderungen im Wert traten gewöhnlich zu langsam ein, als daß sie die Bezeichnung „Spekulation" gerechtfertigt hätten. Auf jeden Fall operierten die Käufer solcher Gemälde auf einer höheren finanziellen Ebene als die meisten Käufer zeitgenössischer Kunst, deren Hauptanliegen im allgemeinen das augenblickliche Prestige und der Wert waren. Überdies lagen die Grundpreise für „medaillengeschmückte" Salonfavoriten so hoch, daß sie sich kaum für kurzfristige Spekulationen eigneten. Dementsprechend entwickelten die Händler eine Möglichkeit, um kurzfristige Spekulationen anzulocken.

Allerdings wenn ein Händler zu spekulieren beabsichtigte, dann mußte er eine genügende Anzahl der Werke eines Malers besitzen, um seine Spekulationen rationell gestalten zu können: eine Art Monopol war notwendig, Hier konnte die um sich greifende Sitte von Händler-Maler-Verträgen beiden Parteien von Vorteil sein. Hierbei handelte es sich gewöhnlich eher um stillschweigende Übereinkommen als um schriftliche Kontrakte, obwohl sich letztere gegen Ende des Jahrhunderts mehr und mehr einbürgerten. Es gab da verschiedene Formen: eine Bargeldvorauszahlung auf bestimmte versprochene Werke, eine regelmäßige monatliche „Besoldung" oder eine Art ungeschriebene Übereinkunft, nach der der Händler für den Maler als „Bankier" agierte, indem er seine Miete, seine Nahrung und die laufenden Rechnungen für Farben zahlte.

So schuf der Händler gewissermaßen eine alte Rolle neu, nämlich die des Mäzens vergangener Jahrhunderte. Obwohl hier andere Motive und auch eine andere ökonomische Basis eine Rolle spielten, gestaltete sich dennoch emotional und sozial gesehen diese Beziehung wesentlich anders als das Staatspatronat des akademischen Systems. Ein Künstler hatte jemanden, von dem er Unterstützung und Anerkennung verlangen konnte. Der Beigeschmack, den derlei Arrangements in sich trugen, läßt sich am besten aus einigen Auszügen aus den berühmten Briefen der Impressionisten an ihren Händler-Mäzen Durand-Ruel entnehmen:

„Sie werden hoffentlich nicht glauben, daß ich an Ihnen zweifle. Nein, ich kenne Ihren Mut und Ihre Energie ... Sind sie sicher, daß Sie mir heute etwas Geld geben können ... Senden Sie Ihre Antwort über den Träger (dieser Nachricht), es irritiert mich, laufend in den Laden zu kommen und Sie zu belästigen ... Nun sind seit Ihrer Abreise schon eineinhalb Monate vergangen, und noch kein Wort von Ihnen, kein Pfennig von Ihrem Sohn. Ich weiß nicht, wie Sie es sich vorstellen, wovon ich lebe, aber ich bleibe erstaunt über Ihre Gleichgültigkeit. Ich sehe mich gezwungen, wenn möglich, einige Bilder zu verkaufen. Ich bedaure zutiefst, mich dazu gezwungen zu sehen, denn notwendigerweise werden dadurch die Preise meiner Bilder niedriger, aber mir bleibt keine andere Wahl, da ich viele Schulden habe... Haben Sie die Güte, lieber M. Durand-Ruel, mir mitzuteilen, was ich tun soll. Ich muß sagen, ich bin überrascht und ein wenig betroffen von Ihrem Schweigen; und wenn mir Boussod nicht einen Vorschuß gegeben hätte und ohne die kleine Ausstellung hätte ich mich zweifellos in Schwierigkeiten befunden."

Sehr bald erlernten Maler die Fertigkeit, den einen Händler gegen den anderen auszuspielen, so, wie in früheren Zeiten der Künstler drohte, einen Patron zu verlassen, um einen anderen zu verherrlichen. Im Prinzip kann der Händler-Mäzen als eine Vorrichtung angesehen werden, die einen chaotischen freien Markt auf einige wenige konkurrierende Kerne verdichtete, stark genug, um als wirkungsvoller Ersatz für das Regierungspatronat zu dienen. Es war sowohl für die Händler als auch für die Kritiker nur natürlich, die Karriere des Malers und sein gesamtes Schaffen herauszustellen; denn das einzige augenblickliche Werk war als isoliertes Handelsobjekt zu vergänglich, um als Brennpunkt eines Handels- oder Werbungssystems zu dienen. Das neue Muster schälte sich von 1840 anwärts immer klarer heraus, als Durand-Ruel zunächst die Gruppe von Landschaftsbildern, bekannt als die Barbizon-Schule, dann die Impressionisten und später noch andere künstlerische Bewegungen unterstützte.

Gruppenausstellungen - ein gemeinsames Unterfangen von Malern, Kritikern und Händlern - waren eine Phase beim Lancieren von Künstlern und dem Aufbau ihrer individuellen Karrieren. Die durch Gruppenausstellung erreichte Publizität zwang schließlich sogar konservative Salonkritiker, über das Ereignis zu berichten. Auf diese Weise wurde sich das Publikum mehr und mehr dieser Alternativen zum Salon bewußt, und es wurde modisch, zumindest mal reinzuschauen.

Die Kritiker dienten nun nicht nur als Publizisten, sondern auch als Theoretiker, indem sie dem Publikum erklärten, wie man sich ein Gemälde anzusehen hat. Ihre Unterweisung verlief immer weniger in Richtung der Sujets, jenem traditionellen Prüfstein, sondern eher in Bezug auf Stil und Technik. Dies geschah nicht nur angesichts der Vielzahl stilistischer Neuerungen und dem Trend zu kleineren, mehr dekorativen Gemälden, sondern auch, weil Maler, die in einer Gruppe ausstellten, einer stilistischen Identität bedürfen, was bedeutet, daß, wenn ein ganzer Klumpen Bilder aus dem Werk eines Malers auf einmal gezeigt wird, es von größerer Bedeutung ist, die stilistische Entwicklung zu betonen. Es war sicherlich kein Zufall, daß sich die Salonkritik während des ganzen Jahrhunderts stark an das Sujet als Modus der Diskussion von ausgestellten Gemälden anlehnte. (Die meisten Salonkritiker folgten sogar der akademischen Sujet-Rangnordnung, indem sie in ihren Artikeln die Gemälde entsprechend eingruppierten.).

In den späten 80er Jahren waren von Händlern geförderte und in ihren „Galerien" veranstaltete Ein-Mann-Ausstellungen lebender Künstler durchaus üblich. Auch hier wurde das einzige Werk des Malers und die Entwicklung seines Stils hervorgehoben. Zur selben Zeit tauchte das Malen von „Serien" auf, wie es besonders von Monet mit seinen „Heuhaufen", „Seerosen" und „Kathedralen" entwickelt wurde. Hier zeigt sich das Äußerste an stilistischen Variationen zu einem Thema, indem der Künstler Bild für Bild seine Interpretation der Natur aufbaut. Heute ist es für einen Künstler durchaus üblich, seine Werke einfach in einer Reihenfolgen durchzunumerieren. Das individuelle Kunstwerk nimmt andere Bedeutung an, eine, die zunehmend schwieriger und komplizierter wird, weil jedes nur noch Teil einer Bedeutungslinie darstellt.

Auf diese Weise vereinten sich der Wunsch der Käufer nach kleinen, dekorativen Bildern, die Entwicklung verschiedener sozialer und finanzieller Techniken durch die Händler, die Rolle der Kritiker als Publizisten und Theoretiker mit den Bedürfnissen des Malers und den von ihm bevorzugten Formen und Techniken, um in einem ziemlich komplexen Prozeß das neue institutionelle System hervorzubringen, das zum Ende des neunzehnten Jahrhunderts in Erscheinung trat.

Das akademische System ist in diesem Prozeß eher das Opfer als der Bösewicht. Wie wir gesehen haben, waren viele der Bedingungen für seinen Niedergang - und für den Aufstieg eines neuen sozialen Rahmens - durch seine schöpferischen Erfolge hervorgerufen worden. Die Ironie besteht darin, daß sich das offizielle System nicht soweit anpassen konnte, um bei der Größe, die seinen eigenen Zielen innewohnte, noch wirkungsvoll zu funktionieren. Die Stärke des Händler-Kritiker-Systems lag in seiner Flexibilität und einer spezialisierten Kundschaft. Allerdings fehlte ihm eine formale Struktur. Nur durch die Zentralisierung der Kunstwelt in Paris, einer internationalen Kunststadt mit einer reichen und vielfältigen kosmopolitischen Kundschaft, kam ein skelettloses System, bestehend aus mächtigen Händlern und Kritikern zustande. Und seine gesamte Entwicklung hatte viel dem Drama der Auseinandersetzung mit dem Prestige jenes alten Gebäudes, nämlich dem akademischen System, zu verdanken.

Nun ergibt all dies zwar ein recht ordentliches Muster eines sehr komplizierten Abschnitts der Geschichte, aber weder die Daten noch ihre Interpretation sind vollständig. Es sollte jedoch von diesem Ausgangspunkt her mit Hilfe der Analyse vergleichbarer Fälle möglich sein, herauszufinden, welche Fragen als nächstes zu stellen sind. Zwei Vergleiche aus der Kunstgeschichte bieten sich hier als Gegenstände für die weitere Forschung besonders an.

Die holländische Malerei weist während des siebzehnten Jahrhunderts einige derselben institutionellen Merkmale auf, die wir in der französischen Kunstwelt des neunzehnten Jahrhunderts gesehen haben. Da gibt es auch eine große Zahl von Malern, und dekorative Staffeleimalerei herrschte vor. Überdies war Spezialisierung durchaus üblich und Händler und Maler gingen vergleichbare vertragliche Beziehungen ein. Holland besaß allerdings keine erwähnenswerten Kunstakademien, während sich unsere Interpretation des französischen Beispiels maßgeblich an die durch Aufstieg und Niedergang der Akademie entstandene dynamische soziale Situation anlehnt. Zudem entwickelten sich die französische Malerei und ihre sozialen Institutionen kontinuierlich weiter und trugen Früchte, wohingegen die holländische Malerei im neunzehnten Jahrhundert eher abzusinken scheint.

Einen anderen Vergleich mit einem völlig anderen Rahmen liefert die englische Kunstwelt. Hier ereigneten sich, vielleicht typischerweise, keine gewaltsamen Veränderungen in den sozialen Institutionen. Die Royal Academy, eine Schöpfung des achtzehnten Jahrhunderts, glitt mit fast unerschütterlicher Ruhe durch das neunzehnte Jahrhundert. Sie behauptete dem Staat gegenüber immer ihre Unabhängigkeit. England zeigte schon früh ein Bemühen um die Ausbildung in den angewandten Künsten und schien Frankreich in der Vorsorge dafür weit voraus gewesen zu sein. Es bestand dort ein großes populäres Interesse an billigen Radierungen; viele Maler arbeiteten mit der unmittelbaren Absicht, ihre Gemälde von einem bestimmten Druckerverleger kaufen und gravieren zu lassen. Auf diese Weise ließ sich eher eine größere Interessentenschar auftun als durch große Salonveranstaltungen. Sogar regelrechte „Subskriptionsprogramme" zu niedrigen Preisen gab es, um selbst dem Geldbeutel der unteren Mittelklasse zu entsprechen. Auch einige englische Akademiker lassen sich finden, die ihre Kunst furchtlos zum höheren Ruhm von Pears Seifenwerbung verkauften.

Kann nun der von uns unternommene Ansatz zu einem vollständigen Verständnis von Kunst führen: Was sagt die Studie zum Beispiel über Bedeutung und Entwicklung des Impressionismus aus? Oder durchforschen wir die Kunstwelt einfach nach weiteren Fallstudien zum sozialen Wandel? Der Impressionismus wurde in der französischen Kunstwelt keineswegs durch soziale Veränderungen „produziert". Man muß da schon um die innere Logik stilistischer Entwicklungen wissen, um zu einer Klärung ansetzen zu können, warum sich andere Bestrebungen im Stil (oder im Sujet!) nicht verwirklichten und warum, wenn sie unternommen wurden, sie totgeboren waren. Totgeboren waren sie gesehen aus der Perspektive späterer Zeiten; denn ein Problem, das gänzlich abweicht von der Entwicklung sowohl der Institutionen als auch der Kunst, die man später als Teil einer großen Tradition ansieht, ist die relative Popularität zeitgenössischer Malerei. Dennoch bleiben unmittelbare soziale Zwänge ein notwendiger Bestandteil jedweder Erklärung der Gegenwart oder Abwesenheit verschiedener möglicher Wandlungen der Kunst. Diese Zwänge begrenzen die Reichweite von Entwicklungen, die stattfinden können, sowie die Wege, auf denen sie sich vollziehen. Auf der Basis von vergleichenden historischen Studien können wir Theorien darüber aufbauen, woraus diese Grenzen bestehen und wie sie sich voneinander unterscheiden. Schließlich dann müssen diese Theorien in den Vielschichtigkeiten zeitgenössischer Entwicklungen in der Kunst überprüft werden.

Heine von Alemann

Galerien als Gatekeeper des Kunstmarkts.
Institutionelle Aspekte der Kunstvermittlung

1. Kunst als differenziertes Subsystem der Gesellschaft

Die Kunst ist im Verlauf des 20. Jahrhunderts vielfältiger geworden. Konnte man in früheren Zeiten einer Epoche einen spezifischen Stilbegriff zuordnen, so scheint dies für die Gegenwart kaum mehr möglich zu sein. Für vergangene Epochen haben wir uns angewöhnt, sie durch bestimmte Stilbegriffe zu charakterisieren. So charakterisiert der Impressionismus das letzte Jahrzehnt des 19. Jahrhunderts. Wir denken uns auch die Stilbegriffe in einer chronologischen Abfolge, ja, diese Abfolge wird bisweilen geradezu als ein entwicklungslogisch stringenter Zusammenhang interpretiert: In dieser heute üblichen Deutung „folgt" beispielsweise der Expressionismus auf den Impressionismus, auf den Kubismus der Surrealismus usw. Die Kunstgeschichte als die 'autoritative Deutungsinstanz' der Stil- und Epochenbewegung in der Kunst ist nicht müde geworden, dieses chronologische Deutungsschema durchzusetzen. Stilrichtung folgt danach auf Stilrichtung, die jeweils als dominant für ihre jeweilige Zeit angesehen wird, die auch als jeweils vollkommenster Ausdruck der Tendenzen ihrer Epoche betrachtet wird. Damit ist zugleich ein Ordnungsraster geschaffen worden, das die Kunstwahrnehmung formt und teilweise auch die Kunstentstehung anleitet. Denn sowohl die Künstler selbst, aber vor allem die Kunstbetrachter finden sich in diesem Deutungsschema leicht zurecht. Für den Künstler ergibt sich daraus, daß er sich der jeweiligen Avantgarde-Bewegung anzuschließen habe, die sich vor allem durch die Negierung jeder Kunst der Vergangenheit profiliert.[1] Denn Negation erscheint in diesem Sinne als die einfachste Methode, etwas hervorstechend Neues zu schaffen. Für die Kunstbetrachter erlaubt die Parallelisierung von Stil- und Epochenbegriff die Anwendung eines einfachen Wahrnehmungsschemas, zumal dies in vielen Museen ganz anschaulich praktiziert wird. Selbst große Museen durchwandert man in einer chronologischen Abfolge. Mit der spätmittelalterlichen Kunst beginnend, durcheilt die

---

1 Über die Transformationen der Avantgarde-Bewegungen in der Kunst der USA, insbesondere New Yorks im Zeitraum von 1946 bis etwa 1980, unterrichtet das vorzügliche Buch von Diana Crane (1987), in dem auch interessantes Material zur Stilentwicklung und zur Rolle von Galeristen zu finden ist.

Jahrhunderte, um schließlich bei der sogenannten „klassischen Moderne" zu enden. Will man Gegenwartskunst wahrnehmen, wird man dann allerdings typischerweise auf ein anderes Museum verwiesen. Der Kunstbetrachter wird gewissermaßen an einem chronologischen Ariadnefaden durch das Labyrinth der Kunstentwicklung geführt: Stilentfaltung und Epochenentwicklung werden synchronisiert durch den zentralen Deutungssatz, daß die Kunst ihre jeweilige Zeit widerspiegele.

Im folgenden geht es um die Kunst der Gegenwart, d. h. die Kunst seit Mitte des 20. Jahrhunderts. Vor allem geht es um solche Kunst, die von lebenden Künstlern hervorgebracht wird. Gegenwartskunst soll also die Kunst genannt werden, deren Produzenten noch leben. Es ist typisch für den Kunstbegriff geworden, daß er sich auf ein Insgesamt an Kunst bezieht, ganz unabhängig davon, ob der Kunstschaffende noch am Leben ist oder nicht. In vielen Bereichen der Kunstbetrachtung und Kunstwahrnehmung wird ausschließlich jene Kunst als interessant, wichtig und bedeutsam, ja überhaupt als Kunst angesehen, deren Schöpfer längst gestorben sind. Bei der Gegenwartskunst gilt es demgegenüber als zweifelhaft, ob ihr das Qualitätsprädikat, Kunst zu sein, überhaupt zugeschrieben werden könne oder ob es sich nicht vorläufig eher um ein Artefakt anderer Güte handele. Es erscheint also als ungewiß, ob es sich „wirklich" um „bedeutende" Kunst handelt. Als Kunst gilt also vielfach nur eine solche Kunst, die mit dem Gütesiegel der zeitlichen Haltbarkeit versehen worden ist.[2]

Aber das ist nur die eine Seite der Medaille. Auf der anderen Seite gewinnt die Gegenwartskunst ein höchst aktives Eigenleben. Dabei scheint es so zu sein, daß einesteils die Menge der Künstler in einem beachtlichen Ausmaß zunimmt (obwohl hier allerdings genauere Daten fehlen). Aber die Künstler selbst machen nur noch - bildlich gesprochen - die Spitze des Eisbergs eines zunehmend größer werdenden Kunstbereichs innerhalb der Gesellschaft aus. Es entsteht eine Kunstszenerie, es entsteht der „Kunstmarkt", der durchaus als ein Wirtschaftsbereich innerhalb einer breiteren Kulturwirtschaft aufgefaßt werden kann.[3] Der Kunstmarkt bildet eine ganze Fülle von neuen Berufen und Berufszweigen aus.

Durch diese Ausfächerung des Kunstmarkts kann konstatiert werden, daß die Kunst in der Moderne zu einem eigenständigen Subsystem der Gesellschaft wird (wobei durchaus offen bleiben muß, in welchem Ausmaß dieser Bereich Autonomie erwirbt). Auch die einzelnen Künste differenzieren in eigenartiger Weise je spezifische Institutionen aus. In der bildenden Kunst ist dieser Prozeß noch im

2 So hat der Kunsthistoriker Werner Schmalenbach als Direktor der Kunstsammlung Nordrhein-Westfalen ganz bewußt, um gesicherte Werte in die Bestände aufnehmen zu können, keine Gegenwartskunst angekauft, sondern gezielt auf diese verzichtet, weil er ein absolutes Qualitätsbewußtsein verfocht und Kunst daher auch zu Höchstpreisen erwarb.

3 Vgl. dazu die inzwischen diesen Begriff der Kulturwirtschaft vertiefenden zwei „Kulturwirtschaftberichte", die von der Landesregierung Nordrhein-Westfalens in Auftrag gegeben worden sind (vgl. Ministerim für Wirtschaft ..., NRW 1992 und 1995). Das Amt für Wirtschaftsförderung der Stadt Köln hatte bereits früher eine Broschüre über den „Wirtschaftsfaktor Kunst" herausgebracht (vgl. Kunst Markt Köln 1988).

Gange. Neben die „alten" Institutionen, die seit Ende des 18. Jahrhunderts entstanden sind, wie die Kunstgeschichte, die Kunstakademien, die Museen, der Bilderhandel und die Kunstkritik, treten seit Beginn des 20. Jahrhunderts neuere Institutionen wie die Kunstgalerien, die Großausstellungen und die Kunstpublizistik. Seit Ende der 60er Jahre entstanden als neueste Institutionalisierungsform die periodischen Kunstmärkte als kurzzeitige Ausstellungen professioneller Galerien, womit die Kunstgalerien eine sekundäre Institutionalisierungsform ausgebildet haben.

Die Künstler bleiben zwar die eigentlichen Hauptakteure und Innovatoren, aber es entstehen mit diesen Institutionen viele neue Berufe, die im engeren oder weiteren Sinne von der Vermittlung und/oder der Vermarktung von Kunst leben. Das Subsystem Kunst transformiert sich in Richtung auf die Verberuflichung einer Vielzahl von Akteuren, die selbst keine Kunst hervorbringen, sondern ihren Lebensunterhalt der Durchsetzung des Neuen verdanken. Das ökonomische System Kunstmarkt entsteht; Kunst wird zum Wirtschaftsfaktor innerhalb der Kulturwirtschaft.

Howard Becker (1982) hat diesen Prozeß auf einen prägnanten Begriff gebracht: Sein Buch „Art Worlds" beschreibt im Detail und in einer spezifischen Deutung die Autopoiesis eines „Kunstwelten" genannten Bereichs, in dem Kunst sich in erster Linie auf Kunst stützt, die aber zu ihrer Mobilisierung ein unterstützendes Personal und viele andere sympathisierende Gruppen benötigt. Niklas Luhmann (1995) hat dies neuerdings weitergeführt zu einer systemtheoretischen Deutung der Kunst, wobei er allerdings wieder - worauf Becker verzichten konnte - eine zentrale Funktion der Kunst für die Gesellschaft unterstellen muß. Die pragmatistisch-konstruktivistische Sichtweise Beckers bezieht aber gerade die verschiedenen Formen des Unterstützungspublikums in die Kunstwelten mit ein, was bei Luhmann nicht geschieht. Luhmann geht nur auf das innere System der Kunst ein und erörtert mit der allgemeinen Funktionsumschreibung, Kunst mache Wahrnehmungen sozial sichtbar, nur einen inneren Vermittlungsbereich der Kunst in der Gesellschaft, wobei, entgegen seinen eigenen Absichten, die verschiedenen Unterstützerpopulationen des Kunstmarkts bei ihm kaum thematisiert werden. Differenzierung der Kunst bezieht sich bei Luhmann ausschließlich auf den Prozeß, in dessen Verlauf die Kunst Autonomiegewinne gegenüber anderen Bereichen der Gesellschaft gewinnt. Dieser Prozeß ist Ende des 19. Jahrhunderts abgeschlossen. Mit Beginn des 20. Jahrhunderts beginnt ein neuer Prozeß der Binnendifferenzierung insbesondere der Gegenwartskunst. In dem vorliegenden Beitrag wird erst in dem Moment eingesetzt, in dem diese allgemeine Autonomie bereits erzielt ist und nun die weitere Binnendifferenzierung erfolgt, die neben den Künstlern eine Fülle von weiteren Rollen ausprägt. Die Aufmerksamkeit soll dann vor allem auf die institutionelle Ausdifferenzierung dieser kunstvermittelnden Berufe gelenkt werden.

Für die Kunstentwicklung erscheint es als charakteristisch, daß die Entstehung des Neuen in einem weiteren Spannungsfeld von Zentrum und Peripherie geschieht. Sowohl die Künstler als auch die Kunstvermittler versammeln sich in

Zentren, in denen kommunikative Prozesse möglichst spontan zustande kommen können. Die Nervosität und Hektik des Zentrums hat aber Elemente des Unproduktiven für die schöpferische Konzentration an sich, so daß die Peripherie immer wieder gesucht wird. In der öffentlichen Wahrnehmung wird das Zentrum sichtbarer als die Peripherie; daraus ergibt sich in der Öffentlichkeit die Faszination der Kunstzentren. Es entsteht zugleich eine starke Rivalität der lokalen Zentren, die sich (national wie international) historisch ablösen können.

Was hier recht abstrakt angesprochen wurde, soll im Beitrag an konkreten Beispielen empirisch nachgezeichnet werden. Die Entstehung der modernen Kunstgalerie und der Beruf des Galeristen wird stellvertretend für die behaupteten Transformationsprozesse des Kunstmarkts dargestellt. Die Kunstgalerie ist einerseits Ergebnis der Autonomisierung und Differenzierung der Kunst innerhalb der Gesellschaft, andererseits treibt sie diesen Prozeß auch weiter, indem sie neue Differenzierungsstufen hervorbringt. Insofern ist der moderne Galerist Katalysator für die weitere Differenzierung des Kunstmarktgeschehens.

2. Stilvielfalt der modernen Kunst

Diese Ausdifferenzierung soll nun zunächst an einer bestimmten Tendenz der Kunstentwicklung selbst belegt werden, nämlich der Vielfalt von Kunststilen, die durch die Kunst selbst hervorgebracht werden. Diese Stilvielfalt kann an Material belegt werden, das im Zusammenhang mit dem Kunst-Kompaß ermittelt wurde. Dieser Kompaß ist die Erfindung des Journalisten und Kunstberichterstatters Willy Bongard, der nach einem Instrument suchte, mit dem die individuellen Kunsturteile objektiviert und die Willkür bei der Beurteilung moderner Kunst eingedämmt werden konnte (vgl. Bongard 1974).[4] Bongard wollte damit sowohl dem Kunstpublikum und den Kunstkäufern ein verständiges Urteil erlauben, als auch den Galeristen und Kunsthändlern einen Maßstab für die Bewertung von Kunst an die Hand geben. Der Kunst-Kompaß erhält eine große Sichtbarkeit dadurch, daß er im Wirtschaftsmagazin Capital jährlich im Herbst (zur Zeit des Kölner Kunstmarkts) veröffentlicht wird. Im Kern ist der Kunst-Kompaß eine Bestenliste von Künstlern, die allerdings nach möglichst objektiven Kriterien ermittelt wird, z. B. Teilnahme an wichtigen Ausstellungen, Artikel in Kunstzeitschriften (eine Kurzdarstellung der Kriterien findet sich in Bongard 1974). Seit einigen Jahren werden Stilrichtungen der Künstler aufgeführt, die auf Expertenurteile zurückgehen.[5]

---

4   Der Kunst-Kompaß hat verschiedentlich Eingang in die Kunstsoziologie gefunden und dient dort vor allem als ein Vergleichsmaßstab für die Bewertung von Kunst (vgl. Verger 1987).
5   Dabei handelt es sich um Zuschreibungen, die von außen vorgenommen werden. Meist wird einem Künstler recht konstant eine Stilrichtung zugeschrieben. Es kann allerdings durchaus vorkommen, daß einem Künstler mehrere Stilmerkmale zugeschrieben werden.

In *Tabelle 1* werden insgesamt 70 Stilbegriffe verwendet, von denen sich einige allerdings auf Gattungen der Kunst ganz allgemein beziehen (Malerei, Plastik, Objektkunst, Skulptur), andere benennen Gattungen neuerer Kunstrichtungen (Fotokunst, Videokunst), hinter denen sich eine bestimmte Stilrichtung nicht vermuten läßt. In einigen Fällen werden sehr allgemeine Begriffe aufgenommen (Abstraktion, Figuration) oder es wird auf eine ältere Stilrichtung verwiesen (Expressionismus, Tachismus), wobei in beiden Fällen kaum noch ein Bezug zur Gegenwartskunst gegeben ist. Damit verbleiben aber für die im Kunst-Kompaß genannten wichtigsten bildenden Künstler der Gegenwart etwa 60 Stilbegriffe. Einige Stilrichtungen ziehen eine besondere Aufmerksamkeit auf sich, wie Pop Art, Neuer Realismus und Konzeptkunst, die zusammen 26,7 Prozent aller Stilnennungen ausmachen. Hier ergibt sich eine deutliche Konzentration, und es können dabei Schwerpunkte in der Stilausrichtung festgemacht werden. Stilrichtungen einer mittleren Häufigkeit sind Individuelle Mythologien, Minimal Art, Neo-Expressionismus, Neue Malerei und Prozeßkunst (wobei die Zahl der Nennungen zwischen 50 und 89 schwankt). 14 Stilrichtungen erreichen zwischen 26 und 42 Nennungen. Einige Stilrichtungen werden sehr selten zugeschrieben, wie etwa Art Brut, Hyperrealismus, Narrative Art, Nouvelle Peinture oder West Coast. Eine größere Zahl von Stilrichtungen erhält zwischen 5 und 20 Nennungen (darunter Abstrakter Expressionismus, Environment, Exzentrische Abstraktion, Konkrete Kunst, Lichtkunst, Neue Sensibilität). Es fällt im übrigen auf, daß für 15 Stilrichtungen der Zusatz neo, neu, new oder nouvelle verwendet wird, wobei ansonsten auf eine Gattung oder eine ältere Stilrichtung verwiesen wird. Im übrigen soll auch darauf verwiesen werden, daß einige inzwischen gängig gewordene Stilbezeichnungen fehlen, so etwa Monochrome Malerei und Radikale Malerei.

Als Fazit aus dieser Tabelle zur Stilzuschreibung der Produktion der noch lebenden wichtigsten Künstler der letzten 20 Jahre läßt sich folgendes bemerken. Es scheint sich zunächst eine gewisse Beliebigkeit bei der Stilbenennung zu ergeben, die Unsicherheit der Zuschreibung erscheint als recht hoch. Zum anderen erstaunt die enorme Vielfalt der aufgeführten Stilrichtungen.

Tabelle1: Zur Vielfalt der Stilbegriffe für die Kunst der Gegenwart
(Auswertung des Kunst-Kompaß 1970 bis 1992)

Stilrichtung der Künstler	N	%	Stilrichtung der Künstler	N	%
Abstr. Expressionismus	5	0,3	Minimale Art	89	5,2
Abstraktion	32	1,9	Narrative Art	2	0,1
Aktionskunst	17	1,0	Neo-Expressionismus	63	3,7
Antiform	11	0,6	Neo-Konzeptkunst	28	1,6
Architektur-Skulptur	17	1,0	Neo-Romantizismus	3	0,2
Art Brut	2	0,1	Neo-Surrealismus	7	0,4
Arte Cifra	42	2,5	Neue Abstraktion	39	2,3
Arte Povera	32	1,9	Neue Bildhauerei	1	0,1
Body Art	6	0,4	Neue Figuration	10	0,6
Decoration Art	10	0,6	Neue Konkrete Kunst	12	0,7
Environment	5	0,3	Neue Malerei	88	5,2
Expressionismus	1	0,1	Neue Sensibilität	12	0,7
Exzentr. Abstraktion	4	0,2	Neue Skulptur	48	2,8
Farbfeldmalerei	35	2,1	Neuer Subjektivismus	27	1,6
Feministische Kunst	3	0,2	Neuer Realismus	131	7,7
Figuration	2	0,1	New Image Painting	22	1,3
Fotokunst	37	2,2	Nouvelle Peinture	3	0,2
Gestische Malerei	30	1,8	Objektkunst	1	0,1
Hard Edge	11	0,6	Op Art	28	1,6
Hyperrealismus	2	0,1	Pattern Painting	8	0,5
Indiv. Mythologien	60	3,5	Performance	14	0,8
Informel	2	0,1	Plastik	12	0,7
Kinetik	29	1,7	Pop Art	209	12,3
Konkrete Kunst	8	0,5	Post-Graffiti	5	0,3
Konkrete Poesie	2	0,1	Prae-Pop-Art	21	1,2
Konzept-Malerei	7	0,4	Prozeßkunst	50	2,9
Konzeptkunst	114	6,7	Raumkunst	5	0,3
Körperkunst	10	0,6	Realismus	7	0,4
Kritische Kunst	34	2,0	Selbstdarstellung	8	0,5
Land Art	44	2,6	Skulptur	35	2,1
Lichtkunst	8	0,5	Spurensicherung	11	0,6
Magischer Realismus	13	0,8	Tachismus	1	0,1
Malerei	7	0,4	Video-Kunst	16	0,9
Materialkunst	8	0,5	West Coast	2	0,1
Medienkunst	5	0,3	Zero-Kunst	32	1,9
klassifizierte Fälle insg.:				1705	100%

Missing: 345 (also 16,8% der Gesamtzahl von 2050 klassifizierten Künstlern insgesamt)

Zwar gibt es keinen wirklichen Maßstab, nach dem zwischen einem Viel oder Wenig von Stilrichtungen unterschieden werden könnte, auch sind einige Bezeichnungen eher Spielarten eines Stils, als daß sich hinter unterschiedlichen Begriffen jeweils wirklich Verschiedenartiges verbirgt. Aber selbst bei Berücksichtigung dieser Einschränkung erscheint die Vielfalt der Stilrichtungen als sehr hoch. Dies bedeutet wohl zweierlei: Nach innen zeigt sich an dieser Vielfalt die enorme Binnendifferenzierung der zeitgenössischen Kunst. Das Kunstbeschreibungssystem bemüht sich permanent, für die sich dynamisch entwickelnde Kunst neue Stilbezeichnungen zu finden. Welche Bezeichnungen sich dann durchsetzen, ist eine andere Frage. Nach außen erschwert diese Multiplexität das Zurechtfinden. Man benötigt immer bereits Vorkenntnisse, um die erforderlichen Unterscheidungen treffen zu können. Im Ergebnis kann nicht mehr von einer die jeweilige Epoche bestimmenden dominanten Stilrichtung gesprochen werden, vielmehr ist es jeweils eine Pluralität von Stilrichtungen, die gleichzeitig auftreten - und die konkurrierende Deutungsangebote ausstrahlen.

3. Die moderne Kunstgalerie und die Sichtbarmachung von Kunst

Wenn Gegenwartskunst durch diese Tendenz zur Vielfalt korrekt beschrieben ist, dann wird es zum Problem, welche Kunstrichtungen gesellschaftlich sichtbar werden. Sichtbarkeit bzw. Unsichtbarkeit ist eine wichtige Kategorie moderner Gesellschaften, worauf vor allem Robert K. Merton hingewiesen hat (vgl. dazu vor allem Mertons Arbeiten zur Bezugsgruppentheorie in Merton 1968: 373 ff.). Dies ist eine Folge der Differenzierung moderner Gesellschaften. Die Fokussierung von Aufmerksamkeit muß gesellschaftlich hergestellt werden, um soziale Sichtbarkeit zu erzeugen. Wie oben dargestellt, bleiben eine große Menge von Kunststilen relativ unsichtbar, während andere, wie etwa Pop Art, einen hohen Sichtbarkeitseffekt erreichen. Sichtbarkeit steuert auch Reputation, und beides zusammengenommen stimuliert die Nachfrage nach Kunst und damit auch die Preise für ein Kunstwerk. Man kann die Funktion moderner Kunstgalerien daher ganz knapp dadurch charakterisieren, daß sie einen Beitrag dazu leisten (sollen), die soziale Sichtbarkeit der durch sie vertretenen Künstler und in der Folge davon natürlich auch den Marktwert der Künstler zu erhöhen. Dies ist die allgemeine These, die in diesem Beitrag belegt werden soll.

Die moderne Kunstgalerie als Typus entstand erst zu Beginn dieses Jahrhunderts bzw. in den 90er Jahren des 19. Jahrhunderts. Der moderne Galerist sieht sich selbst in einem scharfen Gegensatz zum Kunsthändler. Bei Gesprächen mit Galeristen wird dies immer wieder sehr deutlich. Der Kunsthändler gilt dabei als ein „Bilderverkäufer", dem es letztlich gleichgültig ist, welche Werke er verkauft, der ein größeres Lager besitzt, in dem prinzipiell ein Sortiment an Kunstgegenständen unterschiedlicher Epochen verfügbar gehalten wird. Dabei ist er nicht an bestimmte Stilrichtungen und Künstler gebunden. Ganz anders sieht sich der Galerist. Die moderne Kunstgalerie bezieht sich auf Gegenwartskunst, sie ist auf ein schmales Spektrum von Stilrichtungen begrenzt bzw. konzentriert sich auf einen bestimmten Stil. Vor allem: der Galerist betreut nur relativ wenige Künstler, mit denen dann eine längerfristige Zusammenarbeit verfolgt wird. Dieser Typus des Galeristen im Unterschied zum Kunsthändler entstand erst mit jener Kunst, die heute als die „klassische Moderne" bezeichnet wird; als ein wichtiger Protagonist kann Daniel-Henry Kahnweiler gelten, wie dies in einer biographischen Monographie beschrieben worden ist (vgl. Assouline 1990).[6] Kahnweiler hat im übrigen auch vielfach selbst über seine Mission als Galerist veröffentlicht (Kahnweiler 1961).

Der moderne Galerist ist also auf Aktualität und Gegenwartskunst bezogen; er vertritt nur wenige Künstler; er vertritt eine bestimmte Mission. Aus einer Umfrage von Galeristen in Köln im Jahre 1988, an der 70 Galerien mitgewirkt haben, ergibt sich, daß sie in der Tat nur eine relativ niedrige Zahl von Künstlern vertreten (vgl. *Tabelle 2*). Eine Galerie fällt mit 80 Künstlern aus dem Rahmen, wobei es sich ganz offensichtlich um ein Kunsthandelsunternehmen handelt. Eine nennbare Zahl von 11 Galerien verzichtet darauf, Dauervertretungen von Künstlern zu übernehmen, auch diese fallen aus dem Rahmen des üblichen. Die typische Kunstgalerie vertritt zwischen 5 und 16 Künstlern (ein rechnerischer Mittelwert ergibt sich bei 10 Künstlern).

Tabelle 2: Dauerhaft vertretene Künstler (Kunstgalerien in Köln, 1988)

	Anzahl der Galerien	%
keine Dauervertretung	11	15,7
2 bis 5 Künstler	11	15,7
6 bis 10 Künstler	25	35,7
11 bis 16 Künstler	13	18,6
20 bis 30 Künstler	8	11,4
80 Künstler	1	1,4
keine Angabe	1	1,4
Antwortende Galerien	70	100

6 Thurn (1994) betont diese Unterscheidung in seinem Buch über die Kunsthändler im übrigen kaum, allerdings liegt der Schwerpunkt seiner Darstellung auf einer historischen Entwicklung des Kunsthändlerberufs, nicht so sehr auf der aktuellen Situation. In vielen Kunstzeitschriften, vor allem dem sechs mal jährlich erscheinen, sehr umfangreichen „Kunstforum", werden regelmäßig Interviews mit Galeristen geführt, in denen immer wieder dieser Punkt berührt wird. So auch in dem Schwerpunktheft 104/1989 des Kunstforums mit dem Thema „Kunstwerte - Markt und Methoden" (vgl. Schmidt-Wulffen 1989); gezielte Interviews mit Galeristen findet man im gleichen Heft (vgl. Stella Baum 1989).

Diese relativ kleine Anzahl von Künstlern, mit denen seitens der Galerie längerfristig zusammengearbeitet wird, dürfte das wichtigste Kennzeichen der professionell arbeitenden Kunstgalerie für zeitgenössische Kunst darstellen.

Mit der Ausdifferenzierung der Kunst als in gewissem Grade autonomen Teilbereich der Gesellschaft entstehen eine Reihe von Gruppierungen und Berufen, die sich mehr oder weniger zentral auf Kunst beziehen bzw. ihren Lebensunterhalt aus ihrem Umgang mit Kunst beziehen. Galeristen bilden nur eine Berufsgruppe neben anderen. Zusammen bilden sie komplexe Interaktionsgefüge der Kunstvermittlung.[7] In einer synthetischen Übersicht soll im folgenden versucht werden, die verschiedenen Akteurgruppen am Kunstmarkt zu erfassen und unterschiedlichen institutionellen Bereichen zuzuordnen. Damit soll die „Szene" (oder „scene") umschrieben werden, in der unterschiedliche Beteiligtengruppen an Inszenierungsleistungen (agenda setting) teilnehmen, deren Ergebnis beispielsweise Stilzuschreibungen für Werkkomplexe und Reputationszuweisungen an Künstler darstellen. Die unterschiedenen Gruppen sind dabei in jeweils unterschiedlicher Weise mit Definitionsmacht für diese Zuschreibungs- und Zuweisungsprozesse ausgestattet.

Die Übersicht in *Abbildung 1* soll deutlich machen, welche Gruppierungen in der Kunstszenerie bedeutsam sind. Zugleich werden die Akteurgruppen in insgesamt vier institutionelle Bereiche aufgeteilt. Zum ersten Bereich, dem „inneren Vermittlungsbereich", gehören die Künstler, die Galeristen und die Sammler. Im Dreieck dieser drei Gruppen findet die „eigentliche" ökonomische Sicherung der Kunst statt. Es sind die Sammler, die als Kunstkäufer wesentlich die ökonomische Existenz der Künstler sichern, und es sind die Galeristen, die neuerdings die Vermittlungsfunktion zwischen den Künstlern und den Sammlern übernehmen. Die Sammeltätigkeit der Museen und der Unternehmen (Stichwort Kunst-Sponsoring) macht von den Gesamtumsätzen der Kunst nur einen geringen Teil aus.[8]

---

7 Im Bereich der allgemeinen Kunst ist seit längerem bekannt und erforscht, wie sich einzelne Institutionen ausdifferenzieren (wie die Museen, die Kunstakademien, die Kunstgeschichte, die Kunsterziehung usw.) und sich dementsprechend eine Reihe von Bindestrich-Soziologien ergeben, die sich mit diesen Bereichen beschäftigen, wie etwa die Soziologie des Museumswesens usw. (vgl. dazu auch Thurn 1973). Zur Entwicklung der Kunstvereine als in der ersten Hälfte des 19. Jahrhunderts institutionalisierte „Bürgerinitiativen" (vgl. Andreau et al. 1989). In den fünf Bänden zur Dokumentation der 150jährigen Geschichte des Kölner Kunstvereins findet sich eine Fülle von interessantem Material zur institutionellen Ausdifferenzierung der Kunstszenerie im 19. Jahrhundert.

8 Ein problematischer Aspekt jeder Beschäftigung mit dem Kunstmarkt und der Tätigkeit der Galeristen besteht darin, daß genaue Umsatzzahlen praktisch nicht erhältlich sind. Auch die vielfach in den Galerien angegebenen Listen-Preise geben nur einen Anhaltspunkt für die tatsächlich gezahlten Preise, und sie ermöglichen kaum einen Rückschluß auf die Umsätze der Galerie. Einiges - freilich auch unzureichendes - Material enthält die Dokumentation von Wiesand (1989). Die besten Zahlen sind noch für das Messegeschäft erhältlich, aber auch von diesem kann kaum

Abbildung 1: Die institutionelle Ausdifferenzierung der Gegenwartskunst

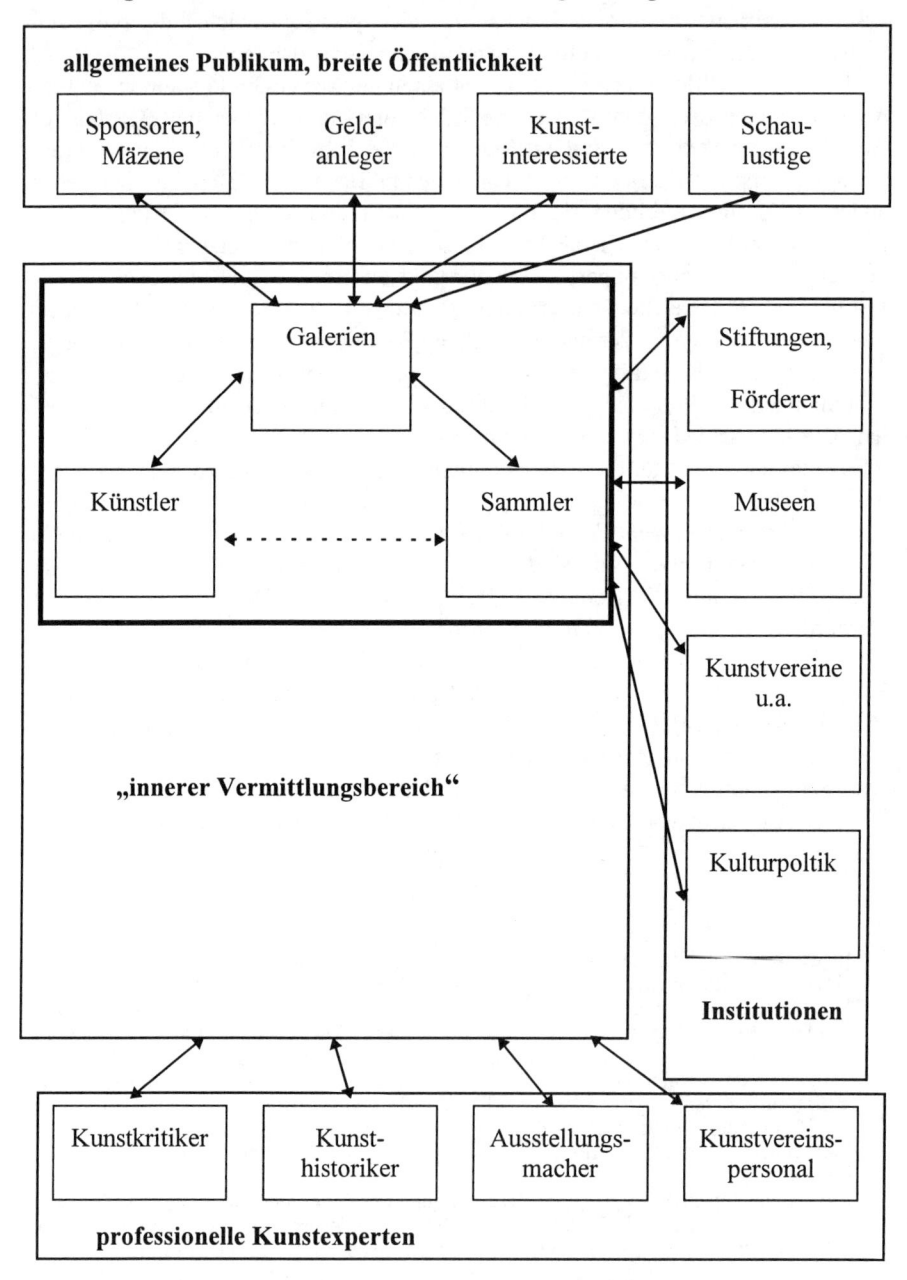

allgemeines Publikum, breite Öffentlichkeit

| Sponsoren, Mäzene | Geldanleger | Kunstinteressierte | Schaulustige |

Galerien

Künstler — Sammler

Stiftungen, Förderer

Museen

Kunstvereine u.a.

Kulturpoltik

„innerer Vermittlungsbereich"

Institutionen

| Kunstkritiker | Kunsthistoriker | Ausstellungsmacher | Kunstvereinspersonal |

professionelle Kunstexperten

Neben dieser zentralen Arena des „inneren Vermittlungsbereichs" werden drei wichtige, aber nicht so zentrale Bereiche unterschieden. Es handelt sich dabei um einige unterscheidbare Gruppen des allgemeinen Publikums und der breiten Öffentlichkeit für die Kunst, um einige institutionelle Bereiche, die mit Kunst befaßt sind, und um verschiedene Gruppen von professionellen Kunstexperten als besonders herausragende Personengruppen für die Kunstvermittlung. Die Funktion der Galeristen kann auch darin gesehen werden, daß ihnen die Aufgabe zukommt, die Künstler von den (teilweise diffusen und widersprüchlichen) Erwartungen dieser diversen Gruppierungen zu entlasten. Die Künstler können sich voll und ganz auf den Kunstentstehungsprozeß konzentrieren und nehmen nur anläßlich einer Vernissage am allgemeinen Leben des Kunstpublikums teil. Vor allem wird der Künstler davon entlastet, ständig Laien gegenüber Deutungen seiner Kunst abgeben zu müssen. Diese Rolle wird im persönlichen Gespräch vor allem dem Galeristen überlassen, dem entsprechend von allen aufgeführten Gruppen die größte Deutungsmacht über die Kunst zukommt.

Neben den Galeristen haben sich in letzter Zeit auch Kunstberater und Kunstagenturen etabliert, die einen direkten Verkauf von Kunst an Wirtschaftsunternehmen und Sammler organisieren wollten. In diesen Fällen wird also kein aufwendiges Ausstellungsprogramm unterhalten. An diesem Kontrastbeispiel wird deutlich, wie voraussetzungsreich die Tätigkeit als Galerist ist. Zu den Aufgaben der Galerie gehört die Unterhaltung eines Ausstellungsraums, in dem jährlich acht bis zwölf Ausstellungen mit Künstlern der Galerie veranstaltet werden, die öffentlich und für jedermann zugänglich sind. Diese Ausstellungstätigkeit ist gleichzeitig der sichtbarste Aspekt der Galeristentätigkeit; zu ihnen gehört die Vernissage als ritualisierte Ausstellungseröffnung, über die dann von der Kunstkritik berichtet wird. Das Beispiel der Kunstagentur kann deutlich machen, daß die Ausstellungstätigkeit als ein wesentliches Element der Galeristentätigkeit angesehen wird. Von den einschlägigen Verbänden der Galeristen wird dies im übrigen besonders betont und werden die Kunstagenten dementsprechend nicht in den Berufsverband der Kunsthändler mit aufgenommen.

So bildet die Ausstellungstätigkeit wahrscheinlich den wichtigsten - und wohl auch unverzichtbaren - Aspekt der Galeristentätigkeit. Dieser Aspekt der Öffentlichkeitsarbeit ist vom eigentlichen Kunsthandel im übrigen durchaus zu trennen, der Kunsthandel selbst könnte, das soll noch einmal betont werden, durchaus auch ohne diese öffentliche Plattform der Ausstellung innerhalb der Galerien getätigt werden.

Ein anderer Aspekt der Galeristentätigkeit ist eng mit dem Ausstellungswesen verbunden und betrifft die Vermittlungstätigkeit des Galeristen in vielleicht noch wichtigerer Weise: Er betrifft die publizistische Tätigkeit der Galeristen. An erster Stelle sind hier die bereits erwähnten Ausstellungskataloge zu nennen. Zur professionellen Tätigkeit des Galeristen gehört damit mehr und mehr die Erstellung qualitativ sehr hochwertiger Kunstbücher, die meist zur Vernissage einer neuen Ausstellung erstellt werden (und im übrigen oft nicht pünktlich fertig werden). Das wichtigste Element dieser Kataloge sind vielfach die Abbildungen: hochwertige Farbphotographien von Werken, die zum Programm einer Ausstellung gehören, die mittels typographisch interessanter Gestaltung auf hochwertigen Papieren zu einem aufwendig gestalteten Buch zusammengebunden werden. Gestaltung, Auswahl und Qualität der Bilder sind meist das wichtigste Element dieser Kataloge, es kommen jedoch meist Texte unterschiedlicher Qualität hinzu, die teilweise auch aus der Feder des Künstlers stammen; vielfach handelt es sich aber um kommentierende Texte zum Werk des Künstlers, die von Kunstkritikern, Ausstellungsmachern oder anderen Kommentatoren der Kunstszene stammen. In den seltensten Fällen gehören die Galeristen selbst zu den Autoren dieser Beiträge. Die Dokumentation der Ausstellungstätigkeit ist also ein ganz wichtiger Aspekt der Galerienarbeit; hier findet eine dauerhafte Fixierung der ansonsten ephemeren Ausstellungstätigkeit statt.

Neben den Katalogen sind Künstlerbücher, Editionen sowie Auflagenobjekte als Element der Galeristentätigkeit eher von sekundärer Bedeutung. Hier unterscheiden sich die Galerien aber recht deutlich voneinander in dem Ausmaß, in dem auf diesem sehr vielfältigen Gebiet Aktivitäten entfaltet werden. Zu erwähnen sind dabei allerdings solche Galeristen, die sich auf diesen Bereich spezialisiert haben und die Kunsteditionen herausgeben, d. h. Auflagenobjekte, die in unmittelbarer Zusammenarbeit mit den jeweiligen Künstlern erstellt worden sind. Die Edition Hundertmark in Köln ist hierfür ein interessantes Beispiel, weil hier eine Zusammenarbeit mit einer großen Gruppe von Künstlern aus der Zeit der Fluxus-Bewegung erfolgt und weil die Editionstätigkeit der Edition Hundertmark bereits mehrfach durch Ausstellungen in Museen gewürdigt wurde. Auflagenobjekte und Multiples werden ansonsten nur von einem kleineren Teil der Galeristen vermittelt. Auch der Handel mit Graphik ist in den letzten Jahren eher zurückgegangen.

In der Regel vermittelt die moderne Kunstgalerie Originale. Es ist geradezu die Aura des Originals, aus der die moderne Kunstgalerie ihre eigene Reputation ableitet. Der interessante Doppelaspekt der Galeristentätigkeit besteht darin, daß jedes Original - um seine Einmaligkeit und damit auch seine Aura festhalten zu können - in einem Katalog technisch reproduziert werden muß. Gerade die technische Reproduzierbarkeit erzeugt mithin die Aura des Originals, erst die technische Reproduzierbarkeit im Kunstkatalog macht den Abstand zum Original deutlich, demonstriert seine Einmaligkeit.

Bereits Daniel-Henry Kahnweiler hatte damit begonnen, daß alle Kunstwerke, die er übernahm und weitervermittelte, photographiert wurden. Dies geschieht heute recht aufwendig und unter Mitwirkung professioneller Photographen, die sog. Ektachromes anfertigen, wobei eine aufwendige technische Ausrüstung (insbesondere für die Ausleuchtung, aber auch für die entsprechende Kamera-Ausrüstung) erforderlich ist. Dieser recht hohe Kostenfaktor verhindert, daß lückenlos alle Kunstwerke photographiert werden, sondern er führt dazu, daß dies teilweise auch ein Privileg darstellt, das insbesondere für die durch die Galerie vertretenen Künstler bedeutsam ist. Ein Nebenaspekt, der aber in der Zukunft wichtiger werden dürfte, besteht darin, daß über die Galerie meist auch die Rechte am Kunstphoto vermittelt werden. Es läßt sich heute noch nicht ermitteln, inwieweit dies auch bereits gegenwärtig einen Teil der ökonomisch bedeutsamen Aktivitäten der Galerien ausmacht.

Einige weitere Aspekte der Ausstellungstätigkeit durch die Galerien sind noch zu vermerken. Die Vernissage zur Ausstellung erzwingt den Versand einer Einladung. Dies wiederum bedeutet, daß für diese Einladung eine Einladungskarte oder ein Prospekt gedruckt wird, der teilweise vom Künstler der Ausstellung mitgestaltet wird. Hier demonstriert die Galerie ihrem Publikum den eigenen Geschmack. Diese Einladungen werden an das Stammpublikum der Galerie verschickt. Zur Tätigkeit einer Galerie gehört es, einen Adressenstamm von Interessenten zu pflegen. Bei einer schriftlichen Befragung von Galerien in Köln im Jahre 1988 ergab sich, daß für jede dieser Ausstellungen zwischen 800 und 3000 Einladungen verschickt wurden. Dies stellt zugleich einen erheblichen Kostenfaktor für die Galerien dar. Die Pflege des Adressenstamms, um mit ihm möglichst viele bedeutende Sammler, wichtige Kritiker und andere Persönlichkeiten der Kunstszene zu erreichen, ist im übrigen ein wichtiges Element jeder Galeristentätigkeit (zum sozialen Umfeld der Ausstellungseröffnungen durch Galerien vgl. auch die Dissertation von Sjölander-Havorka (1991), in der die Ausstellungstätigkeit von Galerien in Schweden und Österreich verglichen werden).

Die Auswahl der Künstler durch die Galerie ist für jeden Galeristen von zentraler Bedeutung. Ihre Bedeutsamkeit erhält die Galerie durch den Rang der Künstler, die von ihr vertreten werden. Im Ranking des Kunst-Kompaß sind einige Jahre lang im übrigen auch die wichtigsten Galerieverbindungen der Künstler aufgeführt worden. Es wurde weiter oben bereits erwähnt, daß die Menge der von der Galerie vertretenen Künstler in der Regel nicht sehr groß ist. Dies vor allem unterscheidet den Galeristen vom Kunsthändler. Der moderne Galerist geht eine zeitlich meist nicht befristete, relativ dauerhafte Verbindung mit einer kleineren Zahl von Künstlern ein. Dabei kann es sich durchaus auch um eine sog. Künstlergruppe handeln, in der Mehrzahl der Fälle ist dies jedoch nicht der Fall. Nach Aussage der befragten 70 Galeristen in Köln werden durch eine Galerie durchschnittlich 10 Künstler vertreten (vgl. oben, *Tabelle 2*). Galeristen haben recht genaue Vorstellungen davon, mit wie vielen Künstlern eine engere Zusammenarbeit möglich ist. Die Regel ist, daß mit einem Künstler der Galerie alle zwei oder drei Jahre eine Ausstellung in der Galerie gemacht wird. Durch einen häufigeren Rhythmus würde man das Publikums übersättigen, bei wesentlich selteneren Präsentationen könnte die Neugier des Publikums erlahmen. Es kommt also darauf an, entwicklungsfähige Künstler in das Galerienprogramm aufzunehmen, die für eine regelmäßige Werkproduktion gut sind. Eine der Rahmenbedingungen der Galerienarbeit besteht denn auch darin, daß Künstler mit einer kleinen Werkproduktion vielfach nicht in die Künstlergruppe der Galerie aufgenommen werden können.

Die Zusammenarbeit der Galeristen mit den Künstlern bezieht sich auf eine Vielzahl von Aspekten, die man so zusammenfassen kann, daß der Galerist wesentliche Teile der Promotion eine Künstlers betreibt. Die Zusammenarbeit mit dem Künstler ist dabei teilweise sehr eng.[9] Es geht dem Galeristen nicht nur darum, einzelne Werke des Künstlers zu verkaufen, sondern das Werk des Künstlers muß in seiner Bedeutung erhöht werden, denn nur dann können langfristig Wertsteigerungen der einzelnen Werke erzielt werden, die Preissteigerungen beim Verkauf der Werke rechtfertigen. Der Galerist wird also versuchen, „seine" Künstler beispielsweise in wichtigen Ausstellungen zu plazieren, bedeutende Museen für sie zu interessieren, sie in großen Sammlungen unterzubringen und in der Kunstkritik und Kunstpublizistik Aufmerksamkeit auf sie zu lenken. Der Galerist muß zu diesem Zweck mit vielen Einzelpersonen und unterschiedlichen Personengruppen Kontakte aufnehmen. Es genügt eben nicht nur, die Werke an Sammler möglichst teuer zu verkaufen, sondern wichtiger ist es, die Promotion so zu betreiben, daß sich z. B. das Ranking des Künstlers im Kunst-Kompaß erhöht.[10]

Die Kontakte der Galeristen zu den Sammlern ist nach der Zusammenarbeit mit den Künstlern der zweitwichtigste Aspekt der Galeristentätigkeit. Es sind die Sammler als Hauptgruppe der Kunsterwerber, die das ökonomische Überleben der Galerien sicherstellen. Eine rege Aktivität von Kunstgalerien kann sich mithin nur dort entfalten, wo sich in einer Region eine Vielzahl von kapitalkräftigen Sammlern befindet. Dies scheint im Rheinland in besonderer Weise der Fall zu sein; dort scheinen mehr interessierte und kapitalkräftige Sammler vertreten zu sein als in jeder anderen Region Deutschlands, wohl des ganzen Kontinents. Insofern ist Köln ein Ort, in dessen Umkreis eine besonders hohe Konzentration von Sammlern festzustellen ist.[11]

Die Kontakte mit den Multiplikatoren der Kunstszene - mit Ausstellungsmachern, Kunstkritikern, Kunstpublizisten, Kunsthistorikern (bzw. Museumskusto-

9 Von dem Kölner Galeristen Rolf Ricke wird eine solch enge Zusammenarbeit mit „seinen" Künstlern praktiziert, daß damit, wie der Galeristenkollege Rudolf Zwirner aussagte, „ein neuer Typ von Galerie ins Leben gerufen" wurde, „den es vorher nicht gab." Ricke selbst spricht in einem Interview davon, daß die Beziehung zu seinen Künstlern sehr intensiv war, „und sie war ungeschäftlich - es war eine völlig von der Kunst getragene Beziehung" (S. 27, Interview mit Rolf Ricke von Alfred Nemeczek, in: Stockebrand 1990).
10 Aus dieser Darstellung folgt im übrigen, daß nur ein Teil aller Künstler von Galerien vertreten wird und entsprechend eine Vielzahl von Künstlern ohne eine derartige Galerienvebindung auskommen muß. Aber auch bei vielen Künstlern, die eine Zusammenarbeit mit Galerien zunächst ablehnten, zeigt sich schließlich die Funktionalität einer Zusammenarbeit mit professionell arbeitenden Galerien. Generell muß man jedoch annehmen, daß daraus auch eine Benachteiligung derjenigen Künstler folgt, welche die Privilegien einer solchen Promotion nicht in Anspruch nehmen können. Viele Galeristen berichten entsprechend, daß sie fast täglich Besuch von Künstlern erhalten, die „ihre Mappe" präsentieren. Übereinstimmend berichten die Galeristen allerdings ebenfalls, daß diese Künstler kaum eine Chance haben, in das Galerienprogramm aufgenommen zu werden - von sehr seltenen Ausnahmen abgesehen.
11 Die Spezialliteratur über Sammler ist bisher noch nicht umfangreich; gezielte Untersuchungen über Sammler sind offenbar noch nicht durchgeführt werden. In der Literatur dominieren bisher biographische Porträts, vgl. z. B. Bude (1993). Allerdings sind in Köln mehrfach Ausstellungen organisiert worden, die ausschließlich aus Privatsammlungen zusammengestellt wurden.

den) - usw. ist ein weiteres wichtiges Element der Arbeit des Galeristen. Bereits die Nennung dieser Berufsbezeichnungen macht deutlich, welch eine Fülle von je eigenständigen Berufen, auf die hier nicht näher eingegangen werden kann, der Kunstmarkt als ganzes inzwischen ausgebildet hat. Die Arbeit des professionell arbeitenden Galeristen erfordert die Kontaktaufnahme zu Angehörigen dieser Berufe. Gerade der Beruf des Ausstellungsmachers ist ein neuer Beruf am Kunstmarkt, der erst seit den 60er Jahren in Erscheinung getreten ist (allerdings handelt es sich auch um einen noch relativ seltenen Beruf mit nicht sehr vielen Vollzeitbeschäftigten).

Die Professionalisierung des Galeristenberufs ist allerdings bis heute nicht institutionalisiert. So gibt es beispielsweise keine formellen Ausbildungsgänge für den Beruf des Galeristen und Kunsthändlers. Es gibt offenkundige Unterschiede in der Qualität und der Professionalität der Galerienarbeit, und diese Unterschiede sind auch bekannt und werden in der Szene öffentlich anerkannt. Die Tätigkeit von international anerkannten Spitzengalerien unterscheidet sich deutlich von jenen teilweise nur nebenberuflich betriebenen Galerien, die nur eine ökonomische Randexistenz führen und bei denen die Ausstellungstätigkeit eher die Liebhaberei des Inhabers widerspiegelt. Aber so offenkundig diese Unterschiede zu sein scheinen, so wenig kann man sie quantitativ fassen. Galerienarbeit ist so deutlich durch Selektionen geprägt, Unterscheidungen fällen zu müssen, die bei anderen und dem allgemeinen Publikum Anerkennung finden, daß für diese Vaguerien in einem derartigen Ausmaß Urteilsvermögen und Fingerspitzengefühl erforderlich zu sein scheinen, daß dies nur selten exakt beschrieben wird. Die Auswahl jener Künstler, die erst morgen bekannt und berühmt werden, der Werke für eine Ausstellung, die bei den Sammlern zu sofortigen Käufen führen, der Kontakt zu den Sammlern selbst und die Überzeugungsarbeit, die ein Galerist führen muß, um Verkäufe von Werken im Gegenwert eines Autos hervorzurufen, diese „Leistungen" von Galeristen entziehen sich der genauen Beschreibung, sie lassen sich vielfach eher in Anekdoten fassen. Der Galerist muß dabei Risiken eingehen, die nur durch sein persönliches Urteilsvermögen gedeckt sind. So wie sich der eigentliche Prozeß der Entdeckung einer wissenschaftlichen Erkenntnis den wissenschaftssoziologischen Beschreibungen widersetzt, so können auch die vielfältigen Selektionen und Entscheidungen von Galeristen, weil sie allesamt auf sehr persönliche Weise in der Interaktion mit eigenwilligen Persönlichkeiten zustande kommen, kaum dargestellt werden. Es wird immer wieder die Persönlichkeit des Galeristen bemüht, um seine Professionalität zu kennzeichnen. Gerade diese Professionalität wird auch durch eigene Kunstbücher dokumentiert, so etwa, wenn dem Galeristen Rolf Ricke ein eigenes Buch gewidmet wird, enthaltend „Texte von Künstlern, Kritikern, Sammlern, Freunden und Kollegen, geschrieben für Rolf Ricke aus Anlaß seines 25-jährigen Galeriejubiläums" (Stockebrand 1990).[12]

12 In diesem Sammelband ist auch ein Text von Ingo Fessmann enthalten mit dem Titel „Nicht Kunsthändler, vielmehr: Galerist", in dem der Unterschied zwischen den beiden Berufsbezeichnungen aus der Szene heraus auf den Nenner gebracht wird. Im gleichen

Aber die Metapher des Einzelgängers und der besonderen Persönlichkeitsausprägung bleibt noch immer die typische Kennzeichnung der wichtigsten Vertreter eines Berufs, der zwar nach wie vor keinen Massenberuf darstellt, aber auch längst aus der Pionierrolle herausgewachsen ist. Die Ausbildung zum Galeristen folgt damit bisher noch keinem professionellen Muster, sondern kann auf vielfältige Weise erfolgen. Vielfach beginnt dies damit, daß die Arbeit des Galeristen in einer Galerie selbst gelernt wird, in die man aus Neigung, Interesse oder aus anderen Umständen mehr oder weniger zufällig hineingeraten ist. So wenig eine einheitliche Ausbildung zum Galeristen möglich ist, so ist auch bei der Rekrutierung der Galeristen kein erkennbares Muster ersichtlich. Bei der schriftlichen Befragung von 70 Galerien in Köln 1988 hatte etwa ein Drittel ein geisteswissenschaftliches Studium mit recht unterschiedlichen Abschlüssen durchlaufen, mit einem nur geringen Übergewicht im Fach Kunstgeschichte; ein zweites Drittel hatte ein Studium anderer Fakultäten absolviert, wobei ein sehr breites Spektrum juristischer, betriebswirtschaftlicher und vieler anderer Fächer zu beobachten war (allerdings keine Techniker und nur wenige Naturwissenschaftler oder Ärzte); das letzte Drittel hatte Ausbildungen in vielen Praxisbereichen absolviert, in verschiedenen Bereichen des Handels vor allem, aber durchaus nicht nur dort. Beachtlich war dabei vor allem die geringe Rekrutierung aus kunstnahen Studiengängen. Die Befähigung zum Beruf des Galeristen setzt damit offenbar ein breites Spektrum von Talenten voraus, wobei die faktisch absolvierte Berufsausbildung offenbar bislang sekundär zu sein scheint. Wahrscheinlich wird für diesen Beruf eine spezifische Mixtur an Talenten benötigt, bei denen der Umgang mit Menschen, die recht unterschiedlichen Gruppen angehören, wohl an besonders prominenter Stelle steht. Der Umgang sowohl mit den Künstlern der Galerie als auch mit Sammlern verlangt von den Galeristen nicht selten eine Spannweite der persönlichen Aufnahmefähigkeit, wie sie anderen Berufen nicht in dem Maße abverlangt wird. In den letzten Jahren sind viele Galeristinnen recht erfolgreich dabei geworden, eine Galerie zu führen. Möglicherweise bringen sie in besonderer Weise die Mixtur von Talenten auf, die für jenen Umgang mit Menschen erforderlich ist, so wie sie einem Galeristen abverlangt wird.

4. Fallstudie: Die Entstehung des Kunstortes Köln

Am Beispiel Kölns kann die Bedeutsamkeit der Galeristenrolle exemplarisch sichtbar gemacht werden. Köln ist erst ab Ende der 60er Jahre zu einem bedeutenden Kunstort geworden; es hat sich zu einer „Kunstmetropole" entwickelt, wie vielfach beobachtet worden ist. Diese Entwicklung geschah fast aus dem Nichts, denn Köln besitzt kaum eigenständige Voraussetzungen für eine derartige Entwicklung. Es besitzt keine spezifische ältere Kunsttradition, keine Kunstakademie,

Sammelband ist auch der Beitrag von Andreas Vowinckel zu den in der Galerie Rolf Ricke praktizierten Vermittlungsformen erwähnenswert (Vowickel 1990).

keine höfische Tradition. Es scheinen vor allem die modernen Kunstgalerien gewesen zu sein, welche die Initialzündung zu einem sich selbst tragenden und sich selbst verstärkenden Prozeß geliefert haben, als dessen Ergebnis sich Köln Ende der 80er Jahre selbst als Kunstmetropole feiern konnte. Eine Fülle von Material - vor allem in diversen Kunstzeitschriften - stützt diese Behauptung. Für den Zeitraum von mehreren Jahren sind im Kunst-Kompaß die Galerienverbindungen der dort vertretenen Künstler angeführt worden. Nimmt man diese Informationen zum Ausgangspunkt, dann ergibt sich, wie *Tabelle 3* ausweist, ein außerordentliches Schwergewicht bei der Repräsentanz bedeutender Künstler durch in Köln ansässige Kunstgalerien: Genau 30 Prozent der aufgeführten Künstler werden danach nämlich von Kölner Galerien vertreten. Damit erreicht Köln als Standort für Galerien, die öffentlich sichtbare Künstler vertreten (nämlich jene jährlich 100 „besten", die im Kunst-Kompaß aufgeführt werden), einen höheren Prozentanteil als jede andere Region, bzw. Stadt (und damit auch mehr als etwa New York, Paris oder Mailand).[13]

In Köln ist es zu einer größeren Konzentration von Galerien gekommen als in jeder anderen deutschen und auch den meisten anderen europäischen Städten. Die Galerien konkurrieren dabei sehr heftig untereinander um die Vertretung der Künstler und um die Kunstinteressierten und die Käufer der Kunst, insbesondere um jene besondere Spezies der Kunstkäufer, die Sammler, die für die Kunst in besonderer Weise wichtig geworden sind.[14] In Köln haben sich die etablierten Galerien für die Gegenwartskunst zu einer Art von Kartell zusammengeschlossen, das zweimal jährlich eine gemeinsame Galerieneröffnung veranstaltet. Diese sog. „Premieren" werden seit 1981 veranstaltet. Es wird dabei ein Gemeinschaftsfaltblatt hergestellt und breit gestreut, auf dem eine Karte mit der regionalen Verteilung der Galerien abgebildet wird. Kernpunkt des Faltblatts ist das Verzeichnis der Galerien, des genauen Termins der Eröffnung sowie der ausgestellten Künstler. Am Premierenabend (meist das letzte Wochenende im April sowie während des Kunstmarkts (wobei Freitag abend der eigentliche Vernissagen-Termin ist), kann man dann die Kunstinteressierten mit dem Faltblatt in der Hand durch die Stadt flanieren sehen, um auf diesem Spaziergang eine Reihe (oder auch möglichst viele) Galerien aufzusuchen. Die Premieren sind mithin zu einem gesellschaftlichen Ereignis geworden. Der innere Kreis der Interessierten, Sammler und Künstler einer jeden Galerie trifft sich nach Schluß der Galerien zu einem Essen oder einer Party. Neben dem Faltblatt wurde einige Jahre lang auch eine professionelle Do-

---

13 Allerdings legt dies den Verdacht nahe, daß der in Köln erstellte Kunst-Kompaß die ortsansässigen Galerien bevorzugt. Selbst wenn dies nachzuweisen wäre, verweist es doch zugleich auf die Deutungsmacht der Kölner Galerien.
14 Die Rolle der Galeristen ist in den letzten Jahren fast im gleichen Maße beschrieben worden wie die Rolle der Künstler. Eine Fülle von Interviews und Darstellungen beschäftigt sich mit ihrer Rolle, eine ganze Reihe von Kunstführern wählt als Zugang zur Gegenwartskunst den Weg über die Galerien (z. B. Baumgärtel und Wangler 1988; Hüllenkremer 1987).

kumentation dieser Gemeinschaftseröffnungen veröffentlicht. So wurde etwa im Jahre 1985 ein recht aufwendiger Katalog im Umfang von 203 Druckseiten hergestellt, in dem jede der 31 teilnehmenden Galerien auf sechs teilweise farbigen Druckseiten den oder die ausgestellten Künstler präsentierte. Der Katalog wurde in großer Auflage gedruckt, lag in allen Galerien aus und wurde recht preiswert verkauft (bzw. an den engeren Besucherkreis verschenkt). In den letzten Jahren wurde ein kleinerer Prospekt aufgelegt. An dem Premierenkatalog der Jahre 1995 und 1996, der im Postkartenformat gedruckt wurde, nahm nur ein Teil der ausstellenden Galerien teil: 1995 waren es 69 von 96, im Jahre 1996 waren es 56 von 93 Galerien. Jeder Galerie standen nur zwei Druckseiten zur Verfügung, wobei ein Farb- oder Schwarzweißphoto vorgesehen war. Allerdings wurden auch die „anderen" Ausstellungsorte der Museen und selbstorganisierten Ausstellungsräume berücksichtig, so daß dieser Katalog mehr einem Reiseführer als einem Kunstkatalog glich.

Tabelle 3: Regionale Herkunft der Galerien, deren Künstler im Kunstkompaß vertreten sind

Region	Zahl der Galerien	%
Köln	207	30
übrige Bundesrepublik	221	32
Schweiz/Österreich	84	12
Nordeuropa	102	15
Südeuropa	17	2
USA	52	8
Zahl der genannten Galerien:	683	100

Auch hier zeigte sich wieder ein Bestreben, das für die Galerienarbeit typisch ist: Die professionelle Ausstellungstätigkeit setzt die Dokumentation der Ausstellung in Form eines Katalogs voraus. Es erscheint geradezu als ein Kennzeichen der Professionalität am Kunstmarkt, daß eine seriöse Dokumentation erstellt wird. In diesem Sinne kann also formuliert werden: Wirklich am Kunstmarkt ist nur das, was auch dokumentiert wird. Das ephemere Kunstereignis der Ausstellung muß durch die Dokumentation in Form eines Katalogs auf Dauer gestellt werden. Viele andere Städte (u.a. auch Paris) haben im übrigen das Muster dieses gemeinsamen Vernissagenabends nachgeahmt.[15]

---

15 Beispielsweise auch Düsseldorf, wo die entsprechende Veranstaltung den Titel „parallel" erhalten hat. Allerdings sind dort wesentlich weniger Galerien beteiligt, der Prospekt für Mai-August 1996 führt 42 Galerien auf (darunter allerdings einige über-

Tabelle 4: Zahl der Galerien in Köln, die an den „Premieren" mit einer Vernissage teilnehmen, 1982 bis 1996

Datum	Zahl der Galerien	Datum	Zahl der Galerien
06.06.1982	20	07.04.1989	62
12.05.1983	24	27.04.1990	65
03.05.1984	30	Sep. 91	80
26.04.1985	31	Apr. 92	81
25.04.1986	33	30.04.1993	86
01.05.1987	47	29.04.1994	86
29.04.1988	55	05.05.1995	96
		26.04.1996	93

In Köln läßt sich die Zunahme der Galerienszenerie in einer Übersicht verdeutlichen (vgl. *Tabelle 4*), in der eine Auszählung der an den „Premieren" teilnehmenden Galerien vorgenommen wird, wie sie in den entsprechenden Faltblättern dokumentiert sind. Begleitet ist dies fast stetige Wachstum von 20 Galerien 1982 auf 96 Galerien im Jahre 1995 von einer enormen Fluktuation unter den Galerien: Umzüge in neue Räumlichkeiten innerhalb der Stadt, Zuzüge von Galerien aus anderen Orten, Neueröffnungen durch Newcomer im Geschäft, Schließungen der Galerie (vielfach aus ökonomischen Gründen, besonders beachtet werden jedoch auch Schließungen wegen eines Unbehagens von Galeristen mit ihrer Position am Kunstmarkt), Wegzüge aus Köln in andere Städte sind jährlich zu vermerken. Keiner der jährlichen Premieren-Prospekte enthält den gleichen Stamm von Galerien. Zwar gibt es besonders konstante Fälle (die prominenten Galerien Gmurzynska, Rolf Ricke und Michael Werner sind Beispiele), die seit Beginn im Premieren-Faltblatt vertreten sind; über den Zeitraum von 16 Jahren verteilt sind dies aber eher Ausnahmen. Die permanente Dynamik ist ein Kennzeichen der Galerienlandschaft insgesamt, und dies sorgt dauerhaft für Gesprächsstoff.

Die in *Tabelle 4* dokumentierte Zunahme ist also eine fast kontinuierliche, die Steigerung von 1982 bis 1996 betrug mehr als das Vierfache; auch der ökonomische Einbruch am Kunstmarkt, der in den Jahren 1991/92 spürbar wurde, wird in dieser Darstellung kaum sichtbar. Dabei werden nicht alle in Köln ansässigen

regional sehr bedeutsame, wie Konrad Fischer, dessen Galerie im Kunst-Kompaß mehr Künstler plazieren kann als jede andere Galerie). Der Vergleich mit Düsseldorf ist deshalb interessant, weil Düsseldorf bis in die 30er Jahre hinein der mit Abstand bedeutendere Kunststandort war, mit dem Standortvorteil einer großen und bedeutenden Kunstakademie und einer wichtigen Künstler-Szenerie. In Düsseldorf werden allerdings auch einige selbstorganisierte Ausstellungsräume aufgeführt, die in Köln nicht zu den Galerien gezählt werden.

Galerien in diesen Prospekt aufgenommen; die interne Regel besagt, daß nur jene berücksichtigt werden, die sich bereits zwei Jahre lang am Markt behauptet haben. Die interne Fluktuation ist groß: Ältere Galerien wandern ab und/oder schließen, neu gegründete Galerien halten nicht lange durch. So handelt es sich bei der Menge der ausstellenden Galerien um eine Bewegungsmasse, die sich ständig ändert. Viele der Neugründungen stellen ihre Tätigkeit nach ein bis zwei Jahren wieder ein, wenn das Gründungsprogramm abgespult worden ist, in dieser Zeit aber nicht genügend Verkäufe getätigt werden konnten, um die Galerie ökonomisch zu sichern. Bei allen Galerien des Premieren-Prospekts handelt es sich - um dies noch einmal zu betonen - ausschließlich um privatwirtschaftlich organisierte Unternehmen, die sich ohne staatliche Subventionen am Markt halten.

Ein auffälliger Aspekt der Kunstszenerie in Köln besteht in der räumlichen Konzentration. In den 80er Jahren ist das sog. Belgische Viertel (dort sind die Straßen nach belgischen Städten benannt) in der westlichen Neustadt zu einer Gegend der räumlichen Konzentration von Galerien geworden, die früher in Dom-Nähe (50er Jahre) und später in den 60er und 70er Jahren im Apostelnviertel (in der Nähe der Albertusstraße) konzentriert waren. In den 90er Jahren kommt als weiteres Galerienviertel eine Konzentration in der Südstadt hinzu. Die ideale Lokalität für Galerien besteht in der Umwandlung von Reparaturwerkstätten, Lagerräumen oder Fabrikationswerkstätten, deren frühere Inhaber an die städtische Peripherie gezogen sind, wo die Mieten günstiger und die Transportprobleme mit Lastkraftwagen besser zu lösen sind. Zwar scheint die unmittelbare räumliche Nähe in einem Galerienhaus keine Dauerlösung abzugeben, wohl aber die Halbdistanz in einem „Viertel". Welche Vorteile diese Halbdistanz insgesamt aufweist, müßte noch erforscht werden. Wichtig für die Galeristentätigkeit scheint aber auch die Nähe zu Photographen, den Künstlerateliers, den Typographen und anderen Personengruppen zu sein, die bei der Erstellung von Katalogen, Einladungskarten und anderem mehr erforderlich sind. Die Galerie ist also auf ein differenziertes logistisches Netz verwiesen, bei dem eine Mehrzahl von Berufen eingespannt werden, so daß offenbar ein Symbioseeffekt erzielt wird, wenn eine größere Zahl von Galerien in der Situation einer räumlichen Halbdistanz zueinander siedelt.

Über die Zukunft Kölns als „Metropole" des Kunstmarkts in Deutschland ist in den letzten Jahren viel diskutiert worden. Eine Vermutung besteht darin, daß letztlich Berlin diese Rolle des zentralen Kunstorts übernehmen könnte, weil im Grunde so wenig dafür spricht, daß Köln diese Rolle auf Dauer wird halten können. Nach wie vor gilt es bei vielen Kennern als rätselhaft, daß Köln diese Rolle in der Vergangenheit übernommen hat, und es gilt als recht unwahrscheinlich, daß diese „metropolitane Funktion" in Zukunft an diesem Ort bleiben könnte. Ein Sammler, der sich 1996 gerade entschlossen hat, demnächst nach Berlin zu ziehen, formuliert: „Meine Frau und ich wählten 1988 Köln als unsere Wahlheimat, weil diese häßliche Stadt mit ihrem herrlichen Dom, ihren großartigen romanischen Kirchen ein so lebendiges Kulturleben aufweist, wie kaum eine andere deutsche Stadt" (Premieren-Katalog 1995: 11). Und zur Rolle der Galerien befragt, äußert sich der gleiche Sammler folgendermaßen: „Ich werde nicht nachlassen zu betonen, daß Galeristen die besten Vermittler zeitgenössischer Kunst und noch dazu die sozialsten Einrichtungen dieser Art sind: jeder Mensch, der sich für Kunst interessiert, kann kostenlos eine Fülle von Kunst in unzähligen Galerien im stetigen Wechsel erleben. Trotzdem sind und bleiben Galerien aber Wirtschaftsunternehmen, die weder Anspruch auf Hilfe von außen haben, noch solche erwarten können. Sie haben allerdings, im Gegensatz zu anderen Branchen, den Vorteil eines großen PR-Potentials in der Zusammenarbeit mit Museen, Ausstellungsmachern, Kunstvereinen etc." (Premieren-Katalog 1995: 13). Und ein Galerist, der neben dem Standbein der Galerie in Köln eine zweite in Berlin eröffnet hat, formuliert Ende 1995: „Auf dem Sektor der zeitgenössischen Kunst ist Köln immer noch die attraktivste Stadt Deutschlands, obwohl sich eine Stagnation breitmacht" (so der junge Galerist Michael Krome im Kunstforum, Bd. 132, Januar 1996: 437).

5. Moderne Kunstmärkte für Gegenwartskunst: Kunstmarkt Köln (Art Cologne) als Beispiel

Die Bedeutsamkeit der Galerien in ihrer Vermittlungsfunktion wird besonders sichtbar an einer weiteren Institution der modernen Kunst, den sog. Kunstmärkten, d. h. jene einer Messe ähnlichen Veranstaltungen, auf denen eine Vielzahl von Kunstgalerien für einen begrenzten Zeitraum von fünf bis 10 Tagen präsent ist.

Die erste dieser Veranstaltungen wurde unter der Bezeichnung „Kunstmarkt" im September 1967 in Köln durchgeführt; die Initiative dazu ging auf den „Verein progressiver Kunsthändler" zurück, einem Zusammenschluß von Galerien, meist aus Köln, in dem vor allem die Galeristen Hein Stünke, Rolf Ricke und Rudolf Zwirner Wortführer waren. Dieser Kunstmarkt stieß auf außergewöhnlich großes Interesse; er wurde von da an zunächst jährlich wiederholt, fand einige Jahre lang im Wechsel zwischen Köln und Düsseldorf statt und wurde schließlich recht dauerhaft auf dem Messegelände in Köln zur größten deutschen Kunstmesse ausgebaut. Die Gründung des Kunstmarkts gab die Initialzündung dazu, daß sich in Köln immer mehr Galerien niederließen.[16]

Neben dem Kunstmarkt (als einer Institution der kurzfristigen Zusammenarbeit) wurde von den Galerien Kölns auch die längerfristige Kooperation erprobt. 1972 wurde in der Lindenstraße ein erstes Galerienhaus eröffnet, in dem acht

16 So wird von Georg Jappe der Galerist Hans Jürgen Müller folgendermaßen zitiert: „Solange alles Provinz war, war es gleichgültig, wo man saß. Als sich beim 1. Kölner Kunstmarkt 1967 zeigte, daß sich hier der gesuchte Schwerpunkt bildete, mußte man ins Zentrum. Plötzlich gab es so etwas wie Hauptstadt und Provinz. Das Interesse richtet sich heute auf Köln, hier informiert sich der Sammler zuerst, ehe er - wenn überhaupt - einen trip durch Germany macht" (Jappe 1979: 29). Eine Fülle von Dokumenten zur Entwicklung der Kunstszenerie findet man in dem Ausstellungskatalog von Herzogenrath und Lueg (1986); eine Dokumentation der Tätigkeit freier Ausstellungsmacher in dem Sammelband und Katalog von Herogenrath et al. (1986).

Kunstgalerien ihren Platz fanden, die zu gemeinsamen Vernissagen und anderen Aktionen einluden. Die Idee war, auch Teile der Gemeinkosten, etwa für Einladungen, aufteilen zu können. Allerdings brach diese Initiative bereits nach wenigen Jahren wieder auseinander. Auch spätere Versuche, Galerienhäuser zu errichten (etwa in der Venloer Straße Ende der 80er Jahre, wo das Gebäude von dem berühmten Architekten Oswald Mathias Ungers gebaut wurde), waren nicht auf Dauer erfolgreich, sondern die Galeriengemeinschaften brachen recht schnell, nach etwa drei bis fünf Jahren wieder auseinander. Und das, obwohl das Publikumsinteresse teilweise überwältigend groß war und etwa das Gebäude in der Venloer Straße bei den Premierenabenden von den Kunstinteressierten geradezu gestürmt und blockiert wurde.

Dieses Beispiel einer fehlgeschlagenen Initiative zeigt, daß sich offenbar für den kurzfristigen Kunstmarkt ein längerfristiges Interesse einer großen Zahl von Galeristen auf Dauer stellen läßt, nicht aber für die dauerhafte Zusammenarbeit von Galerien im gleichen Gebäude. Zwar erzwingt die ähnliche Interessenlage die räumliche Konzentration, aber die Konkurrenz der Galeristen und ihre ausgeprägte Individualität erschweren sie zugleich. Etwas anderes ist die räumliche Nähe auf eine gewisse Distanz hin, die sich darin ausdrückt, daß sich eine größere Menge von Galerien im gleichen Stadtquartier niederlassen, wie dies oben bereits erwähnt wurde.

So hat die „Erfindung" des Kunstmarkts in Köln offenbar eine Stabilisierungsfunktion für die Standortentscheidung von einzelnen Galerien besessen und hat die Herausbildung des „Kunstmarktzentrums" beschleunigt. Der Kunstmarkt selbst ist Vorbild für eine unübersehbare Menge von Kunstmärkten in aller Welt geworden, auf denen Kunst jeweils nach dem gleichen Muster präsentiert wird: Eine größere Menge von Kunstgalerien (zwischen 80 und 300 Teilnehmern) präsentiert in übersichtlichen Kojen einen Teil ihres Programms. Für die Kunstinteressierten ergibt sich dadurch die Möglichkeit, eine kurzzeitige Ausstellung von Gegenwartskunst durch Galeristen erleben zu können, wobei diese Ausstellung zugleich Verkaufsausstellung ist. Alle Exponate sind noch im Handel (es gilt als unstatthaft, bereits verkaufte Werke auf dem Kunstmarkt zu präsentieren); Verkäufe während der Messe werden entweder mit einem roten Punkt am ausgestellten Werk gekennzeichnet, oder es werden andere, noch verkäufliche Werke ausgehängt. Zwischen den Kunstmessen ergibt sich eine mehr oder weniger große Konkurrenz darüber, welche wohl die bedeutendste ist; seit vielen Jahren gilt beispielsweise nicht mehr die „Art Cologne", sondern die „Art" in Basel als in Bezug auf die Qualität der gezeigten Exponate bedeutendste Kunstmesse in Europa, wenn nicht weltweit. Die 1989 gegründete „ART Frankfurt" gilt gegenüber der „Art Cologne" als recht passabel, aber als nicht so bedeutend - und andere Kunstmessen in Deutschland können sich mit dem Rang dieser Veranstaltungen bislang nicht messen.

Kunstmessen bzw. kurzzeitige Kunstmärkte sind mithin sekundäre Institutionen der Kunstgalerien, auf denen diese kollektiv eine wesentlich größere Öffentlichkeit erreichen können, als dies durch alle Einzelausstellungen in den Galerien selbst gewährleistet wird. Die Kunstmessen sind zum Symbol für die privatwirtschaftliche Vermarkttung von Kunst geworden, sie stehen als Kürzel für das Marktgeschehen und die Vermarktung der Kunst. Insofern werden die Kunstmärkte als kurzzeitige Kunstmessen und der Kunstmarkt im Sinne des ökonomischen Marktgeschehens fast deckungsgleich. Allerdings darf man die ökonomische Bedeutung dieser Kunstmärkte auch nicht überschätzen. Der Anteil am Gesamtumsatz für Gegenwartskunst dürfte gegenüber den Galerienverkäufen nicht sehr hoch sein. Wichtiger für die Galerien dürfte das Element der erhöhten Sichtbarkeit der Gegenwartskunst sein. Die Kunstmärkte erfüllen damit wichtige legitimierende Funktionen für die Vermittlungsarbeit der Kunstgalerien. Hier ist dann Diskussionsstoff für die Kunstkritik gegeben, hier können neue Trends ausgemacht werden, hier werden teilweise neue Stilbegriffe aus der Taufe gehoben. Für das kunstinteressierte Publikum, für die Kunstkritik, aber teilweise auch für die Künstler besitzen die Kunstmärkte eine wichtige Indikatorfunktion über den Stand der Dinge und mögliche künftige Entwicklungspfade. In der jüngsten Phase der letzten Jahre gehört dazu auch eine sich ausbreitende Resignation, keine radikal neuen Stilrichtungen mehr ausmachen zu können, die frustrierende Situation des Gleichzeitigen bei der Stilentfaltung, die Abwesenheit des eindeutigen Trends und vor allem die zunehmende Vielfalt, die kaum einzudämmen scheint. Hauptmerkmal der Kritik an der Art Cologne der letzten Jahre war entsprechend, daß sie wegen ihrer Größe keine Orientierungsfunktion mehr ausübe, daß die Gefahr der Beliebigkeit nicht eingedämmt werden könne. Das sind im Grunde die gleichen Argumente, die auch die Entstehung des Kunstmarkts Köln begleitet haben.

Zur Geschichte des Kunstmarkts in Köln gehören auch die Gegenkunstmärkte. Sie sind immer wieder eine wichtige Begleiterscheinung des Kunstmarkts gewesen, auf denen sich ausgeschlossene Institutionen oder solche, die sich den herrschenden Tendenzen der Marktgängigkeit der Kunst entgegenstemmen wollten, präsentierten. So fand bereits parallel zum zweiten Kunstmarkt in Köln im Jahre 1968, der damals in der neuen städtischen Kunsthalle abgehalten wurde, der alternative „Neumarkt der Künste" als eine Protestveranstaltung gegen die Vermarktungstendenzen der Kunst statt. Auch später kam es immer wieder zu Gegenveranstaltungen, so etwa zu der 1991 in einem Kölner Vorort stattfindenden „Unfair", auf der alternative Galerien neue Tendenzen der Kunst vorstellen wollten, die sich auf der etablierten Kunstmesse nicht unterbringen ließen. Alle diese alternativen Veranstaltungsformen wurden jedoch in der einen oder anderen Weise wieder inkorporiert, die „Unfair" etwa in einer zahlenmäßigen Ausweitung der teilnehmenden Galerien ab 1993 auf der Art Cologne, was dann allerdings neuen Unmut über die unübersichtliche Größe nach sich zog.

Im Jahr 1996 wird die Art Cologne zum 30. Mal stattfinden. Sie ist die älteste derartige Kunstmesse der Welt - worauf man in Köln nicht wenig stolz ist. Es handelt sich um eine neuartige Institutionalisierungsform im Kunstbereich, die wichtige unterstützende Funktionen für die Sichtbarkeit der Galerienarbeit besitzt und die zum Symbol für den privatwirtschaftlich organisierten Kunstmarkt geworden ist.

6. Zentrum und Peripherie im Kunstmarktgeschehen: Zur Dynamik sozialer Institutionen

Zwischen etwa 1980 und 1990 war Köln fast unbestritten die Kunstmetropole der Bundesrepublik Deutschland. Diese Zentrumsbildung war jedoch im Grunde nur den Insidern der Kunstwelt präsent; sie vollzog sich zudem ungeplant. Die krisengeplagte Stadt Köln nutzte diese Position zur Imagepflege, ohne daß die Kulturpolitik neue Instrumente zur Förderung der Galerien erschloß. Zentrale Trägergruppe der Entwicklung zur Kunstmetropole waren die ortsansässigen Galeristen für Gegenwartskunst (also zunächst weder die Künstler, die Sammler oder die Kulturpolitik), bei denen es sich um eine recht große Zahl von kleineren Selbständigen handelt.[17] Galerienszene und Kunstmarkt kommen bisher ohne staatliche Subventionen aus (womit dieser Bereich der bildenden Kunst einen kulturpolitischen Sonderfall bildet, und damit einen paradigmatischen Fall für Kulturwirtschaft).[18]

Abschließend soll nun eine sehr knappe Erklärungsskizze für diese Zentrumsbildung formuliert werden. Es handelt sich um einen Prozeß der Institutionenbildung, in dessen Verlauf in einem durch Individualität und persönliche Entscheidungen geprägten Umfeld ungesteuert Institutionen (vor allem die Kunstgalerien und der Kunstmarkt) entstehen, die sich durch eine gewisse Dauerhaftigkeit auszeichnen. Ein Merkmal des Institutionalisierungsprozesses scheint darin zu bestehen, daß er durch eine einmalige Konstellation von Personen und spezifischen Umständen hervorgerufen werden kann. Es gibt aber offenbar keine Garantien dafür, daß sich diese Institutionen selbst dauerhaft stabilisieren und längerfristig überleben. Dies kann nur gelingen, wenn die ursprüngliche Konstellation von Personen und Umständen abgelöst werden kann. Das erfordert eine interne Dynamik, die damit zur Überlebensbedingung für die Institution wird. Erst wenn eine Ablösung von der Ursprungskonstellation gelungen ist, kann man von einer weiteren Stabilität des Institutionalisierungsprozesses ausgehen. Immer aber handelt es

---

17 Großunternehmungen sind in diesem Bereich bisher nicht aufgetreten, Firmenkonzentrationen und Firmenaufkäufe nur von untergeordneter Bedeutung.
18 Mit der Krise am Kunstmarkt nach 1990 und der deutschen Vereinigung ist das bisherige Selbstverständnis geschwunden und die Zukunft der Kunstmetropole Köln scheint wieder offen. Zum einen bietet sich Berlin als Metropole in Deutschland an. So wie allerdings Berlin keine Chance haben wird, etwa Frankfurt den Rang der Finanzmetropole streitig zu machen, so hat sich der Kunstort Köln bisher gegenüber anderen Städten in seiner zentralen Position behauptet.

sich um einen Prozeß, der grundsätzlich auch in eine De-Institutionalisierung umschlagen kann.[19]

Die Frage ist also, warum gerade Köln zum Zentrum des westdeutschen Kunstmarkts wurde. Eine Voraussetzung dafür, daß sich eine Stadt zur Kunstmetropole entwickelt, ist sicherlich, daß sich in der Stadt ökonomisch und professionell agierende Galerien niederlassen; eine zweite, daß im Umkreis der Stadt kaufkräftige Sammler vertreten sind. Aber dann hätte Düsseldorf ebensogut wie Köln zum Zentrum des Kunstmarkts werden können, denn dort ist die größte und überregional bedeutendste Kunstakademie vertreten, dort sind alteingesessene Galerien beheimatet, dort gibt es ein gebildetes Kunstpublikum, sind zahlreiche Künstler ansässig, und die kaufkräftigen Sammler dürften ebenso zahlreich sein wie im Umkreis von Köln. Nichts spricht also eigentlich dafür, daß ausgerechnet die katholisch dominierte, kleinbürgerlich orientierte Stadt Köln zu einem international anerkannten Zentrum des Kunstmarkts wurde, zu dem Sammler aus Europa und Nordamerika strömen, um aktuelle Tendenzen der Kunst während der Art Cologne, den Premieren oder bei anderen Gelegenheiten wahrnehmen zu können.

Es scheint das Ergebnis einer spezifischen Konstellation von Faktoren gewesen zu sein, daß sich gerade an diesem Ort eine neue Institutionalisierungsform der Kunstszenerie bilden konnte, daß gerade hier die Emergenz der neuartigen Galerienszenerie durchgesetzt und die erste Kunstmesse erfunden wurde - mit verschiedenen Sekundäreffekten -, daß sich beispielsweise Hunderte von Künstlern in der Stadt ansiedelten, so daß auch durch diese große Menge an ortsansässigen Künstlern Köln schließlich eher zur Kunststadt wurde als Düsseldorf (oder eine andere Stadt in Nordrhein-Westfalen).

Bei den bisherigen Erklärungsversuchen ist vielfach auf die Rolle des Kulturdezernenten Kurt Hackenberg verwiesen worden (z. B. bei Jappe 1979), der ein Klima geschaffen habe, in dem rasche Entscheidungen etwa zugunsten der Ansiedlung von Galerien, der Annahme von Schenkungen für die Museen der Stadt Köln sowie andere Ereignisse getroffen werden konnten. Auch hier wird also wieder das Muster bemüht, daß der Institutionalisierungsprozeß gerade dadurch zustande kam, daß sich Persönlichkeiten in ihrer Spontaneität entfalten konnten. Dies konnte jedoch nur unter der Voraussetzung wirksam werden, daß sich eine breite Nachfrage nach Kunst bereits gebildet hatte.

Die verstärkt auftretende Nachfrage nach Kunst benötigte Kanäle, um Angebot und Nachfrage zur Deckung zu bringen. Um das Angebot von Kunst brauchte man sich zunächst keine Gedanken zu machen, denn Künstler gab es zur Genüge, und die Erstellung von Kunstwerken überstieg auch mengenmäßig jede noch so hohe Nachfrage. Was fehlte, war also der Katalysator zwischen dem Angebot (den Künstlern) und der Nachfrage (den Sammlern) von Kunst. Diese katalytische Funktion übernahmen die Galeristen. Sie mußten zugleich zwischen zwei sehr

---

19 Zu den Prozessen des Flexibilitätsmanagements von Institutionen vgl. Nedelmann (1995); dort werden insbesondere Modelle der Institutionengründung und ihrer Stabilisierung sowie Prozesse der Ent-Institutionalisierung theoretisch entwickelt.

heterogenen Gruppen vermitteln, die sich teilweise eher feindlich gegenüberstanden, den tendenziell eher armen Künstlern als Outsidern und den tendenziell eher wohlhabenden Sammlern als Insidern der bürgerlichen Gesellschaft. In dieser Grundsituation war es offensichtlich für den später so erfolgreichen Institutionalisierungseffekt günstig, daß der Ort, an dem diese Vermittlung vorgenommen wurde, ein solcher war, der für die Vermittlung der Kunst eigentlich gar nicht in Frage kam und für diese vermittelnde Position keine weiteren Voraussetzungen und Belastungen mit sich brachte.

Institutionalisierung setzt Autonomisierung voraus. Diese ist wiederum daran gebunden, daß Maßstäbe und Normen der handelnden Akteure nicht mehr von außen gesteuert werden, sondern von den Beteiligten selbst. Die Autonomisierung der Kunst (bzw. im Sinne Beckers der „Kunstwelt") führt einerseits zur Individualisierung des Künstlers, sie ermöglicht andererseits aber die Entstehung von vielfältigen Institutionen: der Kunstmuseen, der Kunstakademien, der Kunstgeschichte, der Kunstkritik, der Kunstliteratur und zu Beginn des 20. Jahrhunderts der modernen Kunstgalerien. Dieser Institutionalisierungsprozeß verläuft wie der Autonomisierungsprozeß seit der Renaissance, und er wird auch weiterhin neue Institutionalisierungsformen hervorbringen.[20]

Bei der Entstehung der „Kunstmetropole Köln" im Zeitraum zwischen 1965 und 1985, in deren Mittelpunkt die Niederlassung der vielen Kunstgalerien und deren „Erfindung" des Kunstmarkts steht, läßt sich ein derartiger ungesteuerter Institutionalisierungsprozeß wie in einem Laboratorium als soziale Tatsache untersuchen. Dies Zentrum entstand als lokaler Fokus dort, wo einige günstige Rahmenbedingungen erfüllt waren; Köln ist als traditionales urbanes Zentrum auch die mit Abstand größte Stadt des Rheinlands. Dies sind jedoch Nebenbedingungen; in diesem Beitrag wird die These vertreten, daß die Zentrumsbildung deshalb in Köln erfolgte, weil die *Hindernisse zu ihrer Entstehung* niedriger waren als anderswo.

Moderne Kunst entsteht in der Regel durch eine Kette von radikalen Neuerungen; die Entfaltung der Gegenwartskunst setzt immer wieder den radikalen Bruch mit älteren Stilvorstellungen voraus. Gleichzeitig entfaltet die moderne Kunst im Zuge ihrer Autonomisierung ein System der „Selbstbeschreibung" (vgl. Luhmann 1995: 391 ff.), das sich von dominanten Kunstvorstellungen akademischer und konventioneller Art fernhalten muß. Das unterstützende Publikum für die moderne Kunst muß also teilweise außerhalb von gesellschaftlich vorgegebenen Konventionen und Zwängen gegenüber herrschenden Stilvorstellungen agieren können. In Köln konnten sich die in die Stadt einströmenden Galeristen deshalb besonders gut entfalten, weil sie weniger als andernorts in ihren Aktivitäten bei der Durchsetzung des Neuen *behindert* wurden (aber eben nicht deshalb, weil sie etwa besonders gefördert worden wären).

20 Es läßt sich allerdings nicht vorhersagen, welche Handlungsbereiche dauerhaft und nachhaltig institutionalisiert werden und welche bereits institutionalisierten Bereiche sich wieder entinstitutionalisieren. Dazu wissen wir in der Soziologie über derartige Institutionalisierungsprozesse bisher zu wenig.

Köln, wo vor dem Zweiten Weltkrieg kaum mit Kunst gehandelt worden war, wo man aus purer Unkenntnis zunächst für alles Neue aufgeschlossen war und es keine belastenden Traditionen gab, gab also einen neutralen Boden für die Entstehung eines Kunstzentrums ab. Es entstand also gewissenmaßen ein dritter Platz, ein Unort, der als ein Experimentierfeld genutzt werden konnte. Ein wichtiger Nebeneffekt dieser Stadt ist im übrigen auch darin zu sehen, daß die einströmenden Künstler kaum in das gesellschaftliche Leben der Stadt integriert werden, sondern daß sie unter sich bleiben und alle Interaktionen damit innerhalb der Kunstwelt abgewickelt werden; es fehlt ein Großbürgertum, das andernorts die Integration der Künstler in die Gesellschaft fördert (und damit ihre Kreativität hemmt). Der Symbioseeffekt der Institutionalisierung konnte dort besonders wirksam eintreten, wo möglichst wenige Hindernisse zur Entstehung einer neuartigen Institution zu überwinden waren.

Erst der Erfolg der Galeristen (sichtbar am Kunstmarkt) hat dann sekundär auch den Zuzug der vielen Künstler in die Stadt bewirkt, die ebenfalls von dem funktionierenden, durch gesellschaftliche Konventionen weniger als anderswo behinderten Selbstbeschreibungssystem profitieren konnten. Auch Kunstzeitschriften, Kunstkritiker (ja selbst Kunstversicherungen und Kunstspediteure) haben sich schließlich bevorzugt in der „Kunstmetropole" niedergelassen.

Institutionalisierung ist nicht das Ziel individueller Akteure, sondern sie stellt sich als ungeplanter Nebeneffekt zielgerichteten Handelns ein. Ist die Institution aber erst einmal gegründet, dann entsteht für viele Akteure ein neuartiges Interesse an Ihrem Erhalt, allerdings nur so lange, wie die Beteiligten einen persönlichen Nutzen aus der Institution ziehen können. Wenn die These vom Entstehungszusammenhang von Institutionen aus einer zufälligen Konstellation von Umständen zutrifft, bedeutet dies aber auch, daß eine Ent-Institutionalisierung dann wahrscheinlich wird, wenn die bestehenden Institutionen keinen Raum mehr für neue Formen der Institutionenbildung lassen, sofern diese erforderlich erscheinen, wenn also eine institutionelle Sklerotisierung eintritt. In einen solchen Falle kann auf ein altes Sprichwort verwiesen werden: „Die Hunde bellen, und die Karawane zieht weiter".

Literatur

Andreae, Stephan, Wilfried Dörstel, Peter Gerlach, Wulf Herzogenrath, Stefan Krau und Erwin H. Zander (Hg.), 1989: Kölnischer KUNSTverein. Einhundertfünfzig Jahre Kunstvermittlung. 5. Bde. Köln: Kölnischer Kunstverein.
Assouline, Pierrre, 1989: Der Mann, der Picasso verkaufte. Daniel-Henry Kahnweiler und seine Künstler. Aus dem Französischen von Christiane Müller. Bergisch Gladbach (L'Homme de l'art. D.-H. Kahnweiler (1884-1979), Paris 1988).
Baum, Stella, 1989: Die frühen Jahre. Gespräche mit/über Galeristen, Kunstforum Bd. 104, Nov./Dez.: 215-295.
Baumgärtel, Thomas und Wolfgang Wangler (Hg.), 1988: Kunst Orte Köln. Fruchtbarer Leitfaden durch die Kölner Kunstlandschaft. Köln: Verlag Symbol.
Becker, Howard S., 1993: Art Worlds. Berkeley/Los Angeles/London: University of California Press.
Bongard, Willi, 1993: Zu Fragen des Geschmacks in der Rezeption bildender Kunst der Gegenwart. S. 250-264 in: Alphons Silbermann und René König (Hg.), Künstler und Gesellschaft, Sonderheft 17 der KZfSS. Opladen: Westdeutscher Verlag.
Bude, Heinz, 1993: Peter Ludwig. Im Glanz der Bilder. Die Biographie des Sammlers. Bergisch-Gladbach: Lübbe.
Crane, Diana, 1987: The Transformation of the Avant-Garde. The New York Art World 1940 - 1985. Chicago: Univ. of Chicago Press.
Herzogenrath, Wulf, und Gabriele Lueg, 1986: Die 60er Jahre. Kölns Weg zur Kunstmetropole. Vom Happening zum Kunstmarkt, Köln: Kölnischer Kunstverein.
Herzogenrath, Wulf, Elisabeth Jappe, Kaspar König, Ingo Kümmel, Herbert Molderings, Karl Ruhrberg, Manfred Schneckenburger und Dietmar Schneider, 1986: Unausgewogen. Freie Ausstellungsmacher in Köln. Köln.
Hüllenkremer, Marie, 1961: Kunst in Köln. Museen, Galerien, Künstler, Kunstmarkt, Kulturpolitik, Treffpunkte, Adressen, Tips. Köln: Kiepenheuer & Witsch.
Jappe, Georg, 1979: Der Traum von der Metropole. Vom Happening zum Kunstmarkt - Kölns goldene sechziger Jahre. Köln: Kölnischer Kunstverein.
Kahnweiler, Daniel-Henry, 1961: Meine Maler - Meine Galerien. Köln.
Kunst Markt Köln, 1988: Wirtschaftsfaktor Kunst. Köln.
Luhmann, Niklas, 1995: Die Kunst der Gesellschaft. Frankfurt/Main: Suhrkamp.
Merton, Robert K., 1966: Continuities in the Theory of Reference Groups und Social Structure. S. 335-440 in: Ders., Social Theory and Social Structure, 2. erw. Auflage. New York: The Free Press.
Ministerium für Wirtschaft, Mittelstand und Technologie des Landes NRW, 1992: Kultur als Wirtschaftsfaktor in NRW. Kulturwirtschaftsbericht 1991/1992. Die Kulturwirtschaft von Nordrhein-Westfalen im Vergleich. Düsseldorf/Bonn.
Ministerium für Wirtschaft, Mittelstand und Technologie des Landes NRW, 1995: Kultur und Medienwirtschaft in den Regionen Nordrhein-Westfalens. 2. Kulturwirtschaftsbericht NRW. Düsseldorf.
Nedelmann, Birgitta, 1995: Gegensätze und Dynamik politischer Institutionen. S. 15-40 in: Dies. (Hg.): Politische Institutionen im Wandel, Sonderheft 35 der Kölner Zeitschrift für Soziologie und Sozialpsychologie. Opladen: Westdeutscher Verlag.
Premieren '95, 1995: Kunst in Galerien, Museen, Institutionen. Der Wegweiser durch die Kölner Kunstszene, Köln: dalebo Verlag.
Schmidt-Wulffen, Stephan (Hg.), 1989: Kunstwerte - Markt und Methoden. Eine Dokumentation, Kunstforum, Bd. 104, Nov./Dez.
Sjölander-Hovorka, Angelika, 1991: Schnittstelle Vernissage. Die Besucher als Wegbereiter und Multiplikatoren zeitgenössischer Kunst. Linköping: Linköping University Press.
Stockebrand, Marianne (Hg.), 1990: Rolf Ricke. Texte von Künstlern, Kritikern, Sammlern, Freunden und Kollegen geschrieben für Rolf Ricke aus Anlaß seines 25-jährigen Galeriejubiläums. Köln: Verlag der Buchhandlung Walter König.

Thurn, Hans Peter, 1973: Soziologie der Kunst. Stuttgart-Berlin-Köln-Mainz: Kohlhammer.
Thurn, Hans Peter, 1994: Der Kunsthändler. Wandlungen eines Berufes. München: Hirmer Verlag.
Verger, Annie, 1994: L'art d'estimer l'art. Comment classer l'incomparable?, Actes de la Recherche en Sciences Sociales 66/67: 1O5-121.
Vowinckel, Andreas, 1990: Kunst und Vermittlungsformen am Beispiel von Kunstmarkt, Galerie, Kunsthandel und der Galerie Rolf Ricke, Köln. S. 89-110 in: Marianne Stockebrand (Hg.): Rolf Ricke. Texte von Künstlern, Kritikern, Sammlern, Freunden und Kollegen geschrieben für Rolf Ricke aus Anlaß seines 25-jährigen Galeriejubiläums. Köln: Verlag der Buchhandlung Walter König.
Wiesand, Andreas Johannes, 1989: Kunstmarkt im Goldrausch? Daten zu Ausstellern, Händlern und ihrem Publikum, Kunstforum, Bd. 104, Nov./Dez.: 78-93.

Ulrich Saxer

Kunstberichterstattung als Institution: Longitudinalanalyse einer Pressestruktur

1. Theoretische Perspektiven

1.1 Diskussionsstand

Der Stand der Diskussion über Kunstberichterstattung in Medien ist zumal unter sozial- bzw. kommunikationswissenschaftlicher Optik in verschiedener Hinsicht *unbefriedigend*. Wohl wird dieser Gegenstand häufig thematisiert, aber vornehmlich feuilletonistisch abgehandelt, d. h. wenig systematisch und empirisch unzureichend abgestützt. Von einer nennenswerten erfahrungswissenschaftlichen Theorienbildung hierzu kann daher nicht gesprochen werden. Dies ist um so erstaunlicher, erklärungsbedürftiger und herausfordernder, als Kunstberichterstattung bzw. -kritik ein traditionsreiches und in der Kunstöffentlichkeit intensiv, aber kontrovers wahrgenommenes journalistisches Tätigkeitsfeld darstellt.

Die *Gründe* für dieses Defizit sind mannigfaltig. Als erstes ist festzuhalten, daß Kunstphänomene überhaupt nach wie vor vergleichsweise selten sozialwissenschaftlich im Sinne empirisch fundierter Theorienbildung angegangen werden. Die akademische Arbeitsteilung schlägt diese in erster Linie den Geisteswissenschaften zu. Freilich ist auch dies kein Zufall, als bei im weiteren Sinn symbolinteraktionistischen Prozessen - wie der bescheidene Reifegrad der entsprechenden Empirie zeigt - die herkömmlichen quantifizierenden sozialwissenschaftlichen Methoden nur bedingt greifen. Die Publizistik- bzw. Kommunikationswissenschaft insbesondere, in deren Horizont dieser Beitrag abgefaßt ist, hat ihre Aufmerksamkeit anderen Kommunikationstypen, namentlich der politischen, viel stärker zugewandt als der Kulturkommunikation. So ist die Analyse der publizistischen Struktur Kunstberichterstattung auch im Rahmen der primär mit Medienphänomenen befaßten Disziplin vernachlässigt worden.

Es scheint denn auch gerade ein Problem des *optimalen disziplinären Zugriffs* auf diesen Gegenstand zu geben, mit dem Resultat, daß dieser weitgehend zwischen die disziplinären Paradigmen fällt. So haben sich auch keine diesbezüglichen theoretischen Bezugsrahmen in einer weiteren scientific community etabliert, umsomehr als die Ideologienbildung hinsichtlich dieser journalistischen Sparte besonders ausgeprägt ist. Perspektiven, unter denen Kunstberichterstattung wissenschaftlich angegangen werden kann, sind denn auch zahlreiche denkbar, von ideologiekritischen bis zu medienökonomischen. Angesichts des problematischen Zustandes der Theorienbildung und der Tatsache, daß es sich bei Kunstberichterstattung primär um eine publizistische Struktur, einen vom Mediensystem generierten, aber stark umstrittenen Problemlösungs- und -schaffungsmechanimus handelt, liegt indes eine publizistikwissenschaftliche Konzeptualisierung auf den Linien bewährter theoretischer Ansätze, aber in Verbindung mit Elementen soziologischer Analyse nahe.

1.2 Funktionalistisch-systemtheoretische Perspektive

Eine solche wurde im Zusammenhang mit einer Longitudinalstudie über die Presse- und Kunstberichterstattung entwickelt, die als Antwort auf diesen unbefriedigenden Forschungsstand am Seminar für Publizistikwissenschaft der Universität Zürich realisiert wurde (Saxer 1995a). Kunst und Presse lassen sich ja als Subsysteme von Kultur und Mediensystem konzipieren und Kunstberichterstattung als eine *Struktur,* d. h. als ein mehr oder minder hoch institutionalisierter Problemlösungs- (und -schaffungs)mechanismus, der zwischen diesen beiden Systemen vermittelt. Unter „Institutionen" sind soziologisch bekanntlich auf Dauer gestellte kollektive Regelungsmuster zur geordneten Befriedigung wichtiger Bedürfnisse zu verstehen, Regelsysteme, die auf einer gemeinsamen Sinngebung fußen, korrespondierende Erwartungen und Verhaltensweisen begründen und häufig auch über ein materielles Substrat verfügen (vgl. auch Scheuch und Kutsch 1975: 201ff.; Lipp 1989: 306).

Der *Institutionalisierungsgrad* dieser Struktur bemißt sich nun danach, so die Hypothese, wieweit auf Kunstberichterstattung die Regelhaftigkeiten der übergeordneten publizistischen Struktur „Berichterstattung" zutreffen. Das terminologische Schwanken der Literatur zwischen „Kunstberichterstattung" und „Kunstkritik" als deren Bezeichnung und Diskrepanzen im und zwischen dem Selbstverständnis vieler Praktiker des Kunstjournalismus lassen dabei auf Institutionalisierungsschwächen schliessen. Diese, resultierend in einer diffusen Struktur, mögen einen weiteren Grund dafür bilden, daß die Kunstberichterstattung dem erfahrungswissenschaftlichen Zugriff Schwierigkeiten bereitet, zugleich aber auch die intensiv diskutierte Funktionalitätsproblematik derselben erhellen helfen.

Unter systemtheoretischer Optik kann freilich diese Eigenart der Struktur Kunstberichterstattung nicht verwundern, gründet sie doch in konstitutiven Merkmalen der *Systeme Kultur bzw. Kunst* und der Medienproduktion. Kultur als jenes gesellschaftliche Teilsystem, das mit Institutionen der Erziehung, Religion oder eben Kunst etc. den Sinnhorizont einer Gesellschaft bestimmt, deren Sinnbedarf stillt und damit primär die normative und affektive Strukturierung der Gesellschaftsmitglieder besorgt, ist ja durch lose Koppelung seiner Strukturen, dementsprechend vieler fluktuierender Subsysteme und damit durch hohe, schwer kontrollierbare Dynamik gekennzeichnet. Ihr Charakteristikum, und zumal dasjenige von Kunst, ist eine Verbindung von geringer statischer und hoher dynamischer Komplexität und einer hohen Designkomplexität, also einer überaus großen Variantenvielfalt von Mustern, mit einer geringen Kontrollkomplexität (Bühl 1987: 86 f.). Verglichen mit dem System Kultur eignet den anderen gesellschaftlichen Hauptsystemen der Politik und Wirtschaft höhere Kontrollkomplexität bei geringerer Designkomplexität, was diese auch zu einer wirkungsvolleren Kontrolle ihrer Systemgrenzen befähigt und homogene Institutionalisierungen zeitigt.

In der redaktionellen Tätigkeit von Medien, insbesondere der Struktur Berichterstattung, schlagen sich diese Unterschiede zwischen den journalistisch zu vermittelnden Systembereichen in *je anderen Institutionalisierungsintensitäten* nieder. Auch Kulturkommunikation verläuft dabei grundsätzlich institutionenspezifisch, aber eben nur soweit die jeweilige institutionelle Prägekraft reicht. Diese ist z. B. beim primären anlaß- bzw. ereignisverwurzelten Sport ungleich größer als beim sehr komplexen, besonders schwach integrierten und entsprechend unterschiedlich intensiv institutionalisierten System Kunst. Dies legt, im Rahmen einer um Institutionalisierung und Funktionalität von Kunstberichterstattung zentrierten Analyse, die Folgerung nahe, besser institutionalisierte Kunststrukturen und -prozesse würden von den Medien mehr registriert als andere, eben weniger stark institutionalisierte. Dies entspräche den erwiesenermaßen dominant reaktiven journalistischen Produktionsroutinen. Die regelmäßigen Anlässe von etablierten Kunstorganisationen wie kommunalen Bühnen oder Galerien sollten demgemäß in der Medienkommunikation besonders präsent sein (Herger 1996: 368 ff.).

Medien treten ja auch in ihrer Eigenschaft als Kultur- bzw. Kunstvermittler als komplexe, institutionalisierte Systeme von spezifischem Leistungsvermögen in Aktion. Die Analyse der insgesamt schwach, jedenfalls unterschiedlich intensiv institutionalisierten Medienstruktur Kunstberichterstattung kann demzufolge nur sachgerecht sein, wenn sie alle diese Charakteristika von Medien berücksichtigt, im Sinne der Erkenntnis, Systeme seien namentlich auch dadurch definiert, daß Veränderungen einzelner Elemente auch solche des Gesamtsystems nach sich zögen. Desgleichen entspricht es moderner Funktionsanalyse, bei Systemproblemen anzusetzen und dabei zu untersuchen, welches Problemlösungs- bzw. -schaffungspotential, eben Funktionalität, den jeweils involvierten Strukturen und Prozessen, hier von Kunstberichterstattung für das Kunst- und das Mediensystem eignet.

Der Komplexität des Systems Kunst steht mithin die des Mediensystems bzw. des Systems Publizistik gegenüber; als Organisationen sind Medien zweckerfüllende Systeme, in denen betriebliche, soziologische und psychologische Faktoren ebenso zum Tragen kommen wie institutionelle Prägungen. Und diese Systeme konstituieren sich um Kommunikationskanäle, geeignet, bestimmte Zeichensysteme mit unterschiedlicher Kapazität zu transportieren. Es ist offenkundig, daß alle diese Medienmerkmale das Leistungsvermögen der Struktur Kunstberichterstattung mitdeterminieren. Wird dabei von einer analog elementaren Funktionsbestimmung des Mediensystems ausgegangen wie derjenigen von Politik als jenes Systems, das die allgemein verbindlichen Entscheidungen hervorbringt, und von Wirtschaft als jenes Systems, das die Versorgung der Gesellschaft mit Waren und Dienstleistungen regelt, so besteht dieses zentrale Leistungsvermögen von Medienkommunikation darin, *Öffentlichkeit* zu schaffen, Personen, Sachverhalten und Prozessen Publizität zu verleihen. Funktionsmäßig handelt es sich demzufolge bei Kunstberichterstattung um jene journalistische Struktur, die für Kunstphänomene Öffentlichkeit schafft, indem sie diese in Medienrealität umsetzt.

1.3 Kunstöffentlichkeit und Medienrealität

Anzuvisieren ist also ein Transformationsprozeß von Kunstphänomenen in Publizistik bzw. Journalismus, eine Umsetzungsleistung der Medien von Kultur, insbesondere von Kunst, in öffentliche Kommunikation, die für die gesellschaftliche Relevanz der ersten immer unerläßlicher wird. Zumal eine Longitudinalstudie, wie die im Folgenden vorgestellte, muß ja jeweils den *gesamtgesellschaftlichen Hintergrund* der untersuchten Konstellationen und dessen Veränderungen mit berücksichtigen. Dieser läßt sich für die schweizerische Gesellschaft, in der das Projekt angesiedelt ist, während der Zeit von 1975 bis 1991, der Beobachtungsperiode, plakativ als Intensivierung der Entwicklung in Richtung einer Evolutions-, Informations-, Medien- und Erlebnisgesellschaft charakterisieren. Auch für die schweizerische Gesellschaft dieser Zeit wird die Bewältigung der immer stürmischeren Evolution mit der ständigen Ausdifferenzierung weiterer funktionaler Subsysteme mit ihren desintegrativen Konsequenzen immer dringlicher. Komplementär hierzu, gewissermaßen zur kommunikativen Gegensteuerung, etablieren sich zusätzliche Mediengenerationen, umsomehr als der Informationsbedarf, auch im Gefolge der Individualisierung der Lebensstile, ansteigt. Dies wiederum befördert die Privatisierung und Hedonisierung der Einstellungen und dabei auch die Ästhetisierung des Verhaltens und Empfindens in der sich verstärkenden Erlebnisgesellschaft (Schulze 1992).

Die *schweizerische bzw. kantonalzüricherische Kunstgesellschaft*, also die insgesamt der in dem Beobachtungsraum um Kunst zentrierten sozialen Strukturen und Prozesse, wird durch diese Gesamtkonstellation ihrerseits dazu veranlaßt, zusätzliche Kunstgattungen und -stile und zugleich entsprechende Verbreitungsmechanismen durch noch intensivere Verschränkungen mit dem Mediensystem auszudifferenzieren. Zumal avantgardistische Kunst - als progressivstes Element des Systems Kunst im Rahmen von deren Gesamtfunktionalität als symbolischem Experimentierraum moderner Gesellschaften - stellt allerdings selbst Eliten vor immer größere Verständnis- und damit die Medien vor entsprechend wachsende Popularisierungsprobleme. Aus der gesamtgesellschaftlichen Entwicklung resultieren mithin in erster Linie steigende Anforderungen an das quantitative Verarbeitungs- und das qualitative Leistungsvermögen der Medieninstitution Kunstberichterstattung bei ihrer Schaffung von Kunstöffentlichkeit.

Diese gewinnt durch die *Parallelstrukturierung von Kunst und Medien* besonders hohe, aber labile Komplexität. Beide Systeme generieren und verbreiten ja, anders denn Politik und Wirtschaft, primär Symbole. Kunst ist in anderer Art ein *symbolisch generalisiertes Kommunikationsmedium* (Luhmann 1984: 222 ff.) als Geld und Macht, die elementare Interaktionen vermitteln. Dies erklärt u. a., warum Kunstberichterstattung manchmal, sozusagen in sekundärer Mimesis, ihren Gegenstand nicht zu analysieren, sondern zu imitieren sucht. Die Phasen der Produktion, Distribution und Konsumtion von Kunstprozessen wiederum finden dementsprechend ihr Analogon in denjenigen der Selektion, Diffusion und Rezeption von Medienberichterstattung. Im Gefolge dieser strukturellen und prozessualen Ähnlichkeit zwischen dem System Kunst, das ästhetische Synthesen, und dem Mediensystem, das mehr oder minder allgemein zugängliche Aussagen hervorbringt, vermag der Kunstjournalismus, anders als etwa die Wirtschaftsberichterstattung, bereits mit der Definition von Phänomenen als „künstlerisch", von Hervorbringungen als „Kunst" und deren Schöpfer als „Künstler" entscheidende Zuschreibungs- und gegebenenfalls auch Legitimationsleistungen zu erbringen. Und gerade wegen dieses in Informationsgesellschaften immer wichtigeren Definitionsprivilegs der Medien dessen, was überhaupt Kunst sei, ist die maßgeblich durch Medienkommunikation konstituierte Kunstöffentlichkeit auch besonders labil, da in hohem Maß fremdstrukturiert.

Die *Transformation von Kunstphänomenen in Medienrealität* macht ja Codewechsel unvermeidlich. Künstlerisch codierte Kulturmuster, eben ästhetische Synthesen bzw. mit diesen verbundene Interaktionen, werden gemäß der Eigenrationalität von Medien in deren spezifische Codes, d. h. in deren Zeichensysteme gemäß bestimmten Routinen umgesetzt. Bei diesen spielen Doktrinen der journalistischen Berufskultur über das jeweils „Mediumsgerechte" eine gewichtige Rolle. Neben der durch die Eigenart des Kommunikationskanals bedingten Normierung bzw. Standardisierung journalistischer Berichterstattung wirken natürlich auch die institutionelle Ausrichtung des jeweiligen Mediums und organisatorische Zwänge zu einer raschen Massenproduktion von geistigen Unikaten auf diese ein. Diese machen auch die Entwicklung zeitsparender Selektions- und Präsentationsroutinen zur effizienten journalistischen Bewältigung des anfallenden Weltstoffs unerläßlich. Diese standardisieren namentlich in Gestalt von Nachrichtenwerten bzw. -faktoren (Staab 1989) und sogenannter Genres, d. h. berufskulturell tradierter Darstellungsformen, die Medienberichterstattung weitgehend.

Medial konstituierte Kunstöffentlichkeit ist mithin einerseits durch eine extrem variantenreiche und dynamische Mustervielfalt der zu vermittelnden Sphäre gekennzeichnet, andererseits, trotz auch beachtlicher Komplexität des Mediensektors, durch starke Imperative, dessen Produktion zu standardisieren und zu stereotypisieren. Wieweit die medial konstituierte Kunstöffentlichkeit der Differenziertheit des Systems Kunst gerecht wird und trotzdem auch für Laien offen ist (Gerhards und Neidhardt 1991: 47) stellt daher die zentrale Frage bezüglich deren Leistungsvermögen dar. Dieses bemißt sich danach, wieweit Kunstberichterstattung kunst-, mediums- und publikumsgerecht angelegt ist, und dies wiederum, welche Ressourcen überhaupt für sie zur Verfügung stehen. In den tagesaktuellen Medien ist ja ihre Ausstattung insgesamt kärglich und ihr organisatorischer Status entsprechend marginal (Saxer 1995a: 46 ff.). Was unter diesen Umständen Kunstberichterstattung über die Zeit an eine funktionsfähige Kunstöffentlichkeit beizutragen imstande ist, kann demzufolge nur sachgerecht gewürdigt werden, wenn außer ihren Publikationen auch deren Entstehungsbedingungen berücksichtigt werden.

2. Regionale Presse-Kunstberichterstattung: Eine Longitudinalstudie

2.1 Untersuchungsanlage

Im Sinne dieser theoretischen Überlegungen wurde am Seminar für Publizistikwissenschaft der Universität Zürich das erwähnte empirische Projekt konzipiert, das das Leistungsvermögen der Kunstberichterstattung des kantonalzüricherischen Pressesystems von 1975 bis 1991 zum Thema hat. Da dieses praktisch ohne Drittmittel und nur innerhalb des normalen Seminarbetriebs realisiert werden konnte, mußten, forschungsökonomisch bedingt, *Abstriche an einer optimalen Untersuchungsanlage* vorgenommen werden. So konnten keine verläßlichen Daten über Publikumsreaktionen beigebracht werden, die dieses System von Kunstberichterstattung auslöst. Auch fehlt die intermediale Perspektive, so daß keine abschließenden Urteile über dessen Funktionalität möglich sind. Dafür wurden wirklich alle Titel dieses regionalen Zeitungssystems, vom Eliteblatt bis zu den lokalen Anzeigern, insgesamt 37 Publikationsorgane, inhaltsanalytisch erfaßt, ebenso eine repräsentative Auswahl von 30 in unterschiedlicher Position bei verschiedenen Zeitungstypen beschäftigten Kunstjournalisten. Auf diese Weise konnte wenigstens die Produktionsrealität eines solchen Systems von Presse-Kunstberichterstattung möglichst breit, und nicht wie üblich elitär beschränkt auf Leitmedien und Großtitel gewürdigt werden.

Die *Leitfrage* (Saxer 1995a: 17), unter der dieses regionale System von Presse-Kunstberichterstattung angegangen wurde, lautete, der beschriebenen theoretischen Perspektive entsprechend: Welche Probleme welcher Systeme löst/schafft die Struktur journalistische Kunstberichterstattung durch welche Rollensysteme und -merkmale und durch welche Publikationen?

Die aufgrund einschlägiger Literatur entwickelten spezifischen *forschungsrelevanten 7 Ober- und 28 Unterhypothesen* (Saxer 1995a: 34ff.) beziehen sich demgemäß auf die in Frage stehenden Rollenstrukturen, die innerhalb dieser realisierten Publikationen und auf die Institution Kunstberichterstattung und ihren Wandel. Die Analyse der Rollenstruktur ging dabei von der Annahme aus, das

Ressort Kunstberichterstattung sei in der schweizerischen Presse nur ausnahmsweise so wohl dotiert, daß es hohe Eigenleistung und qualifizierte fachjournalistische Arbeit verbürge, denn der Kunstjournalismus als Beruf sei insgesamt erst wenig ausdifferenziert, bloß in Einzelfällen professionalisiert, und die Position der ihn Ausübenden bezüglich des Medien- und des Kunstsystems variabel, aber überwiegend marginal. Thematisiert wird Kunst, so die weitere Hypothese, in diesen Publikationen zwar gemäß gängigen Nachrichtenwerten, indes besonders subjektiv und wenig auf der redaktionellen Gesamtlinie der jeweiligen publizistischen Institution; ferner wird im Gefolge der stärkeren Orientierung dieser Journalisten am System Kunst dieses insgesamt sehr positiv und nicht etwa besonders „kritisch" behandelt, während der Publikumsbezug dieser Kunstberichterstattung wenig ausgebildet ist. Wandlungen dieser Institution betreffen eher Kunstdoktrinen als die sonstigen Strukturelemente, ihre Institutionalisierung bleibt defizitär, und im Gefolge von inneren Widersprüchen und Ausstattungsmängeln kann sie nur ein begrenztes Problemlösungspotential für die Kunst und das Mediensystem entwickeln. Diese Hypothesen wurden durch die empirische Untersuchung weitgehend bestätigt.

2.2 Projektrealisierung

Diese Leitfrage und das erwähnte Hypothesensystem wurden 1977/78 und 1983/84 empirisch einerseits mit einer Journalistenbefragung angegangen, deren weitgehend stabile Resultate es im Sinne der Hypothese vom schwachen strukturellen Wandel der Institution Kunstberichterstattung nahelegten, diese zusammenfassend als Gesamtheit zu behandeln und zu interpretieren (Saxer 1995a: 38 ff.).

Tabelle 1: Stichprobe der Journalistenbefragung (1977/78 und 1983/84)

Zeitungen	Redakteure	Feste Mitarbeiter	Freie Mitarbeiter
überregionale	2	2	2
große regionale	2	2	2
mittlere	2	2	2
lokale	1	-	2
Boulevard	1	1	-
Zielgruppen	3	-	3
Agentur	-	1	-
Total	11	8	11

Andererseits wurden deren Publikationen in einer quantitativen, grundsätzlich immer gleich angelegten Inhaltsanalyse eben an sämtlichen im Kanton Zürich erscheinenen Presseorganen mit redaktionellem Teil untersucht, und zwar in vier Querschnitten 1975, 1980, 1987 und 1991, jeweils vor, während und nach dem künstlerischen Großereignis der züricherischen Juni-Festwochen. Die Wahl dieser Querschnittjahre war in erheblichem Maß durch die erwähnten forschungsökonomischen Rücksichten diktiert.

Tabelle 2: Design der Querschnittstudien von 1975, 1980, 1987, 1991

Untersuchungszeitraum	jeweils 4. Mai-Woche bis 1. Juli-Woche = 6 Wochen			
Jahre der Datenerhebung	1975	1980	1987	1991
Anzahl künstliche Wochen	3	1	1	2
Anzahl untersuchte Zeitungstitel	37	36	35	30
Anzahl Ausgaben pro Tageszeitung	18	6	6	12
Anzahl total ausgewertete Ausgaben	405	129	123	206
Total codierte Artikel 'Kunstberichterstattung'	2510	1122	1412	803*
Kunst-Artikel pro Ausgabe	6.2	8.7	11.5	7.8

*) *1991 wurde nicht jeder, sondern nur jeder 2. Kunst-Artikel codiert.*

Der Struktur des Materials, aber auch einem typologischen Interesse der Studie entsprechend wurden *sechs Zeitungstypen* (Boulevardblatt, überregionale, große regionale, mittlere und kleine Regional- und Lokalzeitungen, (Gratis-) Anzeiger für Regionen und Städte, lokale Anzeiger) unterschieden. Die Inhaltsanalyse ergab im übrigen, daß, wiewohl tatsächlich marginal, auch die Kunstberichterstattung generellen typologischen Konstellationen als dominanten Strukturen des Zeitungssystems folgt.

Was die *Erhebungsinstrumente* betrifft, so wurde in der - wie es sich herausstellte - richtigen Einschätzung des Bedürfnisses der Kunstjournalisten nach eigenständigen Artikulationsmöglichkeiten ein Interview mit weitgehend offenen Fragen anhand eines Gesprächsleitfadens geführt. Die Fragekomplexe bezogen sich auf den Werdegang, die gegenwärtige Position, die kunstjournalistische Tätigkeit, das persönliche Verhältnis zur Kunst und das Rollenverständnis von Kunstjournalismus. Das dank der hohen Auskunftsbereitschaft der Befragten sehr umfangreiche Aussagematerial wurde analog zu den Publikationen einer quantitativen Inhaltsanalyse unterzogen, wobei im Vergleich zu dieser bei den Reliabilitätstests noch bessere Übereinstimmungen erzielt wurden (Journalistenbefragung: > .85; Inhaltsanalyse: > .79). Bei der quantitativen Inhaltsanalyse der Publikationen wiederum wurden 53 Dimensionen auf drei Ebenen, nämlich derjenigen der thematischen Selektionsroutinen, handelt es sich um die Kunstgattung oder den Kunstverbreitungstyp, derjenigen der medialen Transformationsroutinen, von der Quelle bis zum Publikumsbezug, und derjenigen der Präsentationsroutinen, also der gestalterischen Aufmachung, untersucht. Neben dem in diesen Bezeichnungen aufscheinenden produktionsanalytischen Routineansatz gingen natürlich die verschiedensten weiteren theoretischen Zugriffe auf die Konstitution von Medienrealität in die Ausgestaltung des Erhebungsinstrumentes ein.

Trotzdem ist natürlich auch dieses Projekt, und unter den gegebenen Bedingungen in ausgeprägtem Maß, durch die *Schwierigkeiten von Longitudinalstudien* gekennzeichnet (Langenbucher und Saxer 1989: 490). Immerhin hat sich die originale, schon 1974 entwickelte funktionalistisch-systemtheoretische Perspektive der Züricher Untersuchung soweit bewährt, daß sie auch 1995, im Erscheinungsjahr des Forschungsberichts, noch als ergiebig bezeichnet werden kann. Forschungsökonomisch unvermeidbare Variationen der Jahresstichproben beeinträchtigen indes deren Vergleichbarkeit, und die erwähnte interpretative Reduktion des Materials der Journalistenbefragung mindert die longitudinale Aussagekraft der Untersuchung weiter. Die vermutete relative strukturelle Statik der Institution Kunstberichterstattung über den Untersuchungszeitraum von 1975 bis 1991 wird durch eine solche Datenbehandlung vielleicht akzentuiert. Die Unwägbarkeiten des Untersuchungsgegenstandes prägen eben auch dieses ihm gewidmete Projekt.

3. Kunstjournalismus als Rolle

3.1 Rollenstruktur

Daß als Basiskonzept der Analyse von Kunstjournalismus „*Rolle*" und nicht „Beruf" gewählt wurde, ist einerseits die logische Folge der auch durch Vorgespräche erhärteten Annahme, die Professionalisierung in diesem Tätigkeitsbereich sei noch nicht so weit fortgeschritten, daß sich dort überhaupt mehrheitlich Berufsstrukturen ausgebildet hätten: andererseits komplettiert das Rollenkonzept begriffssystematisch den durch Funktion, Struktur, Institution und System konstituierten Bezugsrahmen der Untersuchung optimal (Saxer 1995b: 170 f.). „Rolle" meint ja ein „Bündel von Erwartungen, die sich in einer gegebenen Gesellschaft an das Verhalten der Träger von Positionen knüpfen" (Griese 1989: 547), visiert also den gesellschaftlichen Bezug eines Tätigkeitsbereichs an, und mit der Vorstellung von Erwartung wird zugleich die Brücke zum institutionellen Regelungszusammenhang geschlagen.

Die Befragung der 30 Kunstjournalisten ergab nun tatsächlich, daß der Kunstjournalismus, wenigstens in seiner kantonalzüricherischen Ausprägung, die Merkmale eines *Berufs* nur sehr unvollkommen erfüllt und diejenigen einer Profession noch viel weniger. Berufe bilden ja charakteristische Kombinationen von Erwerbschance und Positionslegitimation durch bestimmte Leistungen, und mit ihrer Institutionalisierung verfestigen sich im Sinne eines Systemzusammenhangs bestimmte Lösungen elementarer Probleme wie Sicherung der Rekrutierung von Berufsanwärtern, deren Qualifikation, aber auch bezüglich der Stellung des jeweiligen Berufs im gesamten Berufssystem. Und hinsichtlich dieser Kriterien muß vorab festgehalten werden, daß die Rekrutierung in den Kunstjournalismus weitgehend Regelhaftigkeiten vermissen läßt, die Qualifikationen für diese Tätigkeit höchst unterschiedlich sind, die Erwartungen an diese diffus und widersprüchlich und die Position des Kunstjournalismus im Berufssystem alles andere als eindeutig ist.

Die Befragung der 30 Kunstjournalisten ergab nämlich zwar flexible, aber sicher nicht einer Professionalisierung förderliche *Rekrutierungsmechanismen* für dieses Tätigkeitsfeld. Diese, an kleineren Organen vor allem durch freie Mitarbeiter abgedeckte Sparte, gestattet nämlich in überdurchschnittlichem Maß die Individualisierung der jeweiligen Arbeitssituation, gewissermaßen als Entschädigung für die unterdurchschnittliche Honorierung. Dies hat auf der einen Seite Amateurismus zur Folge und bedingt auf der anderen Seite eine beachtliche Bereitschaft zur Selbstausbeutung.

Wiewohl mehrheitlich der oberen Mittelschicht entstammend sind diese Kunstberichterstatter überaschenderweise formal weniger gebildet als die schweizerischen Journalisten insgesamt. Diese schwachen Bildungsvoraussetzungen, wenn auch gut die Hälfte geisteswissenschaftliche Fächer an der Universität belegt hat, werden auch nicht durch journalistische Ausbildungsprogramme wettgemacht; im Gegenteil! Eine journalistische Ausbildung geht Mitarbeitern kleinerer Blätter völlig ab. Nun kann ästhetische Sensibilität als Voraussetzung für die *Qualifizierung* zu dieser journalistischen Tätigkeit sicher nur bedingt vermittelt werden, so wie auch ein differenziertes sprachliches Ausdrucksvermögen. Dies rechtfertigt indes von der Sache her nicht den eiligen Rekurs der Befragten auf die alte Ideologie, (Kunst-) Journalismus sei eben ein Begabungsberuf und darum kaum lernbar. All dies, zusammen mit der häufig emphatischen Versicherung, Kunstberichterstattung sei primär Persönlichkeitsausdruck und die subjektive Meinung die Norm, bezeugt eine altertümliche, unter den heutigen Medienberufen fremd gewordene Rollenkonzeption.

3.2 Rollenverständnis

Entsprechend problematisch, da kein optimal funktionales Arbeiten verbürgend, ist das Rollenverständnis dieser Kunstjournalisten, wie vor allem an ihrem Verhältnis zu den drei *Referenzgruppen* Leser, Künstler und Kollegen deutlich wird (Saxer 1995b: 171):
- Über ihre tatsächlichen und potentiellen *Leser* wissen diese Journalisten wenig, haben, da primär quellenorientiert, an diesen auch wenig Interesse und entwickeln, weil sie kaum persönliche Kontakte mit Rezipienten unterhalten oder Feedback empfangen, bloß vage Vorstellungen von diesen, falls überhaupt. Ein Interaktionssystem von korrespondierenden Erwartungen aller in die Institution Involvierten, wie volle Institutionalisierung sie impliziert, kommt so natürlich nicht zustande.
- Um so größer ist das Interesse dieser Journalisten für die Schöpfer ihres geliebten Gegenstandsbereichs, die *Künstler,* und um so intensiver sind die Kontakte zu diesen. Nur die Reflektierten unter ihnen erkennen indes in dieser Beziehungsdichte auch die potentiellen Gefährdungen der journalistischen Autonomie, die sie ja für unverzichtbar für die Qualität ihrer Arbeit halten.
- Vollends labil ist das Verhältnis zu den *Kollegen,* orientiert sich doch die eine Hälfte der Befragten, vornehmlich die akademisch gebildeten Mitarbeiter der größeren Zeitungen, bei ihrer Arbeit auch an diesen, während die andere sich auf ihre persönliche ästhetische Sensibilität zurückzieht und beruft. Der rudimentäre Ausbildungsstand und die Kontrollschwäche bezüglich dieser Sparte lassen solch unterschiedliche Strategien zu. Auf jeden Fall werden individualistisches Rollenverständnis und Rückversicherung im System der Berufsgruppe nur prekär ausbalanciert. Überhaupt stellt die Spannung zwischen Autonomie und Abhängigkeit die zentrale Dimension im Referenzgruppengeflecht dieser Kunstjournalisten dar, wobei die Realität der letzteren vielfach aus dem Bewußtsein verdrängt wird.

3.3 Rollenpraxis

Diese Rollenstruktur (Saxer 1995b: 171 f.) und deren Perzeption durch diejenigen, die sie innehaben, zeitigen natürlich auch *Widersprüche, aber auch Variantenvielfalt in der Rollenausübung.* Institutionalisierungsschwäche und Marginalität dürfen ja nicht allein als dysfunktional interpretiert, sondern es müssen auch ihre funktionalen Aspekte gesehen werden. Diese liegen eben in erster Linie in der beachtlichen Flexibilität und damit der hohen Individualisierbarkeit der Rolle. Was diese an materiellen Gratifikationen vorenthält, offeriert sie, analog zu derjenigen des Künstlers, an immateriellen.

Dies führt freilich dazu, daß *intrinsische und extrinsische Motivation auseinanderklaffen* und trotz der hohen ersteren die Arbeitsplatz- und Berufszufriedenheit dieser Kunstjournalisten entschieden geringer ist als diejenige der Züricher

Journalisten insgesamt (Saxer und Schanne 1981: 218-242). Langfristig ist daraus die - weitere - Labilisierung der Struktur Kunstberichterstattung zu gewärtigen, wie überhaupt der voraussichtlich steigende Bedarf an qualifizierter Kulturberichterstattung auf die Dauer wohl nur durch institutionell gefestigtere Rekrutierungs- und Ausbildungsmechanismen und generell bessere Arbeitsbedingungen gedeckt werden kann.

Deutlich wird im übrigen schon in der Journalistenbefragung und vor allem dann in der Inhaltsanalyse, wie sehr hypothesengemäß, die *generellen Produktionsroutinen von Medienkommunikation als institutionalisierte Strukturierung der Berufskultur*, vor allem in Gestalt der Nachrichtenfaktoren und -werte, auch noch die marginale Struktur Kunstberichterstattung prägen. Im Widerspruch zu ihrer tatsächlichen Praxis und teilweise auch ihrem Rollenverständnis bekennen sich ja diese Kunstjournalisten wie in der heutigen Journalismuskultur üblich zur allgemeinen Verständlichkeit ihrer Beiträge als primärem Kriterium kunstjournalistischer Qualität, zum Leserbezug also, und nicht etwa zur möglichst sensiblen Wiedergabe persönlicher ästhetischer Erfahrungen. Kunstjournalismus als Rolle kann offenbar nur unter Entwicklung zum Teil kompensatorischer Rollenperzeptionen ohne unerläßliche Frustrationen und unter Anpassung an die allgemein gängigen journalistischen Alltagsroutinen und -standards ohne allzu erhebliche berufliche Schwierigkeiten praktiziert werden.

Entsprechend *widersprüchlich und labil* stellt sich diese Rollen-Gesamtkonstellation dar. So erweist sich der institutionell nur ungenügend gestützte Kunstjournalismus entgegen seinem Selbstverständnis in seiner Berichterstattung als vornehmlich abhängig von den Zulieferungen institutionalisierter Kunstorganisationen, reagiert also auf diese, und initiiert nur selten eigenständig Kontakte mit Künstlern (Herger 1996: 368), an denen diesen Medienmitarbeitern doch nach ihren eigenen Beteuerungen so viel liegt. Schon dies erklärt auch die in der Inhaltsanalyse ermittelte höhere Medienpräsenz der Kunstinstitutionen im Vergleich zu derjenigen von einzelnen Künstlern.

4. Kunst als Medienthema

4.1 Institution und Systemwandel

Die Hypothese, die Kunstberichterstattung reagiere auf die (kunst-)gesellschaftlichen Veränderungen der Beobachtungsperiode (1975-1991), die Kunstdoktrinen ausgenommen, vornehmlich statisch, trägt ihrer *defizitären Institutionalisierung* Rechnung: zu schwach alimentiert, die Veränderungen ihres Gegenstandes flexibel nachzuzeichnen, aber doch als dauernde Aufgabe der Presse erkannt und daher als Zeitungsstruktur ausgeformt, bleibt ihr Leistungsvermögen beschränkt. Tatsächlich stagniert der Anteil an Kunstberichterstattung im redaktionellen Angebot im Durchschnitt bei ca. 10% (Saxer 1995a: 101), und auch die Berücksichtigung der verschiedenen Kunstgattungen in diesem ist weitgehend stabil. Es erhält sich die folgende Prioritätsstruktur:

Tabelle 3: Kunstgattungen als Thema der Kunstberichterstattung

Anteile in %	nach Artikelanzahl					nach Artikelfläche				
	insg.	1975	1980	1987	1991	insg.	1975	1980	1987	1991
Musik	32	32	29	28	37	29	31	24	27	35
Bild. Kunst	20	20	20	20	21	23	22	25	25	21
Theater	19	20	15	20	19	29	22	16	19	22
Literatur	13	10	15	13	14	14	13	17	13	14
Film	15	17	17	15	9	11	11	14	11	8

Dafür stieg aber die journalistische Würdigung von Populär- auf Kosten derjenigen von Elitekunst. Die letztere als Kunst von Eliten für Eliten wird ja, als vergleichsweise geschlossener *Kulturverbreitungstyp*, von demjenigen der Populärkunst, der Kunst von kommerziellen, künstlerischen oder auch politischen Eliten für Nichteliten zurückgedrängt. Dies bezeugt zumindest eine gewisse Bereitschaft, die historische Verschiebung der Kunstverbreitung in Richtung Populärkunst durch eine entsprechende, argumentativ freilich wenig konsistente Öffnung der kunstjournalistischen Optik mitzuvollziehen.

Tabelle 4: Kunstverbreitungstypen in der Kunstberichterstattung

Anteile in %	nach Artikelanzahl					nach Artikelfläche				
	insg.	1975	1980	1987	1991	insg.	1975	1980	1987	1991
Elitekunst	47	54	46	54	37	51	59	53	56	36
Populärkunst	40	31	45	36	45	34	23	38	32	43
Volkskunst	13	15	9	10	18	15	18	9	10	21
kein Bezug	24	15	23	28	31	26	16	26	32	30

Daß zugleich auch die Volkskunst: Kunst von Nichteliten für Nichteliten zugelegt hat, widerspricht freilich der betreffenden Subhypothese. Darin schlägt die starke Berücksichtigung der Lokalpresse im Untersuchungsdesign zu Buche. Ebenso muß dies indes als weiterer Ausdruck der *zunehmenden Provinzialisierung dieses Systems von Kunstberichterstattung* verstanden werden, die sich in der Schrumpfung der geographischen wie zeitlichen Perspektive auf das regionale Hier und das geschichtliche Jetzt bekundet (Saxer 1995a: 113 ff.).

Angesichts der prekären Ausstattung der Zeitungsstruktur Kunstberichterstattung ist deren *redaktioneller Output,* wiewohl stark konjunkturabhängig, insgesamt immerhin beachtlich und verdankt sich eben maßgeblich der Bereitschaft der Kunstjournalisten zur Selbstausbeutung. Durch die Steigerung der Häufigkeit und die Vermehrung des Umfangs sucht ja dieses regionale Zeitungssystem der dynamischen und wachsenden Komplexität des Kunstgeschehens Genüge zu tun, allerdings ebenso auch durch die Praktizierung überkommener und gegebenenfalls die Entwicklung neuer Routinen, mit denen Medienmitarbeiter es schaffen, ständig unter großem Zeitdruck massenhaft geistige Unikate herzustellen.

Bei der Einschätzung der diesbezüglichen Leistung dieses Zeitungssystems muß allerdings berücksichtigt werden, daß das Medien-Gesamtsystem seine wachsende Eigenkomplexität, zusätzliche Mediengattungen etwa, auf diese Zunahme an komplexer Kunstdynamik ansetzen kann, so daß also während der 16jährigen Beobachtungsperiode über Kunst zunehmend arbeitsteilig berichtet wird. Namentlich die Präsentation bzw. Vermittlung von Kunstwerken geht weitgehend auf die szenischen Medien mit ihrem besonders hohen Vergegenwärtigungsvermögen über, während bezeichnenderweise immer mehr schweizerische Blätter allmählich auf den Zeitungsroman verzichten. Zieht damit das Zeitungssystem eine negative Konsequenz aus der neuen Anbieterkonstellation, indem es die Funktion der Kunstvermittlung weitestgehend andern Medien überläßt, so sucht es doch auch als Speichermedium seine *Vergegenwärtigungsleistung* im Zeitalter der aufkommenden „Erlebnisgesellschaft" (Schulze 1992) zu steigern. Dem dient die Verdoppelung der Artikelbebilderung 1975-1991 in dieser Sparte. Zudem nehmen „authentisierende" Formen der Kunstberichterstattung, also Reportagen und Features, in denen Kunstereignisse narrativ vergegenwärtigt und als Erlebnisse der Leserschaft präsentiert werden, auf Kosten objektivierender Darstellungsweisen, vor allem von Berichten, zu. Die Hypothese von der strukturellen Statik dieses Systems von Kunstberichterstattung ist also in dieser Hinsicht teilweise widerlegt.

4.2 Standardisierung und Differenzierung

Dieses Zeitungssystem, wie jedes andere Mediensystem auch, bemüht sich also, Kunstwandel und -komplexität durch Routinen bzw. Standardisierung zu bewältigen. Neben der Offenheit dieses Systems von Kunstberichterstattung für den

Wandel seines Gegenstandes stellt demzufolge (vgl. 1.3) sein Differenzierungsgrad ein entscheidendes Kriterium für seine Funktionalität dar.

Mit Ausnahme dieser Zunahme des authentisierenden *Genres* Reportage/Feature ist über 16 Jahre Entwicklung freilich nur gleichbleibend hohe Standardisierung erkennbar, sind doch gut zwei Drittel der Beiträge in den immer vier gleichen Formen, nämlich als Ankündigung bzw. Kunstnews in den kurzen und als Kritik/Rezension bzw. Bericht in den längeren, d. h. über 25zeiligen Artikeln, abgefaßt. Entgegen dem von ihren Autoren immer wiederholten Bekenntnis zum mimetischen Nachvollzug von Kunstmustern durch entsprechend gestaltete Beiträge reiht sich also auch die Kunstberichterstattung in die Medien-Standardberichterstattung ein. Immerhin bleibt hypothesengemäß ein Unterschied zur Berichterstattung der Ressorts „Politik" oder „Wirtschaft" bemerkenswert, als der Anteil an meinungsbetonenden Textsorten dort unter 10% liegt, beim Thema Kunst hingegen bei 30% (Saxer 1995a: 107).

Insgesamt geringe Differenzierung oder gar Entdifferenzierung dieser Kunstberichterstattung ist auch eine Folge der in ihr vorwaltenden *Nachrichtenwerte*. Diese bilden ja ohnehin schon ein System standardisierender Regelungsfaktoren für journalistische Aufmerksamkeit. In diesem Fall führt das erwähnte Überhandnehmen des Nachrichtenfaktors räumliche und zeitliche Nähe (Saxer 1995a: 113 ff.) dazu, daß ausländisches Kunstgeschehen und dasjenige der anderen schweizerischen Sprachregionen ebenso wie dasjenige der Vergangenheit immer geringere Chancen auf journalistische Würdigung haben und die Chancen der Leserschaft zur Entwicklung eines differenzierten Verständnisses für das System Kunst entsprechend schrumpfen.

Dazu kommt nämlich noch, daß dieses nur rudimentär thematisiert wird. Konventionelle Kunstberichterstattung, auch dieses System weiterhin prägend, orientiert sich primär an der Elitekunst, begreift diese als eine Kollektion vorbildlicher Schöpfungen und bleibt dementsprechend weitestgehend Werkkritik bzw. -würdigung. Der soziale Kontext dieser Kunstereignisse, daß diese Kommunikationsanlässe mit Publika stattfinden, wird nur selten thematisiert. Elitekunst scheint demnach im sozialen Niemandsland zu siedeln. Durch diese *soziale Dekontextualisierung von Kunst* marginalisiert ausgerechnet das mit ihr befaßte Ressort diese noch einmal. Volkskunst hingegen wird meist im Zusammenhang des soziokulturellen Milieus präsentiert, in dem und für das sie geschaffen wird. Freilich geschieht dies überwiegend in einem andern journalistischen Code, dem der Lokal- und Vereinsberichterstattung nämlich.

Dieser Code wiederum wird vornehmlich von der Kleinpresse gepflegt, womit als Differenzierungsfaktor immerhin der *Zeitungstyp* in Erscheinung tritt. Die sechs untersuchten Zeitungstypen strukturieren ja ihre Kunstberichterstattung in verschiedenster Hinsicht unterschiedlich und zugleich in charakteristischer Weise je anders (Saxer 1995a: 116 f.). So nehmen auf einer entsprechenden mehrdimensionalen Skala die überregionale und die Boulevardpresse die Extrempositionen ein: Die erstere thematisiert das Kunstgeschehen besonders vielfältig, darunter aber Elitekultur zehnmal mehr als die Boulevardzeitung „Blick", deren Augenmerk fast ausschließlich, nämlich zu 90%, auf der Populärkunst liegt, wobei dieses, im Sinne der Personalisierung des Kunstgeschehens, sich dreimal mehr an den Künstlern und Künstlerinnen als Personen festmacht, als dies im Durchschnitt in diesem System von Kunstberichterstattung der Fall ist. Die andern vier Zeitungstypen prägen die Struktur Kunstberichterstattung gleichfalls durchaus konform zu ihrer Gesamtausrichtung aus, z. B. mit entsprechender Abnahme von Elite- zugunsten von Volkskunst von den größeren zu den kleineren Zeitungen und im Vergleich zu diesen mit sehr viel höheren Betreffnissen von Populärkunst in der Anzeigenpresse.

Es ist demnach korrigierend festzuhalten, daß zumindest die verschiedenen Zeitungstypen die Struktur Kunstberichterstattung in gewisser Hinsicht auf ihre habituelle Leserschaft ausrichten. Zusammen mit der vermehrt arbeitsteiligen Bewältigung der Aufgabe der Kunstberichterstattung durch verschiedene Medien ergibt sich jedenfalls *Differenzierung*, auf Systemebene namentlich dank Expansion, dieses Systems von Kunstberichterstattung in Richtung der isomorpheren Abbildung ihres enteilenden Gegenstandes über den Beobachtungszeitraum.

4.3 Funktionskomplementarität und Funktionswandel

Was die eigentlich *kunstkritischen* Leistungen, ihre Wertungen also, betrifft, so wurde unter dem Eindruck ähnlichen Materials und aufgrund von Erkenntnissen der Lokalkommunikationsforschung im Widerspruch zu gängigen Meinungen die Hypothese von der stark affirmativen Ausrichtung dieses Systems von Kunst formuliert. Diese wurde noch über Erwarten eindeutig bestätigt.

Wenn von zwei Fünfteln von Beiträgen, die überhaupt Wertungen aussprechen, lediglich 6% rund herum negativ sind, über drei Viertel hingegen vorwiegend loben, so ist man versucht, eher von einem System der *Kunstpromotion* denn von *Kunstkritik* zu sprechen. Allerdings ist wiederum zu präzisieren, daß sich dieses überwältigende Wohlwollen dem System Kunst gegenüber vor allem der generell affirmativen Lokalpresse verdankt, die ja in der Untersuchungsanlage stark berücksichtigt wurde; je größer das Organ, desto dosierter fällt denn auch die Zustimmung aus. Sie wird in immerhin 14% der Artikel in der überregionalen Presse den besprochenen Kunstereignissen verweigert, in der mittleren und kleinen Regional- und Lokalpresse bloß noch in 2% der Beiträge. Ferner kommt unter den verschiedenen Künsten der Film weitaus am schlechtesten weg, dem eben immer noch der Ruch von Populärkultur anhaftet.

Dem Prinzip von Mediensystemen, Expansion mit *zunehmender Funktionskomplementarität* zu verbinden, entspricht also im großen auch die Entwicklung der Institution Kunstberichterstattung 1975-1991 im Kulturraum Zürich. Im Verlaufe dieser Beobachtungsperiode würdigt dieses Zeitungssystem namentlich die drei Kunstverbreitungstypen zunehmend ausgeglichener und zugleich arbeitsteiliger. Die größeren Zeitungen fungieren ja primär als Kritiker von Elitekunst, die kleinere Presse thematisiert vor allem affirmativ die Volkskunst, und die Boulevardpresse legt das Schwergewicht ihrer Berichterstattung auf Populärkunst.

Solche Funktionsdifferenzierung zwischen den verschiedenen publizistischen Organen verhilft auch den kleineren unter ihnen zu einem, freilich zunehmend prekären Überleben. Seither sind ja auch im legendär zeitungsreichen Land Schweiz etliche der hier erfaßten Titel eingegangen. Die gewaltigen *Leistungsunterschiede* zwischen der Groß- und der Klein- bzw. Lokalpresse gerade in dieser zukunftsträchtigen Sparte weisen ein extrem geschichtetes und bereits instabiles Pressesystem aus. Und dieses als Ganzes setzt für diese Aufgabe nur dermaßen beschränkte Mittel ein, daß es die Expansion und wachsende Komplexität des Kunstsystems eben nur durch verstärkte Provinzialisierung der journalistischen Optik zu bewältigen vermag.

5. Kunstberichterstattung: Fazit und Forschungsagenda
5.1 Institutionelles Problemlösungsvermögen

Das Problemlösungsvermögen der untersuchten Struktur Presse-Kunstberichterstattung bleibt unter diesen Umständen beschränkt, und Ressourcenmangel und Institutionalisierungsdefizite sind dafür in erster Linie verantwortlich. Immerhin hat dieses System von Kunstberichterstattung seinen Ausstoß zeitweise verdoppelt, freilich um den Preis der beschriebenen Entdifferenzierungstendenzen und intensiver Selbstausbeutung vieler Kunstjournalisten. Die Schwankungen seiner Produktivität sind denn auch als weiteres Anzeichen von *Systeminstabilität* zu lesen, wiewohl auch zu berücksichtigen ist, daß während der Beobachtungsperiode vermehrt wöchentliche Zeitungsbeilagen mit Hinweisen auf Kunstereignisse und journalistischen Würdigungen von solchen herausgegeben werden. Damit wird andererseits der Promotionscharakter dieses Systems von Kunstberichterstattung noch akzentuierter.

Die *Kunstöffentlichkeit*, die 1975-1991 von der kantonalzürcherischen Presse realisiert wird, beruht so auf *heterogenen Grundlagen* und trägt auch entsprechend widersprüchliche Züge. Gegen die Institutionalisierungsdefizite kann freilich innerhalb des Mediensystems nur wenig vorgekehrt werden. Die Regel, daß die Institutionalisiertheit eines Typs von Berichterstattung entsprechend der institutionellen Verfestigung ihres Gegenstandsbereichs variiert, hat ja zur Folge, daß Kunst als sehr ungleich und insgesamt schwach institutionalisierter symbolischer Experimentierraum der Gesellschaft auch keine Berichterstattungsstruktur auslöst, die, durch einen gemeinsamen Sinnhorizont und konsentierte Erwartungen und Verhaltensweisen gerichtet, ein klares Funktionsprofil entwickeln könnte.

Analoge Feststellungen bezüglich der deutschen Lokalpresse (Jonscher 1995: 520) belegen diese *strukturelle Problematik* und zumindest eine gewisse Generalisierbarkeit der zürcherischen Befunde. Die Vorstellungen der Kunstjournalisten von den Erwartungen der Rezipienten an ihr Tun sind unter diesen Umständen einerseits diffus und andererseits überaus heterogen. Weil überdies die soziale Schichtung, maßgeblich über das Bildungssystem, auch noch in informationsgesellschaftlichen Demokratien den meisten Minderprivilegierten den geistigen Zugang zur Elitekunst verwehrt, bleibt diese nach wie vor das Reservat einer kleinen Minorität (Frank, Maletzke und Müller-Sachse 1991: 426) und die entsprechende Berichterstattung jedenfalls in der Massenpublizistik marginal.

Abschließende Aussagen über die *Auswirkungen* dieser Kunstberichterstattung auf die Systeme Kunst und Publizistik bzw. Leser lassen freilich die Beschränkungen des Designs des hier referierten Projekts nicht zu. Es können lediglich tentativ einige Vermutungen über die Funktionalität dieser Berichterstattung auf Makroebene formuliert werden, wobei mangels neuerer Entwicklungen auf das bekannte AGIL-Schema von Talcott Parsons zur Charakterisierung elementarer Problemlagen sozialer Systeme zurückgegriffen wird. Diese betreffen deren Integration, Normenerhaltung, Zielverwirklichung und Anpassung (Luhmann 1988; Parsons 1972: 12ff.). Unter dieser Optik kann folgendes erwogen werden:

- *Integration:* Dem lose strukturierten System Kunst droht gesellschaftliche Marginalität, was seine sozialen Wirkungsmöglichkeiten beschneidet. Das untersuchte System von Kunstberichterstattung steuert dieser Gefahr nur ungenügend entgegen, als die publikumsferne Mentalität vieler Kunstjournalisten der größeren Presse nur in beschränktem Maß Leserbindung an die Institution Kunstberichterstattung schafft. Rezipienten ohne bereits ausgeprägte elitekulturelle Interessen werden von deren Feuilletons, die Kunst von der sonstigen Berichterstattung abgehoben und zudem gesellschaftsfern thematisieren, kaum angesprochen. Die Integrationsleistung der Berichterstattung über Volkskunst ist da ungleich größer; desgleichen beinhaltet die vermehrte Thematisierung von Populärkunst deren historisch fällige kunstjournalistische Entmarginalisierung.

- *Normenerhaltung:* In der Kunstberichterstattung treffen Normen der Systeme Kunst und Publizistik aufeinander. Als ästhetisch sensible Persönlichkeiten bemühen sich manche Kunstjournalisten mimetisch die Eigenart der Kunstmuster auch in der journalistischen Transformation abzubilden. Die allgemeinen Selektions- und Präsentationsroutinen der Medien, die Eigenrationaliät von deren Produktion, nötigen sie indes doch zur Forcierung des Aktualitätswertes von Kunst auf Kosten von deren überzeitlichen Ansprüchen und zu einer stark standardisierten Berichterstattung. Der Rezeptionsnorm von Kunst, ihr gebühre nicht distanzierte Kenntnisnahme, sondern Wohlgefallen, tut die Kunstberichterstattung insofern Genüge, als in ihr häufiger Meinungen denn sonst in der modernen Berichterstattung geäußert werden. Im großen Überhang an positiven Urteilen über künstlerische Phänomene wird sogar ein weitgehender Verzicht dieser Kunstjournalisten erkennbar, eigene kunstkritische Normen zu artikulieren, die möglicherweise im Widerspruch zu den von den Künstlern entwickelten stehen.

- *Zielverwirklichung:* Optimal dienlich fungiert die Institution Kunstberichterstattung für das System Kunst, wenn sie Kunstwerke anregt, bekannt macht, sie zudem öffentlich legitimiert und potentielle Interessenten als Teilöffentlichkeiten für ihren Erwerb bzw. Konsum gewinnt. Und zielgerecht für das Mediensystem fungiert Kunstberichterstattung, wenn sie sich dermaßen überzeugend präsentiert, daß sie bei einer Maximalzahl von Rezipienten die Bindung an das Medium verstärkt und dessen Reputation erhöht. Diese Aufgabenfülle wird vom zürcherischem System von Kunstberichterstattung zunehmend arbeitsteilig bewältigt. Der bescheidene Beachtungsgrad des Feuilletons schränkt freilich das Wirkungsvermögen der kunstkritischen Beiträge ein.

- *Anpassung:* Jedes soziale System muß ständig seine Binnenstrukturen aufeinander abstimmen und sich als Ganzes auf die jeweilige Umwelt einstellen, damit es optimal funktioniert. Kunstberichterstattung als System tut sich besonders schwer mit der Bewältigung dieses Problems. Wohl entspricht der kaum normierten Rekrutierungspraxis in den Kunstjournalismus ein sehr heterogenes Feld von kunstbegeisterten Berufsanwärtern und diesem wiederum eine geringe Leistungskontrolle durch die Medienorganisationen. Sind also diese Binnenstrukturen miteinander kompatibel, so verstärken sie doch insgesamt die Marginalität von Kunstberichterstattung in den Medienorganisationen und beeinträchtigen insbesondere auch deren Flexibilität gegenüber neuen Entwicklungen im dynamischen System Kunst. Dies erweist sich z. B. an der zögerlichen Art, wie der Film als Kunst thematisiert wird.

- *Anheben* ließe sich das Leistungsvermögen von Kunstberichterstattung gemäß dem hier gewählten theoretischen Bezugsrahmen und den empirischen Befunden der Longitudinalstudie vor allem dadurch, daß ihre Differenzierungsmängel vermindert und dadurch ihr eigener Komplexitätsgrad stärker demjenigen ihres Objektbereichs angenähert werden. Dies kann durch zusätzliche Kanäle bzw. vermehrte kunstjournalistische Spezialisierung und Professionalisierung geschehen. An der Funktion der Kunstpromotion dürften auch die Künstler selber noch kompetenter mitwirken, jedenfalls die erfolgreicheren, deren Professionalität sich gerade auch in ihrem effizienten Umgang mit den Medien (Hänecke 1991: 130ff.) erweist. Die tatsächlichen und potentiellen Interessenpublika ausfindig zu machen und zudem im System Kunst das Berichtenswerte zu erkennen, ja zu antizipieren und über den bloß reaktiven Terminjournalismus hinauszukommen, muß andererseits die Institution Kunstberichterstattung zusätzliche systematische Aufmerksamkeitsstrukturen, namentlich in Gestalt von Publikumsforschung und von Kultur-Datenbanken, entwickeln. All dies bedingt indes einen erheblichen Mehraufwand für die Ausstattung der Medienstruktur Kunstberichterstattung.

5.2 Forschungsagenda

Wiewohl die Verallgemeinerungsfähigkeit der unter funktionalistisch-systemtheoretischer Perspektive im beschriebenen Projekt erarbeiteten Erkenntnisse ungewiß bleiben muß, lassen doch die vielen Übereinstimmungen mit andern Befunden aus der Literatur den Schluß zu (Saxer 1995a: 123 ff.), daß hier ein in manchem exemplarischer Fall beschrieben ist, wie Kunstberichterstattung als Institution, Struktur und System funktioniert. Vor allem die Konzeptualisierung von Kunstberichterstattung als *Institution* hat sich dabei als wirkungsvolles Erkenntnisinstrument von Kulturkommunikation erwiesen (Saxer 1995b: 177 f.). Der Zusammenhang zwischen Institutionalisierung und Funktionalität wurde ja deutlich. Zugleich wird auf dem Hintergrund einer systemtheoretischen Gesamtanalyse von Kulturkommunikation erkennbar, wie sehr auch medienexterne Faktoren die Institutionalisierungsdefizite von Kunstberichterstattung verursachen, Kritik allein an dieser also viel zu kurz greift. Journalistische Berichterstattung ist regelmäßig der institutionellen Prägekraft der Handlungsbereiche verpflichtet, die sie thematisiert, und so bringen es eben auch die spektakulärsten Kunstnews kaum je auf die Frontpage.

Immerhin zeigen andere Untersuchungen eine Zunahme von Kulturberichterstattung im weitesten Sinn, über Freizeitgestaltung in der Erlebnisgesellschaft etwa, auf Kosten derjenigen über Politik, so daß *institutionelle Verschiebungen* zu vergegenwärtigen sind, die den Bedarf an Kunstberichterstattung und damit schließlich auch deren Bedeutung im Mediensystem ansteigen lassen. Auch innerhalb der Systeme Kunst und Publizistik zeichnen sich ja bereits, wie die Studie an den Tag bringt, solche Verschiebungen ab: auf der einen Seite die expansive Dynamik von Populärkunst, die in der Medienkommunikation vermehrt Beachtung auf Kosten der überkommenen hochinstitutionalisierten Elitekunst gewinnt; auf der andern Seite, aber mit gleicher Stoßrichtung, die Entinstitutionalisierung traditioneller referierender journalistischer Genres in Richtung von Infotainment. Im Verein mit den neuen verstärkten publizistischen Strukturen von Kunstpromotion in Gestalt entsprechender Zeitungsbeilagen und sonstiger professioneller Öffentlichkeitsarbeit sind zukünftig vermehrt Verbundsysteme von Kunst, Öffentlichkeitsarbeit und Medien zu erwarten, die die Symbiose zwischen Kunst und Medien als Kommunikationssysteme noch intensivieren. Unter den wissenschaftlichen Ansätzen zur Erforschung von Kulturkommunikation müßten daher immer öfter solche aus der PR- und der Wirtschaftswissenschaft figurieren.

Auch journalistische Darstellungsformen lassen sich mithin als institutionalisierte berufskulturelle Lösungen von Kommunikationsaufgaben in bestimmten Situationen verstehen. Vielfach sind sie selber künstlerischen Ursprungs, wurden aber später der Eigenrationalität der Medienproduktion gemäß modifiziert. Ihre Entsprechungen in der Kunst sind vor allem dadurch ausgezeichnet, daß man von ihnen z. B. nicht das gleiche Maß an Informationsgarantie wie von Nachrichten erwartet. Die Durchmischung dokumentarischer mit fiktionalen Präsentationstechniken in den szenischen Medien (Doelker 1979: 123 ff.) oder die Praktiken des New Journalism, durch den Einsatz literarischer Techniken die Authentizität des Referierten zu steigern (Weber 1974), können dabei, als Konsequenz der Befolgung verschieden gelagerter Standards, nämlich künstlerischer und journalistischer, die Erfüllung des *institutionellen Auftrags* von Berichterstattung gefährden.

Als wichtiges künftiges Forschungsfeld zeichnet sich denn auch die Analyse der Beziehungen künstlerischer und journalistischer Codes ab, womit auch die Semiotik als publizistikwissenschaftliche Basisdisziplin für die Erhellung von Kulturkommunikation weiter gefordert ist.

Die systematische theoriegeleitete empirische Analyse derselben, insbesondere auch der durch Medien getragenen, steht ja erst am Anfang, und ein entsprechendes Forschungsfeld ist noch kaum konturiert. Dies rührt namentlich von der erwähnten Diskrepanz zwischen hoher Design- und geringer Kontrollkomplexität von Kultur her, die einesteils eine nicht überblickbare Vielfalt relevanter Muster und anderenteils kaum definierbare Grenzen des zu untersuchenden Systems zur Folge hat. Daraus resultiert offenbar eine durchaus *eigenartige Strukturbildung im System Kultur,* auf die wiederum in anderen gesellschaftlichen Sphären bewährte sozialwissenschaftliche Konzepte, etwa dasjenige des Berufs, nur bedingt anwendbar sind. Als eine weitere grundlagentheoretische Arbeit in diesem Bereich wäre demnach die Erforschung der spezifischen Strukturbildung im System Kultur anzugehen.

Eine solche Arbeit bedingt ihrerseits vermehrt *Longitudinalstudien* oder zumindest Sekundäranalysen von Material, das über den Wandel von Kulturkommunikation vorliegt. Unerläßlich wird es sein, dabei vermehrt kontrollierte qualitative Forschungsinstrumente zu entwickeln und einzusetzen. Die Aussagekraft einzelner Querschnittuntersuchungen ist in diesem hochdynamischen Feld für die Entwicklung größerer Theorien einfach zu beschränkt und die quantitative Inhaltsanalyse z. B., wie das zürcherische Forschungsbeispiel zeigt, (noch) nicht genügend differenzierungsfähig.

Auch empirische Forschung im Bereich der Kulturkommunikation kommt, wegen der Vieldimensionalität ihres Gegenstandes, längerfristig nicht *ohne integrale Forschungsperspektive* aus. Diese Forderung ergibt sich schon aus dem systemtheoretischen „law of requisite variety", das besagt, daß nur Systeme von ausreichender Eigenkomplexität erfolgreich bzw. sachgerecht Umwelt- bzw. Gegenstandskomplexität reduzieren können. Kulturkommunikation ist also konsequent auf der Mikro-, Meso- und Makroebene zu erhellen. Die hier vorgestellte Studie betraf nur den Mesobereich der Organisationen und war zudem im Mikrobereich des konkreten Kommunikationsprozesses mangels Publikumsdaten unvollständig.

Immerhin konnten auch in diesem eingeschränkten Forschungsrahmen verschiedene weiterführende Fragen aufgeworfen und manche, in Gestalt der Bestätigung der meisten Hypothesen, auch beantwortet werden. Ein solches untersuchungsbedürftiges Problem stellen z. B. im Kontext der Soziologie der Kultur die Bedingungen der *Kreativität* der in ihr bzw. in der Kommunikation Tätigen dar. Die an den Züricher Kunstjournalisten erkannten Diskrepanzen zwischen Rollenkonstitution, -verständnis und -praxis deuten ja auf höchst eigentümliche Konstellationen, hinter deren Geheimnis jedenfalls nur mit sehr subtilen Funktionalitätsanalysen zu kommen ist. Insofern waren auch die forschungsleitenden Hypothesen im beschriebenen Projekt in manchem noch zu simplifizierend und auch lückenhaft. Gefordert ist eine der Kreativität von Kultur analog kreative Soziologie der Kulturkommunikation.

Literatur

Bühl, Walter, 1987: Kulturwandel. Für eine dynamische Kultursoziologie. Darmstadt: Wissenschaftliche Buchgesellschaft.
Doelker, Christian, 1979: 'Wirklichkeit' in den Medien. Zug:. Klett & Balmer.
Frank, Bernward, Gerhard Maletzke und Karl H. Müller-Sachse, 1991: Kultur und Medien. Angebote - Interessen - Verhalten. Baden-Baden: Nomos.
Gerhards, Jürgen und Friedhelm Neidhardt, 1991: Strukturen und Funktionen moderner Öffentlichkeit . Fragestellungen und Ansätze. S. 31-89 in: Stefan Müller-Doohm, Klaus Neunmann-Braun (Hg.): Öffentlichkeit, Kultur, Kommunikation. Oldenburg: Bibliotheks- und Informationssystem der Universität.
Griese, Hartmut M., 1989: Rolle. S. 547-553 in: Günter Endruweit, Gisela Trommsdorff (Hg.): Wörterbuch der Soziologie. Stuttgart: Enke.
Herger, Nikodemus, 1996: Private Kunstförderung. Die private Kunstförderung als öffentlich relevantes Wirkungsfeld. Zürich: Dissertation (ungedruckt).
Jonscher, Norbert, 1995: Lokale Publizistik. Theorie und Praxis der örtlichen Berichterstattung. Ein Lehrbuch. Opladen: Westdeutscher Verlag.
Hänecke, Frank, 1991: Rock-/Pop-'Szene' Schweiz. Untersuchungen zur einheimischen Rock-/Pop-Musik im Umfeld von Medien, Markt und Kultur. Zürich: Seminar für Publizistikwissenschaft der Universität Zürich.
Langenbucher, Wolfgang R. und Ulrich Saxer, 1989: Kommunikationsverhalten und Medien: Lesen in der modernen Gesellschaft, in: Media Perspektiven: 490-505.
Lipp, Wolfgang, 1989: Institution. S. 306-307 in: Günter Endruweit, Gisela Trommsdorff (Hg.): Wörterbuch der Soziologie. Stuttgart: Enke.
Luhmann, Niklas, 1984: Soziale Systeme. Grundriss einer allgemeinen Theorie. Frankfurt a. M.: Suhrkamp.
Luhmann, Niklas, 1988: Warum AGIL?. In: Kölner Zeitschrift für Soziologie und Sozialpsychologie 40: 127-139.
Parsons, Talcott, 1972: Das System moderner Gesellschaften. München: Juventa.
Saxer, Ulrich, 1995a: Kunstberichterstattung. Analyse einer publizistischen Struktur. Zürich: Seminar für Publizistikwissenschaft der Universität Zürich.
Saxer, Ulrich 1995b: Kunstberichterstattung als kommunikationswissenschaftlicher Forschungsgegenstand. S. 165-180 in: Ed Hollander, Coen van der Linden und Paul Rutten (Hg.): Communication Culture Community. Liber Amicorum James Stappers. Nijmegen.
Saxer, Ulrich und Michael Schanne, 1981: Journalismus als Beruf: eine Untersuchung der Arbeitssituation von Journalisten in den Kantonen Zürich und Waadt. Bern: Eidgenössische Materialzentrale.
Scheuch, Erwin K. und Thomas Kutsch, 1975 (1972): Grundbegriffe der Soziologie. Bd. 1.: Grundlegung und elementare Phänomene. Stuttgart: Teubner.
Schulze, Gerhard, 1992: Die Erlebnisgesellschaft. Kultursoziologie der Gegenwart. Frankfurt a. M./New York: Campus.
Staab, Joachim Friedrich, 1989: Formale Struktur und empirischer Gehalt der Nachrichtenwert-Theorie. Freiburg/München: Alber.

Rolf Hackenbroch und Jörg Rössel

Organisationsstrategien und mediale Selektion im Kunstbereich am Beispiel von Literaturrezensionen

1. Einleitung

In diesem Artikel beschäftigen wir uns mit der massenmedialen Vermittlung von Künsten am Beispiel der modernen Literatur. Unserer Analyse liegt ein Prozeßmodell zugrunde, welches die Produktion, Vermittlung und Rezeption von Kunst ins Zentrum der Aufmerksamkeit stellt (vgl. Zolberg 1990: 8 ff.; Thurn 1989: 382ff). Die Produktion von Kunst- und literarischen Werken steht am Beginn dieses Prozeßmodells. Doch Kunstwerke kommen nicht automatisch nach ihrer Produktion auch schon mit dem Publikum in Kontakt, sondern durchlaufen auf ihrem Weg noch einige Vermittlungs- und Selektionsinstanzen. Die erste Instanz bilden typischerweise Organisationen wie Galerien oder Verlage, die die Kunstwerke einem Publikum zur Schau stellen bzw. zum Verkauf anbieten (Thurn 1995; Becker 1982: 93 ff.; Alemann 1996, Hirsch 1972: 640). In diesem Bereich sind erste Studien über die unterschiedlichen Selektionskriterien von verschiedenen Institutionen der Kunstvermittlung durchgeführt worden (Bystryn 1978; Greenfeld 1988). Für die weitere Diffusion künstlerischer Werke sind dann in einem zweiten Schritt vor allem die Massenmedien verantwortlich, die in Besprechungen, Artikeln und Kommentaren Künstler und ihre Werke bewerten, erläutern und bekannt machen (Bergesen 1984; Becker 1982: 131 ff.). Die Bedeutung der Massenmedien für den Buchmarkt läßt sich an der Tatsache ablesen, daß bei Buchkäufern die Information durch die Medien eine nicht unerhebliche Rolle bei der Entscheidung zum Kauf eines Buches spielt. Laut Umfrageergebnissen des Börsenvereins des Deutschen Buchhandels zeigt sich, daß bei allen Lesergruppen die Besprechungen in den Printmedien nach der Information im Geschäft selbst und dem Gespräch mit Freunden und Bekannten die wichtigste Informationsquelle für Bücher und Literatur sind (Börsenverein 1995a: 198 f.). Die Funktionsweise der medialen Selektionsmechanismen im Kunstbereich ist bisher nur unzulänglich bekannt Unser Artikel wird sich daher vorwiegend mit der massenmedialen Vermittlung künstlerischer, speziell literarischer Werke beschäftigen.

In unserem Artikel soll die Beziehung zwischen Kunst und Medien anhand von zwei Fragestellungen untersucht werden. Erstens, welche Strategien benutzen Verlage zur Beeinflussung des Mediensystems und wie ist dies zu erklären? Zweitens, auf Grundlage welcher Kriterien wählt das Mediensystem bestimmte Bücher zur Besprechung aus und welche Rolle spielen dabei die Verlagsstrategien? Die wenigen Untersuchungen, die sich mit dem Thema Kunst und Medien beschäftigt haben, konzentrieren sich im wesentlichen auf die Analyse der internen Struktur und Funktionsweise der Kunstberichterstattung im Mediensystem, ohne die Beziehungen zwischen den anderen kunstvermittelnden und -produzierenden Organisationen und dem Mediensystem selbst genauer in den Blick zu nehmen; diese stehen im Vordergrund unseres Interesses (Saxer 1995; Lang 1989). Daher können wir uns in der Darstellung und Erläuterung der medialen Vermittlung von Kunst nur in geringem Ausmaß auf vorliegende theoretische oder empirische Arbeiten stützen. Aus diesem Grund schien es uns geboten, die Beschäftigung mit dem vorliegenden Thema mit Hilfe eines explorativ angelegten Projektes zum Verhältnis von Literatur, Verlagen und dem System der Printmedien durchzuführen und uns darüber hinaus auf die theoretischen Angebote innerhalb der allgemeinen Soziologie zu verlassen.

Die Verwendung von Modellen aus der allgemeinen Soziologie hat sich in zahlreichen kunstsoziologischen Studien bewährt. Um z. B. den Einfluß von Sozialisation und sozialen Lebensbedingungen auf die Produktion von Künstlern nachzuweisen, ist auf Sozialisationstheorien oder Netzwerktheorien zurückgegriffen worden (Becker 1973; Griff 1968; Gerhards und Anheier 1987). Bei der Behandlung der Kunstrezeption wurden beispielsweise die klassentheoretischen Ansätze von Pierre Bourdieu oder Paul DiMaggio verwendet (Bourdieu 1987; DiMaggio 1987). Für die Beantwortung unserer Fragestellungen werden wir vor allem auf Ansätze aus der Organisationssoziologie und aus der Massenkommunikationsforschung zurückgreifen.

Um Material für unsere Analyse der Beziehung zwischen Verlagen, die moderne Literatur publizieren und den Massenmedien zu erhalten, haben wir eine explorative Studie durchgeführt. Die Grundlage der dargestellten Ergebnisse sind in erster Linie Expertengespräche, die wir mit Mitarbeitern der Öffentlichkeitsarbeit von Verlagen (Insel Verlag, Rowohlt-Berlin Verlag, S. Fischer Verlag, Reclam Verlag) und Literaturabteilungen einiger Zeitungen (Frankfurter Allgemeine Zeitung, Die Zeit, Der Tagesspiegel) durchgeführt haben. Um einen besonders weitreichenden Einblick in das von uns beobachtete Feld zu erhalten, haben wir Gesprächspartner aus eher prominenten Organisationen ausgewählt. Wir haben auf die Methode der leitfadenstrukturierten Interviews zurückgegriffen, um von den Akteuren einen Einblick in ihren Handlungsbereich zu erhalten, der dem externen Beobachter nicht unmittelbar zugänglich ist (Meuser und Nagel 1991). Unsere Experten aus den Verlagen wurden vor allem nach ihren eigenen Strategien zur Plazierung von Büchern in den Massenmedien und nach ihren sozialen Beziehungen zu Personen im Mediensystem befragt. Demgegenüber haben wir den Literaturjournalisten vor allem Fragen über die Kriterien der Bücherauswahl für Besprechungen, die Organisation des Rezensionswesen und die Kontakte zu Personen aus dem Verlagsbereich gestellt. Hierbei ist allerdings zu berücksichtigen, daß unsere Informationen sich vor allem auf subjektive Einschätzungen unserer Gesprächspartner stützen. Deshalb ist nicht auszuschließen, daß hier durchaus Berufsideologien die Darstellung der Verhältnisse verzerren. Zum Teil kann dieses Problem durch den Vergleich und die gegenseitige Kontrolle der Aussagen von Verlagsmitarbeitern und Literaturredakteuren behoben werden. Darüber hinaus haben wir durch eine kleine quantitative Analyse von Buchbesprechungen auch einige Daten zum Rezensionswesen unabhängig von den Expertengesprächen erheben können, so daß hier eine weitere Kontrollmöglichkeit gegeben ist. Trotz dieser kontrollierenden Momente kann die Studie aber aufgrund der verwendeten Methoden nur vorläufige Antworten auf die Fragestellungen geben und erlaubt nur eine erste Skizzierung der Zusammenhänge zwischen Kunstproduktion und medialen Selektionsinstanzen. Unser Artikel wird im wesentlichen in zwei Schritten die genannten Fragestellungen nach Verlagsstrategien und medialer Selektion behandeln. Im ersten Teil werden die Strategien der Verlage beschrieben und Ansätze einer organisationssoziologischen Interpretation derselben vorgestellt. Im zweiten Abschnitt werden verschiedene theoretische Konzepte aus der Massenkommunikationsforschung dargestellt, die dann im weiteren anhand unserer empirischen Daten illustriert werden.

2. Verlagsstrategien in unsicherer Umwelt

Eine der grundlegenden Fragen unserer Studie ist, wie sich die Verlage gegenüber den Medien verhalten und welche Strategien sie anwenden, um die medialen Akteure zu einer erhöhten Aufmerksamkeit gegenüber den Büchern des eigenen Verlages zu bewegen. Zur Beantwortung dieser Fragestellung haben wir Expertengespräche mit Öffentlichkeitsarbeitern aus Verlagen durchgeführt, um auf diese Weise einen Einblick in die Beziehung zwischen Verlagen und Medien zu erhalten. In diesen Gesprächen wurde uns eine außerordentliche Vielfalt von Strategien der Öffentlichkeitsarbeit berichtet. Diese sollen hier nur in knapper und gebündelter Form zusammengefaßt werden:

1) Die grundlegende Form der Öffentlichkeitsarbeit von Verlagen gegenüber den Medien ist das Versenden von Verlagsprospekten anläßlich der jährlichen Frühjahrs- und Herbstproduktion. Diese Prospekte werden je nach Verlag an unterschiedlich große Gruppen verschickt. Kleinere Verlage haben typischerweise lediglich einige hundert Adressen in ihrem Verteiler, während große Verlage mittlerweile auf mehrere Tausend kommen können. Mit dem Versenden dieser Informationen ist gewährleistet, daß ein relativ großer Personenkreis vom neuen Programm des Verlages erfährt. Damit ist auch für die Rezensenten und Literaturredaktionen eine unentbehrliche Grundlage für das Auswahlverfahren geschaffen.

2) Verlagsprospekte können darüber hinaus auch sehr differenziert gestaltet werden. Sollen bestimmte Titel besonders in den Vordergrund gerückt werden, so kann dies durch Aufmachung des Buches (z. B. Hardcover in einem überwiegend dem Taschenbuch gewidmeten Verlag), Präsentation auf der Vorderseite des Prospekts und durch gute grafische und wörtliche Darstellung betrieben werden. Dies erhöht die Wahrscheinlichkeit, daß dieses Buch besprochen wird, da der Verlag hier nicht nur Mittel aus dem Marketingbereich einsetzt, sondern darüber hinaus signalisiert: „Wir setzen auf dieses Buch". Die Tatsache, daß man mit einem Buch Flagge zeigt, wird nach Meinung unser Gesprächspartner in den Verlagen von den Medien durch hohe Aufmerksamkeit honoriert.

3) Einige ausgewählte Rezensenten und Redakteure, die in strategischen Positionen sitzen, d.h. in den besonders wichtigen Tageszeitungen und Zeitschriften oder zu denen ein guter Kontakt besteht, bekommen die gesamte Produktion einiger Verlage entweder automatisch oder auf Anfrage zugeschickt. Damit schaffen diese Verlage ein grundlegendes materielles Fundament für eine höhere Aufmerksamkeit ihren Büchern gegenüber. Diese Strategie wird aber aus Kostengründen vor allem von größeren und mittleren Verlagen angewandt.

4) Das Programm eines Verlages muß darüber hinaus dauerhaft begleitet werden und durch Pressemitteilungen und Inszenierungen auch den Medien immer wieder nahe gebracht werden. Todestage, Geburtstage oder Ehrungen von Literaten sind für Verlage immer eine Pressemitteilung wert und können die Präsenz ihrer Autoren in den Medien erhöhen und damit auch die Wahrscheinlichkeit, daß sie häufiger an anderer Stelle berücksichtigt werden. Zu den Ereignissen, die von Verlagen inszeniert werden, um ihre Bücher in die Medien zu bringen, gehören Pressekonferenzen, Lesereisen und Veranstaltungen auf Buchmessen. Eine unserer Gesprächspartnerinnen wies darauf hin, daß spektakuläre Ereignisse, die Autoren widerfahren oder von den Verlagen inszeniert werden, eine hohe Medienaufmerksamkeit erzeugen können. Einzelne Veranstaltungen ohne eine geplante, langfristige Strategie wären demgegenüber nur mäßig erfolgreich. Allerdings können Lesungen eines Autors an kleineren Orten dafür sorgen, daß dieser Autor auch in der Regionalpresse berücksichtigt wird, die der Literatur sonst nur eine geringere Aufmerksamkeit entgegenbringt.

5) Entscheidend für die Strategien der Verlage ist aber nicht das großflächige Versenden von Informationsmaterial an große Mengen von Personen, die dem Mitarbeiter meist kaum bekannt sind, sondern die enge Zusammenarbeit mit einigen wenigen Personen, die dem Verlag als relevante Multiplikatoren dienen können. Je nach thematischer Ausrichtung eines Verlags wird dieser Personenkreis sehr unterschiedlich aussehen. Um die geeigneten Ansprechpartner zu finden, müssen sich die Öffentlichkeitsarbeiter auch mit den Vorlieben und Neigungen der Redakteure und Rezensenten auskennen. Der Aufbau eines solchen Beziehungsnetzwerkes kann aber erst nach langjähriger Zusammenarbeit eine Vertrauensgrundlage bilden, die es dem Redakteur oder dem Rezensenten ermöglicht, die Tips und Hinweise eines Verlagsmitarbeiters ernst zu nehmen. Unsere Gesprächs-

partner beschrieben diese Beziehungen mit Ausdrücken wie: „man muß Fingerspitzengefühl haben" und „man darf den Redakteuren nicht jeden Mist reindrükken". Durch Mißbrauch dieses Vertrauens können sich die Öffentlichkeitsarbeiter ihren Ruf ruinieren.[1] Neben persönlichen Besuchen sind hier vor allem Telefonate und Briefe wichtig, die den zeitlichen Schwerpunkt der Pressearbeit bilden. Ihre Wirkung wird vor allem dann erhöht, wenn sie auf die individuellen Eigenheiten der Adressaten eingehen und eine gewisse Originalität aufweisen. So werden Anschreiben und Postkarten an die jeweiligen Redakteure und Rezensenten individuell gestaltet, um sie von den üblichen Formularbriefen abzuheben.

6) Neben den bisher angeführten Strategien, die der Beeinflussung der verlagsexternen, medialen Öffentlichkeit dienen, hat die Öffentlichkeitsarbeit aber auch noch eine weitere grundlegende Aufgabe. Sie hat die Pflicht, die mediale Umwelt der Verlage zu beobachten und Informationen zu sammeln. Praktisch spiegelt sich dies vor allem in der Anlage eines Rezensionsarchives wieder, in dem alle Besprechungen der Bücher eines Verlages gesammelt und katalogisiert werden. Damit hat die Öffentlichkeitsarbeit des Verlages die Möglichkeit, eine dauerhafte Erfolgskontrolle ihrer Bemühungen durchzuführen. Darüber hinaus werden besonders treffende und einprägsame Auszüge aus Rezensionen auch für Anzeigen und Buchumschläge verwendet. Wichtige Besprechungen werden auch von den Verlagsvertretern an die Buchhandlungen weitergegeben, um so den Verkauf eines Titels zu fördern.

Die dargestellten Strategien der Öffentlichkeitsarbeit werden in der einen oder anderen Form von allen Verlagen praktiziert, es existiert aber ein klares Gefälle zwischen den großen Verlagen, die sich eine Abteilung für Öffentlichkeitsarbeit mit mehreren Mitarbeitern leisten können und den kleineren Verlagen, in denen der Verleger selbst oder ein Lektor nebenher noch Öffentlichkeitsarbeit betreiben. Besonders die ressourcenaufwendigen Formen der Kontaktaufnahme mit Redakteuren und Rezensenten sind für die kleineren Verlage nur in einem beschränkten Maße zu bewältigen.

Bei diesen Strategien geht es offensichtlich nicht darum, die Meinungen der Akteure in den Literaturredaktionen systematisch zu beeinflussen oder diese Personen gar unter Druck zu setzen. Dies wurde auch von einem unserer Gesprächspartner im Medienbereich bestätigt, der sich dahingehend äußerte, daß Pressesprecher im Normalfall kompetent und realistisch über Bücher reden und daß diejenigen, die von Literatur nichts verstehen und lediglich ihre Bücher vermarkten wollen, dagegen schnell als „schwarze Schafe" erkannt werden. Die Öffentlichkeitsarbeit von Verlagen kann sich also letztlich nur darauf beschränken, die Infrastruktur für die

---

1 Für den amerikanischen Buchmarkt berichten Lewis Coser, Charles Kadushin und Walter Powell davon, daß Verleger oder Mitarbeiter in der Öffentlichkeitsarbeit von Verlagen in ähnlicher bzw. eher stärkerer Weise versuchen, die Selektionsprozesse in den Medien zu beeinflussen. Dies reicht von gemeinsamen Essen mit den Rezensenten oder Journalisten bis hin zu regelmäßigen Einladungen zu Parties (Coser, Kadushin, Powell 1982: 311).

Verbreitung ihrer Bücher in den Medien durch Versenden von Verlagsprogrammen und Rezensionsexemplaren zu gestalten und darüber hinaus durch Herstellung einer Vertrauensbeziehung zwischen Verlagen und Medien die Grundlage für die strategische Verbreitung von Informationen über besonders gute oder besonders wichtige Bücher des Verlages zu schaffen. Diese Strategien erhöhen die Aufmerksamkeit der medialen Akteure für die Publikationen eines Verlages.

Wie können diese differenzierten und kostenaufwendigen Strategien der Verlage gegenüber den Medien interpretiert oder erklärt werden? In der Einleitung hatten wir schon angedeutet, daß man das Verhältnis zwischen Verlagen und Medien mit Hilfe von theoretischen Anleihen bei gut bewährten Modellen der Organisationssoziologie behandeln kann. Im Mittelpunkt stehen dabei Theorien, die sich mit dem Verhältnis von Organisationen und deren Umwelt beschäftigen. Das Verhalten von Organisationen, in unserem Fall das Verhalten der Verlage, wird nach Annahme dieser theoretischen Ansätze in einem hohem Maße durch die Umwelt bestimmt, in der sie sich befinden (Pfeffer und Salancik 1978: 1 ff.). Die Relationen zwischen Organisationen und ihrer Umwelt sind vor allem aus zwei Perspektiven behandelt worden: erstens aus einer informationsorientierten Sicht, die vor allem die unterschiedliche Wahrnehmung der Umwelt durch Mitglieder der Organisation als erklärenden Faktor betrachtet und zweitens aus einer ressourcenorientierten Perspektive, die den Bedingungen der Ressourcenakquisition durch ein Unternehmen hohen Erklärungswert zubilligt.[2]

In der informationsorientierten Perspektive steht die Frage nach dem Grad der Unsicherheit, den die Organisationsmitglieder in ihren Information über die Umwelt besitzen, im Vordergrund. Unsicherheit kann definiert werden als das Ausmaß, in dem Zusammenhänge zwischen Elementen oder Ereignissen in der Umwelt nicht vorhersagbar sind (Aldrich und Mindlin 1978: 151; Pfeffer und Salancik 1978: 67). Sie kann durch verschiedene Dimensionen dieser Umwelt, wie Komplexität, Veränderungsgeschwindigkeit, sowie Verflechtungs- und Organisationsgrad verursacht werden (Scott 1986: 233 f.; Jurkovich 1974; Thompson 1967).

Hohe Unsicherheit über die Umweltbedingungen einer Organisation hat Folgen für ihre Strukturen und externen Strategien. Erstens werden höhere Anforderungen an die Flexibilität ihres internen Aufbaus gestellt. Dies erfordert eine dezentralisierte, weniger formalisierte und weniger unpersönliche Struktur von Unternehmen (Aldrich und Mindlin 1978: 151). Zweitens antworten die Organisationen auf unsichere Umweltbedingungen mit der Entwicklung von Abteilungen oder Rollen,

---

2   Die vorgestellten Ansätze zur Konzeptualisierung der Beziehung zwischen Organisation und Umwelt sind klassische und sparsame Modelle aus der Organisationssoziologie. Unseres Erachtens reichen sie für die theoretische Behandlung unserer Fragestellung zum gegenwärtigen Zeitpunkt vollständig aus. Wenn sich im Laufe zukünftiger Untersuchungen zu dieser Problemstellung Anomalien zeigen sollten, so wird es sicher notwendig werden, auch mit komplexeren Modellen zu arbeiten, mit denen wir hier aber die Studie nicht unnötig belasten wollen. Für eine differenziertere und weitergehende Behandlung der Organisations-Umwelt Beziehung siehe die Arbeiten von Paul DiMaggio und Walter Powell (DiMaggio und Powell 1991).

die für die Beobachtung, Überwachung und Aufrechterhaltung ihrer Umweltbeziehungen spezialisiert sind (Thompson 1967: 20; Hirsch 1972).

Zahlreiche Organisationssoziologen haben sich aber in ihren Analysen weniger auf die Wahrnehmung der Umwelt durch die Mitglieder der Organisation bezogen, sondern auf objektive Eigenschaften der Umwelt als solcher. In dieser Perspektive stand vor allem die Tatsache im Vordergrund, daß Organisationen keine autarken Gebilde sind, sondern zu ihrer Reproduktion Ressourcen, wie Personen, Informationen, Produkte und Dienstleistungen sowie Kapital aus ihrer Umwelt bedürfen. Die Tatsache, daß eine Organisation in einer Position der Unsicherheit gegenüber ihre Umwelt ist, kann daher ihr Verhalten nicht allein erklären, da Unsicherheit nur dann verhaltensrelevant wird, wenn es sich um eine Unsicherheit über die Zufuhr von strategisch notwendigen Ressourcen handelt. Verhaltensbestimmend ist dabei vor allem das Ausmaß, in dem ein Unternehmen von anderen Organisationen bei der Gewinnung bestimmter Ressourcen abhängig ist. Daher muß berücksichtigt werden, ob sich eine Organisation in einer Position der Ressourcenabhängigkeit gegenüber ihrer Umwelt befindet. Zwei Umweltdimensionen bestimmen in erster Linie den Grad der Abhängigkeit einer Organisation von ihrer Umwelt: erstens der Knappheitsgrad einer Ressource und zweitens der Konzentrationsgrad unter den Anbietern dieser Ressource (Pfeffer und Salancik 1978: 65 ff.).

Das Ausmaß der Abhängigkeit von Organisationen gegenüber ihrer Umwelt, wie es im ressourcenorientierten Ansatz betrachtet wird, hat einen Effekt auf ihre internen Strukturen und auf die von ihnen verfolgten Strategien. Es zeigt sich, daß, je höher die Ressourcenabhängigkeit eines Unternehmens ist, desto niedriger der Grad der Formalisierung und Standardisierung der internen Struktur eines Unternehmens sein muß, da Personen in informell geregelten Beziehungen besser auf unvorhersehbare Ereignisse reagieren können. In den Außenbeziehungen existiert eine ganze Fülle von Strategien, die Organisationen einschlagen können, um ihren Abhängigkeitsgrad zu vermindern. Diese Strategien reichen von der Herstellung enger Beziehungen zu Organisationen, die über wichtige Ressourcen verfügen (Pfeffer und Salancik 1978: 113 ff., 143 ff.), über die Diversifizierung der Angebotspalette (Pfeffer und Salancik 1978: 127), bis hin zu Versuchen gesetzliche Regulierungsmaßnahmen für die eigene Industrie zu erreichen (Weigener 1989: 163 ff.).

Die Ergebnisse in der Informations- und in der Ressourcenperspektive scheinen in hohem Maße analog zu sein. Dennoch ist es nötig, beide Perspektiven zu trennen, da Unsicherheit und Abhängigkeit unabhängig voneinander variieren können und damit jeweils einen eigenständigen Einfluß auf Struktur und Strategien von Organisationen gewinnen können (Aldrich und Mindlin 1978: 161).[3]

---

3 Wahrscheinlich wäre es sinnvoller, Unsicherheit und Abhängigkeit nicht als unterschiedliche Perspektiven zu behandeln, da es sich im wesentlichen um zwei Variablen handelt, die auch in einem Gesamtmodell Berücksichtigung finden können (Pfeffer und Salancik 1978). Dabei muß vor allem der abhängigkeits- bzw. ressourcenorientierte Einwand mitbedacht werden, daß die Abhängigkeit von spezifischen Bereichen die

Im folgenden wollen wir zeigen, in welcher Weise sich die skizzierten organisationssoziologischen Perspektiven als fruchtbar für die Erklärung und Interpretation der oben dargestellten Strategien der Verlage gegenüber den Medien erweisen können. Ganz offensichtlich entspricht die Presse- und Öffentlichkeitsarbeit der Verlage den Verhaltensweisen, die laut den genannten organisationssoziologischen Theorien eine Organisation einschlagen müßte, die gegenüber einem relevanten Bereich ihrer Umwelt in einer unsicheren Beziehung steht. Da in unserer theoretischen Skizze aber deutlich wurde, daß Ressourcenabhängigkeit die Grundlage für die Verhaltensrelevanz von Unsicherheit ist, müssen wir dennoch in der folgenden Argumentationsskizze beide organisationssoziologischen Perspektiven verfolgen. Plausibilität gewinnt die organisationssoziologische Erklärung daher erst dann, wenn gezeigt werden kann, daß Rezensionen ein wichtiges und knappes Gut für Verlage darstellen und die Herstellung von Besprechungen mit einem Unsicherheitsmoment behaftet ist. Zuerst werden wir die Abhängigkeitsdimension in das Zentrum der Betrachtung stellen.

Es ist klar, daß Verlage selbst keine Rezensionen oder Artikel herstellen können und es ist auch offensichtlich, daß sie die Rezensenten und Redakteure nicht mit Gewalt zu Besprechungen zwingen können. Darüber hinaus sind Rezensionen in den Printmedien ein Gut, welches den Verlagen wichtig ist, da ein großer Teil der Kunden und vor allem diejenigen, die viele Bücher kaufen, diese als Information wahrnehmen. Nachdem diese Bedingungen zutreffen, müssen wir prüfen, wie die mediale Umwelt von Verlagen strukturiert ist. Betrachten wir zuerst die Frage der Knappheit von Rezensionen im Mediensystem. Es werden pro Jahr lediglich 5500 bis 6500 Bücher der verschiedensten Art in den ca. 20 wichtigsten deutschsprachigen Zeitschriften und Zeitungen rezensiert (Buchrezensionen 1991, 1992, 1994). Es sind aber zwischen 1990 und 1994 allein in Deutschland zwischen 45000 und 52000 Bücher aller Sparten pro Jahr neu erschienen (Börsenverein 1995b: 48), so daß 1991 in Deutschland auf mehr als acht neu erschienene Bücher jeweils ein rezensiertes Buch kam. Man kann also nicht davon sprechen, daß Rezensionen ein überreichlich vorhandenes Gut wären. Wie hoch ist aber nun der Konzentrationsgrad im Mediensystem, d. h. die Konzentration der Kontrolle über die hier betrachteten Ressourcen? Während auf der einen Seite lediglich eine knappe Handvoll wichtiger meinungsbildender Zeitungen und Zeitschriften existiert, stehen auf der anderen Seite mehr als 2000 Verlage, die sich auf dem Buchmarkt behaupten müssen (Börsenverein 1995b: 23). Diese verfügen weder über Alternativen zum bestehenden Mediensystem, noch besitzen sie strategische Ressourcen, mit denen sie sich die erwünschten Güter erkaufen könnten. Die Verlage stehen also in deutlicher Abhängigkeit vom Mediensystem, während die Medien angesichts der Fülle von Verlagen nicht auf die Produkte einzelner Verlage angewiesen sind. Diese Einschätzung wird auch durch andere Studien bestätigt, die

---

Grundlage für die Handlungsrelevanz von Unsicherheit ist. Insgesamt stehen so die beiden Faktoren auch in einem interaktiven Verhältnis zu einander.

sich mit der Rolle der Medien im Bereich der Kunst beschäftigen (Peterson 1978; Hirsch 1972).

Betrachtet man das Verhältnis dieser beiden Seiten - Verlage und Mediensystem - vor dem Hintergrund der obigen Definition von Unsicherheit, so erscheint es als selbstverständlich, daß Verlage eine eindeutig unsichere Informationslage gegenüber dem Mediensystem haben und damit auch die in der Organisationssoziologie angenommenen Ursachen für unsicherheitsreduzierende Strategien gegeben sind. Verlage können nicht von jedem Buch vorhersagen, ob es rezensiert wird, wann es rezensiert wird und wie es rezensiert wird. Ihre Informationen über die Besprechung von Büchern beschränken sich auf eine gewisse Wahrscheinlichkeit, mit der bestimmte Bücher besprochen werden.[4] Dies liegt in erster Linie daran, daß es in der medialen Umwelt der Verlage keine feststehenden, formalisierten Routinen gibt, nach denen Bücher zur Besprechung ausgewählt werden, sondern diese Entscheidungen z. T. komplexen, subjektiven Bewertungen unterworfen sind, die eine Vorhersage der medialen Selektionen nahezu unmöglich machen.

Verlage stehen also in einer Beziehung zu ihrer medialen Umwelt, die durch Unsicherheit und Abhängigkeit gekennzeichnet ist. Laut den oben angeführten Theorien müßten sie nun vor allem Strategien in zwei Richtungen entwickeln: Erstens müßten sie versuchen, die Abhängigkeitsbeziehung zum dominanten Akteur durch die Schaffung von engen Beziehungen zum Mediensystem zu dämpfen. Zweitens hätten Verlage laut Theorie einen Satz von grenzüberbrückenden Rollen oder Abteilungen zu schaffen, die laufend Informationen über diese spezifische Umwelt - das Mediensystem - sammeln und mit verschiedenen Mitteln versuchen, die Ereignisse in der Umwelt zu steuern oder zu beeinflussen. Die zu Beginn des Abschnitts aufgeführten Strategien der Verlage entsprechen in hohem Maße dem Bild einer Organisation, die sich in einer Unsicherheitsheitsbeziehung gegenüber ihrer Umwelt befindet. Dagegen besitzen die Strategien, mit der Organisationen auf Ressourcenabhängigkeit reagieren, in unserem Fall eine geringe Bedeutung. Tatsächlich ist es zwar so, daß mittlerweile zahlreiche Verlage in Medienkonzernen aufgegangen sind, die auch große Zeitungen oder Zeitschriften herausgeben (Weigener 1989: 264ff.). Dies könnte als typisches Beispiel einer abhängigkeitsreduzierenden Strategie interpretiert werden. Es erscheint uns nach Auskunft unserer Gesprächspartner in Verlagen und Literaturabteilungen aber als sehr unwahrscheinlich, daß die Auswahl von zu besprechenden Büchern, die Richtung der Bewertung etc. durch diese Verbindungen bestimmt würden. Die Grundlage des Rezensionswesen - das Vertrauen von Autoren und Publikum in die journalistische

---

4 In ihrer Studie über den amerikanischen Buchmarkt beschreiben Coser, Kadushin und Powell das Verhältnis zwischen Verlagen und Autoren auf der einen und den Medien auf der anderen Seite folgendermaßen: „Hence, authors and editors stand in considerable awe of those reviewers who have a reputation of critical independence, and await their reviews with an anxiety similar to those of students during exams" (Coser, Kadushin, Powell 1982: 309)

Unabhängigkeit von Redakteuren und Rezensenten - würde damit zerstört werden und damit auch der Sinn und Zweck von Rezensionen als solchen. Strategien, die direkt auf die Verminderung von Abhängigkeit zielen spielen also nur eine geringe Rolle, so daß die Verlage sich vor allem auf Strategien der Reduktion und Bearbeitung von Unsicherheit gegenüber ihrer Umwelt verlegen. Diese sind aber in ihrer Notwendigkeit und Stärke durch die Abhängigkeit der Verlage gegenüber den Medien bedingt.

Die bisher dargestellten Ergebnisse, die wir in unserer explorativen Studie der Beziehung zwischen Verlagen und Mediensystem herausgefunden haben, sind auch in anderen Untersuchungen bestätigt worden (Hirsch 1972; Moulin 1987: 76ff).[5] Es zeigt sich, daß die theoretischen Mittel der Organisationssoziologie durchaus für die Behandlung kunstsoziologischer Fragestellungen, wie sie das Verhältnis zwischen Verlagen und anderen kunstverlegenden Organisationen und der Kunstsparte des Mediensystems darstellt, geeignet sind.

3. Massenmediale Selektion von Literatur

Um eine Antwort auf die Frage zu erhalten, nach welchen Kriterien die Printmedien über die Auswahl und Präsentation von Rezensionen entscheiden, lohnt es sich die vor allem am Beispiel politischer Informationen gewonnenen Befunde über die Selektionsmechanismen der Medien zu bilanzieren und auf den Kunstbereich zu beziehen. Es lassen sich vier in der Massenkommunikationsforschung etablierte Ansätze unterscheiden. Dies ist zum einen der Ansatz der Gatekeeper Forschung, zum zweiten die Nachrichtenwerttheorie, zum dritten die Forschungstradition des Intermedia Agenda Setting und zum vierten der Ansatz, in dem die Inszenierung von Ereignissen durch Öffentlichkeitsarbeit im Mittelpunkt steht. In einem ersten Schritt untersuchen wir, welche Determinanten von diesen

---

5 Die Beziehung zwischen Verlagen und ihrer medialen Umwelt ist nach unserer Studie und nach Maßgabe anderer Untersuchungen durch eine Abhängigkeit der Verlage vom Mediensystem gekennzeichnet und darüber hinaus durch eine Unsicherheit der Verlage über die Selektionen des Mediensystems. Dies ist aber keine notwendige Eigenschaft von Industrien im Kunstbereich. Verschiedene Industrien unterscheiden sich in dem Ausmaß, in dem sie abhängig vom Mediensystem sind. Beispielsweise sind die Hersteller von populärer Musik deutlich abhängiger von der Auswahl der Radio- und Fernsehstationen als die Firmen, die klassische Musik produzieren. Dies wird durch eine Studie über den Wandel der Country-Musik von den sechziger bis in die siebziger Jahre bestätigt, die Richard Peterson durchgeführt hat. Er ist zu dem Ergebnis gekommen, daß die Annäherung der Country-Musik an gewöhnliche Formen der Popmusik in erster Linie durch die Veränderungen im Mediensystem erklärbar sind und nicht etwa durch Veränderungen des Käufergeschmacks oder der Produktion (Peterson 1978). Insgesamt deutet sich an, daß diejenigen Unternehmen, die besonders abhängig von den Medien sind, stärkere Strategien zur Bearbeitung ihrer Informationsunsicherheit gegenüber dieser Umwelt aufwenden müssen, die zu einem beträchtlichen Einsatz von Organisationsressourcen bis hin zur Bestechung führen können (Peterson und Berger 1975, 162).

Ansätzen für das Erlangen von Medienpräsenz genannt werden und inwieweit sich diese plausiblerweise als relevante Faktoren der Berichterstattung über Literatur annehmen lassen. Haben wir solchermaßen mögliche Determinanten massenmedialer Berichterstattung über Literatur herausgearbeitet (3.1) wird die Aufgabe des darauffolgenden Schrittes sein, die in einem Modell der Nachrichtengebung zusammengefaßten Faktoren empirisch anhand von Expertengesprächen mit Vertretern verschiedener Zeitungen und anhand einer kleinen quantitativen Erhebung zu illustrieren und ihre Relevanz zu bestimmen (3.2).

3.1 Theoretische Ansätze der Medienselektion

Gatekeeper-Ansatz

Der Gatekeeper-Ansatz wurde in den fünfziger Jahren in den USA mit dem Ziel entwickelt, das Zustandekommen der massenmedialen Berichterstattung zu erklären. Im Mittelpunkt dieser Erklärung steht der einzelne Journalist, der als ein Gatekeeper darüber entscheidet, welche lokalen und politischen Ereignisse zu Nachrichten werden und welche nicht berücksichtigt werden. Ähnlich der Rolle eines Torwarts, dessen Verhalten das Eintreten des Balles in das Tor erlaubt oder verhindert, wird der einzelne Redakteur als die entscheidende Instanz angesehen, welche darüber bestimmt, ob ein Ereignis zum Gegenstand massenmedialer Berichterstattung wird (Robinson 1973).

Die Analogie zur massenmedialen Berichterstattung über Literatur liegt auf der Hand. Es scheint plausibel, die Rezension von Büchern, die einen Teil der Berichterstattung über Kunstereignisse und damit der Medienberichterstattung darstellen, in Abhängigkeit vom jeweiligen Redakteur und dessen individueller Entscheidung zu sehen. Jedoch gilt es bei dieser Sichtweise Einwände zu berücksichtigen, die gegen diesen auf den einzelnen Journalisten und seine Selektionsentscheidungen konzentrierten Ansatz angeführt wurden. Ist es wirklich nur der einzelne Redakteur, der über den Zutritt zur massenmedialen Berichterstattung bestimmt, stellt nicht vielmehr die Zeitung und ihre Grundhaltung auch eine entscheidende Selektionsinstanz dar? Vor dem Hintergrund dieser Einwände kam es zur Weiterentwicklung des frühen Gatekeeper-Ansatzes. In den Blickpunkt rückte die redaktionelle Grundhaltung der Medieninstitution, in der der einzelne Journalist arbeitet und die Abhängigkeit seiner Nachrichtenauswahl von diesen institutionellen Bedingungen (Kepplinger 1989). Hierbei werden in der politischen Berichterstattung unter einer redaktionellen Grundhaltung politisch-ideologische Einstellungen eines Mediums verstanden, die Einfluß auf die Inhalte der Berichterstattung über Politik ausüben. Überträgt man diese Annahme auf die Berichterstattung über Literatur, so bedeutet dies, daß nicht nur der einzelne Redakteur über die Auswahl und die Bewertung der Literatur entscheidet, sondern seine Entscheidung in starkem Maße vorgegeben ist durch die redaktionelle Grundhaltung des Mediums, in dem er arbeitet.

Nachrichtenwerttheorie

In dem Ansatz der Nachrichtenwerttheorie erfolgt eine Abwendung von den subjektverankerten Kriterien der Nachrichtengebung, wie sie im Gatekeeper Ansatz formuliert werden. Nicht der einzelne Redakteur mit seiner Einstellung und nicht die redaktionelle Linie der Nachrichtenorganisation, repräsentiert durch den Chefredakteur und den Herausgeber, werden zur Erklärung von Nachrichtenselektion herangezogen, sondern im Mittelpunkt dieses Ansatzes steht das jeweilige Ereignis, über das berichtet wird und seine je spezifischen Merkmale.

Die Annahme der Nachrichtenwertforschung ist, daß es ganz bestimmte Merkmale gibt, sogenannte Nachrichtenfaktoren, die ein Ereignis berichtenswert erscheinen lassen. Je mehr dieser berichtenswerten Merkmale ein Ereignis auf sich vereint, desto größer ist seine Nachrichtenwertigkeit und damit die Wahrscheinlichkeit, daß über dieses Ereignis in den Massenmedien berichtet wird. Die Bedeutung dieser Nachrichtenfaktoren für die Berichterstattung ergibt sich aus der Annahme, daß diese durch sie bezeichneten Merkmale es sind, die die Aufmerksamkeit des Publikums auf sich ziehen. In den neueren Arbeiten der Nachrichtenwerttheorie können zusammenfassend folgende Nachrichtenfaktoren unterschieden werden (Schulz 1976; Staab 1990): 1. Status der Akteure, d.h. die Wichtigkeit und der Bekanntheitsgrad von Personen und Institutionen. 2. Relevanz des Ereignisses, d.h. die räumliche, politische oder kulturelle Nähe eines Ereignisses. 3. Dynamik des Ereignisses, d.h. das überraschende Moment, daß über ein Ereignis transportiert wird. 4. Konsonanz des Ereignisses, vorwiegend dessen Kontinuität und Sterotypisierung. 5. Valenz des Ereignisses, d.h. vorwiegend Momente des Konfliktes, aber auch der Unberechenbarkeit eines Ereignisses und 6. Personalisierung und Emotionalisierung.[6]

Diese Sichtweise der Nachrichtenwertigkeit eines Ereignisses als Kriterium der Berichterstattung kann auch auf unsere Frage nach der Berichterstattung über Kunst, speziell über Literatur, angewandt werden. Überträgt man entsprechend die Annahme, daß Literatur, je nach den Merkmalen, durch die sie gekennzeichnet ist, auch eine unterschiedliche Wertigkeit für die massenmediale Berichterstattung aufweist, so müßte sich entlang der oben skizzierten Nachrichtenfaktoren folgende Struktur der massenmedialen Rezension von Literatur ergeben: 1. Bekannten Autoren und bekannten Verlagen wird in den Rezensionen ein höherer Stellenwert eingeräumt. 2. Literatur des deutschsprachigen Raumes erlangt einen höheren Beachtungsgrad. 3. Rezensiert werden vorwiegend Neuerscheinungen, darüber hinaus bilden Erstveröffentlichungen von Autoren einen weiteren Schwerpunkt der Rezensionstätigkeit. 4. Bücher, die stereotypen, festen Erwartungen der Leser

---

[6] Hier werden nur die sechs Hauptdimensionen der Nachrichtenfaktoren genannt, die wiederum in einzelne Unterdimensionen aufgeteilt sind. Wir beschränken uns auf die Darstellung dieser Hauptdimensionen und deren Charakterisierung. Zur vollständigen Darstellung siehe die Studien von Winfried Schulz 1976 und Joachim Friedrich Staab 1990.

entsprechen, haben eine größere Resonanz. 5. Bücher mit konflikthaften Begleiterscheinungen werden überrepräsentiert sein. 6. Literatur, die sich mit einem besonderen personellen Schicksal verknüpfen läßt, wird einen besonderen Aufmerksamkeitswert haben.

Intermedia Agenda Setting
Im Ansatz des Intermedia Agenda Setting wird davon ausgegangen, daß die Abstimmung zwischen den Nachrichtenorganisationen einen wesentlichen Faktor der massenmedialen Berichterstattung, die oft auch als Medienagenda bezeichnet wird, darstellt. Es verhält sich eben nicht so, so der Grundgedanke, daß jede Zeitung als autonome Organisation in Auseinandersetzung mit dem jeweiligen Ereignis entscheidet, was auf die Medienagenda gesetzt wird, sondern es erfolgt eine "Abstimmung" zwischen den verschiedenen Medien über das, was berichtet wird (Noelle-Neumann/ Mathes 1987). Nun muß diese "Abstimmung" nicht unbedingt als eine Vorabsprache der verschiedenen Zeitungen untereinander verstanden werden, sondern die Annahme ist vielmehr, daß die Thematisierung eines Ereignisses durch ein bestimmtes Medium das Aufgreifen dieses Ereignisses durch andere Zeitungen nach sich zieht. Insbesondere wurde für die politische Berichterstattung die Vorreiterrolle bestimmter Medien, der sogenannten Qualitätszeitungen, konstatiert.[7] Diese Annahme eines Intermedia Agenda Setting kann auch auf das hier betrachtete Rezensionswesen angewandt werden. Die Rezensenten in den verschiedenen Medien sind keine monadischen Existenzen ohne Bezug zur literarischen Öffentlichkeit, sondern sie beobachten aufmerksam, welche Literatur ihre Kollegen besprechen. In unserem Zusammenhang ist zu klären, welcher Stellenwert solch einer Sichtweise bei der Berichterstattung über Literatur insgesamt zukommt, insbesondere, ob ein Medium im massenmedialen Rezensionswesen eine besondere Rolle spielt.

Öffentlichkeitsarbeit
Seit Mitte der achtziger Jahre gewinnt ein Ansatz in der Massenkommunikationsforschung zunehmend an Gewicht, der sich mit den Strategien externer Akteure, massenmediale Aufmerksamkeit zu erlangen, auseinandersetzt (Baerns 1985). Dieser Ansatz, der in der Inszenierung von Ereignissen durch die Öffentlichkeitsarbeit von Akteuren die wichtigste Ursache von Medienaufmerksamkeit sieht, entwickelte sich aus einer expliziten Abgrenzung gegenüber der oben behandelten Nachrichtenwerttheorie. Die Kritik an dem Ansatz der Nachrichtenwerttheorie ist dabei, daß Ereignisse nicht einfach vorhanden sind, auf die die Medien entsprechend der Höhe der Nachrichtenwertigkeit zurückgreifen können, sondern daß Ereignisse von Akteuren bewußt inszeniert werden, damit über sie berichtet wird. So kommen denn auch verschiedene Untersuchungen über die politische Bericht-

---

7   Zu diesen überregionalen Qualitätszeitungen werden im allgemeinen die FAZ, Süddeutsche Zeitung, Frankfurter Rundschau, Welt, TAZ sowie Zeit, Spiegel und in neuerer Zeit auch Focus gezählt.

erstattung in den Massenmedien zu dem Ergebnis, daß diese zu einem Großteil von den über Öffentlichkeitsarbeit inszenierten Ereignissen determiniert wird (Baerns 1985; Grossenbacher 1986; Fröhlich 1992).

Solche bewußten Inszenierungen von Ereignissen hatten wir im ersten Teil unserer Ausführungen näher beschrieben. Verlage bilden unter den Bedingungen von Unsicherheit und Abhängigkeit gegenüber ihrer Umwelt verschiedene Strategien von Öffentlichkeitsarbeit aus, mit denen sie versuchen, Einfluß auf das Mediensystem zu gewinnen. Wurde in der politischen Berichterstattung in der bisherigen Forschung ein relevanter Einfluß konstatiert, so ist in unserem Zusammenhang zu fragen, inwieweit die Öffentlichkeitsarbeit der Verlage im Bereich der Literatur ebenfalls einen relevanten Faktor für die massenmediale Berichterstattung darstellt.

Fassen wir die bisher herausgearbeiteten Determinanten massenmedialer Berichterstattung in einem Modell der Nachrichtengebung zusammen. In diesem in *Schaubild 1* wiedergegebenen Modell sind zum einen die Verlage mit ihrer Inszenierung von Ereignissen durch Öffentlichkeitsarbeit wiedergegeben. Zum anderen haben wir die Medienberichterstattung anderer Nachrichtenorganisationen mit ihren jeweiligen Rezensionen von Literatur, die einen weiteren Bezugspunkt der massenmedialen Berichterstattung eines bestimmten Medienakteurs darstellen. Beide Faktoren bilden eine Quelle der Nachrichtengebung der externen Umwelt und ergeben zusammen das Nachrichtenangebot, das den Medien zur Bearbeitung und Selektion zur Verfügung steht. Innerhalb eines Medienakteurs, z. B. einer bestimmten Zeitung, erfolgt nun eine Selektion dieses Nachrichtenangebots nach zwei unterschiedlichen Mechanismen. Zum einen wird das Nachrichtenangebot der externen Umwelt selektiert nach verschiedenen Nachrichtenfaktoren, die die Nachrichtenwertigkeit eines Ereignisses bestimmen. Zum anderen erfolgt die Nachrichtenverarbeitung und Selektion nach den individuellen Präferenzen des Redakteurs, der in eine bestimmte redaktionelle Grundhaltung der jeweiligen Redaktion eingebettet ist. Diese vier Stufen der Nachrichtenverarbeitung ergeben sukzessive das Endprodukt, die Literaturrezensionen eines bestimmten Massenmediums.

3.2 Empirische Ergebnisse

Die Literaturredaktionen der verschiedenen Zeitungen bestehen zumeist aus nur einem festangestellten Redakteur. Nur in seltenen Fällen erreichen die Literaturredaktionen eine Größe von zwei bis vier Redakteuren. So hatte bei den von uns befragten Zeitungen die Frankfurter Allgemeine Zeitung (FAZ) vier festangestellte Literaturredakteure, die Zeit zwei, der Tagesspiegel einen Redakteur. Von diesen festangestellten Redakteuren wird wiederum nur der kleinere Teil der Rezensionen über Literatur selbst geschrieben. Hierbei liegt der Eigenanteil an Rezensionen in den verschiedenen Zeitungen zwischen 1% und 10%, wobei die FAZ den größten

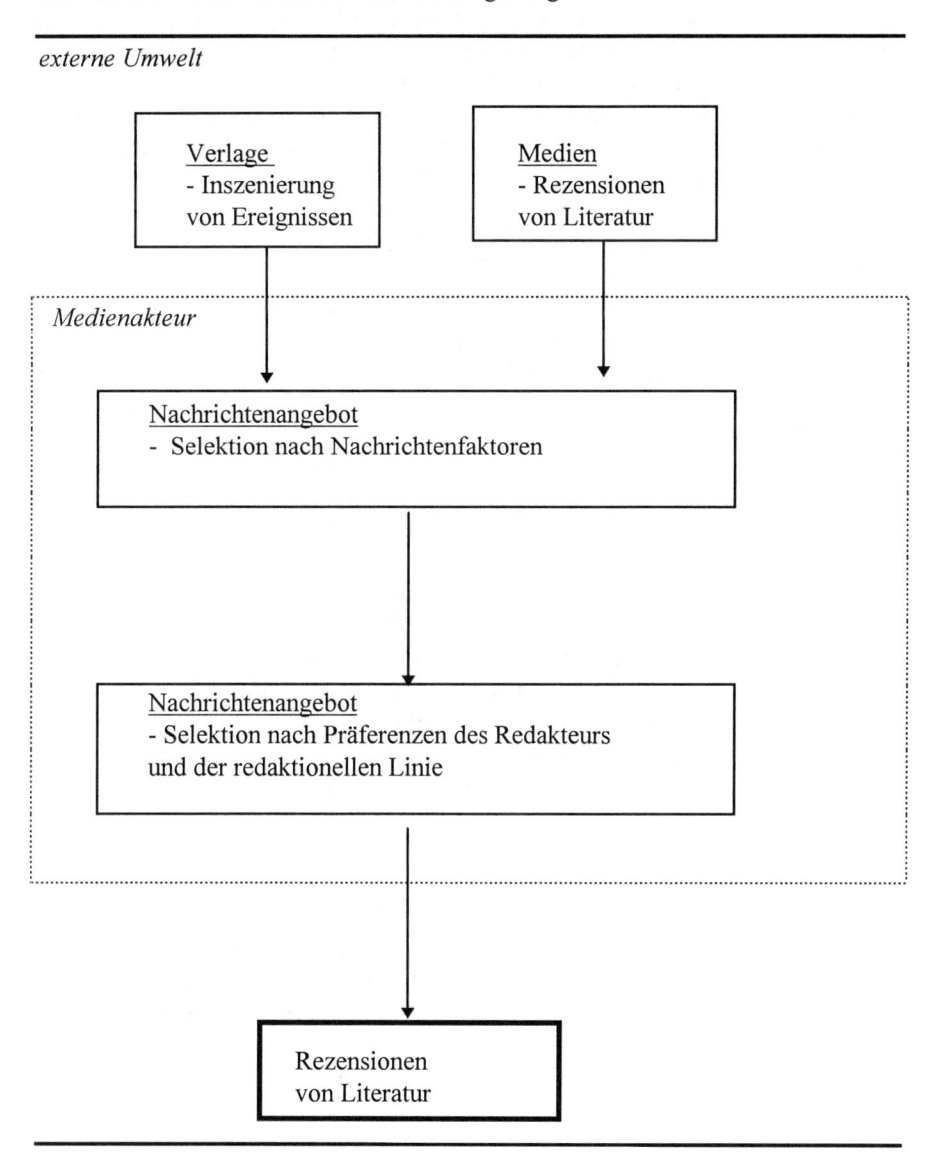

Schaubild 1: Ein Modell der Nachrichtengebung[8]

externe Umwelt

```
┌─────────────────┐    ┌─────────────────┐
│ Verlage         │    │ Medien          │
│ - Inszenierung  │    │ - Rezensionen   │
│ von Ereignissen │    │ von Literatur   │
└─────────────────┘    └─────────────────┘
         │                      │
         ▼                      ▼
```

Medienakteur

Nachrichtenangebot
- Selektion nach Nachrichtenfaktoren

Nachrichtenangebot
- Selektion nach Präferenzen des Redakteurs und der redaktionellen Linie

Rezensionen von Literatur

---

8 Vergleiche zu dem hier skizzierten Modell der Nachrichtengebung die Schemata in Kepplinger (1989), Mathes/ Freisens (1990) und Gerhards (1991).

Anteil an selbstverfaßten Rezensionen bei den von uns untersuchten Zeitungen aufweist. Der Großteil der Rezensionen, die in einer Zeitung erscheinen, wird nach außen an die freien Mitarbeiter vergeben. Die Anzahl der freien Mitarbeiter, die zum engeren Kreis einer Literaturredaktion gehören und die regelmäßig für eine Zeitung schreiben, umfaßt etwa 10-20 Rezensenten. Zu dem Kreis an freien Rezensenten, die weniger eng an eine Literaturredaktion gebunden sind und auf die in spezifischen Fällen zurückgegriffen wird, sind etwa 60 - 200 Rezensenten zu zählen.

Wird zwar nun der Großteil der Rezensionen von den freien Rezensenten verfaßt, so erfolgt die Auswahl der zu rezensierenden Bücher jedoch durch die festangestellten Redakteure der jeweiligen Zeitungen. Wenn auch kein Einfluß auf den Inhalt und die Bewertungsrichtung einer Rezension selbst besteht, so verbleibt doch die Entscheidung darüber, welche Bücher von welchen freien Mitarbeitern rezensiert werden, bei den Redakteuren der jeweiligen Zeitung. Insofern bilden die Literaturredakteure die wichtigste Selektionsinstanz bei der Auswahl der zu rezensierenden Bücher. Hier scheint sich jedoch abzuzeichnen, daß die Kontrolle der Vergabe von Rezensionen bei Zeitungen mit einer großen Anzahl von Redakteuren - und hier vor allem der FAZ - stärker ist als bei den Zeitungen mit einem geringerem Mitarbeiterstab. In diesen Zeitungen wird die Planung allein schon aus arbeitsökonomischen Gründen in stärkerer Zusammenarbeit mit dem freien Rezensentenstamm vorgenommen.

Wenden wir uns im folgenden der Frage zu, welche Faktoren in den Literaturredaktionen relevant sind für die Auswahl der zu rezensierenden Bücher. Beginnen wir mit den beiden Akteuren der externen Umwelt, den Verlagen und den anderen Medien, die wir als wichtige Instanzen der Nachrichtengebung herausgearbeitet haben. Inwieweit wird diesen beiden Akteuren von den von uns interviewten Literaturredakteuren Relevanz bei der Auswahl der zu rezensierenden Bücher zugesprochen? Zu beiden Akteuren und deren Einfluß war die Einschätzung unserer Gesprächspartner eher verhalten. So wurden, um mit den Verlagen und ihrer Öffentlichkeitsarbeit zu beginnen, Gespräche mit Pressesprechern verschiedener Verlage durchaus als ein Moment der Arbeit von Literaturredakteuren bezeichnet. Ebenso erwähnt wurde, daß die Hervorhebung bestimmter Literatur über Verlagsprospekte einen gewissen Beachtungsgrad zur Folge habe. Insgesamt jedoch war das Urteil der Redakteure, daß die verschiedenen Verlagsstrategien eine geringere Bedeutung für die Auswahl der zu rezensierenden Bücher haben. Ähnlich war die Einschätzung über den Einfluß der Literaturrezensionen anderer Massenmedien auf die Entscheidung, ein bestimmtes Buch zu rezensieren. Hier kann man die Antworten dahingehend zusammenfassen, daß anderen Medien und deren Rezensionen zwar Beachtung geschenkt werde, ihnen aber ein wesentlicher Einfluß auf die eigene Arbeit und die Auswahl der zu rezensierenden Literatur nicht zugestanden wurde. Beiden Arten der externen Nachrichtengebung also, sowohl der, die man unter dem Aspekt des Intermedia Agenda Setting faßt, als auch der Strukturierung durch Verlage und deren Öffentlichkeitsarbeit wird von den Interviewteilnehmern eine geringe Bedeutung beigemessen.

Aber auch hier gilt es zwischen den Zeitungen eine graduelle Abstufung vorzunehmen. So wird in den Zeitungen mit einer geringeren Personalausstattung von einem intensiverem Kontakt mit den Verlagen und ihrer Öffentlichkeitsarbeit berichtet, so daß in diesen Zeitungen eine stärkere Bedeutung der Verlagsarbeit zu vermuten ist. Im weiteren wurde für die kleineren regionalen Zeitungen die Annahme geäußert, daß hier durchaus ein Einfluß der Rezensionen in anderen Medien auf deren Rezensionen über Literatur vorliegen könne, so daß für diese kleineren Zeitungen ein Intermedia Agenda Setting Effekt angenommen werden könnte. Für die Redakteure dieser Zeitungen ist ein solches Verhalten rational, verfügen sie im Vergleich zu den größeren Zeitungen über geringere materielle und personelle Ressourcen. Sie müssen sich daher in ihrer Arbeit stärker auf externe Informationsquellen stützen.

Welche Bedeutung kommt nun den internen Selektionsinstanzen eines Medienakteurs für die Auswahl an zu rezensierenden Büchern zu? Zur Darstellung der Ausführungen der von uns durchgeführten Expertengespräche zu diesem Bereich wollen wir eine Unterteilung aufgreifen, die in einem unserer Gespräche angeführt wurde. Hier wurde unterschieden zwischen einem Bereich der Literatur, der besprochen werden muß, und einem Teil der Literatur, der besprochen werden kann. Kurz zusammengefaßt läßt sich sagen, daß der zweite Bereich der Bereich ist, in dem, wie im Gatekeeper Ansatz formuliert, die Vorlieben des Redakteurs und die redaktionelle Grundhaltung der Literaturredaktion eine Rolle spielen, der erste der Bereich, in dem entsprechend der Nachrichtenwerttheorie verschiedene Kriterien der Nachrichtenauswahl wichtig sind.

Wenden wir uns als erstes dem Bereich der Literatur zu, der besprochen werden muß. Welches sind die genannten Kriterien, die solch eine Sphäre der Notwendigkeit begründen? Hier ist als erstes und, soweit sich dies aus den Gesprächen beurteilen läßt, wichtigstes Selektionskriterium der Bekanntheitsgrad eines Autors anzuführen. Je bekannter ein Autor, desto größer die Pflicht, ihn zu besprechen. Und diese Rezensionspflicht ist im weiteren besonders groß, wenn es sich um Literatur des deutschsprachigen Raumes handelt. Ein weiteres Kriterium, welches angeführt wird, ist der Verlag selber. Bekanntere Verlage haben von vornherein einen größeren Aufmerksamkeitswert als weniger bekannte Verlage. Ebenso ist es wichtig festzuhalten, daß fast ausschließlich aktuelle Neuerscheinungen rezensiert werden.[9] Darüber hinaus wurde darauf verwiesen, daß Erstveröffentlichungen von Autoren einen wichtigen Bestandteil von Literaturrezensionen darstellen. Weniger eindeutig waren die Aussagen in Bezug auf den Einfluß von Leserorientierung und

---

9 Es war nicht immer so, daß fast ausschließlich nur die aktuellen Neuerscheinungen rezensiert werden. So war es in den 50er und 60er Jahren durchaus nicht üblich, daß Bücher sofort rezensiert wurden, wenn sie auf den Markt kamen. Es konnten etliche Monate vergehen, bis selbst bedeutende Autoren in den verschiedenen Medien besprochen wurden.

konflikthaften Begleiterscheinungen auf die Auswahl von Büchern. In Bezug auf die Leserorientierung wurde auf die eigenen Maßstäbe und Qualitätskriterien hingewiesen und der Verpflichtung gegenüber dem Leser, gehaltvolle Literatur auch zu besprechen. Ebenso wurden zwar konflikthafte Begleiterscheinungen um ein Buch, wie es sie z.B. bei der Besprechung Günter Grass' neuem Roman gab, gesehen, aber nicht als relevantes Kriterium der Auswahl von Rezensionen anerkannt. Keine Bestätigung fand sich auch bei der Verknüpfung von Büchern mit einem personellen Schicksal als wichtiges Auswahlkriterium. Zwar mag dies in Einzelfällen ein interessantes begleitendes Kriterium bei der Besprechung von Büchern sein, wie z.B. im Fall von Salmon Rushdie, wird aber nicht als eigenständiges Kriterium der Auswahl von Büchern gesehen. Insgesamt läßt sich festhalten, daß den ersten drei von uns oben genannten Nachrichtenfaktoren durchaus eine Bedeutung zugewiesen wird, daß dies hingegen weniger für die übrigen Nachrichtenfaktoren gilt.

Neben dem gerade skizzierten Bereich der Notwendigkeit gibt es ein Reich der Freiheit, in dem sich die persönlichen Vorlieben der Rezensenten und die redaktionellen Grundhaltungen der gesamten Redaktion widerspiegeln. Hier sind die Auswahlmechanismen angesprochen, die wir mit dem Gatekeeper Ansatz erfaßt haben. Ein Autor mag zwar nicht bekannt sein, ebenso wenig der Verlag, aber der Stil gefällt dem Redakteur, oder die Aufmachung des Buches, der Klappentext ist interessant und im weiteren das spezifische Thema des Buches, lauter zufällige, unstrukturierte Momente, die im Bereich der persönlichen Vorlieben des jeweiligen Literaturredakteurs liegen und die dazu führen, daß das Buch von diesem - und vielleicht nur von diesem Redakteur - besprochen wird bzw. an einen Rezensenten weitergegeben wird. Ebenso scheint es eine spezifische redaktionelle Grundausrichtung der Medien zu geben, die bei der Auswahl der Bücher eine Rolle spielt. So gibt es Zeitungen, die stärker literaturgeschichtliche Aspekte berücksichtigen, andere hingegen, die einen bestimmten länderspezifischen Schwerpunkt aufweisen, welcher sich dann auch in der Auswahl der Bücher niederschlägt.

Faßt man das Bild zusammen, daß sich aus den Interviews herausarbeiten läßt, so kann man insgesamt von einer starken Bedeutung der internen Selektionsmechanismen bei der Auswahl der zu rezensierenden Literatur ausgehen. Bei diesen internen Selektionsmechanismen wird für beide untersuchten Momente, die Auswahl nach wichtigen Merkmalen der Literatur und die Auswahl nach persönlichen und redaktionellen Vorlieben, ein relevanter Einfluß auf die Auswahl der zu rezensierenden Bücher formuliert. Weniger stark wurde hingegen die Bedeutung der beiden externen Strukturierungsmomente veranschlagt. Sowohl den Verlagen, ihrer Öffentlichkeitsarbeit und ihren Strategien, als auch den Rezensionen in anderen Medien wurde im Vergleich zu den internen Selektionsmechanismen eine geringere Bedeutung für die Auswahl von zu rezensierenden Büchern eingeräumt[10].

---

10 Im Gegensatz zur Untersuchung von Ulrich Saxer (1996) im vorliegenden Band spielen

Im folgenden wollen wir versuchen, dieses über Expertengespräche ermittelte Bild mit Hilfe einer quantitativen Erhebung von Literaturrezensionen zu überprüfen. In dieser quantitativen Erhebung wurde erfaßt, mit wievielen Rezensionen und zu welchem Zeitpunkt 198 zufällig ausgewählte Bücher in verschiedenen Zeitungen besprochen wurden.[11] Mit Hilfe der Auswertung diese Erhebung lassen sich Plausibilitäten anführen, die für die eine oder andere Richtung der Gewichtung der verschiedenen Einflußfaktoren sprechen; die Untersuchung ermöglicht jedoch keine strenge Untermauerung der kausalen Abhängigkeit.

Die Ergebnisse sind in *Tabelle 1* wiedergegeben. In dieser Tabelle ist zum einen die absolute Anzahl der Rezensionen angegeben, die von den jeweiligen Zeitungen veröffentlicht wurde, zum anderen der Mittelwert der zeitlichen Rangfolge, in der diese Rezensionen veröffentlicht wurden. Wir werden bei der Darstellung der Ergebnisse die österreichischen und schweizerischen Zeitungen aus der Analyse ausschließen und uns auf die bundesdeutschen Qualiltätszeitungen beschränken (in der Tabelle kursiv gesetzt). Betrachten wir als erstes die Anzahl der Rezensionen, so fällt auf, daß die FAZ mit einer Anzahl von 77 die meisten Rezensionen aufweist, gefolgt von der Süddeutschen Zeitung mit insgesamt 67 Rezensionen. In deutlichem Abstand folgen Die Zeit und die Frankfurter Rundschau, die mit 37 bzw. 32 Rezensionen nur rund die Hälfte der Rezensionen dieser beiden führenden Zeitungen aufweisen. Tageszeitung und Welt wiederum haben mit jeweils 21 bzw. 15 Rezensionen eine deutlich geringere Anzahl an Rezensionen. Deutlich wird allerdings auch, daß Focus und Spiegel mit vier bzw. fünf Veröffentlichungen die weitaus geringste Anzahl an Rezensionen aufweisen. Diese beiden Zeitungen spielen daher, entgegen der Rolle, die ihnen in der massenmedialen Politikberichterstattung zukommt, im Feld der Rezensionen über Literatur nur ein geringe Rolle.[12]

---

einige der dort skizzierten Kriterien der Kunstberichterstattung in unserer Untersuchung keine oder nur eine geringe Rolle (z.B. Personalisierung der Berichterstattung, Kontakt zu den Künstlern, die regionale Nähe innerhalb des Landes). Hier ist jedoch zu betonen, daß wir im Unterschied zur Untersuchung von Saxer Journalisten von Qualitätszeitungen untersucht haben, bei denen ein stärker professionalisiertes Rollenverständnis anzutreffen ist als in regionalen Zeitungen. Trotzdem möchten wir hier nochmals auf das schon in der Einleitung skizzierte Problem verweisen, daß es sich bei dem hier verwendeten Interviewmaterial um die subjektive Einschätzung der befragten Journalisten handelt und nicht um eine objektive Darlegung von Zusammenhängen.

11 Die Grundlage für diese Erhebung ist die Publikation „Buchrezensionen" (Gorzny 1992, 1994) die jährlich erscheint und alle Rezensionen aus den berücksichtigten Zeitungen auflistet. Die dort analysierten Zeitungen reichen von den prominenten Tageszeitungen wie Frankfurter Allgemeine Zeitung und Süddeutsche Zeitung bis hin zu Wochenzeitschriften wie Rheinischer Merkur und Freitag. Für jedes ausgewählte Buch wurde die Abfolge von Rezensionen in den verschiedenen Zeitungen erhoben. Hierbei bezieht sich die Auswahl der Rezensionen auf die Jahre 1991 und 1993.

12 Es muß unterschieden werden zwischen der hier betrachteten Rolle, die Focus und Spiegel im Rezensionswesen der Massenmedien einnehmen und der Bedeutung, die sie für die literarische Aufmerksamkeit und das Kaufverhalten der Leser selber haben. Die Bedeutung für die Leser ist für Spiegel und Focus zweifellos größer als sich aus den hier wiedergegebenen Zahlen ablesen läßt.

Tabelle 1: Anzahl der Rezensionen und Mittelwerte der zeitlichen Rangfolge der Rezensionen in deutschsprachigen Zeitungen von 198 zufällig ausgewählten Büchern[13]

Zeitungen	Anzahl Rezensionen	Zeitungen	Mittelwerte Rangfolge
Frankfurter Allgemeine Zeitung	77	*Frankfurter Allgemeine Zeitung*	2,31
Süddeutsche Zeitung	67	Welt	2,33
Presse	46	Presse	2,48
Neue Zürcher	46	Freitag	2,56
Tagesspiegel	39	*Süddeutsche Zeitung*	2,61
Zeit	37	Neue Zürcher	2,91
Frankfurter Rundschau	32	Woche	3,07
Neues Deutschland	24	*Frankfurter Rundschau*	3,16
Rheinischer Merkur	22	*Tageszeitung*	3,24
Tageszeitung	21	Deutsches Allgemeines Sonntagsblatt	3,26
Deutsches Allgemeines Sonntagsblatt	19	*Zeit*	3,27
Stuttgarter Zeitung	19	Tagesspiegel	3,28
Freitag	18	Neues Deutschland	3,46
Weltwoche	17	Rheinischer Merkur	3,64
Welt	15	Handelsblatt	3,75
Woche	15	Weltwoche	4,12
Handelsblatt	8	Stuttgarter Zeitung	4,68
Spiegel	5	*Focus*	6,25
Focus	4	*Spiegel*	9,00

Betrachten wir im weiteren den Zeitpunkt der Rezensionen. Auch hier liegt die FAZ an führender Stelle. Hierbei meint ein Mittelwert von 2,31 für die FAZ, daß sie Bücher in der Zeitungslandschaft durchschnittlich an zweiter Stelle rezensiert, Die Zeit mit einem Wert von 3,27 durchschnittlich an dritter Stelle, Focus und Spiegel hingegen mit Werten von 6,25 und 9 durchschnittlich an sechster und neunter Stelle. Vergleichen wir die Qualitätszeitungen untereinander, so zeigt sich, daß die Welt die einzigste Zeitung ist, die zu einem ähnlich frühen Zeitpunkt wie

---

13 Wir haben den Bayernkurier, der nur zwei Rezensionen aufweist, aus der Analyse ausgeschlossen, weil die Fallzahl zu gering war.

die FAZ ihre Rezensionen veröffentlicht, die dafür aber eine deutlich geringere Anzahl an Rezensionen aufweist. Süddeutsche Zeitung, Frankfurter Rundschau, Tageszeitung und auch Die Zeit weisen beim Zeitpunkt der Veröffentlichung gegenüber der FAZ schon einen erkennbaren Abstand auf. Deutlich abgeschlagen auf den beiden letzten Plätzen liegen wiederum Focus und Spiegel.

Insgesamt betrachtet nimmt die FAZ also sowohl bei der Anzahl der Rezensionen als auch beim Zeitpunkt der Veröffentlichungen eine führende Rolle in der deutschen Zeitungslandschaft ein. Bezieht man diese Ergebnisse auf die Frage nach der Strukturiertheit des Rezensionswesens, so sprechen sie für die Annahme, daß die FAZ ein Leitmedium für das massenmedial vermittelte Rezensionswesen darstellt, und zwar nicht nur für die regionalen Zeitungen, sondern auch für die Redakteure der anderen überregionalen Zeitungen.

Diese Annahme einer Leitfunktion der FAZ, oder anders gesagt, eines Intermedia Agenda Setting-Effektes der FAZ auf das Rezensionswesen der anderen Zeitungen würde nun dadurch Unterstützung erfahren, wenn wir neben der führenden Rolle bei Anzahl und Zeitpunkt der Rezensionen eine große Übereinstimmung der Berichterstattung der FAZ mit anderen Zeitungen feststellen könnten. In unserer Analyse der quantitativen Daten haben wir daher untersucht, wie groß der Anteil der übereinstimmenden Besprechung von Büchern zwischen verschiedenen ausgewählten Zeitungen ist. Wir kamen zu dem Ergebnis, daß die Übereinstimmung von vier der untersuchten Qualitätszeitungen (Tageszeitung, Welt, Focus, Spiegel) mit der FAZ höher war als jeweils die Homogenität der Berichterstattung der Zeitungen untereinander. Allerdings erreicht für zwei Qualitätszeitungen (Frankfurter Rundschau und Zeit) die Süddeutsche Zeitung eine höhere Übereinstimmung mit diesen als die FAZ. Der Grad der Übereinstimmung der FAZ mit den Qualitätszeitungen wiederum liegt zwischen 47% und 100%, während bei der Süddeutschen Zeitung die Spannbreite 33% bis 100% beträgt. Auch diese Ergebnisse weisen also in die Richtung, daß die FAZ bei der Berichterstattung über Literatur eine führende Rolle einnimmt. Allerdings ist hier nochmals darauf zu verweisen, daß auch die Homogenität der Berichterstattung keine kausale Bestätigung der FAZ als eines Leitmediums im Sinne des Intermedia Agenda Setting Ansatzes bedeutet, da bei der Berechnung der Homogenität weder die zeitliche Reihenfolge noch die Inhalte der Rezensionen berücksichtigt werden konnten.

Was läßt sich aus diesen Ergebnissen schlußfolgern? Nehmen wir unserer Modell der Nachrichtengebung als Bezugspunkt, so läßt sich dieses als ein plausibles Modell bezeichnen, das wichtige Faktoren und Selektionsmechanismen der Nachrichtenverarbeitung im Bereich des Rezensionswesen über Literatur erfaßt. Hierbei ist festzuhalten, daß es einen Freiheitsbereich oder einen Bereich der Innovation im Rezensionswesen gibt, in der von den verschiedenen Zeitungen unterschiedliche Literatur besprochen und entdeckt wird. Es scheinen jene Faktoren zu greifen, die im Gatekeeper-Ansatz als die persönlichen Vorlieben des Redakteurs und als die redaktionellen Grundhaltungen eines Mediums benannt werden. Neben diesen persönlichen Vorlieben und redaktionellen Grundhaltungen ist als ein weiterer interner Selektionsmechanismus die Nachrichtenwertigkeit von Literatur, hier vor allem festgemacht am Bekanntheitsgrad des Autors, zu nennen. Über diese Merkmale, die über den Bezug auf die Nachrichtenwerttheorie herausgearbeitet wurden, erfolgt eine Strukturierung der Rezensionen. Insgesamt ist also festzuhalten, daß das Rezensionswesen nicht allein von externen Strukturen (Verlags- und Medienwesen) determiniert ist. Es ist allerdings auch zu konstatieren, daß es solch einen extern strukturbedingten Bereich gibt. So wurde von den Redakteuren zum einen die verlagliche Öffentlichkeitsarbeit genannt, zum anderen scheint aber auch eine Abstimmung zwischen den Medien im Sinne des Intermedia Agenda Setting Ansatzes vorzuliegen. Dies gilt nach den Ausführungen unserer Gesprächsteilnehmer besonders für die regionalen Zeitungen, scheint aber auch für die Qualitätszeitungen ein nicht unwichtiges Moment darzustellen.

Schwierig ist die Antwort auf die Frage nach der Wirksamkeit der einzelnen herausgearbeiteten Determinanten im Vergleich. Die Ergebnisse deuten daraufhin, daß stärker interne denn externe Momente eine Rolle spielen. Es ist jedoch zu vermuten, daß bei Zeitungen mit einer geringeren personellen Ausstattung eine stärkere Bedeutung von Verlagsarbeit und Verlagsstrategien vorliegt. Darüber hinaus weist unsere Analyse der Anzahl und des Zeitpunkts ausgewählter Rezensionen in verschiedenen Zeitungen darauf hin, daß es durchaus eine Abstimmung zwischen den Medien gibt - und dies scheint nicht nur für die regionalen Zeitungen zu gelten -, in der der FAZ eine besondere Rolle zukommt.

4. Zusammenfassung

Unsere Beschäftigung mit dem Zusammenhang von Künsten und Medien hat sich vor allem zwei Fragestellungen gewidmet: Erstens, welche Strategien schlagen kunstproduzierende Organisationen gegenüber den Medien ein und wie sind diese zu erklären? Zweitens, nach welchen Kriterien wählen die Medien aus dem breiten Angebot von produzierter Kunst bestimmte Ereignisse und Gegenstände aus und welche Rolle spielen dabei die beschriebenen Strategien?

Die Beziehungen zwischen kunstproduzierenden Organisationen wie Verlagen und den Medien sind nach dem Ergebnis unserer explorativen Studie durch Abhängigkeit und eine unsichere Informationslage der Kunstproduzenten gegenüber den Medien gekennzeichnet. Die Unsicherheit versuchen die Organisationen mit einer ganzen Fülle von Strategien zu kontrollieren und abzubauen. Die Notwendigkeit und Stärke dieser Strategien wird nach den Ergebnissen unserer Studie und auch den Resultaten, die in der Literatur zu finden sind, durch den Grad der Abhängigkeit determiniert. Um diese Ergebnisse zu erhärten und zu systematisieren wäre es notwendig, systematisch vergleichende Untersuchungen über die Beziehungen zwischen den kunstproduzierenden Organisationen und den Medien anzustellen.

Betrachtet man den Erfolg der Verlage, über ihre Strategien Zugang zum Mediensystem zu erlangen, so zeigt sich, daß diese Strategien nur einen Faktor darstellen, um Medienaufmerksamkeit zu erlangen. Hier ist als ein weiterer wichtiger externer Faktor die Abhängigkeit der Medienberichterstattung von bestimmten Leitmedien zu beachten, wie sie bei den Printmedien über die FAZ repräsentiert wird. Es wäre jedoch verfehlt, ein Bild zu skizzieren, in dem nur externe Faktoren die Auswahl der Literatur vorgeben, die in den Medien rezensiert werden. Zu sehr scheinen hier auch Faktoren eine Rolle zu spielen, die einerseits auf die ganz subjektiven Vorlieben von Redakteuren zurückzuführen sind, andererseits aber auf Merkmale der Literatur selbst, wie sie sich z.B. im Bekanntheitsgrad eines Autors oder eines Verlages manifestieren. Insgesamt betrachtet ist daher die Möglichkeit der Verlage, Zugang zu den Medien zu gewinnen und ihre Unsicherheit im Umgang mit den Medien über den Ausbau und die Professionalisierung ihrer Verlagsstrategien zu reduzieren, vor dem Hintergrund solcher, vom Verlag nicht zu beeinflussender, externer und interner Faktoren zu sehen und zu relativieren. Welche Bedeutung den Verlagsstrategien dabei im Verhältnis zu den anderen Faktoren des Erlangens von Medienaufmerksamkeit zukommt, bleibt zukünftiger Forschung vorbehalten.

Literatur

Aldrich, Howard E., und Jeffrey Pfeffer, 1976: Environments of Organizations, Annual Review of Sociology 2: 79 - 105.
Aldrich, Howard E., und Sergio Mindlin, 1978: Uncertainty and Dependence. Two Perspectives of Environment, S. 149 - 170, in: Lucien Karpit (Hg.): Organization and Environment, Beverly Hills: Sage.
Alemann, Heine von, 1997: Galerien als Gatekeeper des Kunstmarktes. Institutionelle Aspekte der Kunstvermittlung, in diesem Band.
Baerns, Barbara, 1985: Öffentlichkeitsarbeit oder Journalismus? Zum Einfluß im Mediensystem, Köln: Wissenschaft und Politik.
Barth, Henrike und Wolfgang Donsbach, 1992: Aktivität und Passivität von Journalisten gegenüber Public Relations. Fallstudie am Beispiel von Pressekonferenzen zu Umweltthemen, in: Publizistik 37: 151-165.
Becker, Howard S., 1981: Aussenseiter. Zur Soziologie abweichenden Verhaltens, Frankfurt: Fischer.
Becker, Howard S., 1982: Art Worlds, Berkeley and Los Angeles: University of California Press.
Bergesen, Albert, 1984: The Semantic Equation. A Theory of the Social Origins of Art Styles, S. 187 - 221, in: Randall Collins (Hg.): Sociological Theory 1984. San Francisco: Jossey-Bass.

Börsenverein des Deutschen Buchhandels e. V. (Hg.), 1995a: Erfolgsfaktor „Zufriedene Kunden", Frankfurt: Börsenverein des Deutschen Buchhandels e. V.: Abteilung Marktforschung.
Börsenverein des Deutschen Buchhandels e. V. (Hg.), 1995b: Buch und Buchhandel in Zahlen 1995, Frankfurt: Börsenverein des Deutschen Buchhandels e. V.: Abteilung Marktforschung.
Bourdieu, Pierre, 1982: Die feinen Unterschiede. Kritik der gesellschaftlichen Urteilskraft, Frankfurt: Suhrkamp.
Bystryn, Marcia, 1978: Art Galleries as Gatekeepers. The Case of the Abstract Expressionists, in: Social Research 45: 390 - 408.
Coser, Lewis A., Charles Kadushin, und Walter W. Powell, 1982: Books. The Culture and Commerce of Publishing, New York: Basic Books.
DiMaggio, Paul, 1987: Classification in Art, in: American Sociological Review 52: 440 - 455.
DiMaggio, Paul, und Walter W. Powell, 1991: Introduction. S. 1 - 38 in: Walter W. Powell und Paul DiMaggio (Hg.): The New Institutionalism in Organizational Analysis. Chicago und London: The University of Chicago Press.
Fröhlich, Romy, 1992: Qualitativer Einfluß von Pressearbeit auf die Berichterstattung: Die "geheime Verführung" der Presse?, in: Publizistik 37: 37-49.
Gabriel, Oscar W. (Hg.), 1992: Die EG-Staaten im Vergleich. Strukturen, Prozesse, Politikinhalte, Opladen: Westdeutscher Verlag.
Gerhards, Jürgen und Helmut K. Anheier, 1987: Zur Sozialposition und Netzwerkstruktur von Schriftstellern, in: Zeitschrift für Soziologie 16: 385 - 394.
Gerhards, Jürgen, 1991: Die Macht der Massenmedien und die Demokratie: Empirische Befunde. Discussion Paper FS III 91-108, Wissenschaftszentrum Berlin.
Gollhardt, Martina, 1992: Nichts geht über persönliche Kontakte, in: Börsenblatt des Deutschen Buchhandels 57: 17 - 19.
Gollhardt, Martina, 1995: „Schicken Sie mir mal ein Rezessionsexemplar". Die Pressearbeit für Verlage hat sich in den letzten Jahren verändert, in: Frankfurter Rundschau 7.10.: Nr. 233: ZB 5.
Gorzny, Willi (Hg.), 1991: Buchrezensionen 1990. Pullach: Gorzny Verlag.
Gorzny, Willi (Hg.), 1992: Buchrezensionen 1991. Pullach: Gorzny Verlag.
Gorzny, Willi (Hg.), 1994: Buchrezensionen 1993. Pullach: Gorzny Verlag.
Greenfeld, Liah, 1988: Professional Ideologies and Patterns of „Gatekeeping". Evaluation and Judgement within two Art Worlds, in: Social Forces 66: 903 - 925.
Griff, Mason, 1968: The Recruitment and Socialization of Artists, S. 447 - 455 in: David L. Sills (Hg.): Encyclopedia of the Social Sciences. New York: Macmillan.
Grossenbacher, René, 1986: Hat die "vierte Gewalt" ausgedient? Zur Beziehung zwischen Public Relations und Medien, in: Media Perspektiven 11: 725-731.
Haskell, Francis, 1963: Patrons and Painters. A Study in the Relations between Italian Art and Society in the Age of the Baroque, New York: Alfred A. Knopf.
Hirsch, Paul M., 1972: Processing Fads and Fashions: An Organization-Set Analysis of Cultural Industry Systems, in: American Journal of Sociology 77: 639 - 659.
Hirsch, Paul M., 1978: Production and Distribution Roles among Cultural Organizations: On the Division of Labor across Intellectuell Disciplines, in: Social Research 45: 315 - 330.
Hutter, Michael, 1992: Kulturökonomik, Hagen: Studienbrief der FernUniversität Hagen.
Jurkovich, Ray, 1974: A Core Typology of Organizational Environments, in: Adminstrative Science Quarterly 19: 380 - 394.
Kepplinger, Hans-Mathias, 1989: Theorien der Nachrichtenauswahl als Theorien der Realität, in: Aus Politik und Zeitgeschichte B15: 3-16.
Lang, Kurt, 1989: Mass, Class and the Reviewer. S. 191 - 204 in: Arnold W. Foster und Judith Blau (Hg.): Art and Society. Readings in the Sociology of the Arts. Albany: State University of New York Press.

Mathes, Rainer und Uwe Freisens, 1990: Kommunikationsstrategien der Parteien und ihr Erfolg. Eine Analyse der aktuellen Berichterstattung in den Nachrichtenmagazinen der öffentlich-rechtlichen und privaten Rundfunkanstalten im Bundestagswahlkampf 1987, S. 531-568, in: Max Kaase/ Hans-Dieter Klingemann (Hg.): Wahlen und Wähler. Analysen aus Anlaß der Bundestagswahl 1987 Opladen: Westdeutscher Verlag.

Meuser, Michael, und Ulrike Nagel, 1991: ExpertInneninterviews - vielfach erprobt, wenig bedacht. Ein Beitrag zur qualitativen Methodendiskussion S. 441 - 471, in: Detlef Garz und Klaus Kraimer (Hg.): Qualitativ-Empirische Sozialforschung. Opladen: Westdeutscher Verlag.

Moulin, Raymonde, 1987: The French Art Market. A Sociological View, New Brunswick und London: Rutgers University Press.

Noelle-Neumann, Elisabeth/ Mathes, Rainer, 1987: The 'Event as Event' and the 'Event as News': The Significance of 'Consonance' for Media Effects Research, in: European Journal of Communication 2: 391-414.

Peterson, Richard A, 1978: The Production of Cultural Change. The Case of Contemporary Country Music, in: Social Research 45: 292 - 314.

Peterson, Richard A., und David G. Berger, 1975: Cycles in Symbol Production: The Case of Popular Music, American Sociological Review 40: 158 - 183.

Pfeffer, Jeffrey, und Gerald R. Salancik, 1978: The External Control of Organizations. A Ressource Dependence Perspective, New York: Harper & Row.

Robinson, Gertrude Joch, 1973: Fünfundzwanzig Jahre "Gatekeeper"-Forschung: Eine kritische Rückschau und Bewertung. S. 344-355 in: Aufermann, Jörg/ Hans Bohrmann/Rolf Sülzer (Hg.): Gesellschaftliche Kommunikation und Information. Forschungsrichtungen und Problemstellungen. Frankfurt a. M.

Saxer, Ulrich, 1995: Kunstberichterstattung. Analyse einer publizistischen Struktur, Zürich: Seminar für Publizistikwissenschaft der Universität Zürich.

Saxer, Ulrich, 1997: Kunstberichterstattung als Institution. Longitudinalanalyse einer Pressestruktur, in diesem Band.

Schulz, Winfried, 1976: Die Konstruktion von Realität in den Nachrichtenmedien. Analyse der aktuellen Berichterstattung, Freiburg/ München: Alber.

Scott, Richard W., 1986: Grundlagen der Organisationstheorie, Frankfurt/New York: Campus.

Staab, Joachim Friedrich, 1990: Nachrichtenwert-Theorie. Formale Struktur und empirischer Gehalt, Freiburg/ München: Alber.

Thompson, James D., 1967: Organizations in Action. Social Science Bases of Administrative Theory, New York: McGraw-Hill.

Thurn, Hans Peter, 1989: Kunstsoziologie. S. 379 - 385, in: Günter Endruweit und Gisela Trommsdorff (Hg.): Wörterbuch der Soziologie. Stuttgart: dtv/Enke.

Thurn, Hans Peter, 1994: Der Kunsthändler. Wandlungen eines Berufes, München: Hirmer.

Weigner, Felix, 1989: Ausgelesen? Das Buch im Umfeld von Kultur und Kulturindustrie, Münsingen-Bern: Fischer.

Zolberg, Vera, 1990: Constructing a Sociology of the Arts. Cambridge: Cambridge.

Rosanne Martorella

Das Verhältnis von Theaterkasse und Repertoire: Eine Fallstudie über die Oper[1]

Das Arbeitsmilieu von Künstlern - Schriftstellern, Malern und Musikern - ist von verschiedenen theoretischen Perspektiven aus interpretiert worden (Albrecht et al. 1970; Wilson 1952; Hauser 1951). Eine aus einer marxistischen Tradition kommende Richtung schließt dabei die Beschreibung von Marktstrukturen ein und setzt sie ins Verhältnis zu den unterschiedlichen künstlerischen Stilen und Karrieren. Milton C. Albrecht (1973) faßt diese verschiedenen Bemühungen zusammen und bietet einige Hinweise der Analyse von Marketing-Netzwerken (bestehend aus Produktion, Verteilung und Konsumtion) an, die Einfluß auf die Kunstprodukte, die künstlerische Rekrutierung und die Sozialisation haben.

Jüngst haben auch Soziologen, die sich mit Populärkultur beschäftigen, dieses Feld als Markt analysiert (siehe zum Beispiel: Hesbacher 1975; Peterson und Berger 1972, 1975; Denisoff 1974; Tuchman 1974 und Hirsch 1969). Andere Untersuchungen wiederum haben eine etwas andere Perspektive eingenommen, indem sie aus der Sicht der Organisationsanalyse dokumentieren, welche Auswirkungen die Vormachtstellung der Kunden zum Beispiel auf Film und Musik haben (Faulkner 1976; Peterson und Berger 1972; Powdermaker 1950). Den sogenannten schönen Künsten[2] wurde jedoch wenig Aufmerksamkeit gewidmet, und die Oper als künstlerische Organisation wurde bisher gar nicht untersucht.

---

1 Der Aufsatz wurde von Claudia Sonntag und Jürgen Gerhards aus dem Englischen ins Deutsche übersetzt. Die Autorin dankt Joseph Bensman und Arthur Vidich für ihr anhaltendes Interesse und ihre Unterstützung und ist besonders Robert Faulkner für die aufschlußreichen Vorschläge zu einem früheren Entwurf dankbar.
2 Ökonomische und institutionelle Faktoren, die bereits dokumentiert wurden und die man integrieren kann, sollten bei einer solchen Marktanalyse berücksichtigt werden: eine Analyse der Organisation des Symphonieorchesters (Arian 1971; Faulkner 1973; Mueller 1951) sowie verschiedene Studien, die die Ökonomie der Darstellenden Künste in Amerika und in den dafür zuständigen Institutionen der einzelnen Staaten erforschen (Baumol und Bowen 1966; Ford Foundation 1974; National Council of Arts in New York 1973a, 1973b; Rockefeller Foundation Report 1965).

Dieser Aufsatz untersucht die Marktdimension der Opernproduktion. Die Eigenart dieser klassischen darstellenden Kunstform - seine gemeinwirtschaftliche Struktur und seine Abhängigkeit von den Organisationsstrukturen des unterstützenden Personals - legt automatisch eine Interpretation in Termini von Handlungsrestriktionen des Marktes, die durch die Kundenorientierung bzw. ein kommerzähnliches Milieu befördert werden, nahe. Die Untersuchung der durch die Marktbedingungen (einschließlich des Systems der Patronage, der Orientierung am Geschmack des breiten Publikums und des Einflusses europäischer Traditionen) hervorgerufenen Auswirkungen auf Produktionsziele und Werte der Oper erlaubt es uns, das Verhältnis zwischen der Ökonomie der Oper einerseits und dem, was zur Aufführung ausgewählt wird andererseits, zu erforschen.[3]

1. Die Struktur des Opernmarktes

Studien zum Kunstmarkt haben gezeigt, daß mit der Spezialisierung sozialer Institutionen und der Veränderung von Marktbeziehungen sich auch die soziale Position des Künstlers, seine Rolle und das künstlerische Produkt verändert haben (Martindale 1972; Huaco 1965; Bensman und Grever 1958; Hauser 1951). Unter Verwendung dieses theoretischen Rahmens hat Rosanne Martorella (1974) nachgewiesen, daß die Entstehung und die Spezialisierung der verschiedenen Rollen der aufführenden Künstler, die zusammen die Struktur der modernen Oper bilden, durch die Veränderung der Patronage und des musikalischen Geschmacks des Publikums begünstigt wurden. Durch ein bestimmtes Publikum favorisierte Musiker trugen umgekehrt zur Entwicklung von spezifischen Innovationen, Interpretationsweisen und Stilen der Musik bei. Die Rolle der Kastraten des siebzehnten und achtzehnten Jahrhunderts, welche zum Aufstieg der „bel canto"-Tradition beim Gesang führten, und die hohe Stellung und das Prestige, das die virtuosen Instrumentalisten des neunzehnten Jahrhunderts genossen, macht die Bedeutung des Patronagesystems für die Rollen der aufführenden Künstler und die Kunststile deutlich (Raynor 1972: 329-30; Pincherle 1965: 41-52; Bukofzer 1974: 408-11).

Nationale Besonderheiten haben dazu geführt, daß die Oper unterschiedliche Formen annahm. Dabei war sowohl die Art der Patronage, das Publikum als auch die sozialpolitische Situation von Bedeutung. So kam es in Deutschland mit dem wachsenden Interesse der Mittelschicht an der Oper zur Ablehnung der aristokratischen Musik der „opera seria". Ihre Liebe zum Singspiel und ihre literarische Tradition führten zusammen zur Erschaffung von etwas, was Wagner später „Gesamtkunstwerk" nannte - eine alles umfassende Kunstform, die Musik, Poesie und Drama einschließt. Laieninstrumentalisten und Chöre in Nordeuropa vertieften

---

3 Die Beschreibung und die Analyse basiert auf Mitschnitten von Interviews, die im Zeitraum von 1971 - 1973 durchgeführt wurden, auf den jährlichen Budgets der Opernhäuser, den ökonomischen Berichten der Ford Foundation, des National Council of the Art of New York State und Spielplänen von 1962 bis 1976.

ihre Vorliebe für den aufführenden Komponisten, während aristokratische und venezianische Familien die Virtuosität des Sängers bevorzugten (Lang 1941: 378; Thomson 1939; Rolland 1915: 229).

Beim Wechsel der Patronage vom Adel und der Kirche auf die Mittelklasse blieb der Status, den die Musik für die Konsumenten gewährte, erhalten. Der barocke Lebensstil und der Prunk der höfischen Oper lebt im kommerziellen Opernbetrieb fort; mit diesem Wechsel kam es besonders in Italien und später auch in den Vereinigten Staaten zu einer Vorliebe für Superstars. Seit der Mitte des 19. Jahrhunderts hat die Opernproduktion in den Vereinigten Staaten versucht, sich so viel wie möglich aus der euorpäischen Tradition einzuverleiben. Eine eigene Tradition auf diesem Gebiet war in den USA nicht vorhanden, und die eigene kulturelle Elite verachtete alles Amerikanische (Pleasants 1973: 73; Stone 1957). Obwohl mit dem Aufstieg von städtischen Zentren und dem Zustrom von Immigranten die Musik der Mittelschicht säkularisiert wurde, behielt die Oper bis heute ihre starke Abhängigkeit von Europa bei, was ein Mißtrauen gegenüber Experimenten im modernen Repertoire zur Folge hatte.

Die Geschichte der vier führenden Opernhäuser in den Vereinigten Staaten (Metropolitan Oper, Lyric Oper of Chicago, New York City Oper und San Francisco Oper), die über die Hälfte des Gesamtbudgets aller professionellen Opernhäuser unter sich aufteilen, reflektiert diese strukturellen Veränderungen. Diese Veränderungen haben künstlerische Entscheidungen und die Organisationsform der Oper beeinflußt. Die Beziehungen werden von demjenigen Teil des Publikums bestimmt, von dem die Häuser finanziell abhängen. Die Metropolitan Oper, die von einem gewinnorientierten und sehr renommierten Unternehmen um 1880 zu einer gemeinwirtschaftlich öffentlichen Institution im Jahre 1932 umgewandelt wurde, reflektiert besonders gut diese strukturellen Veränderungen. Zu Anfang wurde sie durch die reichen Leute beeinflußt, die Aktien besaßen, große Gewinnausschüttungen erzielten und ein Abonnement für die Logenplätze für die gesamte Spielzeit hatten. Die Transformation hat jedoch nicht gleichzeitig die Repertoireentwicklungen beeinflußt. Anders als in der französischen und holländischen Malerei oder in der englischen Literatur sind in der amerikanischen Oper mit einer erhöhten Mittelschicht-Patronage keine künstlerischen Innovationen eingetreten. Eine eigenständige Opernmusik, die repräsentativ wäre für die Mittel- oder Oberschicht, hat sich nicht herausgebildet. Alles Avantgardistische war Produkt von Komponisten, die öffentlich nicht sichtbar in akademischen Subkulturen lebten. Wir schätzen, daß zum Beispiel von den 463 unterschiedlichen Produktionen, die in 10.000 Aufführungen zwischen 1966 und 1972 zu sehen waren, über 90 Prozent von Universitäten gegeben wurden. Opernhäuser, die von Abonnenten und einem eher gleichgültig das Repertoire konsumierenden Publikum abhängig wurden, können ganz einfach nicht das Risiko tragen, Werke zu produzieren, die keinen unmittelbaren Erfolg garantieren. Sowohl die bloße Größe eines Opernhauses mit all den notwendigen Ausgaben, als auch die sich verändernde Art des Sponserings und die Inflation lassen eine gewisse ökonomische Stabilität kaum zu.

Mächtige Mitglieder der Förderkreise, die den Geschmack der Mehrheit des Opernpublikums teilen, verschärfen die Situation. Sie behindern Innovationen und haben dazu beigetragen, das Repertoire zu beschränken.

Im Vergleich dazu sind die San Francisco Oper (Bloomfield 1972: 139) und die New York City Oper auf Grund eines niedrigeren Budgets (ungefähr 4 Millionen Dollar jährliche Ausgaben im Verhältnis zu 25 Millionen Dollar bei der Metropolitan Oper) und einer etwas besseren Subventionierung bis vor kurzem nicht in einem so starken Maße beschränkt und durch die Kunden bestimmt gewesen. Außerdem haben sich ihre jeweiligen Direktoren der Präsentation experimenteller Produktionen verschrieben. Trotzdem, der Umzug der New York City Oper ins Lincoln Center und der damit verbundene Anstieg der Produktionskosten und die Erweiterung des Marktes führten alsbald zu einer stärkeren Anpassung an die Anforderungen der Theaterkasse und des Starsystems. In zunehmendem Maße wurden alle Opernhäuser von den steigenden Produktionskosten, den erhöhten Kosten für die Unterhaltung der Häuser, den Anforderungen der Gewerkschaft, der 52-Wochen-Spielzeit und den inflationären ökonomischen Entwicklungen betroffen. Das ökonomische Dilemma in den Künsten kann aber nicht nur durch die Inflation erklärt werden. Es liegt in der Natur der Organisationsweise der darstellenden Künste, daß sie sehr "arbeitskräfteintensiv" sind, nur ein beschränktes Repertoire anbieten und ein relativ kleines Publikum haben, das nur einen geringen Teil der Gesamtkosten von Produktionen tragen kann. Dies verursacht Schulden. Um die Kosten zu beschränken, kann unter anderem versucht werden, die Verkaufseinnahmen der Theaterkasse zu erhöhen. Dies ist ein Verfahren, was in der kommerziellen Film- und Theaterindustrie nur allzu bekannt ist. Im Folgenden werde ich die Funktionsweise der Theaterkasse im Lichte der diskutierten institutionellen Veränderungen untersuchen.

2. Theaterkasse, Mäzene und Kontrolle durch die Kunden

Das Opernpublikum umfaßt Personen, die ein- oder zweimal im Jahr Karten kaufen, private Mäzene, eifrige Opernfans, Abonnenten und Sponsoren wie Stiftungen, Kooperationen und die Regierung. Die Auswahl des Repertoires erfolgt mit Rücksicht auf diese Gruppen in einem komplizierten Netzwerk von Schritten bestimmt durch die Anforderungen der Kunden einerseits und durch die eigenen Ressourcen andererseits. In Erwägung gezogen werden müssen dabei sowohl die technischen Notwendigkeiten für eine Komposition (z. B. Verfügbarkeit von verschiedenen Stimmen, angemessene Beleuchtung und Bühnenausstattung, Größe des Orchesters und des Chores, Geld für die Kompensation von Produktions- und Probezeit usw.) als auch die Resonanz beim Publikum. Letztendlich haben das Publikum und die Mäzene bei Entscheidungen ein großes Gewicht, da sie ihr Interesse durch den Kauf von Eintrittskarten und die Gewährung von Zuschüssen zum Ausdruck bringen.

Die hohe Inflationsrate im Kontext der generellen ökonomischen Struktur der Künste in den Vereinigten Staaten wird dazu führen, daß die Theaterkasse einflußreicher für die Zukunft der Künste in Amerika werden wird (Baumol und Bowen 1966; Ford Foundation 1975, 1974; New York State Council of the Arts 1973; Rockefeller Foundation 1965). Die Einnahmen der Theaterkasse betragen mindestens 60 Prozent der Gesamteinnahmen der Metropolitan Oper und der San Francisco Oper, während sie ein wenig weniger als die Hälfte der Einnahmen der Lyric Oper of Chicago ausmachen. Private Spenden, die für die übrigen Einnahmen aufkommen, haben erheblich zugenommen. Ohne sie könnten die Institutionen nicht überleben. Die Metroplitan Oper berichtet zum Beispiel in einer Studie für den Zeitraum von 1965 bis 1975, daß sich die Einnahmen verdoppelt, die Kosten aber verdreifacht haben. Wenn sich die Zuschüsse in diesem Zeitraum nicht von 4,4 auf 9 Millionen Dollar erhöht hätten, wäre ein Bankrot das Resultat gewesen. Das Ausmaß des Einflusses der Mäzenen auf die Opernhäuser ist abhängig vom Anteil ihres Zuschusses am Gesamtbudget. Private Spender und Mitglieder von Fördergesellschaften sind deshalb als „Kunden" an der Chicago und der Metropolitan Oper einflußreicher als an der San Francisco Oper und der New York City Oper. Ein Intendant bekannte, daß, wenn die Spenden entsprechend der Wünsche der Mäzene verwendet würden, weitere Spenden gesichert seien. „Wenn du eine Spende erhältst, verbrauchst du sie. Wenn Sie sich unsere Bücher ansehen, sehen sie, daß wir dies gut gemacht haben. Die Öffentlichkeit war entzückt; sie sandte Schecks." (Krawitz 1973)

Die Metropolitan Oper war in den 60er Jahren in ihrer Besucherkapazität zu 95 Prozent durch Abonnenten ausgelastet. In den letzten Jahren ist diese Rate allerdings beträchtlich gesunken. 1975 erreichte sie mit 86 Prozent einen Tiefpunkt. Die Abnahme des täglichen Kartenverkaufs als auch der Subskription durch die Abonnenten hat die Situation verschärft. Die Opernhäuser sind zunehmend abhängig von Produktionen geworden, die sich an der Kasse gut verkaufen lassen, und fürchten in stärkerem Maße risikobehaftete Produktionen. Für ein Haus wie die Metropolitan Oper bedeutet jedes Prozent der Hauskapazität Einnahmen von ungefähr 100.000 Dollar. Der als Intendant der Hamburger Oper sehr erfolgreiche und beachtete Rolf Lieberman leitet heute die Pariser Oper. Bei der Darstellung des Problems der Metropolitan Oper spielte er auf das Verhältnis zwischen Theaterkasse und dem, was zur Aufführung ausgewählt wurde an: „Das Problem mit der Metropolitan ist, daß man immer auf das Wohlwollen der Menschen angewiesen ist, die möglicherweise bereit sind zu helfen, so daß man niemals auf der Grundlage eines sicheren Budgets planen kann. Das ist eine gefährliche Sache. Andererseits ist es so, daß, wenn das Budget zu 96 Prozent auf Einnahmen aus der Theaterkasse basiert, alles Riskante und Moderne ausgeschlossen wird." (Heyworth 1971)

Die Unterwerfung unter die Anforderungen der Theaterkasse sichert eine größere finanzielle Sicherheit. Sie wird inzwischen gerechtfertigt, da sie Überleben bedeutet. Carol Fox, Intendant der Lyric Oper of Chicago, ist sogar noch weiter gegangen, indem sie erklärte, daß es nicht ihre Aufgabe sein könne, Dinge ins Repertoire zu nehmen, die keine Einnahmen der Theaterkasse garantieren. Sie legitimiert eine Ideologie, die bei Dienstleistungsanbietern sehr verbreitet ist, indem sie behauptet: „Unser Publikum muß wahrscheinlich häufiger zuhören, bevor es versteht und genießt. Und ich weiß nicht, ob es unsere Aufgabe ist, das alles zu leisten. Die wichtigste Aufgabe ist es, die Öffentlichkeit zufrieden zu stellen, sie dazu zu veranlassen zu kommen und sie somit nach und nach an das Neue heranzuführen." (Jenkins 1972: 14)

Ein von der Metropolitan Oper herausgegebenes „White Paper" gibt diese von den Erfordernissen der Theaterkasse diktierten unvermeidbaren und unglücklichen Konsequenzen zu. Zum Vergleich werden ausländische Opernhäuser, die staatliche Unterstützung erhalten, herangeführt: „Es wurde auch festgestellt, daß Subventionen größere Freiheit und die Möglichkeit zu experimentieren bedeutet und zwar in stärkerem Maße, als die alleinige Abhängigkeit von der Theaterkasse dies erlaubt. Dort, wo die Regierung die Differenz zwischen den Einnahmen der Theaterkasse und den Ausgaben ausgleicht (ungefähr 70% in Deutschland und bis zu 90% in Schweden), ist es viel einfacher, ein spannenderes Repertoire zu planen. Dann muß man sich bei künstlerisch lohnenden Produktionen, die noch nicht genügend dem Publikum ausgesetzt waren, um beliebt zu sein, nicht um den Verkauf von Karten sorgen." (Metropolitan 1971: 27)

Große Häuser, die unter finanziellem Druck stehen, nutzen jede Gelegenheit, um die Einnahmen aus der Theaterkasse zu erhöhen. Populäre Opern werden zur Aufführung ausgewählt und für die großen Rollen werden Superstars eingesetzt. Auch wenn eine genaue Voraussage für die Einnahmen der Theaterkasse nicht immer möglich ist, kann ein gutes Management doch vorhersehen, welches die Kassenschlager sind und was das Publikum kauft. Eine seltene oder wenig bekannte Arbeit von Verdi, Wagner oder Puccini ist ein sicherer Hit und das um so mehr, wenn Superstars für diese neuen Produktionen engagiert werden. Das erinnert an eine Aussage von Edward Johnson, der - von 1935 bis 1950 Intendant der Metropolitan Oper - anmerkte, daß „das Gedeihen der Oper abhängig sei von Verdi, Wagner und Puccini." Gefragt danach, wer zur Entwicklung der künstlerischen Standards beitrage, erwiderte Francis Ronbinson, der in der Opernwelt sehr bekannt ist und lange Zeit mit dem Metropolitan Oper verbunden war: „Die Öffentlichkeit. Wir nennen es ABC, „Aida", „La Bohème" und „Carmen". Sir Rudolph pflegte zu sagen, ´Sie kennen die Meisterwerke, und das ist nicht nur, weil sie von ihnen gehört haben. Sie erkennen und fühlen den Unterschied sofort.´ Sie fordern und wollen das Beste."

Die Einnahmen der Theaterkasse spiegeln die Vorliebe für Kompositionen der Romantik. Die *Tabelle 1* führt das einzig verfügbare Zahlenmaterial über die zehn Aufführungen mit dem Anteil der am meisten verkauften Karten an der Metropolitan Oper in den Spielzeiten von 1972 und 1974 auf. Eingeschlossen sind Verdis „Aida", „Der Troubadour" und „Othello", Wagners „Walküre", „Siegfried", „Götterdämmerung" und „Tristan und Isolde", Bizets „Carmen" und Rossinis „Der

Barbier von Sevilla".

Tabelle 1: Die zehn Aufführungen mit dem höchsten Anteil verkaufter Karten (in Prozent): Metropolitan Oper 1972 und 1974

1972 Produktion	%	1974 Produktion	%
Der Troubadour	99	Tristan und Isolde	99
Norma	99	Götterdämmerung	98
Der Barbier von Sevilla	99	Der Rosenkavalier	97
Aida	98	Hoffmans Erzählungen	97
Carmen	98	Carmen	97
Die Regimentstochter	98	Der Barbier von Sevilla	95
Siegfried	97	Der Troubadour	95
Rosenkavalier	97	Othello	95
Walküre	96	Barbier	95
Othello	95	Madame Butterfly	94
Durchschnitt	87	Durchschnitt	92

Quelle: Metroplitan Opera Association, 1974.

Die *Tabelle 2* listet die Komponisten auf, die am häufigsten an der Metropolitan Oper in den Spielzeiten zwischen 1971 und 1975 aufgeführt wurden. Die Kassenschlager-Komponisten erscheinen innerhalb der letzten fünf Spielzeiten öfters im Repertoire. Eine Ausnahme bilden dabei die Wagner-Produktionen, die im Verhältnis zu den hohen Produktionskosten eine geringere Anzahl an Aufführungen erhalten haben.

Ein stellvertretender Intendant, der anonym bleiben will, spielte auf die Folgen der Kundendominanz an, wenn er die Metropolitan Oper deswegen als ein „versteinertes und verknöchertes Haus" bezeichnete, weil sie gezwungen sei, Karten zu verkaufen. Auch andere Institutionen schloß er in seine Kritik ein; jedoch seien die LaScala und Convent Garden nach seiner Ansicht nicht so rigide bei der Programmgestaltung, da sie Zuschüsse von ihrer jeweiligen Regierung erhielten. Er machte das Abonnetensystem dafür verantwortlich. „Sicherlich werden Einnahmen benötigt, aber es führt zu einem konservativen ja sogar reaktionären Repertoire."

Tabelle 2: Opernproduktionen der beliebtesten Komponisten (in Prozent): Metropolitan Oper (1971 bis 1976)

Spielzeit	Komponist	Prozentualer Anteil
1971-72	Verdi	29
	Donizetti	11
	Puccini	10
	Rossini	7
	Wagner	7
1972-73	Verdi	30
	Puccini	11
	Gounod	11
	Donizetti	8
	Wagner	4
1973-74	Verdi	28
	Puccini	16
	Rossini	9
	Wagner	8
	Donizetti	6
1974-75	Verdi	26
	Puccini	21
	Rossini	8
	Wagner	7
1975-76	Verdi	19
	Mozart	13
	Bellini	11
	Strauss	11

Quelle: Metropolitan Opera Schedules, 1971-76.

Um ihre Häuser zu füllen und somit eine minimale finanzielle Basis zu schaffen, sind Musikinstitutionen zusehends in Abhängigkeit von Aufführungen für Abonnenten geraten.[4] Obgleich Opernabonnenten weiterhin den größten Teil der Ein-

4 Abonnenten füllen mehr als die Hälfte aller Opernaufführungen, während sie ein Siebentel der Karten, die im Theater verkauft werden und ungefähr ein Sechstel der Karten von Tanzaufführungen ausmachen (National Council of the Arts 1973a).

nahmen der Theaterkasse ausmachen, sind sie sehr konservativ und setzen somit spezifische Beschränkungen für die Auswahl des Repertoires. Die Abonnenten begrenzen die Wiederholung des Repertoires, sie fordern Superstars und haben eine Vorliebe für die Italienische Oper. Die daraus resultierenden Behinderungen betreffen nicht nur die spezifischen Inhalte des Repertoires, sondern auch die Gesamtanzahl der Produktionen, Aufführungen und der Komponisten, die für die jeweilige Spielzeit ausgewählt werden. Indem Maestro Kubelik die unvermeidbaren Restriktionen, die mit der Opernproduktion heutzutage verbunden sind auflistet, offenbart er die Bedeutung der Organisationsstruktur. Er betont dabei besonders die Bedeutung der Größe und Art des Publikums. „Ich glaube nicht, daß das Repertoire der Met so schlecht ist. Ein großes Haus, man kann nicht so viel riskieren. Ich bin mir nicht sicher, ob man so einfach sagen kann, daß die City Oper avantgardistische Dinge macht, während andere und die Met dies nicht tun. Ich möchte sie nicht angreifen, aber ihr Budget und ihre Möglichkeiten sind wesentlich geringer, sie rufen geradezu nach etwas mehr. Sie haben die Möglichkeit mehr zu versuchen, da es nicht so viel Geld kostet. Die Met ist das größte Opernhaus der Welt und kann es sich nicht leisten zu waghalsig zu sein, aber sie sollte natürlich ihr Repertoire verbessern." (Rubin 1971)

Die dargestellte Notlage soll nun die Grundlage bilden, um zu untersuchen, wie die Marktbedingungen die Repertoireentwicklungen der führenden Opernhäuser in den Vereinigten Staaten beschränken und bestimmen.

3. Die Standardisierung des Repertoires[5]

Die *Tabelle 3* zeigt die prozentuale Verteilung von Standardopern (Opern die vor 1930 erstaufgeführt wurden) und zeitgenössischen Opern und von Komponisten in den Vereinigten Staaten für einen Zeitraum von neun Jahren (1966-1975). Von der Gesamtzahl der während der ersten Spielzeit aufgeführten Opern sind 64 Prozent Kompositionen von ungefähr 31 Prozent der Komponisten, den Standardkomponisten. Auf die zeitgenössischen Komponisten, die 69 Prozent der Komponisten ausmachen, entfallen nur 36 Prozent der Aufführungen. Demzufolge wurden die Standardkomponisten viermal häufiger aufgeführt als die zeitgenössischen Komponisten; das macht durchschnittlich 250 Aufführungen im Verhältnis zu 61 Aufführungen. Die „Standardisierung" von klassischen Werken und der Widerstand gegen Veränderungen der Repertoireentwicklung scheint der höheren Anzahl von Aufführungen derselben Arbeit von Standardkomponisten geschuldet zu sein. Im Gegensatz dazu erhielten eine größere Zahl der zeitgenössischen Komponisten

---

5 Der Begriff „Standardisierung" wurde von John H. Muellers Studie über das American Symphony Orchestra (1951) übernommen. Er steht für ein Repertoire, daß sich in einem konkurrierenden Auswahlprozeß über die Zeit herausgebildet hat und das Spielzeit für Spielzeit wieder auftritt. Es schließt auch Opern ein, die vor 1930 uraufgeführt wurden.

weniger Aufführungen ihrer Werke; oftmals sind es nur zwei oder drei Aufführungen, die als kurzfristige Auftragsproduktionen realisiert wurden; dies erklärt den größeren Anteil der zeitgenössischen Produktionen innerhalb dieses Zeitraums.

Tabelle 3: Produktionen und Anzahl der Aufführungen in den Vereinigten Staaten: Standard-Repertoire* und Zeitgenössisches Repertoire (1966-1965)

	Anzahl	Prozent
Aufführungen		
Standard	28.060	64
Zeitgenössisch	15.631	36
Gesamt	43.691	100
Komponisten		
Standard	112	31
Zeitgenössisch	255	69
Gesamt	367	100
Produktionen		
Standard	550	46
Zeitgenössisch	641	54
Gesamt	1.191	100
Durchschnittliche Anzahl der Aufführungen der Werke eines Komponisten		
Standard	250	
Zeitgenössisch	61	

* *Opern, die vor 1930 uraufgeführt wurden.*
Quelle: Opera Repertory 1966-1972, Central Opera Service, 1972 und „United States Opera Survey 1974-1975" (Rich 1975: 40-3).

Die *Tabelle 4* macht diesen Trend noch deutlicher, indem sie den geringeren prozentualen Anteil von Produktionen der Standardkategorie aufzeigt, die weniger als 10 Aufführungen im Zeitraum von über fünf Jahren (1966-1972) hatten, und deren höheren Prozentsatz bei Wiederaufnahmen (17 Prozent) gegenüber den zeitgenössischen Werken (.06 Prozent) verdeutlicht. Wenn der jährliche Durchschnitt dieser Kompositionen dokumentiert werden könnte, würde die Standardisierung noch deutlicher nachweisbar sein. Die Zahlen lassen jedenfalls diese Vermutung zu. Der niedrigere prozentuale Anteil der zeitgenössischen Komponisten bei der Gesamtzahl der Aufführungen deutet darauf hin, daß deren Werke größeren Schwankungen unterliegen; das bedeutet, daß zeitgenössische Opern zwar produziert werden, sie aber nur ein paar mal innerhalb des Jahres ihrer Premiere aufgeführt werden und dann nie wieder erscheinen. Klassische Werke sind dagegen widerstandsfähiger gegenüber Veränderungen.

Tabelle 4: Jährliche Wiederaufnahme des Standard Repertoires und des Zeitgenössischen Repertoires (1966-1972)

	Gesamt Repertoire	Weniger als 10		Wiederaufnahme	
		Anzahl	%	Anzahl	%
Standard	341	163	48	58	17
Zeitgenössisch	463	338	73	27	.06

Quelle: Opera Repertory 1966-1972, Central Opera Service, 1972.

Aus der *Tabelle 5* können wir ablesen, daß die vier führenden Opernhäuser eine unproportional hohe Anzahl von Kompositionen des neunzehnten Jahrhunderts aufführen. Häufig gibt es gar keine zeitgenössische Oper auf dem Spielplan. In einem für die Metropolitan Oper einmaligen Fall, der Spielzeit 1974-1975, machen sie 12 Prozent aus. Die Lyric Oper of Chicago, die durch ein ähnliches Verhältnis zwischen Förderkreis und Management gekennzeichnet und die mit einem Publikum verbunden ist, das das italienische Repertoire unterstützt, zeigt dieselben Trends wie die Metropolitan Oper.

Die Geschichte der zwei Häuser macht deren langjährige Verbundenheit mit Werken von Wagner, Verdi und Puccini deutlich. Neuerdings zeigen sie ein stärkeres Interesse an Donizetti und Rossini. Beide Häuser erfahren eine ähnliche Unterstützung von der Oberschicht in ihren Städten und von den vor längerer Zeit eingewanderten Bürgern, denen der Bezug zu Europa gemeinsam ist. Die San Francisco Oper und die New York City Oper bilden dazu einen Kontrast. Dies sind Häuser, in denen zeitgenössische Opern und eher avantgardistische Produktionen ein regelmäßiges Ereignis darstellen, wie deren Erscheinen in allen untersuchten Spielzeiten deutlich macht. Im Vergleich zur Metropolitan Oper und zu Chicago ist ihr Publikum jünger. Es wurde von Anfang an von den Direktoren der Häuser darauf eingestellt, etwas Ungewöhnliches zu erwarten. Die geringe Vertretung zeitgenössischer Werke im Repertoire verweist aber darauf, daß diese Werke vorrangig von Workshops an den Universitäten und kleinen experimentellen Theatergruppen präsentiert werden. Diese können es sich leisten, solche Werke zu produzieren, da sie Stiftungen angeschlossen sind und Unterstützung von der Regierung erhalten.

Die *Tabelle 5* macht auch deutlich, daß größere Häuser zurückhaltender sind bei der Auswahl des Repertoires. Die Metropolitan Oper zum Beispiel präsentierte einige zeitgenössische Kompositionen in alternierenden Spielzeiten. Für die Spielzeit 1972-1973 betrug der Anteil drei Prozent, für 1974-1975 hingegen zwölf Prozent. Außerdem läßt sich ein genereller Trend der Reduktion der Gesamtzahl der Aufführungen ausmachen. Sie sank von 218 im Jahre 1971 auf 189 im Jahre 1975. Die subventionierte New York City Oper hingegen scheint innerhalb kürzerer Spielzeiten ein breiter gefächertes Repertoire zu bieten. Obwohl sich für die New York City Oper durch den Umzug ins Lincoln Center der Markt erweitert hatte, hemmten andere signifikante Faktoren deren Engagement bei der Präsentation von avantgardistischen Werken. Nach anfänglichen Zuwachsraten und der Inanspruchnahme von Zuwendungen zur Aufbringung der Kosten für neue und experimentelle Produktionen, ließen die Zuwendungen nach, und wurde die Oper von einem zunehmend auf Superstars und traditionelles Repertoire setzendes Publikum besucht. Daniel Rule, Intendant der New York City Oper, merkte gegenüber der Autorin an, daß die Produktion von Kompositionen, die sich verkaufen, von der Größe des Defizits abhängig sei. „Es gibt Zeiten, in denen wir bestimmte Dinge planen, die weniger sicher sind als andere. Die schwierige Entscheidung wird möglicherweise zugunsten von Sachen gefällt, die vom Standpunkt der Popularität beim Publikum sicherer sind."

Es scheint so, als ob die untersuchten Opernhäuser extrem viele Produktionen aufführen, die ihr Budget stabilisieren und damit ihre minimalen Ressourcen maximal ausnutzen. Die Entwicklung des Repertoires in den 60er Jahren verdeutlicht einen stärkeren Zuwachs und eine Zunahme der Vielfalt, worin sich der allgemeine Aufschwung der Künste in den Vereinigten Staaten in diesem Jahrzehnt widerspiegelt. Wachsende Defizite in der finanziellen Ausstattung haben die kulturellen Einrichtungen in den letzten Jahren dazu gezwungen, die Gesamtzahl ihrer Produktionen und/oder der neuen Produktionen zu reduzieren. Mehrere Aufführungen derselben Produktion und Wiederholungen alter Produktionen helfen die Kosten für neue Produktionen und Premieren auszugleichen, die auf Grund zusätzlicher Probezeit, neuer Bühnenbilder und Schauspieler etc. astronomische Kosten und Löhne verschlingen. So präsentierte zum Beispiel die San Francisco Oper 1966 sechs neue Produktionen mit der Folge, daß im folgenden Jahr keine neue Produktion aufgeführt wurde (Bloomfield 1972: 247). Eine spezifische Dokumentation des Repertoires würde dies stärker verdeutlichen.

Tabelle 5: Gesamtzahl der Aufführungen und Zeitgenössisches Repertoire (in Prozent): Metropolitan, New York City, Lyric Oper of Chicago und San Francisco (1971-1976)

	Chicago	Metropolitan	New York	San Francisco
1971-1972				
Gesamtzahl der Aufführungen	44	281	67*	72
Prozentualer Anteil Zeitgenössisch	0	0	24*	19
1972-1973				
Gesamtzahl der Aufführungen	47	223	163	64
Prozentualer Anteil Zeitgenössisch	0	3	12	11
1973-1974				
Gesamtzahl der Aufführungen	48	211	160	80
Prozentualer Anteil Zeitgenössisch	0	0	9	10
1974-1975				
Gesamtzahl der Aufführungen	47	210	156	76
Prozentualer Anteil Zeitgenössisch	0	12	13	5
1975-1976				
Gesamtzahl der Aufführungen	46	189	158	77
Prozentualer Anteil Zeitgenössisch	0	0	9	5

Angaben nur für die Frühjahrsspielzeit.

4. Schlußfolgerungen

Beim Versuch, die Beziehung zwischen Markt und Oper zu untersuchen, haben wir eine Standardisierung des Repertoires unter den führenden Opernhäusern feststellen können. Verständlich wurde diese Entwicklung insbesondere aus der Perspektive der Intentionen der Opernhäuser als Dienstleistungsanbieter, die in dramatischer Weise von der ökonomischen Struktur beeinflußt werden. Bei der Analyse von Kunst unter dem Blickwinkel ihrer organisatorischen Ziele haben wir Opernhäuser als sich verändernde Organisationen begriffen, die auf die äußere Umwelt reagieren; in unserem Falle wurde das Repertoire zum Indikator für diese Beziehung. Zieht man in Betracht, daß es nur geringfügige Unterschiede in der Anzahl und dem Inhalt der Produktionen gibt, läßt sich eine Tendenz der zunehmenden Abhängigkeit von Standardwerken erkennen. Die Häuser sind auf gängige Produktionen angewiesen, um die Ausgaben für neue Produktionen auszugleichen und die Kosten zu beschränken. Was zur Aufführung ausgewählt wird, ist davon abhängig, was das Publikum kauft - paradoxerweise manchmal ungeachtet der Kosten. Zum Beispiel ist „Aida" die populärste aber auch die teuerste Produktion; demzufolge erzielt sie die höchste Anzahl an Aufführungen. Unter dem Gesichtspunkt einer unsicheren ökonomischen Struktur betrachtet wird deutlich, daß es einer Ideologie bedarf, um mit der zunehmenden Rationalisierung innerhalb der künstlerischen Gemeinschaft zurechtzukommen. Die Standardisierung hat die Wiederholung solcher Extravaganzen wie „Aida" geradezu herausgefordert und zwar nur auf Grund ihrer Beliebtheit. Sieht man von dem grundsätzlichen ökonomischen Verlust ab, den solche Produktionen mit sich führen, so können sich doch die Intendanten mit der Zunahme der Einnahmen aus der Theaterkasse schmücken.

Musikinstitutionen sind in zunehmende Abhängigkeit von Aufführungen für Abonnenten geraten. Mehr als die Hälfte aller Opernvorstellungen werden durch sie gefüllt. Diese Aufführungen - vorrangig durch die Mittel- und obere Mittelklasse getragen - haben weder zu Kühnheit in den Produktionen noch in der Auswahl der Opern geführt. Als anhaltender Trend hat sich das Vertrauen auf die Kompositionen des neunzehnten Jahrhunderts erwiesen. Bedenkt man die Zeit, die notwendig ist, bis sich ein Repertoire durchsetzt und die komplexe institutionelle Matrix, die zur Unterstützung notwendig ist (einschließlich der Verleger, der Musikindustrie, der erzieherischen Institutionen, der Massenmedien, der Gewerkschaften etc.), so ist es nicht verwunderlich, daß das Repertoire sehr widerstandsfähig gegen Veränderungen ist. Dies provoziert Zweifel an der Existenz ästhetischer Dimensionen des Geschmacks jenseits der ökonomischen Möglichkeiten. Längerfristige und vergleichbare Entwicklungen müßten betrachtet werden, um diese Frage zu beantworten.

Wenn auch die Bedeutung einer derartigen Ausrichtung auf den Kunden für die Reaktion der Opernproduzenten auf die Theaterkasse herausgearbeitet wurde, so sollten doch auch andere Fragen wie die nach den Auswirkungen auf die Rolle des

Künstlers, die Rekrutierung und den Stil der Opern aufgeworfen werden. Diese Studie kann jedoch nicht mehr leisten, als ein paar Hinweise für zukünftige Forschungen auf diesem Gebiet zu geben. So sind zum Beispiel die beschriebenen Umstände nicht ohne Auswirkungen auf den Stil der Aufführungen und die Art ihrer Interpretation. Die Art und Weise der Aufführung von Opern ist von größter Bedeutung für die Werbung von Publikum und für die Etablierung heute noch geltender ästhetischer Normen gewesen. Alle Anstrengungen scheinen darauf gerichtet zu sein, neue Entwicklungen der Beleuchtung und des Bühnenbaus einzubeziehen, um für das Publikum ein Erlebnis zu schaffen. Diese Innovationen sind keine Innovationen, die die Oper als musikalische Form betreffen; sie werden fast ausschließlich in Referenz zu neuaufgeführten und neugestalteten Kompositionen des 19. Jahrhunderts unternommen. Dies hat unzweifelhaft einen bedeutenden Einfluß sowohl auf die Bedeutung der Interpretation als auch auf die soziale Position der Künstler. Innerhalb der letzten Jahrzehnte beobachten wir zum Beispiel den Aufstieg und Prestigegewinn der Regisseure. Kreative Arbeit für die Entwicklung der Oper wird denjenigen Komponisten überlassen, welche den Universitäten verbunden sind und im starken Maße von der Regierung unterstützt werden. Die Entwicklung der Oper wird dadurch in ihrer Entwicklung, die in ihrer Grundanlage ja gerade von Kreativität lebt, beschränkt. Der Konflikt über die Dominanz eines der verschiedenen Komponenten der Oper (Orchestrierung, Stimmen, Drama, etc.) setzt sich fort. Aber anders als in der Vergangenheit wird dieser Kampf heute unter der Dominanz von Reproduktionen und Wiederaufnahmen entschieden. Ästhetisch hat sich dieser Konflikt ausgedehnt zu einer eher liberalen Interpretation der Partitur, zu virtuosen Produkionsmethoden oder der Dominanz des Dirigenten als dem eigentlichen Interpreten der Partitur. Die Opernhäuser prahlen deshalb mit vermeintlich "neuen" Produktionen - umgearbeiteten Werken und Wiederaufnahmen -, die sich allein durch neue Technologien des Theaters und der Orchestrierung auszeichnen. Zukünftige Forschungen auf diesem Gebiet werden dem Einfluß dieser Faktoren auf die ästhetische Entwicklung innerhalb der sozialen Organisation der Oper gebührende Aufmerksamkeit widmen müssen.

Bei dem Versuch, die Beziehung zwischen der Theaterkasse und dem Opernrepertoire zu untersuchen, habe ich eine Standardisierung des Repertoires bei den führenden Opernhäusern der Vereinigten Staaten offengelegt. Ich hoffe, damit auch dazu beigetragen zu haben, zukünftige Forschungen anzuregen, die die gemeinwirtschaftlichen Strukturen und die Kundenorientierung ins Verhältnis setzt zu den ästhetischen Normen.

Literatur

Albrecht, Milton C., 1973: The arts in market systems. Vortrag auf der 68. Jahrestagung der American Sociological Association, New York.

Albrecht, Milton C., James H. Barnett und Mason Griff (Hg.), 1970: The Sociology of Art and Literature, New York: Praeger Publishers Co.

Arian, Edward, 1971: Bach, Beethoven and Bureaucracy: The Case of the Philadelphia Orchestra, Alabama: University of Alabama Press.

Baumol, William J. und William G. Bowen, 1966: The Performing Arts: The Economic Dilemma, New York: Twentieth Century Fund.

Becker, Howard S., 1974: Art as collective action, in: American Sociological Review 39: 767-76. (dt. 1997 in diesem Band)

Bensman, Joseph and Israel Grever, 1958: Art and mass society, in: Social Problems 6: 4-10.

Bloomfield, Arthur, 1972: Fifty Years of the San Francisco Opera, California: San Francisco Book Co.

Bukofzer, Manfred, 1974: Music in the Baroque Era: From Monteverdi to Bach, New York: W. W. Norton & Co.

Denisoff, Serge R., 1974: Solid Gold, Rutgers, N.J.: Transaction Books.

Einstein, Alfred, 1954: A Short History of Music, New York: Knopf. (dt. 1927 (3. Auflage): Geschichte der Musik, Leipzig: Teubner)

Etzkorn, Peter K., ed., 1973: Music and Society: The Later Writings of Paul Honigsheim, New York: Wiley.

Faulkner, Robert R., 1973a: Orchestra interaction: some features of communication and authority in an artistic organization, in: Sociological Quarterly 14: 147-157.

Faulkner, Robert R., 1976: Dilemmas in commercial work: Hollywood film composers and their clients, in: Urban Life 5: 3-32.

Ford Foundation, 1974: The Finances of the Performing Arts, New York: Ford Foundation.

Grout, Donald, 1965: A Brief History of Opera, New York: Columbia University Press.

Hauser, Arnold, 1951: The Social History of Art, vol. 2, New York: Vintage Books. (dt. 1988: Sozialgeschichte der Kunst, München: Beck)

Henderson, William J., 1921: Early History of Singing, New York: Amsterdam Press.

Hesbacher, Peter, Robert Downing und David G. Berger, 1975: Record roulette: what makes it spin?, in: Journal of Communication 25: 75-85.

Heyworth, Peter, 1971: Will the Paris Opera become the greatest?, in: New York Times, 25. März.

Hirsch, Paul, 1969: The Structure of the Popular Music Industry, Ann Arbor: University of Michigan Press.

Huaco, George A., 1965: The Sociology of Film Art, New York: Basic Books.

Jenkins, Steven, 1972: Carol and company, in: Opera News, November: 14-9.

Kavolis, Vytautas, 1968: Artistic Expression: A Sociological Analysis, Ithaca, N. Y.: Cornell University Press.

Kolodin, Irving, 1966: The Metropolitan Opera 1883-1966: A Candid History, New York: Knopf.

Krawitz, Herman, 1973: Interview: in: New York City, 19. März.

Lang, Paul H., 1941: Music in Western Civilization, New York: W. W. Norton & Co. (dt. : Die Musik im Abendland, Augsburg: Manu-Verlag)

Löwenthal, Leo, 1961: Literature, Popular Culture and Society, Englewood Cliffs, N. Y.: Prentice-Hall. (dt. 1990: Literatur und Massenkultur, Frankfurt a.M.: Suhrkamp)
Lyric Opera of Chicago, 1971-76: Program Schedules and Annual Reports, Chicago: Lyric Opera of Chicago.
Martindale, Andrew, 1972: The Rise of the Artist in the Middle Ages and the Early Renaissance, New York: McGraw Hill.
Martorella, Rosanne, 1974: The Performing Artist as a Member of an Organization: A Sociological Study of the Opera Performers and The Economics of Opera Production. Nicht publizierte Dissertation an der New School of Social Research, New York.
McPhee, William N., 1963: Formal Theories of Mass Behavior, New York: Free Press.
Metropolitan Opera Association, 1971-76: Annual Reports and Program Schedules, New York: Metropolitan Opera Association.
Metropolitan Opera Association, 1971: White Paper, New York: Metropolitan Opera Association.
Mueller, John H.: The American Symphony Orchestra: A Social History of Musical Taste, Indianapolis: University of Indiana Press. (dt. 1963: Fragen des musikalischen Geschmacks. Eine musiksoziologische Studie, Köln: Westdeutscher Verlag)
Nash, Dennison, 1952: The Alienated Composer. S.41-56 in: Robert Wilson (Hg.): The Arts in Society, Englewood Cliffs, N.Y.: Prentice-Hall.
National Endowment of the Arts, 1974: NEA Guide to Programs, Washington, D.C.: Government Printing Office.
New York City Opera, 1971-76: Annual Program Schedules, New York: New York City Opera.
New York National Council of the Arts, 1973a: Arts and the People, New York: Cranford Wood, Inc.
New York National Council of the Arts, 1973b: A Study of the Nonprofit Arts and Cultural Industry in New York State, New York: Cranford Wood, Inc.
Peterson, Richard und David G. Berger, 1972: Three eras in the manufacture of popular music lyrics. S. 282-303 in: Serge Denisoff und Richard Peterson (Hg.): The Sounds of Social Change, New York: Rand McNally & Co.
Peterson, Richard und David G. Berger, 1975: Cycles in music production: the case of popular music, in: American Sociological Review 40: 158-73.
Peyser, Ethel Rose und Marion Bauer, 1925: How Opera Grew, New York: G. P. Putnam.
Pincherle, Marc, 1963: The World of the Virtuoso, New York: W. W. Norton & Co.
Pleasants, Henry, 1966: The Great Singers, New York: Simon & Schuster.
Pleasants, Henry, 1970: The Agony of Modern Music, New York: Clarion Press.
Powdermaker, Hortense, 1950: The Dream Factory, Boston: Brown & Co.
Raynor, Henry, 1972: A Social History of Music: From the Middle Ages to Beethoven, New York: Schocken Books.
Rich, Maria F., 1966: Opera Companies in the United States
Rich, Maria F., 1973: Opera Repertory in the United States, 1966-1972, New York: Central Opera Service.
Rich, Maria F., 1974: Arts, Money, Free Service - Central Opera Service Bulletin (Fall), New York: Central Opera Service.
Rich, Maria F., 1976: United States Opera Survey, 1974-75, in: Opera News 40(5): 40-43.
Robinson, Francis, 1971: Interview: in: New York City, 3. Dezember.
Rockefeller Foundation, 1965: The Performing Arts: Problems and Prospects, New York: McGraw Hill.
Rolland, Romain, 1915: Some Musicians of Former Days, New York: Books for Libraries Press. (dt. 1923: Musikalische Reise ins Land der Vergangenheit, Frankfurt a.M.: Rütten + Loening)
Rubin, Stephen, 1971: Kubelik: New conscience of the Met, in: New York Times, 17. Oktober.
Rubin, Stephen, 1974: The Metropolitan Profile, New York: Macmillan.
Rule, Daniel, 1973: : Interview: in: New York City, 6. März.
Rushmore, Robert, 1971: The Singing Voice, New York: Dodd, Mead & Co.

San Francisco Opera, 1971-76: Annual Reports and Program Schedules, San Francisco: San Francisco Opera Association.
Sargeant, Winthrop, 1973: Divas, New York: Coward, McCann & Geohegan.
Schonberg, Harold C., 1967: The Great Conductors, New York: Simon & Schuster. (dt. 1986: Die großen Komponisten, Frankfurt a.M.: Ullstein)
Stone, H. H., 1957: Mid Nineteenth Century Beliefs in the Social Values of Music, in: Musical Quarterly 43: 38-49.Thomson, Virgil, 1939: The State of Music, New York: St. Martin's Press.
Tuchman, Gaye (Hg.), 1974: The TV Establishment: Programming for Power and Profit, Englewood Cliffs, N.Y.: Prentice-Hall.
White, Harrison C. und Cynthia A. White, 1965: Canvasses and Careers: Institutional Changes in the French Painting World, New York: John Wiley.

Pierre Bourdieu

Elemente zu einer soziologischen Theorie der Kunstwahrnehmung

1. Jede Betrachtung von Kunstwerken enthält eine bewußte oder unbewußte Dekodierung:

1.1 Eine erste Dekodierung, die sich unbewußt vollzieht. Ein unmittelbares und adäquates Verstehen wäre daher nur in dem *speziellen Fall* möglich und gewährleistet, in dem der kulturelle Schlüssel, der die Dekodierung ermöglicht, dem Betrachter (aufgrund seiner Kompetenz oder seines Rezeptionsvermögens) unmittelbar und vollständig verfügbar wäre und mit dem kulturellen Code übereinstimmte, der dem betreffenden Werk zugrundeliegt.

Auf Roger van der Weydens Bild „Die heiligen drei Könige" erkennen wir, wie Panofsky feststellt, beinahe instinktiv die überirdische Erscheinung eines Kindes, das wir als das „Jesuskind" identifizieren. Woher wissen wir aber, daß es sich hierbei um eine Erscheinung handelt? Der goldene Strahlenkranz, der das Kind umgibt, ist kein zureichender Beweis für diese Annahme, da man ähnliche Strahlenkränze auf Darstellungen der Geburt Christi findet, wo das Jesuskind „real" ist. „Wir ziehen diesen Schluß", wie Panofsky meint, „weil das Kind ohne sichtbare Stütze in der Luft schwebt, und das, obwohl die Darstellung kaum anders ausgefallen wäre, wenn das Kind auf einem Kissen gesessen hätte (wie das Modell, nach dem Roger van der Weyden wahrscheinlich gemalt hat). Man kann indessen Hunderte von Darstellungen anführen, auf denen menschliche Wesen, Tiere oder unbelebte Gegenstände entgegen den Gesetzen der Schwerkraft im Raum schweben, ohne daß man sie für Erscheinungen hielte. Auf einer Miniatur der *Evangelien Ottos III.* in der Münchener Staatsbibliothek ist eine ganze Stadt inmitten eines leeren Raumes dargestellt, während sich die an der Handlung teilnehmenden Personen auf dem festen Boden befinden ..." Es handelt sich nach Panofsky um eine sehr reale Stadt, nämlich den Ort der Auferstehung der im Vordergrund dargestellten Jünglinge. Wenn wir „im Bruchteil einer Sekunde und auf quasi automatische Weise" die in der Luft schwebenden Personen für eine Erscheinung halten, während die in den Wolken schwebende Stadt für uns keine Konnotation des Wunderbaren hat, so schwebt, „weil wir das, 'was wir sehen', je nach der Art und Weise lesen, dergemäß Gegenstände und historische Ereignisse unter sich wandelnden historischen Bedingungen Ausdruck und Gestalt finden": Wenn wir, genauer gesagt, eine Miniatur aus der Zeit um das Jahr 1000 entschlüsseln, gehen wir unbewußt von der Annahme aus, daß der „leere Raum" nur als abstrakter und irrealer Hintergrund fungiert, statt sich einem einheitlichen, offensichtlich natürlichen Raum einzufügen, wo das Übernatürliche und Wunderbare, wie auf dem Bild Roger van der Weydens, als übernatürlich und wunderbar erscheinen können (Panofsky 1955: 33-35).

Da der (im Sinne unserer Gesellschaften) gebildete oder kunstverständige Betrachter, ohne es zu merken, den Spielregeln gehorcht, denen ein bestimmter Typus der Darstellungen des Raumes unterliegt, kann er, wenn er ein nach diesen Regeln konstruiertes Bild anschaut, unmittelbar ein bestimmtes Element als „übernatürliche Vision" begreifen, das, bezöge man es auf ein anderes Darstellungssystem, in dem die Regionen des Raumes in gewisser Weise „nebeneinandergestellt" oder „gehäuft" erscheinen, statt sich einer einheitlichen Darstellung einzufügen, als „natürlich" oder „real" erscheinen könnte: Die perspektivistische Darstellung verschließt, wie Panofsky feststellt, „der religiösen Kunst die Region des Magischen (...). Sie erschließt ihr aber als etwas Neues die Region des Visionären innerhalb derer das Wunder zu einem unmittelbaren Erlebnis des Beschauers wird, indem die übernatürlichen Geschehnisse gleichsam in dessen eigenen natürlichen Sehraum einbrechen und ihn gerade dadurch ihrer Übernatürlichkeit recht eigentlich „inne" werden lassen" (Panofsky 1924-25: 257ff.; Panofsky 1964: 126).

Eine solche Art von Kunsterfahrung schließt die Frage nach den Bedingungen, unter denen sie erst das Kunstwerk (und, allgemeiner gesagt, die Welt der kulturellen Gebilde) als unmittelbar sinnvoll erlebt, gewöhnlich radikal aus, weil die Möglichkeit, ein Verständnis der objektiven Intention des Werkes wiederzugewinnen (die keineswegs mit der Intention des Autors übereinzustimmen braucht), in dem Falle (und nur in dem Falle) in angemessener Weise und unmittelbar gewährleistet ist, in dem sich die Bildung, die der Künstler in sein Werk einbringt, mit der Bildung oder, genauer gesagt, dem künstlerischen Sachverstand deckt, das der Betrachter zur Entschlüsselung des Werkes voraussetzt; in diesem Falle versteht sich alles von selbst, und die Frage nach dem Sinn, nach seiner Entschlüsselung und den Bedingungen dieser Entschlüsselung stellt sich erst gar nicht.

1.2 Wenn die Voraussetzungen aber nicht erfüllt sind, ist Mißverständnis die Regel: die Illusion des unmittelbaren Verstehens führt zu einem illusorischen Verständnis, das von einem falsch gewählten Schlüssel herrührt.[1] Da man die Werke

---

1 Von allen Mißverständnissen hinsichtlich des Schlüssels ist das „humanistische" Mißverständnis vielleicht das verhängnisvollste, indem es durch Negation oder (im Sinne der Phänomenologen verstanden) „Neutralisierung" alles dessen, was der eigentümlichen Prägung der willkürlich in das Pantheon der „Universalkultur" integrierten Kulturen abgeht, dazu neigt, sich den griechischen oder römischen Menschen als eine

nicht als kodiert, nämlich nach einem anderen Code kodiert begreift, wendet man unbewußt auf Ereignisse einer fremden Tradition denjenigen Code an, der für die alltägliche Wahrnehmung, für die Entschlüsselung der vertrauten Gegenstände gilt: Es gibt keine Wahrnehmung, die nicht einen unbewußten Code einschlösse; dem Mythos vom „reinen Auge" als einer Begnadung, wie sie allein der Einfalt und der Unschuld zuteil wird, kann nicht nachdrücklich genug widersprochen werden. Deshalb neigen die ungebildeten Betrachter unserer Gesellschaften so sehr dazu, eine „realistische Darstellung" zu fordern, da sie über keine spezifischen Wahrnehmungskategorien verfügen und daher auf die tradierten Kunstwerke keinen anderen als den Schlüssel anwenden können, mit dessen Hilfe sie die Gegenstände ihres täglichen Umgangs als sinnvoll begreifen.[2] Das minimale, anscheinend unmittelbare Verständnis, wie es sich einem Blick erschließt, der gewissermaßen über keinerlei Rüstzeug verfügt, ein Verständnis, das diesen Blick beispielsweise ein Haus oder ein Baum zu erkennen gestattet, setzt zum Teil immer noch eine Übereinkunft hinsichtlich der Kategorien voraus, die die Gestaltung des

besonders gelungene Realisierung der „menschlichen Natur" in ihrer Universalität vorzustellen.

2   Das Ideal der „reinen" Wahrnehmung des Kunstwerks im eigentlichen Sinne eines „reinen" Werkes der Kunst setzt einen langen historischen Prozeß voraus, der die Kunst „reinigte": der Prozeß dieser Autonomisierung beginnt mit dem Augenblick, in dem das Kunstwerk seine magischen und religiösen Funktionen verliert, und schreitet fort in dem Maße, wie sich eine relativ autonome Kategorie Professioneller bildet, die die Kunst als Beruf betreiben und daher dazu neigen, keine anderen Regeln als die der künstlerischen Tradition selbst anzuerkennen, die sie von ihren Vorläufern übernahmen und die für sie zumindest eine Ausgangsbasis bilden, von der aus sie weiter arbeiten oder von der sie sich abstoßen. Ihnen gelingt es mit der Zeit, Ihre Produktion und Ihre Produkte von jeglicher sozialer Nutzanwendung zu befreien, d. h. von der Respektierung moralischer Zensuren, ästhetischer Programme einer Kirche, die Proselyten sucht, von akademischen Kontrollen oder von Aufträgen einer politischen Macht, die dazu neigt, die Kunst als Propagandainstrument zu betrachten.
Die allmähliche Bildung eines relativ autonomen intellektuellen Kräftefeldes vollzieht sich in Zusammenhang mit der Explikation und Systematisierung der Prinzipien einer spezifisch ästhetischen Legitimität: der Vorrang des „wie man etwas sagt" vor dem „was man sagt", der Primat der Form über die Funktion, die feierliche Bestätigung des vordem der unmittelbaren Nachfrage unterworfenen Subjekts, das nun ins Zentrum eines reinen Spiels der Farben, Nuancen und Formen rückt, führt schließlich dazu, die Unerklärbarkeit und Unersetzlichkeit des Schaffenden zu bestätigen, indem man den Akzent auf den hermetischen und einzigartigen Aspekt des Produktionsaktes legt.
Die Eroberung der Form und ihr Primat über die Funktion ist der spezifischste Ausdruck der Autonomie des Künstlers und seines Anspruchs auf das Verfügungsrecht über die Prinzipien einer spezifisch ästhetischen Legitimität. Indem die moderne Kunst dem Betrachter *kategorisch* eine Disposition abverlangt, die die Kunst früher nur *bedingt* von ihm forderte, führt sie und insbesondere die nicht figurative Kunst, die das „Sujet" abschafft, den absoluten Triumph der Form und mit ihr des Künstlers herbei, wodurch sie eine neue Beziehung zwischen Künstler und Publikum oder, was auf dasselbe hinausläuft, zwischen der Form des Werkes, die allein der Künstler beherrscht, und der Funktion des Werkes herstellt. Kurzum, die spezifisch ästhetische Betrachtungsweise ist ein Produkt (oder Nebenprodukt) einer Transformation der künstlerischen Produktionsweise, die durch die Erziehung unablässig reproduziert werden muß.

Wirklichen bestimmen, wie eine historische Gesellschaft sie für „realistisch" hält. (Siehe Anm. zu 1.3.1)

1.3 Eine Theorie, die bei dem spontanen Wahrgenommenen stehenbleibt, stützt sich allein auf die Erfahrung des Vertrauten und unmittelbar Verständlichen, beschränkt sich somit auf einen Sonderfall, der sich gar nicht als einen solchen erkennt.

1.3.1 Die Gebildeten sind die Eingeborenen der oberen Bildungssphäre und neigen daher zu einer Art von Ethnozentrismus, den man Klassenethnozentrismus[3] nennen könnte. Und zwar deshalb, weil eine Wahrnehmungsweise für natürlich (d. h. zugleich selbstverständlich und quasi in der Natur begründet) gehalten wird, die doch nur eine unter anderen möglichen ist und durch eine mehr oder weniger dem Zufall überlassene oder zielgerichtete, bewußte oder unbewußte, institutionalisierte oder nicht institutionalisierte Erziehung erworben wird. „Für den, der zum Beispiel eine Brille trägt, die abstandsmäßig so nahe ist, daß sie ihm 'auf der Nase sitzt', ist dieses gebrauchte Zeug umweltlich weiter entfernt als das Bild an der gegenüber befindlichen Wand. Dieses Zeug hat so wenig Nähe, daß es oft zunächst gar nicht auffindbar wird." (Heidegger 1984: 107)

Faßt man Heideggers Analyse in metaphorischem Sinne auf, so kann man sagen, daß die Illusion des „reinen", im Sinne eines „unbebrillten Auges" ein Merkmal derjenigen ist, die die Brillen der Bildung tragen und die gerade das nicht sehen was ihnen zu sehen ermöglicht, und ebensowenig sehen, daß sie nicht sehen könnten, nähme man ihnen, was ihnen erst zu sehen erlaubt (Heidegger 1984: 163).

1.3.2 Umgekehrt befinden sich diejenigen, die dem etablierten Bildungsstand völlig unbemittelt gegenüberstehen, in einer Situation, die ganz und gar der des Ethnologen ähnelt, der sich einer fremden Gesellschaft gegenübersieht und z. B. einem Ritual beiwohnt, zu dessen Verständnis ihm der Schlüssel fehlt. Die Verwirrung und die Blindheit der ungebildetsten Betrachter gegenüber kulturellen Produkten erinnert objektiv daran, daß die Wahrnehmung von Kunstwerken vermittelte Entschlüsselung ist: Die von den ausgestellten Werken angebotene Information, die die Entschlüsselungsfähigkeiten des Betrachters übersteigt, sieht dieser so an, als besäße sie keinerlei Bedeutung, genauer gesagt, keine Strukturie-

---

3 Gerade diese Art von Ethnozentrismus führt dazu, daß man eine Darstellung des Wirklichen für realistisch hält, die als „objektiv" nicht dank ihrer Übereinstimmung mit der Wirklichkeit der Dinge selbst gilt, (da diese „Wirklichkeit" sich stets nur durch sozial bedingte Wahrnehmungsformen erschließt) sondern aufgrund der Konformität der Regeln, nach denen die Syntax ihrer sozialen Anwendung sich richtet - mit einer gesellschaftlich bestimmten objektiven Anschauung der Welt; indem die Gesellschaft bestimmte Darstellungen des „Wirklichen" (z. B. der Photographie) für das Patent des „Realismus" hält, bestätigt sie sich selbst ihre tautologische Gewißheit, daß ein Bild des Wirklichen, das ihrer Vorstellung von der Wirklichkeit konform ist, „objektiv" sei.

rung und Organisation, da er sie nicht zu „dekodieren", d. h. in verständliche Form zu bringen vermag.

1.3.3 Die wissenschaftliche Erkenntnis unterscheidet sich vom naiven Erlebnis (das sich als Verwirrung oder unmittelbares Verstehen äußert) insoweit, als sie ein Wissen um die Bedingungen der Möglichkeit einer angemessenen Betrachtung einschließt. Gegenstand der Kunstwissenschaft ist die Kultur, da sie sowohl diese Wissenschaft wie auch ein unmittelbares Verständnis des Kunstwerks erst ermöglicht. „Der naive Betrachter unterscheidet sich vom Kunsthistoriker insofern, als letzterer um seine Situation weiß" (Panofsky 1955b: 17). Man hätte freilich ohne Zweifel einige Mühe, alle realen Kunsthistoriker unter einen Begriff zu bringen, von dem Panofsky eine allerdings zu normativ gefaßte Definition vorschlägt.

2. Ein jeder Akt der Entschlüsselung bedient sich eines mehr oder weniger komplexen und mehr oder weniger vollständig verfügbaren Codes.

2.1 Das Kunstwerk (wie jedes kulturelle Gebilde) vermag Bedeutungen unterschiedlichen Niveaus zu liefern, je nach dem Interpretationsschlüssel, den man auf das Werk anwendet. Die Bedeutungen niederen Niveaus, d. h. die alleroberflächlichsten, bleiben daher partial und verkürzt, also Irrtümern ausgesetzt, solange man nicht auf die Bedeutungen höheren Grades achtet, von denen sie umfaßt und transfiguriert werden.

2.1.1 Panofsky zufolge stößt die elementarste Erfahrung zunächst „auf die primäre Sinnschicht, in die wir aufgrund unserer ... Daseinserfahrung eindringen können", mit anderen Worten, auf einen „Phänomensinn", der sich in einen „Sach- und Ausdrucks-Sinn" aufteilen läßt: Dieses Verständnis bedient sich "demonstrativer Begriffe", die nur die wahrnehmbaren Eigenschaften des Werkes bezeichnen (das ist der Fall, wenn man einen Pfirsich als samtig oder einen Schleier als duftig beschreibt) oder die emotionale Erfahrung erfassen, die diese Eigenschaften bei dem Betrachter erregen, wenn man z. B. von ersten oder heiteren Farben spricht. Um zur „sekundären Sinnschicht zu gelangen, die sich nur aufgrund eines literarisch übermittelten Wissens erschließt", und die als „Region des Bedeutungssinnes" bezeichnet werden kann, bedarf es „sachgerechter" Begriffe, die über die einfache Bezeichnung wahrnehmbarer Eigenschaften hinausgehen und eine richtige Interpretation des Werkes gewährleisten, da sie die stilistischen Eigentümlichkeiten des Kunstwerkes erfassen. Im Innern dieser sekundären Sinnschicht unterscheidet Panofsky einerseits „die sekundäre oder konventionelle Vorlage", d. h. die „Themen oder Begriffe, die sich in den Bildern, Geschichten oder Allegorien" manifestieren (wenn z. B. eine nach einer gewissen Anordnung um einen Tisch herumsitzende Gruppe das Abendmahl darstellt), deren Entschlüsselung der Ikonographie zufällt, und andererseits „den immanenten Sinn oder Gehalt", den die ikonologische Interpretation nur unter der Bedingung zu erfassen vermag, daß sie die ikonographischen Bedeutungen und Kompositionsmethoden als Symbole einer Kultur, als Ausdruck der Kultur einer Epoche, einer Nation oder einer Klasse behandelt oder sich bemüht, die „fundamentalen Gestaltungsprinzipien zu entfalten, die die Auswahl und Darstellung der Motive ebenso wie die Produktion und Interpretation der Bilder, Geschichten und Allegorien stützen und selbst der formalen Komposition und den technischen Verfahren Sinn verleihen" (Panofsky 1925: 129ff.; Panofsky 1932: 103 ff.).

Der Sinn, den diese primäre Dekodierung erfaßt, erweist sich als völlig verschieden, je nachdem ob die ästhetische Erfahrung bei diesem ersten Schritt stehenbleibt, oder ob er sich einer einheitlichen Erfahrung integriert, die die höheren Ebenen der Bedeutung umfaßt. Nur von einer ikonologischen Interpretation aus gewinnen die formalen Arrangements und technischen Verfahren ihren Sinn und durch sie wiederum die formalen und expressiven Eigenschaften, womit sich zugleich die Mängel einer prae-ikonographischen oder prae-ikonologischen Interpretation enthüllen. Im Rahmen einer adäquaten Erkenntnis des Werkes gliedern sich die verschiedenen Ebenen in hierarchisierte Systeme, in denen das Umfassende seinerseits umfaßt und das Signifikat seinerseits signifikant wird.

2.1.2 Eine Wahrnehmung, die ohne dieses Rüstzeug auf das Erfassen der primären Eigenschaften reduziert bleibt, ist grob und verkürzt. Entgegen dem „Dogma der unbefleckten Erkenntnis", wie man mit Nietzsches Worten die Grundlage der romantischen Vorstellung von ästhetischer Wahrnehmung bezeichnen könnte, bleibt das Verständnis der „expressiven" und, wenn man so sagen darf, „physiognomischen Eigenschaften" des Werkes nur eine niedere und verstümmelte Form der ästhetischen Erfahrung, da sie sich mangels Unterstützung, Kontrolle und Korrektiven in Form von Kenntnissen auf dem Gebiet des Stils, der Typen und kulturellen Zeugnisse eines Schlüssels bedient, der weder schlüssig noch spezifisch ist. Zweifellos kann man zugestehen, daß die innere Erfahrung als Fähigkeit einer emotionalen Antwort auf die Konnotation des Kunstwerkes (im Gegensatz zu seiner Denotation) einen der Schlüssel der Erfahrung von Kunst bildet. Raymond Ruyer stellt indessen sehr zu Recht die Bedeutung, die er als „epikritisch" bezeichnet, der Expressivität entgegen, die er als „protopatisch", d h. als primitiver, abgegriffener, von niederem Niveau und eher zum Stammhirn gehörig betrachtet, während er die „Bedeutung" dem Gebiet der Hirnrinde zuordnet.

2.1.3 Die soziologische Beobachtung gestattet es, jene positiv gewordenen Wahrnehmungsformen zu entdecken, die den verschiedenen Ebenen entsprechen, die die theoretischen Analysen durch methodische Distinktion aufstellen. Jedes kulturelle Produkt, von der Küche über den Western bis zur seriellen Musik, kann zum Gegenstand verschiedener Arten von Verständnis werden, die vom einfachsten und alltäglichen Erlebnis bis zum gebildeten Genuß reichen. Die Ideologie vom „reinen Auge" geht an der Tatsache vorbei, daß das Gefühl oder die Wahrnehmung, die das Kunstwerk hervorruft, einen unterschiedlichen Wert haben kann, je nachdem, ob das ästhetische Erlebnis dabei stehenbleibt oder sich einer angemessenen Erfahrung des Kunstwerkes einfügt. Man kann daher durch Abstraktion zwei entgegengesetzte und extreme Formen des ästhetischen Vergnügens unterscheiden, zwischen denen es alle möglichen Zwischenstufen gibt, einmal das *Vergnügen,* das der ästhetischen, auf die einfache *aisthesis* beschränkten Wahrnehmung entspricht, und dem Genuß, den der gelehrte Geschmack bereitet, der nun einmal die notwendige, wenn auch nicht zureichende Bedingung einer angemessenen Entschlüsselung bildet.

Wie die Malerei ist auch die Wahrnehmung von Malerei ein mentaler Akt, zumindest sofern sie den immanenten Wahrnehmungsnormen entspricht, m.a.W., sofern die ästhetische Intention des Betrachters mit der ästhetischen Intention des Werkes zusammenfällt (die nicht mit einer Intention des Künstlers zu identifizieren ist).

2.1.4 Auch eine Wahrnehmung von Kunstwerken, die über keinerlei Rüstzeug verfügt, ist darauf angelegt, das Niveau der Gefühle und Affektionen, d. h. die reine und simple *aisthesis* zu überschreiten: Die assimilatorische Interpretation, die dazu führt, die verfügbaren Interpretationsschemata (eben jene, die es gestatten, die vertraute Welt als sinnvoll aufzufassen) auf eine unbekannte und fremde Welt zu übertragen, zwingt sich als ein Mittel auf, um die Einheit einer integrierten Wahrnehmung wieder herzustellen. Diejenigen, die die Werke des überlieferten Bildungsgutes als fremde Sprache sprechen, sind dazu verurteilt, ihrem ästhetischen Verständnis Kategorien und Werte zu substituieren wie die, nach denen ihre alltägliche Wahrnehmung sich orientiert, und wonach sich ihre praktischen Urteile bemessen, die den Gegenständen selbst aber äußerlich sind. Die Ästhetik der verschiedenen sozialen Klassen ist daher ausnahmslos nur eine Dimension ihrer Ethik (oder, ihres Ethos): daher erscheinen die ästhetischen Neigungen der Kleinbürger als systematischer Ausdruck einer asketischen Grundhaltung, die sich auch in anderen Bereichen ihres Daseins ausdrückt.

2.2 Das Kunstwerk im Sinne eines symbolischen - und nicht so sehr ökonomischen - Gutes (auch das nämlich kann es sein) existiert als Kunstwerk überhaupt nur für denjenigen, der die Mittel besitzt, es sich anzueignen, d.h. es zu entschlüsseln.[4]

---

4 Die Gesetze, die die Rezeption der Kunstwerke bestimmen, bilden einen Spezialfall der Gesetze der Bildungsvermittlung: wie immer die Natur der Botschaft, ob religiöse Prophetie oder politische Rede, ob Reklamebild oder technischer Gegenstand etc., beschaffen sein mag, die Rezeption hängt von den Wahrnehmungs-, Denk- und Handlungskategorien der Rezipienten ab, so daß in einer hochdifferenzierten Gesellschaft eine enge Beziehung zwischen der Natur und Qualität der ausgesandten Informationen und der Struktur des Publikums besteht. Ihre Lesbarkeit und Durchschlagkraft sind um so größer, je direkter sie auf implizite oder explizite Erwartungen antworten, die die Rezipienten prinzipiell ihrer Erziehung durch das Elternhaus und ihren sozialen Bedingungen (d. h. auf dem Gebiet des Bildungswissens zumindest ihrer Erziehung durch die Schule) verdanken. Durch den unmerklichen Druck der Bezugsgruppe werden diese Erwartungen in Form unaufhörlicher Mahnungen, sich an die soziale Norm zu halten, aufrecht erhalten, unterstützt und verstärkt. Auf der Grundlage dieser Entsprechung zwischen dem Emissionsniveau der Botschaft und der Struktur des Publikums, die als

2.2.1 Der Grad der ästhetischen Kompetenz eines Subjekts bemißt sich danach, inwieweit es die zu einem gegebenen Augenblick verfügbaren und zur Aneignung des Kunstwerks erforderlichen Instrumente, d. h. die Interpretationsschemata beherrscht, die die Bedingung der Appropriation des künstlerischen Kapitals, m. a. W. die Bedingung der Entschlüsselung von Kunstwerken bilden, wie sie einer gegebenen Gesellschaft zu einem gegebenen Zeitpunkt offeriert werden.

2.2.1.1 Die ästhetische Kompetenz kann vorerst als die unerläßliche Kenntnis der möglichen Unterteilungen eines Universums von Vorstellungen in komplementäre Klassen bezeichnet werden. Die Beherrschung dieser Art von Gliederungssystem gestattet es, jedem Element innerhalb einer Klasse, die sich notwendig in Beziehung zu einer anderen Klasse definiert, seinen Ort zuzuweisen. Eine solche Klasse konstituiert sich daher aus allen künstlerischen, bewußt oder unbewußt berücksichtigten Vorstellungen, die nicht zur fraglichen Klasse gehören. Der *eigentümliche Stil* einer Epoche oder sozialen Gruppe ist nichts anderes als eine solche, in Beziehung zu allen Werken desselben Universums definierte Klasse. Die Werke, die das betreffende Werk ausschließt, bilden daher ihr Komplement. Die Zuerkennung (oder, wie die Kunsthistoriker in der Sprache der Logik sagen, die *Attribution*) vollzieht sich durch sukzessive Eliminierung der Möglichkeiten, auf die sich die Klasse (negativ) bezieht, der die effektiv realisierte Möglichkeit im betrachteten Werk angehört. Daran wird sofort ersichtlich, daß die Unsicherheit, welche der differenten Merkmale dem betrachteten Werk zuzurechnen sind (Autoren, Schulen, Epochen, Stile, Themen etc.), sich beheben läßt, indem man verschiedene, als Gliederungssysteme fungierende Codes anwendet: dies kann ein spezifisch künstlerischer Code sein, der z. B. die Entschlüsselung der spezifisch stilistischen Merkmale ermöglicht und damit das betrachtete Werk derjenigen Klasse zuzuordnen erlaubt, die sich als die Gesamtheit der Werke einer Epoche, einer Gesellschaft, einer Schule oder eines Autors („Das ist ein 'Cezanne'") konstituiert, oder der Code des alltäglichen Lebens, d. h. die unerläßliche Kenntnis der möglichen Unterteilungen in komplementäre Klassen der Welt der Signifikanten und der Signifikate und der Korrelationen zwischen den Aufteilungen der einen und der anderen. Dieser Code ermöglicht es, die betreffende, als ein Zeichen verstandene Vorstellung einer Klasse von Signifikanten zuzuordnen. Von daher weiß man dank der Korrelationen zur Welt der Signifikate, daß das entsprechende Signifikat zu der und der Klasse von Signifikaten gehört („Das ist ein Wald").[5]

Im ersten Falle bezieht sich der Betrachter auf die *Art und Weise*, wie die Blätter oder die Wolken *behandelt* werden, d. h. auf die stilistischen Hinweise,

---

Indikator des Rezeptionsniveaus behandelt wurde, konnte das mathematische Modell der Museumsbesucher konstruiert werden. (Bourdieu, Darbel und Schnapper 1966: 99 ff.)

5 Um zu zeigen, daß dies die Logik der Transmission von Botschaften im täglichen Leben ist, braucht man nur diesen, in einem Restaurant gehörten Wortwechsel zu zitieren: „Ein Bier!" - „Glas oder Flasche?" - „Glas."- „Helles oder Pils?" - „Pils." - „Münchener oder Dortmunder?" - „Dortmunder."

indem er der realisierten, charakteristischen Möglichkeit einer Klasse von Werken im Gegensatz zur Gesamtheit der stilistischen Möglichkeiten ihren Ort zuweist; im anderen Fall faßt er die Blätter oder Wolken als Indikatoren oder Signale auf, die er, im Sinne der entwickelten Logik, den Bedeutungen assoziiert, die der Darstellung transzendent sind („Das ist eine Pappel, das ist ein Sturm").

2.2.1.2 Die Kunstkompetenz erweist sich also als die unerläßliche Kenntnis der spezifisch künstlerischen Unterteilungsprinzipien, die es gestatten, einer Darstellung durch Gliederung der *stilistischen* Indikatoren, die sie enthält, im Rahmen der Darstellungsmöglichkeiten, die den gesamten Bereich der Kunst konstituieren, ihren Ort zuzuweisen, nicht aber im Rahmen der Vorstellungsmöglichkeiten, die das Universum der alltäglichen Gegenstände (oder, genauer gesagt, der Gebrauchsgegenstände) oder der Welt der Zeichen bilden; denn das liefe darauf hinaus, sie als ein einfaches Dokument, d. h. als ein simples Kommunikationsmittel zu behandeln, das die Aufgabe hätte, eine ihm selbst transzendente Botschaft zu übermitteln. Das Kunstwerk auf spezifisch ästhetische Weise zu betrachten, d. h. als etwas, das nichts außer sich selbst bedeutet, heißt daher nicht, wie oft behauptet wird, es so zu betrachten, daß man es weder psychisch noch intellektuell auf irgend etwas anderes bezöge als es selbst, heißt also nicht, sich dem betrachteten Werk in seiner unableitbaren Einzigartigkeit zu überlassen, sondern dessen distinktive stilistische Züge zu ermitteln, indem man es in Beziehung zu allen Werken (und nur zu diesen Werken) setzt, die insgesamt die Klasse bilden, der es angehört. Dagegen ist der Geschmack der unteren Klassen gekennzeichnet im Sinne dessen, was Kant in der *Kritik der Urteilskraft* einen „barbarischen Geschmack" nennt, gekennzeichnet nämlich durch die Abneigung oder Unfähigkeit, zwischen dem, „was gefällt" und dem „was Vergnügen bereitet", genauer gesagt, zwischen dem „interesselosen Wohlgefallen", dem einzigen Garanten der ästhetischen Qualität der Betrachtung, und dem Interesse der Sinne zu unterscheiden, wodurch sich das „Angenehme" oder das „Verstandesinteresse" bestimmt: Dies Interesse fordert nämlich von jedem Bild, daß es eine Funktion erfüllen soll, und sei es nur die eines Zeichens. Daher steckt hinter dieser „funktionalistischen" Vorstellung vom Kunstwerk sehr häufig die Abneigung gegen alles, was mühelos entstanden ist, der Hinweis auf den Kult der Arbeit oder der Wertschätzung des „Instruktiven" (im Gegensatz zum Interessanten) oder eine gewisse Hilflosigkeit, Ermangelung eines spezifisch stilistischen Gliederungsprinzips, d. h. die Unfähigkeit, jedem besonderen Wert im Universum der Darstellungen seinen Ort zuzuweisen.[6] Daher ist ein Kunstwerk, von dem diese unteren Klassen erwarten, daß es ohne Doppelsinnigkeiten eine dem Signifikanten transzendente Botschaft ausdrücke, für diejenigen,

---

6 Die Prinzipien des „goût populaire" lassen sich den Meinungen, die man über die Werke des etablierten Bildungsbestandes hegt, z. B. Malerei oder Plastik (da diese wegen ihres hohen Grades von sozialer Legitimation in der Lage sind, Urteile zu erzwingen, die zur Konformität tendieren), weniger gut entnehmen als den Meinungen über photographische Produktion und den Urteilen über Photographien (Bourdieu 1965: 113-134).

die über keinerlei Rüstzeug verfügen, um so verwirrender, je mehr (wie es in den nicht figurativen Künsten der Fall ist) die erzählende und designative Funktion entfällt.

2.2.1.3 Der Grad der Kunstkompetenz hängt nicht nur davon ab, in welchem Grade man das verfügbare Gliederungssystem beherrscht, sondern bestimmt sich zugleich an der Komplexität oder Verfeinerung dieses Systems. Seine Qualität bemißt sich also danach, inwieweit es geeignet ist, eine Reihe sukzessiver, mehr oder weniger großer Unterteilungen im Rahmen der gesamten Vorstellungsmöglichkeiten vorzunehmen und von daher mehr oder weniger grob unterteilte Klassen zu bestimmen. Für denjenigen, der lediglich in der Lage ist, einen Unterschied zwischen romanischer und gotischer Kunst festzustellen, figurieren alle gotischen Kathedralen innerhalb einer Klasse, bleiben also zugleich ununterschieden, während eine größere Kompetenz die Unterschiede zwischen der Früh-, Hoch- und Spätgotik oder sogar noch innerhalb eines jeden dieser Stile, Werke einer Schule oder sogar eines Architekten zu erkennen gestattet.

Daher ist das Verständnis derjenigen Züge, die die Originalität der Werke einer Epoche in Beziehung zu denen einer anderen Epoche oder im Rahmen dieser Klasse ausmachen, d. h. der Werke einer Schule oder einer Künstlergruppe in Beziehung zu einer anderen, oder darüber hinaus der Werke eines Autors zu den anderen Werken seiner Schule oder seiner Epoche, oder schließlich des besonderen Werkes eines Autors in Beziehung zur Gesamtheit seiner Werke, nicht zu trennen vom Verständnis der *Redundanzen*, d. h. der typischen Behandlungsweisen des malerischen Stoffes, die einen Stil kennzeichnen: kurz gesagt, um überhaupt Ähnlichkeiten erfassen zu können, ist ein impliziter oder ausdrücklicher Begriff von Unterschieden und Unterscheidungen immer schon vonnöten, wie auch im umgekehrten Fall.

2.3 Der künstlerische Code als ein System der möglichen Unterteilungsprinzipien in komplementäre Klassen der gesamten Darstellungen, die einer bestimmten Gesellschaft zu einem bestimmten Zeitpunkt offeriert werden, hat den Charakter einer gesellschaftlichen Institution.

2.3.1 Als ein historisch entstandenes und in der sozialen Realität verwurzeltes System, hängt die Gesamtheit dieser Wahrnehmungsinstrumente, die die Art der Appropriation der Kunst- (und allgemeiner der „Kultur"-) Güter in einer bestimmten Gesellschaft zu einem bestimmten Zeitpunkt bedingt, nicht von individuellem Willen und Bewußtsein ab. Sie zwingt sich den einzelnen Individuen auf, meist ohne daß sie es merken, und bildet von daher die Grundlage der Unterscheidungen, die sie treffen können, wie auch derer, die ihnen entgehen.

Jede Epoche organisiert die Gesamtheit ihrer künstlerischen Darstellungen gemäß einem Gliederungssystem, das ihr in eigentümlicher Weise anhaftet, indem sie Verwandtschaften zwischen Werken sieht, die andere Epochen voneinander schieden, und die Werke voneinander trennt, die andere Epochen in engem Zusammenhang sahen: darum haben die Individuen Mühe, andere Unterschiede zu bemerken als diejenigen, welche ihnen ihr verfügbares Gliederungssystem festzustellen gestattet. „Nehmen wir an," schreibt Longhi, „die französischen Naturalisten zwischen 1680 und 1880 hätten ihre Werke nicht mit ihren Namen signiert und keine Kritiker und Journalisten von der Intelligenz eines Geoffroy oder Duret als Herolde zur Seite gehabt. Stellen wir uns vor, man hätte sie aufgrund eines Wandels des Geschmackes und eines Verfalls der wissenschaftlichen Forschung über einen langen Zeitraum hin, während hundert oder hundertfünfzig Jahren vergessen. Was würde nun zuerst geschehen, falls das Interesse sich ihnen wieder zuwendet? Es ließe sich unschwer vorhersehen, daß man in einer ersten Phase der Untersuchung damit begönne, in den verstummten Materialien mehrere eher symbolische als historische Entitäten zu unterscheiden. Die erste trüge den symbolischen Namen Manets, der einen Teil des Jugendwerkes von Renoir und, wie ich fürchte, sogar einige Gervex, von dem gesamten Gonzalès ganz zu verschweigen, sowie schließlich den ganzen Morizot und den gesamten jungen Monet verschlingen würde: was den ebenfalls zum Symbol gewordenen späteren Monet angeht, so verschlänge er fast den ganzen Sisley, einen Großteil von Renoir und, noch schlimmer, einige Dutzend Boudins, mehrere Lebours und mehrere Lépines. Es ist keineswegs ausgeschlossen, daß einige Pissarros und sogar, eine wenig schmeichelhafte Belohnung, mehr als ein Guillaumin Cézanne zugeschrieben würden." (R. Longhi, zit. nach Joffroy 1959: 100-101)

Noch überzeugender als diese Art imaginärer Variation ist die historische Studie von Berne Joffroy über die sukzessiven Vorstellungen, die man sich von dem Werk Caravaggios machte. Sie zeigt, daß das öffentliche Image, das die Individuen einer bestimmten Epochen von einem Künstler oder Werk haben, aus den historisch entstandenen, also historisch sich ändernden Wahrnehmungsinstrumenten resultiert, die ihnen die Gesellschaft liefert, der sie angehören: „Ich weiß sehr wohl, was man über die Urheberschaftsquerelen sagt; sie hätten mit Kunst nichts zu tun, seien kleinlich und die Kunst sei groß (...). Die Vorstellung, die wir uns von einem Künstler machen, hängt nun einmal von den Werken ab, die man ihm zuschreibt, und färbt, ob wir es wollen oder nicht, diese globale Vorstellung, die wir von ihm haben, den Blick, der auf ein jedes seiner Werke fällt" (Joffroy 1959: 9)[7]. Daher bildet die Geschichte der Wahrnehmungsinstrumente eines Werkes die unerläßliche Ergänzung zu der Geschichte seiner Produktionsinstrumente, da ein jedes Werk in gewisser Weise zweimal gemacht wird, nämlich einmal vom Urheber und einmal vom Betrachter oder, genauer, von der Gesellschaft, der dieser Betrachter angehört.

---

7 Man müßte einmal in systematischer Form die Beziehung zwischen der Transformation der Wahrnehmungsinstrumente und der künstlerischen Produktionsinstrumente untersuchen, da die Entwicklung der öffentlichen Vorstellung von den Werken der Vergangenheit unablöslich an die Entwicklung der Kunst gekoppelt ist. Wie Lionelli Venturi feststellt, entdeckt Vasari von Michelangelo aus Giotto, gewinnt Belloni von Carrachi und Poussin aus ein neues Verständnis Raffaels.

2.3.2 Die durchschnittliche Lesbarkeit eines Kunstwerkes (in einer bestimmten Gesellschaft zu bestimmter Zeit) ist ein Resultat der Distanz zwischen dem Code, den das betreffende Werk objektiv erfordert, und dem sozialen Code als einer historisch bedingten Institution. Die Lesbarkeit eines Kunstwerkes hängt also für ein bestimmtes Individuum von dem Abstand zwischen dem mehr oder weniger komplexen und verfeinerten Code, den das Werk erfordert, und dem individuellen Sachverständnis ab. Dies wiederum richtet sich danach in welchem Grade der ebenfalls mehr oder weniger komplexe und verfeinerte soziale Code von den Individuen beherrscht wird. So hat nach Boris Schloezers Beobachtung je Epoche ihre melodischen Schemata, die es den Individuen möglich machen, die Struktur der Sequenzen und Töne, die diesen Schemata entsprechen, unmittelbar zu entsprechen, unmittelbar zu begreifen: Wir brauchen heute einiges Training, um am Gregorianischen Gesang Gefallen zu finden, und sehr viele Monodien des Mittelalters erscheinen uns nicht weniger verwirrend als beispielsweise eine Komposition Alban Bergs. Wenn aber eine Melodie ohne weiteres in unsere gewohnten Bezugsrahmen paßt, ist es nicht nötig, sie zu rekonstruieren. Ihre Einheit ist gegeben, und der Satz erreicht uns sozusagen wie ein Akkord en bloc. In diesem Falle kann sie wie ein Akkord oder Timbre eine magische Wirkung ausüben; handelt es sich dagegen um eine Melodie, deren Struktur nicht den traditionell bestätigten Schemata entspricht - z. B. denen der Tradition der Italienischen Oper, Wagners oder des Schlagers -, ist die Synthese nicht ohne Schwierigkeiten zu bewerkstelligen.

2.3.3 Da die Werke, die das künstlerische Kapital einer zu gegebenem Zeitpunkt gegebenen Gesellschaft bilden, unterschiedlich komplexe und verfeinerte Codes erfordern, die sich mehr oder weniger leicht oder schnell durch institutionalisierte Unterweisung aneignen lassen, unterscheiden sie sich je nach Art ihres Emissionsniveaus. Die oben aufgestellte Behauptung (2.3.2) läßt sich daher folgendermaßen umformulieren: Die Lesbarkeit eines Kunstwerkes hängt für ein bestimmtes Individuum von der Distanz zwischen dem Emissionsniveau[8] (verstanden als Grad der immanenten Komplexität und Verfeinerung des vom Werk erforderten Codes) und dem Rezeptionsniveau ab (das sich daran bemißt, inwieweit das Individuum den sozialen Code beherrscht, der dem vom Werk erforderten Code mehr oder weniger angemessen sein kann). Jedes Individuum besitzt eine bestimmte und beschränkte Fähigkeit, die vom Werk angebotenen „Informationen" aufzufassen, eine Fähigkeit, die von seiner Kenntnis des art- oder

---

8   Selbstverständlich läßt sich das Emissionsniveau nicht absolut in dem Sinne definieren, daß das Werk Bedeutungen unterschiedlichen Niveaus je nach dem Interpretationsschlüssel liefert, mit dem man an das Werk herangeht (vgl. 2.1.1): Wie der Western Gegenstand der naiven Anteilnahme der naiven *aisthesis* (vgl. 2.1.3) oder einer gelehrten Lektüre sein kann, die über eine Kenntnis der Traditionen und Regeln des Genres verfügt, liefert auch dasselbe gemalte Werk mehrschichtige Bedeutungen und kann z. B. das Interesse an der Anekdote oder am informativen (insbesondere am historischen Inhalt) befriedigen oder allein durch seine formalen Eigenschaften fesseln.

gattungsspezifischen Codes des betreffenden Typs von Botschaft abhängt, z. B. der Malerei insgesamt oder aber der Malerei dieser oder jener Epoche, dieser oder jener Schule, dieses oder jenes Autors. Überschreitet die Botschaft seine Verständnismöglichkeiten oder geht, genauer gesagt, der Code des Werkes aufgrund seiner Finesse oder Komplexität über den Code des Betrachters hinaus, so hat dieser gewöhnlich kein Interesse an etwas, das ihm als ein Wirrwarr ohne Sinn und Fug erscheint, als ein Spiel von Klängen oder Farben, ohne jede Notwendigkeit, Anders gesagt: gegenüber einer Botschaft, die für ihn zu reich oder, wie die Informationstheorie sagt „überwältigend" (overwhelming) ist, fühlt er sich ratlos und bestürzt. (Vgl. 1.3.2)

2.3.4 Man kann, um die Lesbarkeit eines Kunstwerkes (oder einer Sammlung wie die der im Museum ausgestellten Werke) zu erhöhen und dem aus der Distanz möglicherweise resultierenden Mißverständnis abzuhelfen, daher entweder das Emissionsniveau vermindern oder das Rezeptionsniveau erhöhen. Der einzige Weg, das Emissionsniveau zu vermindern, ist der, mit dem Werk zugleich auch den Code zu liefern, nach dem es kodiert ist; so etwa in Form einer (verbalen oder graphischen) Erläuterung, deren Code bereits teilweise oder vollständig vom Rezipienten beherrscht wird, oder eines Codes, der unaufhörlich zugleich den Code mit bereitstellt, nach dem er selbst zu entschlüsseln ist. Dies wäre der Code, der dem Modell der rationellsten pädagogischen Wissensvermittlung entspricht. Daran zeigt sich übrigens, daß eine jede Handlung, die darauf zielt, das Emissionsniveau zu vermindern, tatsächlich dazu beträgt, das Rezeptionsniveau zu erhöhen.

2.3.5 Die Regeln, die in jeder Epoche die Lesbarkeit der zeitgenössischen Kunst bestimmen, bilden nur eine partikulare Anwendung des allgemeinen Gesetzes der Lesbarkeit. Die Lesbarkeit eines zeitgenössischen Werkes ist verschieden, je nachdem, in welcher Beziehung die Künstler in einer bestimmten Epoche, innerhalb einer bestimmten Gesellschaft, zum Code der vorangegangenen Epoche stehen: Man kann daher sehr grob klassische Epochen, in denen ein Stil seine eigene Vollendung erlangt und die Künstler, die die von einer als Erbe übernommenen *ars inveniendi* bereitgestellten Möglichkeiten bis zu deren Vollendung oder Erschöpfung ausbeuten, von Perioden des Bruchs unterscheiden, in denen man eine neue *ars inveniendi* erfindet, oder in denen sich eine neue generative Grammatik von Formen als Bruch mit den ästhetischen Traditionen einer Zeit und eines Milieus heranbildet. Die Kluft zwischen dem sozialen Code und dem von den einzelnen Werken geforderten Code ist aller Wahrscheinlichkeit nach in klassischen Perioden weniger tief als in Perioden des Bruches, jedoch unendlich viel schmaler als in Perioden kontinuierlichen Bruches wie etwa der heutigen. Die Transformation der künstlerischen Produktionsinstrumente geht der Transformation der Instrumente der Kunstwahrnehmung voraus, und der Wandel der Wahrnehmungsweisen vollzieht sich nur langsam, da es einen Typus von Kunstverständnis (ein Produkt der Verinnerlichung eines sozialen Codes, der den Verhaltensmustern und dem Gedächtnis so tief eingestanzt ist, daß er auf unbewußter Ebene funktioniert) zu entwurzeln gilt, um ihn durch einen anderen, neuen Code zu ersetzen, der notwendigerweise einen langen und komplizierten Prozeß der Verinnerlichung erfordert.[9]

Das Trägheitsmoment, das dem Kunstverständnis (oder, wenn man so will, dem *jeweiligen Habitus*) auf eigentümliche Weise innewohnt, bewirkt, daß in Perioden des „Bruches" die mit Hilfe neuer künstlerischer Produktionsinstrumente hervorgebrachten Werke dazu verurteilt sind, über einen gewissen Zeitraum hinweg durch herkömmliche Perzeptionsinstrumente, nämlich eben diejenigen, gegen die sie doch geschaffen wurden, wahrgenommen zu werden. Die Gebildeten, die der Bildung (culture) mindestens in dem Maße gehören, wie diese ihnen, neigen stets dazu, die ererbten Kategorien auf Werke ihrer Epoche zu applizieren. Dabei verkennen sie die unableitbare Neuartigkeit von Werken, die selbst noch die zu ihrer Wahrnehmung erforderlichen Kategorien bereitstellen (im Gegensatz zu jenen Werken, die man in einem sehr weiten Sinne akademisch nennen kann und die nur einen bereits schon vorhandenen Code, genauer gesagt, Habitus ins Werk setzen).

Die Bildungsfrommen, die sich dem Kult der anerkannten Werke einstiger Propheten weihen, stehen ebenso wie die Priester der Kultur, die sich gleich den Professoren der Organisation dieses Kultes widmen, in denkbar größtem Gegensatz zu den kulturellen Propheten, d. h. den Schaffenden, die die Routine des ritualisierten Eifers in Verwirrung bringen und hoch mit der Zeit ihrerseits zum Gegenstand des routinierten Kultes der neuen Priester und der neuen Gläubigen werden. Wenn es stimmt, daß, wie Franz Boas sagt „das Denken derjenigen, die wir als die gebildeten Klassen bezeichnen, hauptsächlich von den Idealen bestimmt wird, die ihnen von den vergangenen Generationen vermittelt wurden" (Boas 1962: 196) so ist der völlige Mangel an Kunstverständnis nichtsdestoweniger weder die notwendige noch die zureichende Bedingung der angemessenen Wahrnehmung neuer bahnbrechender Werke oder, a fortiori, der Erzeugung solcher Werke. Die „Einfalt" des Blicks wäre in diesem Falle nur die äußerste Form einer Verfeinerung des Auges. Die Tatsache, daß man über keinerlei Schlüssel verfügt, gewährleistet keineswegs, daß man deshalb Werke verstünde, die nichts anderes erfordern, als daß man alle herkömmlichen Schlüssel beiseite legt, um vom Werk selbst zu erwarten, daß es einem den Schlüssel zu seiner eigenen Entschlüsselung schenke - ganz im Unterschied zu der gängigen Annahme, daß diejenigen, die nicht über das Rüstzeug eines ausgebildeten Kunstverstandes verfügen, sich am allerwenigsten etwas vormachen ließen: Die ideologische Vorstellung, daß sich die modernsten Formen der nichtfigurativen Kunst der kindlichen Unschuld oder der Unwissenheit leichter erschlössen als einem durch Schulausbildung (die man für deformierend hält) erworbenen Sachverständnis, wird nicht nur von den Tatsachen

---

9 Das gilt für jede kulturelle Produktion, künstlerische Form, wissenschaftliche oder politische Theorie, da die ehemaligen habituellen Einstellungen eine Revolution der sozialen Codes und sogar der sozialen Bedingungen der Produktion dieser Codes zu überleben vermögen.

widerlegt.[10] Die bahnbrechendsten Formen der Kunst erschließen sich nämlich zunächst nur einigen „Virtuosen" (deren avantgardistische Position sich immer zu einem großen Teil aus der Stellung heraus erklären läßt, die sie im intellektuellen Kräftefeld und in der Sozialstruktur einnehmen). Und zwar deshalb, weil diese Formen die Fähigkeit erfordern, mit allen Codes, natürlich zuerst mit dem der alltäglichen Existenz, brechen zu können. Diese Fähigkeit wird darüber hinaus einmal durch die häufige Beschäftigung mit Werken, die verschiedene Codes erfordern, erworben, und zum anderen durch die Erfahrung, daß die ganze Kunstgeschichte eine Folge von Brüchen mit etablierten Codes ist. Kurzum, die Fähigkeit, alle verfügbaren Codes aufzugeben, um sich dem Werk selbst in seiner zunächst unerhörten Befremdlichkeit zu überlassen, setzt die völlige Beherrschung des prinzipiellen Codes aller Codes voraus, der die angemessene Applikation der verschiedenen sozialen Codes regelt, wie sie die Gesamtheit der zu einem bestimmten Zeitpunkt verfügbaren Werke erfordert.

3. Da das Werk als Kunstwerk nur in dem Maße existiert, in dem es wahrgenommen, d. h. entschlüsselt wird, wird der Genuß, der sich aus dieser Wahrnehmung ergibt - mag es sich um den eigentümlichen ästhetischen Genuß oder um indirektere Privilegien, wie den Hauch von Exklusivität, den er verschafft, handeln - nur denjenigen zuteil, die in der Lage sind, sich die Werke anzuzeigen. Nur sie nämlich messen ihnen überhaupt Wert bei, und das nur deshalb, weil sie über die Mittel verfügen, sie sich anzueignen. Daher kann das Bedürfnis nach der Appropriation dieser Güter, die wie die Bildungsgüter überhaupt nur für diejenigen existieren, die sei es ihrer familiären Herkunft, sei es der Schule die nötigen Appropriationsmittel verdanken, sich nur bei denjenigen ausbilden, die in der Lage sind, es zu befriedigen, und kann es sich befriedigen, sobald man es verspürt.

3.1 Daher wächst einerseits im Unterschied zu den „primären" Bedürfnissen das Bildungsbedürfnis als ein gebildetes Bedürfnis in dem Maße, in dem es befriedigt wird, da eine jede neue Appropriation zur Vermehrung der Appropriationsinstrumente (vgl. 3.2.1) führt und demzufolge zu einer größeren Befriedigung, die der neuen Appropriation entspricht. Auf der anderen Seite schwindet das Bewußtsein der Entbehrung in dem Maße, in dem diese Versagung selbst anwächst, da diejenigen, die von den Appropriationsmitteln der Werke so gut wie vollständig abgeschnitten sind, zugleich dem Bewußtsein dieser Versagung am fernsten stehen.

---

10 Das Studium der typischen Merkmale des Publikums der europäischen Museen zeigt, daß diejenigen Museen, in denen Werke moderner Kunst angeboten werden, das höchste Emissionsniveau, also das gebildetste Publikum aufweisen.

3.2 Die Bereitschaft zur Appropriation der kulturellen Güter ist das Produkt einer mehr dem Zufall überlassenen oder mehr spezifischen, institutionalisierten oder nicht institutionalisierten Erziehung, die das Kunstverständnis als Beherrschung der Instrumente zur Appropriation dieser Güter erzeugt (oder kultiviert) und das „Bildungsbedürfnis" erst erschafft, indem sie die Mittel bereitstellt, es zu befriedigen.

3.2.1 Die wiederholte Beschäftigung mit Werken eines bestimmten Stils begünstigt eine unbewußte Verinnerlichung der Regeln, nach denen sich die Produktion dieser Werke vollzieht. Den Regeln der Grammatik gleich werden diese nicht als Regeln aufgefaßt und sind noch weniger ausdrücklich formuliert und formulierbar als jene: Der Liebhaber klassischer Musik braucht z. B. weder ein Bewußtsein noch eine Kenntnis der Gesetze zu haben, denen die Tonkunst gehorcht, an die er gewöhnt ist; sein geschultes Gehör führt jedoch dazu, daß er, sobald er einen Dominantakkord vernimmt, gebieterisch die Tonika erwartet, die ihm als die „natürliche" Auflösung dieses Akkords erscheint. Daher fällt es ihm schwer, die immanente Stimmigkeit einer Musik zu begreifen, die auf anderen Prinzipien beruht. Die unbewußte Beherrschung der Appropriationsmittel, auf der die Vertrautheit mit den kulturellen Produkten basiert, bildet sich durch langdauernden Umgang als eine unmerklich lange Folge von „petites perceptions" im Leibnizschen Sinne. Das Sachverständnis des Kenners (connaisseurship) ist eine „Kunst", die wie eine Denk- oder Lebenskunst sich nicht ausschließlich in Form von Vorschriften und Geboten übermitteln läßt; ihre Erlernung setzt einen gleichwertigen und steten Kontakt zwischen Lehrer und Schüler in Form traditioneller Unterweisung voraus, d. h. den wiederholten Kontakt mit dem Werk (oder Werken derselben Klasse). Und ebenso wie der Lehrling oder Schüler unbewußt die Kunstregeln einschließlich derer, die dem Lehrer selbst nicht ausdrücklich bekannt sind, erlernen kann, wenn auch um den Preis einer nahezu völligen Selbstaufgabe, die eine Untersuchung und Auswahl der Elemente des beispielhaften Verhaltens ausschließt, kann der Liebhaber, indem er sich in gewisser Weise dem Werk überläßt, dessen Prinzipien und Konstruktionsregeln verinnerlichen, ohne daß ihm diese jemals ins Bewußtsein dringen und damit als Regeln ausdrücklich formuliert werden. Darin besteht der ganze Unterschied zwischen dem Kunsthistoriker und dem Kenner, der seinerseits meistens unfähig ist, die Ausgangsprinzipien seiner Urteile (vgl. 1.3.3) darzulegen. In diesem Bereich wie in anderen (z. B. dem des Erlernens der umgangssprachlichen Grammatik) fördert die Schulerziehung das bewußte Erfassen der Denk-, Wahrnehmungs- und Ausdrucksmodelle, die man bereits unbewußt beherrscht, indem sie die Grundlagen der kreativen Grammatik, z. B. die Gesetze der Harmonie und des Kontrapunktes oder die malerischen Kompositionsregeln, explizit darlegt. Gleichzeitig liefert sie das unerläßliche Wort- und Begriffsmaterial, mittels dessen die zunächst auf rein intuitive Weise geahnten Unterschiede benannt werden. Die Gefahr des Akademismus steckt daher in jeder rationalisierten Pädagogik, da sie fast regelmäßig dazu führt, all das in ein Lehrgebäude ausdrücklich bezeichneter und geübter häufiger negativ als positiv gefaßter Vorschriften, Rezepten und Formeln umzumünzen, was ein traditioneller Unterricht in Form eines in direkter Weise, *uno intuito,* erfaßten *Habitus,* als Stileinheit übermittelt, die sich auf analytischem Wege nicht zerlegen läßt.

3.2.2 Der Umgang mit den Werken, wie man ihn durch Reiteration von Wahrnehmungen pflegt, bildete die privilegierte Form eines Erwerbs der Mittel zur Appropriation der Werke, weil das Kunstwerk sich stets als eine konkrete Individualität präsentiert, die sich niemals aus den Prinzipien und Regeln, die einen Stil definieren, ableiten läßt. Wie es sich im Falle des musikalischen Werkes ganz deutlich zeigt, könnten diskursive Übersetzungen - mögen sie auch noch so präzis und informativ sein - niemals eine Darbietung hic et nunc ersetzen, die aus keiner Formel ableitbar ist: Die bewußte oder unbewußte Meisterschaft auf dem Gebiet der Produktionsprinzipien und -regeln dieser Form gestattet es, deren Stimmigkeit und immanente Notwendigkeit durch eine der Konstruktion des Urhebers symmetrische Rekonstruktion zu erfassen. Anstatt jedoch das einzigartige Werk auf die Allgemeinheit eines Typus zu reduzieren, ermöglicht eine solche Rekonstruktion es vielmehr, die Originalität einer jeden Aktualisierung, genauer gesagt, Darbietung hinsichtlich der Prinzipien und Regeln, nach denen sie bewerkstelligt wurde, zu erfassen und zu bewerten. Wenn das Kunstwerk stets das doppelte Gefühl des Niedagewesenen und doch mit Notwendigkeit Eingetroffenen vermittelt, so deshalb, weil die einfallsreichsten, improvisiertesten und originellsten Lösungen sich stets post festum aus den Denk-, Wahrnehmungs- und Handlungsschemata (Kompositionsregeln, theoretischen Problemkreisen etc.) begreifen lassen. Sie nämlich ließen die technischen und ästhetischen Fragen, auf die das Werk antwortet, in dem gleichen Augenblick entstehen, in dem sie auch dem Autor bei der Suche nach einer aus dem Schema nicht ableitbaren Lösung die Richtung wiesen, eine Lösung, die insofern zwar unvorhersehbar war und dennoch a posteriori den Regeln einer Grammatik der Formen entspricht. Die endgültige Wahrheit des Stils einer Epoche, eines Autors oder einer Schule liegt letztlich nicht keimhaft in einer eigentümlichen Eingebung beschlossen, sondern definiert sich und ändert sich fortwährend von neuem als „Bedeutung im Werden", die, wenn sie sich realisiert, zugleich mit sich selbst übereinstimmt oder aber auf sich selbst reagiert. Allein im fortwährenden Wechsel von Fragen, wie sie sich nur aus einem Geiste heraus und für einen Geist stellen können, der über einen bestimmten Typus mehr oder weniger einfallsreicher Grundmuster verfügt, die sich ihrerseits der Anwendung der Schemata verdanken, jedoch fähig sind, das Ausgangsschema zu verändern, ergibt sich jene Einheit von Stil und Bedeutung, die nachträglich oft den Eindruck erweckt, als sei sie den Werken vorausgegangen, die das abschließende Gelingen ankündigen. Dieses verwandelt die verschiedenen Momente auf der zeitlichen Skala nachträglich in einfache, vorbereitende Entwürfe (vgl. Bourdieu 1974: 125): Stellt die Entwicklung eines Stils sich somit weder als autonome Entwicklung einer einzigen unveränderbaren Essenz noch als Schöpfung von unvorhersehbarer

Neuartigkeit dar, sondern eher als ein Hin und Her, das weder Vor- noch Rückgriffe ausschließt, so deshalb, weil der Habitus des Künstlers als eine Axiomatik von Schemata seine Wahl immerzu leitet, die, wenn auch nicht wohlüberlegt, nichtsdestoweniger systematisch erfolgt. Ohne in der Art ihrer Organisation ausdrücklich einem bestimmten Zweck zu gehorchen, ist diese Wahl doch Träger einer Art von Finalität, die sich allerdings erst post festum zu erkennen gibt. Wenn daher Werke, die durch eine Kette signifikanter Beziehungen miteinander verbunden sind, sich aus sich selbst heraus zum System konstituieren, vollzieht sich ihre Verkettung in einer Koppelung von Sinn und Zufall. Diese Verbindung stellt sich her, löst sich auf, um schließlich nach Regeln wieder zu entstehen, die um so beständiger sind, je mehr sie sich dem Bewußtsein entziehen. So bildet sich dieses System in einer ständigen Verwandlung, die beiläufige Ereignisse aus der Geschichte der technischen Verfahrensweise in die Stilgeschichte einbringt und ihnen dadurch Bedeutung verleiht. Es konstituiert sich in der Erfindung von Hindernissen und Schwierigkeiten, die im Namen eben jener Prinzipien auf den Plan gerufen scheinen, die doch zu ihrer Lösung hinführen und die mitunter, auch wenn sie sich vorübergehend dagegen sperren, im Dienste einer höheren Zweckmäßigkeit stehen.

3.2.3 Selbst wenn die Institution der Schule hinsichtlich eines spezifischen Kunstunterrichts nur einen untergeordneten Platz einnimmt (wie es in Frankreich und in vielen anderen Ländern der Fall ist), selbst wenn sie weder eine spezifische Anregung zur kulturellen Praxis noch ein Arsenal zusammenhängender und z. B. spezifisch auf Werke der Bildhauerei zugeschnittener Begriffe liefert, flößt sie doch eine bestimmte *Vertrautheit* mit der Welt der Kunst ein (die konstitutiv ist für das Gefühl, zur gebildeten Klasse zu gehören), so daß man sich in ihr zu Hause und unter sich fühlt, als sei man der prädestinierte Adressat von Werken, die sich nicht dem ersten besten ausliefern: Diese Vertrautheit führt andererseits (zumindest in Frankreich und der Mehrzahl der europäischen Länder, die über die Institution „höhere Schule" verfügen) dazu, eine Aufnahmebereitschaft für Bildung als dauerhafte und allgemein verbreitete Einstellung einzuschärfen, die die Anerkennung des Wertes von Kunstwerken und die Fähigkeit, sich diese Werke als art- und gattungsspezifische Kategorien anzueignen, einschließt.[11] Obwohl der Lehrbetrieb der Schule sich beinahe ausschließlich auf literarische Werke erstreckt, gelingt es ihm dennoch, eine übertragbare Bereitschaft zu erzeugen, nämlich alle von der Schule anerkannten Werke zu bewundern, bzw. das Pflichtgefühl einzuimpfen, bestimmte Werke oder, genauer gesagt, bestimmte Klassen von Werken zu verehren und zu schätzen, die nach und nach so erscheinen, als seien sie Attribute eines bestimmten Schul- und Sozialstatus. Auf der anderen Seite produziert dieser

---

11 Die Vermittlung durch die Schule erfüllt stets eine Legitimationsfunktion, und sei es nur durch die Bestätigung, die sie den Werken zuteil werden läßt, die sie, indem sie sie übermittelt, für würdig befindet, bewundert zu werden; auf diese Weise trägt sie dazu bei, die Hierarchie der kulturellen Güter zu definieren, die in einer gegebenen Gesellschaft zu gegebenem Zeitpunkt gültig ist. (Zum Problem der Hierarchie der „Kulturgüter" und ihrer Legititmitätsgrade s. Bourdieu 1965: 134-138)

Lehrbetrieb eine ebenfalls allgemein verbreitete und übertragbare Fähigkeit, Autoren, Gattungen, Schulen und Epochen bestimmten Kategorien zuordnen zu können, sowie die Fähigkeit zur Handhabung der Schulkategorien der literarischen Analyse und der Beherrschung jenes Codes (vgl. 2.3.5), der den Gebrauch der verschiedenen Codes regelt. Dadurch wird es möglich, sich die entsprechenden Kategorien auch in anderen Bereichen anzueignen und die typischen Wissensbestände zu horten, die, selbst wenn sie äußerlich und anekdotisch bleiben, zumindest eine elementare Form des Verständnisses ermöglichen, so unangemessen diese auch sein mag.[12]

So ist ein erstes elementares Sachverständnis auf dem Gebiet der Malerei daran zu bemessen, inwieweit man ein Arsenal von Begriffen beherrscht, die es ermöglichen, Unterschiede zu benennen und, indem man sie benennt, sie zu begreifen. Dazu gehören die Eigennamen der berühmten Namen Leonardo, Picasso, van Gogh, die als Gattungskategorien fungieren, so daß man von einem Gemälde oder nicht figurativen Gegenstand sagen kann: „Das ist ein Picasso", oder vor einem Werk, das deutlich oder weniger deutlich an die Manier des florentinischen Malers erinnert: „Das könnte man fast für einen Leonardo halten." Weiterhin gehören hierzu so weitmaschige Kategorien wie die „Impressionisten" (deren Definition sich von Gaugin bis zu Degas erstreckt), die „Niederländer" oder schließlich die „Renaissance". Es ist besonders bezeichnend, daß, wie Umfragen ergeben haben, die Zahl derjenigen Betrachter, die in Kategorien von Schulen denken, proportional zum Ausbildungsniveau und, allgemeiner gesagt, zu der vorhandenen Kenntnis von Gattungen anwächst, die nun einmal die unerläßliche Voraussetzung ist, Unterschiede wahrzunehmen und sich im Gedächtnis einzuprägen. Eigennamen, historische, technische oder ästhetische Begriffe sind daher um so zahlreicher und spezifischer verfügbar, je gebildeter die Betrachter sind, mit denen man es zu tun hat.

Die angemessene Wahrnehmung unterscheidet sich von der unangemessensten daher nur durch die Genauigkeit, den Reichtum und die Verfeinerung der angewandten Kategorien. Es handelt sich also keineswegs um ein Dementi dieser Behauptungen, wenn man feststellt, daß die Museenbesucher um so häufiger gerade den berühmtesten und durch den Schulunterricht in höchstem Grade anerkannten Gemälden ihre Gunst entgegenbringen, je weniger Unterricht sie genossen haben, während die modernen Maler, die die geringsten Chancen haben, einen Platz im

---

12 L. S. Vygotsky hat auf experimentellem Wege die Gültigkeit der generellen Gesetze auf dem Gebiet der schulischen Fähigkeiten aufgewiesen: „die unerläßlichen psychologischen Bedingungen der Erziehung sind in den verschiedenen Bereichen der Schule im großen Maße dieselben. Die in einem gegebenen Bereich genossene Erziehung beeinflußt die Entwicklung höherer Funktionen, die weit oberhalb der Grenzen dieses besonderen Bereiches liegen; die prinzipiellen psychologischen Funktionen, wie die verschiedenen Studienbereiche sie implizieren, hängen wechselseitig von einander ab. Ihre gemeinsame Basis liegt darin, inwieweit sie wirklich bewußt sind und mit Überlegung gehandhabt werden, Fähigkeiten, die als prinzipielle Resultate der Verschulung anzusehen sind" (Vygotsky 1962: 102).

Unterricht eingeräumt zu bekommen, nur von den Inhabern der höchsten Bildungsabschlüsse (zumeist Großstadtbewohnern) zitiert werden. Die Fähigkeit, Geschmacksurteile zu äußern, die man „persönlich" nennt, ist letztlich ein Resultat der Art des Unterrichts, den man genossen hat: Die Freiheit, sich von den schulischen Zwängen zu befreien, besitzen nur diejenigen, die ihre Schulbildung ausreichend assimiliert haben, um ein freies Verhältnis zu der Art von Bildung zu gewinnen, wie eine Schule sie vermittelt, die so tief von den „Werten" der herrschenden Klasse durchdrungen ist, daß sie sogar ihrerseits die mondäne Entwertung der Schulpraktiken übernimmt. Die scharfe Trennung zwischen der kanonischen, stereotypen bzw., wie Max Weber sagen würde, „routinierten" und der authentischen Bildung, die sich vom Zuschnitt der Schule befreit hat, hat einen Sinn nur für jene kleine Zahl von Gebildeten, für die die Bildung eine „zweite Natur" geworden ist, eine „Natur", die alle Zeichen der Begnadung aufweist. Der reale Besitz der Schulbildung ist daher eine unerläßliche Voraussetzung, um diese erst zu jener „culture libre", d. h. einem Bildungsbereich hin überschreiten zu können, der seinen schulischen Ursprüngen entronnen ist, die die bürgerliche Klasse und ihre Schule für den „Wert der Werte" halten. (vgl. 3.3)

Aber der beste Beweis für die Tatsache, daß die allgemeinen Prinzipien der Übertragung von Lernprozessen auch für die schulischen Lernprozesse gelten, zeigt sich darin, daß die Beschäftigungen ein und desselben Individuums und a fortiori der Individuen einer sozialen Kategorie oder eines bestimmten Unterrichtsniveaus dazu tendieren, ein System zu bilden. Daher impliziert ein bestimmter Typus von Beschäftigungen in irgendeinem Bildungsbereich mit sehr großer Wahrscheinlichkeit einen Typus homologer Beschäftigung in allen anderen Bereichen: eifriger Museumsbesuch geht insofern beinahe notwendig mit entsprechend häufigen Theater- und in geringerem Maße Konzertbesuch einher. Ebenso scheint alles darauf hinzudeuten, daß Kenntnisse und Vorlieben sich in strikt an das Unterrrichtsniveau gebundenen Konstellationen ausbilden, so daß beispielsweise eine typische Struktur von Vorlieben auf dem Gebiet der Malerei alle Chancen hat, einer Struktur von Vorlieben desselben Typs auf dem Gebiet der Literatur zu entsprechen.[13]

3.2.4 Aufgrund des besonderen Status des Kunstwerkes und, im Zusammenhang damit, der spezifischen Logik des Lern- und Aneignungsprozesses ist ein Kunstunterricht, der sich auf eine (historische, ästhetische oder andere) Erläuterung der

---

13 Eine Kritik der Ideologie der Ungleichmäßigkeit der Geschmacksrichtungen und Kenntnisse in den verschiedenen künstlerischen Bereichen (Musik, Malerei etc.) und des weitverbreiteten Mythos vom „kulturellen Durchbruch" (wonach z. B. ein Individuum trotz Ermangelung jeglicher Bildung auf dem Gebiet der Malerei oder Zeichnung Kunstwerke auf dem Gebiet der Photographie zustande bringen könnte), Vorstellungen, die darauf hinauslaufen, die Ideologie der „Begabung" nur zu verstärken, findet sich bei Bourdieu (1965).

Werke beschränkt, zweitrangig[14]: wie der Unterricht in der Muttersprache setzt der Literatur- oder Kunstunterricht (d. h. der Bildungsfächer [„les humanités"] des traditionellen Unterrichts) notwendigerweise Individuen voraus - ohne sich jedoch auf diese Voraussetzung einzurichten -, die über ein vorgängig erworbenes Wissen und ein in ungleicher Weise zwischen den verschiedenen sozialen Milieus verteiltes Kapital von Erfahrungen verfügen (Museumsbesuche, Denkmalsbesichtigungen, Konzertbesuche, Lektüre etc.).

3.2.4.1 Das der Kunstunterricht nicht methodisch und systematisch vorgeht, insofern er nicht alle verfügbaren Mittel von den ersten Schuljahren an mobilisiert, um allen während der Schulzeit den direkten Kontakt mit den Werken oder zumindest einen annähernden Ersatz dieser Erfahrung (durch Darstellung von Reproduktionen oder durch Textlektüre, Organisation von Museumsbesuchen Anhören von Schallplatten etc.) zu verschaffen, kommen nur diejenigen in seinen vollen Genuß, die schon ihrer familiären Herkunft ein Sachverständnis verdanken, das nach und nach und durch unmerkliche Übung erworben wurde. Denn dieser Unterricht dispensiert sich von der Aufgabe, allen das explizit zu vermitteln, was er implizit von allen verlangt. Wenn es richtig ist, daß nur die Institution der Schule eine kontinuierliche und nachhaltige methodische und in der Ausrichtung uniformierende Ausbildung vermitteln kann, die es, wenn der Ausdruck gestattet ist, möglich macht, sachverständige Individuen in *Serienproduktion* hervorzubringen, kompetente Individuen, die einerseits über die Wahrnehmungs-, Denk- und Ausdrucksschemata, d. h. die Voraussetzungen zur Appropriation der Bildungsgüter und andererseits zugleich über eine allgemein verbreitete und nachhaltige Bereitschaft verfügen, sich diese Güter zu appropriieren - und dies ist das Kriterium der kulturellen Devotion -, so hängt die Wirksamkeit dieser „Menschenbildung" unmittelbar davon ab, inwieweit diejenigen, die ihr ausgesetzt werden, die unerläßlichen Bedingungen einer angemessenen Rezeption erfüllen: Der Effekt der Schulausbildung ist um so stärker und nachhaltiger, je länger sie dauert (wie es sich darin zeigt, daß das Bildungsinteresse und die entsprechende Praxis bei denjenigen, die eine längere Schulausbildung genossen haben, mit zunehmenden Alter entsprechend rückläufig ist). Denn wer immer diesem nachhaltigen Einfluß der Schule ausgesetzt war, verfügt über die größere unerläßliche Kompetenz, die durch den unmittelbaren und von früh auf geübten Umgang mit den Werken (der, wie man weiß, sich um so häufiger findet, je höher man in der sozialen Hierarchie

---

14 Das gilt in der Tat für jeden Unterricht. Man weiß z. B., daß mit der Muttersprache die logischen Strukturen, die mehr oder weniger komplex sind, je nach der Komplexität der im Elternhaus gesprochenen Sprache, auf unbewußte Weise erworben werden und in gleichmäßiger Weise die Anlagen zur Entschlüsselung und Handhabung von Strukturen heranbilden. Das gilt für eine mathematische Beweisführung in gleichem Maße wie für das Verständnis eines Kunstwerkes.

hinaufsteigt) erworben wurde. Und schließlich unterstützt und fördert ein günstiges kulturelles Klima diesen Effekt.[15]

Daher unterscheiden sich Studenten der geisteswissenschaftlichen Fächer (der „Lettres"), die jahrelang eine homogene und homogenisierende Ausbildung erfahren haben und kontinuierlich gemäß ihrer Anpassung an die Leistungsanforderungen der Schule ausgesiebt wurden, sowohl in ihren kulturellen Gepflogenheiten wie in ihren Vorlieben in systematischer Form, die wiederum davon abhängt, ob sie einem mehr oder weniger gebildeten Milieu entstammen, bzw. wie lange sie darin verblieben: Ihre (an die Zahl der Stücke, die sie auf der Bühne gesehen haben, gemessene) Theaterkenntnis ist desto größer, je häufiger ihr Vater und Großvater (oder, *a fortiori,* der eine oder andere) zu einer gehobeneren Berufskategorie gehört. Darüber hinaus ist hierbei die Tatsache von Gewicht - angenommen man untersucht einen Fixwert innerhalb einer jeden dieser Variablen (d. h. die Kategorie des Vaters oder Großvaters) -, ob die eine oder die andere Kategorie schon allein für sich dazu tendiert, die Hierarchie dieser Resultate zu bestimmen (vgl. Bourdieu und J. C. Passeron 1964: 96-97). Da der Eingliederungsprozeß bis zur vollen Integration in die Bildungsschichten sich über einen sehr langen Zeitraum hin vollzieht, bleiben Individuen, die hinsichtlich ihres sozialen und sogar ihres Schulerfolges auf einer Stufe stehen, weiterhin durch subtile Unterschiede voneinander getrennt, die sich danach bemessen, seit wann jene Individuen Zutritt zur Bildungssphäre haben. Auch der Bildungsadel hat seine Domänen.[16]

3.2.4.2 Nur eine Institution wie die Schule, deren spezifische Funktion darin besteht, auf methodischem Wege jene Anlagen zu entwickeln oder erst zu schaffen, die das Kriterium des „gebildeten Menschen" und die Grundlage einer nachhaltigen und quantitativ wie qualitativ intensiven Beschäftigung sind, könnte (zumindest teilweise) die ausschlaggebende Benachteiligung derer ausgleichen, die von seiten ihrer familiären Herkunft keinen Anreiz erfahren, sich mit den Bildungsgütern zu befassen, und daher nicht das bei allen gelehrten Erörterungen

---

15 Die Zugehörigkeit zu einer in sehr hohem Maße durch Bildungsgepflogenheiten gekennzeichneten sozialen Gruppe trägt dazu bei, die kulturelle Aufnahmebereitschaft zu unterstützen und zu fördern. Dennoch verspürt man die anonymen Pressionen oder Anreize der Bezugsgruppe um so stärker, je größer die Bereitschaft ist, diesen entgegenzukommen (was wiederum in gewisser Weise eine Frage des Kunstverständnisses ist). Über die Wirkungen von Ausstellungen und Tourismus, die den kollektiven Rhythmus tiefer als der gewöhnliche Museumsbesuch prägen und sich von daher eher dazu eignen, denjenigen, die die stärksten kulturellen Ambitionen haben (die also zur „gebildeten Klasse" gehören oder danach streben, ihr anzugehören), der anonymen Normen ihrer Beschäftigung ins Gedächtnis zu rufen (Bourdieu 1965: 51; 115-119). So legen z. B. die meisten Studenten eine Art Bildungsheißhunger an den Tag, weil der Anreiz zu derartigen Beschäftigungen, den die Bezugsgruppen ausüben, in diesem Fall besonders stark ist. Hinzu kommt daß der Zugang zur Hochschule den Eintritt in die Welt der Bildung und damit das Recht und, was auf dasselbe hinausläuft, die Pflicht bedeutet, sich diese Bildung anzueignen.
16 Ähnliche Differenzen zeigen sich auch im Bereich der Kunstausübung und des Geschmacks.

innerhalb dieses Bereiches vorausgesetztes Sachverständnis von zu Hause mitbekommen. Diesen Ausgleich könnte die Schule unter der Bedingung, und nur unter der Bedingung, leisten, daß sie alle verfügbaren Mittel einsetzte, um die zirkelhafte Verkettung kumulativer Prozesse zu durchbrechen, zu der jede Erziehungspraxis auf kulturellem Gebiet verurteilt ist. Wie man sieht, hängt also die Kunstkompetenz in puncto ihrer Eindringlichkeit und Verfügbarkeit davon ab, inwieweit der Betrachter den art- und gattungsspezifischen Code eines Kunstwerkes beherrscht, d. h. von jener Kompetenz, die er zum Teil seiner Schulbildung verdankt. Dasselbe gilt entsprechend für die pädagogische Vermittlung selbst. Denn diese hat unter anderem die Funktion, den Code der Werke des gehobenen Bildungsbestandes zu vermitteln (und zugleich denjenigen Code, nach dem sie diese Übermittlung betreibt), so daß die Intensität und das durchschnittliche Niveau der pädagogischen Vermittlung hier noch einmal von der Bildung (als historisch konstituiertem und sozial bedingtem von Wahrnehmungs-, Ausdrucks- und Denkschemata) abhängt, einer Bildung, die der Schüler seiner familiären Herkunft verdankt und die daher in größerer oder kleinerer Distanz zum Bildungskapital und den linguistischen oder kulturellen Modellen steht, nach denen die Institution der Schule die Vermittlung des Kapitals betreibt. Da die unmittelbare Aufnahme der gehobenen Bildungsgüter und der institutionell organisierte Erwerb von Bildung, d. h. der Bedingungen der angemessenen Rezeption dieser Werke, denselben Gesetzen unterliegen (vgl. 2.3.2, 2.3.3 und 2.3.4), wird ersichtlich, wie schwierig es ist, die Verkettung dieser kumulativen Wirkungen zu durchbrechen. Denn sie führen dazu, daß das Bildungskapital sich nur dorthin schlägt, wo bereits Kapital vorhanden ist: Die Institution der Schule braucht nämlich nur die objektiven Mechanismen der Bildungsvermittlung spielen zu lassen und sich von der Aufgabe zu dispensieren, auf systematische Weise im Rahmen und mittels der pädagogischen Botschaft allen zuteil werden zu lassen, was einigen durch familiäres Erbe in den Schoß fällt, d. h. die Instrumente, die die Bedingung einer angemessenen Aufnahme der von der Schule übermittelten Botschaft bilden -, und schon verdoppelt und bestätigt sie durch ihre Sanktionen der gesellschaftlich bedingten Ungleichheiten auf dem Sektor des Bildungswissens, indem sie diese als natürliche Ungleichheiten, d. h. als Ungleichheiten der Begabung behandelt.

3.3 Die charismatische Ideologie beruht auf der Tatsache, daß die Beziehung zwischen Kunstkompetenz und Erziehung, die auf der Hand liegt, nachdem sie einmal nachgewiesen wurde, ausgeklammert bleibt. Allein eine solche Erziehung nämlich vermag die Bereitschaft zu wecken, den Bildungsgütern Wert beizumessen und zugleich das Sachverständnis zu vermitteln, das dieser Bereitschaft einen Sinn verleiht, indem sie es erst ermöglicht, daß man sich dieser Güter appropriiert. Da ihr Kunstverständnis das Produkt einer unmerklichen Übung einer automatischen Übertragung von Fähigkeiten ist, neigen die Angehörigen der privilegierten Klassen auf „natürliche Weise" dazu, eine kulturelle Erbschaft, die sich ihnen durch unbewußtes Erlernen übermittelt, für ein Geschenk der Natur zu halten. Aber darüber hinaus werden die Widersprüche und Doppeldeutigkeiten des Verhältnisses, in dem die Gebildeten unter ihnen zu ihrer Bildung stehen, zugleich durch die paradoxe Tatsache ermöglicht und bestärkt, daß die „Verwirklichung" der Bildung durch ein *Zu-Natur-Werden* gekennzeichnet ist. Da die Bildung sich nur vollendet, indem sie sich als eine „gebildete", d. h. als artifizielle und auf künstlerischem Wege erworbene negiert, um eine zweite Natur, ein *Habitus* zu werden anstatt ein Gemacht-Haben und Geworden-Sein, scheint den „Virtuosen des Geschmacksurteils" ein Erfahrung von ästhetischer Begnadung zuteil zu werden, die so völlig von den Bildungszwängen befreit und so wenig von der langen Ausdauer der Lernprozesse, deren Produkt sie ist, gezeichnet ist, daß der Hinweis auf die sozialen Bedingungen und die Bedingungen, die sie erst ermöglicht haben, als etwas Sachverständliches und zugleich als ein Skandal erscheint. Daher sind die gediegensten Kenner die natürlichsten Verteidiger jener charismatischen Ideologie, die dem Kunstwerk eine Macht der magischen Bekehrung einräumt, welche fähig sei, die in einigen „Erwählten" versteckten Anlagen ans Licht zu holen. Daher stellt diese Ideologie die „echte" Erfahrung des Werkes als „Bewegung des Herzens" oder „intuitive Erleuchtung" den mühsamen Verfahrensweisen und kalten Kommentaren der Intelligenz entgegen, indem sie die sozialen und kulturellen Bedingungen einer solchen Erfahrung mit Schweigen übergeht und damit zugleich die durch langen Umgang oder die Mühen eines methodischen Lernprozesses erworbene Virtuosität als in die Wiege gelegte Gaben behandelt: das Verschweigen der sozialen Bedingungen der Appropriation des Bildungskapitals oder, genauer, des Erwerbs ästhetischer Kompetenz als Beherrschung aller zur Appropriation des Kunstwerkes erforderlichen Mittel ist ein *interessiertes* Schweigen, da es erlaubt, ein soziales Privileg zu rechtfertigen, indem man es in eine Gabe der Natur verwandelt.[17]

Wenn man daran erinnert, daß die Bildung nicht das ist, was man ist, sondern das, was man hat oder, genauer gesagt, was man geworden ist; wenn man sich den sozialen Bedingungen der Möglichkeit ästhetischer Erfahrung und die Bedingungen der Möglichkeit derer, denen sie möglich ist, nämlich Kunstliebhabern oder „hommes de goût" vor Augen hält; wenn man sich weiter ins Gedächtnis ruft, daß das Kunstwerk sich nur denen erschließt, die die Mittel mitbekommen haben, um erst jene Mittel zu erwerben, die es ermöglichen, sich die Werke zu appropriieren, und die nicht versuchen könnten, sie zu besitzen, wenn sie sie nicht schon in dem durch den Besitz der Besitzmittel als der realen Möglichkeit, diese Besitznahme zu bewerkstelligen, besäßen; wenn man schließlich daran gemahnt, daß nur

---

17 Dieselbe Autonomisierung der „Bedürfnisse" oder „Neigungen" gegenüber den sozialen Bedingungen ihrer Erzeugung führt bestimmte Leute dazu, die effektiv geäußerten und durch die Meinungsforschung oder die Untersuchung des kulturellen Konsums bestätigten Meinungen als „kulturelle Bedürfnisse" zu schreiben und, da man deren Gründe weder ausspricht noch anzeigt, auf diese Weise die Teilung der Gesellschaft in solche, die „kulturelle Bedürfnisse" verspüren, und solche, die nicht einmal *das Bedürfnis nach diesen Bedürfnissen* haben, zu sanktionieren.

einige die reale Möglichkeit haben, in den Genuß dieser reinen und auf liberale Weise allen angebotenen Möglichkeiten zu gelangen, d. h. die in den Museen ausgestellten Werke zu genießen: dann tritt die geheime Antriebsfeder der meisten sozialen Bildungsgepflogenheiten ans Licht.

Allein durch die Ausklammerung der sozialen Bedingungen, denen sich die Bildung und die „zu Natur gewordene" Bildung, eben die kultivierte Natur, allererst verdankt - jene Bildung, die alle Zeichen der Begnadung und der Begabung aufweist und dennoch erworben, also „verdient" ist -, kann die charismatische Ideologie sich durchsetzen, die der Kultur und insbesondere der „Liebe zur Kunst" den zentralen Platz einräumt, den sie in der bourgeoisen „Soziodizee" einnehmen. Der Bourgeois findet natürlicherweise in der Bildung als kultivierter Natur und naturgewordener Kultur das einzig mögliche Prinzip der Legitimation seines Privilegs: Da er sich weder auf das „Recht des Blutes" (das seine Klasse der Aristokratie historisch abgesprochen hat) berufen kann noch auf die „Natur", die entsprechend der „demokratischen" Ideologie der Universalität darstellt, d. h. das Gebiet, auf dem alle Distinktionen aufgehoben sind, noch auf die asketischen Tugenden, die es den Bürgern der ersten Generation erlaubt hatten, auf ihr Verdienst zu pochen, beruft er sich auf die kultivierte Natur und die zur Kultur gewordene Natur, d. h. auf das, was man bisweilen in einer Art aufschlußreichem Lapsus „die Klasse" nennt, „die Erziehung" im Sinne eines Erziehungsproduktes, das der Erziehung nichts zu verdanken scheint[18], „die Distinktion" eine Begnadung, die Verdienst, und ein Verdienst, das Begnadung ist, ein nicht erworbenes Verdienst, das seine nicht verdienten Erwerbungen rechtfertigt, d. h. das Erbe. Soll die Kultur ihre ideologische Funktion als Prinzip einer Klassenkooptation und die Legitimierung dieser Art von Rekrutierung erfüllen können, genügt es, die augenscheinliche und zugleich verborgene Wechselbeziehung zwischen Bildung und Erziehung zu vergessen, zu verschleiern und zu bestreiten. Die widernatürliche Idee einer mit der Geburt gegebenen Kultur, einer bestimmten Menschen von der „Natur" auferlegten Begnadung ist unauflöslich verfilzt mit der Blindheit gegenüber den Funktionen der Institution, die die Rentabilität des kulturellen Erbes sichert und dessen Übermittlung legitimiert, indem sie verschleiert, daß sie diese Funktion erfüllt. Die Schule ist in der Tat diejenige Institution, die mittels ihrer formal unanfechtbaren Urteilssprüche die sozial bedingten Unterschiede in Ungleichheiten des Erfolges verwandelt, welche als Ungleichheiten der Begabung, die ihrerseits zugleich Ungleichheiten des Verdienstes seien, interpretiert werden (vgl. Bourdieu 1966: 325-347, insbes.346-347).

Plato berichtet am Ende der *Republik*, daß die Seelen, die ein anderes Leben beginnen müssen, ihr Los zwischen „Lebensmodellen" aller Arten selbst zu wählen und, nachdem sie gewählt, das Wasser des Flusses Ameles zu trinken

---

18 So verstand es wohl jene „ältere und sehr gebildete Persönlichkeit", die mir im Laufe einer Unterredung erklärt: „L'éducation, Monsieur, c'est inné." („Die Erziehung, mein Herr, ist etwas Angeborenes.")

haben, ehe sie wieder zur Erde hinabsteigen. Die Funktion, die Plato dem Wasser des Vergessens zuweist, übt in unseren Gesellschaften das universitäre Richteramt aus, das, gerecht wie es ist, nur Lernende mit gleichen Rechten und Pflichten zu kennen behauptet, die sich nur durch Ungleichheiten der Begabung und des Verdienstes unterscheiden. Die Titel, die es getreu seinem Grundsatz der Individuen erteilt, richten sich nach ihrem Bildungserbe, also ihrer sozialen Herkunft. Indem man das Unterscheidungsprinzip gegenüber den anderen Klassen symbolisch von dem Gebiet der Ökonomie auf das der Kultur verlegt, d. h., genauer gesagt, die spezifischen Unterschiede, die der reine Besitz materieller Güter erzeugt, durch Unterschiede, die der Besitz symbolischer Güter wie der Kunstwerke hervorbringt, oder durch Suche nach symbolischen Unterscheidungen in der Art der Verwendung dieser (ökonomischen oder symbolischen) Güter verdoppelt, kurzum: indem man aus allem eine Naturgabe macht, was deren Stellenwert, d. h., um das Wort im Sinne der Linguisten zu verwenden, deren Distinktion als ein Unterscheidungsmerkmal kennzeichnet - das, wie der Littré sagt, vom Gewöhnlichen „par un caractère d'élégance, de noblesse et de bon ton" unterscheidet -, setzen die privilegierten Klassen der bürgerlichen Gesellschaft an die Stelle zweier Kulturen, historischer Produkte sozialer Bedingungen, den Wesensunterschied zweier Naturen, einer auf natürliche Weise kultivierten und einer auf natürliche Weise natürlichen Natur.[19] Daher erfüllt die Sakralisierung von Kultur und Kunst, dieses „Geld des Absoluten", wie es eine Gesellschaft bewundert, die vom Absolutum des Geldes besessen ist, eine lebenswichtige Funktion, indem sie ihren Beitrag zur Bestätigung der sozialen Ordnung leistet: Damit die „Gebildeten" an die Barbarei glauben und ihre „Barbaren im Lande" von deren Barbarei überzeugen können, genügt es, daß sie es fertig bringen, die sozialen Bedingungen zu verschleiern (auch sich selbst zu verschleiern), auf denen nicht nur die als zweite Natur verstandene Bildung beruht, an der die Gesellschaft die menschliche Auszeichnung oder den „bon goût" als „Verwirklichung" in einem von der Ästhetik der herrschenden Klassen bestimmten *Habitus* erkennt, sondern auf die darüber hinaus auch die legitimierte Herrschaft sich stützt - oder, wenn man so will, die Legitimität eines partikularen Begriffs von Bildung. Und auf daß der ideologische Zirkel sich vollständig schließe, bedarf es nur noch der Vorstellung von einer Art Wesenszweiteilung ihrer Gesellschaft in Barbaren und Zivilisierte, um ihr Recht bestätigt zu finden, über die Bedingungen zu verfügen, nach denen der Bildungsbesitz und der Ausschluß von diesem Besitz, d. h. ein Naturzustand produziert wird, der notwendig so erscheinen muß, als sei er in der Natur jener Menschen begründet, die an ihn veräußert sind.

Wenn es so um die Funktion der Bildung steht und die „Liebe zur Kunst" nur das Zeichen einer „Erwähltheit" ist, das wie eine unsichtbare und unübersteigbare

---

19 Es ist nicht möglich, hier zu zeigen, daß die Dialektik von Verbreitung und Distinktion eine der Bewegkräfte des Wandels der Konsummodelle auf dem Gebiet der Kunst ist, da die distinguierten Klassen durch die Verbreitung ihrer eigenen distinktiven Merkmale gezwungen sind, neue Distinktionsprinzipien zu erfinden.

Schranke diejenigen, die dieses Zeichen tragen, von jenen trennt, denen diese Gnade nicht zuteil ward, dann wird verständlich, wieso die Museen schon in den geringsten Details ihrer Morphologie und Organisation ihre wahre Funktion verraten, die darin besteht, bei den einen das Gefühl der Zugehörigkeit, bei den anderen das Gefühl der Ausgeschlossenheit zu verstärken.[20]

Alles, aber auch alles in diesen bürgerlichen Tempeln, in denen die bürgerliche Gesellschaft deponiert, was sie an Heiligstem besitzt, nämlich die ererbten Reliquien einer Vergangenheit, die nicht die ihre ist, in diesen heiligen Stätten der Kunst, die einige Erwählte aufsuchen, um den Glauben an ihre Virtuosität zu nähren, während Konformisten und Philister hierher pilgern, um einem Klassenritual genüge zu tun, alles in diesen ehemaligen Palästen oder großen historischen Wohnsitzen, denen das neunzehnte Jahrhundert imposante, oft im graecoromantischen Stil der bürgerlichen Heiligtümer gehaltene Anbauten hinzufügte, besagt schließlich nur das Eine: daß nämlich die Welt der Kunst im selben Gegensatz zur Welt des alltäglichen Lebens steht wie das Heilige zum Profanen. Die Unberührbarkeit der Gegenstände, die feierliche Stille, die sich des Besuchers bemächtigt, der asketische Puritanismus der spärlichen und unkomfortablen Ausstattung, die quasi prinzipielle Ablehnung jeder Art von Dialektik, die grandiose Feierlichkeit des Dekors und Dekorums, Säulen, weiträumige Galerien, verzierte Decken, monumentale Treppen innen wie außen, all das hat den Anschein, als solle es daran gemahnen, daß der Übertritt aus der Welt des Profanen in die des Heiligen eine, wie Durkheim sagt, „wahre Metamorphose" voraussetzt, eine radikale Bekehrung der Gemüter, daß die Kontaktnahme der beiden Welten „stets aus sich selbst heraus eine delikate Sache ist, die Vorsichtsmaßregeln und eine mehr oder weniger komplizierte Initation erfordert", ja daß sie „nicht einmal möglich ist, ohne daß das Profane seine spezifischen Merkmale verlöre, ohne daß es selbst in gewisser Weise und in gewissem Grade geheiligt würde" (Durkheim 1960: 55 f.).[21]

20 Nicht selten äußern die Besucher der unteren Klassen mit Nachdruck dies Gefühl ihrer Ausgeschlossenheit, das sich im übrigen in ihrem ganzen Verhalten verrät. So sehen sie bisweilen im Fehlen von Hinweisen, die ihre Orientierung erleichtern könnten, von richtungsweisenden Pfeilen, von Schildern mit Erläuterungen etc. den ausdrücklichen Willen, sie durch Esoterik auszuschließen. Zwar wäre die Einführung pädagogischer und didaktischer Hilfsmittel kein wahrer Ersatz für mangelnde Schulbildung, sie würde indessen zumindest das Recht verkünden, nichts zu wissen, das Recht da zu sein, ohne etwas zu wissen, das Daseinsrecht der Unwissenden, ein Recht, das von der Darbietung der Werke bis zur Organisation des Museums so gut wie durchweg bestritten wird, wie es deutlich eine im Schloß von Versailles aufgelegene Bemerkung bezeugt: „Dieses Schloß ist nicht für das Volk gemacht worden, und daran hat sich nichts geändert."
21 Der kurze Aufenthalt einer dänischen Ausstellung, die in den Räumen der Abteilung 'Alte Keramik' des Museums von Lille moderne Möbel und Gebrauchsgegenstände zeigte, bewirkte bei den Besuchern des Museums eine solche „Konversion", wie sich in den folgenden Gegensatzpaaren ausdrückt, die geradezu an den Gegensatz von Warenhaus und Museum erinnern: Lärm - Schweigen; Berühren - Schauen; hastige, unsystematische Prüfung, die dem Zufall der Entdeckung folgt - bedächtige, methodische Betrachtung, die sich an eine vorgegebene Regel hält; Freiheit - Zwang; ökonomische Taxierung von Produkten, die vielleicht gekauft werden sollen - ästhetische Bewertung von Erzeugnissen „ohne Preis". Trotz dieser Unterschiede, die mit der Natur der Aus-

Wenn aufgrund jener quasi religiösen Weihe das Kunstwerk besondere Dispositionen oder Prädispositionen erfordert, trägt es seinerseits dazu bei, jenen die „Weihe" zu verleihen, die diese Anforderungen erfüllen, jenen Erwählten, die sich selbst erwählt haben durch die Fähigkeit, diesen Ruf zu vernehmen, und die Möglichkeit, ihm zu folgen. Das Museum überläßt allen als öffentliche Erbschaft die Monumente einer vergangenen Pracht, Instrumente der verschwenderischen Glorifizierung der Großen von einst. Diese Liberalität aber ist erheuchelt, da der freie Eintritt auch ein fakultativer Eintritt ist, nämlich denjenigen vorbehalten, die die Fähigkeit besitzen, sich dem Werke zu appropriieren, und damit zugleich über das Privileg verfügen, von dieser Freiheit Gebrauch zu machen. Auf diese Weise sehen sie sich in dem Privileg, d. h. in dem Besitz der Mittel bestätigt, die es ihnen erlauben, sich die „Kulturgüter" anzueignen, bzw., wie Max Weber sagt, in dem *Monopol* der Manipulation der „Kulturgüter" und der (von der Schule erteilten) institutionellen Zeichen des kulturellen Heils. Als Schlußstein eines Systems, das nur funktionieren kann, wenn es seine wahre Funktion verschleiert, erfüllt die charismatische Vorstellung von ästhetischer Erfahrung ihre mystifizierende Funktion niemals so gut wie in den Fällen, in denen sie sich eine „demokratische" Sprache entlehnt.[22] Dem Kunstwerk die Macht einzuräumen, in jedermann die Gabe der ästhetischen Illumination zu erwecken, wie verarmt in kultureller Hinsicht er auch sei, heißt, es sich anzumaßen, den unergründbaren Zufällen der Begnadung oder der Willkür der Begabungen Fähigkeiten zuzuschreiben, die stets das Produkt einer in ungleichem Maße erteilten und verteilten Erziehung sind, heißt also, ererbte Fähigkeiten als eigentümliche, natürliche und zugleich verdiente Vermögen zu behandeln.

---

gestellten Dinge zusammenhängen, setzt sich aber dieser Effekt des Feierlichen und der Distanz, die das Museum den Dingen verleiht, allen Anschein entgegen nichtsdestoweniger fort: Tatsächlich hat das Publikum der dänischen Ausstellung eine hinsichtlich seines Bildungsniveaus „aristokratischere" Struktur als das normale Museumspublikum. Allein die Tatsache, daß diese Erzeugnisse in einer gewissermaßen „geheiligten Stätte" ihrerseits geheiligt werden, reicht aus, ihre Signifikation zutiefst zu verwandeln, genauer gesagt, das Emissionsniveau von Erzeugnissen zu erhöhen, die, stellte man sie innerhalb einer vertrauteren Stätte, z. B. einem Kaufhaus aus, zugänglich wären.
22 Darum sollte man sich hüten, den rein formellen Unterschieden zwischen den „aristokratischen" und „demokratischen", „patrizischen" und „paternalistischen" Ausdrücken dieser Ideologie allzu großes Gewicht beizumessen.

Die charismatische Ideologie besäße nicht die Macht, die sie effektiv hat, wenn sie nicht das einzig formal unanfechtbare Mittel wäre, das Recht des Erben auf die Erbschaft zu legitimieren, ohne dabei in Widerspruch zum Ideal der formalen Demokratie zu geraten, und wenn sie insbesondere nicht dazu führte, das exklusive Recht der Bourgeoisie auf die Appropriation der Kunstschätze, d. h. ihre *symbolische,* nämlich einzig legitime Art der Aneignung als ein Naturrecht zu begründen, und das in der Gesellschaft, die so tut, als überlasse sie allen auf demokratischen Wege die Hinterlassenschaft einer aristokratischen Vergangenheit.[23]

---

23 Auf dem Gebiet des Unterrichts erfüllt die Ideologie der „Naturgabe" dieselben Verschleierungsfunktionen: Sie erlaubt es in einer Institution, die, wie etwa in Frankreich der Literaturunterricht, eine - um mit Max Weber zu reden - „Erweckungserziehung" erteilt, die zwischen den Lehrenden und dem Lernenden eine Gemeinsamkeit von Werten und Bildung voraussetzt, wie sie nur zu finden ist, wenn das System es mit seinen eigenen Erben zu tun hat - , sie erlaubt dieser Institution ihre wahre Funktion zu verschleiern, d. h. das Recht der Erben auf die kulturelle Erbschaft zu bestätigen und somit zu legitimieren.

Literatur

Boas, Franz, 1962: Anthropology and Modern Life, New York.
Bourdieu, Pierre und J. C. Passeron, 1964: Les étudiants et leurs études, Paris.
Bourdieu, Pierre und Luc Boltanski, 1965: Un art moyen, essai sur les usages sociaux de la photographie, Paris: Minuit.
Bourdieu, Pierre, 1966: „L'école conversatrice", Revue Francaise de soziologie, VII.
Bourdieu, Pierre, A. Darbel und D. Schnapper, 1966: L' Amour de l'art, les musées et leur public, Paris: Nouv.ed.
Bourdieu, Pierre, 1974: Der Habitus als Vermittler zwischen Struktur und Praxis, in: Zur Soziologie der symbolischen Formen: 125-158, Frankfurt a.M.: Suhrkamp.
Durkheim, Emile, 1979^6: Les Formes élémentaires de la vie religieuse, Paris: PUF. (dt. 1981: Die elementaren Formen des religiösen Lebens, Frankfurt a.M.: Suhrkamp)
Heidegger, Martin, 1984: Sein und Zeit, Tübingen: Niemeyer.
Joffroy, Berne, 1959: L'dossier Caravage, Paris.
Panofsky, Erwin, 1924-25: Die Perspektive als 'symbolische Form', Vorträge der Bibliothek Warburg, Leipzig-Berlin. (wieder aufgelegt in: Panofsky, Erwin, 1992: Aufsätze zu Grundfragen der Kunstwissenschaft, Berlin: Wissenschaftsverlag Spiess)
Panofsky, Erwin, 1925: Über das Verhältnis der Kunstgeschichte zur Kunsttheorie, in: Zeitschrift für Ästhetik und allgemeine Kunstwissenschaft, XVIII. (mit Änderungen in Panofsky 1955a: 26-54)
Panofsky, Erwin,1932: Zum Problem der Beschreibung und Inhaltsdeutung von Werken der bildenden Kunst, in: Logos, XXI. (mit Änderungen in Panofsky 1955a: 26-54)
Panofsky, Erwin, 1955a: Iconography and Iconology: An Introduction to the Study of Renaissance Art, in: Meaning in the Visual Arts, New York.
Panofsky, Erwin, 1955b: The history of arts as humanistic discipline, in: Meaning in the Visual Arts, New York.
Vygotsky, L.S., 1962: Thought and Language, Cambridge. (dt.1991: Denken und Sprechen, Frankfurt a. M.: Fischer)

Hans Joachim Klein

Kunstpublikum und Kunstrezeption

1. Eingrenzung des Themas

Kunst als zentraler und autonomer Sinnbereich gliedert sich seit jeher in Erscheinungsformen eigener Art wie Musik, Literatur, darstellende und bildende Kunst, die ihrerseits mehrschichtige Differenzierungen und wechselseitige Durchdringungen mit gesellschaftlichen Strukturen und Prozessen aufweisen. Dieser Beitrag beschäftigt sich exemplarisch mit dem Bereich bildender Kunst, der am stärksten alltagssprachlich mit "Kunst" assoziiert wird. Er befasst sich speziell aus sozialwissenschaftlich-empirischer Perspektive mit Fragestellungen der Kunstrezeption. Vieldiskutierte Fragen gesellschaftlich-historischer Bedingtheit von Kunstschöpfung, Künstlerbiographien und thematischer oder stilistischer Orientierung werden nicht aufgenommen.

Ein wichtiger Teil der Kommunikation zwischen bildender Kunst und Gesellschaft - aber eben nur ein Teil - erfolgt über die Kultureinrichtung Kunstmuseum. Andere Transfers werden über direkte Auftragsgeschäfte, über private Galerien, die als Vermittlungsinstanzen und Sprungbretter, als Plätze des Zwischen- und Einzelhandels dienen, ferner über Messen, Kunstvereine, Akademien oder Förderprogramme abgewickelt. Die breitgestreute Sekundärvermarktung und Popularisierung von Kunst bedient sich vielfältiger Medien wie Kunstliteratur, Reproduktionen, Kalender, Massenmedien und medialer Träger (Dia, Video, CD-Rom).

Kunstmuseen fügen sich ein in die Phalanx der Kulturinstitution Museum mit deren Aufgabenspektrum von Sammeln, Bewahren, Forschen und Vermitteln. Ihre Sonderstellung ergibt sich aus der Art des betreuten kulturellen Erbes, der bildenden Kunst. Zu allen Zeiten wurde sie anders definiert, bis man sich über die Unmöglichkeit epochen- und stilübergreifender Kriterien einigte. Als Kunstmuseen gegen Ende des 19. Jahrhunderts begannen, ihre Sammel- und Ausstellungspolitik auf Gegenwartskunst zu erweitern und nicht allein Sammlungen alter Meister zu präsentieren, wurden sie dank der Fach- und Sachkompetenz ihres kunsthistorisch geschulten Personals mit der Zeit zu Foren öffentlicher Legitimation künstlerischer Qualität: Aufnahme und Ausstellung von Werken in bedeutenden Kunstmuseen prädikatisierte die betreffenden Künstler selbst als "bedeutend". Die großen öffentlich zugänglichen und meist auch von öffentlichen Trägern geführten Institutionen wurden in ihren eigens zweckgebunden errichteten, architektonisch exponierten Gebäuden zu Pilgerstätten und Treffpunkten vorzugsweise der Intelligenz. Offiziell anerkannte ästhetische Hervorbringungen nationalen und übernationalen kulturellen Erbes bilden ein fortschreitend voraussetzungsvolles und exklusives Rezeptions-Sujet. Dies nicht zuletzt angesichts der im Laufe der Jahrzehnte zunehmenden Abstraktion der Kunstwerke, deren Wahrnehmungsbedingungen und Gefallen in immer größere Distanz zu Alltag und Massengeschmack gerieten, was Museen moderner Kunst zur Übernahme neuer didaktisch-pädagogischer Aufgaben herausforderte.

Im Mittelpunkt der folgenden Betrachtungen soll also das Publikum von Kunstmuseen stehen, eine an jedem Ort und zu jeder Zeit anders zusammengesetzte konkrete und darüberhinaus als Interessentenkreis generalisierte "diffuse Menge" von Rezipienten. Was aber kann über deren demographische und soziale Charakteristika, Erwartungshaltungen, Erfahrungen, Besuchsmotivationen, Verhaltensweisen und Urteile soziologisch Mitteilenswertes berichtet werden und warum? Was kann an den je unterschiedlichen Bezügen individueller und struktureller Art heterogener Personenkreise, hinter denen Laien und Experten, Amateur- und Hobbykünstler neben Experten, Vermittlern, Kritikern und Studierenden stehen, zu Objekten einer bestimmten kulturellen Sinnprovinz, nämlich einer nach bestimmten Traditionen und Regeln öffentlich präsentierten Teilmenge bildender Kunst überhaupt gesellschaftlich relevant sein? Einige Antwortversuche auf diese Fragen sollen im Folgenden formuliert werden.

2. Zur Sozialgeschichte der Kunstrezeption und Besucherforschung

2.1 Die Kunstmuseen im Rahmen der Volksbildungsbewegung am Beginn des 20. Jahrhunderts

Die Geschäftigkeit, mit der im Ausstellungs- und Museumswesen in jüngster Zeit "Publikumsorientierung" eingefordert und betrieben wird, könnte den Eindruck erwecken, eine ganz neue Zeit musealer Öffnung mit dem "König Besucher" im Mittelpunkt sei angebrochen. Vielleicht trifft das in gewisser Weise sogar zu, dann nämlich, wenn es wegen der beklagten budgetären Engpässe den Museumsträgern bei diesem Verständnis von Publikumsorientierung vor allem um das Portemonnaie der Besucher geht. Diese kulturpolitisch brisante Thematik bleibt hier außer Betracht. Hingegen werden wir in den folgenden Abschnitten museumspädagogische, kultursoziologische und wahrnehmungs-theoretische Fragestellungen im Zusammenhang mit Kunstrezeption ansprechen.

Zunächst soll an ein zentrales Verhältnis der Museen zur gesellschaftlichen Öffentlichkeit angeknüpft werden, nämlich das der Museen als "Volksbildungsstätten". Unter dieses Thema war im Jahr 1903 eine Konferenz der "Centralstelle für Arbeiter-Wohlfahrtseinrichtungen" in Mannheim gestellt worden. Das 19. Jahrhundert hatte, besonders in seiner zweiten Hälfte, zur Verwissenschaftlichung und disziplinär gestützten Neuordnung der ehemals fürstlichen Sammlungen geführt und mit der Ausdifferenzierung und Ausweitung des Museumswesens, der Bestimmung seiner Funktionen und hoheitlicher Repräsentationsarchitektur den Typus des Gelehrtenmuseums geschaffen. Nun beschwor auf der Mannheimer Tagung einer der profiliertesten Kunsthallendirektoren Deutschlands, Alfred Lichtwark, den notwendigen Wandel der Museen zu Bildungsstätten neben Schulen, Universitäten und Akademien, weil sie auf höchst anschauliche Art "zu den Dingen führen oder von den Dingen ausgehen" (Lichtwark 1904: 12), eine Begründung, wie sie ähnlich Georg Kerschensteiner im Zusammenhang mit der Bildungsfunktion des im Aufbau befindlichen Deutschen Museums in München gebraucht hat (Kerschensteiner 1925: 39 f.).

Die von Lichtwark geleitete Hamburger Kunsthalle und ihr Mannheimer Pendant, an dem Fritz Wichert wirkte, galten zu jener Zeit als die progressivsten Kunstmuseen, was Besucherorientierung der Schausammlungen und andere Bildungsprogramme angeht. Gerade die Mannheimer Einrichtung nahm eine Art Vorreiter-Rolle ein, hinsichtlich der kulturellen Durchdringung einer ganzen Kommune, darin ähnlich etwa der Stadt Hagen. In dem von ihm betreuten "Freien Bund" organisierte Wichert Vorträge zur Kunst, aber auch Lesungen und Konzerte, er förderte Künstler durch Ankäufe, die auf Jahresausstellungen gegen Entgelt verlost wurden und pflegte Kunstbeziehungen zu Handel und Industrie. Ebenso gab es aktive Bemühungen um – wie man es heute nennen würde – die Ansprache ausgewählter Zielgruppen (Arbeiter, Handwerker), spezielle Führungen und Angebote für Kinder, Zugänge zur Bibliothek und hausinterne Serviceleistungen. So nimmt es nicht wunder, daß gerade in diesem Umfeld schon vor dem Ersten Weltkrieg eine von dem Heidelberger Kultursoziologen Alfred Weber betreute empirisch-sozialwissenschaftliche Arbeit zum Umgang mit und zur sozialen Bedeutung von Kunst entstand. Mit einer beeindruckenden Vielzahl methodischer Ansätze (Besucher- und Verkaufsstatistiken, schriftliche Fragebögen, Interviews, Beobachtungen und explorative Gespräche) arbeitete Else Bodenheimer-Biram Zusammenhänge über kulturelle Freizeitaktivitäten, Motivation zu musischen Beschäftigungen, Wohnungsschmuck und künstlerische Wahrnehmungskompetenz heraus, die ihre Studie "Die Industriestadt als Boden neuer Kunstentwicklung" als echte Pioniertat erscheinen lassen (Bodenheimer-Biram 1919).

Ungeachtet dieser Modelle genügten die Kunstmuseen in Deutschland zu Beginn unseres Jahrhunderts in ihrer Ausstellungspraxis nicht den Ansprüchen eines "Volks- oder Besucher-Museums" (Förster 1909: 760). Zu den immer wieder erhobenen und teilweise verwirklichten, teilweise aber auch heute noch Desiderate darstellenden Forderungen gehörten:

- der Ruf nach stärkerer Repräsentanz von Gegenwartskunst, um auch Vergangenes im Nebeneinander für die eigene Zeit fruchtbar zu machen (Hildebrand 1906: 81);

- die Warnung vor der schieren Größe einzelner Museen und ganzer Museumskomplexe, die den Besucher zu oberflächlichem "Überfliegen" verführten und daher in dezentrale Stadtteilmuseen oder Kulturzentren aufzulösen seien (Schriften Centralstelle 1904: 121);
- der Wunsch nach freiem Eintritt und abendlichen sowie langen feiertäglichen Öffnungszeiten (Valentiner 1918);
- die Entwicklung populärer Führungsstile und Vortragszyklen, mit denen breite Bevölkerungsschichten erreicht würden (unter Verweis auf das Mannheimer Vorbild) und
- die Nachfrage nach didaktischen Mitteln (sic! Frankfurter Zeitung vom 20.04.1918), welche in Wandtexten, Saalzetteln, populären Kurzführern und Einrichtung von Lesezimmern gesehen wurden (Hagelstange 1908; Homburger 1924: 60).

Nach dem Ersten Weltkrieg veröffentlichte der Deutsche Museumsbund 1919 einen Sammelband (Deutscher Museumsbund 1919) mit bemerkenswerten Beiträgen von u. a. Gustav Pauli (Das Kunstmuseum der Zukunft), Wilhelm F. Stork (Die Museen und das Ausstellungswesen) und Theodor Volbehr (Die Museumsführung). Darauf bezugnehmend resumierte Alfred Kuhn (1922) in der 1905 ins Leben gerufenen Museumskunde, daß die Popularisierung der Museen im Sinne einer tiefgreifenden Reform, einer "Entmusealisierung des Museums", noch nicht vollzogen sei, und die Forderungen der Mannheimer Resolution noch weitgehend uneingelöste Wunschbilder darstellten.

2.2 Die Wurzeln amerikanischer Rezeptions- und Besucherforschung

Anders als in Deutschland hat eine ausgeprägte Besucherorientierung der Kunst- (und anderer) Museen in den USA schon in den ersten Jahrzehnten dieses Jahrhunderts zu problemzentrierter Zusammenarbeit mit empirischer Sozialforschung geführt. Sieben Jahre nach der Eröffnung des ersten Museums auf amerikanischem Boden in Philadelphia (1822) war es zu jenem folgenreichen Testament des englischen Industriellen James Smithson zugunsten der Vereinigten Staaten von Amerika gekommen mit der Auflage, eine Einrichtung zur Vermehrung und Verbreitung des Wissens unter den Menschen zu schaffen (Washburn 1977: 20). In den 50er Jahren nahm nach langen Diskussionen die nach ihm benannte Institution ihre Arbeit auf, und 1881 wurde das erste National Museum in Washington, D.C. eröffnet. Dessen Credo, "keinen Sammlungsgegenstand auszustellen, der nicht einen besonderen erzieherischen Wert hat und der nicht einen großen Teil der Museumsbesucher fesseln und belehren kann" (Proceedings 1882), wurde in der Folgezeit von allen (vor allem naturwissenschaftlichen) Museen übernommen.

Die Jahresversammlungen der ab 1906 in der American Association of Museums zusammengeschlossenen Museen, anfangs besonders aus Städten der Ostküste sowie Chicago und Pittsburgh, über die in deren Proceedings berichtet wird, belegen schon früh den herausragenden Stellenwert von Öffentlichkeitsarbeit und Museumspädagogik. Reger Erfahrungsaustausch wird gepflegt über Abendöffnungen, Vorträge und Führungen, Kinderabteilungen, schriftliche Kurzführer und Bibliotheksbenutzung. In den praxisbezogenen und wissenschaftlichen Diskussionen der ersten beiden Jahrzehnte ragen zwei Persönlichkeiten heraus: Frederic A. Lucas, Chefkurator (später Direktor) des Brooklyn Institutes und American Museum of Natural History in New York für wissenschaftliche Museen und Benjamin Ives Gilman vom Museum of Fine Arts in Boston für den Kunstbereich. Beide hielten des öfteren Schlüsselreferate von konträren Standpunkten aus, was Ziele der Museumsarbeit, Erklärungsbedürftigkeit von Exponaten oder die Motivation von Besuchern anbetraf. Lucas etwa bestand darauf, daß jedes sich als Bildungsinstitution verstehende Museum nicht auf informative, gut aufbereitete und leicht lesbare Texte verzichten kann. Gilman hielt dem entgegen, daß für Kunstausstellungen andere und ergänzende Formen angebracht seien und vielleicht überhaupt aus Besuchersicht eine kommentierende Informationsvermittlung gar nicht vorrangig erwünscht sei. In einem späteren Beitrag (Gilman 1915) griff er die schon 1888 von dem Smithsonian-Kurator George Goode formulierte These auf, "ein effizientes Bildungsmuseum könne beschrieben werden als eine Zusammenstellung instruktiver Texte, die jeweils von gut ausgewählten Exponaten illustriert werden" und stellte dem die Aussage entgegen "Ein Kunstmuseum findet seinen Sinn nicht in Anleitung und Belehrung, sondern allein in Freude und Genuß". Da haben wir ihn also wieder, den alten Streit um den Dualismus der Komponenten "erfreuen" und "belehren", ein fälschlich oft zum Antagonismus hochstilisierter Disput.[1]

Die bereits einleitend charakterisierten Spezifika des Kunstmuseums bzw. seiner Objekte spielten also schon früh in die Vermittlungsdebatte hinein, ja, man kann sagen, sie ziehen sich als der berühmte "rote Faden" durch die Geschichte der Präsentationsweisen, ihrer Ziele und Didaktik und der Rezeption. Die überspitzte Formulierung von Gilman steht für eine ästhetisierende Position, die den auratischen Qualitäten von Kunstwerken allein, d. h. ohne "Hilfsmittel" die Qualität zuweist, sich dem kundigen Betrachter mitzuteilen.[2] Genau da aber setzt die Gegenargumentation an, indem sie nach dem Gelingen dieser Kommunikation und dem "Schicksal" des unkundigen Betrachters fragt.

Die von Anfang an von amerikanischen Museumsvertretern problemorientiert geführten Diskussionen um eine zweckmäßige und attraktive Gestaltung der

---

1 Walter Grasskamp nennt Lafont de Saint Yennes als Schöpfer der Formel "plaire et instruire" für das öffentliche Kunstmuseum, aus der Schinkel die Fassung "zuerst erfreuen, dann belehren" gemacht habe (Grasskamp 1981: 25/26). In der Wendung "Lernort contra Musentempel" (Spickernagel/Walbe 1976) wurde daraus ein programmatisch gemeinter Gegensatz.
2 Die meisten Besucherforscher verbinden mit Benjamin I. Gilman den Begriff "museum fatigue", die schon sprichwörtliche Müdigkeit, die Gilman vor allem auf unergonomisch angebrachte Beschriftungen zurückführt, die aber wohl mehr mit der generellen Reizüberflutung in Schausammlungen zu tun hat (Gilman 1916: 62 ff.).

Schauräume (z. B. wurden schon vor dem Ersten Weltkrieg Schaufenster-Dekorateure als Berater zugezogen) bot auch für sozialwissenschaftliche Verhaltensstudien ein offenes Feld. Dank großzügiger Förderung durch die Carnegie-Stiftung konnten ab Mitte der 20er Jahre der Yale-Psychologe Edward St. Robinson und sein Kollege Arthur Melton ein Jahrzehnt lang "angewandte Grundlagenforschung" über Phänomene der Ausstellungseffizienz in Kunstgalerien betreiben. Diese wurden als Untersuchungsorte ausgewählt, weil ihren Objekten und ihrer Darbietung im Vergleich zu anderen Museen eine relativ hohe Homogenität zukommt (später wurden auch andere Museumsarten in die Untersuchungen miteinbezogen). Methodisch handelte es sich um systematisch angelegte, verdeckte Verhaltensbeobachtungen von Einzelbesuchern; das Forschungsdesign hatte einen experimentellen Charakter, d. h. es wurden Reaktionen auf Veränderungen der situativen Rezeptionsbedingungen wie der Hängung der Bilder, Variationen der Beschriftung, Möblierung der Räume mit Sitzgelegenheiten, Informationsangebote über Saalblätter u. ä. ermittelt; Ziel der Studien war die bestmögliche "Effizienz" der Gestaltung, wobei das Verhalten der beobachteten Personen als Indikator diente. Deren unterschiedliche Eingangsvoraussetzungen (Alter, Vorwissen, frühere Besuche usw.) blieben außer Betracht.

Methodik und Meßoperationen verraten einen behavioristischen Ansatz. Die Attraktivität von Sachen, nämlich Kunstwerken, für Besucher wird durch deren offenes Verhalten erschlossen, wobei der Quotient verweilender zu insgesamt vorhandenen Personen als "Attraktionskraft" von Exponaten oder anderen Installationen bestimmt wird und die aggregierte Verweilzeit der Betrachter als "Haltezeit-Maß" gilt.[3] Gemessene Zeitspannen werden also zum Indikator für "Interesse", eine im Einzelfall sicher fragwürdige Zuordnung, aber in aggregiert-statistischer Verteilung akzeptabel. Entsprechend der Quote rezipierter Objekte und der jeweiligen Aufenthaltsdauer wird das gezeigte "Interesse" in die Dimension Breite und Tiefe gegliedert.

Von den in mehreren Publikationen festgehaltenen Befunden (Robinson 1928; Melton 1935) können hier nur wenige stichwortartige Erwähnung finden. Dazu gehören Regelhaftigkeiten im Raumverhalten von Museumsbesuchern, die – ceteris paribus – zu zwei Dritteln und mehr einen "Rechtsdrall" entwickeln, die ersten Exponate lückenlos und eingehend betrachten und mit fortschreitender Verweilzeit bzw. in Ausgangsnähe sich immer selektiver und kurzzeitiger den Exponaten widmen; ähnliches wiederholt sich in weiten Räumen, überlagert von insgesamt abnehmender Rezeptionsintensität.

Eine andere Erkenntnis betrifft die Beeindruckung von Betrachtern durch Kunstwerke oder das, was sie darüber spontan artikulieren können. Gemessen an den "intrinsischen" Merkmalen, also Aussagen über die künstlerische Qualität, die

---

3   Diese Maßzahlen hat erst 1968 Harris Shettel explizit eingeführt. Bei der Haltezeit muß natürlich von unterschiedlichen "notwendigen" Rezeptionsdauern (z. B. eines Textes oder eines Videos) ausgegangen werden – genau diese ist aber für die Rezeption von ästhetischen Objekten nicht normierbar.

Anmutung der Inhalte u. ä. fanden Robinson und Melton eine für sie "erschreckend hohe" Gewichtung extrinsischer Determinanten vor (Rahmung, Art der Hängung, Beleuchtung usw.). Um dem eine positive Seite abzugewinnen, verwiesen sie auf Ansprache- und Beeinflussungsmöglichkeiten der Besucher durch entsprechende Wege und Medien.

Ein dritter, damit zusammenhängender Aspekt ist das schon angesprochene Dilemma der Informationsangebote in Kunstmuseen. Sowohl als aufdringlich und bevormundend empfundene Information kann eigenkreatives Rezipieren beeinträchtigen, wie auch das Fehlen stützender Angebote zu Mißdeutungen, Unbehagen und Verärgerung Anlaß geben kann. Es ist die Erkenntnis von der Verschiedenartigkeit der Ansichten und Ansprüche innerhalb des Publikums, für die es schwer fällt, parallel adäquate Didaktiken auf verschiedenen Schienen zu entwickeln, die sich nicht "ins Gehege kommen".

Zusammenfassend läßt sich festhalten, daß Robinsons und Meltons Verhaltensstudien – ebenso wie die weniger bekannt gewordene Arbeit von Bodenheimer-Biram – Meilensteine auf dem Weg zur Etablierung musealer Besucherforschung darstellen. Es ist kein Zufall, daß jeweils Kunstmuseen und die Art der Rezeption ihrer Ausstellungsgegenstände für diese empirischen Untersuchungen den thematischen und sachlich-räumlichen Rahmen bildeten. Eine Folge der behavioristischen Ausrichtung der Ansätze Robinsons und Meltons war es, daß die von ihnen eingeschlagene methodologische Linie ergänzt durch Interviews bei der Verbreitung von Besucheranalysen und Evaluation an amerikanischen Museen in der zweiten Hälfte dieses Jahrhunderts ein starkes Gewicht erhielt. Stellvertretend für viele andere seien dazu die Arbeiten des von Kurt Lewin und Burrhus F. Skinner beeinflußten Psychologen und Lerntheoretikers Chandler G. Screven genannt (Screven 1969, 1974, 1976, 1990).

3. Publikumsstrukturen an Kunstmuseen

3.1 Wie verbreitet sind Kunstmuseumsbesuche?

Wie breit ist der an öffentlich präsentierter bildender Kunst partizipierende Teil der Gesellschaft, und wie selektiv ist dieser Personenkreis? Möglichst differenzierte Antworten auf diese Frage können schon viel über die Art der Interessen und der Voraussetzungen sowie über den "sozialen Gebrauch bildender Kunst" (Lindner 1994a) verraten. Dies verlangt präzise Begriffsbildungen, klar beschriebene Bezugsorte, Vergleiche an eindeutigen Merkmalen und Prüfungen von zeitlicher Konstanz oder Wandel. Als Quellen sollen daher in erster Linie eigene Untersuchungen, die sich über eine Spanne von über zwei Jahrzehnten erstrecken, sowie eine Querschnittsstudie der ARD/ZDF-Medienkommisssion (Frank, Maletzke und Müller-Sachse 1991) dienen.[4]

Wie hoch ist also der Anteil habitueller oder gelegentlicher Kunstausstellungs- und Museumsbesucher innerhalb der Bevölkerung einzuschätzen? Viel hängt sicherlich von der Auslegung des Wortes "gelegentlich" ab. Bei der genannten ARD/ZDF-Querschnittsstudie wurde dafür die Schwelle einer innerhalb des letzten halben Jahres ausgeübten entsprechenden Tätigkeit gewählt. Demnach können rund 15% der ab 15jährigen Bevölkerung als potentielles Publikum von Kunstausstellungen und/oder -museen gelten, die Mehrzahl von ihnen sicher als seltene "Grenzkonsumenten".

Zu dieser Annahme berechtigt eine überschlägige Schätzung. Nach den Erhebungen des Instituts für Museumskunde haben 1994 (alte und neue Bundesländer) etwa 15 Millionen Besuche an Kunstmuseen stattgefunden (Institut für Museumskunde 1995: 35, 75). Hinzu kommen – wiederum in grober Annäherung – 3,5 Millionen Besuche in Kunstausstellungen von Ausstellungshäusern. Rechnen wir ferner noch ebenso viele Besuchsfälle ein, die an kunst- und kulturgeschichtlichen, an ethnologischen und anderen Museen im Grenzbereich ausgeführt wurden, so haben wir es mit 22 Millionen Besuchen zu tun, die sich auf 15% der ab 15jährigen Bevölkerung, also auf grob 10 Millionen Menschen verteilen. Unter Zugrundelegung einer sogenannten "Lorenzkurve" der Verteilung der Besuchsfälle auf Personen ließe sich dann etwa zeigen, daß auf 10% dieser 10 Millionen Personen durchschnittlich fünf jährliche Besuche, auf weitere 15% je drei Besuche und auf ein weiteres Viertel zwei Besuche pro Jahr fallen. Zusammen wären dies fünf Millionen Menschen, die auf sich 14,5 Millionen Kunstausstellungs- bzw. Museumsbesuche vereinen, so daß für die übrigen 50% = 5 Millionen noch 7,5 Millionen Besuche, im Schnitt also 1,5 pro Person und Jahr verbleiben.[5]

Was macht dieses Rechenexempel deutlich? Zum einen, daß die Größenordnung eines Anteils von 15% potentiellen Besuchern an Kunstmuseen in der Bevölkerung recht glaubwürdig ist. Schätzungen über die überhaupt an irgendeiner Art von Museen interessierten Personenkreise gehen von 30 - 40% aus, was sich damit gut vereinbaren läßt. Zum anderen, daß diese auf bildende Kunst ansprechbare Teilmenge in sich recht heterogen beschaffen ist, was die Intensität der Kunstbeziehungen betrifft. Eigentlich wird man nur wenig mehr als jenes Viertel der Auskunftspersonen mit ca. drei und mehr jährlichen Kunstbesuchen einem "Kernpublikum" zurechnen können. So kommen auch die Autoren (Frank u. a. 1991: 252) aufgrund von Kenntnisbewertungen von Malern und Werken zu dem

---

4 Dabei wurde 1989 eine repräsentative Auswahl von 3.000 Personen über 14 Jahre mit einem etwa einstündigen mündlichen Interview und einer schriftlichen Zusatzerhebung zu Interessen und Partizipation in fünf verschiedenen Kulturbereichen, darunter Malerei/bildende Kunst, sowie zusätzlich zu Art und Präferenzen des Fernsehverhaltens befragt.
5 Dies ist wohlgemerkt ein fiktives Zahlenspiel, bei dem z. B. Besuche ausländischer Gäste an deutschen oder deutscher Besucher an ausländischen Museen und Meldeausfälle nicht berücksichtigt sind.

Schluß, daß nur etwa 10% (jener 15%!) als "Kunstkenner" und weitere 22% als "Bildungsorientierte" einzustufen sind. Das "Kernpublikum bildender Kunst" würde sich damit auf etwa 2,5 bis 3 Millionen Personen erstrecken.
Mit dem raschen Anwachsen der Anzahl und thematischen Spezifizierung von Besucherstudien (vgl. die Bibliographien von Baer: 1978, Noschka-Roos: 1989, Screven: 1993) ist auch deren analytisches Niveau subtiler geworden. Vor ein bis zwei Jahrzehnten beschränkte man sich noch zur Charakterisierung demographischer und sozialer Publikumsstrukturen an Museen einer bestimmten Sammlungsart auf mehr willkürlich als zufällig erfaßte Erhebungsorte und gemittelte Prozentwerte (z. B. Wick 1978; Scharioth 1974). Schon in der Anfangsphase eigener systematischer Besucherstudien (Klein, Bachmayer 1981: 68 ff.) haben wir das zum Teil gedankenlose Argumentieren mit Durchschnittswerten, unsinnige (von Politikern aber gern zitierte) Vergleiche, wie den des jährlichen Besuchsaufkommens von Museen mit dem des aggregierten Publikums bei allen Fußballbundesligaspielen einer Saison oder das immer wieder bemühte Klischee eines "typischen homo musealis" als kontraproduktiv für ernstzunehmende Erkenntnisbemühungen kritisiert. Statt dessen haben wir kontextbezogene, komparative und möglichst auch zeitvergleichende Daten gefordert.

An dieser Stelle muß verschärfend konstatiert werden: so wenig es "den" Museumsbesucher gibt, so kann es auch "den" typischen Kunstmuseumsbesucher nicht geben, allein schon, weil es nicht "das" Kunstmuseum gibt. Alle im folgenden genannten Beispiele von Publikumsstrukturen und -trends sind in Abhängigkeit von zahlreichen Einflußgrößen zu sehen. Solche teils permanenten, teils temporären Determinanten sind etwa:

- die Bevölkerungsstruktur im Einzugsgebiet des betroffenen Hauses;
- der Anteil der Fernbesucher und
- der Anteil der Stammbesucher im Publikum;
- die Zusammensetzung nach Individual- und Gruppenbesuchern (Schulklassen);
- das "Image" des Hauses und seine Konkurrenzsituation;
- Sonderausstellungen und Programme sowie
- externe saisonale Zyklen und Großereignisse (die touristische Wallfahrten auslösen).

3.2 Soziodemographische Strukturen und ihre Varianz

Beginnen wir mit den demographischen Merkmalen Alter und Geschlecht. Das Publikum von Kunstmuseen kann – verglichen sowohl mit der Altersstruktur der Wohnbevölkerung als auch mit Besucherverteilungen an vielen anderen Museen – als besonders jung gelten: knapp 40% und damit das Doppelte ihres Bevölkerungsanteils entfallen allein auf die Jahrgänge der Twens, also der 20 - 30jährigen (Klein 1990: 151). Auch die 15 - 20jährigen sind überrepräsentiert, wenn auch nicht so stark, und dies vor allem aufgrund ihrer hohen Anteile unter Gruppenbesuchern (Schulklassen).[6] Über 50jährige machen nur noch ein Fünftel des Kunstmuseumspublikums aus im Kontrast zu ihrem doppelt so hohen Anteil in der Bevölkerung.

Die pauschale These eines Männerüberschusses im Museumspublikum geht vor allem auf zwei Faktoren zurück: eine beträchtliche Anzahl von Museen, die thematisch auf einseitig maskulin-ansozialisierte Felder (Technik, Militaria) abgestellt sind sowie in den 60er bis 80er Jahren wirksame ungleiche Freizeitmuster von Männern und Frauen der mittleren und älteren Generation. Für Kunstmuseum gilt (Klein 1990: 153) mit den Befunden, daß (a) im Publikum von Kunstmuseen die Präsenz der Geschlechter am ausgeglichensten ist, und (b) in den Altersgruppen der bis 30jährigen sogar eine deutliche Überrepräsentanz der Frauen vorliegt.

Diese Grundskizze bedarf einiger ergänzender Ausführungen. Demographische Fakten sind meist nicht aus sich allein heraus interpretierbar. Überall dort, wo Kunstmuseen und ein Universitätsstandort besonders mit geisteswissenschaftlichen Fakultäten zusammentreffen (und das ist ja auch kein Zufall), steigt der Anteil des jungen Publikums noch einmal kräftig an. Museen für Gegenwartskunst ziehen ebenfalls selektiv überdurchschnittlich die jüngere Generation an. Und schließlich steht der Anteil von (jungen) Frauen ganz offensichtlich auch mit der Ausweitung qualifizierter Bildungsabschlüsse und Studienmöglichkeiten in nachwachsenden Generationen im Zusammenhang.

Kann man aus laufenden Trends Folgerungen für die Entwicklung von Umfang und Art des künftigen Kunstmuseumspublikums ableiten? Die Antwort fällt wegen teils gegenläufiger Effekte nicht ganz leicht. Die generativen Strukturen und die heute schon vorhandenen kleineren Kohorten der unter 20jährigen deuten eher auf Schrumpfung, die breitere Bildungspyramide und zunehmender Kulturtourismus eher auf wachsende Potentiale hin. Das "Durchwachsen" der heute schon zahlreichen jüngeren weiblichen Besucher wird wohl insgesamt zu steigender Präsenz von Frauen und mittelfristig auch zu höheren Anteilen der mittleren und gehobenen Altersjahrgänge im Kunstpublikum führen.

Wenden wir uns damit den sozialen Merkmalen, ausgedrückt durch (Schul-)Bildung, Beruf bzw. Erwerbsposition der Besucher zu. Seit jeher gelten die Kunstgalerien als die "Nobelklasse" unter den Museen, was Anspruchsnormen des Zugangs und Bildungsstatus des Publikums anbetrifft. Auch kulturgeschichtliche oder ethnologische Museen wollten in der Vergangenheit zumindest partiell ihre Präsentation als Kunstsammlung fremder Zeiten und Völker verstanden wissen, um an dieser "Adelung" teilzuhaben.

Tatsächlich weisen Kunstmuseen die mit Abstand elitärsten Publika unter allen Museumsarten auf. Mit der schon angesprochenen Bildungsausweitung ist der

---

6 Unter 15jährige wurden, wie oft bei Besuchererhebungen, nicht erfaßt, was eine prinzipielle "Unterschlagung" gegenüber den tatsächlichen Gefügen von Rezipienten (Eltern-Kind-Gruppen) bedeutet, die aber verglichen mit z. B. Naturkunde-Museen für Kunstmuseen nicht so stark zu Buch schlägt.

Anteil der Akademiker und Studierenden unter ihren Besuchern ständig angestiegen und erreicht mittlerweile (ohne Gruppenbesucher) 75 - 85%, in Einzelfällen sogar noch mehr. Kunstmuseen heben sich damit sehr deutlich gegen alle anderen Museen ab, die unter ihren über 30jährigen Besuchern 50 - 65% mit Haupt- oder Realschulabschluß aufweisen.

Die starke Fraktion der Studierenden im Kunstmuseumspublikum drückt den Anteil der erwerbstätigen Besucher auf 50%, während bei Häusern mit anderen Sammlungsbereichen 60 - 65% üblich sind. Jeder Fünfte dieser Erwerbstätigen ist Lehrer. Nach Arbeitern hingegen wird man sich unter den Besuchern jedoch fast vergeblich umsehen. Ihr Anteil bezogen auf alle Erwerbstätigen liegt – bei sinkender Tendenz – um die 5 - 7% und ist damit etwa dreimal niedriger als bei anderen Museen.[7] Weit unterrepräsentiert sind an Kunstmuseen vor allem auch jene nichterwerbstätigen Frauen vorwiegend zwischen 30 und 60 Jahren, die ihren Status mit "Hausfrau" angeben – eine schwindende Kategorie. Im Publikum anderer als der Kunstmuseen sind Hausfrauen jedoch mindestens ihrem Bevölkerungsanteil entsprechend vertreten.

Fragt man danach, wie konstant oder variabel diese Strukturrelationen des Publikums unter besonderen Vorbedingungen des Angebots sind, so ist es sinnvoll die Institution des Kunstvereins als eines Forums von Gegenwartskunst zu betrachten. Eine aktuelle Studie belegt auch hier – sogar in den gehobenen Altersschichten – eine Mehrheit weiblicher Besucher, während unter den Mitgliedern des untersuchten Kunstvereins die Geschlechterproportion ausgeglichen ist.[8] Von den Besuchern ist die Hälfte unter 40 Jahre alt, doch hat immerhin ein Viertel das 50. Lebensjahr bereits überschritten. Unter Besuchern wie Mitgliedern dominieren Akademiker, auf Haupt- oder Realschule als Schulabschluß entfallen ganze 16%, jede(r) Fünfte ist selbständig oder Freiberufler.[9] Arbeiter? Fehlanzeige.

Eine andere, naheliegende Prüfsituation der Publikumsvarianz bezieht sich auf temporäre Sonderausstellungen, verglichen mit Zeiten einer Präsentation der Dauersammlungen eines Hauses. Auch hier stehen Ergebnisse neuerer Studien an zwei großen Kunstmuseen zur Verfügung. An der Stuttgarter Staatsgalerie wurden Publikumsanalysen während der Laufzeit einer Max-Beckmann-Ausstellung und zu einer Zeit ohne Sonderausstellung im Haus vorgenommen. Die Beckmann-Ausstellung zog einen etwas erhöhten Anteil von Besuchern der Altersjahrgänge 40 - 60 Jahre und von Frauen (53%) an, ansonsten aber war die Zusammensetzung des Publikums schon erstaunlich invariant. Selbst der Anteil der Fernbesucher von

---

7   Die sinkende Tendenz der Arbeiteranteile muß aber als parallele Entwicklung zu ihrer per Definition und de facto im Laufe der Jahrzehnte immer niedrigeren Quote an den Erwerbstätigen gesehen werden.
8   Die Zahlen stammen aus Erhebungen bei zwei Ausstellungen im Württembergischen Kunstverein Stuttgart im Jahre 1995, einem mit 4.000 Mitgliedern großen und traditionsreichen Kunstverein.
9   Im Publikum der Ausstellungen machten Mitglieder nur eine Minderheit aus. Langjährige Mitgliedschaft führt zu Teilüberalterung, aus der heraus Ablehnung einer progressiven Ausstellungspolitik erwachsen kann.

54% (einschließlich 5% ausländischer Besucher) veränderte sich überhaupt nicht.[10] Am Sprengel-Museum in Hannover wurden drei Befragungskampagnen (mit der bedeutenden Sonderausstellung "Die Erfindung der Natur", ohne und mit einer kleineren Sonderausstellung) unterschieden. Die Geschlechterproportion mit 54% weiblichen Besuchern änderte sich praktisch überhaupt nicht, auch die Altersverteilung mit 38% bis 30jährigen und 22% über 50jährigen variierte im Jahreszyklus kaum. Ähnliches läßt sich von der Bildungsstruktur, die dem für Kunstmuseen üblichen Schema entspricht und für den im Vergleich zu Stuttgart etwas niedrigeren Fernbesucheranteil von 46% sagen. Fazit: Sonderausstellungen scheinen, wenn nicht die gleichen Personen, so doch ähnlich strukturierte Publika, wie die ständigen Sammlungen anzuziehen. Ausnahmen mögen dies als Regel bestätigen.

Betrachten wir auf der Suche nach Publikumsvariationen die Resonanz auf eine thematisch exponierte Präsentation, nämlich die von Medienkunst. Als Beispiel soll die in Karlsruhe 1995 zum vierten Mal durchgeführte MultiMediale des Zentrums für Kunst und Medientechnologie dienen. Hier schlug das Pendel in der Tat in Richtung eines "etwas anderen" Publikums aus: 61% der Besucher waren männlichen Geschlechts, über die Hälfte unter 30 Jahre alt, über 90% (!) hatte Abitur. Das einwöchige Medienkunstfestival mobilisierte vor allem regionale Interessenten, denn nur jeder dritte Besucher reiste von außerhalb des 30km-Nahbereichs an.

Werfen wir deshalb auch noch einen Blick auf ein lang eingeführtes überregionales Kunstspektakel, die alle fünf Jahre in Kassel stattfindende documenta. Die gewählte Kennzeichnung erscheint berechtigt, wenn zum einen die in den letzten Jahren (1977-1992) ermittelten Quoten von 85% Fernbesuchern unter den 400.000 - 600.000 angezogenen Kunstinteressenten und zum anderen die zirzensischen Begleiterscheinungen und Debatten zwischen Künstlern, Kritikern und Kunstmanagern ins Auge gefaßt werden. Weniger eindrucksvoll ist die Dokumentation des documenta-Publikums: erst 1992 fand eine breit und aussagefähig angelegte Besucherbefragung statt. Danach bildeten 61% Erwerbstätige, darunter 44% aus akademischen und leitenden Berufen, sowie rund 30% Studenten und Schüler das Gros der Besucher. Vergleichsangaben über Ergebnisse aus früheren Jahren weisen so erhebliche Schwankungen z. B. von Altersstruktur und Geschlecht der Besucher auf, daß an der Gültigkeit der Befunde gewisse Zweifel angebracht scheinen (Hellstern, 1993: 305ff.).

Nach grundlegenden gesellschaftlichen Merkmalen scheint das Publikum der Kunstmuseen damit hinreichend beschrieben. Es ist eindeutig zugehörig zu formal hochgebildeten Milieus und akademischen Professionen, mehrheitlich unter 40 Jahre alt und in diesem Fall zu großen Teilen unmittelbar im Universitätsumfeld

---

10 Fernbesucher sind Personen mit Wohnsitz außerhalb des Stadtumlandes (ca. 30 km Radius, "S-Bahn-Bereich"). Ihre Anteile betragen im Publikum bedeutender Museen in touristikintensiven Metropolen (Berlin, München) über 60%, in weniger frequentierten Stadträumen jedoch lediglich etwa ein Drittel des Publikums.

integriert. Nach Schulzes (1992) Klassifikation ließen sich die entsprechenden Personenkreise dem "Niveaumilieu" (über 40 Jahre) und dem "Selbstverwirklichungsmilieu" (unter 40 Jahre) zuschreiben. Diese Attribution ist ziemlich exklusiv, d. h. Angehörige anderer Milieus sind in Kunstmuseen kaum anzutreffen, allenfalls in den populären Ausstellungen und Sammlungen der Kunst des 19. Jahrhunderts. Bei ausgestellter Gegenwartskunst wirkt eine zusätzliche Selektion dahingehend, daß Personen aus einfacheren Bildungsschichten vollkommen und ebenso selber nicht-künstlerisch tätige ältere Personen weitestgehend im Publikum fehlen. Das Publikum moderner Kunst – eine geschlossene Gesellschaft?

4. Kunstrezeption in soziologischer Perspektive

4.1 Besuchermotivation und Einstellungen zu moderner Kunst

Warum besuchen Menschen Kunstmuseen? Die scheinbar triviale Antwort "um Kunstwerke zu betrachten" erweist sich als keineswegs inhaltslos, wenn man weiter fragt, was sie damit verbinden, und um welche Art von Kunstwerken es sich handelt. Mit anderen Worten, der Besuch im Kunstmuseum stellt sich entweder dar als Handlung, die ihren Sinn in ästhetischer Erbauung, Bereicherung oder mit der Rezeption von Kunst verbundener Unterhaltung selbst findet. Oder dieses Handeln ist intentional in einen kognitiven Rahmen eingebunden, sich über Kunst einer bestimmten Richtung, das Werk eines bestimmten Künstlers usw. zu informieren und eine Meinung zu bilden. Hinsichtlich der zweiten Differenzierung geht es z. B. um das beliebig verästelbare Spektrum zwischen Konvention und Moderne.

Bei beiden angesprochenen Dimensionen schließen sich deren Pole gegenseitig nicht aus. Deshalb bedarf es bei vereinfachten Fragestellungen in empirischen Publikumsstudien stets einer zurückhaltenden Interpretation der Befunde. Immerhin sind wir bei der Analyse der Besucherstrukturen auf hohe Anteile von Akademikern und Studierenden aus dem Bereich der Geisteswissenschaften und auf Freiberufler gestoßen, für die ein allgemeines oder gezieltes berufliches oder studienbezogenes Orientierungsmotiv der Information und Fortbildung naheliegt – und sei es in Verbindung mit persönlichen "hedonistischen" Neigungen. Hinter Antworten, die sich auf ästhetische Bedürfnisse ("einfach etwas Schönes sehen"), auf Entspannung und Freizeitgestaltung beziehen, können gleichermaßen Kenner und Genießer wie "Grenzkonsumenten" der Kunstszene stehen. Und die meistgenannten Aussagen ("sich über Kunst allgemein eine Meinung bilden", "durch Kunst zum Nachdenken angeregt werden", "sich über bestimmte (neuere) künstlerische Entwicklungen informieren" (Wick 1979: 269) lassen als primäre oder selbst so gedeutete Besuchsveranlassung gleichfalls ein befriedigendes "Erleben" bei der Rezeption durchaus zu.

Bei einer Gegenüberstellung von zwei pauschalierten Besuchsbeweggründen, nämlich "Allgemeinwissen über Kunst verbessern" vs. "Bilder und Unterhaltung zwanglos genießen", antworteten bezogen auf den aktuellen Besuch mehr als die Hälfte der im Kunstmuseum Befragten mit einem entschiedenen "sowohl als auch" (Klein 1990: 282). Weniger Auskunftspersonen als bei einer analogen Frage in Museen anderer Sammlungsart, nämlich lediglich 20%, sprachen sich für ein epistemologisches Motiv aus und zwar bekannten sich durchgängig mehr Männer und weniger Frauen zu dieser Art des Besuchsanlasses. Dennoch genügt dieses Faktum nicht, um so etwas wie einen "typisch männlichen" oder einen "weiblichen Blick" auf Kunst zu konstatieren. Es werden vielmehr eher unterschiedlich verteilte sozialisatorische Einflüsse und Lebenserfahrungen sein, die zu diesen Selbsteinschätzungen führen.

Im Hinblick auf verschiedene Grade von Kennerschaft und Präferenzen für bestimmte Kunstrichtungen und -Stile offenbart sich erst recht die Heterogenität eines "diffusen Kunstpublikums". Seit dem Auslaufen des Prinzips möglichst naturgetreuer Abmalerei der Wirklichkeit und statt dessen einer Schöpfung von Eigenwelten, die durch stilistische Ausdrucksformen geprägt sind, also etwa einsetzend mit dem Impressionismus im Frankreich der 60er Jahre des vergangenen Jahrhunderts begann der seither andauernde Prozeß einer Herausforderung von Rezipienten und darüber hinaus generell gesellschaftlicher Öffentlichkeit durch eine innovative bildende Kunst als selbstreferentieller Bereich. "Hier tat sich eine Schere auf, die über lange Zeit künstlerische Entwicklung und Publikumsgeschmack als gegensätzliche Pole erscheinen ließ. Indem sich die Künstler immer nachhaltiger ihrer Stimmung anvertrauten, ihr Empfinden von der Welt und weniger die Welt selbst Bild werden ließen, gingen sie stärker auf Distanz zu rein äußerlichen Ähnlichkeiten der von ihnen gemalten Dinge und damit auch zur Mehrzahl der Betrachter. Ein Prozeß, der letztlich zur 'Absonderung der Kunst vom Rest der Wirklichkeit' (Hauser) führte" (Lindner 1995: 11). Die Zahl der Beispiele und Beschreibungen ist Legion, wie jeder Schritt dieses Weges von Unverständnis, Ablehnung und Empörung begleitet wurde, wobei die Front der Kritiker sich zusammensetzte aus Rezipienten (und darüber hinaus notorischen Ignoranten), die das "gesunde Volksempfinden" zu verkörpern glaubten, Exponenten politischer Herrschaft, die eine populistische Gesinnung zum Ausdruck bringen wollten sowie oft auch professioneller Kunstkritik und konventionellen Künstlerkollegen. Ebenso bekannt ist der Effekt zeitverzögerter Anerkennung von Künstlern, Werk und ganzen Stilrichtungen, die, wie heute Impressionismus und Expressionismus, erst aus säkularer historischer Distanz massenhaft Popularität erfahren.

Es scheint mithin durchaus angemessen, für empirische Sondierungen von Publikumsgeschmack und Präferenzen drei große Kategorien von "Kunstrichtungen" zugrunde zu legen: (a) ältere Malerei bis zur Mitte des 19 Jahrhunderts, (b) klassische Moderne (Impressionismus und Expressionismus) sowie (c) Gegenwartskunst. Dabei können (oder müssen) in allen drei Rubriken beliebige

Aufgliederungen je nach Fragezielen erfolgen. Diese können auch auf einzelne Künstler, auf nationale oder regionale Bezüge, auf bestimmte Motive oder spezielle "Gattungen" wie Skulpturen, Druckgraphik oder Medienkunst abheben. Über die Gesamtheit aller Kunstmuseumsbesucher abgefragt ergeben sich gegenwärtig mit steigender Tendenz über die letzten 20 Jahre hinweg mehrheitliche Gefallensfavorisierungen für die Kunst der klassischen Moderne (Wick 1979: 270; Liebelt 1990; Lindner 1995: 33). Allerdings muß dabei für alle Fallstudien der Befragungsort und seine selektive Publikumsanziehung berücksichtigt werden. Leider wurde gerade bei einer diesen Effekt vermeidenden bevölkerungsrepräsentativen Querschnittsbefragung (Frank u. a. 1991: 256f.) diese Frage nicht direkt gestellt. Zwei Drittel der hier befragten Personen gaben an, nur geringes oder gar kein Interesse an bildender Kunst zu besitzen. Anhand von Beurteilungen vorformulierter Aussagen ließen sich für eine deutliche Mehrheit der Bevölkerung verbreitete Vorbehalte gegenüber zeitgenössischer Kunst und ebenso dominierende Gefallensäußerungen an "schönen Motiven" bei Bildern (vornehmlich Landschaften, Blumen, Stadt- und Dorfansichten usw.), unabhängig von deren künstlerischer Qualität aufzeigen. Aber selbst bei den nach diversen Wissens-Indikatoren herausgefilterten *Kunstkennern* fanden sich bei jeweils 40% Geschmackspräferenzen in Richtung der "schönen Motive" sowie Vorbehalte gegen moderne Kunst. Nur etwa jeder Zweite unter diesen Kunstkennern legt Offenheit gegenüber älterer wie moderner Kunst an den Tag, indem gleichermaßen Interesse an gegenständlicher und abstrakter Kunst geäußert wird.

Diese unterschiedlichen Interessen und ihre jeweilige sozio-demographische Lagerung waren gemeint, wenn von einer Polarität zwischen Konvention und Moderne und dabei auftretenden Ambivalenzen die Rede war. Tendenziell findet sich, wie schon angedeutet, in Häusern oder Ausstellungen mit moderner Kunst ein noch strikter selektiv verlesenes Publikum, nämlich hauptsächlich jüngere, akademisch gebildete Besucher. Das heißt nicht, daß nicht auch viele von ihnen kritisch bis sarkastisch über bestimmte Strömungen, Werke und Künstler urteilen und "eigentlich" andere Kunstrichtungen bevorzugen. Intensiver Besuch von Kunst-Ausstellungen und -Museen geht in der Regel mit Gefallen und Zustimmung zu zeitgenössischer Kunst, Gelegenheitsbesuch hingegen eher mit Distanz dazu konform. Beispielsweise zeigte sich ein Drittel nicht-habitueller Besucher im Sprengel-Museum in Hannover von "manchen Praktiken der zeitgenössischen Kunst befremdet" oder "ärgert sich oft darüber"; sogar jeder Zweite aus diesem Personenkreis stimmt der provokanten Aussage "das kann mein Kind auch" zu bzw. hält zeitgenössische Kunst "für eine Verdummung der Leute". Und immerhin stimmt sogar jeder fünfte Kunstfreund diesen Stereotypen voll zu (Lindner 1995: 39)! Ähnlich waren unsere Erfahrungen mit dem – beinahe "rein" akademischen – Publikum der MultiMediale in Karlsruhe: nur jeder Zweite hatte bei dem Besuch das Empfinden eines "Kunsterlebnisses", lediglich ein Drittel verließ die Ausstellung rundum zufrieden, die Hälfte sprach von "teils-teils" und 16% waren eher enttäuscht.

4.2 Wahrnehmungsformen und didaktische Angebote

Besuche im Kunstmuseen erfolgen zwar etwas häufiger als bei anderen Museen durch unbegleitete Personen, aber gleichwohl wie auch dort mehrheitlich in Begleitung (in 60% der Fälle ohne Gruppenbesuche) (Klein 1990: 234). Die soziale und kommunikative Seite eines Aufenthalts in einem Kunstmuseum spielt also ungeachtet aller intrinsischen Befaßtheit mit Kunstwerken eine große Rolle. Zudem kommen die meisten Kunstmuseumsbesuche spontan oder kurz entschlossen zustande, also ohne "Vorbereitung", bei jüngeren Leuten oft angeregt durch Werbung im öffentlichen Raum. Verweilzeiten in Kunstmuseen sind mit durchschnittlich einer Stunde Dauer deutlich kürzer als Besuche in Technik-, Naturkunde- oder Freilichtmuseen. Neben mehr unterhaltsamem Beiwerk wie Inszenierungen, interaktive Installationen, häufigere Eltern-Kind(er)-Kommunikation und den Standorten vieler dieser Einrichtungen mag auch dazu beitragen, daß es in Deutschland keine "Mega-Kunstmuseen" à la Louvre, Metropolitan Museum oder Eremitage gibt.

Diese statistischen Rahmendaten finden Erwähnung, weil Ausstellungen und Museen selten wegen eines oder einiger weniger Bilder besucht werden, sondern als Gesamtangebot, von Städtetouristen sogar häufig "im Paket" zu mehreren an einem Tag. Bei ausschnitthaften Studien zu Wahrnehmungs- und Verhaltensstrukturen an einzelnen Kunstwerken ist diese Tatsache einer "Serienrezeption"stets zu beachten.

Auf eine solche Wahrnehmung als Abfolge von Bildeindrücken sind routinierte Kunstmuseumsbesucher innerlich eingestellt und vorbereitet. Die Bilder konkurrieren miteinander um Aufmerksamkeit, wobei die jeweils später Betrachteten im "Halo-Kreis" ihrer Vorgänger stehen. Die durchschnittliche Verweilzeit pro Objekt (unter Ausschluß der nicht betrachteten Exponate) beträgt etwa 10 Sekunden, doch ist die Streuung gemessener Werte sowohl zwischen verschiedenen Besuchern als auch über die einzelnen Werke verteilt meist beachtlich: große Formate, ausgefallene Motive oder – bei Querschnittspräsentationen – herausragende Künstlernamen können wesentlich größere Haltekraft entwickeln.[11]

Unter Museumsbesuchern verbreitete Rezeptionsstile sind von Heiner Treinen (Graf, Treinen 1983: 145) treffend als "kulturelles window-shopping" beschrieben worden. Ergänzend könnte man eine gängige Praxis in Kunstmuseen und -ausstellungen als "check-and-go" charakterisieren: Betrachter tasten ein Bild einige Sekunden mit Blicken in identifikatorisch-taxonomischer Absicht ab, quasi als Erkennungsspiel vor dem Hintergrund ihres eingebrachten Wissens, um sich dann der Beschriftung zu nähern und Auflösung des "Rätsels" oder Bestätigung zu suchen. Diese Spannungslösung leitet aber zumeist nicht einen Prozeß intensiverer

---

11 Bei großem Andrang von Publikum ergibt sich eine Art "Anstandskonvention" der Weiterbewegung von Bild zu Bild: man schließt zum nächsten Objekt auf, wenn sich die Traube davor befindlicher Betrachter lockert; solche "Engephänomene" werden bei den normalen Rezeptionsbedingungen nicht zugrunde gelegt.

Bildbetrachtung ein, sondern bereits den Abgang oder allenfalls ein nochmaliges "verabschiedendes Zurücktreten" und flüchtiges Hinschauen, so daß der oberflächliche Informationsgewinn aus Bildeindruck – Name des Künstlers – Titel des Werks sich schnell in der Fülle ähnlicher Triaden verliert.

Bildnerische Kunstwerke sind Schauobjekte, d. h. die Seh-Fähigkeit des Betrachters wird in einem ganz besonderen Sinne und einseitig gefordert. Dabei geht es um mehr als das geschilderte "Erkennungssehen auf den ersten Blick": es geht um ein ausschließliches Schauen in Muße, eine Art visueller Vereinigung von Subjekt und Objekt bzw. visueller Verinnerlichung. Anders als bei wissenschaftlichen Museen, die ihr Publikum durch und zu Aktivitäten animieren wollen, zielt das Kunstmuseum auf "Einsicht" und "im Bilde sein" als Zwiesprache im Blickkontakt. Vielleicht deutet sich hier ein neuer Trend an, wenn bei einigen – keineswegs allen – Installationen der Medienkunst eine aktive Partizipation vorausgesetzt wird: Indem der Besucher als "Nutzer" von den materialen Werkzeugen zur Erzeugung medialer Kreationen entweder allein, im Wechselspiel oder gemeinsam mit Anderen Gebrauch macht, indem er "mitten im Kunstwerk agiert", wird er sichtbar für andere Besucher zum gestaltenden Subjekt aktiver Rezeption – eine neue Konkretisierung der Aussagen Panofskys und Bourdieus zur Rezeptionsfunktion im Kunstprozeß! Der mitspielende Besucher als Akteur auf einer Bühne spaltet das Publikum in eine aktive und eine passive Teilmenge auf.

Doch erscheint dies noch als ein Grenzfeld museal präsentierbarer bildender Kunst – vielleicht einer Transzendenz von Kunst und Spiel als zwei strukturähnlichen autonomen Sphären? Eine Schlüsselfrage gegenwärtiger Kunstpräsentation und -vermittlung betrifft hingegen das Verhältnis unverstellten Bildbetrachtens und dafür wünschenswerter "Sehhilfen". Die konträren Grundpositionen in dieser keineswegs neuen Diskussion lassen sich am kürzesten mit den Aussagen "Man sieht nur, was man weiß" (sinngemäß nach Goethe) und "Sehen heißt, den Namen einer Sache, die man sieht, vergessen" (Paul Valery) umreißen.

Als ein erster Kronzeuge für die Ambiguität beider Positionen kann der erwähnte Edward St. Robinson angeführt werden, der betont hat, daß viele Kunstwerke "den wesentlichen Teil ihrer Bedeutung Kenntnissen über historische oder technische Tatbestände, die sich mit ihnen verbinden, verdanken. Andererseits wäre es unsinnig zu leugnen," so fährt er fort, "daß eine tiefe und unmittelbare künstlerische Würdigung sich auch ohne Hinzufügung von Hintergrundkenntnissen entwickeln kann. Und ähnlich falsch wäre es zu bestreiten, daß allein schon ein gewisser Kenntnisstand über Kunst häufig als echte Kennerschaft (genuine taste) mißverstanden wird. Folglich scheint es bedenklich, sowohl Tatsachen-Informationen zurückzuhalten wie auch sie zu verbreiten" (Robinson: 1928, zitiert nach Klein/Bachmayer 1981: 65). Robinson zieht daraus den Schluß, daß für den wissensdurstigen Besucher stets eine (Informations-) Quelle zur Labung bereitstehen sollte.

Eine andere, sich explizit auf Erwin Panofskys (1978) Modell der Bedeutungsschichten (vorikonographische Beschreibung - ikonographische Analyse - ikonologische Interpretation) beziehende Argumentation ist die Vorstellung von einem allen Kunstwerken wie anderen kulturellen Gebilden immanenten "Code" (Bourdieu 1974). Die Wahrnehmung von Kunstwerken ist vermittelte Entschlüsselung. Was man mangels Kompetenz nicht abnehmen kann, existiert für den betreffenden Betrachter nicht. Das Kunstwerk liefert Bedeutungen unterschiedlicher Niveaus je nach angewendetem Interpretationsschlüssel. Die einfachsten und oberflächlichsten Bedeutungen bleiben ohne das Rüstzeug elaborierter ästhetischer Erfahrung partial und verkürzt und ohne Zugang zu den sie "transfigurierenden" Bedeutungen höheren Grades stets Irrtümern ausgesetzt (Bourdieu 1974: 165).

Auch Bourdieu leugnet nicht grundsätzlich die Möglichkeit eines Kunsterlebens als "emotionale Antwort auf die Konnotation des Kunstwerks", die aber im Wesentlichen auf dessen expressive Eigenschaften beschränkt sei. Der Genuß, "den der gelehrte Geschmack bereitet" bei der Entzifferung der "distinktiven stilistischen Züge" bleibt den literati vorbehalten. "Das Kunstwerk im Sinne eines symbolischen ...Gutes...existiert als Kunstwerk überhaupt nur für denjenigen, der die Mittel besitzt, es sich anzueignen, d. h. es zu entschlüsseln" (Bourdieu 1974: 169).

Für Bourdieu ist die institutionalisierte Kultivierung dieses Kompetenzgefälles ein bewußtes und auch von Partizipanten verinnerlichtes Werkzeug zur Aufrechterhaltung von Klassenunterschieden. Seine Empfehlung zur Überwindung des status quo mutet jedoch gelinde gesagt etwas kurzschlüssig und naiv an. Um die Lesbarkeit eines Kunstwerks oder einer Sammlung zu erhöhen, müsse man entweder das zugehörige "Emissionsniveau vermindern oder das Rezeptionsniveau erhöhen" (Bourdieu 1974: 177). Beides bedingt einander, denn Reduzierung des Emissionsniveaus kann nach Bourdieu nur bedeuten, "Gebrauchsanweisungen" zur Dekodierung oder einen sich selbst entschlüsselnden Code zu liefern. Für praktische museumspädagogische Umsetzungen stellt eine solche Forderung allerdings nicht mehr als eine leerformelhafte und überdies mißverständliche Programmatik dar. Kehren wir daher auf den harten Boden musealer Kunstpräsentation und -rezeption und zu deren empirischer Erkundung zurück.

Während die Befürworter von im Bedarfsfall an- und abrufbaren Informationshilfen grundsätzlich die Möglichkeit spontaner Zugänge zu expressiven Eigenschaften von Werken nicht leugnen, aber für den unkundigen Laien wohl eher als seltene Ausnahme einschätzen, weisen Argumente der Gegenseite häufig regelrecht dogmatisch-diffamierende Züge auf: von einer bevormundenden Pädagogisierung der subjektiven Werkbeziehungen ist da die Rede, von ästhetisch-destruktiven Eingriffen in die Aura der Objekte, von einer Zerstörung der künstlerischen Eigenwelt und -werte, einer vorauseilenden Bedienungsmentalität seitens der Kulturindustrie (Adorno) usw.

Wenn es um das "Grundrecht" von Besuchern geht, museales Kunsterleben so unmittelbar wie möglich und so vermittelt wie subjektiv erwünscht angeboten zu bekommen, sind "Zwangseinführungen" allerdings fragwürdig. Sie werden von all denjenigen als Verstellung der Chance zu eigener Erfahrung, ja, als Indoktrination empfunden, die auch ein Musikstück, ein Buch oder einen Film nicht nach vorheriger Fachbelehrung genießen möchten oder überhaupt noch können. "Ein wahrnehmendes Erleben im Freiraum der Sinne als Voraussetzung und zugleich einzig sinnstiftender Ausgangspunkt einer Begegnung mit Kunst" (Plotsch 1995: 3) verträgt keine simultane Metakommunikation.

Wo aber beginnt "Zwanghaftigkeit" im Fall der Informations-Nischen oder kommentierender Beschriftungen? Muß die Kenntnisnahme deskriptiver Kontext-Fakten oder einstimmender Selbstzeugnisse von Künstlern den angehenden Betrachter von Kunstwerken wirklich schon "blockieren" oder "auf die falsche Fährte locken"? Ist der Kenner, der dezent angebotene "Dekodierhilfen" ja ignorieren kann, durch deren bloßes Vorhandensein schon irritiert? Und hilft dem Hilflosen das Bewußtwerden seiner Hilflosigkeit zu jener erwarteten Öffnung der Sinne für Botschaften aus der fremden Sinnprovinz Kunst?

Diese und viele andere Fragen zur Kunstrezeption sind nicht schlüssig beantwortet und werden es vielleicht nie sein. Aber sie ständig neu zu stellen ist legitim und notwendig. So scheint als eine Konsequenz aus den voranstehenden Überlegungen eine stärkere Verlagerung didaktischer Aspekte von einer einführenden *Vor*bereitung hin zu einer anregenden *Nach*bereitung ein bedenkenswerter Ansatz zu sein. Plotsch (1995: 5f.) hat am Beispiel des Kölner Diözesanmuseums die diesem Gedanken verpflichtete Abschaffung jeglicher Objektbeschriftungen und statt dessen die Einführung einer 50seitigen Eintrittskarte beschrieben, mit deren Hilfe jeder Besucher nach oder während der Objektbetrachtung (das wäre in der Praxis zu prüfen) sich nach Bedarf ergänzende Informationen einholen kann. Noch konsequenter wäre es, am Ende einer Ausstellung oder an Pausenorten gezielte "Nachbereitungsinseln" anzubieten. So, wie man nach einem "berauschenden Konzert" oder einen "aufwühlenden Film" ein Bedürfnis nach Austausch von Empfindungen, Diskussionen oder zu nachgehender Information verspürt, ist aus ex post-Gesprächen mit Ausstellungsbesuchern deren angeregte Aufnahme- und Kommunikationsbereitschaft bekannt.

Die Frage nach der grundsätzlichen (Un-)Möglichkeit kunstsoziologischer Aussagen (Grimm 1979: 541) sollte, wie eingangs angesprochen, mit diesem Beitrag nicht diskutiert werden. Wohl aber wurde in den zurückliegenden Abschnitten versucht darzulegen, welche soziologisch relevanten Fragestellungen im Zusammenhang mit Rezipienten und Rezeptionsbedingungen sowie Formen und Stilen bildender Kunst auftreten. Die Ausschnitthaftigkeit gesellschaftlicher Kunstpartizipation - selbst ein soziales Phänomen - reduziert die behandelten Wahrnehmungsvorgänge keineswegs zu einem individuell und kollektiv residualen Geschehen. Umgang mit Kunst, d. h. "sozialer Gebrauch der Kunst benennt...Umfang, Tiefe und Zweckrichtung ihrer Einbeziehung in gesellschaftliche und gruppenspezifische Handlungsdimensionen... Er umfaßt darüber hinaus die Transformation der Bedeutungsgehalte künstlerischer Werke in die Wert- und Lebenszusammenhänge der Rezipienten sowie deren Rückkopplung in die Gesellschaft" (Lindner

1994: 29). Ungeachtet der Bedeutung der anderen genannten Zugangswege zu und Aneignungsformen von bildender Kunst ist die international verbreitete Institution des Museums der wichtigste Ort, der ständig und jedermann für einen Dialog mit der autonomen Kultursphäre dieser Art von Kunst zur Verfügung steht. Die Aufgaben der Kunstmuseen als einer Schule des Sehens und humankultureller ästhetischer Sozialisation erscheinen um so gewichtiger aber auch problematischer in einer Welt, in der Sinne und Sinnlichkeit durch künstlich erzeugte digitale Bilderfluten überschwemmt und auf stakkatoartige, zeitrafferhafte Muster von Kognition und Kommunikation normiert und "verkürzt" werden. In einer hunderjährigen Tradition der "Volksbildung" stehend haben Museen allen Grund, die Gestaltung der rezeptiven Prozesse zwischen ihren Sammlungen und dem Publikum um ihrer selbst willen ernst zu nehmen.

Literatur

Ansorg, Hans, 1976: Besucher in den Museen der DDR – eine soziologische Untersuchung aus dem Jahre 1973, in: Schriftenreihe des Institutes für Museumswesen der DDR 7.
Arnheim, Rudolf, 1978: Kunst und Sehen. Eine Psychologie des schöpferischen Auges, Berlin/New York: De Gruyter.
Baer, Ilse, 1978: Zur Öffentlichkeitsarbeit der Museen. Referierende Bibliographie (1945-1975), Berlin: Dietrich Reiner Verlag.
Bodenheimer-Biram, Else,1919: Die Industriestadt als Boden neuer Kunstentwicklung, Schriften zur Soziologie der Kultur IV, Jena: Eugen Diedrichs - Verlag.
Bourdieu, Pierre und Alain Darbel, 1978: L'amour de l'art, les musées d'art européens et leur public, Paris.
Bourdieu, Pierre, 1974: Zur Soziologie der symbolischen Formen, Frankfurt a. M.: Suhrkamp.
Burgbacher-Krupka, Inge, 1979: Strukturen zeitgenössischer Kunst: Eine empirische Untersuchung zur Rezeption der Werke von Beuys, Darboven, Flavin, Long, Walther, Stuttgart: Enke Verlag.
Deutscher Museumsbund (Hg.), 1919: Die Kunstmuseen und das deutsche Volk, München: Kurt Wolff Verlag.
Eisenbeis, Manfred, 1980: Museum und Publikum. Ein Bericht über eine soziologische Erhebung in der Bundesrepublik Deutschland, in: Museumskunde 1/45: 16 - 26.
Erhebung der Besuchszahlen an den Museen der Bundesrepublik Deutschland für das Jahr 1992.
Förster, Friedrich, 1909: Die Museen und die Arbeiter, in: Die neue Zeit. Wochenschrift der deutschen Sozialdemokratie 2/27: 759-762.
Frank, Bernward, Gerhard Maletzke und Karl H. Müller-Sachse, 1991: Kultur und Medien. Angebote – Interessen – Verhalten. Eine Studie der ARD/ZDF-Medienkommission, Baden-Baden: Nomos Verlag.
Freydank, Ruth 1977: Die soziale Determination kultureller Bedürfnisse – Eine Untersuchung zum Verhältnis von Museum und Besucher, Dissertation, Humboldt-Universität Berlin (Ost).
Gilman, Benjamin I., 1915: The Museum Docent, in: Proceedings of the American Association of Museums IX: 113ff.
Gilman, Benjamin I., 1916: Museum fatigue, in: The Scientific Monthly 1/12: 62-74.
Gombrich, Ernst H. 1978: Kunst und Illusion, Stuttgart/Zürich: Belser.
Graf, Bernhard und Heiner Treinen, 1983: Besucher im Technischen Museum. Zum Besucherverhalten im Deutschen Museum München, Berlin: Gebrüder Mann.
Grasskamp, Walter, 1981: Museumsgründer und Museumsstürmer. Zur Sozialgeschichte des Kunstmuseums, München: C.H. Beck.
Grimm, Claus, 1979: "Kunst", kultursoziologisch betrachtet. Ein Beitrag zur soziologischen Geschichtsrevision, in: Kölner Zeitschrift für Soziologie und Sozialpsychologie 31: 527-558.
Groeben, Norbert 1980^2: Rezeptionsforschung als empirische Literaturwissenschaft. Paradigma – durch Methodendiskussion an Untersuchungsbeispielen, Tübingen: Narr.
Hagelstange, Rudolf, 1908: Kunstmuseen und ihre Aufgaben, in: Die Rheinlande 8: 161-164 und 202-204.
Hauser, Arnold, 1967: Sozialgeschichte der Kunst und Kultur, München: C.H. Beck.
Hellstern, Gerd-Michael, 1993: Die documenta: ihre Ausstrahlung und regional-ökonomische Wirkungen, S. 305 - 324 in: Hartmut Häußermann und Walter Siebel (Hg.): Festivalisierung der Stadtpolitik. Stadtentwicklung durch große Projekte, Opladen.
Hildebrand, Adolf, 1906: Zur Museumsfrage, in: Münchner Jahrbuch der bildenden Kunst 1: 80-82.

Hoffrichter, Horst, 1993: Strukturen und Rezeptionsattitüden von Besuchern von Ausstellungen und Museen bildender Kunst, S. 495-498 in: Heiner Meulemann und Agnes Elting-Camus (Hg.): 26. Deutscher Soziologentag, Düsseldorf 1992, Opladen: Westdeutscher Verlag

Homburger, Otto, 1924: Museumskunde, Ferdinand Hirth.

Institut für Museumskunde (Hg.), 1995: Erhebung der Besucherzahlen an den Museen der Bundesrepublik Deutschland für das Jahr 1994, Materialien aus dem Institut für Museumskunde 43, Berlin.

Kerschensteiner, Georg, 1925: Die Bildungsaufgaben des Deutschen Museums, in: Matschoss, Conrad: Das Deutsche Museum. Geschichte - Aufgaben - Ziele, Oldenburg/Berlin/München: VDI-Verlag.

Klein, Hans Joachim und Monika Bachmayer, 1981: Museum und Öffentlichkeit. Fakten und Daten, Motive und Barrieren. Berlin: Gebrüder Mann Verlag.

Klein, Hans Joachim, 1990: Der gläserne Besucher. Publikumsstrukturen einer Museumslandschaft, Berlin: Gebrüder Mann Verlag.

Klein, Hans Joachim, 1992: Zur Einführung: Sozialwissenschaftliche Aussagen über Besucher und ihr Rezeptionsverhalten in Kunstmuseen, S. 1-21, in: Kunst-Rezeption. Kühle Annäherung an ein heißes Thema. Karlsruher Schriften zur Besucherforschung 3, Karlsruhe.

Kuhn, Alfred, 1921: Aufgaben der Museen in der Gegenwart. 2. Popularisierung, in: Museumskunde 15: 26-38.

Lichtwark, Alfred, 1900: Übungen in der Betrachtung von Kunstwerken, Dresden.

Lichtwark, Alfred, 1904: Museen als Bildungsstätten, in: Centralstelle für Arbeiter-Wohlfahrtseinrichtungen. Die Museen als Volksbildungsstätten, Berlin.

Liebelt, Udo (Hg.), 1991: Museum der Sinne. Hannover 1990, Hannover: Sprengel Museum.

Lindner, Bernd, 1991: Vom Öffentlichkeitsersatz zum Kunstbedürfnis. Zur Entwicklung der Wahrnehmungsmuster von Kunstausstellungsbesuchern, in: Rückblende. Museumsbesucher und Besucherforschung in der DDR. Karlsruher Schriften zur Besucherforschung 2: 25 - 54.

Lindner, Bernd, 1994a: Wahrnehmungsmuster und sozialer Gebrauch bildender Kunst im Osten Deutschlands (1945-1993), Habilitationsschrift, Karlsruhe (erscheint in Buchform 1996).

Lindner, Bernd, 1994b: Zwischen Belehrung und Ich-Anspruch. Soziologische Auskünfte über Museumsbesucher im Osten Deutschlands. Karlsruher Schriften zur Besucherforschung 5, Karlsruhe.

Lindner, Bernd, 1995: Besucher im Sprengel Museum Hannover. Eine kultursoziologische Bestandsaufnahme, Band 1, Leipzig: Sprengel Museum Hannover.

Melton, Arthur, 1935: Problems of Installation in Museums of Art. American Association of Museum Monographs, New Series no. 14, Washington, D.C.

Noschka-Roos, Annette, 1989: Bibliographie - Report 1989, in: Institut für Museumskunde, Materialien aus dem Institut für Museumskunde, Heft 29, Berlin.

Panofsky, Erwin, 1978: Ikonographie und Ikonologie. Eine Einführung in die Kunst der Renaissance, in: Sinn und Deutung in der bildenden Kunst, Köln: Dumont.

Plotzek, Joachim, Publ. in Vorb.: Kunst für alle - aber mehr noch für den Einzelnen, in: Rheinisches Museumsamt (Hg.): Kolloquium. Das besucherorientierte Museum.

Proceedings of the US National Museum, IV, 1882, Washington D. C.: Smithsonian Institution Press.

Robinson, Edward St., 1928: The behavior of the museum visitor. American Association of Museums Monographs, New Series no. 5., Washington, D.C.: The American Association of Museums.

Scharioth, Joachim, 1974: Kulturinstitutionen und ihre Besucher, Dissertation, Essen.

Schneede, Uwe M., 1988: Autonomie und Eingriff. Ausstellungen als Politikum. Sieben Fälle, S. 34-42 in: Museumspädagogischer Dienst Berlin (Hg.): Stationen eines Weges. Dokumentation zur Kunst und Kunstpolitik der DDR 1945-1988, Berlin.

Schriften der Centralstelle für Arbeiter-Wohlfahrtseinrichtungen: Die Museen als Volksbildungsstätten. Ergebnisse der 12. Konferenz der Centralstelle für Arbeiter-Wohlfahrtseinrichtungen.

Schulze, Gerhard, 1992: Die Erlebnisgesellschaft. Kultursoziologie der Gegenwart, Frankfurt a.M./ New York: Campus.

Screven, C.G., 1969: The museum as a responsive learning environment. Museums news, 47 (10) 1969: 7-10.

Screven, C.G., 1970: The measurement and facilitation of learning in the museum environment: An experimental analysis, Washington, D.C.: Smithsonian Press.

Screven, C.G., 1976: Exhibit evaluation: A goal-referenced approach, in: Curator 19(4): 271-290.

Screven, C.G., 1990: Uses of evaluation before, during and after exhibit designs. ILVS Review: A Journal of Visitor Behavior 1 (2): 33-66.

Screven, C.G., 1993[3]: Visitor Studies Bibliographie and Abstracts, The International Laboratory for Visitor Studies (ILVS),Milwaukee: Exhibit Communications Resarch.

Shettel, Harris H., 1968: An evaluation of existing criteria for judging the quality of science exhibits, in: Curator 11/2: 137-157.

Silbermann, Alphons (Hg.), 1976: Theoretische Ansätze der Kunstsoziologie. Stuttgart: Enke Verlag.

Spickernagel, Ellen und Brigitte Walbe (Hg.), 1976: Das Museum: Lernort contra Museumstempel, Gießen: Anabas-Verlag.

Stiehler, Hans-Jörg, und Bernd Lindner, 1991: Besucherstrukturen in Kunstausstellungen, S. 7-23 in: Rückblende. Museumsbesucher und Besucherforschung in der DDR, Heft 2 Karlsruher Schriften zur Besucherforschung.

Thurn, Hans Peter, 1973: Soziologie der Kunst, Stuttgart/Berlin/Köln/Mainz: Kohlhammer.

Thurn, Hans Peter, 1974: Soziologie der Bildenden Kunst. Forschungsstand und Forschungsperspektiven, in: Alphons Silbermann und Rene König (Hg.): Künstler und Gesellschaft. Sonderheft 17 der Kölner Zeitschrift für Soziologie und Sozialpsychologie, Opladen: Westdeutscher Verlag.

Valentiner, Wilhelm R., 1918: Die Museen als Bildungstätten für das Volk, in: Vorwärts, 10.12.1918.

Washburn, Wilcomb, 1977: A National Museum, in: Smithsonian Institution (Hg.): The Smithsonian Experience, Washington D. C.

Wick, Rainer und Astrid Wick-Knoch (Hg.), 1979: Kunstsoziologie – Bildende Kunst und Gesellschaft, Köln: DuMont.

Wick, Rainer, 1979: Das Museumspublikum als Teil des Kunstpublikums (1978), S. 259-278, in: Wick, Rainer, und Astrid Wick-Knoch (Hg.): Kunstsoziologie - Bildende Kunst und Gesellschaft, Köln: DuMont.

Drucknachweise[*]

Becker, Howard S., Art as Collective Action, in: American Sociological Review, 39, 1974: S. 767-776.

Bourdieu, Pierre, Elemente zu einer soziologischen Theorie der Kunstwahrnehmung. S. 159-201 in: Pierre Bourdieu, Zur Soziologie der symbolischen Formen. Frankfurt am Main 1974: Suhrkamp.

Erd, Rainer, Kunst als Arbeit, in: Soziale Welt, 38, 1987: S. 437-459.

Luhmann, Niklas, Weltkunst, S. 7-45 in: Niklas Luhmann, Frederick D. Bunsen und Dirk Baecker, Unbeobachtbare Welt. Über Kunst und Architektur. Bielefeld 1990: Verlag Cordula Haux.

Martorella, Rosanne, The Relationsship between Box Office and Repertoire: A Case Study of Opera, in: The Sociological Quarterly, 18, 1977: S. 354-366.

White, Cynthia A. und Harrison C. White, Institutioneller Wandel in der Welt der französischen Malerei. S. 147-163 in: Robert N. Wilson (Hg.): Das Paradox der kreativen Rolle. Soziologische und sozialpsychologische Aspekte von Kunst und Künstler. Stuttgart 1975: Ferdinand Enke.

---

[*] Aufgelistet werden hier allein die Beiträge, die keine Orginalbeiträge sind.

Verzeichnis der Autoren

Alemann, Heine von, geb. 1941, Dr. rer. pol., wissenschaftlicher Mitarbeiter am Forschungsinstitut für Soziologie der Universität Köln und Redakteur der Kölner Zeitschrift für Soziologie und Sozialpsychologie. Wichtigste Veröffentlichungen: Der Forschungsprozeß, Stuttgart 1984 (2. Aufl.); Soziologie in weltbürgerlicher Absicht. Festschrift für Réne König, Opladen 1981 (Hg. zusammen mit Hans Peter Thurn); Soziologische Beratung, Opladen 1996 (Hg. zusammen mit Annette Vogel).

Allmendinger, Jutta, geb. 1956, Professorin für Soziologie am Institut für Soziologie der Universität München. Wichtigste Veröffentlichungen: Lebensverlauf und Sozialpolitik, Frankfurt/New York 1994; The More the Better? On the Inclusion of Women in Professional Organizations, in: Soical Forces, 1995.

Anheier, Helmut K., geb. 1954, Professor für Soziologie an der Rutgers University und Senior Associate am Institute for Policy Studies der Johns Hopkins University. Veröffentlichungen im Bereich der vergleichenden Organisationsforschung mit Schwerpunkt Nonprofit-Organisationen, Entwicklungsländersoziologie, Methoden der Sozialwissenschaften und Kunstsoziologie.

Becker, Howard S., geb. 1928, Professor für Soziologie an der University of Washington in Seattle. Wichtigste Veröffentlichungen: Außenseiter, Frankfurt 1981; Art Worlds, Berkeley u. a. 1982; Die Kunst des professionellen Schreibens, Frankfurt 1994; Paying the Piper: Causes and Consequences of Art Patronage, in: Sociological Inquiry 1995.

Bourdieu, Pierre, geb. 1930, Professor für Soziologie am College de France in Paris. Wichtigste Veröffentlichungen: Zur Soziologie der symbolischen Formen, Frankfurt 1975; Die feinen Unterschiede, Frankfurt 1982. Sozialer Sinn, Frankfurt 1987; Homo academicus, Frankfurt 1988.

Busenhart, Isabelle, geb. 1969, Assistentin am Institut für Empirische Wirtschaftsforschung der Universität Zürich. Veröffentlichungen: Ökonomik der Kunst: Eine europäische Perspektive (zusammen mit B. S. Frey und A. Serna) in: A. Kyrer und W. Roscher (Hg.), Genießen - Verstehen - Verändern. Anif/Salzburg 1994; Are the Living Performing Arts Dying or Flourishing? A Comparative Perspective (zusammen mit B. S. Frey) in: Francoise Benhamou u. a. (Hg.) Approches Comparatives en Économie de la Culture, Paris 1995.

Erd, Rainer, geb. 1944, Professor für Arbeits- und Europarecht an der Fachhochschule Darmstadt. Wichtigste Veröffentlichungen: Verrechtlichung industrieller Konflikte, Frankfurt/New York 1978; Die amerikanischen Gewerkschaften im New Deal, Frankfurt/New York 1986; Gewerkschaften in den USA, Frankfurt/New York 1989; Kulturstadt Frankfurt am Main, Frankfurt 1990.

Frey, Bruno S., Professor für Wirtschaftswissenschaften insbesondere Theorie der Wirtschaftspolitik am Institut für Empirische Wirtschaftsforschung der Universität Zürich. Wichtigste Veröffentlichungen: Moderne Politische Ökonomie, München 1977; Ökonomie ist Sozialwissenschaft, München 1990; Musen und Märkte. Ansätze zur einer Ökonomie der Kunst (zusammen mit W. W. Pommerehne) München 1993; Demokratische Wirtschaftspolitik (mit G. Kirchgässner) München 1994.

Gerhards, Jürgen, geb. 1955, Professor für Kultursoziologie und Allgemeine Soziologie an der Universität Leipzig. Wichtigste Veröffentlichungen: Soziologie der Emotionen, München 1988; Intime Kommunikation (mit B. Schmidt), Baden Baden 1992; Neue Konfliktlinien in der Mobilisierung öffentlicher Meinung, Opladen 1993; Forms of Capital and Social Structure in Cultural Fields (mit H. Anheier und F. Romo), in: American Journal of Sociology 1994.

Hackenbroch, Rolf, geb. 1961, Dr. phil., wissenschaftlicher Mitarbeiter am Institut für Kulturwissenschaften der Universität Leipzig. Veröffentlichung: Öffentlichkeitsarbeit der Verbände und ihre Resonanz in den Massenmedien (Diss.), im Erscheinen.

Hackman, J. Richard, geb. 1939, Professor für Psychologie an der Harvard University. Wichtigste Veröffentlichungen: Work Redesign 1990; Groups That Work (and Those That Don't) 1990.

Klein, Hans Joachim, geb. 1938, Professor für Soziologie am Institut für Soziologie der Universität Karlsruhe. Wichtigste Veröffentlichungen: Museum und Öffentlichkeit (mit Monika Bachmayer), Berlin 1981; Analyse von Besucherstrukturen in ausgewählten Museen in der Bundesrepublik und Berlin, Berlin 1984; Der gläserne Besucher. Publikumsstrukturen einer Museumslandschaft, Berlin 1989.

Luhmann, Niklas, geb. 1927, em. Professor für Soziologie an der Universität Bielefeld. Wichtigste Veröffentlichungen: Soziale Systeme, Frankfurt 1984; Die Wirtschaft der Gesellschaft, Frankfurt 1988; Die Wissenschaft der Gesellschaft, Frankfurt 1990; Das Recht der Gesellschaft, Frankfurt 1993; Die Kunst der Gesellschaft, Frankfurt 1995.

Martorella, Rosanne, Professorin für Soziologie am William Paterson College in New Jersey. Wichtigste Publikationen: The Sociology of Opera, New York 1982; Art and Business. An International Perspective on Sponsorship (Hg.) New York 1996.

Rössel, Jörg, geb. 1968, wissenschaftlicher Mitarbeiter am Institut für Kulturwissenschaften der Universität Leipzig. Erstveröffentlichung.

Saxer, Ulrich, geb. 1931, Professor am und Leiter des Seminars für Publizistikwissenschaft der Universität Zürich. Wichtigste Veröffentlichungen: Musik zwischen Markt und Programm (zusammen mit Frank Hänecke), Zürich 1986; Mediengefühlskultur (zusammen mit Martina Märki-Koepp), München 1992; Medien - Lebensstile (zusammen mit Marianne Landholt) Zürich 1995; Kunstberichterstattung, Zürich 1995.

Thurn, Hans Peter, geb. 1943, Professur für Kultursoziologie an der Kunstakademie in Düsseldorf. Wichtigste Veröffentlichungen: Der Mensch im Alltag: Grundrisse einer Anthropologie des Alltagslebens, Stuttgart 1980; Kulturbegründer und Weltzerstörer. Der Mensch im Zwiespalt seiner Möglichkeiten, Stuttgart 1990; Künstler und Gesellschaft: Eine empirische Untersuchung, Opladen 1995; Der Kunsthändler. Wandlungen eines Berufs, München 1994.

White, Cynthia A., Wichtigste Veröffentlichung: Canvases and Careers: Institutional Change in the French Painting World (zusammen mit Harrison C. White), Chicago 1966.

White, Harrison C., Professor für Soziologie an der Columbia University in New York. Wichtigste Veröffentlichungen: Canvases and Careers: Institutional Change in the French Painting World (zusammen mit Cynthia A. White), Chicago 1966; Careers and Creativity, Boulder 1993; Identity and Control, Princeton 1992.

Aus dem Programm Sozialwissenschaften

Alfred Bellebaum / Ludwig Muth (Hrsg.)
Leseglück
Eine vergessene Erfahrung?
1996. 245 S. Kart.
ISBN 3-531-12869-8
Mit „Leseglück. Eine vergessene Erfahrung?" legen die Herausgeber Alfred Bellebaum und Ludwig Muth den Versuch vor, das Leseglück interdisziplinär einzukreisen und zu verstehen. Beteiligt daran sind die empirische Sozialforschung (Elisabeth Noelle-Neumann), die Buchmarktforschung (Ludwig Muth), die Literaturwissenschaft (Aleida Assmann), die Kunst (Cornelia Schneider) sowie die Germanistik und Literatursoziologie (Erich Schön) und die Literaturdidaktik (Werner Graf). Der Band bietet eine faszinierende Entdeckungsreise in ein bisher noch kaum erforschtes Phänomen der Lesekultur: Erstmals untersuchen Experten interdisziplinär Geschichte, Vorbedingung, Genese und Steigerung von Leseglück – und dessen aktuelle Bedrohung, insbesondere durch den Literaturunterricht und durch ungezügelten Medienkonsum.

Alphons Silbermann / René König (Hrsg.)
Künstler und Gesellschaft
1975. 356 S. (Kölner Zeitschrift für Soziologie und Sozialpsychologie, Sonderheft 17) Kart.
ISBN 3-531-11284-8

Raymond Boudon / François Bourricaud
Soziologische Stichworte
Ein Handbuch
1992. 680 S. Kart.
ISBN 3-531-11675-4
Die Autoren dieses sozialwissenschaftlichen Standardwerkes behandeln in mehr als siebzig Grundsatzartikeln zu Schlüsselbegriffen, Theorien und historisch wesentlichen Autoren die zentralen Probleme der Soziologie. Insgesamt bietet der Band eine ebenso umfassende wie kritische Einführung in Entwicklung und Stand der Soziologie und ihrer einzelnen Bereiche.

WESTDEUTSCHER VERLAG
Abraham-Lincoln-Str. 46 · 65189 Wiesbaden
Fax (06 11) 78 78 - 420